KB065093

십삼경의 이해

儒敎經傳 개설

십삼경의 이해

儒敎經傳 개설

최석기 저

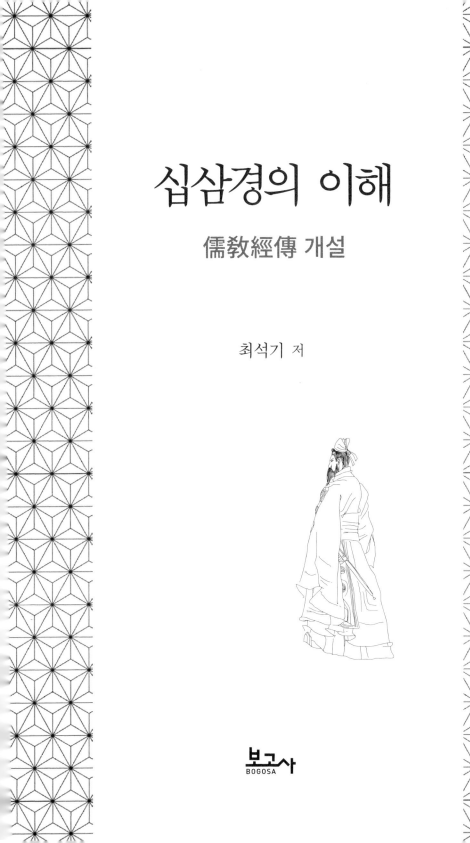

보고사
BOGOSA

　이 책은 유교경전에 대한 기초적인 이해를 돕기 위한 개설서이다. 우리나라는 조선 세종 때 사서오경대전본이 유입되어 교과서로 채택된 이후 이 사서오경만을 유교경전으로 인식하여 그 이전의 십삼경주소에 대해서는 관심을 두지 않았다. 유교경전이 전해 내려온 내력을 살펴보면, 이 사서오경대전본은 썩 좋은 판본이 아니다. 그 이유는 청대 학자들의 비판처럼 졸속으로 만들었기 때문이다. 졸속으로 만들었다는 것은 역대 주석을 정리하지 않고, 주자의 후학들이 해설한 저술 중 하나를 택해 약간 수정을 가하여 대전본에 편입시켰다는 말이다.

　조선 시대 학자들은 사서오경을 대전본 위주로 독서하였는데, 그중에서『춘추대전』인『춘추호씨전』은 후대로 내려오면서 거의 읽히지 않았고, 대신 역사적 내용이 풍부하고 선진고문의 전범으로 인식된『춘추좌씨전』이 널리 읽혔다. 또 주희(朱熹)가『의례』와『예기』를 통합해『의례경전통해(儀禮經傳通解)』를 저술하려 하였기 때문에 진호(陳澔)의『예기집설(禮記集說)』을 위주로 한『예기대전』도 크게 주목을 받지 못하였다. 그리하여『춘추대전』과『예기대전』은 점점 역사의 뒤안길로 밀려나 16세기 중반에 이르면 사서삼경 체제로 자리 잡는다. 이황(李滉)이 사서삼경의 석의(釋義)만을 정리한 것이 이를 입증해준다.

　우리는 그전부터 경전의 판본 및 주석에 대해 별 관심을 두지 않았다. 그것은 문헌이 부족하여 문헌학적 시각을 갖추지 못했기 때문이다. 경전을 읽을 적에 암송하거나 주석에 따라 해석하는 데 관심을 두었을

6

뿐 경전의 유래와 전수, 전주(箋注)와 해석의 전변(轉變)에 대해서는 탐구하려 하지 않았다. 이러한 풍토는 지금까지 그대로 이어져 내려오고 있다.

이 책은 유교경전을 공부하는 사람들이 기초적으로 알아야 할 내용을 각 경전별로 개괄해 설명한 것이다. 제목을 '십삼경의 이해'라고 한 것은 사서오경, 또는 사서삼경 이전의 십삼경 전체를 이해하고자 하는 관점을 반영한 것이다. 주희 이후로는 『대학』·『중용』이 『예기』의 한 편이 아니라 별책으로 독립되어 경서의 반열에 들었기 때문에 실제로는 십오경(十五經)이라고 해야 하지만, 그 명칭이 낯설기 때문에 종래 일반적으로 '십삼경'이라 칭한 것을 그대로 따른 것이다. 유교경전이 당나라 때에는 구경(九經)으로 정리되었고, 송나라 때에는 구경에 『논어』·『효경』·『이아』·『맹자』가 더해져 십삼경으로 정리되었다. 그런데 주희 이후로는 『대학』·『중용』이 별책으로 독립되었기 때문에 실제로는 15경이라고 하는 것이 옳다.

이 책의 부제를 '유교경전(儒教經典)'이라 하지 않고 '유교경전(儒教經傳)'이라 한 이유는 공자가 찬정한 육경은 물론, 후학들이 부연한 전(傳)·기(記)까지 경전의 반열에 오른 것을 모두 포괄했기 때문이다. 『춘추좌씨전(春秋左氏傳)』은 경(經)이 아니고 전(傳)이며, 『예기(禮記)』는 경(經)이 아니고 기(記)이다.

중국에서는 근대학자들이 『중국경학사』·『십삼경개론』·『경학통론』·『경여경학(經與經學)』 등 경학사와 십삼경 개설서를 저술하여 널리 보급되었지만, 우리나라에서는 그 가운데 한두 종을 번역하였을 뿐, 거의 알려져 있지 않다. 특히 십삼경에 대해서는 개설서가 거의 없다. 이에 필자는 20여 년 전에 장백잠(蔣伯潛)의 『경여경학』을 번역하여 『유교경전과 경학』이라는 번역서를 출판한 바 있다. 그 후 십삼경에 관한 개설서를 저술하고 싶었지만, 차일피일 미루다가 퇴직을 한 뒤 본격적으로 저술을 시작하여 드디어 세상에 선을 보이게 되었다.

이 책은 기본적으로『한서』「예문지」,『사기』「공자세가」및「중니제자열전」,『수서(隋書)』「경적지(經籍志)」, 육덕명(陸德明)의『경전석문(經典釋文)』, 청대 완원(阮元)이 교감하여 중간한 십삼경주소본, 명대 만든 사서오경대전본 등에서 자료를 수집하고, 장백잠의『십삼경개론』, 피석서(皮錫瑞)의『경학통론』, 오안남(吳雁南) 등이 편찬한『중국경학사』, 피석서의『경학역사』를 이홍진(李鴻鎭)이 번역한『중국경학사』(동화출판사, 1984), 하경용(何耿鏞)의 저서를 장영백 등이 역해한『경학개설』(청아출판사, 1992), 양백준(楊伯俊)의『경서천담(經書淺談)』과 범문란(范文蘭)의『경학강연록(經學講演錄)』을 번역한 이종호 편의『유교 경전의 이해』(중화당, 1994), 장백잠의『경여경학』을 최석기 등이 역주한『유교경전과 경학』(경인문화사, 2002), 유사배(劉師培)의『경학교과서』를 이영호 등이 번역한『중국경학사』(성대 출판부, 2020), 일본의 타케우찌 테루오(竹內照夫)가 지은『사서오경-중국사상의 형성과 전개』를 이남희가 옮긴『사서오경』(까치, 1991) 등을 참고하여 저자의 시각으로 기술한 것이다.

이 책은 유교경전에 대한 개설서이다. 한나라 때 육경이 복원되면서 악경(樂經)이 빠져 오경(五經) 체제가 되었는데, 오경은『시경』·『상서』·『역경』의 삼경과『의례』·『주례』·『예기』의 삼례(三禮)와『춘추공양전』·『춘추곡량전』·『춘추좌씨전』의 삼전(三傳)으로 실제로는 모두 구경(九經)이다. 이 구경이 전수되다가 당나라 때 주소(注疏)가 이루어졌다.

북송 때 이르러서는 『효경』·『논어』·『이아』·『맹자』가 경전의 반열에 올라 구경과 합해 십삼경이 되었다. 당대 완성한 구경주소(九經注疏)에 이 4경의 주소가 더해져 십삼경주소가 완성되었고, 남송 때 십삼경주소본이 간행되었다. 한편 남송 때 주희는 『예기』에 들어 있던 「대학」과 「중용」을 독립시켜 새로 분장(分章)하고 주석하여 『논어』·『맹자』와 함께 '사서(四書)'라고 명명함으로써 『대학』과 『중용』도 경전의 반열에 오르게 되었다.

명나라 초 정주학을 위주로 한 앞 시대 학자들의 설을 모아 사서오경대전본이 편찬되었는데, 이 판본이 동아시아 여러 나라에 널리 유통되었다. 이로부터 『의례』·『주례』·『춘추공양전』·『춘추곡량전』·『효경』·『이아』 등 6경은 실제로 경전에서 소외되었다. 또한 조선에서는 16세기 중반 이후 사서삼경 체제가 정착됨으로써 이른바 칠서(七書) 체제의 유교경전이 되었다.

이러한 유교경전의 변화와 판본에 따른 주석의 차이를 개괄적으로 이해하는 것은 유교경전의 해석과 이해에 있어 매우 중요하다. 그런데 우리는 사서삼경대전본만을 교과서로 삼고 정자(程子)·주자(朱子)의 설에 따라 해석하며 암송하는 것을 능사로 삼았다. 지금도 여전히 그런 전통방식을 고수하고 있다. 이런 한계를 극복하기 위해서는 유교경전에 대해 역사적인 변천과정을 개괄적으로 이해하지 않으면 안 된다. 아무쪼록 이 책을 통해 유교경전에 대한 올바른 이해와 폭넓은 상식이 갖추어지길 기대한다.

2023년 3월 1일
세종시 風雷精舍에서 崔錫起가 삼가 쓰다.

제3장 _ 경(經)의 전수(傳授)와 전변(轉變)

제4장 _ 육경(六經) 개설

제5장 _ 『효경(孝經)』·『이아(爾雅)』와 사서(四書) 개설

제6장 _ 한국의 유교경전

제1장

경(經)과 육경(六經)

1. 경(經)의 개념

'경(經)'이라는 글자는 주나라 때 청동기에 새긴 명문(銘文)에서부터 보이는데 최초의 글자 형태는 '경(巠)'이라고 한다.[1]

유사배(劉師培)는 허신(許愼)의 『설문해자(說文解字)』에 "경(經)은 짜다는 뜻으로, 사(糸)를 따르고 경(巠)으로 발음한다[織也 從糸巠聲]"라고 한 것에 의거하여 '경(經)' 자의 의미를 풀이하였다. 유사배는 경문(經文)에 문식하는 말이 많은 것을 보고 '실로 옷감을 짜다'는 의미를 빌려 '육경'이라 이름을 붙였다고 하였으며, 『효경』·『도덕경(道德經)』·『이소경(離騷經)』의 경우처럼 여러 서적의 비속(卑俗)한 글과는 달리 문언(文言)을 사용한 것을 '경'이라 칭하였다고 하였다.[2]

유사배는 육경에 문식(文飾)이 많은 것을 다음과 같이 언급하였다.

예를 들면 『역(易)』에는 「문언(文言)」이 있으며, 육효(六爻) 가운데에 압운한 어구가 많기 때문에 '효(爻)'라는 글자는 교호(交互)에서 의미를 취했다. 『상서』역시 대구(對句)와 운문(韻文)이 많으며, 『시(詩)』는 음

---

1   장영백 외 역해, 『經學槪說』, 청아출판사, 1992, 17쪽 참조.
2   李晗昊·徐慧俊 옮김, 『中國經學史』, 성균관대학교 출판부, 2020, 45~46쪽 참조. 劉師培는 북경대학교 교수를 지냈으며 『經學敎科書』를 저술하였는데, 이 책을 이영호·서혜준이 번역하여 『中國經學史』라는 책명으로 출간하였다.

악에 쓰일 용도를 갖추었기 때문에 소리가 문(文)을 이룬 것을 음(音)이라 하였다. 『맹자』에서도 "문(文)을 가지고 글의 뜻을 해쳐서는 안 된다."고 하였고, 또 공자의 말씀을 인용하여 "『춘추』는 그 문(文)이 사(史)이다."라고 하였다. 『예기』 「예기(禮器)」에도 "『예』에는 근본이 있고, 문(文)이 있다."라고 하였으니, 이는 육경 가운데 단 하나도 문(文)으로 이루어진 책 아닌 것이 없는 것이다.[3]

이러한 설은 '경' 자를 '직(織)'이라는 뜻에 초점을 맞추어 문식을 가했다는 '문(文)'이라는 점을 중시한 해석이다.

그런데 이와는 달리 『설문해자』에 주를 단 단옥재(段玉裁)는 "천을 짜는 날실을 경(經)이라 한다. 반드시 날실[經]이 먼저 있은 뒤에 씨실[緯]이 있다. 그러므로 삼강·오상·육예를 이 세상의 상경(常經)이라 말한다."[4]라고 하여, 옷감을 짤 때 근본이 되는 날줄을 경(經)이라 하듯이 '이 세상의 근본이 되는 떳떳한 가치'를 경(經)이라 칭하였다고 하였다. 이는 '경' 자의 의미를 '날줄'이라는 점에 초점을 맞추어 '세상의 근본이 되는 가치'로 해석한 것이다.

또 『설문해자』의 "경(經)은 짜다는 뜻으로 사(糸)를 따른다[經 織 從糸 也]"라고 한 것에 의거하여 간책(簡策)을 실[糸]로 묶어 서책으로 만드는 것으로 해석하는 설도 있다. 진연걸(陳延傑)은 『경학개론』에서 "『설문해자』에 '경은 천을 짜는 것으로 사(絲) 부에 썼다.'고 하였으니, 경의 의미를 미루어보면 원래 위(緯)와 함께 일컫는다. 지금 그 의미를 차용해 서적의 명칭으로 삼는 것은 대개 흩어져 있는 간책을 실로 묶었기

---

3 上同, 45~46쪽 참조.
4 段玉裁, 『說文解字注』 제13편上, '經' 자의 注. "織之從絲 謂之經 必先有經 而後有緯 是故 三綱五常六藝 謂之天地之常經"

때문이다."[5]라고 하였다. 이는 '경' 자의 의미를 '묶다'라는 점에 초점을 맞추어 '죽간을 실로 묶어 만든 서적'으로 해석한 것이다.

청대 장태염(章太炎)은 불교의 용어 '수다라(修多羅)'는 '선(線)'을 의미하는 것으로 '패엽(貝葉)에 글을 써 실로 묶다'는 뜻인 것처럼, '죽간에 글을 써 실로 엮어 만든 것'이기 때문에 경이라 칭한 것이라 하였다. 이는 '경' 자의 의미를 '실로 묶다[編絲綴屬]'로 본 것이다. 이 설은 '실로 묶다'는 의미를 보다 설득력 있게 증명한 것이다. 현대 학자 오안남(吳雁南) 등이 이 설을 따르고 있다.[6]

이처럼 '경' 자의 의미를 자원(字源)으로 풀이하되 '문식(文飾)'으로 보는 설이 있고, '세상의 근본적 가치'로 보는 설이 있고, '간책을 실로 엮어 만든 서적'으로 보는 설이 있다.

한편 범문란(范文蘭)은 『경학사강연록』에서 "왜 '경'이라 부르는지에 대해서는 분명하게 말할 수 없다."[7]고 유보적인 태도를 취하기도 하였다.

그런데 또 이와는 달리 '경(經)'을 관서(官書:官撰書)로 보는 설이 있다. 이 설은 문화사적으로 고대에는 학문이 관청에 소속되어 사적으로 책을 저술할 수 없었기 때문이라는 점에 주목한다. 장백잠은 '경은 모두 관서로 사관이 관장했으며, 육경은 모두 관서였기 때문에 간책이 특별히 컸다'는 점을 제시한다. 예컨대 『춘추』는 2척 4촌의 간책에 썼고, 『효경』은 그보다 격을 낮추어 1척 2촌의 간책에 썼고, 『논어』는

---

5   陳延傑, 『經學槪論』, 商務印書館, 중화민국 19, 1쪽 참조. "說文 '經 織 從絲也' 推經之意 本與緯並稱 今借爲載籍之名者 蓋以簡冊渙散 須從絲編連之者也"
6   吳雁南 등 主編, 『中國經學史』, 五南圖書出版股份有限公司, 2005, 1쪽 참조.
7   장영백 외 역해, 『經學槪說』, 청아출판사, 1992, 18쪽 참조.

더 낮추어 8촌(寸)의 간책에 썼다는 점을 증거로 내세우고 있다.[8]

한편 전한 장화(張華)의 『박물지(博物志)』에 "성인이 지은 것을 경(經)이라 하고, 현인이 저술한 것을 전(傳)이라 한다.[聖人制作曰經 賢人著述曰傳]"고 한 말에 의거하여, 성인이 지은 글을 '경'이라 부르게 되었다는 설이 있다. 이는 정현(鄭玄)이 『효경』의 주에서 "경은 만세에 변치 않는 도를 일컫는다.[經者 不易之稱]"라고 한 것처럼 경을 상도(常道)로 보는 해석이다. 두예(杜預)의 『춘추좌씨경전집해(春秋左氏經傳集解)』에는 "경은 법이다."라고 하였으며, 『광아(廣雅)』 「석고(釋詁)」에는 "경은 상(常)이다."라고 하였으며, 『논어의소(論語義疏)』를 지은 황간(皇侃)은 "경은 상도이고 법이다.[經者 常也 法也]"라고 하였으니, 이런 설은 모두 경을 성인이 만든 상도 또는 법전으로 보는 해석이다.

대체로 경을 관서로 보는 설은 경이 '주공(周公)의 구전(舊典)'이라는 시각이 전제되어 있으며, 성인이 지은 것으로 보는 설은 '공자가 찬술한 육경이 불변의 상도'라는 시각이 전제되어 있다. 그런데 이러한 두 설은 모두 유가적 관점에서 말한 것이다.

앞에서 살펴본 것처럼 '경(經)' 자의 의미를 '간책을 실로 묶다'는 뜻으로 보아 '서적'을 일컫는 말로 보는 설이 등장한 것은 도가에 『도덕경』이 있고, 묵가(墨家)의 『묵자』에 「경상(經上)」과 「경하(經下)」가 있고, 의가(醫家)에 『황제내경』이 있는 것처럼 제자백가의 서적에도 '경' 자를 붙이고 있기 때문이다.

그래서 장백잠은 "육경은 고대 도술(道術)의 총회(總匯)로 유가에서

---

8   崔錫起·姜貞和 譯註, 『유교경전과 경학』(原題:『經與經學』), 경인문화사, 2002, 3~4쪽 참조.

사사로이 쓴 것은 아니다."라고 하였고[9], 유사배는 "여러 서적에서 문언을 사용한 것은 또한 경이라 칭했다."라고 하였다.[10] 이러한 설을 이어 근래 학자들은 "경은 선진 시대 제자백가 및 관청의 중요한 저술과 전적일 뿐이다."[11]라고 보고 있다.

이러한 역대의 여러 설을 참고하건대, 경(經)의 의미는 시대에 따라 중시하는 관점이 달랐기 때문에 어느 하나의 설만을 고집할 필요는 없다고 본다. 여러 가지 의미를 종합해서 문화론적으로 유연하게 해석할 필요가 있다. 특히 후대에는 경을 '불변의 상도(常道)'로 인식했으니, 글자의 어원이나 문화사적 의미만을 중시하여 상도라는 의미를 경시할 필요는 없을 것이다.

2. 육경의 원류

육경에 대해 한나라 때 금문경학가는 공자가 전해오는 사료를 정리하면서 자신의 이념을 담아놓은 '공자의 사상서'로 보았다. 반면 고문경학가는 공자가 전해오는 사료를 조술하였을 뿐 창작하지는 않았다는 관점에서 '주공의 구전'으로 본다.

이 두 시각은 극명히 다르기 때문에 육경에 대한 해석도 큰 차이가 있다. 그러나 육경을 지은 공자에 초점을 맞추느냐, 그렇지 아니하느냐를 넘어 공자 이전에 전해진 육경의 원류에 대해서는 살펴볼 필요가

---

9 蔣伯潛, 『十三經槪論』, 上海古籍出版社, 1983, 7쪽 참조.
10 이영호·서혜준 옮김, 『중국경학사』, 성균관대학교 출판부, 2020, 46쪽 참조.
11 吳雁南 등 主編, 『中國經學史』, 五南圖書出版股份有限公司, 2005, 2쪽 참조.

있다. 그것은 공자가 전해오는 사료를 정리해 육경을 편찬했기 때문이다. 이 점에 대해 본격적으로 주목한 사람이 유사배다. 그는 고대의 육경 및 서주(西周)의 육경에 대해 고찰하였는데[12], 그 내용을 간추려 보면 아래와 같다.

복희씨(伏羲氏)가 하늘과 땅을 관찰하여 팔괘(八卦)를 만들어 물정을 분류하였고, 후세 성인들이 차례로 64괘를 완성하였다. 그리하여 정령(政令)을 시행하고 각종 기물을 이용하는 데 모두 괘상(卦象)을 절충하였다. 하(夏)나라 『역(易)』의 이름은 연산(連山)이고, 상(商)나라 『역』의 이름은 귀장(歸藏)인데, 지금은 모두 실전되었다. 이것이 『역경』의 시초이다.

상고 시대에는 좌사(左史)가 임금의 말을 기록하고, 우사(右史)가 임금의 행동을 기록하였다. 말을 기록한 것이 『상서』이고, 행동을 기록한 것이 『춘추』이다. 그러므로 당(唐)나라 〈요(堯)〉·우(虞)나라 〈순(舜)〉·하(夏)나라·상(商)나라에 모두 『상서』가 있었으며, 고대 역사서에 삼분(三墳)과 오전(五典)이 있다. 이것이 『상서』와 『춘추』의 시초이다.

우나라와 하나라 이래로 모두 시를 채록하는 채시관(採詩官)을 두어 민간에서 시를 채록하여 천자에게 아뢰면 그것으로써 민간의 풍속을 살폈다. 이것이 『시경』의 시초이다.

당나라·우나라 때는 천·지·인을 삼례(三禮)로 삼고, 길(吉)·흉(凶)·군(軍)·빈(賓)·가(嘉)를 오례로 삼았는데, 이후 하나라와 상나라에 이르러 모두 보태거나 뺀 것이 있었다. 이것이 『예경』의 시초이다.

서주(西周) 시대에는 육경을 존숭했다. 문왕(文王)이 『역』을 정리하

---

12 이영호·서혜준 옮김, 『중국경학사』, 성균관대학교 출판부, 2020, 47~54쪽 참조.

여 단사(彖辭)와 효사(爻辭)를 만든 것을 시작으로, 주공은 예악을 제정하고 다시 이전 제도에서 뺄 것을 빼고 더할 것을 더하여 관혼(冠婚)·상제(喪祭)·조빙(朝聘)·사향(射鄕)의 예를 제정하였으며, 수레를 타고 다니면서 시를 채집하고 진헌함으로써 민간의 풍속을 살폈다. 사관들은 임금의 말과 행동을 기록하였으니, 이는 고대 성왕들의 제도를 그대로 모방한 것이다. 그래서 『역경』은 태복(太卜)에게, 『상서』와 『춘추』는 태사(太史)와 외사(外史)에게, 『시경』은 태사(太師)에게, 『예경』은 종백(宗伯)에게, 『악경』은 대사악(大司樂)에게 맡겼다.

　관(官)이 있으면 법이 있기 때문에 법이 관에 갖추어져 있고, 법이 있으면 서적이 있기 때문에 관에서 그 서적을 지켰으며, 『예』·『악』·『시』·『서』는 또 학교에서 백성을 가르치는 데 쓸 만한 내용을 갖추었으므로, 제후들의 나라에서도 육경을 받들어 표준으로 삼았다. 관직이 갖추어져 있지 않은 경우에는 혹 사관이 그것을 겸하여 관장했으니, 참으로 성주(成周) 한 시대의 역사는 모두 육경 속에 개괄되어 있다고 하겠다.

　또 주공 때에 『주관경(周官經)』(『주례』)을 지어 육관(六官)의 직책을 밝혔고, 또 『이아』 「석고(釋詁)」를 지어 고금 언어의 이동(異同)을 밝혀 외사(外史)들이 책에 쓰인 명칭을 이해하는 데 쓰이도록 마련하였으니, 주공은 주대의 학술을 집대성한 사람이다. 육경은 모두 주공의 구전이므로 공자 이전에도 육경이 존재했다는 것을 증명하기에 충분하다.

　이상에서 정리한 유사배의 설은 공자가 찬정(撰定)한 육경과 다른 육경의 원류에 해당한다. 다만 이러한 시각으로 육경을 '주공의 구전'으로 본 것은 고문경학가의 시각과 유사하다.

3. 공자의 육경찬정

공자가 편찬해 확정한 육경은 대체로 사관(史官)에게서 얻은 것이다.
『역경』과 『춘추』는 노나라 사관에게서 얻고, 공자의 선조인 정고보(正考父)에게서 전해진 시편을 얻고, 노담(老聃)에게 예를 묻고, 장홍(萇弘)에게 악(樂)을 묻고, 주사(周史)를 통해 102국의 보서(寶書)를 보았다.
공자는 이처럼 전해 내려오는 사료를 수집하여 천하주유를 마친 뒤 육경을 찬술하였다.

공자는 십익(十翼)을 지어[13] 『역경』의 뜻을 밝혔고, 선왕의 일을 기록한 글을 차례로 배열하여 『상서』를 찬술했고, 전해 내려오는 시를 산삭하여 310편의 『시경』을 찬술했고, 음악을 바르게 정리하여 『악경』을 찬술했고, 하나라·상나라·주나라의 예가 앞 시대의 예를 가감한 것을 살펴 주나라의 예를 근본으로 하는 『예경』을 찬술했고, 노나라의 역사에 미언대의를 붙여 『춘추』를 찬술했다. 이렇게 해서 공자 만년에 육경이 출현하였다.

육경 중에는 경전의 의미를 강론해 풀이한 것도 있고, 교과서 용도로 만든 책도 있다. 『역경』은 철리(哲理)를 강론해 풀이한 책이고, 『시경』은 음악 교과서에 해당하며, 『상서』는 국가의 예악문물제도에 대한 교과서라 할 수 있고, 『춘추』는 노나라 근세사를 다룬 교과서이며, 『예경』은 수신(修身)에 관한 교과서이고, 『악경』은 가창을 위한 교과서이다. 또 공자는 사람을 가르칠 때 아언(雅言)을 위주로 했기 때문에 『이

---

13 전에는 十翼을 모두 공자의 저술로 보았으나, 후대에는 그중에 일부만 공자가 지은 것으로 보고 있다. 예컨대 「繫辭傳」은 본문에 '子曰'이 나오기 때문에 공자의 제자들이 공자의 말을 기록한 것으로 보고 있다.

아』를 사용하여 말을 변별했으니, 『이아』는 공자 문하의 문전(文典)이
기도 하다.[14]

공자가 육경을 찬정한 것에 대해, 전한 때의 사마천(司馬遷)은 "노나
라는 끝내 공자를 등용하지 않았고, 공자도 벼슬을 구하지 않았다. 이에
『서전(書傳)』과 『예기』를 서술하고, 시를 산삭하고 악을 바르게 하였으
며, 『역』의 「단사(象辭)」·「계사(繫辭)」·「상사(象辭)」·「설괘(說卦)」·「문
언(文言)」 등을 차례로 기술하였다."[15]라고 하여, 육경이 모두 공자의
손을 거쳐 만들어진 것이라고 하였다.

청대 학자 피석서(皮錫瑞)·강유위(康有爲) 등은 육경을 모두 공자의
저술로 보는 반면, 전현동(錢玄同) 등은 공자와 육경의 관계를 부정적으
로 인식하였다. 전자는 금문경학가의 시각이고, 후자는 고문경학가의
시각이다. 이에 대해 근대 범문란(范文蘭)은 다음과 같이 말하였다.

> 공자는 귀족 출신으로 노나라의 사구(司寇)를 지낸 적도 있었기에 각
> 종의 문헌자료를 수집할 수 있는 좋은 조건을 가진 바 있다. 그는 또한
> 최초로 사립학교를 창설한 사람이다. 그의 제자들은 전후로 모두 3천 명
> 인데 경서에 통달한 자가 72명이었다. 공자가 학생들을 가르칠 때 사용
> 한 교과서는 곧 그가 수집한 각종의 문헌자료 가운데에서 정리한 것이
> 다. 복관(卜官)의 자료 중에서 『역경』을 정리한 것이고, 사관의 자료 중
> 에서 『춘추』를 정리한 것이며, 『악』·『시』·『의례』 등의 책 역시 모두가
> 원래 있던 자료들로부터 정리한 것이다.[16]

---

14 이영호·서혜준 옮김, 『중국경학사』, 성균관대학교 출판부, 2020, 55~57쪽 참조.
15 司馬遷, 『史記』 「孔子世家」, "魯終不能用孔子 孔子亦不求仕 乃敘書傳禮記 刪詩正樂
序易象繫象說卦文言"
16 范文蘭, 『經學講演錄』. 이 책은 이종호 편, 『유교경전의 이해』(중화당, 1994) 235~
310쪽에 번역되어 수록되어 있다. 이 인용문은 이 책에서 인용한 것으로 잘못된

이러한 주장은 대체로 '공자가 조술하기만 하고 창작하지 않았다.'는 시각을 전제로 하고 있으며, 육경이 전적으로 공자의 사상을 기술한 글이 아니라는 것이다.

양백준(楊伯俊)도 공자가 육경을 창작한 것이 아니라, 전해내려 오던 자료를 정리하고 전수한 것이라는 관점으로 다음과 같이 말하였다.

> 공자는 스스로 자신은 『시』·『서』·『예』·『악』·『역』·『춘추』 육경을 연구했다고 말했다.(『莊子』「天運」)『논어』를 보면 공자는 자주 『시』에 대해 말했다. 『시』는 곧 오늘날의 『시경』으로 고대의 시가를 모아놓은 책인데 묘당의 시도 있고, 경대부의 시도 있고, 민가도 있다. 시대는 서주 시대부터 춘추 시대 중엽까지이다. 공자가 일찍이 시를 정리한 것은 『논어』「자한」에 보인다. 『서』는 『상서』로 『서경』이라고도 칭한다. 이 책은 고대 역사자료를 모아놓은 것으로, 공자가 일찍이 그것을 인용한 것이 『논어』「위정」에 보인다. 『예』는 공자 당시에 그 책이 있었던 듯하다. 그러나 현재 유전되는 『예』, 곧 『의례』는 공자가 강의해 전수한 데서 나온 것이다. 『악』은 단지 악보만 있었을 뿐인데 일찍이 없어졌다. 그렇지만 공자는 음악애호가였을 뿐만 아니라, 음악을 충분히 알고 판단할 수 있는 전문가였다. 『역』은 『주역』 또는 『역경』으로 불리는데, 공자 당시에는 괘사와 효사만 있어 점을 치는 용도로 쓰여 공자가 일찍이 인용한 적이 있다. 『춘추』는 노나라의 역사서로 공자가 일찍이 근대사와 당대사의 교재로 채택하였다. 공자가 고대 문헌을 정리하고 전수한 정황이 대개 이와 같다.[17]

부분을 수정하여 실은 것이다.

17 楊伯俊, 『經書淺談』(中華書局出版, 1997)「論語」. "孔子自己說他研究詩書禮樂易春秋六經 從論語看 他經常談詩 詩就是今天的詩經 是古代詩歌總集 有廟堂之詩 有卿大夫的詩 有民歌 時代從西周到春秋中葉 孔子曾整理過詩 見論語子罕篇 書是尙書 又稱書經 是古代歷史資料滙編 孔子曾引用它 見論語爲政篇 禮當孔子時 或許有書 但現今流傳的禮 卽儀禮 則出自孔子的講授 樂只是樂譜 早已亡失 但孔子不僅是音樂愛好者 很可能

현대 학자들은 육경이 장구한 세월에 걸쳐 형성된 것으로 한 시대 한 사람의 손에 의해 완성된 것으로 보지 않는다. 즉 공자 이전에 이미 있었던 것으로 보고 있다. 공자는 오랫동안 이 육경을 교재로 삼아 학생을 가르쳤는데, 그 과정에서 정리하고 편정(編訂)하여 이해하기 쉽도록 하였을 뿐이라는 것이다.

범문란은 공자가 육경을 정리할 적에 다음과 같은 세 가지 원칙이 있었다고 하였다. 첫째는 '조술하기만 하고 창작하지 않는다.'는 것이며, 둘째는 '괴력난신(怪力亂神)을 말하지 않는다.'는 것이며, 셋째는 '이단을 배척한다.'는 것이다.[18]

'육경'이라는 명칭은 『장자』「천운(天運)」에 처음 나타난다.

> 공자가 노담(老聃)에게 말하기를 "저는 『시』·『서』·『예』·『악』·『역』·『춘추』 육경을 공부한 지 스스로 생각해도 오래되었습니다.……"라고 하니, 노자가 말하기를 "저 육경은 선왕의 진적(陳跡)이니, 어찌 따를 수 있는 것이 아니겠는가."라고 하였다.[19]

이를 보면 공자가 살던 시대에 이미 『시』·『서』·『예』·『악』·『역』·『춘추』를 '육경'이라 일컬었던 것을 알 수 있다. 그리고 공자는 이 육경을 학문의 과목으로 정해 공부한 것을 알 수 있다. 노자(老子:老聃)는

十分內行 易也叫周易或易經 當孔子時 只有卦辭和爻辭 作占筮用 孔子曾經引用它 春秋 是魯國史書 孔子曾經采它 作近代史和唐代史的教本 孔子整理和傳授古代文獻的情形 大槪如此"

18 范文蘭, 『中國通史1』, 人民出版社, 1978, 170쪽 참조.(吳雁南 等 主編, 『中國經學史』, 五南圖書出版股份有限公司, 2005, 5쪽에서 재인용)

19 莊周, 『莊子』「天運」. "孔子謂老聃曰 丘治詩書禮樂易春秋六經 自以爲久矣……老子曰夫六經 先王之陳跡也 豈其所以跡哉"

이 육경을 '선왕의 진적'이라 하였으니, 여기서 말하는 육경은 공자가 찬정한 것이 아니고, 예로부터 전해 내려온 여섯 종류의 글이었음을 알 수 있다.

한나라 때 가의(賈誼)는 "『시』·『서』·『역』·『춘추』·『예』·『악』 여섯 가지의 학술을 육예(六藝)라고 말한다."[20]라고 하여 육경을 육예라고 하였는데, 이러한 언급은 여러 곳에 보인다. 한편『주례』「지관(地官)-보씨(保氏)」에 "국자(國子)에게 육예(六藝)를 가르친다."라고 하였는데, 이 '육예'는 예·악·사(射)·어(御)·서(書)·수(數)의 여섯 가지 교과를 가리킨다.

육경을 육예라고 한 것에 대해, 광아명(匡亞明)은 소학교에서 학습하는 예·악·사·어·서·수는 소예(小藝)이고, 성년이 되어 태학에 들어가 배우는 『시』·『서』·『역』·『춘추』·『예』·『악』은 대예(大藝)를 가리키는데, 당시 사람들이 이를 혼용하여 육예라 칭했다고 하였다.[21] 그러니까 육경을 육예라고 부른 것은 대예를 지칭하는 것이라는 말이다.

4. 육경의 효용

『예기』「경해(經解)」에는 육경의 효용에 대해 다음과 같이 말하고 있다.

---

20 賈誼, 『新書』「六術」. "詩書易春秋禮樂六者之術 謂之六藝"
21 匡亞明, 『孔子評傳』, 南京大學出版社, 1990, 337쪽 참조.

공자가 말하기를 "그 나라에 들어가 보면, 그 나라의 교육을 알 수 있다. 그 나라 사람이 온유하고 돈후하면 『시경』을 가르쳤기 때문이며, 안목이 트이고 지난 일을 잘 알면 『상서』를 잘 가르쳤기 때문이며, 식견이 넓고 평이하고 어질면 『악경』을 잘 가르쳤기 때문이며, 사람됨이 깨끗하고 고요하며 정밀하고 세밀하면 『역경』을 잘 가르쳤기 때문이며, 자세가 공손하고 검소하고 엄숙하고 공경스러우면 『예경』을 잘 가르쳤기 때문이며, 말을 잘 만들고 일을 잘 비유하면 『춘추』를 잘 가르쳤기 때문이다."[22]

이처럼 공자는 육경의 교육적 효과를 『시경』은 온유돈후(溫柔敦厚)로, 『상서』는 소통지원(疏通知遠)으로, 『역경』은 계정정미(契靜精微)로, 『예경』은 공검장경(恭儉莊敬)으로, 『악경』은 광박이량(廣博易良)으로, 『춘추』는 속사비사(屬辭比事)로 정리하여 언급하였다.

한대 사마천은 육경의 효용에 대해 다음과 같이 말하였다.

육예가 정치에 있어서도 마찬가지이다. 『예경』으로써 사람을 절도 있게 하고, 『악경』으로써 조화를 발하고, 『상서』로써 일을 말하고, 『시경』으로써 뜻을 전달하고, 『역경』으로써 변화를 신묘하게 하고, 『춘추』로써 의리를 말한다.[23]

사마천은 육경의 정치적 효용성에 대해 『시경』은 의사를 전달하는 효용, 『상서』는 정사를 말하는 효용, 『역경』은 변화를 신묘하게 하는 효용, 『예경』은 사람을 절도 있게 하는 효용, 『악경』은 조화를 드러내

---

22 『禮記』「經解」. "孔子曰 入其國 其教可知也 其爲人也 溫柔敦厚 詩教也 疏通知遠 書教也 廣博易良 樂教也 絜靜精微 易教也 恭儉莊敬 禮教也 屬辭比事 春秋教也"

23 司馬遷, 『史記』「滑稽列傳」. "六藝于治 一也 禮以節人 樂以發和 書以道事 詩以達意 易以神化 春秋以道義"

는 효용, 『춘추』는 의리를 말하는 효용을 주목한 것이다.

한편 장주(莊周)는 육경의 효용에 대해 다음과 같이 말하였다.

> 『시경』으로써 지향을 말하고, 『상서』로써 정사를 말하고, 『예경』으로써 행실을 말하고, 『악경』으로써 조화를 말하고, 『역경』으로써 음양을 말하고, 『춘추』로써 명분을 말한다.[24]

장주는 육경의 효용에 대해, 『시경』은 지향, 『상서』는 정사, 『역경』은 음양, 『예경』은 행실, 『악경』은 조화, 『춘추』는 명분을 말하는 효용이 있다고 하였다.

사마천은 이러한 육경의 효용성에 대해 좀 더 구체적으로 다음과 같이 말하였다.

> 『역경』은 천지·음양·사시·오행을 드러내기 때문에 변화를 아는 데 장점이 있으며, 『예경』은 인륜을 바로 세우기 때문에 행실에 장점이 있으며, 『상서』는 선왕의 일을 기록한 것이기 때문에 정사에 장점이 있으며, 『시경』은 산천·계곡·금수·초목·빈모(牝牡)·자웅(雌雄)을 기록한 것이기 때문에 풍화에 장점이 있으며, 『악경』은 자신을 세울 바를 즐거워한 것이기 때문에 조화에 장점이 있으며, 『춘추』는 시비를 분변해 놓은 것이기 때문에 사람을 다스리는 데 장점이 있다. 그러므로 『예경』으로 사람을 절도 있게 하고, 『악경』으로 조화를 발하고, 『상서』로 정사를 말하고, 『시경』으로 지향을 전달하고, 『역경』으로 변화를 말하고, 『춘추』로 대의를 말한다.[25]

---

24 莊周, 『莊子』 「天下」. "詩以道志 書以道事 禮以道行 樂以道和 易以道陰陽 春秋以道名分"
25 司馬遷, 『史記』, 「太史公自序」. "易著天地陰陽四時五行 故長於變 禮經紀人倫 故長於

이를 다시 정리하면, 『시경』은 풍화에 장점이 있으며 사물에 의탁하여 지향을 나타내는 데에도 장점이 있기 때문에 지향을 말하거나 의사를 전달하는 데에 쓸 수 있으며, 『상서』는 정사에 장점이 있으며 기록된 내용이 선왕의 일이므로 정사를 말하는 데에 쓸 수 있으며, 『역경』은 변화에 장점이 있기 때문에 변화를 신묘하게 하거나 음양을 말하는 데에 쓸 수 있으며, 『예경』은 행실에 장점이 있기 때문에 사람을 절도 있게 하거나 행실을 말하는 데에 쓸 수 있으며, 『악경』은 조화에 장점이 있기 때문에 조화를 발하는 데에 쓸 수 있으며, 『춘추』는 시비를 분변하여 사람을 다스리는 데 장점이 있기 때문에 의리를 말하거나 명분을 말하는 데에 쓸 수 있다는 것이다.

『한서』「예문지」에도 육경의 효용을 논한 부분이 있다.

> 육예의 글은 『악경』으로써 정신을 조화롭게 하니 인(仁)의 표상이고, 『시경』으로써 말을 바르게 하니 의(義)의 효용이며, 『예경』으로써 몸을 밝게 하니 밝음이 드러나기 때문에 이에 대한 훈해가 없으며, 『상서』로써 듣는 것을 넓히니 지(智)의 기술이며, 『춘추』로써 일을 결단하니 신(信)의 부절이다. 이 다섯 가지 오상(五常)의 도는 서로 연관하여 갖추어지는데, 『역경』이 그것들의 근원이 된다.[26]

『한서』「예문지」에서는 인·의·예·지·신 오상을 육경에 배치하였

行 書記先王之事 故長於政 詩記山川溪谷草木牝牡雌雄 故長於風 樂樂所以立 故長於和 春秋辨是非 故長於治人 是故禮以節人 樂以發和 書以道事 詩以達義 易以道化 春秋以道義"

26 班固, 『漢書』「藝文志」, "六藝之文 樂以和神 仁之表也 詩以正言 義之用也 禮以明體 明著著見 故無訓也 書以廣聽 知之術也 春秋以斷事 信之符也 五者盖五常之道 相須而備 而易爲之原"

는데, 한 가지가 모자라기 때문에 '『역경』이 그것들의 근원이 된다.'는 구절을 덧붙였다. 그러나 반고(班固)는 『역경』이 왜 『시경』·『상서』·『예경』·『악경』·『춘추』의 근원이 되는지에 대해 그 까닭을 말하지 않았다. 이에 대해 장백잠은 『한서』는 유흠의 『칠략(七略)』에 근거한 것으로 자못 의심스러운 점이 있다고 하면서, 『장자』·『사기』의 의논이 명확한 것만 못하다고 하였다.[27]

5. 육경의 배열

육경의 차례를 배열하는 문제에 대해 두 가지 설이 있다. 하나는 책이 만들어진 시기의 선후로 차례를 정하여 『역경』-『상서』-『시경』-『예경』-『악경』-『춘추』의 순서로 배열하는 것이다. 이는 육경을 '주공의 구전'으로 보는 시각으로 고문경학가들이 주장하는 설이다. 다른 하나는 경전의 내용이 얕은 데로부터 시작하여 깊은 데에 이르렀다는 것으로 『시경』-『상서』-『예경』-『악경』-『역경』-『춘추』의 순서로 배열하는 것이다. 이는 육경을 공자가 학생들을 가르치기 위해 지은 것으로 보는 시각으로 금문경학가들이 주장하는 설이다.

전자부터 살펴보기로 한다. 『역경』은 팔괘에 근원을 하는데, 팔괘는 복희가 그려 가장 오래된 것이기 때문에 맨 처음에 배열한다. 『상서』는 맨 앞에 보이는 「요전」이 요·순 의 일을 기록한 것이기 때문에 시기적으로 그 다음에 위치한다. 『시경』은 빈풍(豳風) 「칠월」이 주나라가

---

27 최석기·강정화 역주, 『유교경전과 경학』, 경인문화사, 2002, 11쪽 참조.

빈(豳)을 떠나 기(岐)로 천도하기 이전의 작품이며, 또 상송(商頌)은 상나라의 교제(郊祭)를 지낸 악장이기 때문에 시기적으로 그 다음에 위치한다. 『예경』과 『악경』은 주공이 지은 것이기 때문에 시기적으로 그 다음에 위치한다. 『춘추』는 공자가 지은 것이기 때문에 시기적으로 그 다음에 위치한다.

다음은 후자에 대해 살펴보기로 한다. 『시경』과 『상서』는 문자로 학생들을 교육하는 것이기 때문에 수준이 비교적 얕아 맨 앞에 위치한다. 『예경』은 사람들의 행위를 단속하는 내용이고, 『악경』은 사람들의 품성을 도야시키는 내용으로 문자로 가르치는 것보다는 한 단계 더 나아간 것이기 때문에 그 다음에 위치한다. 『역경』은 음양의 변화를 밝히고 하늘과 사람의 관계를 궁구한 것이며, 『춘추』는 공자의 정치적 주장으로 지난 일을 통해 포장하거나 폄하하는 방식을 빌어 미언대의를 드러낸 것이기 때문에 그 내용이 깊어 맨 뒤에 위치한다.

6. 육경의 전수

공자가 찬정한 육경이 문인들을 통해 어떻게 전수되었는지를 간략히 살펴보기로 한다. 이에 대해서는 유사배의 『경학교과서』 「공자제자지전경(孔子弟子之傳經)」을 참고하였다.[28]

공자의 제자는 3천 명이나 되었는데, 그중에 육예에 통달한 사람은 72인이었다. 그중에 공자의 도를 전해 받았다고 전하는 증삼(曾參:曾

---

28 이영호·서혜준 옮김, 『중국경학사』, 성균관대학교 출판부, 2020, 58~64쪽 참조.

子)이『효경』을 지었고[29], 복상(卜商:子夏) 등이 공자의 언행을 수집하여 『논어』를 찬술하였다.[30]

『시경』은 공자로부터 자하에게 전수되었고, 여섯 번 전하여 순경(荀卿)에게 이르렀다. 순경이 부구백(浮丘伯)에게 전하고 다시 신배(申培)에게 전해진 것이『노시(魯詩)』이다. 다른 하나는 자하로부터 고행자(高行子)-설창자(薛倉子)-백묘자(帛妙子)-대모공(大毛公:毛亨)으로 전수된 것이『모시(毛詩)』이다.

『역경』은 공자로부터 상구(商瞿)에게 전해지고, 여섯 번 전하여 전하(田何)에 이르렀다.[31] 전하는 공자 역학의 제5대 전수자이다. 전하는 전한 초기 금문의 역학을 전한 사람으로『전씨역전(田氏易傳)』이 있었다고 하는데, 지금은 일실되었다.

『상서』는 공자로부터 칠조개(漆彫開)에게 전해졌는데, 사설은 전해진 것이 없다. 또 공자의 후손 공씨 집안에서 대대로 이 책을 전수하여 아홉 번을 전해 공부(孔鮒)에 이르렀다.[32]

『춘추』는 좌구명(左丘明)이 전(傳)을 지은 뒤 여섯 번 전하여 순경에 이르렀고, 순경이 장창(張蒼)에게 전해 전수된 것이 좌씨학(左氏學)이다.[33] 이와는 달리 공자가 자하에게 전수한 뒤, 다시 공양고(公羊高)에

---

29 鄭玄의『六藝論』에는 공자가 孝經을 지었다고 하였으나, 司馬遷의『史記』「孔子世家」에는『효경』을 증자가 지었다고 하였다.
30 鄭玄의『六藝論』에 그렇게 말하였는데, 현대 학자들 중에는 曾參과 有若의 문인들이 주축이 되어 편찬한 책으로 보는 설도 있다.
31 司馬遷,『史記』「儒林列傳」. "自魯商瞿受易孔子 孔子卒 商瞿傳易 六世至齊人田何 字子莊"
32 이영호·서혜준 옮김,『중국경학사』, 성균관대학교 출판부, 2020, 59쪽 참조.
33 上同, 59~61쪽 참조.

게 전수되어 공양씨가 대대로 전수해 다섯 번 전하여 호모생(胡母生)에
게 이른 것이 공양학(公羊學)의 시초이며, 자하로부터 곡량적(穀梁赤)
에게 전수되어 한 차례 전해 순경에 이르고 다시 신배에게 이른 것이
곡량학(穀梁學)의 시초이다.

유사배는 자하와 순경이 육경의 학술을 집대성한 사람들이며, 양한
의 유학자들은 거의 자하와 순경의 학파를 지킨 자들이라고 하였다.[34]

공자 제자 중에 예와 악에 통달한 사람이 많았는데, 자하·자공은
악에 통달했고, 증삼·언언(言偃:子游)·유비(孺悲)는 예에 통달했다.[35]
전국 시대 『예경』을 전수한 사람으로는 공손니자(公孫尼子)·청사씨(靑
史氏)·왕사씨(王史氏) 등이 있다.[36] 공자 문하의 제자들 중에는 『예경』
을 위해 자하가 「상복기(喪服記)」를 지은 것처럼 기(記)를 지었고, 고대
의 예를 기록한 글부터 공자가 예를 논한 말씀에 이르기까지 유사한
것들을 모아 책으로 만들었다. 그것을 후대에 정리한 것이 『대대례기(大
戴禮記)』와 『소대례기(小戴禮記)』이다. 또 자사(子思)가 지은 「중용」과
증자와 그의 문인들이 지었다고 하는 「대학」 등도 고대의 예를 모아놓
은 책 속에 수록되었다.

복상(卜商)의 문도들이 『이아』를 계승하여 육경의 말을 풀이하였다.
맹자는 자사의 문인에게 수업하여 오경의 학문에 통달하였는데, 특히
『시경』과 『상서』에 뛰어났다. 그는 『맹자』를 저술하여 유가의 반열에

---

34 上同, 60~61쪽 참조.
35 『禮記』 「樂記」에 子夏가 魏文侯에게 樂에 대해 언급한 것이 있고, 子貢은 樂을 물은
것이 있다. 그리고 曾子·子游·孺悲는 『예기』 「檀弓」·「雜記」 등에 禮에 대해 언급한
내용이 보인다.
36 이영호·서혜준 옮김, 『중국경학사』, 성균관대학교 출판부, 2020, 62쪽 참조.

올랐는데, 모두 공자 문하에서 전해진 말이었다.

노나라에 박사(博士)를 두면서 비로소 육경을 관학(官學)으로 삼게 되었다. 위 문후(魏文侯)는 자하에게 수업을 받고 다시 박사와 제자를 두었다. 진(秦)나라도 박사를 두었는데, 민간에서 육경을 사사로이 익히는 것을 금했다. 진시황 때 분서·갱유를 하여『역경』을 제외한 책들이 대부분 소실되었지만, 관원들이 육경을 익히는 것은 금하지 않았다.[37]

---

37 上同, 63~64쪽 참조.

제2장

분서(焚書) · 갱유(坑儒)와
금문경(今文經) · 고문경(古文經)

1. 진대(秦代)의 분서와 갱유

경학사에 변화를 초래한 하나의 큰 사건이 진시황(재위 BC246~BC210) 때의 분서(焚書)와 갱유(坑儒)이다. 분서는 진시황 34년(BC213)에 일어났고, 갱유는 진시황 35년(BC212)에 일어났다. 사마천의 『사기』「진시황본기」에는 다음과 같이 기록하고 있다.

　　"진시황 34년. 진시황이 함양궁에서 주연을 베풀었다. 박사 70명이 앞으로 나와 진시황에게 축수를 올렸다. …… 승상 이사(李斯)가 아뢰기를 "오제(五帝)는 앞 시대의 정치를 되풀이 하지 않았고, 삼대에도 정치를 답습하지 않고 각자 자기들의 방식으로 다스렸습니다. 그것은 상반된 것이 아니라, 시대의 상황이 달라졌기 때문입니다. 이제 폐하께서 대업을 창건하여 만세의 공덕을 세우셨으니, 진실로 어리석은 유생들이 알 수 있는 바가 아닙니다. 순우월(淳于越)이 말한 것은 삼대의 일이니, 어찌 이를 본받겠습니까. 예전 제후들이 서로 다툴 때에는 유세하는 학자들을 후하게 대접하여 초치하였습니다. 그러나 지금은 천하가 안정되어 법령이 황제 한 분에게서 나오고 있습니다. 백성은 집안에서 농·공에 힘쓰며, 사(士)는 법령이나 금지조항을 학습하고 있습니다. 그런데 오늘날의 유생들은 지금의 것을 본받지 않고 옛것을 배워 당세를 비난하며 백성들을 어지럽히고 있습니다. 승상 신 이사는 죽음을 무릅쓰고 아룁니다. 옛날에는 천하가 혼란스러워 하나로 통일할 수 없었기 때문에 제후들이 모두 일어났던 것입니다. 말은 모두 옛것을 말하여 지금을 해치고, 허망한 말을 수식하여 진실을 어지럽히며, 사람들은 사사로이 배운 것을 좋게 여겨 위에서 세운 제도를 비방했습니다. 이제 황제께서 천하를 통일하시어 흑백을 가리고 하나의 존귀함을 정하셨습니다. 그런데 사사로이 배운 것으로 법교(法敎)를 서로 비난하여 명령을 듣고서도 각자 배운 바로 의논하며, 조정에 들어가서는 속으로 비난하고 조정을 나와서는 길거리에서 숙덕거립니다. 주장을 과장하는 것으로 명예를 삼고, 취지를 달리 하는 것으로 고상함을 삼으며, 아랫사람들을 거느리고 비방을 조성하고 있습니다. 이와 같은데도 금지하지 않는다면 위로는 황제의 위세가 떨어지고, 아래로는 붕당이 형성될 것입니다. 따라서 사적으로 논의하는 것을 금지시키는 것이 편합니다. 청컨대 역사를 담당하는 관청에 보관된 글 가운데 진나라의 기록이 아닌 것은 모두 태우소서. 박사관이 맡고 있는 것 말고, 천하에 감히 『시경』·『서경』 및 제자백가의 글을 소장하고 있는 자들은 태수나 태위에게 모두 바쳐 한데 모아 태우게 하십시오. 또한 『시경』·『상서』에 대해 모여 말하는 자가 있으면 저자거리에서 죽이고, 옛것으로 지금의 것을 비난하는 자는 멸족시키고, 보고 알면서도 거론하지 않는 관리는 그들과 동일한 벌을 내리소서. 명령이 내린 지 30일이 되어도 서적을 불태우지 않으면 경형(黥刑)[1]에 처한 뒤 성단형(城旦刑)[2]에 처하십시오. 없애지 않을 것으로는 의약·복서(卜筮)·식목(植木) 등에 관한 책입니다. 그리고 법령을 배우는 자가 있기를 바라신다면 관리로 그 스승을 삼게 하십시오."라고 하였다. 그러자 진시황이 "옳다."라고 하였다.[3]

1 　黥刑: 얼굴에 묵으로 글자를 새겨 범죄자임을 드러내는 형벌로 刺字라고 한다.
2 　城旦刑: 형벌의 일종으로 낮에는 변경을 수비하고, 밤에는 성을 수축하게 하는 勞役을 말한다.
3 　司馬遷, 『史記』 권6, 「秦始皇本紀」. "三十四年 始皇置酒咸陽宮 博士七十人 前爲壽 …… 丞相李斯曰 五帝不相復 三代不相襲 各以治 非其相反 時變異也 今陛下創大業 建萬世之功 固非愚儒所知 且越言乃三代之事 何足法也 異時諸侯幷爭 厚招游學 今天下已定 法令出一 百姓當家則力農工 士則學習法令辟禁 今諸生不師今而學古 以非當世 惑亂黔首 丞相臣斯昧死言 古者天下散亂 莫之能一 是以諸侯幷作 語皆道古以害今 飾虛言以亂實 人善其所私學 以非上之所建立 今皇帝幷有天下 別黑白而定一尊 私學乃相與非法敎 人聞令下 則各以其學議之 入則心非 出則巷議 夸主以爲名 異取以爲高 率群下以造

『사기』「이사열전」에도 이와 같은 내용이 실려 있는데, 그 아래에 "진시황은 그의 논의가 옳다고 여겨『시경』·『상서』및 제자백가의 글을 몰수해 폐기하여 백성을 우매하게 만들었다. 그리하여 온 천하 사람들로 하여금 옛 일을 들어 지금 세상을 비난하지 못하도록 하였다."[4]라고 하였다. 이 분서 사건에 대해 장백잠은 문화사적 의미를 세밀히 논하였는데[5], 그 내용을 정리해 보면 다음과 같다.

이사가 분서를 주장한 이유는, 순우월과 같은 유생들이 옛 일을 들어 오늘날을 비난했기 때문이다. 진시황은 중국을 통일한 뒤 군현제를 시행했는데, 이는 주나라 이전에 행해진 봉건제가 근본적으로 무너진 것이다. 고대의 봉건제도가 전국 시대에 이르러 붕괴되기 시작하였지만, 정치·사회적으로 중대한 개혁은 구습에 안주하려는 사람들에게 동의를 받지 못하였다.

특히 순우월 같은 사람은 상나라·주나라의 지난 일을 인용하여 증거를 삼으면서 "어떤 일이든 옛것을 본받지 않고 오래 유지될 수 있는 일은 들어보지 못했다."라고 하였다.[6] 당시 이런 주장을 펴는 사상가는 한두 명이 아니었을 것이니, 순우월은 그런 사람들의 대표적인 인물이

誇 如此弗禁 則主勢降乎上 黨與成乎下 禁之便 臣請史官非秦記皆燒之 非博士所職 天下敢有藏詩書百家語者 悉詣守尉 雜燒之 有敢偶語詩書者 棄市 以古非今者 族 吏見知不擧者 與同罪 令下三十日不燒 黥爲城旦 所不去者 醫藥卜筮種樹之書 若欲有學法令以吏爲師 制曰 可"

4　司馬遷,『史記』권87,「李斯列傳」. "始皇可其議 收去詩書百家之語 以愚百姓 使天下無以古非今"

5　최석기·강정화 역주,『유교경전과 경학』(원 冊名은『經與經學』, 이하 同), 경인문화사, 2002, 31~41쪽 참조.

6　司馬遷,『史記』권6,「秦始皇本紀」. "三十四年. 博士齊人淳于越進曰 臣聞殷周之王千餘歲 封子弟功臣 自爲枝輔 …… 事不師古而能長久者 非所聞也"

었을 것이다. 그래서 이사는 고서를 불태워 유생들이 의거할 바를 없앰으로써 천하 사람들로 하여금 옛 일을 가지고 지금의 일을 비난하지 못하게 하는 것보다 더 좋은 방책이 없다고 생각한 것이다.

　이사는 금지된 고적을 불태우라는 명령을 어기는 데 대한 벌칙을 제정했는데, 모두 세 가지이다. 하나는 옛 일을 가지고 지금의 일을 비난하는 자는 멸족시킨다는 것이고, 하나는 『시경』·『상서』를 서로 말하는 자는 저자거리에서 죽인다는 것이며, 하나는 명이 내린 지 30일이 지났는데도 서적을 불태우지 않으면 경형에 처한 뒤 성단형에 처한다는 것이다. 이를 통해 보면, 이사가 분서를 주장한 주된 목적은 유생들이 옛 일을 가지고 오늘날의 일을 비난하는 것[以古非今]을 금지하는 데 있었음을 알 수 있다.

　또 이사는 '박사관이 맡고 있는 것 말고, 천하에 감히 『시경』·『상서』 및 제자백가의 글을 소장하고 있는 자들은 태수나 태위에게 모두 바쳐 한데 모아 태우게 하라.'고 건의하였다. 이를 역설적으로 말하자면, 박사관이 관장하고 있던 『시경』·『상서』 및 제자백가의 글은 분서하는 데에 포함되지 않았다는 것이다. 박사관이 소장하고 있던 책은 태우지 않았으니, 조정의 관리들은 이런 책을 구해 볼 수 있었다.

　사마천의 『사기』에 "제남(濟南)의 복승(伏勝)은 옛날 진나라의 박사였다"라고 했으며, 또 "장창(張蒼)은 진나라 때부터 주하사(柱下史)가 되어 주하(柱下)의 방서(方書)를 주관하였다."라고 하였다. 숙손통(叔孫通)은 진나라 때 대조박사(待詔博士)가 되어 박사 30여 명과 이세(二世: 胡亥) 앞에서 정사를 논하였다. 이런 여러 사람들이 한나라 초기까지 건재하였으니, 진나라 때 박사관에서 관장하던 경서가 완전히 훼손된 것은 아니었음을 알 수 있다.

　또 이사는 "만약 법령을 배우는 자가 있기를 바라신다면 관리로 스승을 삼게 하소서."라고 하였으니, 정부가 학술을 통제하고 사상을 통일시키는 효과를 거두려 했던 것을 알 수 있다.

　역사를 논하는 사람들이 분서와 함께 진시황의 가장 큰 죄상의 하나로 여기는 것이 갱유이다. 『사기』「진시황본기」35년 조에 다음과 같이 기록되어 있다.

　　후생(侯生)과 노생(盧生)이 서로 모의하기를 "진시황은 천성이 고집스럽고 사나우며 자기 마음대로 하는 사람이다. 제후로서 일어나 천하를 통일하여 뜻을 얻자, 예로부터 자기보다 더 나은 자가 없다고 여기고 있다. 옥리에게 일을 전적으로 맡겨, 옥리는 황제의 총애를 받는다. 박사가 70명이나 되지만 인원수를 채우고 있을 뿐 쓰이지 못하고 있다. 승상과 여러 대신들도 모두 결정된 일을 받을 뿐, 황제의 결정에 의존하고 있다. 황제는 형벌과 살육으로 위엄 세우기를 좋아하니, 천하 사람들이 죄를 두려워하고 녹봉이나 유지하며 감히 충성을 다하지 않고 있다. 황제는 자신의 허물을 듣지 않고 날로 교만해지며, 아랫사람들은 벌벌 떨며 굴복하고 임금을 속이면서 비위나 맞추고 있다.……"라고 하고서 곧바로 도망쳐 버렸다. 진시황은 그들이 도망쳤다는 소식을 듣고 크게 노하여 "내가 전에 천하의 쓸모없는 책들을 거두어 모두 없애고, 문학이나 방술을 하는 사람들을 많이 불러들여 태평성세를 일으키고자 하였다. 그러자 방술사들이 연단술로 기이한 약을 구하려 했다. 지금 듣건대 한중(韓衆)은 선약을 구하러 떠났는데 아무 소식이 없고, 서불(徐巿) 등은 막대한 금액을 쓰고서도 끝내 약을 구하지 못하였다. 다만 간사하게 이익이나 챙기며 서로 고발하는 말만 매일 들리고 있다. 내가 노생 등을 존중하여 매우 후하게 금품을 하사했는데, 이제 나를 비방하여 나의 부덕함을 가중시키는구나. 내가 사람을 시켜 함양에 있는 유생들을 조사해 보니, 어떤 자는 요망한 말을 퍼뜨려 백성들을 어지럽히고 있었다."라고 하였다. 이에 어사로 하여금 유생들을 모두 조사하게 하자, 그들은 서로

를 끌어들여 고발하면서 자신은 빠져나가려 하였다. 금령을 범한 자가
460여 명이었는데, 모두 함양에 묻어 죽였다. 천하 사람들로 하여금 이
사실을 알게 하여 후인을 징계토록 한 것이다.[7]

이를 보면 갱유도 매우 잔혹한 사건이었음을 알 수 있다. 그러나 묻
어 죽인 사람들이 과연 진정한 유자였을까? 진시황이 크게 노한 이유
는, 노생(盧生)은 선약을 구하려 하지 않다가 도망쳐 버렸고, 한중(韓
衆)은 선약을 구하러 떠난 뒤 소식이 없고, 서불(徐市) 등은 막대한 돈
을 쓰고서도 끝내 선약을 구하지 못했기 때문이다.

「진시황본기」를 살펴보면, 진시황은 불로장생의 선약을 구하기 위
해 여러 사람을 파견한 사실을 알 수 있는데, 이들은 모두 진시황을
위해 불사약을 구하던 방술사이지, 경전을 공부한 유생이 아님을 알
수 있다. 황제는 신선처럼 불로장생을 원했고, 방술사들은 이를 이용해
부귀를 구한 것이다. 진시황은 그들에게 기만과 우롱을 당하면서도 세
상에는 본래 신선과 불사약이 없다는 것을 깨닫지 못하였다. 그래서
화가 나 460여 명을 묻어 죽인 것이다. 따라서 갱유가 유학자들을 모두
땅속에 파묻어 죽인 것은 아니라는 사실을 알 수 있다.

분서는 진시황 34년(BC213)에 일어났고, 갱유는 진시황 35년(BC212)

7　司馬遷, 『史記』 「秦始皇本紀」. "侯生盧生相與謀曰 始皇爲人 天性剛戾自用 起諸侯 幷
天下 意得欲從 以爲自古莫能及己 專任獄吏 獄吏得親幸 博士雖七十人 特備員弗用 丞
相諸大臣 皆受成事 倚辨於上 上樂以刑殺爲威 天下畏罪持祿 莫敢盡忠 上不聞過而日驕
下慴伏謾欺以取容……於是 乃亡去 始皇聞亡 乃大怒曰 吾前收天下書 不中用者 盡去之
悉召文學方術士甚衆 欲以興太平 方士欲練以求奇藥 今聞韓衆去不報 徐市等費以巨萬
計 終不得藥 徒姦利相告日聞 盧生等吾尊賜之甚厚 今乃誹謗我 以重吾不德也 諸生在咸
陽者 吾使人廉問 或爲訞言以亂黔首 於是 使御史悉案問諸生 諸生傳相告引 乃自除 犯
禁者 四百六十餘人 皆阬之咸陽 使天下知之 以懲後"

에 일어났다. 이로부터 3년이 채 못 되어 진시황은 BC210년에 죽었다. 그리고 분서를 행한 지 7년이 채 되기도 전인 BC207년에 진나라는 망하였다. 진시황의 협서율(挾書律)은 한 혜제(漢惠帝) 4년(BC191)에 폐지되었다.

그러므로 갱유가 일대 참극이긴 하였지만 파묻어 죽인 사람들이 모두 유학자들은 아니었고, 분서가 일대 재앙이었지만 박사관이 주관하던 것과 승상부와 어사부에 소장되어 있던 관서는 불타지 않고 민간에서 소장하고 있던 것을 거두어 태운 것이다.

2. 한대(漢代)의 금문경과 고문경

경적(經籍)은 분서와 갱유를 당한 뒤에 세상에서 많이 없어졌다. 한 혜제 4년에 비로소 협서율을 없애자 고적이 다시 세상에 나오게 되었다. 문제(文帝) 이전에 특별히 설치한 박사들은 노숙한 유학자들이 전해 준 것을 받아 한나라 때 유행하던 예서(隷書)로 쓴 판본으로 연구하였다. 이후 여러 나라 제후들이 유서(遺書)를 널리 구했고, 무제(武帝)는 승상 공손홍(公孫弘)으로 하여금 책을 바치는 길을 널리 열게 하였다. 즉 국가에서 책을 소장하는 정책을 세우고 책을 베끼는 관청을 설치했다. 성제(成帝)도 진농(陳農)으로 하여금 온 천하에서 유서를 널리 구하게 했다. 그리하여 1백 년 동안 중비부(中秘府)에 소장한 책이 산더미처럼 쌓이게 되었다.

이에 유향(劉向)·임굉(任宏)·윤함(尹咸)·이주국(李柱國) 등에게 명하여 중비부에 소장한 책을 교정하게 하였다. 유향은 경·자·시부를 교정했고, 임굉은 보병교위(步兵校尉)로서 병서를 교정했고, 윤함은 태사(太史)로서 술수서를 교정했고, 이주국은 시의(侍醫)로서 방술서를 교정했다. 유향이 죽자, 애제(哀帝)는 유향의 아들 유흠(劉歆)에게 아버지의 일을 완성하도록 명했다.

유흠은 책을 교정할 때 당시 통용되던 박사들이 교수하던 판본과 다른 점을 발견했는데, 글씨체가 예전의 전서(篆書)로 쓴 것이었다. 이것이 이른바 '고문경(古文經)'이라고 하는 것이다. 이에 한나라 때 통용되던 예서로 쓴 판본은 '금문경(今文經)'이라 부르게 되었다. 그리하여 경전에 금문과 고문의 분별이 있게 되었다. 이는 진나라 때의 분서에서 기인한 것이다.

그런데 『역경』과 『시경』 두 책은 금문과 고문에 큰 차이가 없고, 『주례』는 고문만 있고 금문이 없었다. 이를 제외한 『상서』·『의례』·『춘추공양전』·『춘추곡량전』·『춘추좌씨전』 및 『논어』·『효경』 등은 모두 고문본이 금문본에 비해 편수와 장수가 더 많았다. 이 때문에 고문경학자들은 금문경을 진나라 때 분서로 훼손된 불완전한 판본으로 여긴다.

그러나 고문경은 공자가 살던 집의 벽 속에서 나왔거나, 민간에서 얻었거나, 유흠이 비서(秘書) 중에서 발견한 것으로 전한 때 학관에 세워 박사가 교수한 것이 아니었다. 그러므로 금문경학자들은 고문경을 유흠이 위조한 것이라 여겼다. 이로 인해 금문학파와 고문학파는 물과 불처럼 서로를 용납할 수 없게 되었다. 금문학파와 고문학파의 논쟁이 가장 격렬했던 시대는 전한 말부터 후한 초까지이다. 후한 말에 이르러서는 금문과 고문이 혼합되거나 하나로 통일되었다.

금문경과 고문경이 다른 이유는 무엇일까? 그리고 『주례』와 『춘추

좌씨전』에는 금문경이 없고 고문경만 있는 것일까? 이런 점에서 유흠
이 고문경을 위조했다는 금문경학가의 말은 비교적 설득력이 있다.
『주례』는 유흠에 의해 완전히 위조된 것으로 보는 시선이 후대에 많지
만, 『춘추좌씨전』은 완전히 두찬(杜撰)한 것이 아니고 고서에서 관련
자료를 뽑아 붙여 놓은 것에 불과하다는 견해가 있다.

그렇다면 유흠은 왜 『주례』를 두찬하였을까? 그것은 한 마디로 왕망
(王莽)이 왕위를 찬탈하고 제도를 개혁하는 것을 도와주려 했기 때문이
다. 왕망이 섭정할 때, 유흠은 자신을 주공(周公)에 비유했다. 그는 한
대의 정치제도에 대대적인 개혁을 가하려 했지만 사람들의 반대에 부
딪힐까 두려웠기 때문에 옛것에 의탁해 제도를 개혁하려고 생각한 것
이다. 그러나 의탁할 만한 옛것이 없음을 고심하다가 『주례』를 위조한
것이다.

또 그는 고경 하나만 만들면 학자들의 의심을 받기 쉬울까 두려워서
옛 기록을 이것저것 뽑거나 보충해 엮어서 또 하나의 고문경전인 『춘추
좌씨전』을 만들었다. 뿐만 아니라 유흠은 이 두 책만으로는 세상 사람들
을 속이기 부족할까 염려되어 『상서』·『의례』·『논어』·『효경』 등에도
별도로 고문의 판본이 있다고 하였다.

그러나 이런 책들의 고문본은 모두 잠시 나타났다가 오래지 않아 없
어졌다. 그러므로 사람들의 의심을 받게 되었고, 고문본에 더 들어 있
던 몇 편, 몇 장은 끝내 믿을 수 없는 말이 되어버리고 말았다. 유흠의
수중에 있던 것도 이와 함께 없어지게 되었다. 청말의 강유위(康有爲)
가 지은 『신학위경고(新學僞經考)』는 고문경을 공박한 책으로 참고해
볼 만하다.

제3장

경(經)의 전수(傳授)와 전변(轉變)

한대(漢代)의 오경과 오경박사

　진나라가 망하고 한나라가 건국된 뒤 육경이 다시 세상에 나타나게 되었는데, 『악경』이 복원되지 않아 육경은 자연스럽게 '오경(五經)'으로 일컬어지게 되었다. 여기에는 두 가지 설이 있다. 하나는 진시황의 분서·갱유 때 『악경』이 없어져서 후대에 전하지 않게 되었다는 것이고, 하나는 『악경』은 본디 『시경』에 붙어 있던 악보로 애초 경문(經文)이 없었다는 것이다. 이런 두 가지 설의 진위여부는 명확하지 않다. 경전이 복원된 한나라 초기부터 『악경』은 세상에 나타나지 않았기 때문에 육경은 『악경』이 빠진 채 오경으로 전수되었다.

　한 문제(漢文帝; BC180~BC157) 때 박사관 제도를 도입하여 『시경』의 『노시』와 『한시』에 박사를 두었고, 경제(景帝; BC157~BC142) 때에는 『제시』에도 박사를 두었다. 무제(武帝; BC141~BC87) 때 동중서(董仲舒)는 '백가를 파출하고 육경을 표장하십시오.[罷黜白家 表章六經]'라고 상소하고, 공손홍(公孫弘)은 박사제도를 건의하여 비로소 오경박사를 두게 되었다.

　무제 건원(建元) 5년(BC136) 처음으로 오경박사를 두었는데, 『시경』에는 신배(申培)의 『노시』와 한영(韓嬰)의 『한시』와 원고(轅固)의 『제시』, 『상서』에는 구양생(歐陽生)의 『상서』, 『역경』에는 양씨(楊氏:楊何)의 『역경』, 『예경』에는 후씨(后氏:后蒼)의 『예경』, 『춘추』에는 공양

고(公羊高)의『공양춘추(公羊春秋)』등 7가의 박사를 세웠다. 이때부터
『악경』이 빠진 오경 체제가 성립되었으며,『시경』에만 3가의 박사가
세워졌다. 이를 도표로 정리하면 다음과 같다.

五經	家數	傳授者	書名	博士官 설치
詩經	3가	申培	魯詩	文帝(BC180~BC157)
		韓嬰	韓詩	
		轅固	齊詩	景帝(BC157~BC142)
尙書	1가	歐陽生	尙書	武帝(BC141~BC87)
易經	1가	楊何	易經	
禮經	1가	后倉	禮經	
春秋	1가	公羊高	春秋	

　　한 선제(漢宣帝; BC74~BC49) 때 시수(施讎)와 맹희(孟喜)가 전한『역
경』이 모두 학관에 세워져 박사를 두었다. 석거각회의(石渠閣會議; BC51)
를 거친 뒤 양구하(梁丘賀)의『역경』과 대하후(大夏侯)와 소하후(小夏侯)
의『상서』와『곡량춘추(穀梁春秋)』가 모두 학관에 세워져 박사를 두었
다. 그리하여 선제 때에는『시경』에『제시』와『노시』와『한시』,『상
서』에는 구양생과 하후승(夏侯勝)과 하후건(夏侯建)이 전한『상서』,『역
경』에는 양구하와 시수와 맹희가 전한『역경』,『예경』에는 후창(后倉)
이 전한『예경』,『춘추』에는 공양고가 전한『공양춘추』와 곡량적이
전한『곡량춘추』등 12가에 박사가 세워졌다. 이후 원제(元帝; BC49~
BC33) 때 경방(京房)의『역경』이 박사에 세워져 모두 13가의 박사가
있게 되었다. 경방의『역경』은 학관에 세워졌다가 오래지 않아 폐지되
었다.

그리고 왕망이 권력을 장악했던 평제(平帝; BC1~AD5) 때에는 『악경』에도 박사를 세워 다시 육경이 되었다. 그리고 매 경마다 다섯 명의 박사를 두어 모두 30가의 박사가 있었다.[1] 평제 때의 육경 14박사를 간추려 도표로 정리하면 다음과 같다.

六經	家數	傳授者	書名	博士官 설치	비고
詩經	3가	申培	魯詩	文帝	
		韓嬰	韓詩		
		轅固	齊詩	景帝	
尙書	3가	歐陽生	尙書	武帝	
		夏侯勝	尙書		
		夏侯建	尙書		
易經	4가	梁丘賀	易經	宣帝	
		施讎	易經		
		孟喜	易經		
		京房	易經	元帝	
禮經	1가	后倉	禮經	武帝	
樂經	1가		樂經	平帝	신설
春秋	2가	公羊高	春秋公羊傳	武帝	
		穀梁赤	春秋穀梁傳	宣帝	

왕망이 집권할 적에 『고문상서』·『모시』·『일례(逸禮)』·『춘추좌씨

吳雁南 外 主編, 『中國經學史』, 五南圖書出版股份有限公司, 2005, 57쪽 참조. 皮錫瑞는 『禮經』에 后倉의 문인 戴德과 戴聖이 박사가 되고, 『公羊春秋』에 嚴彭祖와 顔安樂이 박사가 되어 전한 때 오경박사는 모두 14家라고 하였다.(皮錫瑞 著, 李鴻鎭 譯, 『中國經學史』, 동화출판공사, 1984, 51~52쪽 참조)

전」·『주관(周官)』(『周禮』) 등 여러 고문경에 새로 박사를 설치했다. 그러나 후한 광무제(光武帝; 25~57년)는 왕망 집권 시에 세운 박사 제도를 폐지하고 선제와 원제 때의 금문경학 박사 제도를 회복했다. 『후한서』「유림열전」에 다음과 같이 기록하고 있다.

> 광무제가 한나라 황실을 중흥함에 이르러서 경술을 애호했다. …… 이에 오경박사를 세워 각자 가법(家法)으로 전수하게 했다. 『역경』에는 시씨(施氏)·맹씨(盟氏)·양구씨(梁丘氏)·경씨(京氏), 『상서』에는 구양씨(歐陽氏)·대하후(大夏侯)·소하후(小夏侯), 『시경』에는 『제시』·『노시』·『한시』, 『예경』에는 대대(大戴)·소대(小戴), 『춘추』에는 엄씨(嚴氏)·안씨(顔氏)가 있어 모두 14가의 박사였다.[2]

이렇게 다시 회복된 후한 초기의 14가의 금문경학 박사 제도는 후한 말까지 이어졌다. 이를 도표로 정리하면 다음과 같다.

五經	家數	傳授者	書名	博士官 설치	비고
詩經	3가	申培	魯詩	文帝	
		韓嬰	韓詩		
		轅固	齊詩	景帝	
尚書	3가	歐陽生	尚書	武帝	
		夏侯勝	尚書	宣帝	
		夏侯建	尚書		

---

2 范曄, 『後漢書』「儒林列傳」, "及光武中興 愛好經術 …… 於是 立五經博士 各以家法傳授 易有施孟梁丘京氏 尚書歐陽大小夏侯 詩齊魯韓 禮大小戴 春秋嚴顔 凡十四博士"

易經	4가	梁丘賀	易經	宣帝	
		施讎	易經		
		孟喜	易經		
		京房	易經	元帝	다시 박사를 세움
禮經	2가	大戴(戴德)	大戴禮記	光武帝	后倉의 문인
		小戴(戴聖)	小戴禮記		后倉의 문인
春秋	2가	嚴彭祖	春秋公羊傳	武帝	
		顔安樂	春秋公羊傳		

　이러한 광무제 때의 오경박사 제도는 전한 말(왕망 집권 시까지)의 박사제도와 비교해 볼 때 다음과 같이 달라진 점을 발견할 수 있다. 첫째, 왕망이 집권할 때 세운 『악경』에 두었던 박사가 폐지되었다. 둘째, 『예경』에 후창의 문인이 전한 『대대례기』와 『소대례기』에 모두 박사를 세워 2가가 되었다. 셋째, 『춘추』에 『춘추곡량전』이 빠지고 『춘추공양전』에 2가의 박사를 두었다.

　이상에서 살펴본 것처럼 한대에는 왕망 때 잠시 육경이 된 적이 있었지만 기본적으로 오경이 중심이었다. 그리고 각 경에 여러 가의 박사를 두어 시대에 따라 약간의 변화가 있었지만 전반적으로 보면 오경에 14가의 박사를 두었다. 그러나 왕망 때 고문경에 박사를 세운 뒤로 고문경학이 급속히 발달하여 후한 광무제 때에는 금문경학과 어깨를 나란히 했다. 그리고 후한 장제(章帝; 75~88년) 때 백호관회의(白虎觀會議; 79년)를 거친 뒤에는 오히려 금문경학을 압도했고, 후한 중기 이후로는 금문경학이 쇠퇴하고 고문경학이 우세했다.

　후한 때 '칠경(七經)'이란 명칭이 있었는데, 그 설이 일정하지 않다. 『후한서』「장순전(張純傳)」의 '내안칠경참(乃案七經讖)'의 주에 "칠경은

『시경』·『상서』·『예경』·『악경』·『역경』·『춘추』 및 『논어』를 말한다.[七經謂詩書禮樂易春秋及論語也]"라고 하였으니, 육경에 『논어』를 더하여 칠경이라 한 것을 알 수 있다. 송나라 유창(劉敞)의 『칠경소전(七經小傳)』에는 『모시』·『상서』·『주례』·『의례』·『예기』·『춘추공양전』·『논어』를 칠경으로 말했는데, 『역경』과 『악경』이 빠져 있다. 또 청나라 강희연간에 만든 『어찬칠경(御纂七經)』은 『시경』·『상서』·『역경』·『춘추』에 『주례』·『의례』·『예기』를 넣었는데, 이는 오경에 『주례』와 『예기』를 더해 칠경으로 삼은 것이다.

한대(漢代)의 오경 전수

　전한 때에는 금문으로 된 오경 중심의 경학이 전개되었다. 진나라가 멸망하고 한나라가 들어선 뒤 유학이 점차 회복되기 시작했는데, 그 중심지는 제나라와 노나라 지역이었다. 이곳은 공자의 교화가 미치고 유학적 전통이 오랫동안 이어져 내려와 유학이 없어지지 않았기 때문이다. 그래서 전한 시대의 경학은 대부분 제나라와 노나라 지역에 그 연원을 두고 있다.

　『역경』을 전한 전하(田何), 『상서』를 전한 복승(伏勝), 『춘추』를 전한 부구백(浮丘伯)은 모두 제나라 사람이고, 『예경』을 전한 고당생(高堂生)은 노나라 사람이다. 『시경』을 전한 4가 가운데 『제시』는 제나라 사람 원고(轅固)가, 『노시』는 노나라 사람 신배(申培)가 전했다. 『춘추공양전』은 제나라 사람 공양고(公羊高)에게서 나왔고, 『춘추곡량전』은 노나라 사람 곡량적(穀梁赤)에게서 나왔다.

1. 『시경』의 전수

　공자가 311편으로 산정하여 만든 『시경』은 가장 광범위하게 전해졌다. 시는 악과 결합되어 노래로 불렸기 때문에 사람들에게 구전되기 쉬웠다. 그래서 분서·갱유를 겪으면서도 오히려 보전되어 전해졌다.

『시경』은 공자로부터 자하(子夏)에게 전수되었고, 여섯 번 전하여 순경(荀卿)에게 이르렀다. 순경이 부구백에게 전하고, 부구백이 신배(申培)에게 전해진 것이『노시(魯詩)』이다. 다른 하나는 자하로부터 고행자(高行子)–설창자(薛倉子)–백묘자(帛妙子)–대모공(大毛公:毛亨)에게 전수된 것이『모시(毛詩)』이다.『제시(齊詩)』를 전한 원고와『한시(韓詩)』를 전한 한영(韓嬰)은 누구에게서『시』를 전수 받았는지 전하는 기록이 없어 알 수 없다.

이 가운데『노시』·『제시』·『한시』는 금문경이고,『모시』는 고문경이다. 한나라가 건국된 뒤『시경』을 전한 사람은 노나라의 신배, 제나라의 원고, 연(燕)나라의 한영, 조(趙)나라의 모형(毛亨) 등 모두 4가(家)이다.

신배는 순경의 제자인 부구백에게『시경』을 배웠다. 그는『시경』을 익히고 연구해 전을 지어『노시』라고 명명했다. 신배는 전한 문제 때 시경박사에 임명되었다. 신배는 일찍이 초나라가 가서 중대부(中大夫)를 지냈으며, 태자 유술(劉戌)의 사부가 되었다. 노나라로 돌아온 뒤에는 종신토록『시경』을 가르치며 두문불출하였는데, 각지에서 찾아와 배우는 학생이 1천여 명에 달하였다. 신배의 제자로는 조관(趙綰)·왕장(王臧)·공안국(孔安國)·주패(周覇)·하관(夏寬)·노사(魯賜)·목생(繆生)·서언(徐偃)·궐문경기(闕門慶忌)·하구강공(瑕丘江公)·허생(許生)·서생(徐生) 등이 있다.

『노시』(금문)의 전수도는 다음과 같다.

● 荀卿–浮丘伯–楚 元王 交

             –楚 夷王 郢 客

          –申培 ▶

          –白生

          –穆生

▶ 申培–趙綰

       –王臧

       –孔安國

       –周霸

       –夏寬

       –魯賜

       –繆生

       –徐偃

       –闕門慶忌

       –瑕丘江公 ▶

       –許生

       –徐生–王式 ▶

▶ 瑕丘江公–榮廣

            –韋賢–韋玄成–韋賞–漢 哀帝

▶ 王式–昌邑王

       –張長安–張游卿–漢 元帝

                  –王扶–許晏

       –唐長賓

       –褚少孫

       –薛廣德–龔舍

           –龔勝

원고(轅固)는 전한 초『시경』의 대가로, 제나라 지역에서『시경』을 배운 사람들은 모두 그의 제자였다. 그는 사람됨이 청렴하고 정직했으며 도를 지키며 아부하지 않았다. 그는 경제(景帝)의 면전에서 탕·무가 걸·주를 정벌한 문제를 두고 황생(黃生)과 논쟁하였으며, 직언을 하다가 두태후(竇太后)에게 죄를 얻기도 하였다.

원고는『제시』를 하후시창(夏侯始昌)에게 전수하였고, 하후시창은 후창(后倉)에게 전수하였다. 후창의 문인으로는 익봉(翼奉)·소망지(蕭望之)·광형(匡衡)이 있으며, 광형의 문인으로는 사단(師單)·복리(伏理)·만창(滿昌)이 있으며, 만창의 문인으로는 장한(張邯)·피용(皮容)·마원(馬援)이 있다. 경란(景鸞)·복담(伏湛)·복공(伏恭)·진기(陳紀) 등이 모두『제시』를 연구하였다.

『제시』(금문)의 전수도는 다음과 같다.

● 轅固－夏侯始昌－后倉－翼奉
　　　　　　　　－蕭望之
　　　　　　　－匡衡－師單
　　　　　　　　　－伏理
　　　　　　　　　－滿昌－張邯
　　　　　　　　　　－皮容
　　　　　　　　　　－馬援

연(燕)나라와 조(趙)나라 사이에서『시경』을 전수한 사람은 한영(韓嬰)이다. 그는 시인의 의중을 미루어 천명해『한시외전(韓詩外傳)』을 지었다. 그 내용이 제나라와 노나라 지역에서 전한『시경』과는 상당히 달랐다. 한영은 문제 때 박사가 되었고, 경제 때 상산왕(常山王)의 태부에 임명되었다. 한영의 『한시』는 조자(趙子)-채의(蔡誼)를 통해 전수되었다. 설한(薛漢)·두무(杜撫)·장공조(張恭祖)·후포(侯包) 등이 『한시』를 연구하였다.

『한시』(금문)의 전수도는 다음과 같다.

● 韓嬰-韓商

　　　-賁生

　　　-趙子-蔡誼-食子公-栗豐-張就

　　　　　　-王吉-長孫順-段福(發福)

『모시』를 제일 먼저 전수한 사람은 모형(毛亨)이다. 『모시』를 전수한 원류에 대해서는 두 가지 설이 있다. 첫째, 자하가 고행자(高行子)에게 전수하고, 고행자는 설창자(薛倉子)에게 전수하고, 설창자는 백묘자(帛妙子)에게 전수하고, 백묘자는 하간(河間) 사람 대모공(大毛公:毛亨)에게 전수했다는 설이다. 대모공은 집에서 『시고훈전(詩故訓傳)』을 지어 소모공(小毛公:毛萇)에게 전수했다. 소모공은 하간헌왕(河間獻王)의 박사가 되어 한나라 조정에 있지 않았기 때문에 학관에 오르지 못하였다. 둘째, 자하가 증신(曾申)에게 전수하고, 증신은 위(魏)나라 사람 이극(李克)에게 전수하고, 이극은 노나라 사람 맹중자(孟仲子)에게 전수하고, 맹중자는 근모자(根牟子)에게 전수하고, 근모자는 조(趙)나라 사람 손경자(孫卿子)에게 전수하고, 손경자는 노나라 사람 대모공에게 전수했다는 설이다.

『모시』(고문)의 전수도는 다음과 같다.

- 1說: 子夏-高行子-薛倉子-帛妙子-大毛公(毛亨)-小毛公(毛萇)
- 2說: 子夏-曾申-李克-孟仲子-根牟子-孫卿子-大毛公(毛亨)-小毛公
      毛萇)

　모장(毛萇)은 광장경(貫長卿)에게 전수하였고, 네 번 전하여 사만경(謝曼卿)에 이르렀으며, 사만경이 위굉(衛宏)과 가휘(賈徽)에게 전수하였다. 정중(鄭衆)·가규(賈逵)·마융(馬融)·정현(鄭玄) 등이 『모시』를 연구하였는데, 마융은 전을 지었으며, 정현은 모형의 『시고훈전』에 전(箋)을 짓고 『노시』·『제시』·『한시』 3가의 설을 잡다하게 채집하였다. 그리하여 정현 이후로는 『모시』가 주류로 전해지고, 삼가의 시는 전해지지 못하였다.

2. 『상서』의 전수

　『상서』는 공자로부터 칠조개(漆彫開)에게 전해졌는데, 사설(師說)은 전해진 것이 없다. 공자의 후손 공씨 집안에서 대대로 이 책을 전수하여 아홉 번 전해 공부(孔鮒)에 이르렀다.[1]

　한나라 초 『상서』를 전한 사람은 제남(濟南) 사람 복승(伏勝)이다. 복승은 진나라 때 상서박사였다. 그는 진시황이 분서할 때 벽 속에 『상서』를 숨겨두었다. 그 후 전란으로 방랑생활을 하다가 한나라 초 고향으로 돌아갔는데 집은 폐허가 되었고, 숨겨둔 『상서』는 수십 편이 없

1　이영호·서혜준 옮김, 『중국경학사』, 성균관대학교 출판부, 2020, 59쪽 참조.

어져 겨우 29편만을 수습했다. 그는 제나라와 노나라 사이에서『상서』
를 전수했는데, 그것이 이른바『금문상서(今文尙書)』이다.

문제(文帝) 때『상서』에 능통한 사람을 전국적으로 찾아냈는데, 복
승은 당시 90세가 넘는 고령으로 소명에 응할 수 없었다. 그러자 박사
를 선발하던 책임자인 태상(太常)이 조착(晁錯)을 파견해 복승에게 가
서『상서』를 배우게 하였다. 복승이 전한『상서』는 이로부터 관청에
들어가게 되었다.

복승은 조착·장생(張生)·구양화백(歐陽和伯)·공안국(孔安國)·주패(周
覇)·가가(賈嘉) 등에게 전수하였다. 이 가운데서 장생이 하후씨(夏侯氏)
에게 전한 연원과 구양화백이 예관(倪寬)에게 전한 연원가에서 박사가
나왔다.

하후도위(夏侯都尉)−하후시창(夏侯始昌)으로 전해진『상서』는 하후
승(夏侯勝)에 이르러 박사가 되었는데, 이를 대하후학파라 한다. 하후
승의 조카이자 문하생인 하후건(夏侯建)도 박사가 되었는데, 이를 소하
후학파라 한다. 하후승의 문하에서 공패(孔覇)·주감(周堪)·하후건이
배출되었다. 예관의 문하에 간경(簡卿)과 구양화백의 아들이 있고, 구
양화백의 아들이 구양고(歐陽高)에게 전하여 박사가 되었는데, 이를 구
양학파라 한다.

전한 때에는 대하후·소하후·구양씨 이렇게 3가의 상서학이 학관에
섰는데, 이것이 제나라 지역에서 전해진 28편의『금문상서』이다. 후한
때에는 이 가운데 구양씨가 황제의 스승이 되어 가장 성대하였다.

이러한 금문경과는 달리 전한 때부터 고문경이 전해졌다. 전한 때
공안국은 공자의 12세손으로 본래 복승에게『금문상서』를 전수받았
다. 그런데 공씨의 집 벽에 숨겨두었던 고문으로 된『상서』를 발견하

여 도위조(都尉朝)에게 전수했고, 도위조는 교동(膠東) 사람 용생(庸生)에게 전수하였다. 이로부터 다섯 번 전하여 상흠(桑欽)에 이르렀는데, 왕망 때 유흠이 이를 신봉하였다.

후한 때 가규(賈逵)와 공희(孔僖)가 고문경을 전하였고, 윤함(尹咸)·주방(周防)·주반(周磐)·양륜(楊倫)·장해(張楷)·손기(孫期)가 고문경을 익혔다. 이것이 노나라 지역에서 전한 16편의 『고문상서』로 사설이 없다. 이는 진(晉)나라 때 매색(梅賾)이 말한 공씨(孔氏:孔安國)의 고문경과는 다른 것이다.

한편 부풍(扶風) 사람 두림(杜林)이 서주(西州)에서 칠서(漆書)로 된 『고문상서』를 얻었는데, 애지중지하다가 위굉(衛宏)과 서순(徐巡)에게 전수하였으며, 마융(馬融)도 그 학문을 전하였다. 후한 말의 정현(鄭玄)은 장공조(張恭祖)에게 『상서』를 전수받아 『고문상서』를 전하였는데, 마융에게 배우고 나서 다시 두림이 전한 칠서로 된 『고문상서』까지 익혔다. 마융의 전과 정현의 주는 모두 16편의 『고문상서』에 주석을 한 것이 아니고, 28편의 『금문상서』를 칠서로 된 『고문상서』에 근거하여 풀이한 것이다.

또 『한서』 「유림열전」에는 "세상에서 전하는 『백량편(百兩篇)』은 동래(東萊) 장패(張霸)에게서 나온 것이다. 『금문상서』 29편을 나누어 수십 편으로 만들었고, 또 『춘추좌씨전』 및 「서서(書序)」에서 채록하여 수미를 만들었으니, 모두 102편이다. 어떤 편은 혹 두세 쪽의 죽간으로 되어 있으며, 문의(文意)가 천박하고 비루하다. 성제(成帝) 때 고문에 능한 자를 구했는데, 장패가 『백량편』에 능하다는 이유로 부름을 받고 중서성에 소장된 서적과 비교해 교정하였는데 맞지 않았다. 장패의 말은 부친에게 전수 받은 것이다. 그의 부친에게는 제자로 위지(尉氏)의 번병(樊並)이 있었다. 당시 대중대부 평당(平當)과 시어사 주창(周敞)이 황제에게 권해 『백량편』을 보존했으나, 후에 번병이 모반하여 『백량편』이 퇴출되었다."[2]라고 하였으니, 장패가 전한 『백량편』이 있었음을 알 수 있다.

후대의 학자들은 두림이 전한 칠서로 된 『고문상서』와 장패가 전한 『백량편』은 16편의 『고문상서』가 아니고, 위조한 『고문상서』로 인식하였다.

한대 『상서』의 전수도를 정리하면 다음과 같다.

■ 『금문상서』
　● 伏勝-晁錯
　　　　　-張生-夏侯都尉-夏侯始昌-夏侯勝 ▶
　　　　　-歐陽和伯-倪寬-簡卿
　　　　　　　　　　-歐陽和伯의 子-歐陽高 ▶
　　　　　-孔安國
　　　　　-周覇
　　　　　-賈嘉

　　▶ 夏侯勝-孔覇-孔光
　　　　　　-夏侯建-張山拊 ▶
　　　　　　-周堪-牟卿
　　　　　　　　-許商 ▶

2　班固, 『漢書』 권88, 「儒林傳」, "世所傳百兩篇者 出東萊張霸 分析合(今)二十九篇 以爲數十篇 又采左氏傳書序 爲作首尾 凡百二篇 篇或數簡 文意淺陋 成帝時 求其(能)古文者 霸以能爲百兩篇徵 以中書校之 非是 霸辭受父 父有弟子尉氏樊並 時大中大夫平當侍御史周敞 勸上存之 後樊並謀反 乃黜其書"

▶ 歐陽高-歐陽地餘-歐陽政… 歐陽歙
　　　-林尊-平當-朱普
　　　　　　-鮑宣
　　　　　-陳翁生-殷崇
　　　　　-龔勝

▶ 張山士付-鄭寬中-趙玄
　　　-張無故-唐尊
　　　-秦恭-馮賓
　　　-假倉
　　　-李尋

▶ 許商-炔欽
　　　-王吉
　　　-吳章-雲敞
　　　-唐林

■ 『고문상서』

● 孔安國-都尉朝-庸生-胡常-虢徐敖-王璜·塗惲-桑(乘)欽-劉歆
　　後漢 : 賈逵·孔僖·尹咸·周防·周磐·楊倫·張楷·孫期

3. 『역경』의 전수

　『역경』은 공자로부터 상구(商瞿)에게 전해지고 다시 교비(橋庇)-간비(馯臂)-주추(周醜)-손우(孫虞)로 전해지며 한나라 때 전하(田何)에 이르렀다.[3] 전하는 공자역학의 제6대 전수자다. 『역경』은 복서(卜筮)에

3　司馬遷, 『史記』「儒林列傳」. "自魯商瞿受易孔子 孔子卒 商瞿傳易 六世至齊人田何 字

관한 책으로 간주되어 진시황의 분서 때 화를 당하지 않았다.

전한 초 금문의 역학을 전한 사람은 전하다. 그는 제나라의 귀족으로 한 고조의 명에 의해 관중(關中) 두릉(杜陵)으로 옮겨 살았다. 전한 초 전하는 연로한 몸으로 집에서 역학을 가르치고 있었는데, 혜제(惠帝)가 그의 집으로 찾아가 역학을 배우기도 하였다. 그의 문하에는 제자들이 매우 많았는데, 그중에 저명한 학자로 왕동(王同)·주왕손(周王孫)·정관(丁寬)·복생(服生)·항생(項生) 등이 있다. 전하는『전씨역전(田氏易傳)』을 저술하였는데, 일실되어 전하지 않는다. 그의 역학은 왕동과 정관에 의해 전승되었다.

왕동의 역학은 양하(楊何)·즉묵성(卽墨成)·맹단(孟旦)·주패(周覇)·형호(衡胡)에게 전해졌고, 다시 양하의 문하에서 사마담(司馬談)과 경방(京房; 문제 때 인물)에게 전해졌다. 정관은 양(梁)나라 사람으로 항생(項生)을 따라 전하의 문하에서 역학을 배웠는데, 낙양으로 돌아온 뒤 다시 주왕손에게 고의(古義)를 물었다. 그는『역설(易說)』을 지어 양나라 지역에서 가르쳤고, 전왕손에게 자신의 역학을 전수하였다. 전왕손의 문하에서 시수(施讎)·맹희(孟喜)가 나와 모두 박사가 됨으로써 시수학파와 맹희학파가 출현하게 되었다. 양구하(梁丘賀)는 처음 경방(京房)에게 역학을 배웠는데, 뒤에 전왕손을 사사하여 정관과 왕동의 역학을 합해 박사관이 됨으로써 양구하학파가 성립되었다.

양구하의 역학은 양구림(梁丘臨)과 장우(張禹)에게 전수되고, 시수의 역학은 노백(魯伯)에게 전수되고, 맹희의 역학은 백광(白光)·초연수(焦延壽)·적목(翟牧) 등에게 전해졌다. 초연수는 맹희에게 역학을 배웠는

子莊"

데 괘기(卦氣)를 위주로 하였다. 그의 역학을 경방(京房)이 전수받아
『경씨역전』을 지음으로써 상수역학을 개창하였다.

전한 때 양구하·시수·맹희·경방의 역학이 모두 학관에 섰는데, 이
는 모두 금문으로 제나라 지역에서 전한 것이다. 그런데 이와는 달리
민간에서 사사로이 전해진 역학이 있었으니, 바로 비직(費直)과 고상(高
相)의 역학이다. 고상의 역학은 정관에 연원을 둔 제학(齊學)의 별파로
금문이다. 비직의 역학은 모두 고문인데, 단(彖)·상(象)·계사(繫辭)·문
언(文言)으로 『역경』의 상경(上經)과 하경(下經)을 설명하였다. 유향이
서적을 교감할 적에 제가의 역학은 모두 전하를 비조로 삼았지만, 경방
은 이당(異黨)이 되었고, 비씨(費氏)의 역학만이 고문이었다.

후한 때 진원(陳元)·마융(馬融)·순상(荀爽) 등이 비씨의 역학을 전수
하였고, 정현은 경씨의 역학을 말미암고 비씨의 역학을 익혀『역경』을
해석하였다. 또 우광(虞光)은 맹씨의 역학을 전수하였는데, 다섯 번 전
하여 우번(虞翻)에 이르렀다. 『역경』우씨(虞氏)의 주는 여기서 나온
것이다.

한대 『역경』의 전수도를 정리하면 다음과 같다.

■ 今文易學
  ● 田何-王同 ▶
        -周王孫-蔡公
        -丁寬 ▶
        -服生
        -項生
        -楊何-司馬談
              -京房(前漢 文帝時人)

▶ 王同-卽墨成
　　　-孟旦
　　　-周覇
　　　-衡胡

▶ 丁寬-田王孫-梁丘賀 ▶
　　　　　　-施讎-魯伯-毛莫如
　　　　　　　　　　-邗丹
　　　　　　-孟喜 ▶

▶ 梁丘賀-梁丘臨-五鹿充宗-士孫張
　　　　　　　　　　　-鄧彭祖
　　　　　　　　　　　-衡咸
　　　　　　　-王駿
　　　　-張　禹-彭宜
　　　　　　-戴崇

▶ 孟喜-白光
　　　-焦延壽-京房-殷嘉
　　　　　　　-姚平
　　　　　　　-乘弘
　　　-翟牧
　　　-蓋寬饒
　　　-趙賓
　　　-…… 虞光 …… 虞翻(虞氏易學)

▶ 高相-高康
　　　-貫將永

■ 古文易學
　　▶ 費直 …… 後漢의 陳元·馬融·荀爽·鄭玄

4. 『예경』의 전수

진시황 때의 분서로 가장 심하게 훼손된 경전이 『예경』이다. 공자가
전한 『예』는 주로 노나라 지역에서 전승되었다. 전한 초 노나라 사람
고당생(高堂生)이 『사례(士禮)』 17편을 전했는데, 이것이 후세 『의례(儀
禮)』로 일컬어진 경전이다. 이와는 달리 노나라 유학자 서생(徐生)은
예를 행하는 동작이나 자태, 용모와 위의를 잘 갖추었는데 당시 각 나
라의 예관(禮官)들이 노나라로 찾아와 서생에게 예용(禮容)을 배워 돌
아갔다. 문제 때 서생은 조정의 예관대부에 임명되어 세상에 예학을
전했다. 그의 자손 및 문인 중에 예학으로 관리가 된 사람이 많았다.

경제 때 하간헌왕(河間獻王) 유덕(劉德)이 고례(古禮)를 얻었는데, 고
문으로 된 예(禮)가 56편, 기(記)가 131편이었다. 그 가운데 17편은 고
당생이 전한 『사례』와 같았으나, 문자는 대부분 달랐다.

『예경』은 고당생이 전한 『사례』(『의례』)와 서생이 전한 『예』(『예기』)
로 나누어볼 수 있다. 고당생의 『사례』는 하구(瑕丘) 소분(蕭奮)이 맹경
(孟卿)에게 전했고, 맹경이 다시 후창(后倉:后蒼)에게 전했다. 이렇게
전수된 『사례』는 17편만 전해져 17편의 『의례』로 정착되었고, 그 나
머지 일실되어 전하지 못한 30여 편은 후대에 '일례(逸禮)'라고 일컬어
졌다.

무제 때에는 고당생이 전한 『예경』에 박사를 두었고, 선제 때에는
하구 소분의 재전 문인 후창의 『예경』이 박사관에 세워졌다. 후창은 『예
경』을 해설한 『곡대기(曲臺記)』를 지어 통한(通漢)에게 전수하는 한편,
제자 대덕(戴德)·대성(戴聖)·경보(慶普)에게도 전수하였다.

경보는 하후경(夏侯敬)에게 전수했으며, 여러 번 전하여 조충(曹充)

에 이르렀고, 조충은 자포(子襃)에게 전하였다. 한편 대덕은 서량(徐良)에게 전하고, 대성은 교인(橋仁)과 양영(楊榮)에게 전하였다. 대덕은 고례기(古禮記) 204편을 산삭하여 85편으로 만들었으니 이를 『대대례(大戴禮)』 또는 『대대례기(大戴禮記)』라 칭한다. 대성은 고례기를 산삭하여 46편으로 만들었으니 이를 『소대기(小戴記)』 또는 『소대례기(小戴禮記)』라 칭한다.

후한 때 마융은 『소대기』에 「월령(月令)」·「명당위(明堂位)」·「악기(樂記)」 3편을 더하여 49편으로 만들었다. 정현은 『소대기』 49편 및 『사례』에 주를 달고, 아울러 『주관경(周官經)』(『周禮』)에도 주를 달았다.

『주관경』은 하간헌왕 때 이씨(李氏)가 『주관(周官)』 5편을 올렸는데, 「동관(冬官)」 1권이 빠져 있어서 「고공기(考工記)」로 보충한 책이다. 유흠은 왕망의 국사(國師)가 되어 처음으로 『주관경』을 학관에 세우고서 '『주례』'라고 명명하였다. 유흠은 이를 두자춘(杜子春)에게 전수하였다. 두자춘은 이를 정흥(鄭興)에게 전수하고, 정흥은 아들 정중(鄭衆)에게 전하였다. 그리고 가휘(賈徽)와 가규(賈逵)가 함께 『주례해고(周禮解詁)』를 지었다. 위홍(衛弘)·마융·노식(盧植)·장공조(張恭祖)가 모두 『주례』를 연구하였는데, 정현이 이러한 주석을 집대성하였다.

후한 이선에는 '삼례(三禮)'라는 명칭이 없었다. 후한 말 정현이 삼례에 주를 낸 이후 '삼례'라는 명칭이 생겨났다. 『주관경』과 『소대기』는 본래 경(經)이 아니고 『예경』을 보충하는 책이었는데, 이때부터 경전의 반열에 오른 것이다. 후대에는 『소대기』를 『예경』으로 여기게 되었는데, 이는 본질에서 벗어난 것이라 할 수 있다.

삼례의 전수도를 정리하면 다음과 같다.

■『士禮』(『儀禮』)
● 高堂生 …… 瑕丘 蕭奮-孟卿-后倉

■『小戴記』(『禮記』)
● 徐生-瑕丘 蕭奮-孟卿-閭丘卿
　　　　　　　　　-后倉-聞人 通漢
　　　　　　　　　-戴德-徐良
　　　　　　　　　-戴聖-橋仁(僑仁)
　　　　　　　　　　-楊榮
　　　　　　　-慶普-夏侯敬
　　　　　　　　-慶咸

■『周官經』(『周禮』)
● 李氏 …… 劉歆-杜子春-鄭興-鄭衆 / 賈徽·賈逵·衛弘·馬融·盧植· 張恭祖·鄭玄

5. 『춘추』의 전수

　『춘추』는 좌구명(左丘明)이 전을 지은 뒤 여섯 번 전하여 순경(荀卿)에 이르렀고, 순경이 장창(張蒼)에게 전해 전수된 것이 좌씨학(左氏學)이다.[4] 이와는 달리 공자가 자하에게 전수한 뒤, 다시 공양고(公羊高)에게 전수하여 공양씨가 대대로 전수해 다섯 번 전하여 호모생(胡母生)에게 이른 것이 공양학(公羊學)의 시초이며, 자하로부터 곡량적(穀梁赤)에게 전수되어 한 차례 전해 순경에 이르고 다시 신배(申培)에게 이른 것이 곡량학(穀梁學)의 시초이다.

4　上同, 59~61쪽 참조.

　전한 초『춘추』를 전한 사람으로는 좌씨·공양씨·곡량씨·추씨(鄒
氏)·협씨(夾氏) 5가(家)가 있었다. 추씨는 사승(師承)이 없고, 협씨는 기
록은 있으나 전하는 책이 없어서 후대에 전하지 못하였다.

　좌씨학은 가의(賈誼)가 장창에게 전수받아 손자 가가(賈嘉)에게 전하
였다. 다시 가가는 관공(貫公)에게 전하고, 관공은 아들 관장경(貫長卿)
에게 전하고, 관장경은 장창(張敞)과 장우(張禹)에게 전하였다. 장우는
윤경시(尹更始)에게 전하고, 윤경시는 호상(胡常)·적방진(翟方進)·윤함
(尹咸)에게 전하였다. 호상은 가호(賈護)에게 전하고, 적방진은 유흠(劉
歆)에게 전하였다. 유흠은 또 윤함에게 배워 가휘(賈徽)에게 전하였다.
가휘는 아들 가규(賈逵)에게 전하여『좌씨해고(左氏解詁)』를 지었다.
윤함의 문인 진흠(陳欽)은 아들 진원(陳元)에게 전하였는데, 진원은『좌
씨동이(左氏同異)』를 지었으며, 연독(延篤)에게 전수하였다. 또 유흠의
문인 정흥(鄭興)은 아들 정중(鄭衆)에게 전하였는데, 정중은『좌씨조례
장구(左氏條例章句)』를 지었다.

　후한의 마융과 영용(穎容)도 좌씨학을 주로 하였다. 정현은 처음에
『춘추공양전』을 연구했는데, 뒤에『춘추좌씨전』을 연구하여 주를 달
았다. 그는 이를 복건(服虔)에게 전수하였는데, 복건은『좌씨장구(左氏
章句)』를 지었다. 이로부터『춘추좌씨전』이 크게 유행하였다.

　전한의 호모생은『춘추공양전』을 연구하여 동중서와 공손홍에게 전
하였다. 동중서는 다시 저대(褚大)·영공(嬴公)·단중(段中)·여보서(呂
步舒)에게 전하고, 영공은 휴홍(眭弘)·맹경(孟卿)에게 전하였다. 휴홍
은 엄팽조(嚴彭祖)·안안락(顔安樂)·공우(貢禹)에게 전했는데, 엄팽조
와 안안락의 춘추공양학이 모두 학관에 세워졌다. 후한 때 하휴(何休)
는『춘추공양전』을 연구하여 호모생의 체례(體例)에 따라『춘추고양해

고(春秋公羊解詁)』를 지었다.

전한 초 강공(江公)은 신배에게 춘추곡량학을 전수받아 영광(榮廣)·
호성공(浩星公)에게 전수하였다. 채흥공(蔡興公)은 영광에게 가르침을
받고 다시 호성공을 섬겨 춘추곡량학을 전수받아 윤경시에게 전하였다.
윤경시는『춘추곡량장구(春秋穀梁章句)』15권을 지어 적방진(翟方進)과
방봉(房鳳)에게 전수하였다. 전한 선제 때 강공의 손자가 박사가 되어
그 학문을 호상에게 전하였다. 後에 위현(韋賢)·하후승(夏侯勝)·소망지
(蕭望之)·유향이 모두 곡량학을 우수하게 여겨 점점 성행하였다.

『춘추공양전』은 금문학으로 전한 때 성행하였고,『춘추곡량전』은 전
한 말에 비로소 성행하였다. 그러므로『춘추곡량전』은 금문경이 아닐
것이라는 의문이 제기되기도 하여 고문학에 넣기도 한다.『춘추좌씨전』
은 왕망 때 고문경이 유행하게 된 뒤 성행하였다.『춘추곡량전』은 사실
크게 유행하지 못하였기 때문에 비록 박사관에 세워졌으나, 금문학인
『춘추공양전』이나 고문학인『춘추좌씨전』만큼 성행하지 못하여 정족의
형세를 이루지 못하였다.『춘추공양전』은 제나라에서 전하여 제학(齊學)
이라 하고,『춘추곡량전』은 노나라에서 전하여 노학(魯學)이라 한다.

춘추삼전의 전수도를 정리하면 다음과 같다.

■『春秋公羊傳』
　● 子夏－公羊高－公羊平－公羊敬－公羊壽－胡母子都－董仲舒·公孫弘 ▶

　　▶ 董仲舒·公孫弘 － 褚大
　　　　　　　　　－ 段仲
　　　　　　　　　－ 呂步舒
　　　　　　　　　－ 嬴公－孟卿－疏廣－管路
　　　　　　　　　　　－眭弘－嚴彭祖－王中－公孫文·東門雲

```
        -貢禹-堂溪惠-冥都
        -顔安樂-冷豊
              -任公-馬宮
              -左咸
```

■ 『春秋穀梁傳』
● 子夏……穀梁赤……荀卿-浮丘伯-申培-瑕丘 江公 ▶

▶ 瑕丘 江公-江公 孫子-劉向
              -胡常-蕭秉
        -皓星公-蔡千秋-尹更始-翟方進
                          -尹咸
                          -房鳳
        -榮廣-周慶
              -丁姓-申章昌

■ 『春秋左氏傳』
● 左丘明……賈誼-張蒼-賈嘉-貫公-貫長卿-張敞
                          -張禹-尹更始 ▶

▶ 尹更始-胡常-賈護
        -翟方進-劉歆 ▶
        -尹咸-劉歆
              -陳欽-陳元-延篤
▶ 劉歆-賈徽-賈逵……馬融·穎容·服虔·鄭玄
        -鄭興-鄭衆

6. 한대의 경학연구 방법, 훈고(訓詁)

한나라 때 경학은 한 마디로 말해 훈고학(訓詁學)으로 특징지을 수 있는데, 자구(字句)의 해석을 중심으로 하는 학문이다. 훈고의 훈(訓)은 '순(順)'의 뜻이고, 고(詁)는 '고(古)'의 뜻으로, 지금의 언어로 옛날의 언어를 해석하거나, 이 지역의 언어로 저 지역의 언어를 해석하거나, 방언을 표준어로 해석하는 것을 말한다. 한나라 때는 분서와 갱유로 인해 없어지거나 온전하지 못한 육경을 복원하는 것이 급선무였고, 그 의미를 해석하는 것이 시급했기 때문에 이런 훈고적 방법이 대두될 수밖에 없었다.

이런 해석방법에다 국가에서 오경박사를 세워 오경을 전공하는 학자별로 문호를 세워 전수하게 했기 때문에 사설(師說)을 한 글자도 함부로 고치지 않고 고수하는 사법(師法)이 중시되었다. 그 뒤 스승이 전수해 준 경전에 대해 해석을 달리하는 여러 가(家)가 나타나게 되어 이른바 가법(家法)이라는 것이 생겨났다.

예컨대『역경』의 경우 전한 초 전하(田何)-정관(丁寬)-전왕손(田王孫)으로 전해온 역학이 그의 문인 양구하(梁丘賀)·시수(施讎)·맹희(孟喜)에 이르러 모두 일가의 문호를 세워 박사에 세워진 것이 그 대표적인 사례이다. 이렇게 하여 전한 말에는『시경』에 3가,『상서』에 3가,『역경』에 4가,『예경』에 2가,『춘추』에 2가 등 오경에 14가의 박사가 세워졌다.

위진남북조(魏晉南北朝) 시대의 경학

삼국 시대 이후의 경학은 정현(鄭玄)이 종합해 놓은 경학에 대한 추종(追從)과 반항(反抗) 두 갈래로 나타난다. 정현의 설을 추종하는 것이 주류를 이루었지만, 이에 대한 반항 역시 만만치 않았다. 정현의 설이 권위를 획득하여 한 시대의 정종으로 자리를 잡자, 그에 대한 반항은 두 가지 경로를 통해 나타났다. 하나는 경학 내부에서의 반항이었고, 하나는 경학 외부로부터 이질적인 사상을 흡수하여 달리 해석하는 방법의 반항이었다.

전자의 대표적인 인물이 위(魏)나라의 왕숙(王肅; 195~256)이다. 그가 정현을 공격한 것은, 정현이 금문과 고문을 융합했기 때문이 아니었다. 그는 정현을 공격함으로써 자신을 드러내고자 하는 의도가 강했다. 정현은 금문의 설을 취하기도 하고 고문의 설을 취하기도 하였는데, 왕숙은 정현과 정반대로 하면서 정현을 공격하였다. 그는 정현의 설이라면 무조건 반대하려는 생각을 가지고 있었다. 게다가 왕숙은 상당히 많은 위서(僞書)를 만들어냈다. 청대 학자들의 고증을 통해 밝혀진 왕숙의 위서로는 『공자가어(孔子家語)』·『공총자(孔叢子)』·『공안국전(孔安國傳)』(위 『고문상서』에 수록) 및 『논어주』·『효경주』 등이 있다.

왕숙 이후로 위진 시대에는 금문과 고문의 다툼이 아니라, 정현을 추종하는 학파와 왕숙을 추종하는 학파의 싸움이 있었을 뿐이다. 왕숙의 딸이 사마소(司馬昭; 211~265)에게 시집갔는데, 그의 아들 사마염(司馬炎; 236~290)이 위나라를 멸하고 진(晉)나라를 세웠다. 그리하여 왕숙은 진 무제(晉武帝:司馬炎)의 외조부로서 막강한 권세를 누리게 되었다. 그는 이런 권세를 이용하여 자신의 학설을 내세우며 정학(鄭學; 정현의 학문)을 공격하였다. 그 결과 서진(西晉) 때에는 왕학(王學; 왕숙의 학문)이 정학보다 우세하였다. 그러나 손염(孫炎)·마소(馬昭) 등은 왕학을 공격하여 정학을 지지하기도 하였다.

외부로부터 이질적인 사상을 흡수한 경우는 두 가지로 나타난다. 하나는 도교사상을 받아들인 경우이고, 하나는 불교사상을 받아들인 경우이다. 도교를 받아들여 유교경전을 해석한 대표적인 것으로는, 위나라 하안(何晏; 193~249)의 『논어집해(論語集解)』와 왕필(王弼; 226~249)의 『주역주(周易注)』를 들 수 있을 것이다. 왕필의 『주역주』는 정현의 상수학에 반대하고 의리학을 제창한 것으로, 『역경』 해석의 새로운 길을 열어놓았다는 평을 받는다. 불교를 받아들여 유교경전을 해석한 대표적인 것으로는, 남조 양(梁)나라 황간(黃侃; 488~545)의 『논어의소(論語義疏)』를 들 수 있다.

동진(東晉) 원제(元帝) 때 여러 박사를 두었는데, 『역경』은 왕필의 주를, 『금문상서』는 정현의 주를, 위(僞)『고문상서』는 위『공안국전』을, 『모시』·『주례』·『예기』·『논어』·『효경』은 모두 정현의 주를, 『춘추좌씨전』은 복건(服虔)·두예(杜預; 222~284)의 주를 채용함으로써 전한 때 14박사를 두어 전수한 금문경학은 거의 전해지는 것이 없게 되었고, 한나라 때의 전통인 사법도 마침내 없어지게 되었다.

남북조 시대의 경학은 남조와 북조의 성향이 달랐다. 대체로 남조 학자들은 현학(玄學)의 이치를 청담(淸談)하는 것이 한 시대의 풍상이 되었으며, 제(齊)나라·양(梁)나라 이후로는 문풍이 변려문으로 변해 경학에까지 지대한 영향을 미쳤다. 반면 북조 학자들은 성질이 본래 박실하여 청담과 변려문에 물들지 않았다.

남북조 시대『시경』과『예경』에 대해서는 남조·북조 모두 정현의 주를 따랐다. 그러나 남조에서는『역경』은 왕필의 주를,『상서』는 위『공안국전』을,『춘추좌씨전』은 두예의 주를 따랐다. 결국 정현의 학문에 대해 남조는 반항의 길을, 북조는 추종의 길을 걸었다고 할 수 있다.

남조 여러 제왕 가운데 경학을 제창한 사람으로는 양 무제(梁武帝)를 으뜸으로 꼽을 수 있다. 그는 505년 국학을 세우고 오관(五館)을 개설하여 오경박사를 두어 오경을 주관하게 하였다. 또 주·군에 학교를 세워 유교경전을 강학하게 하였다. 그러나 그는 만년에 불교를 혹신하여 더 이상의 발전을 이룩하지 못하였다.

북조에서는 북위(北魏) 효문제(孝文帝; 467~499)가 태학을 세우고 오경박사를 두었다. 학생수가 3천 명으로 늘어나자, 그는 다시 국자학을 세우고 교수박사를 두었다. 북주(北周)가 들어선 뒤에도 심중(沈重; 500~583)을 부르고, 웅안생(熊安生; 498~578)을 예우하여 경학을 제창하였는데, 남조보다 오히려 더 성대하였다. 북조의 경학가로는 북위 말의 서준명(徐遵明; 475~529)이 가장 뛰어나다. 그는『역경』·『상서』·『춘추』·삼례에 정통했는데,『주역』은 곽무(郭茂)가 전수받고, 삼례는 웅안생이 전수받았다.

남북조 시대의 경학 풍조는 한 마디로 의소학(義疏學)이라 할 수 있다. 이 의소학은 경전에 전주(箋注)를 다는 한대(漢代) 학풍과 전해지는 주(注)에 소(疏)를 내는 당대(唐代) 학풍의 중간 단계라고 할 수 있는데, 한대의 자구(字句)에 대한 단순한 전주와는 달리 단락별로 그 내용을 풀이하여 의미를 해설하는 방식이다. 이런 의소학은 당대에 이르러 오경정의(五經正義)가 만들어지는 데에 초석이 되었다. 이런 의소류의 대표적인 저술로는 서준명의 『춘추의장(春秋義章)』, 심중의 『주례의(周禮義)』·『의례의(儀禮義)』·『예기의(禮記義)』·『모시의(毛詩義)』, 웅안생의 『주례의소(周禮義疏)』, 황간(黃侃)의 『논어의소(論語義疏)』 등이 있다.

당대(唐代)의 구경(九經)과 의소학(義疏學)

    수 문제(隋文帝)가 남·북조를 통일하자, 경학도 이런 정국을 따라 통일되었다. 정치적으로는 남조가 북조에 병합되었지만, 경학은 도리어 북조가 남조에 흡수되었다. 그 이유는 무엇일까? 당시 북방은 이민족이 통치한 지 오래되어, 북방 사람들은 남조의 예악·의관·문채·풍류를 은근히 흠모하였다. 북조 사람들은 한대의 학문을 독실하게 지키며 박실한 태도로 경전을 해설하였으나, 남조의 학자들은 명분과 이치를 잘 논변하고 화려한 글로 아름답게 수식하여 내외가 모두 볼 만하였다. 이 때문에 나라는 비록 망했지만, 그들의 문화와 학술은 한 시대의 풍상을 변화시키기에 충분했다. 그리하여 북방 사람들은 자신의 문화가 낙후되었다고 여겨 남조의 학문을 배워야 한다는 생각을 갖게 되었다.

    수나라 때 경학이 통일된 뒤로 북학(北學)은 끊어졌다. 수 문제는 초기에 유학을 자못 숭상하여 부지런히 공부하는 유학자들이 많았다. 책을 짊어지고 스승을 찾는 사람들이 줄을 이었고, 곳곳에서 경전을 강의하고 암송하는 소리가 끊이질 않았다. 그러나 수 문제는 만년에 유술을 좋아하지 않아 국자감 한 곳만이 겨우 보전되었다. 수 양제(隋煬帝)가 즉위한 뒤로 학교를 개설하여 한 때 유학이 흥성하였으나, 무공(武功)을 다투고 황음(荒淫)을 즐겨 경학은 다시 쇠퇴하였다.

    한나라 때 비록 14가의 박사를 세우기는 했지만 유교경전은 『시경』·

『상서』·『역경』·『예기』·『춘추』 등 오경 중심으로 전수되었다. 당 태종(唐太宗; 626~649) 때 공영달(孔穎達) 등이 조칙을 받들어 편찬한 오경정의(五經正義)도 이런 종래의 오경을 중심으로 한 것이었다.

그런데 당 현종(唐玄宗; 712~756) 때 양창(楊瑒)의 주청에 의해『주례』·『의례』·『춘추공양전』·『춘추곡량전』 등 4경을 명경고시(明經考試)에 더해 구경이 되었다. 그리고 이 4경에 주소본이 나옴으로써 오경정의와 합해 구경주소(九經注疏)가 유교경전으로 정착되었다. 이후로는 구경 중심의 유교경전 체제가 성립되었다. 그러니까 구경은『시경』·『상서』·『역경』에 삼례라 불리는『의례』·『주례』·『예기』와 춘추삼전이라 불리는『춘추공양전』·『춘추곡량전』·『춘추좌씨전』을 합해 칭한 명칭이다. 이러한 구경도 사실상 한대로부터 전수된 오경 체제와 다르지 않다.

후대에는 '구경(九經)'이라는 명칭에 대해 서로 다른 설이 제기되었는데, 이를 정리하면 다음과 같다. 송나라 때 새긴 건상본(巾箱本) 백문(白文)의 구경은『시경』·『상서』·『역경』·『춘추좌씨전』·『예기』·『주례』·『효경』·『논어』·『맹자』를 가리킨다. 이 구경은 삼례 중『의례』가 빠지고, 춘추삼전 중『춘추공양전』·『춘추곡량전』이 빠지고, 대신『효경』·『논어』·『맹자』가 들어간 것이 특징이다.

한편 명나라 때 장조(張照)가 칙명으로 새긴 전자(篆字) 구경은『시경』·『상서』·『역경』·『춘추』·『의례』·『주례』·『대학중용』·『논어』·『맹자』를 가리킨다. 이는 춘추삼전이 빠지고, 『대학』과『중용』을 하나로 합해 구경에 넣은 것이 특징이다.

명나라 때 학경(郝敬)의『구경해(九經解)』의 구경은『시경』·『상서』·『역경』·『춘추』·『주례』·『의례』·『예기』·『논어』·『맹자』를 가리킨다.

이 역시 춘추삼전이 빠지고, 『논어』와 『맹자』가 들어간 것이 특징이다.

청나라 때 혜동(惠棟)의 『구경고의(九經古義)』의 구경은 『시경』·『상서』·『역경』·『춘추공양전』·『춘추곡량전』·『주례』·『의례』·『예기』·『논어』를 가리킨다. 이 또한 춘추삼전 중 『춘추좌씨전』이 빠지고 『논어』가 들어간 것이 특징이다.

이러한 구경에 관한 여러 설은 모두 송·명대 이후에 나타나는데, 『논어』·『효경』·『맹자』·『대학』·『중용』 같은 책을 경전의 반열에 올린 것이 특징으로, 후대 경전에 대한 인식의 변화를 짐작해 볼 수 있다.

수·당대에 이르러 남북이 통일된 뒤 경학도 통일해야 한다는 필요성이 제기되었다. 이에 당 태종은 유학에 문호가 많고 장구가 번잡하다는 이유로 공영달과 안사고(顔師古) 등에게 조칙을 내려 오경의훈(五經義訓)을 정하게 하였다. 그리하여 공영달은 오경정의(五經正義)를 편찬하고, 안사고는 오경정본(五經定本)을 정하였는데, 정관(貞觀) 4년(630)에 오경정본 찬정을 개시하여 정관 16년(642) 오경정의 170권을 완성하였다. 그러나 오경정의가 편찬된 뒤에 비평이 잇따라 고종(高宗) 영휘(永徽) 4년(653)에야 정식으로 천하에 반포하였다. 당시 확정된 오경정의를 간략히 살펴보면 다음과 같다.

『주역정의(周易正義)』는 총 14권으로 왕필(王弼)의 주를 종주로 하였으며, 『상서정의(尚書正義)』 총 20권으로 위(僞) 『공안국전』으로 전해지는 위 『고문상서』를 저본으로 하였으며[1], 『모시정의(毛詩正義)』는 총

---

1 『尚書』는 伏勝이 전한 『금문상서』, 孔壁에서 나온 『고문상서』, 張霸의 『百兩篇』, 杜林의 『漆書』, 梅賾이 올린 위 『고문상서』 등이 있다. 唐代 孔穎達은 『尚書正義』를 편찬할 적에 梅賾이 올린 위 『고문상서』를 孔安國傳이라 여겨 채용하고, 馬融과 鄭玄이 注한 『칠서』는 위서로 보았다. 그러나 청대 閻若璩·惠棟은 이와 반대로 보았으

40권으로 정현의 주를 저본으로 하였으며, 『예기정의(禮記正義)』는 총
70권으로 정현의 주를 저본으로 하였으며, 『춘추정의(春秋正義)』는 총
36권으로 두예의 『춘추좌씨경전집해』를 종주로 하였다.[2]

오경정의의 가장 큰 장점이자 단점이 '소불박주(疏不駁注)'의 방법이
다. '소불박주'는 오로지 전주(傳注)를 위해 지은 소해(疏解)이다. 즉 어
떤 주본(注本)을 저본으로 선정하면 반드시 원주(原注)를 수호하여 규
정(糾正)을 가하지 않았다. 이는 한대의 경학적 전통을 준수한 것이다.
한대의 경학은 사법(師法)과 가법(家法)을 중시하여 이를 위배하는 자
는 박사로 세울 수 없게 하였다.

오경정의를 찬수한 목적이 유학에 문호가 많고 장구가 번잡하였기
때문이었으니, 일가를 정선해 정종으로 삼고 이설을 배척하는 정선주
가(精選注家)와 소불박주(疏不駁注)의 기준은 경학을 통일시키기 위한
대원칙이었던 것이다.[3]

오경정의의 특징은 남학과 북학이 공존하는 체계를 형성한 점, 번잡
한 장구를 간략하게 정리하여 사자(士子)가 전습(傳習)하는 데 간명한 문
본(文本)을 제공한 점, 의소(義疏)에서도 의리에 대해서는 취사한 것이
있다는 점 등이다. 종합적으로 말하자면 오경정의는 한대로부터 수·
당대까지의 서로 다른 설을 포괄하여 정리하고 남학과 북학을 공존하게
한 장점이 있지만, 내용이 번잡하여 일가의 설을 이루지 못하고, 여러
사람이 한 경전을 나누어 정리하여 통일성이 부족하고, 참위설(讖緯說)

며, 劉逢祿·宋翔鳳·魏源은 공안국전과 『칠서』 모두 僞書로 보았다.(陳延傑, 『經學
概論』, 商務印書館, 중화민국 19년(1930), 91쪽 참조)
2   吳雁南 外 主編, 『中國經學史』, 五南圖書出版股份有限公司, 2005, 193~194쪽 참조.
3   上同, 192~195쪽 참조.

을 취하기도 하고 배척하기도 하는 등 상이한 측면이 있다는 지적을 받는다.[4]

 이처럼 당나라 초기 오경을 중심으로 유교경전을 새로 정비해 통일시켰는데, 당 현종 개원16년(728) 국자좨주 양창(楊瑒)이 『주례』·『의례』·『춘추공양전』·『춘추곡량전』 등 4경을 전습하는 사자를 우대하자고 주청해 명경고시에 이 4종의 경전이 더해져 구경이 되었다. 그러니까 『시경』·『상서』·『역경』과 삼례(『예기』·『의례』·『주례』) 및 춘추삼전(『춘추좌씨전』·『춘추공양전』·『춘추곡량전』)이 구경이 된 것이다. 『주례』와 『의례』는 가공언(賈公彦)의 소(疏)를, 『춘추공양전』은 서언(徐彦)의 소를, 『춘추곡량전』은 양사훈(楊士勛)의 소를 채용하였다.

 가공언의 『주례주소(周禮注疏)』는 정현의 주를 저본으로 정학(鄭學)을 발휘한 것인데, 후대 주희는 『주례주소』를 경전 중 제일 좋다고 호평하였다.[5] 『의례주소(儀禮注疏)』는 정현 이전에는 주본(注本)이 없었는데, 정현이 주를 낸 뒤 위진남북조 때 일부 학자들이 정주(鄭注)에 의소(義疏)를 냈다. 서언의 『춘추공양전소(春秋公羊傳疏)』는 하휴(何休)의 『춘추공양해고(春秋公羊解詁)』를 저본으로 하였다. 양사훈의 『춘추곡량전소(春秋穀梁傳疏)』는 범녕(范寧)의 『춘추곡량집해(春秋穀梁集解)』를 저본으로 해설한 것이다. 이 4종의 주소가 오경정의에 더해져 구경주소가 되었다. 이후로 동아시아에서 유교경전은 구경 체제로 전해졌다. 그래서 당나라 때의 유교경전은 한나라 때의 오경 체제와는 달리 구경 체제라고 할 수 있다.

---

4 上同, 195~196쪽 참조.
5 上同, 198~199쪽 참조.

당대의 경학은 한 마디로 의소학(義疏學)이라 할 수 있는데, 이는 한대 훈고학의 연장선상에 있는 것이다. 한대 훈고학이 자구의 뜻을 해석하는 훈고 위주였다면, 당대의 의소학은 경전의 뜻[義]을 소통시키는 [疏] 데에 주안점이 있다. 따라서 자구의 주해를 넘어 단락별로 상세히 부연하는 것이 특징이다. 십삼경주소본의 해석을 보면 이러한 점을 한눈에 확인할 수 있다.

이러한 해석방법은 유교경전을 해석할 때 나타난 풍조만은 아니고, 당시의 사회풍상이 모두 그러했다. 불교에서도 그와 같은 경향이 다수 발견되는 바, 신라 시대 원효(元曉; 617~686)가 저술한 『대승기신론소(大乘起信論疏)』라는 책을 보면, '소(疏)'라는 이름을 붙이고 있다. 이 역시 의소학의 영향을 단적으로 보여주는 것이다. 이처럼 당대의 경전해석은 한대의 훈고학에서 의소학으로 한 차례 변해 있었다.

송대(宋代)의 십삼경(十三經)과 의리학(義理學)

1. 송대 십삼경(十三經) 정립(定立)

남북조 시대 남조 송(宋)나라 때에는 국자조교(國子助敎) 10인을 두어 10경을 관장하게 하였다. 그러나 실제로는『모시』·『상서』·『역경』·『주례』·『의례』·『예기』·『춘추공양전』·『춘추곡량전』·『춘추좌씨전』 등 9경에『효경』·『논어』를 합해 10경으로 삼은 것이었으니, 실제로는 11경이 된다. 여기서 주목할 만한 점은 한나라 이후로 중시된『효경』·『논어』가 경전의 반열에 오른 것이다.

이처럼 당나라 이전에 이미 9경에『논어』·『효경』을 경전의 반열에 올리는 경우가 있었는데, 당나라 말기인 개성연간(開成年間; 836~839)에는 이 11경에『이아(爾雅)』를 추가해 12경을 돌에 새겨 태학에 두었다. 그러니까 이 시기에는『이아』까지 경전의 반열에 오른 것이다. 이는 당대의 9경에『효경』·『논어』·『이아』를 더한 것으로, 당나라 말기에 이미 12경 체제가 되었음을 의미한다.

남송 광종(光宗) 소희연간(紹熙年間; 1190~1194)에는 이 12경에 다시『맹자』를 더하여 '십삼경(十三經)'이라는 명칭이 생겨났다. 이는 당나라 말부터 송나라 초에 이르는 시기에『논어』·『효경』·『이아』·『맹자』가 경의 지위를 획득한 것으로, 5경만을 경전으로 인식하던 종래의 사고에 커다란 변화가 일어난 것이다.

이 13경에 대해 근대 학자 장백잠은 『시경』·『상서』·『역경』·『주례』·『의례』·『춘추』 6경만을 경(經)으로 보고, 『예기』·『효경』·『이아』·『논어』는 기(記)로, 『춘추』의 삼전은 전(傳)으로, 『맹자』는 제자(諸子)로 구별하였다. 그는 경(經)은 성인이 편찬한 것이고, 전(傳)은 그 뒤의 현인이 경의 뜻을 전하여 기술한 것이며, 기(記)는 공자의 제자 및 후학들이 기록한 것으로 보았다.[1]

북송 초 진종(眞宗; 997~1022) 때 형병(邢昺)과 손석(孫奭)은 여러 경(經)의 의소(義疏)를 교정하여 주소본을 편찬하였는데, 형병은 『효경주소』·『논어주소』·『이아주소』를 편찬하고, 손석은 『맹자주소』를 편찬하였다.

『효경주소』는 당 현종이 주를 내고 원행충(元行沖)이 소(疏)를 내어 학관에 세운 주소본을 개정한 것이며, 『논어주소』는 남조 양(梁)나라 때 황간(皇侃)의 『논어소(論語疏)』를 저본으로 개정한 것이며, 『이아주소』는 진(晉)나라 곽박(郭璞)의 주를 저본으로 한 것이며, 『맹자주소』는 한나라 때 조기(趙岐)의 주를 저본으로 한 것이다. 청대 완원(阮元)은 「맹자교감기서(孟子校勘記序)」에서 손석은 음의(音義)만을 짓고 소(疏)는 짓지 않았다고 하였다.[2] 이렇게 하여 북송 진종 함평연간(咸平年間; 998~1003) 십삼경주소(十三經注疏)가 완성되었다.

남송 광종(光宗; 1189~1194) 때 처음으로 십삼경주소 합간본(合刊本)이 나타났는데, 악가(岳珂)의 『구경삼전연혁례(九經三傳沿革例)』에 실

---

1 최석기·강정화 역주, 『유교경전과 경학』, 경인문화사, 2002, 17~18쪽 참조.
2 陳延傑, 『經學槪論』, 商務印書館, 중화민국 19년(1930), 119~121쪽 참조.

린 세칭 '송십항본(宋十行本)'이 가장 오래된 판본이다. 이 판본을 명나라 가정연간(嘉靖年間; 1522~1566)에 중각(重刻)한 것이 민본(閩本)이고, 만력연간(萬曆年間; 1573~1619)에 민본을 중각한 것이 명감본(明監本)이다. 청대 완원은 송십항본의 11경에 북송 때 단소본(單疏本)인 『의례주소』와 『이아주소』를 더해 중각하고 『십삼경주소교감기(十三經注疏校勘記)』를 지었다.[3]

이상에서 살펴본 것처럼 십삼경주소는 당대 공영달(孔穎達) 등이 칙령을 받아 642년 오경정의 170권을 편찬하고, 이어 현종 때 양창(楊塲)이 『주례』·『의례』·『춘추공양전』·『춘추곡량전』 등 4경을 명경고시에 더해 구경주소가 완성되고, 송나라 진종(眞宗) 때 형병과 손석이 여러 경의 의소를 교정하여 주소본을 편찬하면서 『효경주소』·『논어주소』·『이아주소』·『맹자주소』가 더해져 십삼경주소가 완성되었다. 이를 정리하면 다음과 같다.

---

3 十三經注疏整理委員會, 『周易正義』(十三經注疏整理本), 북경대학출판사, 2000, 李學勤 序, 2~3쪽 참조.

注疏本名	卷數	注家	疏家	五經	九經	十三經
周易正義	10	魏 王弼 注 晉 韓康伯 注	唐 孔穎達 等 正義	五 經 正 義	九 經 注 疏	十 三 經 注 疏
尙書正義	20	漢 孔安國 傳	唐 孔穎達 等 正義			
毛詩正義	20	漢 毛亨 傳 漢 鄭玄 箋	唐 孔穎達 等 正義			
禮記正義	63	漢 鄭玄 注	唐 孔穎達 等 正義			
春秋左傳正義	60	晉 杜預 注	唐 孔穎達 等 正義			
周禮注疏	42	漢 鄭玄 注	唐 賈公彦 疏	4經注疏 추가		
儀禮注疏	17	漢 鄭玄 注	唐 賈公彦 疏			
春秋公羊傳注疏	28	漢 何休 注	唐 徐彦 疏			
春秋穀梁傳注疏	20	晉 范寧 注	唐 楊士勛 疏			
論語注疏	20	魏 何晏 注	宋 邢昺 疏		4經注疏 추가	
孝經注疏	9	唐 玄宗 注	宋 邢昺 疏			
爾雅注疏	11	晉 郭璞 注	宋 邢昺 疏			
孟子注疏	14	漢 趙岐 注	宋 孫奭 疏			

공영달 등이 오경정의를 편찬하면서 가장 중시한 '소불박주(疏不駁 注)'의 원칙은 구경주소까지 잘 지켜졌으니, 이는 사법(師法)과 가법(家 法)을 중시한 한대의 경학정신을 계승한 것이다. 그러나 북송 진종 때 추가된 형병과 손석이 편찬한 주소는 사법을 준수하지 않고 의리를 천 명한 점도 있어[4], '소불박주'의 원칙이 지켜졌다고 보기 어렵다.

십삼경주소의 주소(注疏)는 한대 금문경학과 고문경학의 전주(箋注) 를 온전히 계승하지 못했고, 위진 시대의 현학적 해석이 개입되었으며, 『논어』·『맹자』·『효경』·『이아』 등이 편입되어 오경 중심의 체계가

---

4   吳雁南 外 主編,『中國經學史』, 五南圖書出版股份有限公司, 2005, 220~221쪽 참조.

해체되었다는 지적을 피할 수 없다. 그러나 한대의 훈고와 당대의 의소를 선본(選本) 중심으로 통일시켜 정본으로 만들었다는 점에서 그 의의가 크다. 그리고 이를 합하여 간행함으로써 후대 정본의 구주(舊注)로 자리 잡게 한 것도 그 의의가 적지 않다.

2. 송대의 경학연구 방법, 의리(義理)

송대의 독자적인 경학이 흥성한 것은 11세기 중반 이후의 일이다. 이후의 송유(宋儒)들은 한대 이래의 주(注)를 수용하면서 거기에 소(疏)를 붙이는 당대(唐代)의 의소학(義疏學)을 답습하지 않고 경문(經文)에 나아가 독자적인 의리발명을 꾀하였다. 그렇게 학풍이 변한 이유는 경전의 본지(本旨)를 탐구하지 않고 자구(字句)의 주석에만 연연하여 성인의 도를 잃어버렸다는 자각에서 나온 것이다.

이런 풍조는 경전보다 깨달음을 중시하는 선불교의 영향이 컸다. 이들은 의리발명을 중시하고, 전래되어 내려온 훈고(訓詁)와 의소(義疏)는 무시하는 경향이 있었다. 또한 이들은 경전을 해석하다가 문리가 통하지 않으면 경전의 문구를 임의로 변개(變改)하거나 연문(衍文)으로 처리하는 등 논리적 구조를 완결하려고 노력하였다.

왕안석(王安石; 1021~1086)이 주장한 신학(新學)은 이러한 조류 속에서 나온 새로운 학풍이다. 그는 정권을 장악하자 혁신적인 개혁을 추진하여 자신이 만든 주석서를 강제로 유통시켰다. 그가 만든 주석서는 『주례』·『시경』·『상서』 3종으로, 이를 합쳐 삼경신의(三經新義)라고 불렀다. 왕안석의 개혁 가운데 또 하나 특기할 사항이 『효경』·『이아』

를 대신해『맹자』가『논어』와 함께 필수과목으로 지정된 것이다.『맹
자』는 왕안석의 신학파뿐만 아니라 사마광(司馬光; 1019~1086)을 중심
으로 하는 도학파(道學派)에게도 중시되었기 때문에 북송 말부터 남송
에 걸쳐 많은 주석서가 나오게 되었다. 이 시기에『맹자』를 중시한 것
은 경학사에서 주목할 만한 지점이다.

왕안석은『주례』를 중시한 반면, 그의 정적이었던 사마광은『효경』
을 중시했다. 사마광은 수신을 중핵으로 하는 정치지침을 논한 텍스트
로서『예기』에 들어 있던「대학」·「중용」을 중시하여『중용대학광의
(中庸大學廣義)』를 저술하였다. 반면 왕안석은 조정의 제도·기구 등 실
무정치의 개혁을 중시하면서『주례』를 근본으로 하였다. 이 역시 경학
사에서 눈여겨 볼만한 지점이다.

한편 북송대에는 왕안석을 중심으로 한 신학파와 사마광을 중심으로
하는 도학파가 대립하는 정국이었고, 또 소식(蘇軾; 1037~1101) 일가를
중심으로 한 촉학(蜀學)이 나타나 이들과 정족(鼎足)의 형세를 이루었
다. 소식은『역전(易傳)』·『서전(書傳)』·『논어설(論語說)』등을 저술하
였고, 그의 동생 소철(蘇轍; 1039~1112)은『시전(詩傳)』과『춘추전(春秋
傳)』을 지어 학문적으로 상당한 영향력이 있었다.

도학파에서는 정이(程頤; 1033~1107)의『정씨역전(程氏易傳)』이 의
리학의 관점에서 기술되어 널리 유통되었다. 정이는「대학」·「중용」을
매우 중시하였다. 이런 영향으로 12세기에는「대학」·「중용」에 대한
주석서가 다수 출간되었다. 이처럼 정이로부터 중시된「대학」·「중용」
은 남송 주희(朱熹; 1030~1200)에 이르러『논어』·『맹자』와 함께 '사서
(四書)'로 명명되면서 가장 중요한 경서로 부각되었다. 사서의 출현은
경학사의 큰 변화를 의미한다.

주희는 사서에 학문의 중점을 두었는데, 특히『대학』·『중용』을 더욱 중시하여 일생의 정력을 바쳐 수정을 가하였다. 그는 선배들이 자신의 견해를 드러내는 데 주안점을 두었던 해석방식을 채택하지 않고, 경문에 입각해 성인의 본지를 읽어내려 하였다. 그가 만든 사서주석서는『대학장구(大學章句)』·『중용장구(中庸章句)』·『논어집주(論語集註)』·『맹자집주(孟子集註)』인데, 이런 작업을 하기 위한 예비단계로 도학파 학자들의 설을 모은『중용집략(中庸輯略)』·『논어정의(論語精義)』·『맹자정의(孟子精義)』 등을 먼저 편찬하였다.

주희는 사서집주를 완성한 뒤, 자신의 설을 보충 설명하기 위해 사서혹문(四書或問;『대학혹문』·『중용혹문』·『논어혹문』·『맹자혹문』)을 저술하였다. 그리고 문인들에게 자신의 설을 보여주며 끝없이 토론하여 자신의 설을 보다 객관적으로 공론화하는 노력을 경주하였다.

주희가 만든 사서집주는 원대부터 기본 필독서가 되어 청대 말기까지 과거시험의 기본텍스트가 되었고, 나아가 조선·베트남·일본 등 동아시아 여러 나라에서도 필독서가 되었다. 주희의 사서집주는 경학사에 있어서 오경 중심의 경전 체제가 사서 중심의 경전 체제로 개편되는 역사적 의미를 갖는다. 그러니까 그전에는 오경이 경학의 중심에 있었는데, 주희 이후로는 사서가 중심에 놓이고 오경은 그 다음으로 순서가 밀리게 된 것이다.

우리가 흔히 '사서오경' 또는 '사서삼경'이라고 일컫는 말에서 이런 점을 확인할 수 있다. 우리나라 정약용(丁若鏞; 1762~1836)은, 유교경전은 오경이 중심임을 다시 일깨워 경전을 일컬을 때 의도적으로 '육경사서' 또는 '오경사서'라고 칭하였으니, 이는 사서에 매몰된 시각에서 벗어나 육경의 정신을 회복하려고 한 것이다.

주희는 사서를 중시했지만, 오경에 대해 도외시한 것은 아니다. 그는 『역경』을 정이(程頤)가 의리학의 관점으로만 해석한 것에 대해, 이를 보완하는 의미에서 상수학(象數學)의 관점으로 해석하여 『역본의(易本義)』를 저술하였다. 그리하여 후세에는 정이의 『정씨역전』과 주희의 『역본의』가 한 책으로 합쳐 간행되어 읽히게 되었다. 『시경』에 대해서는 『시집전(詩集傳)』을 저술하여 한대·당대의 주석과 상당히 다른 해석을 하였고, 『상서』에 대해서는 앞의 몇 편을 해석하다가 여러 가지 의문에 봉착하여 완성하지 못하였다. 결국 『상서』는 그의 문인 채침(蔡沈; 1167~1230)이 완성하였다. 삼례에 대해서는 『의례』를 예전의 『예경』으로 보고 『예기』는 『예경』을 해석한 해석서로 보아, 이 둘을 합해 『의례경전통해(儀禮經典通解)』를 저술하다가 완성하지 못하고 별세하였다. 다만 『춘추』에 대해서는 별다른 저작을 남기지 못하였다.

송대의 경학은 한 마디로 말해 의리학이다. 이는 한대의 훈고학, 당대의 의소학이 장구만을 해석하거나 장황하게 부연하는 것에 대한 반성에서 싹튼 것으로, 장구의 해석보다는 경문에 담긴 성인의 본지를 탐구하는 데 중점을 둔 것이다. 그리하여 그들은 경전의 문구를 임의로 개정하거나 편차를 개편하기도 하였고, 심한 경우 문구를 산삭하기도 하였다. 이들은 의리의 탐구에 중점을 두었기 때문에 그 외의 것들은 사소한 것으로 여겼다. 그러므로 자신의 견해로 경문을 변개하거나 개정하는 일까지 나타나게 되었다.

원·명대(元明代)의 사서오경과 송학(宋學)의 연변(演變)

1. 원대(元代)의 경학

　한대(漢代)의 훈고학은 금문과 고문이 서로 다른 점에 주목하여 훈고에 치중하면서 감히 자신의 견해를 개진하지 않았다. 그래서 한대 학자들은 대체로 공맹(孔孟)의 오류를 지적할지언정, 복건(服虔)·정현(鄭玄)의 설에 대해 잘못을 말하려고 하지 않았다. 이것이 이른바 사설(師說)과 가법(家法)을 중시하는 한대 경학가들의 학문정신이었다.

　반면 송대(宋代)의 의리학은 의리를 밝히는 데 중점을 둠으로써 전주(傳注)에 따라 해석하지 않고 경문에 나아가 의리를 직접 탐구하려 하였다. 그리하여 송대 학자들은 의고(疑古)와 회의(懷疑)에 과감하였다. 정이(程頤)는 『논어』·『맹자』·『대학』·『중용』을 중시하면서 이런 관점에서 새롭게 해석하였다. 주희가 이러한 정신을 계승하여 이 4종의 경서를 '사서'라 최초로 명명하고, 『대학장구』·『중용장구』·『논어집주』·『맹자집주』 등 새로운 해석서를 저술하였다. 이는 공자–증자–자사–맹자로 이어지는 도통(道統)을 중시한 것이다.

　원대에는 한 시대를 대표할 만한 경학이 없었고, 오로지 송학을 집성한 주자학을 답습하는 조류가 성행하였다. 원나라 군사가 남하하여 남송을 멸한 뒤 조복(趙復; 1215~1306)에 의해 남방의 주자학이 북방에

전해졌다. 그리하여 북방의 요추(姚樞; 1203~1280)·허형(許衡; 1209~
1281)·유인(劉因; 1249~1293) 등이 모두 주자학을 숭봉하였다. 남방의
학자로는 오징(吳澄; 1249~1333)·김이상(金履祥; 1232~1303)·진력(陳
櫟; 1252~1334)·허겸(許謙; 1270~1337) 등이 저명한데, 이들 가운데는
주자학과 육구연(陸九淵)의 심학을 겸한 사람들이 많았다. 또한 순수하
게 주자학만을 위주로 하였더라도 주자의 설을 부연하는 데 불과하여
학술적으로 커다란 진전이 없었다.

　원나라 인종(仁宗) 연우연간(延祐年間; 1314~1319)에 과거제도를 정
했는데, 『역경』은 주희의 『주역본의』를, 『시경』은 주희의 『시집전』
을, 『상서』는 주희의 문인 채침의 『서집전』을, 『춘추』는 호안국(胡安
國)의 『춘추호씨전』을, 『예기』는 정현의 주를 그대로 채용했다. 그럼
으로써 정주학이 관학으로 자리하게 되었다.

2. 명대(明代)의 경학

　명초 과거제도를 회복하면서도 주자학을 위주로 하여, 사서는 주희
의 장구와 집주를, 『역경』은 정이의 『정씨역전』과 주희의 『역본의(易
本義)』를, 『시경』은 주희의 『시집전』을, 『상서』는 채침의 『서집전』과
송대 하선(夏僎)의 『하씨상서상해(夏氏尙書詳解)』를, 『춘추』에는 『춘
추좌씨전』과 『춘추공양전』과 『춘추곡량전』과 『춘추호씨전』(宋 胡安國
의 傳) 및 송대 장흡(張洽)의 집주를, 『예기』는 진호(陳澔)의 『예기집설
(禮記集說)』을 채용하였다.

　명 태조의 넷째 아들 주체(朱棣)가 조카 건문제(建文帝)를 제거하고

제3대 황제[永樂帝]로 즉위하였다. 그는 정국을 안정시킨 뒤 2천여 명의 학자를 동원하여 사서대전(四書大全)·오경대전(五經大全)·성리대전(性理大全) 등 칠부대전(七部大全)을 편찬해 유교사상을 통일시키고자 하였다. 영락제는 1414년 한림원 학사 호광(胡廣), 한림원 시강 양영(楊榮)·김유자(金幼孜) 등에게 조칙을 내려 대전본(大全本)을 편찬하게 하였는데, 1년 뒤인 1415년 칠부대전이 만들어졌다. 이를 도표로 정리하면 다음과 같다.

册名	卷數	採用書籍	비고
周易大全	24	元 董楷의『周易傳義附錄』 元 董眞卿의『周易會通』 元 胡一桂의『周易本義附錄纂疏』 元 胡炳文의『周易本義通釋』	모두 程頤의『程氏易傳』과 朱熹의『易本義』를 위주로 함
書傳大全	10	宋 蔡沈의『書集傳』 (陳櫟의『尙書集傳纂疏』와 陳師凱의『書蔡傳旁通』에서 초록)	채침의『서집전』을 위주로 함
詩經大全	20	元 劉瑾의『詩傳通釋』을 저본으로 가감하면서 그 例를 조금 변경	주희의『시집전』을 위주로 함
禮記大全	30	元 陳澔의『禮記集說』	진호의『예기집설』을 종주로 함
春秋大全	70	元 汪克寬의『春秋纂疏』	胡安國의『春秋胡氏傳』을 종주로 함
四書大全	36	元 倪士毅의『四書輯釋』	예사의의『사서집석』을 가감하여 만듦
性理大全	70	宋 周敦頤의「太極圖說」,『通書』 宋 張載의「西銘」,『正蒙』 宋 邵雍의『皇極經世書』 宋 朱熹의『易學啓蒙』,『家禮』 宋 蔡元定의『律呂新書』 宋 蔡沈의『洪範皇極內篇』 등	宋儒 120家의 설 채록

이처럼 사서대전과 오경대전은 거의 원대 학자들이 만든 책을 저본

으로 약간의 수정을 가하여 편찬한 것이다. 즉 원칙을 세워 편찬한 것이 아니고 정주학 계열의 주석서를 택해 약간의 수정을 가해 만든 것으로, 학술적 가치가 없다는 혹평을 받는다.

청초 고염무(顧炎武)는 "『춘추대전』은 원나라 사람인 왕극관(汪克寬)의 『호전찬소(胡傳纂疏)』를 완전히 답습했는데, 단지 그중에 '우안(愚按)' 2자를 '왕씨왈(汪氏曰)'로 고치고 '여릉이씨(廬陵李氏)' 등 한두 조를 첨가한 것일 뿐이다. 『시경대전』은 원대 유근(劉瑾)의 『시전통석(詩傳通釋)』을 완전히 답습했는데, 그중에 '우안(愚按)' 2자를 '안성유씨왈(安成劉氏曰)'로 바꾸었을 뿐이다. 나머지 『역경』·『상서』·『예기』는 후인들이 모두 구서(舊書)를 보지 못했으나 또한 반드시 전인의 책을 인습하지 않은 것은 아닐 것이다. …… 이미 만들어진 책을 취해 한 차례 베껴서 위로는 조정을 기만하고 아래로는 사자(士子)를 속였으니, 당·송 이래로 이런 일이 있었던가. …… 아, 경학이 폐지된 것은 실로 이로부터 비롯되었다."[1]라고 혹평하였다.

기윤(紀昀)의 『사고전서총목제요』에는 청대 주이준(朱彛尊)의 『경의고(經義考)』의 설을 인용하여 "『주역대전』은 동해(董楷)·동진경(董眞卿)·호일계(胡一桂)·호병문(胡炳文) 4가의 책을 분할하여 주워 모아 만들었고, 『서전대전』 역시 진력(陳櫟)의 『상서집해찬소(尙書集解纂疏)』와 진사개(陳師凱)의 『서채전방통(書蔡傳旁通)』을 표절한 것이며, 『예

---

1   顧炎武, 『日知錄』 권18, 「四書五經大全」, "春秋大全則全襲元人汪克寬胡傳纂疏 但改其中愚按二字 爲汪氏曰 及添廬陵李氏等一二條而已 詩經大全則全襲元人劉瑾詩傳通釋 而改其中愚按二字 爲安成劉氏曰 其三經 後人皆不見舊書 亦未必不因前人也 …… 而僅取已成之書 抄謄一過 上欺朝廷 下誑士子 唐宋之時 有是事乎 …… 嗚呼 經學之廢 實自此始"

기대전』은 제유(諸儒)의 설 42가를 채용하고 진호(陳澔)의 『예기집설』
을 주로 한 것인데, 진호의 책이 학관에 나열된 것은 이 책으로부터
비롯되었다."라고 평하였다.[2]

　피석서(皮錫瑞)도 고염무와 주이준의 설을 인용하면서 명대에 편찬한
책은 원나라 사람의 유적(遺籍)이었기 때문에 천박하고 고루함이 더욱
심하였다고 비평하였으며[3], 장백잠 역시 고염무·기윤·주이준 등의 설
을 인용하면서 피석서와 유사한 비평을 가하였다.[4] 범문란도 대전본이
반포된 이후 주자의 주석만을 읽는 학계의 분위기를 지적하였고[5], 오안
남 등이 주편한『중국경학사』에서도 명대의 칠부대전은 원나라 사람의
저작을 전부 초록한 것으로 학술적 가치가 조금도 없다고 평하였다.[6]

　명대에는 송대의 십삼경에 주희가 사서에 편입시킨『대학』과『중
용』이 경전의 반열에 올라 총 15경이라 할 수 있다. 그러니까 사서에
『시경』·『상서』·『역경』, 『의례』·『주례』·『예기』의 삼례, 『춘추공양
전』·『춘추곡량전』·『춘추좌씨전』의 춘추삼전, 『효경』·『이아』가 더
해져 총 15경이 된 것이다. 그러나 '십오경(十五經)'이라는 말은 거의
쓰지 않았다.

　명대의 학술은 송학(宋學)의 연장선상에 있다. 명나라는 한족(漢族)
이 세운 나라로 3백 년 동안 통치했음에도 불구하고, 학술적으로는 크

2　皮錫瑞 著, 李鴻鎭 譯, 『중국경학사』, 동화출판공사, 1984, 225~227쪽 참조.
3　上同, 227~228쪽 참조.
4　최석기·강정화 역주, 『유교경전과 경학』, 경인문화사, 2020, 395~396쪽 참조.
5　이종호 편, 『유교경전의 이해』, 중화당, 1994, 288쪽 참조.(范文瀾의 『經學講演錄』
　「제4장 명·청의 경학」)
6　吳雁南 外 主編, 『中國經學史』, 五南圖書出版股份有限公司, 2005, 350쪽 참조.

게 볼만한 것이 없다. 오직 성리학 내부에서 주자학과 성향을 달리하는 왕수인(王守仁; 1472~1528)의 양명학(陽明學)이 크게 대두된 것이 특기할 만하다. 그리하여 경전을 연구하는 사람들 가운데 주자학을 추종하거나 유심주의(唯心主義)의 양명학에 경도될 뿐, 경전의 주소(注疏)에 뜻을 두고 깊이 있게 연구하는 학자들이 적었다.

이렇게 된 데에는 여러 가지 이유가 있겠지만, 가장 큰 이유 중 하나로 15세기 초 황제의 칙명으로 호광(胡廣; 1370~1418) 등이 사서오경대전과 『성리대전』을 편찬한 것을 거론하지 않을 수 없다. 이 책들은 송대·원대의 정주학 계통 여러 학자들의 설을 모아놓은 것이다. 이 책들은 주희에 의해 집대성된 정주학의 결정판과 그것을 부연한 해설서로서의 기능을 충실히 수행하였다. 그런데다 명초에는 자신의 마음을 수양하는 것을 중시하는 풍조가 성행하여 의리를 발명하는 지적탐구에는 거의 관심을 두지 않았다.

16세기로 들어서면서 경서의 주석 작업이 다시 일어났는데, 그 배경으로는 양명학이 흥기하여 주자학이 상대화된 점, 사회 전체가 호황을 이루어 출판업이 성행한 점, 과거시험 대비를 위한 간편하고 이해하기 쉬운 주석서가 요구된 점 등을 들 수 있다.

16세기 경학사상 특기할 만한 사건으로는, 『대학』의 텍스트에 대한 뜨거운 논란을 들 수 있다. 그 당시에는 주희의 『대학장구』가 널리 유통되고 있었는데, 이에 대해 개정을 주장하거나 아예 고본(古本)의 「대학」(십삼경주소 『예기』에 수록된 「大學」)을 텍스트로 하여 새롭게 해석하는 설이 제기된 것이다. 남송 말부터 주자학파 내부에서 주희의 『대학장구』에 대해 개정을 제기하는 설이 끝없이 제기되었다. 이러한 분위기는 명대까지 이어져 학계의 중요한 사안으로 부각되었는데, 명초 명망이 있던 방효유(方孝孺; 1357~1402)·채청(蔡淸; 1453~1508) 등도 이에 대해 자신들의 새로운 주장을 폈다.

그런데 주자학파 내부에서의 이러한 논란은 어디까지나 주희의 『대학장구』 전 제5장[格物致知傳]을 일실된 것으로 보아 보충해 넣은 것에 대해 이견을 제시하는 정도로, 부분적으로 개정하여 주희의 『대학장구』를 완전무결하게 하자는 것이었지, 『대학장구』 자체를 부정하는 것은 아니었다.

그러나 왕수인은 『대학장구』 자체를 부정하고 고본의 「대학」을 텍스트로 하여 새로운 해석을 하였다. 게다가 풍방(豊坊) 등은 한대(漢代)의 석경(石經)에 새겨진 텍스트를 발견했다고 하면서 기왕의 것과 매우 다른 해석을 제기하였다. 풍방의 설이 한 때 밀물처럼 유행하였지만, 뒤에 그것은 위조된 것으로 밝혀졌다.

명대의 경학은 왕수인의 양명학을 빼놓고 말할 수 없다. 양명학은 주희와 동시대 학자 육구연(陸九淵; 1139~1193)의 설에서 유래한 것이다. 그런데 그 근원으로 올라가 보면, 북송 초 이학(理學)에 연원이 닿아 있다. 동시대 주희는 도문학(道問學)에 비중을 두었고, 육구연은 존덕성(尊德性)에 비중을 두어 서로 경향을 달리하였다. 이후로 학계는 크게 양분되어 육구연 학파는 심학(心學)을 위주로 하였다. 여기서의 심학은 유심주의적(唯心主義的) 성향의 학문을 말한다. 원대의 학자들 가운데는 주자학과 육학을 겸하는 경우가 많았는데, 명대의 진헌장(陳獻章; 1428~1500)·왕수인 등은 육학을 계승한 학자들이다.

왕수인은 육구연의 심즉리설(心卽理說)을 발휘하고, 지행합일(知行合一)·치양지(致良知)를 합하여 양명학의 삼대 특징으로 내세웠다. 그는 '양지(良知)'에 대해 내 마음에 본디 있는 것으로 사람들이 공통적으로 가지고 있는 것이지 독서를 한 뒤에 얻어지는 것이 아니라고 하였다. 그리하여 그는 "사람은 모두 요·순이 될 수 있다.", "거리에 가득한 사람들이 모두 성인이다."라고 하였다. 이러한 왕수인의 설은, 주자가 독서·궁리를 주로 하여 "도통의 전함이 책 속에 있으니, 경전의 뜻에 밝지 못하면 도통이 이에 어두워진다."라고 말한 것과는 현격한 차이가 있다.

명나라 말기에 양명학의 좌파로 일컬어지는 이지(李贄; 1527~1602)가 나왔다. 그의 사상은 공맹의 사상적 범주에서 벗어났고, 그의 행동은 예교(禮敎)에서 이탈하였다. 이들은 부지런히 공부하지 않고 구두선(口頭禪)처럼 공허만 말을 일삼았다. 이러한 그들의 성향을 흔히 '광선(狂禪)'으로 비판한다. 그러므로 사회 풍상은 허망해지고 학문은 공소하게 되었다.

이학(理學)은 이기(理氣)·심성정(心性情) 등에 관해 탐구하는 학문으로 인간의 심성과 우주의 이치를 연구하는 학문이다. 따라서 엄밀히 말해 경전을 해석하는 경학과는 구별되는 것이다. 이들이 경전을 해석하는 방향도 인간의 심성과 우주의 이치를 해명하는 데 있었기 때문에, 저절로 경학은 전시대만큼 발전할 수 없었다.

청대(淸代)의 고증학(考證學)

청대의 경학은 한 마디로 말해 고증학(考證學)이라 한다. 이는 한대의 훈고학, 송대의 의리학과 함께 중국학술사를 대별하는 한 시대의 특징적 성향이기도 하다. 이러한 학술적 분위기도 당대의 학술풍토에 대한 반성에서 비롯되었다. 앞에서 살펴보았듯이, 명대의 학술은 주자학의 연장선상에서 지리멸렬하게 이어져 내려왔고, 양명학이 등장한 이후 더욱 심학으로 경도되어 현실에서 동떨어졌다. 이러한 유심주의적 학술은 선불교와 유사한 방향으로 흘러갔다.

명말의 학자들은 이런 공소한 학문에 대해 반성을 함으로써 경세치용(經世致用)의 기운이 감돌기 시작했다. 경전 해석보다 탁상공론의 강학을 위주로 한 명학(明學)을 비판하면서 한대의 훈고에 의거한 착실한 경서연구 분위기가 정착되었는데, 이를 선도한 사람이 고염무(顧炎武; 1613~1682)·황종희(黃宗羲; 1610~1695)·왕부지(王夫之; 1619~1692) 등이다.

고염무는 경세치용을 주장하여 그의 저술『일지록(日知錄)』에서 실사구시(實事求是)에 기초한 치밀한 실증연구를 보여주었고, 고대 한어(漢語)의 음운을 분석한『음학오서(音學五書)』를 지어 고증학의 선하를 이루었다. 황종희도 경세치용을 주창하였는데, 그는 경학과 함께 사학(史學)에도 힘쓸 것을 주장하였다. 그는『송원학안(宋元學案)』·『명유학안(明儒學案)』을 저술하여 송·원대 이학가(理學家)를 정리함으로써 절동사학(浙東史學)의 기초를 다졌다. 또『맹자』의 민본사상에 근거하여 군주제를 비판한『명이대방록(明夷待訪錄)』을 저술하여 계몽사상에 커다란 영향을 끼쳤으며, 한대의 경설에 기초한『역학상수론(易學象數論)』도 저술하였다.

황종희의 문인으로는『유림종파(儒林宗派)』를 저술한 만사동(萬斯同; 1638~1702), 여러 경전에 능통할 것을 주창한 만사대(萬斯待; 1633~1683), 『이아정의(爾雅正義)』를 지은 소진함(邵晉涵; 1743~1796), 『송원학안보유(宋元學案補遺)』를 지은 전조망(全祖望; 1705~1755), '육경개사(六經皆史)'를 주창한 장학성(章學誠; 1738~1801) 등이 배출되었다.

왕부지는 북송 장재(張載)의 기철학(氣哲學)을 계승하는 관점으로 실사구시의 학문을 주창했다. 그는 고거(考據)를 중시하는 태도로『주역비소(周易稗疏)』·『시경비소(詩經稗疏)』·『서경비소(書經稗疏)』·『독사서대전설(讀四書大全說)』및『상서인의(尙書引義)』·『시광전(詩廣傳)』등을 지었다.

이후 청대 고증학의 특색을 선명히 보여준 업적으로는, 염약거(閻若璩; 1636~1704)의『고문상서소증(古文尙書疏證)』과 호위(胡渭; 1633~1714)의『역도명변(易圖明辨)』을 들 수 있다. 또한 경전에 밝았던 모기령(毛奇齡; 1623~1716)은『사서개착(四書改錯)』·『시전시설박의(詩傳詩說駁義)』등을 지어 송유의 주관적인 해석의 오류를 비판하였다. 모기령은 논박을 좋아하여 주희의 설에 대해서는 왕숙(王肅)이 정현(鄭玄)의 설을 비판하듯 사사건건 트집을 잡았다. 그는 동시대 염약거의『고문상서소증』에 대해서도『고문상서원사(古文尙書寃詞)』를 지어 강력하게 비난하였다.

청나라 황실에서는 정통학문인 주자학을 위주로 하였다. 강희제는

주자학을 주로 하면서도 고주(古注)를 가미한 경전해석서를 대규모로
편찬하게 하였다. 이광지(李光地; 1642~1718)는 강희제의 신임 하에『성
리정의(性理精義)』를 편찬하였다. 고염무의 외손자인 서건학(徐乾學;
1631~1694)은 문인 납란성덕(納蘭性德; 1654~1685)에게『통지당경해(通
志堂經解)』를 교정 간행하게 하였다.

건륭연간(1736~1795)과 가경연간(1796~1820)의 실증적인 고문파 한
학을 '박학(樸學)'이라 불렀는데, 소주(蘇州) 일대 혜동(惠棟; 1697~1758)
의 절서오파(浙西吳派)와 휘주(徽州) 일대 대진(戴震; 1724~1777)의 절서
환파(浙西皖派)가 양대 산맥을 이루었다.

혜동은 가학을 바탕으로 하였는데 한유(漢儒)의 훈고를 중시하였다.
대진은 이학(理學)에 반대하였는데,『맹자자의소증(孟子字義疏證)』을
지어 리(理)의 형이상학적 초월성을 부정하였다. 대진의 문인 단옥재(段
玉裁; 1735~1815)는『육서음균표(六書音均表)』를 지어 고대 한어(漢語)
의 음운구조를 밝혔다. 또한 그는『설문해자주』등을 지어 문자학의
발전에 크게 기여하였다. 또한 대진의 문인 왕념손(王念孫; 1744~1832)
과 그의 아들 왕인지(王引之; 1766~1834)는『독서잡지(讀書雜志)』·『경
의술문(經義述聞)』을 지었는데, 한대의 훈고에 얽매이지 않고 논리를
중시함으로써 고거학(考據學)의 정수를 보여주었다.

완원(阮元; 1764~1849)에 이르면 경학이 쇠퇴하기 시작하지만, 이들은
경학의 거작을 편찬하였다. 완원은 훈고를 집성한『경적찬고(經籍纂
詁)』, 교감학의 거작인『십삼경주소교감기(十三經注疏校勘記)』, 고문파
한학의 주요 저술을 망라한『황청경해(皇淸經解)』등의 편찬을 주도했다.

대진과 동시대 장존여(莊存與; 1719~1788)는『춘추정사(春秋正辭)』에
서 선왕의 의리나 공자의 미언대의는 후한의 고문학에 있지 않고 전한

의 금문학에 있다고 하여, 금문경학을 제창하였다. 장존여의 외손 유봉록(劉逢祿; 1776~1829)은 『춘추공양경하씨석례(春秋公羊經何氏釋例)』를 지어 공양삼세설(公羊三世說)을 해명하였다. 한편 단옥재의 외손 공자진(龔自珍; 1792~1841)과 위원(魏源; 1794~1857)은 유봉록에게 배워 한학·송학을 모두 비판하고, 공양학의 미언대의를 이용하여 개혁을 주장했다. 강유위(康有爲; 1858~1927)는 금문학을 적극 발휘하여 『신학위경고(新學僞經考)』를 저술했고, 『공자개제고(孔子改制考)』에서 공양학의 삼세설을 공자가 탁고개제(托古改制)한 것이라 하여 변법유신을 위한 논거로 삼았다. 이에 변법개제론이 정치적 이슈로 등장하여 금문공양학이 크게 유행하였다.

청말 고문학을 계승한 학자로는 『군경평의(群經平議)』를 지은 유월(兪樾; 1821~1907), 『상서공전참정(尚書孔傳参正)』을 지은 왕선겸(王先謙; 1842~1917), 『모시전전통석(毛詩傳箋通釋)』을 지은 마서진(馬瑞辰; 1782~1853), 『의례정의(儀禮正義)』를 지은 호배휘(胡培翬; 1782~1849), 『논어정의』를 지은 유보남(劉寶楠; 1791~1855), 『주례정의』를 지은 손이양(孫詒讓; 1848~1908), 『춘추좌씨의의문답(春秋左氏疑義問答)』을 지은 장병린(章炳麟; 1869~1936) 등이 있다.

청말의 양계초(梁啓超; 1873~1929)는 청대 학술을 논하면서 4시기로 나누었다. 제1기는 송나라 때의 고학을 회복하자는 것으로, 왕학(王學; 왕수인의 양명학)에서 해방되기를 추구한 것이다. 이는 청초 고염무·염약거 등이 주도하였다. 제2기는 한대·당대의 고학을 회복하자는 것으로, 이정(二程)·주희에서 해방되기를 추구한 것이다. 이는 건륭연간 혜동·대진 등이 주도하였는데, 이 시기가 청대 경학의 전성기이다. 제3기는 전한의 고학을 회복하자는 것으로, 허신·정현에서 해방되기를 추구한 것이다. 제4기는 선진(先秦)의 고학을 회복하자는 것으로, 일체의 전주(傳注)에서 해방되기를 추구한 것인데, 심지어 공자·맹자에서조차 해방되기를 추구하였다. 이는 금문경학이 부활한 가경연간(1796~1820)·도광연간(1821~1850) 이후에 나타났다.

제4장

육경(六經) 개설

『시경(詩經)』(『악경(樂經)』 포함)

1. 시(詩)와 악(樂)

『풍속통의(風俗通義)』에 "삼가 살펴보건대, 『세본(世本)』에 '복희(宓義)가 8척 1촌 크기의 45현 비파를 만들었다.'고 하였으며, 『황제서(黃帝書)』에는 '태제(泰帝)가 소녀(素女)로 하여금 비파를 연주하게 하였는데, 곡조가 슬펐다. 황제가 금하였으나 그치지 않았기 때문에 그 비파를 파괴하고 25현의 비파를 만들었다.'고 하였다."[1]라고 하였으며, 또 "삼가 살펴보건대, 『세본』에 '신농(神農)이 거문고를 만들었다.'고 하였으며, 『상서』에 순(舜)이 5현의 거문고를 타면서 남풍(南風)의 시를 노래하자, 천하 사람들이 시를 공부하게 되었다."[2]라고 하였다.

이러한 기록을 통해 보건대, 황제(黃帝)가 문자를 만들기 이전에 이미 음악이 있었음을 알 수 있다. 악(樂)은 가(歌)와 조화를 이루니, 아직 문자가 없었지만 입으로 부르는 시가(詩歌)는 있었던 것이다. 그러므로 음악으로 시가에 반주를 하였던 것이다.

---

1 漢 應劭 撰, 明 程榮 校, 『風俗通義』 권6, 「瑟」. "謹案 世本 宓義作八尺一寸四十五絃 黃帝書 泰帝使素女鼓瑟而悲 帝禁不止 故破其瑟爲二十五絃"
2 上同, 권6, 「琴」. "謹案 世本 神農作琴 尙書 舜彈五絃之琴 歌南風之詩 而天下治詩云"

고대의 시가로는 「단죽가(斷竹歌)」·「격양가(擊壤歌)」·「강구요(康衢謠)」·「경운가(慶雲歌)」·「남풍가(南風歌)」·「오자지가(五子之歌)」·「맥수가(麥秀歌)」·「채미가(采薇歌)」 등이 있지만, 여러 문헌에 산견되는 편린일 뿐이다. 이와는 달리 고대의 시가를 한데 모아놓은 책이『시경』이므로, 이 책은 고대인들의 정서를 이해할 수 있는 중요한 고전이다.

육경 가운데『악경』은 한나라 때 세상에 나타나지 않았다. 이에 대해『악경』이 진시황의 분서 때 없어졌다는 설과『악경』은 본래 경문(經文)이 없고『시경』에 붙어 있던 악보(樂譜)였다는 두 가지 설이 있다. 장백잠은『악경』이 있었다면 그 내용이 정치와 무관하기 때문에 분서의 화를 당하지 않았을 것이라는 이유를 들어, '『악경』은 원래 없었다.'는 설을 믿을 만하다고 하였다.[3] 그러나 이 두 설은 모두 추정하는 것일 뿐, 그 진위를 알 수 있는 자료는 없다.

악(樂)과 시(詩)는 불가분의 관계로 시는 악에 합치된 시가였다.『한서』「예문지」에 "그 말을 읊조리는 것을 시(詩)라 하고, 그 소리를 길게 뽑는 것을 가(歌)라 한다."[4]라고 하였으니, 문자를 읊조리는 시와 소리를 길게 뽑는 가는 서로 별개의 것이 아니었음을 알 수 있다.

「모시대서(毛詩大序)」에 "시는 지(志)가 움직인 것이니, 마음속에 있으면 지(志)고, 말로 드러내면 시(詩)가 된다. 감정이 마음속에서 움직여 말로 드러나는데, 말로 표현하기가 부족하기 때문에 차탄(嗟歎)하고, 차탄하는 것으로는 부족하기 때문에 영가(永歌)하고, 영가하는 것으로는 부족하기 때문에 자신도 모르게 손이 춤을 추고 발이 구르게

---

3   최석기·강정화 역주,『유교경전과 경학』, 경인문화사, 2002, 73~74쪽 참조.
4   班固,『漢書』「藝文志」. "誦其言謂之詩 咏其聲謂之歌"

되는 것이다."[5]라고 하였는데, 여기에서 우리는 시(詩)와 가(歌)와 무(舞)가 별개의 것이 아니고 하나로 연결된 것임을 알 수 있다.

이를 단적으로 보여주는 자료가 『예기』 「악기(樂記)」의 다음과 같은 말이다.

> 덕은 성(性)의 단서이고, 악(樂)은 덕의 꽃[華]이고, 금(金)·석(石)·사(絲)·죽(竹)은 악의 기구이다. 시는 그 지(志)를 말한 것이고, 가(歌)는 그 소리를 길게 읊조리는 것이고, 무(舞)는 그 용모를 움직이는 것이다. 이 세 가지는 마음에 근본을 두니, 그런 뒤에 악기가 이를 따라 연주한다. 그러므로 정이 깊어 드러내 표현하는 것이 선명하고, 기가 왕성하여 조화가 신묘하다. 화순함이 내면에 쌓여 영화(英華)가 밖으로 드러나니, 오직 악(樂)은 거짓으로 할 수가 없다.[6]

『논어』 「자한」에 공자가 말하기를 "내가 위(衛)나라로부터 노나라로 돌아온 뒤에 음악이 바르게 되어 아(雅)·송(頌)이 제자리를 찾았다.[7]"라고 하였는데, 이는 공자가 3천여 편의 고시를 산삭하여 311편의 시를 취하고 풍(風)·아(雅)·송(頌)으로 구분해 제자리를 찾게 한 것을 말한다. 따라서 공자의 위와 같은 언급을 보면, 당시에는 시와 악이 분리되지 않고 하나로 존재했다는 사실을 미루어 알 수 있다. 곧 악(樂)은 악

---

5 孔穎達 등, 『附釋音毛詩注疏』(1816년 阮元 校刻本, 이하 同) 권1, 「周南關雎詁訓傳第一」. "詩者 志之所之也 在心爲志 發言爲詩 情動於中而形於言 言之不足 故嗟歎之 嗟歎之不足 故永歌之 永歌之不足 不知手之舞之足之蹈之也"
6 戴聖, 『禮記』 「樂記」. "德者 性之端也 樂者 德之華也 金石絲竹 樂之器也 詩 言其志也 歌 詠其聲也 舞 動其容也 三者 本於心 然後樂器從之 是故 情深而文明 氣盛而化神 和順積中而英華發外 唯樂不可以爲僞"
7 朱熹, 『論語集註』 「子罕」. "吾自衛反魯 然後樂正 雅頌各得其所"

보이고, 시는 가사였던 것이다.

공자는 사양자(師襄子)에게 거문고를 배웠는데 절주(節奏)의 수와 그 곡을 만든 작곡가의 지취(志趣)와 그 곡을 만든 작곡가의 사람됨까지 터득하고자 하였다.[8] 이는 거문고를 배울 적에 마음을 전일하게 하여 그 의미를 체득하였다는 말이다. 또 공자는 제나라에 가서 순임금의 음악인 소(韶)를 배우면서 석 달 동안 고기의 맛을 잊을 정도로 심취하였다.[9] 이 역시 마음을 집중하였음을 의미한다. 공자는 또 장홍(萇弘)에게 음악을 배운 적이 있고, 노나라의 음악가들과 폭넓은 교유를 하였다.[10] 이처럼 공자는 음악에 정통하였기에 음악을 바로잡을 수 있었던 것이다.

이러한 여러 정황을 고려하면, 『시경』과 『악경』은 분리해서 별도의 경(經)으로 보기보다는 하나의 경으로 보는 것이 더 유의미할 듯하다. 한대에 『악경』이 복원되지 않은 것도 이러한 관점에서 보면, 별도의 『악경』이 있었던 것이 아니라고 유추해 볼 수 있다.

2. 시(詩)의 육의(六義)

『주례』「춘관(春官)-태사(太師)」에는 "육시(六詩)를 가르치니 풍(風)이라 하고, 아(雅)라 하고, 송(頌)이라 하고, 부(賦)라 하고, 비(比)라 하

8 　이 내용은 『史記』「孔子世家」에 보인다.
9 　이 내용은 『論語』「述而」에 보인다.
10 　『論語』「微子」에 보이는 太師 摯, 亞飯 干, 三飯 繚, 四飯 缺, 方叔, 武, 少師 陽, 襄 등은 모두 공자와 교유한 당대의 음악가일 것이다.

고, 흥(興)이라 한다."고 하였고, 『모시정의』 「대서(大序)」에는 "시에는 육의(六義)가 있으니, 첫째를 풍(風)이라 하고, 둘째를 아(雅)라 하고, 셋째를 송(頌)이라 하고, 넷째를 부(賦)라 하고, 다섯째를 비(比)라 하고, 여섯째를 흥(興)이라 한다."라고 하였다. 여기서 말하는 '육시(六詩)'와 '육의(六義)'는 명칭이 다를 뿐 그 내용과 차서가 똑같다. 그래서 후세의 학자들은 '육시'를 '육의'로 보는 것에 대해 대체로 이의를 제기하지 않는다.

이 육의에 대해 후한 말의 정현(鄭玄)은 다음과 같이 말하였다.

> 풍(風)은 현인과 성인의 치도(治道)의 유화(遺化)를 말한 것이다. 부(賦)는 '펴다[鋪]'는 뜻으로 정교의 선악을 곧장 펴서 진술하는 것이다. 비(比)는 오늘날의 실정(失政)을 보고서 감히 지척해 말하지 못하고 비류(比類)를 취해 말하는 것이다. 흥(興)은 오늘날의 아름다운 정교를 보고서 아첨한다고 혐의를 받을까봐 선사(善事)를 취해 권장하는 것이다. 아(雅)는 '바르다[正]'는 뜻으로 오늘날의 바른 것을 말하여 후세의 법도로 삼은 것이다. 송(頌)은 읊조리고 기리는 것으로 오늘날의 덕이 넓은 것을 읊조려 찬미하는 것이다.[11]

정현은 육의에 대해 그 의미를 풀이하는 데 주안점을 두었을 뿐, 시체(詩體)와 수사(修辭)에 대해서는 명확한 언급을 하지 않았다. 다만 『정지(鄭志)』에는 "어느 시가 비(比)·부(賦)·흥(興)에 가까운가?"라는 장일(張逸)의 질문에, 정현이 "비·부·흥은 오나라 계찰(季札)이 노나라에서 음

---

11 鄭玄, 『周禮注』 「春官-大師」. "風 言賢聖治道之遺化也 賦之言鋪 直鋪陳今之政敎善惡 比 見今之失 不敢斥言 取比類以言之 興 見今之美 嫌於媚諛 取善事以喩勸之 雅 正也 言今之正者 以爲後世法 頌之言誦也容也 誦今之德廣以美之"

악을 들을 적에 이미 노래하지 않았다. 공자가 시를 채록할 적에 이미 풍·아·송 속에 합해 놓았으니, 다시 찾아 구별하기가 어렵다."[12]라고 답을 한 기록이 실려 있다. 우리는 이를 통해 시체와 수사에 대한 정현의 견해를 미루어볼 수 있다.

풍·부·비·흥·아·송 육의의 차서에 대해『모시정의』공영달의 소(疏)에는 풍(風)·소아(小雅)·대아(大雅)·송(頌)의 사시(四始) 가운데 풍을 우선으로 삼았기 때문에 그렇게 일컬은 것이라고 하였으며, 그 수사의 방식이 부(賦)·비(比)·흥(興) 세 가지 수사법을 쓰기 때문에 풍 다음에 부·비·흥을 배열하였다고 하였다. 이러한 수사법은 아·송에도 쓰이지만 풍 다음에 부·비·흥을 언급했기 때문에 아·송 뒤에는 중복해서 말하지 않은 것이라고 하였다.[13]

또 풍·아·송은 모두 시정(施政)의 명칭인데, 교화하는 방법이 먼저 풍자해 마음을 움직여서 물정이 깨달은 뒤에 교화하기 때문에 풍동(風動)의 시초를 풍(風)이라 하고, 가지런히 교화되어 바르게 된 것을 아(雅)라 하고, 공덕이 이루어진 것을 송(頌)이라 하여 풍을 먼저 배열하고 아·송을 뒤에 배열한 이유를 설명하였다.[14] 그리고 육의를 시체와 수사로 구분하여 풍·아·송은 시편의 다른 체제이고 부·비·흥은 시문

12 鄭玄,『鄭志』(문연각 사고전서 經部7). "比賦興 吳季札觀詩時 已不歌也 孔子錄詩 已合風雅頌中 難復摘別"

13 孔穎達 등,『附釋音毛詩注疏』권1,「周南關雎詁訓傳第一」大序-疏. "六義次第如此者 以詩之四始 以風爲先故 曰風 風之所用 以賦比興爲之辭 故於風之下 卽次賦比興 然後 次以雅頌 雅頌亦以賦比興爲之 旣見賦比興於風之下 明雅頌亦同之"

14 상동. "教化之道 必先諷動之 物情旣悟 然後教化 使之齊正 言其風動之初 則名之曰風 指其齊正之後 則名之曰雅 風俗旣齊 然後德能容物 故功成 乃謂之頌 先風後雅頌 爲此次故也"

의 각기 다른 수사라고 하였다.[15] 이러한 공영달의 설은 육의 가운데 풍·아·송은 시체이고, 부·비·흥은 시의 수사라는 점을 분명히 한 것이다.

송대 주희는 이런 공영달의 설을 계승하여 "삼경(三經)은 풍·아·송이니 시를 만드는 골자이고, 부·비·흥은 그 이면에 가로로 꿰뚫고 있는 것이다. 시에는 모두 부·비·흥이 있기 때문에 삼위(三緯)라고 한다."[16]라고 하는 삼경삼위설(三經三緯說)을 주장하였는데, 이 역시 시체와 수사법으로 구분해 본 것이다. 주희는 부(賦)를 '그 일을 펴 진술하여 곧장 말하는 것[敷陳其事而直言之]'으로, 비(比)를 '이 물사(物事)로저 물사를 비유하는 것[以彼物比此物]'으로, 흥(興)을 '먼저 다른 물사를 말하여 자신이 노래하고자 하는 말을 이끌어내는 것[先言他物而引起所詠之詞]'으로 정의하였다.[17]

후대에는 육의 가운데 풍·아·송은 시체로, 부·비·흥은 수사법으로 본다. 그런데 주남(周南)·소남(召南)의 남(南)에 대해 송나라 때 왕질(王質)은 '악가의 일종'이라 하였고, 청나라 최술(崔述)은 '시가의 한 체'로 보았으며, 양계초(梁啓超)도 풍·아·송과 같은 시체의 하나로 보았으며, 근대 학자 장백잠도 남(南)을 남쪽 지방에서 연주하면 합주음악 곡조의 일종으로 『여씨춘추』에서 말한 '남악(南樂)'이라 하였다.[18]

이남(二南)의 남(南)에 대해 이처럼 시체(詩體)의 하나로 보는 설은

---

15 상동. "然則風雅頌者 詩篇之異體 賦比興者 詩文之異辭耳"
16 朱熹, 『詩集傳』「大序-小註」. "三經是風雅頌 是做詩底骨子 賦比興却是裏面橫串底 都有賦比興 故謂三緯"
17 朱熹, 『詩集傳』「詩有六義圖」.
18 최석기·강정화 역주, 『유교경전과 경학』, 경인문화사, 2002, 80~84쪽 참조.

상당히 귀담아 들을 만하다. 다만 「모시서」와 『주례』에 보이는 육의에는 남(南)이 들어 있지 않으니, 이에 대해 납득할 만한 설명이 더 필요하다.

풍(風)은 일반적으로 민간가요로 보는데, 그 의미에 대해서는 또 여러 설이 있다. 「모시서」에는 "풍(風)은 '바람 불다[風]'와 '가르치다[敎]'는 뜻이니, 바람이 불듯이 백성들의 마음을 움직이고, 가르쳐서 백성들을 변화시키는 것이다. …… 윗사람은 풍으로써 아랫사람을 교화하고, 아랫사람은 풍으로써 윗사람을 풍자하되 문채를 위주로 해서 은근히 간하여 말하는 자는 죄가 없고, 듣는 자는 충분히 경계할 수 있기 때문에 풍이라 한다."[19]라고 하였다. 이에 근거해 후대에는 대체로 풍에 풍화(風化)와 풍자(諷刺)의 두 가지 의미가 있는 것으로 보았다.

한편 청말의 양계초는 풍에 대해, 풍송(諷誦)만 하고 노래할 수 없는 것으로 보았다. 그러나 장백잠은 『한서』 「예문지」에 '노래하지 않고 풍송하기만 하는 것을 부(賦)라고 한다.[不歌而誦 謂之賦]'라고 한 설에 의거해 이 설에 동의하지 않았다.

아(雅)에 대해, 『모시정의』에는 "아(雅)는 정(正)의 뜻으로 왕[천자]의 정교(政敎)가 이로 말미암아 무너지고 일어나는 바를 말한 것이다. 정치에 대·소가 있기 때문에 아(雅)에는 소아도 있고 대아도 있는 것이다."[20]라고 하였고, 정현은 "아는 '바르다[正]'는 뜻이니, 오늘날의 바른 것을 말하여 후세의 법으로 삼은 것이다."[21]라고 하였다.

---

19 孔穎達 등, 『附釋音毛詩注疏』 권1, 「周南關雎詁訓傳第一」 大序. "風 風也敎也 風以動之 敎以化之…… 上以風化下 下以風刺上 主文而譎諫 言之者 無罪 聞之者 足以戒 故曰風"

20 上同. "雅者 正也 言王政之所由廢興也 政有大小 故有小雅焉 有大雅焉"

이러한 구설에 대해 양계초는 아(雅)를 정(正)의 의미로 보고 주대에
널리 통용된 '정악(正樂)'으로 공인된 '정성(正聲)'이기 때문에 아(雅)라
한 것이라고 하였다. 한편 장백잠은 아(雅)를 아언(雅言)의 아(雅)와 마찬
가지로 주나라에서 정한 '표준음악'이기 때문에 정악이라 하고 아(雅)라
고 명명한 것으로 보았다. 이러한 설은 구설에서 정교를 말한 것과는
달리 음악적인 관점에서 정악으로 해석한 것이 특징이다.

송(頌)에 대해, 『모시정의』에는 "송(頌)은 성대한 덕이 드러난 용모
를 찬미한 것이니, 그분이 공적을 이룩한 것으로 신명에게 고하는 것이
다."[22]라고 하였다. 양계초는 이러한 구설을 따르지 않고, '송(頌)' 자가
혈(頁)의 부수에 쓰는 점에 착안하여 '사람의 용모'로 해석하면서 남(南)
과 아(雅)는 노래만 부를 수 있는 반면, 송(頌)은 노래하면서 춤도 추는
것으로 해석하여 극본(劇本)으로 보았다. 장백잠은 이러한 양계초의 설
에 동의하였다.

장백잠은 풍·아·송만을 시체로 보던 종래의 설을 묵수하지 않고 양
계초의 설을 일부 받아들여 남·풍·아·송 네 종류로 보면서 다음과 같
이 정리하였다.

남(南)은 남방에서 일어난 악가로, 곡조가 끝나갈 때 합주하는 악가의
일종이다. 주남·소남이라 이름을 붙인 것은 주공과 소공의 채읍에서 채
집했기 때문인데, 이 두 지방 사람들이 남방의 악가를 모방하여 지은 작
품이다. 풍(風)은 각 지방의 민간가요로, 원래 반주 없이 부르던 것이며
음악에 합쳐지더라도 단순한 악기로 연주되던 민가였다. 시를 채집하여

---

21 鄭玄, 『周禮注』「春官-大師」, "雅 正也 言今之正者 以爲後世法"

22 上同. "頌者 美盛德之形容 以其成功 告於神明者也"

태사에게 바쳐진 뒤에 음악과 합쳐졌다. 아(雅)는 국가에서 규정한 정식의 표준악가로, 대아와 소아가 있는 것은 음악으로 인하여 등급이 나뉜 것이며, 사대부가 지은 것으로 조정의 정치에 대해 찬미하거나 풍자한 것이다. 남·풍·아는 음악의 반주에 맞추어 노래만 하는 것인데, 송(頌)은 음악의 반주에 맞추어 노래를 하면서 춤까지 곁들인 것이다. 그 용도는 종묘나 조정에 있고, 그 내용은 공덕을 노래하고 덕을 칭송하는 것이다.[23]

음악에 밝았던 공자가 『시경』을 편찬할 적에는 시(詩)가 악(樂)과 분리되지 않았지만, 문인들에 의해 전수되면서 음악에 밝지 못한 사람들이 많아 시와 악은 분리되기 시작하였을 것으로 추정된다. 한나라 때 경학가들은 문자의 훈고에 치중하였을 뿐 음악에 대한 조예가 없었다. 그리하여 시와 악은 완전히 분리되었다. 그리고 한대에는 악부시(樂府詩)가 음악과 결합하여 불리어짐으로써 『시경』의 시는 더 이상 세상 사람들의 주목을 받지 못하여 악보와 가창하는 방법까지 모두 없어지고 말았다.

3. 공자산시설(孔子刪詩說)

사마천의 『사기』「공자세가」에는 "옛날 시가 3천여 편이나 되었는데, 공자에 이르러 그중에 무거운 내용은 제외하고, 예의에 시행할 만한 것을 취했다. 상고 시대 설(契)·후직(后稷)의 시로부터 채집하여 중고 시대 상나라와 주나라의 성대했던 시절의 시를 기술하고, 유왕(幽

王)과 여왕(厲王) 때의 결함에까지 이르렀는데, 모두 305편이었다."[24]라
고 하였다.

이에 의거하여 고대부터 시를 채집해 공자 시대까지 전해진 3천여
편의 시를 공자가 305편으로 산정했다는 산시설이 나오게 되었다. 이
305편은 제목만 있고 본시가 없는 소아(小雅)의 생시(笙詩) 6편을 제외
한 숫자이다. 생시 6편을 합하면 공자가 산정한 시는 총 311편이 된다.

그런데 당나라 때 공영달은 "『서전』에 인용된 시는 현존하는 것이
많고 없어진 것이 적으니, 공자가 채록할 적에 10분의 9를 산삭해 버렸
다는 설은 받아들일 수 없다. 고시가 3천여 편이었다는 사마천의 말은
믿을 수 없다."[25]라고 하여, 사마천의 공자산시설에 대해 부정적인 견해
를 피력하였다.

공영달의 설이 나온 뒤로 송나라 때 정초(鄭樵)와 주희(朱熹), 청나라
때 주이준(朱彝尊)과 최술(崔述) 등 여러 학자들이 공자산시설에 대해
동의하지 않았다. 근대 이후의 학자들은 대체로 여러 가지 근거를 인용
하여 공자 이전에 한 차례 시를 선별해 편찬하여 이미 305편으로 정해
졌다고 보는 견해가 대체로 우세하다.

---

24 司馬遷, 『史記』「孔子世家」. "古者 詩三千餘篇 及至孔子 去其重 取可施於禮義 上采契
  后稷 中述殷周之盛 至幽厲之缺 凡三百五篇"
25 孔穎達 등, 『附釋音毛詩注疏』, 「詩譜序」 疏. "書傳所引之詩 見存者多 亡逸者少 則孔
  子所錄 不容十分去九 馬遷言古詩三千餘篇 未可信也"

4. 시(詩)의 작자, 시대, 지역

『시경』에는 모두 311편의 시가 수록되어 있다. 이 가운데 6편[26]은
제목만 있고 본시가 없는 생시(笙詩)이다. 이 6편을 제외하면 실제로는
305편이다. 이 가운데 상나라의 송(頌) 5수가 들어 있으니, 이 5수를
제외하면 300편이 된다. 본시는 없고 제목만 있는 6편에 대해 시가
없어졌다고 보는 설이 있는 반면, 이는 생황으로 연주하던 시로 본래
시가 없었다고 보는 설도 있다.

　전한 때 금문으로 전한 『시경』은 『노시』·『제시』·『한시』의 3가가
있었는데 이는 모두 없어지고, 후한 때 유행한 『모시』만이 전해지고
있다. 이 『모시』는 「시서(詩序)」1권을 포함해 모두 29권이 전해지고
있는데, 이는 모형(毛亨)이 지은 『모시고훈전(毛詩故訓傳)』이다. 이를
저본으로 당대 공영달 등이 주소를 모아 만든 것이 『모시정의(毛詩正
義)』이다.

　『시경』의 시를 풍·아·송의 시체로 나누어 정리하면 다음과 같다.

風雅頌		篇數	편수	비고	
風	周南	11	160	「禹貢」의 雍州 岐山 남쪽 지역의 민요	周公旦의 採地
	召南	14			召公奭의 採地
	邶風	19		商나라 紂王의 畿內 1천리 지역의 민요로, 周 武王이 정벌한 뒤 管叔·蔡叔·霍叔을 봉함	紂城의 북쪽
	鄘風	10			紂城의 남쪽
	衛風	10			紂城의 동쪽
	王風	10		東都 王城(洛陽 成周) 畿內로, 平王 때 東遷한 지역의 민요	

26　이 6편은 小雅에 수록된 「南陔」·「白華」·「華黍」·「由庚」·「崇丘」·「由儀」이다.

風	鄭風	21	160	河南 新鄭 지역의 민요
	齊風	11		齊나라 지역의 민요
	魏風	7		魏나라 지역의 민요
	唐風	12		晉나라 지역의 민요
	秦風	10		秦나라 지역의 민요
	陳風	10		陳나라 지역의 민요
	檜風	4		祝融의 유허지로, 「禹貢」 豫州 지역의 민요
	曹風	4		「禹貢」 兗州 陶丘 북쪽 지역의 민요
	豳風	7		周나라 시조 后稷의 증손 公劉가 도읍한 지역의 민요
雅	小雅	80	111	「毛詩序」에는 政敎의 大小로 小雅와 大雅를 구별했으나, 朱熹 이후로는 대체로 음률의 大小로 보는 설이 많음	南陔·白華·華黍·由庚·崇丘·由儀 6편(笙詩)은 제목만 있고 본시가 없음
	大雅	31			
頌	周頌	31	40	周나라의 종묘제례악
	魯頌	4		魯나라의 종묘제례악
	商頌	5		商(殷)나라의 종료제례악

　시를 지은 작자는 대부분 고증할 수 없다. 소아와 대아 및 다른 서적을 통해 간혹 작자를 알 수 있는 경우도 있지만, 작자를 확인할 수 있는 시는 극히 적다. 또한 「시서」에 보이는 어떤 사람이 지었다고 하는 설은 대부분 억측으로 근거가 부족하다고 보는 시각이 우세하다.

　시가 지어진 시대를 사마천처럼 주나라의 시조인 후직으로부터 보는 설이 있지만, 후대에는 가장 오래된 빈풍(豳風) 「칠월(七月)」과 같은 시도 주공이 후직과 공유(公劉)의 덕을 추술(追述)한 것으로 보기도 한다. 그러나 장백잠은 「칠월」을 태왕(太王)이 빈(豳)에서 기(岐)로 천도하기 이전의 농가(農歌)로 보았다. 또 상송(商頌)에 대해 금문경학가들은 춘추 시대 송(宋)나라의 시로 보는 설도 있는데, 장백잠은 상(商)나라의 후예인 춘추 시대 송나라에서 선대의 종묘제례악을 그대로 수용해 쓴 것으로 보았다.

이런 점을 고려하면 시가 지어진 시대는 대체로 상나라 말기로부터 주나라 춘추 시대 초기로 추정된다. 그 가운데 서주(西周) 말기로부터 동주(東周) 초기에 이르는 시기에 지어진 시가 대부분을 차지한다.

시가 생산된 지역을 살펴보면 국풍(國風)의 경우, 진풍(秦風)·왕풍(王風)·빈풍(豳風)은 대략 오늘날 섬서성 및 하남성·감숙성의 일부 지역에 해당하고, 당풍(唐風)은 오늘날 산서성에 해당하고, 위풍(魏風)은 오늘날 산서성·하남성의 접경 지역에 해당하고, 패풍(邶風)·용풍(鄘風)·위풍(衛風)·정풍(鄭風)·진풍(陳風)·회풍(檜風)은 오늘날 하북성 서남 지방 및 하남성에 해당하고, 제풍(齊風)·조풍(曹風)은 산동성에 해당하고, 주남(周南)·소남(召南)은 하남성 남부와 호북성 북부 지역에 해당한다. 소아와 대아는 주나라의 수도인 호경(鎬京)과 낙읍(洛邑)에서 생산된 것이다. 주송(周頌)은 호경에서 생산된 것이고, 노송(魯頌)은 노나라 수도인 곡부(曲阜)에서 생산된 것이고, 상송(商頌)은 춘추 시대 송나라 수도였던 상구(商丘:하남성)에서 채집된 것으로 보인다.

5. 국풍(國風)의 차서

지금 전하는 『모시정의』의 국풍 차서는 『춘추좌씨전』 양공 29년 조의 오(吳)나라 계찰(季札)이 노(魯)나라에 가서 들은 주악(周樂)의 차서 및 정현(鄭玄)의 『시보(詩譜)』에 실린 차서와 동일하지 않다. 이를 도표로 정리하면 아래와 같다.

차서	1	2	3	4	5	6	7	8
毛詩	周南	召南	邶	鄘	衛	王	鄭	齊
左傳	周南	召南	邶	鄘	衛	王	鄭	齊
詩譜	周南	召南	邶	鄘	衛	檜	鄭	齊

차서	9	10	11	12	13	14	15
毛詩	魏	唐	秦	陳	檜	曹	豳
左傳	豳	秦	魏	唐	陳	檜	曹
詩譜	魏	唐	秦	陳	曹	豳	王

『춘추좌씨전』 양공 29년 조에 실린 오나라 계찰이 들은 국풍의 차서는 공자가 산시하기 이전의 주악(周樂)의 편차라고 흔히 말한다.[27] 이런 주악의 편차를 공자가 산시할 때 의도적으로 바꾸어 빈풍(豳風)을 맨 뒤로 돌리고 진풍(秦風)을 당풍(唐風) 뒤로 돌려놓았다고 한다. 그것이 바로 현존하는 『모시』의 차서이다.

그런데 정현의 『시보』에는 왕풍(王風)이 맨 뒤로 가고 회풍(檜風)이 그 자리에 들어와 있다. 이런 편차의 상이함에 대해 역대로 『춘추좌씨전』에 실린 차서와 『모시』의 차서를 두고 다양한 주장이 생겨났는데, 특히 송대 이후로 이런 논의가 활발하게 개진되었다.[28]

---

27 孔穎達 등, 『毛詩注疏』 권1, 「周南關雎詁訓傳第一」 大序-疏. "杜預云 於詩 豳第十五 秦第十一 後仲尼刪定 故不同 杜以爲今所第 皆孔子之制 孔子之前 則如左傳之次 鄭意 或亦然也" 이 설은 杜預 이전부터 있었던 듯하며, 鄭玄도 이와 같은 생각을 하였던 듯하다.

28 국풍의 차서를 논할 적에 역대로 『춘추좌씨전』에 실린 차서와 毛詩의 차서를 주로 논하였다. 鄭玄의 『詩譜』에 있는 차서가 『모시』나 『춘추좌씨전』의 편차와 다른 점에 대해서는 孔穎達이 간단하게 언급해 놓은 것만 보일 뿐, 거의 찾아볼 수 없다. 이는 漢代 정현의 설이 宋代의 학자들에게 인정을 받지 못했던 측면을 생각해 볼 수 있지만, 『詩譜』의 차서가 국풍의 차서라고 단정하기 어려운 점이 있다. 또 공자가 정해

국풍의 차서에 대해서 최초로 본격적인 논의를 편 사람은 당나라 때 공영달이다. 공영달은 사마천이 『사기』에서 "시 3천 편을 공자가 305편으로 산정했다."고 한 주장에 대해 회의하여 산시부정설을 편 인물이다.[29] 특히 그는 『시경』에 대해 정현의 전(箋)을 이어 소(疏)를 낸 당대의 석학으로 국풍의 편차에 대해서도 자신의 견해를 피력한 바 있다.

그런데 정작 논자들은 그의 설을 명확히 읽어 내지 못하고 단지 서두에 "주남·소남은 풍(風)의 정경(正經)이니 참으로 첫머리에 와야 한다. 위풍(衛風) 이하 10여 국풍에 대해서는 편차의 선후에 대해 예로부터 분명한 설이 없다. 성인과의 거리가 너무 멀어 알 수가 없다."[30]라고 한 부분만을 인용하여 공영달의 설의 전부인 것처럼 언급해 왔다.

공영달은 주남·소남이 풍의 첫머리에 오는 것은 당연하지만, 위풍 이하 10여 국풍의 선후에 대해서는 예로부터 분명한 설이 없기 때문에 명확히 알 수 없다는 신중론을 폈다. 그래서 그는 시대의 선후, 국토의 넓고 좁음, 시를 채집한 선후 등 어느 한 가지를 가지고서는 판단하기 힘들다고 하면서 먼저 봉(封)을 받은 바의 선부(善否)를 추적하고, 그 시의 미악(美惡)을 참고하고, 그 시정(時政)의 득실(得失)을 징험하고, 그 나라의 대소를 상고하여 적의하게 참작해 편차를 정한 것이라고 하였다. 그리고 그런 시각으로 각국의 풍이 그 자리에 놓이게 된 이유를

놓은 차서를 후세에 鄭玄이 임의로 바꾸었다는 것은 있을 수 없는 일이기 때문에 국풍의 차서를 논할 적에 정현의 『詩譜』에 실린 차서는 잘 거론하지 않는다.

29 崔錫起, 「刪詩의 문제」, 『星湖 李瀷의 學問精神과 詩經學』, 중문출판사, 1994, 145~154쪽 참조.

30 孔穎達 등, 『毛詩注疏』 권1, 「周南關雎詁訓傳第一」 大序-疏. "周召 風之正經 固當爲首 自衛以下十有餘國 編比先後 舊無明說 去聖久遠 難得而知"

설명하였다.[31]

물론 공영달이 논한 차서는 현존하는 『모시』의 차서이다. 따라서 공영달의 논의 속에는 공자가 산시하면서 의도적으로 지금처럼 편차를 바꾸어 두었다는 의미도 포함하고 있다. 그래서 그는 "여러 나라 풍의 편차는 분명히 태사(太師)가 차례를 정한 것이다. 그런데 공자가 시를 산정할 적에 혹 바꾸어 두기도 하였다."[32]라고 하여, 이 점을 분명히 하였다.

그리고 공영달은 정현의 『시보』에 왕풍과 회풍이 『모시』의 차서와

---

31 孔穎達 등, 『毛詩注疏』 권1, 「周南關雎詁訓傳第一」 大序-疏. "周召 風之正經 固當爲首 自衛以下十有餘國 編比先後 舊無明說 去聖久遠 難得而知 欲言先後爲次 則齊哀先於衛頃 鄭武後於檜國 而衛在齊先 檜處鄭後 是不由之先後 欲以國地爲次 則鄭小於齊衛狹於晉 而齊後於鄭 魏先於唐 是不由國之大小也 欲以采得爲次 則鶏鳴之作 遠在緇衣之前 鄭國之風 必處檜詩之後 何當後作先采 先作後采乎 是不由采得先後也 二三擬議悉皆不可 則諸國所次 別有意焉 蓋迹其先封善否 參其詩之美惡 驗其時政得失 詳其國之大小 斟酌所宜 以爲其次 邶鄘衛者 商紂畿內千里之地 柏舟之作 夷王之時 有康叔之餘烈 武公之盛德 資母弟之戚 成入相之勤 文公則減而復興 徙而能富 土地旣廣 詩又早作 故以爲變風之首 旣以衛國爲首 邶鄘則衛之所減 風俗雖異 美刺則同 依其作之先後 故以邶鄘先衛也 周則平王東遷 政遂微弱 化之所被 纔及郊畿 詩作後於衛頃 國地狹於千里 徒以天命未改 王爵仍存 不可過於後諸侯 故使次之於衛也 鄭以史伯之謀 列爲人國 桓爲司徒 甚得周衆 武公夾輔 平王克成大業 有寓宣之親 有緇衣之美 其地雖狹 旣親且勤 故使之次王也 齊則異姓諸侯 世有衰德 哀公有荒淫之風 襄公有鳥獸之行 辭有怨刺 篇無美者 又以大師之後 國土仍大 故使之次鄭也 魏國雖小 儉而能勤 踵虞舜之舊風 有夏禹之遺化 故季札觀樂 美其詩曰云 大而婉 儉而易 行以德輔 此則明主也 次於齊 唐者 叔虞之後 雖爲大國 昭公則五世交爭 獻後則喪亂弘多 故次於魏下 秦 以秦仲始大 襄公始命 穆公遂霸西戎 卒爲强國 故使之次唐也 陳 以三恪之尊 食侯祿之地 但民多淫昏 國無令主 故使之次秦也 檜則其君淫恣 曹則小人多寵 國小而君奢 民勞而政僻 季札之所不譏 國風次之於末 宜哉 豳者 周公之事 欲尊周公 使專一國 故次於衆國之後 小雅之前 欲兼其上下之美 非諸國之例也"

32 孔穎達 등, 『毛詩注疏』 권1, 「周南關雎詁訓傳第一」 疏. "諸國之次 當是大師所第 孔子刪定 或亦改張"

다른 것에 대해, 회풍을 정풍 앞으로 옮긴 것에 대해서는 구체적인 언급을 하지 않았지만, 왕풍을 맨 뒤로 돌린 것에 대해서는 "뒤로 돌려 아·송으로 나아가게 하여 천자의 세상임을 아울러 말했기 때문이다. [退就雅頌 幷言王世故耳]"라고 하여, 평왕(平王)이 동천(東遷)한 이후 왕실이 쇠미하여 풍으로 강등되었지만 천자의 명분을 아직 잃지 않았기 때문에 뒤로 돌려 아·송으로 나아가게 한 것이라는 주장을 폈다.[33]

이런 공영달의 설이 있은 뒤로, 당대의 성백여(成伯璵)는 주남·소남의 정풍을 제외한 나머지 13국풍은 땅의 넓이로 순서를 정했다는 새로운 설을 폈다.[34] 그러나 그 설이 폭넓게 받아들여진 것 같지는 않다. 그 후 송나라로 내려와 훈고보다는 의리를 위주로 하는 경전해석이 풍미하면서 이에 대한 논의도 활발하게 일어났는데, 그 대표적인 인물이 구양수(歐陽脩)·소철(蘇轍)·장여우(章如愚) 등이다.

구양수는 빈풍을 제외한 나머지 14국풍을 둘씩 묶어 비교하는 관점으로 설명하였다. 즉 주남과 소남은 심천(深淺)으로 비교하고, 위풍(衛風)과 왕풍은 세작(世爵)으로 비교하고, 정풍과 제풍은 족씨(族氏)로 비교하고, 위풍(魏風)과 당풍은 토지(土地)로 비교하고, 진풍(秦風)과 진풍(陳風)은 조예(祖裔)로 비교하고, 회풍과 조풍은 미악(美惡)으로 비교했다는 것이 그것이다.[35]

---

33 孔穎達 등, 『毛詩注疏』권1, 「周南關雎詁訓傳第一」疏. "鄭譜 王在豳後者 退就雅頌 幷言王世故耳"

34 成伯璵, 『毛詩指說』解說第二(文淵閣 四庫全書 제70책 171~172쪽)

35 歐陽脩, 『詩本義』「十五國次解」. "國風之號 起周終豳 皆有所次 聖人豈徒云哉 而明詩者 多泥於疏說而不通 或者以爲聖人之意 不在於先後之次 是皆不足爲訓法者 大抵國風之次 以兩而合之 分其次以爲比 則賢善者著 而醜惡者明矣 或曰 何如其謂之比乎 曰 周南以淺深比也 衛王以世爵比也 鄭齊以族氏比也 魏唐以土地比也 秦陳以祖裔比也 檜曹

한편 소철은 주남·소남 이남을 제외한 나머지 13국풍은 나라가 망한 선후로 편차를 배열했다고 주장하였다.[36] 그리고 장여우는 여국(與國; 동맹국)을 멸함, 왕적(王跡; 王者의 자취)이 멸함, 인륜(人倫)이 어지러워짐, 선왕의 풍화가 민멸됨 등의 구체적 사안을 가지고 정(正)·변(變)의 논리를 바탕으로 하여 자신의 설을 개진하였다.[37]

13국풍의 차서에 관한 논의는 그 후에도 계속되어 원대의 주탁(朱倬), 명대의 계본(季本)·이선방(李先芳), 청대의 전징지(錢澄之)·진계원(陳啓源)·황중송(黃中松)·범가상(范家相)·강병장(姜炳璋)·마서진(馬瑞辰)

以美惡比也 闘能終之以正故居末焉 淺深云者 周得之深 故先於召 世爵云者 衛爲紂都而 紂不能有之 周幽東遷無異 是也 加衛於先 明幽紂之惡同而不得近於正焉 姓族云者 周法 尊其同姓而異姓者爲後 鄭先於齊 其理然也 土地云者 魏本舜地 唐爲堯封 以舜先堯 明 晉之亂 非魏褊儉之等也 祖裔云者 陳不能興舜而襄公能大於秦 子孫之功 陳不如矣"

36 蘇轍, 『詩集傳』「國風」, "孔子編詩 列十五國先後之次 二南之爲首 正風也 邶鄘衛王鄭 齊魏唐相次 亡之先後也 秦之列於八國之後 後是八國而亡也 陳之後秦 將亡之國也 檜曹 之後陳 已亡之國也 豳之列於十四國之後 非十四國之類也 嘗試考其世次而論其亡之先 後 後亡者 詩之所先 而先亡者 詩之所後也"

37 章如愚의 『山堂詩攷』「序詩次論」에 "周召 風之正經 固當爲首 自周而下 十有餘國 編 比先後 舊無明說 歐陽修曰 周召邶鄘衛王鄭齊豳魏唐陳檜曹 此孔子未刪詩之前 周大 師樂歌之次第也 周召邶鄘衛王鄭齊魏唐秦陳檜曹豳 此今詩次第也 周召邶鄘衛檜鄭齊 魏唐秦陳曹豳王 此鄭玄詩譜次第也 詩正風 周南召南 王化之本也 二南之風變 故次之以 邶鄘衛 衛一國也而三其名 志衛首惡滅與國也 諸侯相幷 王跡滅矣 雅亡而爲一國之風 故 次之以王 王制不足以統臨天下 而畿內之諸侯 若鄭者 亦自爲列國 故次之以鄭 君臣上下 之分失而人倫亂 故次之以齊 天下之風至此 則無不變之國 魏 舜禹之都 唐 帝堯之國 其 遺風雖存 今亦變矣 故次之以魏唐 先代之風化旣泯 天下相胥而移矣 故次之以秦 西秦之 化行 聖王之遺風盡矣 陳 舜之後 風化所厚也 聖人之典法所在也 而今也風化熄而典法亡 矣 故次之以陳 人情迫於危亡 則思治安 故思治者 亂之極也 故次之以檜曹 亂旣極 必有 治之道 周家之始 蓋嘗由之矣 故次之以豳 言變之可正 所以識王業之興也 王業成而爲政 於天下 故次之以雅 雅者 王之政也 小之先大 固有敍也 天下之治 始於正風 以風天下 其終也 功德可以告於神明 終始之義也 故次之以頌 頌之有魯 蓋生於不足也 商則頌前代 之美不可廢也……"라고 하였다.

등에게로 이어지면서 새로운 설이 계속 개진되었다.

지금 전하는 『시경』의 시 305편 가운데 가장 이른 시기에 지어진 시는 상송 5편과 빈풍「칠월」이다. 후세 학자들은「칠월」에 대해 주공이 후직과 공유의 덕을 추술한 것이라고 하지만, 장백잠은 빈(豳)에서 기(岐)로 천도하기 이전의 농가로 추정하였다. 요컨대 상나라 말기 태왕이 빈을 떠나기 이전에 지어진 작품으로 본 것이다. 상송에 대해 금문경학가들은 송 양공(宋襄公)을 칭송한 송나라의 시로 보았으니, 상나라 때 지어진 시가 아니라 주나라 춘추 시대 초기에 지어진 작품으로 본 것이다.

『시경』에 전하는 시는, 대체로 상나라 말기부터 주나라 춘추 시대 초기까지 창작된 작품으로 보인다. 그것은 『맹자』에 "왕자(王者)의 자취가 없어진 뒤에『시』가 망했고, 『시』가 망한 뒤에『춘추』가 지어졌다."라고 한 말에 의거하건대, 주나라가 동천한 뒤에는 왕실의 정령이 제후들에게 미치지 못하여 각국에서 시를 채집하던 제도가 다시는 시행되지 않았기 때문이다.

6.「시서(詩序)」

『상서』에는「서서(書序)」가 있고, 『모시』에는「시서(詩序)」가 있는데, 현대 학자들은 이 글을 대체로 신뢰하지 않고 후대의 위작으로 보고 있다.「서서」는 본래 1편의 별책으로 되어 있었는데, 위(僞)『고문상서』각 편의 첫머리에 나누어 붙여 놓았다.「시서」는 본래 각 편의 첫머리에 위치하여 그 시의 작자와 내용 및 창작의도 등을 설명하는 짤막한 서문이다. 다만 「주남-관저(關雎)」의 서문은 특별히 장문으로 되어 있고, 그 내용도 『시경』 전체를 언급한 내용이 주를 이루어 「대서(大序)」와 「소서(小序)」로 나누어보게 된 것이다. 그러니까 「관저」의 서문 가운데 『시경』 전체를 총론한 부분은 「대서」로 보고, 「관저」를 언급한 부분은 「소서」로 보는 것이다.

그렇다 보니 어디부터 어디까지를 「대서」로 보고 「소서」로 볼 것인가에 대해서도 역대로 의견이 분분하였다. 「관저」의 첫머리에 실린 「시서」의 전문을 제시하면 다음과 같다.

①關雎 后妃之德也 風之始也 所以風天下而正夫婦也 故用之鄕人焉 用之邦國焉 ②風 風也 風以動之 敎以化之 ③詩者 志之所之也 在心爲志 發言爲詩 情動於中而形於言 言之不足 故嗟歎之 嗟歎之不足 故永歌之 永歌之不足 不知手之舞之足之蹈之也 情發於聲 聲成文 謂之音 治世之音 安以樂 其政和 亂世之音 怨以怒 其政乖 亡國之音 哀以思 其民困 故正得失 動天地 感鬼神 莫近於詩 先王以是 經夫婦 成孝敬 厚人倫 美敎化 移風俗 故詩有六義焉 一曰風 二曰賦 三曰比 四曰興 五曰雅 六曰頌 上以風化下 下以風刺上 主文而譎諫 言之者 無罪 聞之者 足以戒 故曰風 至於王道衰 禮義廢 政敎失 國異政 家殊俗 而變風變雅作矣 國史明乎得失之迹 傷人倫之廢 哀刑政之苛 吟詠性情 以風其上 達於事變 而懷其舊俗者也 故變風發乎情 止乎禮義 發乎情 民之性也 止乎禮義 先王之澤也 是以 一國之事 繫一人之本 謂之風 言天下之事 形四方之風 謂之雅 雅者 正也 言王政所由廢興也 政有小大 故有小雅焉 有大雅焉 頌者 美盛德之形容 以其成功 告於神明者也 是謂四始 詩之至也 ④然則關雎麟趾之化 王者之風 故繫之周公 南 言王化自北而南也 鵲巢騶虞之德 諸侯之風也 先王之所以敎 故繫之召公 周南召南 正始之道 王化之基 ⑤是以 關雎樂得淑女以配君子 憂在進賢 不淫其色 哀窈窕 思賢才 而無傷善之心焉 是關雎之義也

당나라 때 육덕명(陸德明)은 『경전석문』에서 ①은 「관저」의 「소서」로 보고, ②부터 끝까지는 「대서」로 보았다. 한편 송나라 때 주희는 「시서변설(詩序辨說)」에서 ③만 「대서」로 보고, ①·②·④·⑤는 「소서」로 보았다. 이후 주희의 설에 대해서도 문제를 제기하는 설이 등장하였다. 특히 ④의 경우는 「관저」를 가리키는 내용이 아니라 주남·소남을 해석한 것이므로 「소서」로 보는 견해에 문제가 없지 않다. 또 「관저」의 「소서」 중간에 무엇 때문에 『시경』 전체에 대해 설명한 「대서」를 삽입했는지도 여전히 의문으로 남는다.

「시서」의 작자에 대해 소통(蕭統)의 『문선(文選)』에서는 '자하(子夏)가 지은 것'이라 하였고, 『수서』 「경적지」에서는 '자하가 창작한 것'이라 하였다. 송나라 때 왕안석은 '시인이 스스로 지은 것'이라 하였고, 정이(程頤)는 '「소서」는 국사(國史)의 구문(舊文)이고 「대서」는 공자가 지은 것'이라 하였다. 심중(沈重)은 '「대서」는 자하가 지은 것이고 「소서」는 자하와 모공(毛公:毛亨)이 함께 지은 것'이라 하였다. 그러나 정초·주희 및 청대 최술 등은 이러한 설을 모두 신뢰하지 않았다. 심지어 송나라 때 왕질은 '시골의 망령된 사람이 지은 것'이라고까지 하였다.

근대 학자 장백잠은 이 문제에 대해, 『후한서』 「유림열전」에 "위굉(衛宏)의 자는 경중(敬仲)이며 동해(東海) 사람이다.……이 전(傳)에 구강(九江)의 사만경(謝曼卿)이 『모시』에 능했다.……위굉이 그를 따라 배우고서 「모시서(毛詩序)」를 지었는데, 풍·아의 본지를 잘 이해하여 오늘날까지 세상에 전한다."[38]라고 한 것에 의거하여, 「시서」는 위굉이

---

38 范曄, 『後漢書』 「儒林列傳」, "衛宏 字敬仲 東海人也……初九江謝曼卿善毛詩……宏 從受學 因作毛詩序 善得風雅之旨 於今傳於世"

지은 것으로 보았다.[39] 그러니까 공자가 지은 것도 아니고, 자하가 지은 것도 아니고, 모공이 지은 것도 아니고, 후한 광무제 때 인물인 위굉이 지었다는 것이다.

7. 사시(四始)와 정변(正變)

사시(四始)에 관한 설은 『노시』·『제시』·『모시』의 설이 각기 다르다. 사마천이 지은 『사기』「공자세가」에는 "「관저」의 마지막 장은 풍(風)의 시(始)가 되고, 「녹명(鹿鳴)」은 소아(小雅)의 시(始)가 되고, 「문왕(文王)」은 대아(大雅)의 시(始)가 되고, 「청묘(淸廟)」는 송(頌)의 시(始)가 된다."[40]라고 하였는데, 이는 『노시』의 설이다. 즉 풍·소아·대아·송의 첫 번째 시를 시(始)로 본 것이다. 송나라 때 주희는 이 설을 따라 「관저」는 풍의 시로, 「녹명」은 소아의 시로, 「문왕」은 대아의 시로, 「청묘」는 송의 시로 보는 사시설(四始說)을 주장하였다.

한나라 때 등장한 『시위(詩緯)』「범력추(汎歷樞)」에는 "「대명(大明)」은 해(亥)에 있으니 수(水)의 시(始)이고, 「사모(四牡)」는 인(寅)에 있으니 목(木)의 시(始)이고, 「가어(嘉魚)」는 사(巳)에 있으니 화(火)의 시(始)이고, 「홍안(鴻雁)」은 신(申)에 있으니 금(金)의 시(始)이다."라고 하여 대아의 「대명」, 소아의 「사모」·「남유가어(南有嘉魚)」·「홍안」을 수·목·화·금의 시(始)로 보았다. 이 설은 『제시』의 설이다.

---

39 蔣伯潛, 『十三經槪論』, 上海古籍出版社, 1983, 192쪽 참조.
40 司馬遷, 『史記』 권47, 「孔子世家」. "關雎之亂 以爲風始 鹿鳴爲小雅始 文王爲大雅始 淸廟爲頌始"

『모시고훈전(毛詩故訓傳)』「관저─서」에 "「관저」는 후비(后妃)의 덕으로 풍(風)의 시(始)이다."[41]라고 하였고, 후한 말의 정현은 『모시전(毛詩箋)』에서 "시(始)는 왕도의 흥망과 성쇠가 말미암은 바이다.[始者 王道興衰之所由]"라고 하였으며, 청대 진계원(陳啓源)은 『모시계고편(毛詩稽古編)』에서 "「대서」를 살펴보건대 풍·아·송의 뜻을 차례로 말하고서 전체적으로 결단하여 '이것이 사시(四始)이다.'라고 말했으니 풍·아·송이 단지 시(始)이지, 다시 풍·아·송의 시(始)가 있는 것은 아니다. 그러니 정설(鄭說; 鄭玄의 설)이 옳다."[42]라고 하였다. 이러한 설은 풍·아·송의 첫 번째 시를 시(始)로 본 것으로, 왕도가 흥한 것부터 배열했다는 의미를 갖는다. 이것이 『모시』의 설이다.

　이러한 세 가지 설 가운데 『모시』의 설이 가장 간단하고, 『제시』의 설이 가장 난해하다. 청대 위원(魏源)은 『시고미(詩古微)』에서 "시를 익히는 자들은 대부분은 음악에 통달했다. 이는 아마도 시를 율(律)에 배합하여 3편을 일시(一始)로 본 것이 또한 악장의 옛 법인 듯하다. 다만 율을 역(曆)에 분배하여 12지(支)에 분속해서 넷으로 나누어 사시(四始)라고 한 것이다."[43]라고 하였다.

　이에 대해 근대 장백잠은 고악이 이미 없어져 『제시』의 설은 고증할 길이 없다고 하면서, 『노시』의 설 가운데서도 아(雅)만 소아와 대아로 나누어 시(始)를 구별한 것은 문제가 있다고 하였다. 그리고 편차를 배

---

41 孔穎達 등, 『毛詩注疏』 권1, 「周南關雎詁訓傳第一」 小序. "關雎 后妃之德也 風之始也"

42 陳啓源, 『毛詩稽古編』 권25, 「四始」. "觀大序 歷言風雅頌之義 而總斷之曰是爲四始 則風雅頌止是始 更 有爲風雅頌之始者 鄭說得之矣"

43 魏源, 『詩古微』. "習詩者多通樂 此蓋以詩配律 三篇爲一始 亦樂章之古法 特又以律配曆 分屬十二支而四之 以爲四始"(蔣伯潛, 『十三經槪論』 202쪽에서 재인용)

열한 것에서 맨 앞의 시를 시(始)로 삼은 것이라고 하여 깊은 의미가 있는 것은 아니라고 보았다.

「대서」에 "왕도가 쇠하여 예의가 폐하고 정교가 실종되고 나라마다 정사를 달리하고 집집마다 풍속을 달리하는 시대에 이르러 변풍(變風)과 변아(變雅)가 일어났다.[至於王道衰 禮義廢 政敎失 國異政 家殊俗 而變風變雅作矣]"라고 하여, 풍과 아의 시를 모두 정(正)과 변(變)이 있는 것으로 보았다. 즉 풍은 주남·소남 25편을 정풍(正風)으로 패풍에서 빈풍까지 135편을 변풍(變風)으로 보았으며, 소아는 「녹명」부터 「청청자아(菁菁者莪)」까지 22편을 정소아(正小雅)로 「유월(六月)」부터 「하초불황(何草不黃)」까지 58편을 변소아(變小雅)로 보았으며, 대아는 「문왕」부터 「권아(卷阿)」까지 18편을 정대아(正大雅)로 「민로(民勞)」부터 「소민(召旻)」까지 13편을 변대아(變大雅)로 보았다.

이러한 정변설에 대해, 장백잠은 '국풍의 시는 나라별로 편집한 것인데, 한 나라의 시가 어찌 모두 시대를 상심하고 정사에 감개하여 지은 시일 수 있겠으며, 13국풍이 모두 시대를 상심하고 정사에 감개하여 지은 시일 수 있겠는가?'라는 의문을 제기하였으며, 또 '「빈풍-칠월」은 분명 태왕이 기(岐)로 천도하기 이전의 농가이니, 이때 주나라가 어찌 왕도가 쇠하고 예의가 폐하고 정교가 실종되었단 말인가?'라는 반론을 제기하였다. 장백잠은 이 외에도 몇 가지 반론을 더 제시하면서 풍·아의 정변설은 본디 확실한 의논이 아니라고 하였다.

장백잠은 시체를 남·풍·아·송 네 가지로 나누고, 남(南)과 풍(風)은 평민문학으로, 아(雅)는 사대부문학으로, 송(頌)은 묘당문학(廟堂文學)으로 보았다. 또한 그는 내용으로 볼 적에 풍과 아에는 미(美)·자(刺)가 있지만 송에는 자(刺)는 없고 미(美)만 있으며, 풍은 서정이 많고 아는 논사(論事)가 많고 송은 공덕을 칭송한 것이 많다고 하였다. 그리고 풍격으로 볼 적에 남과 풍은 전면비측(纏綿悱惻), 아는 비장창량(悲壯蒼涼), 송은 재장중정(齋莊中正)의 미(美)가 있다고 하였다.

8. 『모시(毛詩)』의 주석본

지금 전하는 십삼경주소본은 『모시고훈전』에 정현의 전(箋)과 공영달의 소(疏)를 합한 것이다. 십삼경주소는 청나라 가경 21년(1816) 완원(阮元)이 교감하여 판각하였는데 이를 '완원교각본'이라 하며 2009년 중화서국에서 영인하였다. 또 2000년 북경대에서 정리하여 표점을 찍어 간행한 판본이 있는데 이를 '북경대본'이라 한다.

당나라 이후로 시를 해설하는 사람들은 감히 모공(毛公)의 전(傳)과 정현의 전(箋)에 대해 이의를 제기하지 않았는데, 청대 진환(陳奐)은 『모시전소(毛詩傳疏)』에서 모전(毛傳)은 채용하고 정전(鄭箋)은 채용하지 않으면서 『모시설(毛詩說)』·『정전고증(鄭箋考證)』을 지었다. 청대 마서진(馬瑞辰)의 『모시전전통석(毛詩傳箋通釋)』과 진계원(陳啓源)의 『모시계고편(毛詩稽古編)』은 모두 참고할 만한 책이다.

송나라 때 학자들은 의리를 위주로 하여 한유(漢儒)의 설을 많이 채택하지 않았다. 구양수(歐陽脩)는 『모시본의(毛詩本義)』를 지었는데 모전(毛傳)과 정전(鄭箋)을 가벼이 따르지도 않았지만 가벼이 의론하지도 않았다. 그는 모전과 정전에 구애되지 않고 시인의 본지를 탐구하려 하였다. 주희는 『시집전』을 지었는데, 처음에는 「소서」의 설을 따랐으나 여조겸(呂祖謙)과 논쟁을 한 뒤로 태도를 바꾸어 정초(鄭樵)의 설을 따르며「소서」를 폐지하였다.

『모시』의 명물(名物)에 대해 삼국 시대 오나라 육기(陸璣)는 『모시초목충어조수소(毛詩草木蟲魚鳥獸疏)』를 지었는데, 당대 공영달과 청대 진계원이 많이 채용하였다. 또 송대 채변(蔡卞)은 『모시명물고(毛詩名物考)』를 지었는데, 인증한 것이 육기(陸璣)가 언급하지 않은 것이 많아 부족한 부분을 보완할 만하다.

『모시』의 음운(音韻)에 대해 고금의 음이 같지 않기 때문에 시를 해설하는 사람들이 종종 협운(叶韻)으로 해석하기도 하였는데, 명대 진제(陳第)는 『모시고음고(毛詩古音考)』를 지어 고운(古韻)을 밝혔다. 청대 고염무도 『시본음(詩本音)』을 지었다.

한편 전한 때에는 금문경학의 삼가시(三家詩;『제시』·『노시』·『한시』)가 유행하였는데 실전되었다. 청대 진교종(陳喬樅)은 『삼가시유설고(三家詩遺說考)』를 지어 그 흔적을 추적하였다.

『상서(尙書)』(『서경(書經)』)

1. 『상서(尙書)』의 명칭

당나라 때 공영달 등이 편찬한『상서정의(尙書正義)』에는 "상(尙)은 상(上)의 뜻으로, '상대 이래의 글'을 의미하기 때문에 '상서'라고 한 것이다."[1]라고 하여, 『상서』가 '상고 시대의 글'이라는 의미로 붙여진 명칭이라고 하였다. 지금 전하는『상서』는 「요전(堯典)」에서 시작하여 「진서(秦誓)」에서 끝을 맺었으니, 그 시대는 상고 시대인 당나라 요임금으로부터 주나라 춘추 시대 초기까지이다. 이를 중국의 역사 속에서 보면 기원전 상고 시대에 해당한다.

그런데 진(秦)나라 이전의 서적에서 『상서』를 인용한 경우 '상서'라 칭하지 않고 '서(書)'라 칭하고 있으니, '상서'라는 명칭은 전한 초부터 일컬어진 명칭임을 알 수 있다. 「진서(秦誓)」를 지은 진 목공(秦穆公) 때로부터 전한 초까지는 대략 4백여 년이 되니, '상대의 글'이라는 의미로 '상서'라 칭하였을 수도 있다. 이러한 설은 '상(尙)'을 상(上)의 뜻으로 보되 시간적인 의미로 보아 '상고'로 해석한 것이다.

---

1 孔穎達 등, 『尙書注疏』(1816년 阮元 校刻本, 이하 同) 권1, 「尙書序-疏」, "尙者 上也 言此上代以來之書 故曰尙書"

당대 육덕명의 『경전석문』 「서록(序錄)-상서(尙書)」의 "상고 시대의
글이기 때문에 상서라고 한다.[以其上古之書 謂之尙書]" 아래의 주에 "정
현은 말하기를 '공자가 『서』를 찬정하고서 존숭하여 명명하기를 상서라
고 하였으니, 상(尙)은 상(上)의 뜻으로 대체로 천서(天書)처럼 그렇게
숭상함을 말한다.'라고 하였고, 왕숙(王肅)은 말하기를 '윗사람이 말한
것을 아래에서 서리들이 기록하였기 때문에 상서라고 한 것이다.'라고
하였다."[2]라고 하였다. 이 설을 통해 보건대, 정현은 상서의 상(尙)을
'숭상'의 뜻으로 보았고, 왕숙은 '상(尙)'을 '윗사람'으로 본 것이니, 관점
이 크게 다르다.

이러한 설을 다시 정리해 보면, 정현은 상(尙)을 '숭상'으로, 왕숙은
'윗사람'으로, 당대의 육덕명과 공영달은 '상고 시대'로 해석한 것이다.
이런 종래의 여러 설에 대해, 근대 학자 장백잠은 정현과 왕숙의 설이
육덕명과 공영달의 설만 못하다고 평하였다.

'상서(尙書)'의 '서(書)'에 대해 육덕명의 『경전석문』 「서록」에는 "'서
(書)'는 본왕(本王)의 호령으로 우사(右史)가 기록한 것인데, 공자가 산록
(刪錄)하면서 당(唐)·우(虞)로부터 시작해 진 목공(秦穆公)에 이르기까
지 전(典)·모(謨)·훈(訓)·고(誥)·서(誓)·명(命)의 글이 모두 1백 편이었
으며, 그 서(序)도 지었다."[3]라고 하였다. 이에 근거하건대, 서(書)는 본
왕의 호령을 우사가 기록한 것으로 전·모·훈·고·서·명 등이라 할 수
있다. 공자가 이러한 기록을 바탕으로 요임금으로부터 진 목공에 이르

---

2 陸德明, 『經典釋文』 권1, 「序錄-尙書-注」. "鄭玄以爲 孔子撰書 尊而命之 曰尙書 尙
   者 上也 蓋言若天書然 王肅云 上所言 下爲史所書 故曰尙書"
3 陸德明, 『經典釋文』 권1, 「序錄-尙書」. "書者 本王之號令 右史所記 孔子刪錄 斷自唐
   虞 下訖秦穆 典謨訓誥誓命之文 凡百篇 而爲之序"

기까지의 호령을 산록해 놓은 것이 바로『상서』라고 하겠다.

2. 공자의『상서』편찬

앞서 살펴본 것처럼『상서』는 고대로부터 전해 내려온 임금의 호령을
기록해 놓은 사료를 공자가 산록해서 찬정한 것이다. 당대에 만든『상서
정의(尙書正義)』에 인용된『상서위(尙書緯)』에 "공자가『서』를 구해 황
제(黃帝)의 현손 제괴(帝魁)의 글로부터 진 목공의 글에까지 미쳤는데
모두 3,240편이었다. 먼 시대의 것을 잘라내고 가까운 시대의 것을 취
하여 세상에 법도가 될 수 있는 것을 찬정한 것이 120편이었다. 그 가운
데 102편으로『상서』를 만들고, 18편으로『중후(中候)』를 만들었다."[4]
라고 하였다. 이 설에 의하면, 공자는 3,240편의 글을 산록해 102편의
『상서』를 찬정한 것이 된다.

그러나『한서』「유림전」에 "세상에서 전하는『백량편(百兩篇)』은 동
래(東萊) 장패(張霸)에게서 나온 것이다.『금문상서』29편을 나누어 수
십 편으로 만들었고, 또『춘추좌씨전』및「서서(書序)」에서 채록하여
수미를 만들었으니, 모두 102편이다. 어떤 편은 혹 두세 쪽의 죽간으로
되어 있으며, 문의가 천박하고 비루하다. 성제(成帝) 때 고문에 능한
자를 구했는데, 장패가『백량편』에 능하다는 이유로 부름을 받아 중서
성의 서적으로 교정하였는데 서로 맞지 않았다. 장패의 말은 부친에게

---

4   孔穎達,『尙書注疏』권1,「尙書序-疏」, "孔子求書 得黃帝玄孫帝魁之書 迄於秦穆公
    凡三千二百四十篇 斷遠取近 定可以爲世法者 百二十篇 以百二篇爲尙書 十八篇爲中候"

전수 받은 것이다. 그의 부친에게는 제자로 위지(尉氏)의 번병(樊並)이
있었다. 당시 대중대부 평당(平當)과 시어사 주창(周敞)이 황제에게 권
해 『백량편』을 보존했으나, 후에 번병이 모반하여 『백량편』이 퇴출되
었다."[5]라고 한 것을 보면, 전한 때 이미 『백량편』은 위서로 인식되었
고 오래지 않아 퇴출되었음을 알 수 있다. 또한 공자가 『서』102편을
지었다는 설도 이로 인해 견강부회한 설로 보인다.

그러나 『한서』「예문지」에는 "『역경』에 '하수에서 하도(河圖)가 나
오고 낙수에서 낙서(洛書)가 나왔는데, 성인이 그것을 본받았다.'라고
하였다. 그러므로 『서』가 만들어진 것이 오래되었는데, 공자에 이르러
편찬된 것이다. 위로는 요임금부터 시작했고 아래로는 진(秦) 나라에까
지 이르렀는데 모두 100편이다. 그리고 그 서(序)를 지어 그 지은 의도
를 말하였다."[6]라고 하였다. 이 설에 의하면 공자가 『서』100편을 지은
것이 된다. 그런데 지금 전하는 「서서」도 100편이니, 이 설과 합치된
다. 이 설을 따르면 공자가 편정한 『서』는 102편이 아니고 100편인
것으로 추정된다.

---

5 班固, 『漢書』 권88, 「儒林傳」. "世所傳百兩篇者 出東萊張霸 分析合(今)二十九篇 以爲
數十篇 又采左氏傳書序 爲作首尾 凡百二篇 篇或數簡 文意淺陋 成帝時 求其(能)古文
者 霸以能爲百兩篇徵 以中書校之 非是 霸辭受父 父有弟子尉氏樊並 時大中大夫平當
侍御史周敞 勸上存之 後樊並謀反 乃黜其書"
6 班固, 『漢書』 권30, 「藝文志」. "易曰 河出圖 洛出書 聖人則之 故書之所起遠矣 至孔子
纂焉 上斷於堯 下訖于秦 凡百篇 而爲之序 言其作意"

3. 『금문상서(今文尚書)』

공자가 찬정한 『서』 가운데 지금 전하는 것은 전한 초 복승(伏勝)이 전한 『금문상서』 29편뿐이다. 『한서』 「예문지」에는 『상서』에 대해 "경은 29권이다. 대하후와 소하후 2가가 전한 것이다. 구양씨가 전한 경은 32권이다.[經 二十九卷 大小夏侯二家 歐陽經 三十二卷]"라고 하였다. 또 그 아래에 "구양씨의 장구는 31권이고, 대하후와 소하후의 장구는 각기 29권이고, 대하후와 소하후의 해고는 29권이다.[歐陽章句 三十一卷 大小夏侯章句 各二十九卷 大小夏侯解故 二十九卷]"라고 하였다. 이에 대해 장백잠은 '삼십이(三十二)'는 '삼십일(三十一)'의 오류인 듯하며, 본래는 29권인데 「반경(盤庚)」을 상·중·하로 나누어 2권이 더 많아짐으로써 31권이 된 것이라고 하였다.[7]

사마천의 『사기』 「유림열전」에는 이 29편의 『금문상서』를 전한 내력을 다음과 같이 말하고 있다.

> 복생은 제남(濟南) 사람이다. 옛날 진나라 때 박사가 되었다. 한 효문제 때 『상서』에 능통한 자를 구하고자 하였는데, 세상에 그런 사람이 없었다. 이에 복생이 능통하다는 소문을 듣고 그를 부르고자 했는데, 당시 복생은 나이가 90세를 넘어 늙어서 갈 수가 없었다. 이에 태상에게 조칙을 내려 장고(掌故) 조착(晁錯)을 보내 수학하게 하였다. 진나라 분서 때 복생은 『상서』를 벽 속에 숨겨두었는데, 후에 전쟁이 크게 일어나 유실되었다. 한나라가 천하를 평정한 뒤에 복생이 숨겨둔 책을 구했는데, 수십 편이 망실되어 겨우 29편만 찾았다. 복생은 이를 가지고 제나라와 노나라 사이에서 가르쳤는데, 배우는 자들이 이를 통해 『상서』를 꽤나 능

---

7 蔣伯潛, 『十三經槪論』, 上海古籍出版社, 1983, 101쪽 참조.

히 말하게 되었다. 여러 산동 지방 대사(大師)들은 『상서』를 섭렵하여
가르치지 않는 사람이 없었다.[8]

복승이 『금문상서』를 전수한 내력은 『사기』「유림열전」과 『한서』
「유림전」에 분명히 실려 있다. 복승이 벽에다 숨겨둔 것은 본래 고문
으로 된 것이었는데, 한나라 때 사람들을 가르치면서 당시 통용되던
예서로 바꾸어 쓴 것이다.

『한서』「예문지」에 '경은 29권이다.[經 二十九卷]'라고 하여 『금문상
서』는 29편이라고 하였다. 그런데 어떤 이는 복승이 전한 것은 원래
28편뿐이라고 주장하기도 한다. 여기에는 여러 가지 설이 있다. 혹자
는 「고명(顧命)」과 「강왕지고(康王之誥)」가 합해 1편이었기 때문이라
하고, 혹자는 나중에 구한 「태서(泰誓)」를 포함하지 않은 것이라 하고,
혹자는 「서서(書序)」를 제외한 숫자라고 주장하기도 한다. 또 혹자는
나중에 구한 「태서」 1편을 추가로 얻어 29편이 되었다고 하고, 혹자는
복승이 전한 29편에 추가로 얻은 「태서」 1편을 합해 30편이 되었다고
주장하기도 한다.

이에 대해서도 여러 가지 설이 제기되었다. 당대 공영달의 『상서정의』
에는 유향의 『별록』을 인용해 「태서」 1편을 추가해 29편이 되었다고
보았는데, 청대 왕인지(王引之)의 『경의술문』에도 이 설을 추종하였다.

한편 육덕명의 『경전석문』「서록」에는 하내(河內) 여자가 「태서(泰

---

8 司馬遷, 『史記』 권121, 「儒林列傳」, "伏生者 濟南人也 故爲秦博士 孝文帝時 欲求能治
尚書者 天下無有 乃聞伏生治 欲召之 是時伏生年九十餘 老不能行 於是乃詔太常 使
掌故晁錯 往受之 秦時焚書 伏生壁藏之 其後 兵大起 流亡 漢定 伏生求其書 亡數十篇
獨得二十九篇 卽以敎于齊魯之間 學者由是頗能言尚書 諸山東大師 無不涉尚書以敎矣"

誓)」1편을 얻어 조정에 바쳐서 복생이 전한 것과 합해 30편이 되었다
고 하였는데, 청대 공자진(龔自珍)은 이 설을 지지하였다. 피석서(皮錫
瑞)는 『경학통론』에서 복승이 전한 것은 「고명」과 「강왕지고」를 분리
하여 총 29편이었는데, 「태서」 1편이 나온 뒤에 다시 「고명」과 「강왕
지고」를 합해 29편으로 만든 것이라 하였다. 한편 장백잠은 「태서」를
위서로 보고 『금문상서』는 28편뿐이며, 『한서』 「예문지」에 29권이라
고 한 것은 「태서」를 포함해 말한 것이라고 하였다.[9]

이처럼 복승이 전한 29편에 대해서도 역대로 여러 가지 설이 제기되
어 그 진위를 명확히 판가름하기가 어렵다.

4. 『고문상서(古文尚書)』

『한서』 「예문지」에 "『상서』는 고문경이 46권이다."라고 하였고, 그
주에 "57편이다."라고 하였다. 이 57편의 『상서』가 이른바 전한 말의
『고문상서』이다. 『한서』 「예문지」에는 그 내력에 대해 다음과 같이
기록하고 있다.

무제 말년에 노 공왕(魯恭王)이 공자가 살던 집을 허물어 궁궐을 넓히고
자 하였는데 고문으로 된 『상서』 및 『예기』·『논어』·『효경』 등 수십 편을
얻었으니 모두 고문으로 된 것이었다. 공왕이 그 집으로 들어갔을 때 거문
고와 비파를 타고 종과 석경을 치는 소리를 듣고서 이에 공사를 중지하고
집을 허물지 않았다. 공안국은 공자의 후손인데, 그 책을 모두 얻어 금문으

9   蔣伯潛, 『十三經概論』, 上海古籍出版社, 1983, 102~104쪽 참조.

로 된 29편의 『상서』와 비교하니 16편이 더 많았다. 공안국이 그것을 조정에 바쳤는데, 무고(巫蠱)하는 일을 만나 학관에 나열되지 못하였다. 유향이 중고문(中古文)으로 구양생(歐陽生)·대하후(大夏侯)·소하후(小夏侯)가 전한 금문 3가의 경문을 교정하였는데, 「주고(酒誥)」는 탈간(脫簡)이 1개였고, 「소고(召誥)」는 탈간이 2개였다. 대체로 죽간이 25자인 경우 탈자도 25자이고, 죽간이 22자인 경우 탈자도 22자이다. 문자가 다른 것이 7백여 곳이었고, 탈자가 수십 곳이었다.[10]

이것이 복승(伏勝)이 전한 29편의 『금문상서』보다 16편이 더 많은 초기의 『고문상서』이다. 『금문상서』에 없는 16편의 편명은 「순전(舜典)」, 「골작(汨作)」, 「구공(九共)」, 「대우모(大禹謨)」, 「기직(棄稷)」, 「오자지가(五子之歌)」, 「윤정(胤征)」, 「탕고(湯誥)」, 「함유일덕(咸有一德)」, 「전보(典寶)」, 「이훈(伊訓)」, 「사명(肆命)」, 「원명(原命)」, 「무성(武成)」, 「여오(旅獒)」, 「필명(畢命)」 등이다. 그리고 뒤에 「태서」 1편을 더 얻어 모두 46편이 되었다. 이것이 『한서』 「예문지」에 46권이라고 한 것이다.[11] 이 『고문상서』를 '공벽본(孔壁本)' 또는 '노공왕본(魯恭王本)'으로 칭한다.

한편 전한 경제(景帝)의 아들 하간헌왕(河間獻王:劉德)이 선진고문으로 쓰인 『상서』를 얻어 한 무제에게 헌상하였는데, 이를 '하간헌왕본'

---

10 班固, 『漢書』 권30, 「藝文志」. "武帝末 魯共王 壞孔子宅 欲以廣其宮 而得古文尚書及禮記論語孝經 凡數十篇 皆古字也 共王往入其宅 聞鼓琴瑟鐘磬之音 於是懼 乃止不壞 孔安國者 孔子後也 悉得其書 以考二十九篇 得多十六篇 安國獻之 遭巫蠱事 未列又學官 劉向以中古文校歐陽大小夏侯三家經文 酒誥脫簡一 召誥脫簡二 率簡二十五字 脫亦二十五字 簡二十二字 脫亦二十二字 文字異者 七百有餘 脫字數十"

11 蔣伯潛은 『十三經槪論』에서는 복승이 전한 『금문상서』는 「泰誓」를 포함한 29편으로 보았는데, 『經與經學』에서는 「泰誓」를 29편 외에 뒤에 얻은 것으로 보았다. 「泰誓」를 29편에 포함된 것으로 보면, 「書序」를 포함한 46편이 된다.

이라고 칭한다. 이 책은 전해지지 않아 공벽본의 전사본(傳寫本)으로
보는 이들도 있다.

위 인용문에서는 공안국(孔安國)이 처음으로 『고문상서』를 얻었다
고 하였는데, 사마천의 『사기』 「유림열전」에는 이와는 달리 다음과 같
이 기록하고 있다.

> 공씨의 집에 『고문상서』가 있었는데, 공안국이 금문으로 그것을 읽어
> 그로 인해 그 집안을 일으켰다. 일서(逸書) 10여 편을 얻었으니, 대개
> 『상서』가 여기에서 더 많아진 것이다.[12]

이에 근거할 때 공안국 이전에 공자 후손의 집에는 이미 『고문상서』
가 있었음을 알 수 있다. 그리고 '일서(逸書)'라고 한 것은 금문보다 많
은 16편의 일서를 가리키는 것으로 일주서(逸周書)의 종류로 보고 있
다. 이것이 이른바 '공씨가전본(孔氏家傳本) 『고문상서』'이다.

이 16편의 일서에 대해, 후한의 마융(馬融)은 「상서서(尙書序)」에서
"일서 16편은 전혀 사설이 없다."고 하였고, 정현의 주에는 16편을 24
편으로 나누었으나 주를 달지는 않았다. 그래서 이 16편의 고문은 끝내
망실되었다. 청말의 강유위는 이 역시 유흠이 위조한 것으로 보았다.

또 육덕명의 『경전석문』 「서록」에는 다음과 같이 기록하고 있다.

> 진(秦)나라 때 학술을 금하자 공자의 후손 공혜(孔惠)가 벽 속에 감추
> 어 두었다. ……『고문상서』는 공혜가 감추어 둔 것이다. 노 공왕이 공자

---

12 司馬遷, 『史記』 권121, 「儒林列傳」, "孔氏有古文尙書 而安國以今文讀之 因以起其家
逸書 得十餘篇 蓋尙書滋多於是矣"

의 구택을 허물다가 벽 속에서 과두문자로 된 『고문상서』 및 『예기』·『논
어』·『효경』 등을 얻었다. 박사 공안국이 『고문상서』를 복생이 암송해
전한 『금문상서』와 교감하며 고전(古篆)을 예서(隸書)로 바꾸어 썼는데,
복생이 전한 29편보다 25편이 많았으며, 복생이 잘못 합해놓은 것이 5편
이었다. 그래서 모두 59편으로 46권이 되었다. 공안국은 또 황제의 조칙
을 받아 『고문상서』의 전(傳)을 지었다.[13]

『한서』「예문지」에는 복승(伏勝)이 전한 29편의 『금문상서』보다 16
편이 더 많았다고 하였는데, 육덕명은 25편이 더 많았다고 하며 복승이
잘못 합해 놓은 5편을 분리하여 총 59편 46권이라고 하였다. 『한서』
「예문지」에는 "『상서』는 고문경이 46권이다.-57편이 된다.-[尚書 古
文經 四十六卷-爲五十七篇-]"라고 하였다. 그리고 공안국이 『고문상서』
에 처음으로 전(傳)을 지었다고 하였다.

이상의 여러 설 가운데 『한서』「예문지」의 설에 의거하면 『고문상
서』는 57편 46권이며, 육덕명의 설에 의하면 『고문상서』는 59편 46권
이다.

『고문상서』는 이 외에도 유향이 비부(祕府)에서 중고문으로 금문 삼
가본(三家本)을 교정한 중고문본(中古文本), 장패(張霸)가 위조한 것으로
알려진 백량본(百兩本), 후한 두림(杜林)의 칠서본(漆書本) 등이 더 있다.

---

13 陸德明, 『經典釋文』 권1, 「序錄-尚書」, "秦禁學 孔子之末孫惠 壁藏之……古文尚書者
孔惠之所藏也 魯恭王壞孔子舊宅 於壁中 得之并禮論語孝經 皆科斗文字 博士孔安國 以
校伏生所誦 爲隸古寫之 增多伏生二十五篇 又伏生誤合五篇 凡五十九篇 爲四十六卷"

5. 위(僞)『고문상서(古文尙書)』

지금 전하는『상서』는 모두 58편으로 되어 있다. 공자가 지은『서』
가 100편이라면 42편이 없어진 것일까? 기실「서서(書序)」는 공자가
지은 글이 아니다. 사마천의『사기』가 지어진 뒤에 누군가가『사기』
및 다른 책에서 뽑아 위작한 것이다. 이에 대해서는 청대 강유위의『신
학위경고(新學僞經考)』「서서변위(書序辨僞)」에 상세히 언급하고 있다.
「서서」가 공자의 글이 아니라면 공자가 100편의『서』를 지었다는 설
도 신뢰하기 어렵다.

지금 전하는 십삼경주소본의『상서』는 58편인데, 이는 진(晉)나라 때
왕숙(王肅)이 위조한 것이다. 그중에「공안국전(孔安國傳)」및「서(序)」
도 왕숙이 위조한 것이다. 이미 오역(吳棫)·주희(朱熹)·매작(梅鷟)·고
염무(顧炎武)·이거래(李巨來) 등이 의심을 하였으며, 염약거(閻若璩)의
『고문상서소증(古文尙書疏證)』, 최술(崔述)의『고문상서변위(古文尙書辨
僞)』, 단옥재(段玉裁)의『고문상서찬이(古文尙書撰異)』, 왕명성(王鳴盛)
의『상서후안(尙書後案)』, 정안(丁晏)의『상서여론(尙書餘論)』등에서
왕숙이 위조한 책이라는 사실을 증명하였다.

공안국이 지은『고문상서전(古文尙書傳)』은 13권이었는데, 전한 무
제 말에 일어난 무고사(巫蠱事)로 경적(經籍)을 올리는 길이 막혀 조정에
올리지 못하고 사가(私家)에 보관하였다. 그것을 도위조(都尉朝)와 사마
천(司馬遷)에게 전하였다. 그리고 도위조로부터 용생(庸生)-호상(胡常)
등을 거쳐 왕망 때 왕황(王璜)·도운(塗惲)에 이르렀다.[14]『후한서』에는

---

14 上同. "安國又受詔 爲古文尙書傳 値武帝末巫蠱事起 經籍道息. 不獲奏上 藏之私家 以

광무제가 중흥한 뒤 부풍(扶風) 출신 두림(杜林)이 『고문상서』를 전했는데, 가규(賈逵)가 훈(訓)을 짓고, 마융(馬融)이 전(傳)을 짓고, 정현(鄭玄)이 주해(注解)함으로써 세상에 알려지게 되었다고 하였다.[15]

그러나 육덕명은 마융과 정현이 주해한 것은 복승이 전한 『금문상서』이지 『고문상서』가 아니라고 보았으며, 공안국의 『고문상서전』이 단절되었기 때문에 마융·정현·두예(杜預) 등이 모두 '일서(逸書)'라고 말했다는 점을 주목하였다. 또 그는 왕숙도 『금문상서』를 주해했는데 대체로 『고문상서』와 유사하였다고 하면서도, 왕숙이 공안국의 『고문상서전』을 혼자 보고 숨겼는지 모르겠다고 의심하기도 하였다.[16]

이러한 자료를 통해 볼 때, 후한 말기에는 이미 공안국의 『고문상서전』은 세상에 전해지지 않았던 것으로 추정된다. 그러니까 이 책은 왕망 때 성행하였다가 광무제 이후 전하지 못한 듯하다.

이후 동진(東晉) 원제(元帝) 때 예장내사(豫章內史) 매색(梅賾)이 공안국의 『고문상서전』을 올렸는데, 「순전(舜典)」 1편이 없었다. 그것을 찾으려 하였으나 찾을 수 없어서 왕숙이 주해한 「요전(堯典)」의 '신휘오전(愼徽五典)' 이하를 분리해 「순전」으로 삼아 이어 붙였다.[17]

이 공안국의 『고문상서전』에 대해 송대 주희·오역·채침 등이 의심

授都尉朝 司馬遷亦從安國問 故遷書多古文說 …… 都尉朝授膠東庸生 庸生授清河胡常 常授虢徐敖 敖授琅邪王璜及平陵塗惲 惲授河南乘欽 王莽時 諸學皆立 惲璜等貴顯"

15 上同. "後漢書云 中興 扶風杜林傳古文尙書 賈逵爲之作訓 馬融作傳 鄭玄注解 由是 古文尙書遂顯于世"

16 上同. "案今馬鄭所注 幷伏生所誦 非古文也 孔氏之本絶 是以馬鄭杜預之徒 皆謂之逸書 王肅亦注今文而解 大與古文相類 或肅私見孔傳而秘之乎"

17 上同. "江左中興 元帝時 豫章內史梅賾 奏上孔傳古文尙書 亡舜典一篇 購不能得 乃取 王肅注堯典 從愼徽五典以下 分爲舜典篇 以續之"

한 이후 청대로 내려오면 후인이 위조한 것으로 보는 설이 많아졌다. 장백잠은 지금 전하는 58편의 『상서』는 공자가 찬정한 『서』가 아니고, 전한 말에 나타난 『고문상서』도 아니라고 하였다. 그는 누군가가 위조한 『고문상서전』을 공영달이 정본(定本)으로 정함으로써 십삼경에 들어가게 되었다고 하였다.[18]

진대(晉代) 위조된 위『고문상서』는 28편의 『금문상서』 중 「고명(顧命)」과 「강왕지고(康王之誥)」를 분리해 2편으로 나누고, 「반경(盤庚)」을 상·중·하 3편으로 나누고, 「요전(堯典)」의 일부를 분리해 「순전(舜典)」으로 만들고, 「고요모(皐陶謨)」 중에서 일부를 「익직(益稷)」으로 분리하여 5편을 늘려 33편으로 만들고서, 위조한 고문 25편을 추가하여 58편으로 만든 것이다.

고문 25편에 대해 일찍이 송대의 오역(吳棫)·주희(朱熹)·채침(蔡沈) 등이 의심하였으며, 원대의 오징(吳澄)은 『서찬언(書纂言)』에서 이 25편을 『상서』와 구분하였으며, 명대의 매작(梅鷟)은 『상서고이(尚書考異)』를 지어 이 글이 위작임을 변별하였다. 또 청대의 염약거(閻若璩)는 『고문상서소증(古文尚書疏證)』을 지어 위작임을 논변하였고, 혜동(惠棟)도 『고문상서고(古文尚書考)』를 지어 25편이 위작임을 논변하였다. 한편 모기령(毛奇齡)이 『고문상서원사(古文尚書冤詞)』를 지어 염약거의 설을 반박하였지만 염약거의 설은 후대 정설로 받아들여졌다.

---

18 蔣伯潛, 『十三經槪論』, 上海古籍出版社, 1983, 98~99쪽 참조.

6. 『상서』의 편목

공자가 살던 집의 벽 속에서 나온 『고문상서』는 복승이 전한 29편의 『금문상서』보다 16편이 더 많은 45편이었다. 『한서』 「예문지」에는 "『상서』는 고문경이 46권이다.[尙書 古文經 四十六卷]"라고 하였는데, 이는 아마도 뒤에 나타난 「서서(書序)」까지 합해서 계산한 수치인 듯하다. 『한서』를 지은 반고(班固)는 「서서」를 공자의 저술로 믿었던 인물이다.

『한서』 「예문지」에는 또 '『고문상서』 57편'이라고 기록하고 있다. 이는 「반경(盤庚)」과 「태서(泰誓)」를 상·중·하 3편으로 나누고, 「구공(九共)」을 9편으로 나누어 12편을 더 늘려서 57편으로 본 것이다.

또 『고문상서』 58편이라고 하는 설은 위의 57편에 「서서」 1편을 더하여 말한 것이다. 환담(桓譚)의 『신론(新論)』에 '『고문상서』는 총 58편이다.[古文尙書 凡五十八篇]'라고 한 것이 그것이다. 당대 편찬한 『상서정의』에는 정현이 "건무연간(建武年間:後漢 光武帝)에 「무성(武成)」 1편이 없어졌다."고 한 말을 인용하고 있는데, 『한서』를 지은 반고는 그 이후의 인물이므로 『한서』의 주(注)에 '57편이 된다.'고 한 것이다. 즉 58편에서 광무제 때 없어진 「무성」 1편을 빼면 57편이 된다.

이를 정리하여 도표화하면 다음과 같다.

〈표 1〉『금문상서』 29편

번호	편명	비고
1	堯典	『대학』에는 「帝典」, 『맹자』에는 「堯典」이라 함
2	皐陶謨	
3	禹貢	
4	甘誓	
5	湯誓	
6	盤庚	
7	高宗肜日	
8	西伯戡黎	
9	微子	
10	牧誓	
11	洪範	
12	大誥	
13	金縢	
14	康誥	
15	酒誥	
16	梓材	
17	召誥	
18	洛誥	
19	多士	
20	無逸	
21	君奭	
22	多方	
23	立政	
24	顧命	
25	康王之誥	「康王之誥」를 「顧命」에 합해 금문은 28편이라는 설도 있음
26	費誓	
27	呂刑	
28	文侯之命	
29	秦誓	

〈표 2〉『고문상서』 추가 16편

번호	편명	비고
1	舜典	위『고문상서』의「舜典」과 다름
2	汨作	
3	九共	
4	大禹謨	
5	益稷(棄稷)	위『고문상서』의「益稷」과 다름
6	五子之歌	
7	胤征	
8	湯誥	
9	咸有一德	
10	典寶	
11	伊訓	
12	肆命	
13	原命	
14	武成	
15	旅獒	
16	冏命(臩命)	위『고문상서』의「冏命」과 다름

〈표 3〉 위『고문상서』의 위작 25편의 편명

번호	편명	비고
1	大禹謨	
2	五子之歌	
3	胤征	
4	仲虺之誥	
5	湯誥	
6	伊訓	
7	太甲上	
8	太甲中	
9	太甲下	
10	咸有一德	
11	說命上	
12	說命中	
13	說命下	
14	泰誓上	「泰誓」上, 中, 下는 漢代에 추가로 구한 「泰誓」가 아님
15	泰誓中	
16	泰誓下	
17	武成	建武年間(後漢 光武帝) 망실된 「武成」이 아님
18	旅獒	
19	微子之命	
20	蔡仲之命	
21	周官	
22	君陳	
23	畢命	
24	君牙	
25	冏命	

7. 「서서(書序)」

『한서』「예문지」에 공자가 『서』를 편찬한 것이 100편이며 서(序)를 지었다는 말이 보이는데, 『한서』「유흠전(劉歆傳)」과 「유림전」에도 이와 유사한 내용이 있다.

『사기』「삼대세표(三代世表)」에 '서상서(敍尙書)'라는 말이 있고, 「공자세가」에도 '서서전(序書傳)'이라는 말이 있어서 공자가 「서서」를 지은 것처럼 보이기도 하지만, 이는 「서서」를 지었다는 말이 아니고, '『상서』를 차례로 배열하였다.'는 말이다.

공자가 「서서」를 지었다는 설에 대해 근대 학자 장백잠은 유흠과 반고로부터 비롯된 것으로 보았다. 이른바 「서서」는 현존하는 위『고문상서』 각 편의 첫머리에 있으며, 편의 내용은 없고 서(序)만 있는 경우는 앞 편의 뒤에다 붙여놓았다. 그리고 두세 편을 일서(一序)에 묶어 기술하기도 하였다. 공영달이 편찬한 『상서정의』를 통해 「서서」를 차례대로 정리하면 다음과 같다.

> 01 堯典 : 昔在帝堯 聰明文思 光宅天下 將遜于位 讓于虞舜 作堯典
> 02 舜典 : 虞舜側微 堯聞之聰明 將使嗣位 歷試諸難 作舜典
> 　　附 : 汩作·九共九篇·槀飫(3편 1序) : 帝釐下土 方設居方 別生分類
> 　　作汩作·九共九篇·槀飫
> 03 大禹·皋陶謨·益稷(3편 1序) : 皋陶矢厥謨 禹成厥功 帝舜申之 作大
> 　　禹·皋陶謨·益稷
> 04 禹貢 : 禹別九州 隨山濬川 任土作貢
> 05 甘誓 : 啓與有扈戰于甘之野 作甘誓
> 06 五子之歌 : 太康失 邦 昆弟五人 須于洛汭 作五子之歌
> 07 胤征 : 羲和湎淫 廢時亂日 胤往征之 作胤征

附：帝告·釐沃(2편 1序)：自契 至于成湯 八遷 湯始居亳 從先王居 作帝告·釐沃

湯征：湯征諸侯 葛伯不祀 湯始征之 作湯征

汝鳩·汝方(2편 1序)：伊尹去亳適夏 旣醜有夏 復歸于亳 入自北門 乃遇汝鳩汝方 作汝鳩·汝方

08 湯誓：伊尹相湯伐桀 升自陑 遂與桀戰于鳴條之野 作湯誓

附：夏社·疑至·臣扈(3편 1序)：湯旣勝夏 欲遷其社 不可 作夏社·疑至·臣扈

典寶：夏師敗績 湯遂從之 遂伐三朡 俘厥寶玉 誼伯仲伯 作典寶

09 仲虺之誥：湯歸自夏 至于大坰 仲虺作誥

10 湯誥：湯旣黜夏命 復歸于亳 作湯誥

附：明居：咎單作明居

11 伊訓·肆命·徂后(3편 1序)：成湯旣沒 太甲元年 伊尹作伊訓·肆命·徂后

12 太甲三篇(上·中·下)：太甲旣立不明 伊尹放諸桐 三年復歸于亳 思庸伊尹 作太甲三篇

13 咸有一德：伊尹作咸有一德

附：沃丁：沃丁旣葬伊尹 咎單遂訓伊尹事 作沃丁

咸乂四篇：伊陟相太戊 亳有祥 桑穀共生于朝 伊陟贊于巫咸 作咸乂四篇

伊陟·原命(2편 1序)：太戊贊于伊陟 作伊陟·原命

仲丁：仲丁遷于囂 作仲丁

河亶甲：河亶甲居相 作河亶甲

祖乙：祖乙圮于耿 作祖乙

14 盤庚三篇(上·中·下)：盤庚五遷 將治亳殷 民咨胥怨 作盤庚

15 說命三篇(上·中·下)：高宗夢得說 使百工 營求諸野 得諸傅巖 作說命三篇

16 高宗肜日·高宗之訓(2편 1序)：高宗祭成湯 有飛雉升鼎耳而雊 作高宗肜日·高宗之訓

17 西伯戡黎：殷始咎周 周人乘黎 祖伊恐 奔告于受 作西伯戡黎

18 微子 : 殷旣錯天命 微子作誥父師少師

19 泰誓三篇(上·中·下) : 惟十有一年 武王伐殷 一月戊午 師渡孟津 作
泰誓三篇

20 牧誓 : 武王戎車三百兩 虎賁三百人 與受戰于牧野 作牧誓

21 武成 : 武王伐殷 往伐歸獸 識其政事 作武成

22 洪範 : 武王勝殷 殺受立武庚 以箕子歸 作洪範

　　附 : 分器 : 武王旣勝殷 邦諸侯班宗彝 作分器

23 旅獒 : 西旅獻獒 太保作旅獒

　　附 : 旅巢命: 巢伯來朝 芮伯作旅巢命

24 金縢 : 武王有疾 周公作金縢

25 大誥 : 武王崩 三監及淮夷叛 周公相成王 將黜殷 作大誥

26 微子之命 : 成王旣黜殷 命殺武庚 命微子啓 代殷後 作微子之命

　　附 : 歸禾 : 唐叔得禾異畝同穎 獻諸天子 王命唐叔 歸周公于東 作
歸禾

　　嘉禾 : 周公旣得命禾 旅天子之命 作嘉禾

27 康誥·酒誥·梓材(3편 1序) : 成王旣伐管叔蔡叔 以殷餘民 封康叔 作
康誥·酒誥·梓材

28 召誥 : 成王在豊 欲宅洛邑 使召公先相宅 作召誥

29 洛誥 : 召公旣相宅 周公往營成周 使來告卜 作洛誥

30 多士 : 成周旣成 遷殷頑民 周公以王命誥 作多士

31 無逸 : 周公作無逸

32 君奭 : 召公爲保 周公爲師 相成王爲左右 召公不說周公 作君奭

33 蔡仲之命 : 蔡叔旣沒 王命蔡仲 踐諸侯位 作蔡仲之命

　　附 : 成王政 : 成王東伐淮夷 遂踐奄 作成王政

　　將蒲姑 : 成王旣踐奄 將遷其君於蒲姑 周公告召公 作將蒲姑

34 多方 : 成王歸自奄 在宗周 誥庶邦 作多方

35 立政 : 周公作立政

36 周官 : 成王旣黜殷命 滅淮夷 還歸在豊 作周官

　　附 : 賄肅愼之命 : 武王旣伐東夷 肅愼來賀 王俾榮伯 作賄肅愼之命

　　亳姑 : 周公在豊 將沒 欲葬成周 公薨 成王葬于畢 告周公 作亳姑

37 君陳 : 周公旣沒 命君陳 分正東郊成周 作君陳

38 顧命 : 成王將崩 命召公畢公 率諸侯相康王 作顧命

39 康王之誥 : 康王旣尸天子 遂誥諸侯 作康王之誥

40 畢命 : 康王命作冊畢 分居里成周郊 作畢命

41 君牙 : 穆王命君牙 爲周大司徒 作君牙

42 冏命 : 穆王命伯冏 爲周太僕正 作冏命

43 呂刑 : 呂命 穆王訓夏贖刑 作呂刑

44 文侯之命 : 平王錫晉文侯 秬鬯圭瓚 作文侯之命

45 費誓 : 魯侯伯禽 宅曲阜 徐夷並興 東郊不開 作費誓

46 秦誓 : 秦穆公伐鄭 晉襄公帥師敗諸崤 還歸 作秦誓

이를 편수로 계산하면 총 100편이 되며, 현존하는 위『고문상서』의 편수로 보면 58편이 된다. 또 서(序)로 보면 67편이 되는데, 이는 2편 1서, 3편 1서 등 몇 편씩 묶어 서(序)를 지었기 때문이다. 따라서 「서서」가 100편이라는 말이 아니고 『상서』의 편수가 100편이라는 말이며, 서(序)는 67편에 불과하다.

이것이『한서』「예문지」에 "공자에 이르러 편찬되었는데 위로는 요임금부터 시작하고 아래로는 진(秦)나라까지 이르렀는데 모두 100편으로 그 서(序)를 지어 지은 의도를 말했다.[至孔子纂焉 上斷於堯 下訖于秦 凡百篇而爲之序 言其作意]"라고 한 것인데, 어떤 서(序)에는 작의(作意)가 전혀 나타나지 않는 경우도 있고, 여러 편을 하나로 묶어 놓은 것도 있기 때문에 과연 공자가 지은 것인지에 대해 의심을 하는 사람이 많다.

또「서서」의 설 가운데 10분의 8,9는『사기』에 보이는데,『사기』의 내용과 현저히 같지 않은 점이 있다. 몇 가지 예를 제시하면 다음과 같다.

- 「盤庚」
  - 「書序」: 盤庚五遷 將治亳殷 民咨胥怨 作盤庚
  - 『史記』「殷本紀」: 帝盤庚崩 百姓思盤庚 乃作盤庚三篇
- 「高宗肜日」·「高宗之訓」
  - 「書序」: 高宗祭成湯 有飛雉升鼎耳而雊 作高宗肜日·高宗之訓
  - 『史記』「殷本紀」: 帝武丁崩 祖乙嘉武丁之以祥雉爲德 立其廟爲 高宗 遂作高宗肜日及訓
- 「文侯之命」
  - 「書序」: 平王錫晉文侯 秬鬯圭瓚 作文侯之命
  - 『史記』「晉世家」: 周作晉文侯命 王若曰 父義和 丕顯文武……於 是晉文公爲伯

　장백잠은 이에 대해 몇 가지 예를 들어 증명하면서, 「서서」 100편 가운데 『사기』에 보이는 것은 56편인데 「서서」의 내용이 『사기』와 같은 것은 「서서」가 『사기』를 베낀 것이고, 「서서」의 내용이 『사기』와 다른 것은 『사기』의 글을 발췌해 「서서」를 만든 것이라고 하였다.[19]

　복승이 지은 『상서대전(尙書大傳)』에도 「구공(九共)」·「제고(帝告)」·「열명(說命)」·「태서(泰誓)」·「대전(大戰)」·「가화(嘉禾)」·「엄고(揜誥)」·「다정(多政)」·「경명(冏命)」 등 9편의 편명이 보이는데, 이 가운데 「대전」·「엄고」·「다정」 3편은 「서서」에 보이지 않는다. 이것이 「서서」는 공자가 지은 글이 아니라는 증거이다.

　혹자는 『금문상서』 29편 가운데 「서서」가 포함되어 있다고 보기도 하였다. 그러나 장백잠은 『한서』 「예문지」에서 말한 『금문상서』 29편에 대해, 처음 「고명(顧命)」 가운데 「강왕지고(康王之誥)」를 분리해 29

19　蔣伯潛, 『十三經槪論』, 上海古籍出版社, 1983, 109쪽 참조.

편이 되었는데 후에 다시 「태서(泰誓)」를 얻게 되자 「강왕지고」를 「고
명」에 합하여 29편이 되었다고 보았다. 그리고 28편에 「서서」를 더해
29편이 되었다면, 후에 얻은 「태서」까지 합해 30편이 된다고 보았다.[20]

8. 『상서』의 내용

   장백잠은 공자가 찬정한 28편의 『금문상서』 가운데 정사를 기록한
기사(記事)의 글과 말을 기록한 기언(記言)의 글로 나누어 그 내용을
분석했는데, 여기서는 이를 정리해 『상서』의 서술에 대한 이해를 해보
기로 한다.

   먼저 기사에 대해 살펴보기로 한다. 28편 중 기사에 해당하는 글은
「요전(堯典)」·「우공(禹貢)」·「금등(金縢)」·「고명(顧命)」 등 4편이다.

   「요전」은 요임금의 정사를 기록한 글이다. 전(典)은 『설문해자』에
'오제지서(五帝之書)'라고 하였다. 전(典) 자는 책(冊)의 부수에 쓰며, 올
(兀) 자 위에 있으니, '그 글을 존숭해 높인다.'는 의미가 있다. 「요전」의
서술은 맨 앞에 제요(帝堯)의 덕을 총괄해서 기술하고, 그 다음에 역법
(曆法)을 정한 일을 기록하고, 그 다음에 인재를 등용한 일을 기록하고,
그 다음에 순(舜)을 등용한 일을 기록하고, 그 다음에 순이 한 일을 기록
하고, 그 다음에 순이 섭정할 때의 일을 기록하고, 그 다음에 순이 즉위
한 뒤의 일을 기록하고 있다. 「요전」에 군신 사이에 문답하는 말이 있지
만, 기록은 요임금과 순임금의 정사를 기록하는 데 중점을 두고 있다.

---

20 上同, 113쪽 참조.

「우공」은 전체적으로 순수한 기사문이다. 첫 단락에서는 천하의 구주(九州)를 주명(州名：境域), 산천원택(山川原澤), 토의(土宜), 전부(田賦), 공물(貢物), 공도(貢道), 부주(附註)의 여섯 조항으로 나누어 기록하고 있다. 구주는 대체로 치수(治水)한 선후로 기록하고 있다. 둘째 단락에서는 산맥을 북조(北條)·중조(中條)·남조(南條)로 나누어 기록한 도산(導山)이다. 셋째 단락은 대천(大川)을 기록한 도수(導水)이다. 넷째 단락은 부세(賦稅)를 정하고 제후국을 봉한 일을 기록해 놓았다. 그리고 맨 끝에 1편을 총결하여 "우(禹)가 순(舜)에게 현규를 바치고 성공한 것을 고하였다.[禹錫玄圭 告厥成功]"라고 끝을 맺었다. 편명을 '우공(禹貢)'이라 한 것은 수토(水土)를 평치한 뒤 부공(賦貢)을 정하여 공을 이룩한 것을 기록한다는 의미로 쓴 것이다.

「금등(金縢)」은 크게 두 단락으로 나눌 수 있다. 전반부는 무왕(武王)의 질환이 위독하여 주공(周公)이 선왕에게 제사를 지내 자신의 몸을 대신하기를 기원한 일을 추기(追記)한 것이고, 후반부는 성왕(成王)이 처음에는 관숙(管叔)과 채숙(蔡叔)의 유언비어에 의혹되었다가 금등을 열어 주공의 축문을 보고서 비로소 크게 감동하고 뉘우친 일을 기록하고 있다.

「고명(顧命)」은 지금 전하는 위『고문상서』에는 '왕출재응문지내(王出在應門之內)' 이하를 나누어 「강왕지고(康王之誥)」로 편을 나누어 놓았으나, 1편으로 보는 것이 더 타당하다. 이 두 편의 내용은 크게 세 단락으로 나눌 수 있는데, 제1단락은 성왕(成王)이 임종할 때 신하들에게 아들을 부탁한 일을 기록하고 있고, 제2단락은 강왕(康王)이 즉위한 의식을 기록하고 있고, 제3단락은 강왕이 즉위하여 신하들과 제후를 조회 받은 일을 기록하고 있다.

『금문상서』28편 중 24편이 기언(記言)에 해당하는 글이다. 여기에는 윗사람이 아랫사람에게 고한 고명(誥命)에 속하는 「반경(盤庚)」·「대고(大誥)」·「강고(康誥)」·「주고(酒誥)」·「재재(梓材)」·「다사(多士)」·「다방(多方)」·「여형(呂刑)」·「문후지명(文侯之命)」 9편과 이른바 오서(五誓)로 알려진 「감서(甘誓)」·「탕서(湯誓)」·「목서(牧誓)」·「비서(費誓)」·「진서(秦誓)」 등 5편과 아랫사람이 윗사람에 고한 「고요모(皐陶謨)」·「고종융일(高宗肜日)」·「서백감려(西伯戡黎)」·「홍범(洪範)」·「소고(召誥)」·「낙고(洛誥)」·「무일(無逸)」·「입정(立政)」 등 8편과 아랫사람이 상호 고한 「미자(微子)」·「군석(君奭)」 등 2편이 있다.

고명(誥命)과 서(誓)는 모두 윗사람이 아랫사람에게 고하는 글이다. 아랫사람이 윗사람에게 고하는 글은 8편인데, 「고요모」와 「낙고」 2편은 신하와 임금이 상호 대화하는 형식이고, 「고종융일」·「서백감려」·「홍범」·「소고」·「무일」·「입정」 6편만이 아래의 신하가 임금에게 고하는 형식의 글이다. 이 가운데 「홍범」과 「무일」은 매우 의미가 있다.

「홍범」은 상(商)나라의 후예 기자(箕子)가 주 무왕(周武王)을 위해 천하를 다스리는 법을 진술한 것인데, 오행(五行)·오사(五事)·팔정(八政)·오기(五紀)·황극(皇極)·삼덕(三德)·계의(稽疑)·서정(庶政)·오복육극(五福六極) 등 이른바 홍범구주(洪範九疇)를 말하고 있다. 「무일」은 주공이 성왕에게 고한 말로, 처음에는 일락에 빠져서는 안 됨을 말하고, 다음에는 상나라 선왕을 예로 들었고, 다음에는 주나라 선왕을 예로 들었고, 다음에는 성왕에게 일락에 빠져서는 안 됨을 규계하였고, 다음에는 제왕이 일락에 빠지면 그 영향이 백성에게 미침을 말하였고, 마지막으로 원망하고 비방하는 말이 들리면 자신의 허물을 돌아보아 덕으로 나아갈 것을 말하였다.

기언(記言)에 해당하는 글 가운데는 고(誥)·모(謨) 등 주의류(奏議類)
의 글이 있는데,「소고」는 주의류이고,「대고」·「강고」·「주고」는 조
령류(詔令類)이고,「낙고」는 주의류와 조령류를 겸하고 있다. 그리고
「고요모」는 주의류에 해당한다.

9. 『상서』의 주요 쟁점

동진(東晉) 때 매색(梅賾)이 위조한 것으로 알려진 위『고문상서』의
작자에 대해 다양한 이론이 있다. 즉 위『고문상서』의 작자를 황보밀(皇
甫謐)·왕숙(王肅)·매색(梅賾)·공안국(孔安國)·속석(束晳)·정충(鄭沖)
등으로 보는 설이 있어 확정된 정론이 없다. 매작(梅鷟)과 왕명성(王鳴
盛)은 황보밀로 보고, 정안(丁晏) 등은 왕숙으로 보고, 염약거(閻若璩)
와 혜동(惠棟) 등은 매색으로 보고, 진몽가(陳夢家) 등은 동진 때의 공안
국으로 보았다.

그리고 위『고문상서』의 출현 시기에 대해 대체로 동진 때 나온 것으
로 보고 있는데, 위(魏)나라와 서진(西晉) 시기에 이미 첫 번째 본이 있
었기 때문에 매색이 올린 것은 두 번째 본으로 보고 있다.

「서서」의 작자에 대해 청초의 주이준(朱彝尊)은 공자가 지었다는 설,
사관이 지었다는 설, 제·노의 유생들이 지었다는 설, 공자와 공문의
저작이 아니라는 설 등을 소개하고 있다. 역대로 유흠(劉歆)·반고(班
固)·마융(馬融)·정현(鄭玄)·왕숙(王肅)·위징(魏徵)·정호(程顥)·동수
(董殊) 등은 공자가 지은 것으로 보았고, 임광조(林光朝)·마정란(馬廷鸞)
등은 사관이 지은 것으로 보았으며, 김이상(金履祥)은 제·노의 유생들

이 지은 것으로 보았고, 주희(朱熹)·채침(蔡沈) 등은 공자와 공문의 저작
이 아니라는 견해를 피력하였다.[21]

10. 『상서』의 주석본

『상서』와 관련된 가장 오래된 저술은 복승의 『상서대전(尙書大傳)』
이다. 이는 본디 복승의 유설(遺說)인데 그의 문인 장생(張生)과 구양생
(歐陽生)이 기록한 것이다. 그 글이 마치 『한시외전』처럼 『상서』를 해
설한 것도 있고 그렇지 않은 것도 있다. 청대 진수기(陳壽祺)의 정본이
가장 완비된 것이다.

십삼경주소본에 인용한 주는 공안국의 『고문상서전』을 위조한 것으
로 위 『고문상서』와 함께 출현한 것인데, 왕숙이 위조한 것이다. 공영
달은 『상서정의』를 편찬하면서 이 위 『공안국전』에 의거하여 소(疏)를
지었다. 후한 말의 마융과 정현의 주는 이미 없어졌다. 공영달은 「상서
정의서(尙書正義序)」에서 수대(隋代) 초 채대보(蔡大寶)·소의(巢猗)·비
감(費甝)·고표(顧彪)·유작(劉焯)·유현(劉炫) 등이 지은 것을 바탕으로
당대 왕덕소(王德韶)·이자운(李子雲) 등이 정리하여 『상서정의』를 편
찬하였다고 하였다.

송나라 때 학자들의 주해 가운데는 채침이 주석한 『서집전』이 가장
저명하고, 김이상(金履祥)의 『상서주(尙書注)』가 그 다음이다. 채침의
『서집전』은 왕안석(王安石)·소식(蘇軾)·여조겸(呂祖謙)·임지기(林之奇)

---

21 金有美, 『역주 상서정의1-解題』, 전통문화연구회, 2014, 23~25쪽 참조.

의 주를 중심으로 전해오는 설을 정리하여 만든 집주(集註)이다.

청대 학자 강성(江聲)의 『상서집주음소(尚書集注音疏)』, 손성연(孫星衍)의 『상서금고문주소(尚書今古文注疏)』, 오여륜(吳汝綸)의 『상서고(尚書故)』 등도 볼만하다. 또 호위(胡渭)의 『우공추지(禹貢錐指)』, 하윤이(何允彝)의 『우공합주(禹貢合注)』, 장연석(蔣廷錫)의 『상서지리금석(尚書地理今釋)』, 염약거(閻若璩)의 『고문상서소증(古文尚書疏證)』, 정안(丁晏)의 『상서여론(尚書餘論)』, 왕명성(王鳴盛)의 『상서후론(尚書後論)』, 단옥재(段玉裁)의 『고문상서찬이(古文尚書撰異)』 등도 참고할 만하다. 또한 『상서』에 기록된 고사(古事)를 고증하려고 하면 최술(崔述)의 『상고고신록(上古考信錄)』과 『풍호고신록(豐鎬考信錄)』을 참고할 필요가 있다.

제3절 _ 　　　　　　　　　　　『역경(易經)』(『주역(周易)』)

1. '역(易)'과 '주역(周易)'의 의미

　'역(易)'은 세 가지 의미가 있다. 하나는 '간결하고 쉽다'는 의미의 간이(簡易)이고, 하나는 '늘 변화하고 바뀐다'는 의미의 변역(變易)이고, 하나는 '영원히 변치 않는다'는 의미의 불역(不易)이다. 오경정의 편찬을 주도한 당대 공영달은 『주역정의』 첫머리에서 다음과 같이 말하였다.

　　무릇 역(易)은 변화를 총칭하는 이름이며, 개환(改換)을 달리 칭한 것이다. 천지가 개벽하여 음·양이 운행한 이래로 한(寒)·서(暑)가 번갈아 다가오고 일·월이 번갈아 떠서 여러 생명체를 태어나고 싹트게 하며 만물을 화육하여 나날이 새롭게 하여 멈추지 않고 낳고 낳기를 계속하는 것이 변화의 힘과 바꾸어나가는 공력에 의지하지 않음이 없다. 그러나 변화와 운행은 음·양 이기(二氣)에 달려있기 때문에 성인이 처음 팔괘를 그릴 적에 강(剛)·유(柔) 두 획을 그은 것은 이기(二氣:陰·陽)를 형상한 것이며, 삼위(三位)를 펼친 것은 삼재(三才:天·地·人)를 형상한 것이며, 역(易)이라고 말한 것은 변화의 뜻을 취한 것이다. 역(易)은 그 의미가 이미 변화를 총칭하는데 유독 역(易)으로 명칭을 삼은 것에 대해, 『역위(易緯)』「건착도(乾鑿度)」에 "역은 명칭은 하나지만 세 가지 의미를 포함하고 있으니, 이른바 간이(簡易)와 변역(變易)과 불역(不易)이다."라고 하였고, 또 "간이는 역의 덕이니, 광명이 사방으로 통해 간이하게 절도를 세운 것이다. 하늘이 그 덕으로써 찬란히 밝아 일월성신이 넓게 펼쳐 나열해 있으며,

정기를 통하는 데 막힘이 없고 신명을 간직하는 데 구멍이 없으며, 번잡하지도 않고 소요하지도 않으면서 담담히 머물러 실체를 잃지 않으니, 이것이 바로 간이한 것이다. 변역은 역의 기(氣)이다. 천지가 변하지 않아 능히 기를 소통하지 않으면 오행이 번갈아 끝나고 사시가 번갈아 폐해질 것이다. 군신이 상(象)을 취한 것은 시절이 변하고 신분이 바뀌면 소멸한 자는 자라나고 전단(專斷)한 자는 패한다는 의미이니, 이것이 바로 변역이다. 불역은 역의 지위이다. 천(天)은 위에 있고 지(地)는 아래에 있으며, 임금은 남면을 하고 신하는 북면을 하며, 아비는 앉아 있고 자식은 엎드려 있는 것이니, 이것이 바로 불역이다."라고 하였다.[1]

공영달은 이 문장 아래에 "정현이 이 의미에 의거해『역찬(易贊)』과『역론(易論)』을 지으면서 '역은 한 가지 명칭에 세 가지 의미를 포함하고 있으니, 간이가 첫째 의미이고, 변역이 둘째 의미이고, 불역이 셋째 의미이다.'라고 하였다."[2]라고 하여, 정현이 이 세 가지 의미를 정리한 것이라고 하였다.

복희가『역』을 지은 것은 본디 교화를 전하기 위해서였다. 공영달의『주역정의』에는 이에 대해 다음과 같이 말하고 있다.

---

1 孔穎達, 『周易正義』(십삼경주소본, 1816년 阮元校刻本, 이하 同) 권1,「第一論易之三名」. "夫易者 變化之總名 改換之殊稱 自天地開闢 陰陽運行 寒暑迭來 日月更出 浮萌庶類 亭毒群品 新新不停 生生相續 莫非資變化之力換代之功也 然變化運行 在陰陽二氣 故聖人初劃八卦 設剛柔兩劃 象二氣也 布以三位 象三在也 謂之爲易 取變化之義 旣義摠變化 而獨以易爲名者 易緯乾鑿度云 易一名而含三義 所謂易也變易也不易也 又云 易者 其德也 光明四通 簡易立節 天以爛明 日月星辰布設張列 通精無門 藏神無穴 不煩不擾 澹泊不失 此其易也 變易者 其氣也 天地不變 不能通氣 五行迭終 四時更廢 君臣取象 變節相移 能消者息 必專者敗 此其變易也 不易者 其位也 天在上 地在下 君南面 臣北面 父坐子伏 此其不易也"
2 上同. "鄭玄依此義 作易贊及易論云 易 一名而含三義 易簡一也 變易二也 不易三也"

성인이 『역』을 지은 것이 교화를 전하기 위함이라는 점은, 곧 『역위』「건착도」에 "공자가 말씀하기를 '상고 시대 인민들은 분별이 없어 뭇 생명체와 다르지 않아 의식(衣食)과 기용(器用)의 이로움이 없었다. 복희가이에 위로는 하늘에서 상(象)을 관찰하고, 아래로는 땅에서 법을 관찰하고, 중간으로는 만물의 마땅함을 관찰하여 이에 비로소 팔괘를 만들어신명의 덕에 통하고 만물의 정상을 분류하였다. 그러므로 『역』은 천지의이치를 헤아려 인륜을 다스리고 왕도를 밝힌 것이다. 이 때문에 팔괘를그리고 오행의 기를 세워 오상의 행실을 정립하고, 건곤의 이치를 본받고음양의 이치에 순응하여 군신·부자·부부의 의리를 바르게 하며, 때를헤아려 마땅한 것을 만들어서 그물을 만들어 사냥하고 물고기를 잡아 백성들의 쓰임을 넉넉하게 하였다. 이에 인민이 다스려져서 임금과 어버이는존중받고, 신하와 자식은 순종하여 모든 생민이 화합하여 각자 자신의성(性)에 편안하였다.'라고 하였다."라고 하였으니, 이것이 바로 성인이『역』을 지어 교화를 전한 본의이다.[3]

이 인용문에 보이듯이, 공자는 『역』을 지은 이유를 오상의 행실을정립하고 군신·부자·부부의 의리를 바르게 하여 인륜을 다스리고 왕도를 밝히기 위한 것으로 말하고 있다.

『주례』에 "태복(太卜)은 삼역(三易)의 법을 관장하는 데, 첫째는 연산(連山)이라 하고, 둘째는 귀장(歸藏)이라 하고, 셋째는 주역(周易)이라한다."[4]라고 하였는데, 그 주에 "연산이라 이름을 붙인 것은 '산에서 내

---

3 上同. "作易 所以垂教者 卽乾鑿度云 孔子曰 上古之時 人民無別 群物未殊 未有衣食器用之利 伏羲乃仰觀象於天 俯觀法於地 中觀萬物之宜 於是 始作八卦 以通神明之德 以類萬物之情 故易者 所以斷天地理人倫而明王道 是以 劃八卦建五氣 以立五常之行 象法乾坤順陰陽 以正君臣父子夫婦之義 度時制宜 作爲網罟 以佃以漁 以贍民用 於是人民乃治 君親以尊 臣子以順 群生和洽 各安其性 此其作易垂教之本意也"

4 『周禮』「春官-太卜」. "掌三易之法 一曰連山 二曰歸藏 三曰周易"

기(內氣)가 나와 변화하는 것 같다'는 뜻이며, 귀장이라 이름을 붙인
것은 '만물이 돌아가서 그 안에 갈무리되지 않음이 없다'는 뜻이다. 두
자춘(杜子春)은 말하기를 '연산은 복희(宓戱)의 역이고, 귀장은 황제(黃
帝)의 역이다.'라고 하였다."[5]라고 하였다.

공영달의 『주역정의』 첫머리에 실린 삼대의 역명에 대한 설에는 "정
현의 『역찬』 및 『역론』에 '하(夏)나라 때의 역은 연산역이라 하고, 상
(商)나라 때의 역은 귀장역이라 하고, 주(周)나라 때의 역은 주역이라
하였다.'라고 하였으며, 정현은 또 해석하기를 '연산은 산의 구름이 끊
이질 않고 무럭무럭 피어나는 것을 형상한 것이고, 귀장은 만물이 그
가운데로 돌아가 갈무리되지 않음이 없다는 뜻이고, 주역은 역도가 두
루 선하여 어느 곳인들 구비되어 있지 않음이 없다는 뜻이다.'라고 하
였다."[6]

공영달은 위와 같은 정현의 설을 취하지 않았다.[7] 그리고 "『세보(世
譜)』 등 여러 책을 살펴보건대, 신농(神農)을 한편으로는 '연산씨(連山
氏)'라 하고 또 '열산씨(列山氏)'라고도 하며, 황제(黃帝)를 한편으로는
'귀장씨(歸藏氏)'라고도 하였다. 이미 연산과 귀장이 모두 대호(代號)라
면 '주역(周易)'의 주(周)는 기산(岐山) 남쪽의 지명을 취한 것이다. 『모
시』에 '주원무무(周原膴膴)'라고 한 것이 이것이다."[8]라고 하여, 주역(周

---

5 『周禮』「春官-太卜」注. "名曰連山 似山出內氣變也 歸藏者 萬物莫不歸而藏於其中
   杜子春云 連山宓戱 歸藏黃帝"
6 孔穎達, 『周易正義』권1, 「第三論三代易名」. "鄭玄易贊及易論云 夏曰連山 殷曰歸藏
   周曰周易 鄭玄又釋云 連山者 象山之出雲 連連不絶 歸藏者 萬物莫不歸藏於其中 周易
   者 言易道周普 無所不備"
7 上同. "鄭玄雖有此釋 更無所據之文 先儒因此 遂爲文質之義 皆煩而無用 今所不取"
8 上同. "案世譜等群書 神農一曰連山氏 亦曰列山氏 黃帝一曰歸藏氏 旣連山歸藏 並是代

易)의 '주(周)'를 『주서(周書)』·『주례(周禮)』의 예와 같이 주(周)나라를 의미하는 대호로 보았다.

피석서는 『연산역』에 대해 유현(劉炫)이 위작한 것으로 보면서 『북사(北史)』에서 분명히 말했다고 하였으며, 『귀장역』에 대해서는 비록 수·당 이전에 나타난 서적이지만 고서라고 믿을 수 없다고 부정적인 견해를 피력하였다. 그는 『춘추』가 노나라의 역사였는데 공자의 수찬을 거쳐 경(經)이 되었듯이 『연산역』과 『귀장역』도 공자의 손을 거치지 않았기 때문에 경이 될 수 없었다고 하였다. 또한 이러한 책은 단지 옛날의 점치는 법으로 문사(文辭)가 없었을 것이라고 추정하였다.[9]

2. 괘(卦) 및 괘사(卦辭)·효사(爻辭)의 작자

역은 태극(太極)이 동하여 음·양을 낳고, 다시 작용하여 태양(太陽)·소양(少陽)·소음(少陰)·태음(太陰)의 사상(四象)을 낳고, 다시 작용하여 건(乾)·태(兌)·이(離)·진(震)·손(巽)·감(坎)·간(艮)·곤(坤)의 팔괘(八卦)를 낳는다. 이 팔괘가 역의 기초이다. 팔괘를 다시 중첩하면 64괘가 된다.

『역경』「계사전」에 "옛날 포희씨(包羲氏:伏羲氏)가 천하를 다스릴 적에 위로는 하늘에서 상(象)을 관찰하고 아래로는 땅에서 법을 관찰하며, 조수(鳥獸)의 무늬와 천지의 마땅함을 살피며, 가까이는 자신에게

號 則周易稱周 取岐陽地名 毛詩云周原膴膴 是也"

9 皮錫瑞, 『經學通論』, 中華書局, 1989, 7~8쪽 참조.

서 취하고 멀리는 만물에서 취하여 이에 비로소 팔괘를 만들어서 신명의 덕에 통하고 만물의 정상에 같게 하였다."[10]라고 하였으며, 『예위(禮緯)』「함다가(含多嘉)」에도 "복희는 덕이 상하에 합하여 천(天)은 조수의 문장으로 호응하고, 지(地)는 하도와 낙서로 호응했다. 복희가 이를 본받아 형상하여 팔괘를 만들었다."[11]라고 하였다. 이런 기록을 통해 볼 때, 팔괘는 복희가 만들었음을 부인할 수 없다.

팔괘를 중첩하면 64괘가 되는데, 이 중괘(重卦)를 만든 사람은 누구일까? 이에 대해 당대 공영달의 『주역정의』는 다음과 같은 네 가지 설을 제시하고 있다. 첫째 왕필(王弼) 등은 복희가 만들었다고 하였으며, 둘째 정현(鄭玄) 등은 신농(神農)이 만들었다고 하였으며, 셋째 손성(孫盛)은 하나라 우(禹)임금이 만들었다고 하였으며, 넷째 사마천 등은 주나라 문왕(文王)이 만들었다고 하였다.[12] 공영달은 이 문제를 집중 논의하면서 「계사전」·「설괘전」 등을 인용하여 복희가 만들었다는 왕필의 설을 따랐다. 그러나 한나라 때 학자들은 대부분 사마천의 설처럼 문왕이 만든 것으로 보았다.

그런데 『역경』「계사전하」에 "역이 일어난 것은 상나라의 말기로 주나라의 성대한 덕이 일어날 때일 것이다. 문왕과 주(紂)의 일에 해당할 것이다."[13]라고 하였으니, 사마천의 설을 따라 문왕이 지었다고 보는

---

10 『周易』「繫辭傳下」. "古者 包羲氏之王天下也 仰則觀象於天 俯則觀法於地 觀鳥獸之文 與地之宜 近取諸身 遠取諸物 於是 始作八卦 以通神明之德 以類萬物之情"
11 『禮緯』「咸多嘉」. "伏羲德合上下 天應以鳥獸文章 地應以河圖洛書 伏羲則而上之 乃作 八卦"
12 孔穎達, 『周易正義』, 권1,「第二論重卦之人」. "重卦之人 諸儒不同 凡有四說 王輔嗣 (王弼)等 以爲伏犧劃卦 鄭玄之徒 以爲神農重卦 孫盛 以爲夏禹重卦 司遷等 以爲文王 重卦"

것이 옳을 듯하다.

다음 괘사(卦辭)와 효사(爻辭)를 지은 사람에 대해 살펴보기로 한다. 여기에도 이설이 있다. ㉮『역경』「계사전하」의 설에 의거하여 괘사와 효사를 모두 문왕이 지었다는 설이다. ㉯「승괘(升卦)」 육사효(六四爻) 효사에 "왕이 이로써 기산 아래에서 형통하면[王用亨于岐山]"이라고 한 문구에 '왕(王)'으로 표현하고 있는 점에 주목하여 무왕(武王) 이후의 일로 보는 설이다. 문왕은 후대에 추존한 명칭이므로 문왕이 지은 것으로 보기는 어려우니, 괘사(卦辭)는 문왕이 짓고 효사(爻辭)는 주공(周公)이 지었다는 설이다. ㉰괘사와 효사 모두 공자(孔子)가 지었다는 설이다.

㉮는 후한 정현 등이 주장한 설이고, ㉯는 당대 공영달이 『주역정의』에서 주장한 설이다. 공영달은 『주역정의』「제사논괘사효사수작(第四 論卦辭爻辭誰作)」에서 "이런 여러 설을 증험하건대, 괘사는 문왕이 지은 것이고, 효사는 주공이 지은 것이다. 마융(馬融)·육적(陸績) 등이 모두 이 설을 함께 하였다."[14]라고 하여, 후한 마융 등의 설에 의거해 괘사는 문왕이 짓고 효사는 주공이 지은 것으로 본 구설을 추종하였다. ㉰는 근대 피석서가 『경학통론』에서 주장한 설이다.[15]

근대 경학가 장백잠은 이러한 설을 검토하면서 괘사와 효사 모두 문왕이 지은 것으로 판단했다.[16]

---

13 『周易』「繫辭傳下」. "易之興也 其當殷之末世周之盛德邪 當文王與紂之事邪"

14 孔穎達, 『周易正義』 권1, 「第四論卦辭爻辭誰作」. "驗此諸說 卦辭文王 爻辭周公 馬融 陸績等 并同此說"

15 皮錫瑞, 『經學通論』, 「論孔子作卦辭爻辭又作彖象文言是自作而自解」, 中華書局, 1989, 13~14쪽 참조.

16 蔣伯潛, 『十三經槪論』, 上海古籍出版社, 1983, 41쪽 참조.

3. 십익(十翼)의 작자와 개요

『역경』의 문자는 괘사와 효사 외에도 「단사(彖辭)」 상·하, 「상사(象辭)」 상·하, 「계사(繫辭)」 상·하, 「문언(文言)」·「서괘(序卦)」·「설괘(說卦)」·「잡괘(雜卦)」 등 이른바 십익(十翼)이 더 있다. 십익은 『역경』의 전(傳)이다. 그러므로 사마천은 『사기』에서 「계사전」을 인용하면서 이를 '역대전(易大傳)'이라고 하였다.

『사기』 「공자세가」에 "공자는 만년에 『역』을 좋아하여 「단사」·「계사」·「상사」·「설괘」·「문언」 등을 서술했다."[17]라고 하였으니, 공자가 만년에 『주역』을 풀이하여 십익을 지은 것을 알 수 있다. 『한서』 「예문지」에는 "공씨(孔氏)가 「단사」·「상사」·「계사」·「문언」·「서괘」 등 10편을 지었다. 그러므로 '역도(易道)가 깊어졌다.'고 말한다. 사람은 삼성(三聖)을 거쳤고, 세대는 삼고(三古)를 지났다."[18]라고 하였다. 여기서 삼성(三聖)은 복희·문왕·공자를 말하고, 삼고(三古)는 상고·중고·근고를 가리킨다.

또 『역위(易緯)』 「건착도(乾鑿度)」에도 공자가 50세부터 『역경』을 연구하여 십익을 지었다고 하였으며, 공영달의 『주역정의』에서는 "그 「단사」·「상사」 등 십익의 글은 공자가 지은 것으로 여기는데 선유들은 이견이 없었다."[19]라고 하여, 십익은 모두 공자가 지은 것으로 단정

---

17 司馬遷, 『史記』 권47, 「孔子世家」, "孔子晚而喜易 序彖繫象說卦文言"

18 班固, 『漢書』 권29, 「藝文志」, "孔氏爲之彖象繫文言序卦之屬十篇 故曰易道深矣 人更三聖 世歷三古"

19 孔穎達, 『周易正義』 권1, 「第六論夫子十翼」, "其彖象等十翼之辭 以爲孔子所作 先儒更無異論"

하였다.

그런데 송대 구양수(歐陽脩)는 「계사」·「문언」은 공자가 지은 것이 아닌 듯하다고 의심하였고, 정초(鄭樵)는 「계사」를 공문(孔門)의 72제자들이 공자로부터 『역경』을 전수 받은 말이라고 하였다. 실제로 「계사」와 「문언」에 '자왈(子曰)' 2자가 있으니, 이를 보면 공자의 제자들이 기록한 것임을 알 수 있다.

장백잠은 십익에 대해, 「단사」 상·하, 「상사」 상·하 4편은 공자가 지은 것이고, 「계사」 상·하 2편은 공자의 제자들이 기록한 것이고, 「설괘」·「서괘」·「잡괘」 3편은 후인이 의탁해 덧붙인 것으로 보았다.[20]

십익에 대해 개략적으로 그 의미를 정리하면 다음과 같다.

단사(彖辭)·단전(彖傳) : 64괘 첫머리에는 문왕이 지은 괘사가 있는데, 이를 '단사(彖辭)'라고 부르기도 하지만, 뒤에 있는 '단전(彖傳)'과 구별하기 위해 일반적으로는 '단사'라고 부르지 않고 괘사라고 부른다. 괘사 뒤에 '단왈(彖曰)'로 시작되는 글이 있는데, 이는 공자가 붙인 단전으로 일명 단사라고도 한다. 단(彖)은 '결단하다[斷]'는 뜻으로, 한 괘의 의미를 단적으로 말한 것이다. 이 단전은 한 괘의 의미를 총체적으로 논하거나 한 괘의 덕을 설명한 것이다.

상전(象傳) : 공자가 지은 것으로 '상사(象辭)'라고도 한다. 상전은 두 종류가 있다. 하나는 한 괘의 상을 총론한 것으로 '대상(大象)'이라 하며, 하나는 한 효의 상을 논한 것으로 '소상(小象)'이라 한다. 상(象)은 '형상하다[像]'는 뜻이다.

계사(繫辭) : 공자의 제자들이 공자의 말을 기록한 것으로 '계사전(繫

---

20 蔣伯潛, 『十三經槪論』, 上海古籍出版社, 1983, 44쪽 참조.

辭傳)'이라고도 한다. 한나라 때 학자들은 이를 '역대전(易大傳)'이라 불렀다. 이 글은 『역경』의 원리를 총론한 것이다.

문언(文言) : 공자의 제자들이 공자의 말을 기록한 것으로 '문언전(文言傳)'이라고도 한다. 건괘와 곤괘 두 괘에 대해서만 논한 글이다. 공자는 이 두 괘가 『역경』의 문호라고 여겨 특별히 경문을 해석한 것이다.

설괘(說卦) : 후인이 지은 것으로, 팔괘의 덕업(德業)·변화(變化)·법상(法象)을 설명한 글이다.

서괘(序卦) : 후인이 지은 것으로, 64괘의 선후차서의 의미를 해석한 글이다.

잡괘(雜卦) : 후인이 지은 것으로, 여러 괘를 뒤섞어 그 뜻을 이리저리 맞추어서 같은 것끼리 분류하기도 하고, 다른 것으로 밝히기도 한 글이다.

4. 괘(卦)와 효(爻)

『역경』은 팔괘를 기본으로 하며, 그 내용은 64괘를 위주로 한다. 괘는 『역위(易緯)』에 "괘는 거는 것이다.[卦者 掛也]"라고 하였듯이, 물상(物象)을 드러내어 사람들에게 보여주는 것을 의미한다.

팔괘는 ─(陽)과 --(陰)을 기본으로 하는데, 이는 흙으로 빚은 물건을 의미한다. 이 물건은 양면으로 ─은 가운데가 볼록한 것이고, --은 가운데가 오목한 것이다. 점을 칠 적에 이런 두 개의 흙덩이를 동시에 던져 두 흙덩이가 모두 볼록한 면이나 오목한 면이 위를 향했을 경우에는 ─로 표기하고, 하나의 흙덩이는 볼록한 면이 위를 향하고 하나의

흙덩이는 오목한 면이 위를 향했을 경우에는 --로 표기하여 세 차례
던져서 1괘를 만든다.

물건은 흙으로 만드는데, 위에서 살펴본 것처럼 그 수가 2이기 때문에
그 명칭을 토(土)의 부수를 따라 규(圭)라 하였고, 또 점을 치는 것이기
때문에 복(卜)을 더하여 괘(卦)라는 글자가 만들어졌다고 풀이한다.

팔괘는 건(乾)☰, 태(兌)☱, 이(離)☲, 진(震)☳, 손(巽)☴, 감(坎)☵,
간(艮)☶, 곤(坤)☷이다. 이를 예전에는 건삼련(乾三連) 태상절(兌上絶)
이허중(離虛中) 손하절(巽下絶) 진하련(震下連) 감중련(坎中連) 간상련
(艮上連) 곤삼절(坤三絶)로 부르기도 하고, 건삼련(乾三連) 곤육단(坤六
段) 진앙우(震仰盂) 간복완(艮覆碗) 이중허(離中虛) 감중만(坎中滿) 태상
결(兌上缺) 손하단(巽下斷)이라 부르기도 하였다. 이 팔괘는 간(乾)과 곤
(坤), 진(震)과 간(艮), 이(離)와 감(坎), 태(兌)와 손(巽)이 서로 대가 되어
사대(四對)라 부르기도 한다.

이 팔괘는 자연으로 보면 건은 천(天), 곤은 지(地), 진은 뢰(雷), 간은
산(山), 이는 화(火), 감은 수(水), 태는 택(澤), 손은 풍(風)이 되며, 사람
으로 보면 건은 부(父), 곤은 모(母), 진은 장남, 손은 장녀, 감은 중남,
이는 중녀, 간은 소남, 태는 소녀가 되며, 동물에 비유하면 건은 마(馬),
곤은 우(牛), 진은 용(龍), 손은 계(鷄), 감은 시(豕), 이는 치(雉), 간은
구(狗), 태는 양(羊)이 된다. 이를 도표로 정리하면 다음과 같다.

八卦	乾 ☰	兌 ☱	離 ☲	震 ☳	巽 ☴	坎 ☵	艮 ☶	坤 ☷
自然	天	澤	火	雷	風	水	山	地
人間	父	少女	中女	長男	長女	中男	少男	母
五行	陽金	陰金	火	陽木	陰木	水	陽土	陰土
性質	健	說	麗	動	入	陷	止	順
動物	馬	羊	雉	龍	鷄	豕	狗	牛

팔괘를 중첩하면 64괘가 되는데, 『역경』에 편차된 64괘의 순서는 「서괘(序卦)」에서 아래와 같이 차례로 배열해 놓았다.

- 上經 : 乾, 坤, 屯, 蒙, 需, 訟, 師, 比, 小畜, 履, 泰, 否, 同人, 大有, 謙, 豫, 隨, 蠱, 臨, 觀, 噬嗑, 賁, 剝, 復, 无妄, 大畜, 頤, 大過, 坎, 離
- 下經 : 咸, 恒, 遯, 大壯, 晉, 明夷, 家人, 睽, 蹇, 解, 損, 益, 夬, 姤, 萃, 升, 困, 井, 革, 鼎, 震, 艮, 漸, 歸妹, 豊, 旅, 巽, 兌, 渙, 節, 中孚, 小過, 旣濟, 未濟

이를 다시 유형별로 정리하면 다음과 같다.

- 上卦가 乾(☰)인 경우 : 乾卦(重天), 訟卦(天水), 履卦(天澤), 否卦(天地), 同人卦(天火), 无妄卦(天雷), 遯卦(天山), 姤卦(天風)
- 上卦가 坤(☷)인 경우 : 坤卦(重地), 師卦(地水), 泰卦(地天), 謙卦(地山), 臨卦(地澤), 復卦(地雷), 明夷卦(地火), 升卦(地風)
- 上卦가 震(☳)인 경우 : 震卦(重雷), 豫卦(雷地), 恒卦(雷風), 大壯卦(雷天), 解卦(雷水), 歸妹卦(雷澤), 豐卦(雷火), 小過卦(雷山)
- 上卦가 艮(☶)인 경우 : 艮卦(重山), 蒙卦(山水), 蠱卦(山風), 賁卦(山火), 剝卦(山地), 大畜卦(山天), 頤卦(山雷), 損卦(山澤)
- 上卦가 離(☲)인 경우 : 離卦(重火), 噬嗑卦(火雷), 晉卦(火地), 睽卦

(火澤), 鼎卦(火風), 旅卦(火山), 未濟卦(火水)大有卦(火天)

• 上卦가 坎(☵)인 경우 : 坎卦(重水), 屯卦(水雷), 需卦(水天), 比卦(水地), 蹇卦(水雷), 井卦(水風), 節卦(水澤), 旣濟卦(水火)

• 上卦가 兌(☱)인 경우 : 兌卦(重澤), 隨卦(澤雷), 大過卦(澤風), 咸卦(澤山), 夬卦(澤天), 萃卦(澤地), 困卦(澤水), 革卦(澤火)

• 上卦가 巽(☴)인 경우 : 巽卦(重風), 小畜卦(風天), 觀卦(風地), 益卦(風雷), 漸卦(風山), 渙卦(風水), 中孚卦(風澤), 家人卦(風火)

매 괘에는 길(吉) · 흉(凶) · 회(悔) · 인(吝) · 망(亡) · 무구(无咎) · 이(利) · 불이(不利) 등 점을 친 사항이 있으며, 견대인(見大人) · 섭대천(涉大川) · 왕(往) · 래(來) 등 점을 쳐 방안을 제시한 내용이 있다.

효사는 매 괘 육효에 붙인 말이다. 육효는 맨 밑이 초효(初爻), 그 다음이 이효(二爻), 삼효(三爻), 사효(四爻), 오효(五爻), 상효(上爻)로 칭하는데, 음은 육(六)으로 양은 구(九)로 일컫는다. 예컨대 건괘는 초구(初九), 구이(九二), 구삼(九三), 구사(九四), 구오(九五), 상구(上九)로 일컫고, 곤괘는 초육(初六), 육이(六二), 육삼(六三), 육사(六四), 육오(六五), 상육(上六)으로 일컫는다.

효(爻)는 효(效)의 뜻으로, 「계사전」에 "효는 변을 말한 것이다.[爻者言乎變者也]"라고 하였으니, 변화를 의미한다.

5. 단사(彖辭) · 상사(象辭) · 문언(文言) · 계사(繫辭)

단사(彖辭)는 단전(彖傳)이라고도 하는데, 공자가 괘사를 해석한 말이다. 단(彖)은 단(斷)의 뜻으로, '괘의 길흉을 결단하다'는 의미이다. 공영달의 『춘추좌전정의(春秋左傳正義)』의 소(疏)에 "『역경』의 괘 아래의 말을 단(彖)이라 하는데, 단은 한 괘의 체(體)를 통론(統論)하여 그 괘가 유래한 바의 주된 의미를 밝힌 것이다."[21]라고 하였다.

괘사는 복서(卜筮)에 쓰이는 말로 휴(休)·구(咎)를 밝힐 뿐이어서 그 말이 알기 어렵고 한 순간 어떤 느낌을 줄 뿐이다. 그러나 단사는 괘사의 휴·구의 원인을 풀이하여 인간사에 나아가 밝히기 때문에 비교적 명확하고 이해하기 쉽다. 즉 복서의 『역경』이 공자의 손을 거치면서 철리(哲理)를 드러내 사람으로 하여금 수양을 하게 하는 글로 바뀐 것이다.

상사(象辭)는 상전(象傳)이라고도 하는데 두 종류가 있다. 괘 전체의 상(象)을 풀이한 것을 대상(大象)이라 하고, 괘의 일효(一爻)의 상(象)을 풀이한 것을 소상(小象)이라 한다. 상은 '형상하다'는 뜻으로, 64괘의 괘·효의 상을 풀이한 것이다. 이 역시 공자의 손을 거쳐 복서(卜筮)의 글이 철리(哲理)와 수양(修養)의 글로 바뀐 것이다.

문언(文言)은 공자의 제자들이 공자의 말을 기록한 것으로, 건괘와 곤괘 2괘에 대해서만 해석한 말이다. 문언의 서술은 중층구조로 되어 있다. 크게 보면 전반부는 괘사와 효사를 해석한 것이고, 후반부는 괘사와 효사를 찬송한 것이다.

건괘를 예로 들어보기로 한다. '원자선지장야(元者善之長也)'부터 '고 왈건원형이정(故曰乾元亨利貞)'까지는 괘사를 해석한 것인데 인·예·의·신 4덕으로 원·형·이·정에 배합하여 해석한 것이다. 다음 '초구왈 잠룡물용(初九曰潛龍勿用)'부터 '시이동이유회야(是以動而有悔也)'까지는 6효를 각 효마다 나누어 해석한 것이다. 다음 '잠룡물용하야(潛龍勿用

---

21 孔穎達, 『春秋左傳正義』, 권30, 襄公 9년 '是於周易曰 隨 元亨利貞 无咎'의 疏, "周易
   卦下之辭 謂之爲彖 彖者 統論一卦之體 明其所由之主"

下也)'부터 '건원용구내견천칙(乾元用九乃見天則)'까지는 6효의 효사에 나아가 반복해서 그 뜻을 밝힌 것이다. 다음 '건원자시이형자야(乾元者 始而亨者也)'부터 '운행우시천하평야(雲行雨施天下平也)'까지는 괘사를 찬송한 것이다. 다음 '군자이성덕위행(君子以成德爲行)'부터 '기유성인 호(其唯聖人乎)'까지는 효사를 찬송한 것이다.

건괘의 괘사와 효사는 본디 점사(占辭)로서 복서에 쓰이는 것이었는 데, 문언에서는 인사(人事)에 나아가 그 의미를 드러내 밝히고 『역경』 의 공덕을 찬양하였다. 여기에서 고대 점을 치던 말이 인간사회의 의리 를 드러내는 말로 거듭 난 것이다.

계사(繫辭)는 계사전(繫辭傳)으로도 불리는데 공자의 말을 제자들이 기록한 것이다. 계사는 상·하 2편으로 되어 있는데, 결구가 정리되지 않고 수미가 완전하지 않아 일시에 한 말이 아닌 듯하다. 그 내용은 대략 다섯 항목으로 나누어 볼 수 있는데, 차례대로 기술되어 있지 않 고 여기저기 흩어져 있다.

첫째는 오로지 건괘와 곤괘를 논한 것으로 그 부분은 다음과 같다.

> ① 상편 '天尊地卑'부터 '天下之理 得而成位乎其中矣'까지
> ② 상편 '夫乾 其靜也專'부터 '成性存存 道義之門'까지
> ③ 상편 '乾坤 其易之縕耶'부터 '乾坤 或幾乎息矣'까지
> ④ 하편 '子曰 乾坤 其易之門耶'부터 '以通神明之德'까지
> ⑤ 하편 '夫乾 天下之至健也'부터 '成天下之亹亹者'까지

그 요지는 아래와 같다. 건괘는 천(天)을 형상하여 그 도가 남자가 되고, 그 지위는 높고, 그 성질은 강건(剛健)하고, 그 덕은 평이(平易)하 여 대시(大始)를 능히 알고, 정(靜)하면 전일하고 동(動)하면 정직하여

대체(大體)를 이룩한다. 곤괘는 지(地)를 형상하여 그 도가 여자가 되고, 그 성질은 유순하고, 그 덕은 간결하여 능히 만물을 진작해 이루어지고, 정(靜)하면 합하고 동(動)하면 열려 그 광대(廣大)함을 이룩한다.

둘째는 『역경』의 술어를 해석한 것으로 그 부분은 다음과 같다.

> ① 상편 '聖人說卦 觀象繫辭焉而明吉凶 剛柔相推而生變化 是故 吉凶者 失得之象也 悔吝者 憂虞之象也 變化者 進退之象也 剛柔者 晝夜之象也'부터 '吉无不利'까지
> ② 상편 '彖者 言乎象者也 爻者 言乎變者也 吉凶者 言乎其失得也 悔吝者 言乎其小疵也 无咎者 善補過也'부터 '辭也者 各指其所之'까지
> ③ 상편 '聖人 有以見天下之蹟而擬諸其形容 象其物宜 是故謂之象'부터 '擬議以成其變化'까지
> ④ 하편 '是故 易者 象也 象也者 像也'부터 '小人之道也'까지
> ⑤ 하편 '二與四 同功而異位'부터 '其柔危 其剛勝耶'까지
> ⑥ 하편 '道有變動 故曰爻'부터 '故吉凶生焉'까지

그 요지는 주로 괘(卦)·상(象)·사(辭)·단(彖)·효(爻)·강유(剛柔)·변화(變化)·길흉(吉凶)·회린(悔吝)·무구(无咎)·음양(陰陽)·기우(奇偶)·괘위(卦位) 등의 술어에 대해 설명하고 있다.

셋째는 각 괘의 효사 중 한두 마디를 인용해 해석한 것이다. 이에 대해서는 수십조의 사례가 있어 일일이 예를 들지 않는다. 이는 공자가 평상시에 강론한 것이나 혹 우연히 언급한 것을 제자들이 잡기(雜記)해 놓은 것이다. 어떤 경우는 『역경』의 문구를 먼저 인용한 뒤에 공자의 말을 기록해 놓은 경우도 있고, 어떤 경우는 공자가 먼저 강론한 말을 기술하고 뒤에 『역경』의 문구를 인용해 증명하기도 하였다.

넷째는 몇 괘를 잡론(雜論)한 것이다. 하편에 "그러므로 이괘(履卦)는

덕의 기초이고, 겸괘(謙卦)는 덕의 자루이고, 복괘(復卦)는 덕의 근본이
고, 항괘(恒卦)는 덕의 견고함이고, 손괘(損卦)는 덕의 수양이고, 익괘
(益卦)는 덕의 넉넉함이고, 곤괘(困卦)는 덕의 변별이고, 정괘(井卦)는
덕의 땅이고, 손괘(巽卦)는 덕의 절제이다.[是故 履 德之基也 謙 德之柄也
復 德之本也 恒 德之固也 損 德之修也 益 德之裕也 困 德之辨也 井 德之地也
巽 德之制也]'라고 한 것처럼 공자가 몇몇 괘를 잡론한 것인데, 제자들
이 기록해 놓은 것이다.

　　다섯째는 『역경』 전체를 총론한 것으로 그 부분은 다음과 같다.

> ① '易之興也 其於中古乎 作易者 其有憂患乎'
> ② '易之興也 其當殷之末世 周之盛德邪'
> ③ '易與天地準 故能彌綸天地之道 …… 故君子之道鮮矣'
> ④ '子曰 生變化之道者 其知神之所爲乎 易有聖人之道四焉 以言者 尙其
> 辭 以動者 尙其變 以制器者 尙其象 以卜筮者 尙占'부터 '子曰易有聖人之
> 道四焉者 此之謂也'까지

　　①과 ②는 『역』이 만들어진 시대를 논한 것이며, ③은 『역』 전체에
대해 논한 것이며, ④는 『역』의 사(辭)·변(變)·상(象)·점(占)을 성인의
도로 보아 찬양하는 내용이다. 이외에도 『역』이 개물성무(開物成務)[22]
하여 천하의 도를 담아 놓은 점, 태극으로부터 팔괘가 나온 점, 형이상
의 도(道)와 형이하의 기(器), 괘효(卦爻)가 상(象)을 만들고 강유(剛柔)
가 변화를 낳는 점, 팔괘는 상을 위주로 하고 효(爻)와 단(彖)은 정(情)
을 위주로 한 점, 『역』이 담고 있는 내용, 『역』의 수(數) 등에 대해

22　開物成務는 만물의 이치를 드러내 밝혀 천하의 일을 성취하게 한다는 뜻이다.

논한 내용이 있다.

『역경』의 괘사와 효사는 문왕(文王)이 지은 것으로 경(經)이고, 단사(彖辭)·상사(象辭)는 공자(孔子)가 지은 것이며, 문언(文言)·계사(繫辭)는 공자의 말을 문인들이 기록한 것으로 전(傳)이다. 팔괘의 위(位)와 상(象)을 논한 「설괘」와 64괘의 차서를 해석한 「서괘」와 64괘의 의의를 잡론한 「잡괘」에 대해, 현대 학자들은 공자가 지은 것이 아니고 후인이 지어 붙인 신뢰하기 어려운 글로 보고 있다.

6. 『역경』의 기본원리

『춘추좌씨전』 소공(昭公) 2년(BC540)조에 진(晉)나라 한선자(韓宣子)가 노나라에 사신으로 갔을 때 태사씨(太史氏)에게서 서적을 구경하였는데 『역상(易象)』과 『노춘추(魯春秋)』를 보았다고 하였다.[23] 여기서 말한 '역상(易象)'을 『역』과 『상(象)』으로 나누어 보는 설도 있는데, 이는 공자가 『주역』을 편찬하기 이전의 『역』이다. '역(易)'이라 말하지 않고 '역상(易象)'이라고 말한 데에는 분명 그 이유가 있을 것이다.

앞에서 살펴보았듯이, '역(易)'은 간이·변역·불역의 세 가지 의미가 있지만, 현실적으로 작용하고 쓰이는 것은 변역에 있다. 「계사전」을 보면 "하늘에 있어서는 상(象)을 이루고, 땅에 있어서는 형(形)을 이루니 변화가 드러난다.[在天成象 在地成形 變化見矣]"라고 하였으니, 형과

---

23 左丘明, 『春秋左氏傳』 昭公 2년조. "二年春 晉侯使韓宣子來聘……觀書於太史氏 見易象與魯春秋"

상을 보고서 변화를 읽어내는 것이 『역』의 효용이다. 그래서 「계사전」에 "강(剛)·유(柔)가 서로 추동(推動)하여 변화를 만든다.[剛柔相推而生變化]", "변화는 진퇴의 상이다.[變化者進退之象也]", "효는 변을 말한다.[爻者言乎變者也]", "천지의 변화를 성인이 본받았다.[天地變化 聖人效之]"라고 하였으며, 후대 육경의 효용을 논할 적에도 "『역』은 변화에 장점이 있다."라고 하였다. 따라서 『역경』의 기본원리는 '상을 통해 천지의 변화를 읽어내 현실에 적용하는 것'이라 하겠다.

또 「계사전」에 "역이란 것은 상이다.[易也者 象也]"라고 하였듯이, 『역경』은 상을 통해 변화의 이치를 읽어내는 것이다. 상(象)은 현상(現象)·의상(意象)·법상(法象) 세 가지 의미가 있다. 사람이 눈으로 보는 대상은 현상이고, 상상(想象)·인상(印象)처럼 사람이 마음으로 떠올리는 상은 의상이고, 사람이 현상이나 의상에서 어떤 법칙을 취하는 것은 법상이다.

「계사전」에서 말한 '하늘에 있어서는 상을 이루고[在天成象]', '우러르면 하늘에서 상을 관찰하고[仰則觀象於天]', '드러난 것은 곧 상을 말한다.[見乃謂之象]' 등은 현상을 말하고, '괘를 진설해 상을 관찰한다.[設卦觀象]', '팔괘가 열을 이루니 상이 그 안에 있다.[八卦成列 象在其中矣]' '진퇴의 상[進退之象]' 등은 의상(意象)을 말하고, '그 사물의 마땅함을 형상했기 때문에 상이라고 말한다.[象其物宜 是故謂之象]', '상이란 이것을 형상하는 것이다.[象也者 像此者也]', '하늘이 상을 드리워 성인이 그것을 본받는다.[天垂象 聖人則之]' 등은 법상(法象)을 말한다.

천지 만물의 변화는 동(動)에서 일어난다. 『중용』에서는 천도(天道)를 언급하면서 '지성무식(至誠無息)'이라고 하여 잠시도 쉬지 않는 점을 주목하였다. 그런데 변화는 강(剛)·유(柔)가 서로 밀고 당기는 작용에

의해 생기는데, 강·유가 바로 음(陰)·양(陽)이다. 그래서 「계사전」에
서는 '한 차례 음하고 한 차례 양하는 것을 도라고 한다.[一陰一陽之謂
道]'라고 하였다. 이 음·양은 상반되면서도 상성(相成)하는 성질이 있
다. 이 두 종류의 상대적인 성질을 딱히 명명하기 어려워 '음양(陰陽)'
또는 '강유(剛柔)'라고 칭한 것이지만, 이런 명칭은 이 두 성질을 완전히
드러냈다고 볼 수 없다. 이는 마치 수학(數學)에서 x와 y로 표기하는
것과 유사하다. 이 두 성질은 변화를 낳는 원동력이라 할 수 있는데,
이를 기호화한 것이 $-$(陽)과 $--$(陰)이다.

「계사전」에 "그러므로 『역』에는 태극(太極)이 있으니, 이것이 양의
(兩儀)를 낳고, 양의가 사상(四象)을 낳고, 사상이 팔괘(八卦)를 낳는다."
라고 하였다. 태극은 후대에 무극(無極)으로 해석되면서 리(理) 또는 근
원으로 인식되었다. 양의는 음과 양을 가리킨다. 사상은 태양·소양·소
음·태음을 가리키며, 팔괘는 건(乾)·태(兌)·이(離)·진(震)·손(巽)·감
(坎)·간(艮)·곤(坤)을 가리킨다.

64괘는 대표적인 현상(現象)이자 의상(意象)이다. 예컨대 둔괘(屯卦)
는 상괘가 감(坎:水)이고 하괘가 진(震:雷)이니 대표적인 것이 우레가
치고 비가 내리는 현상이다. 또 태괘(泰卦)는 상괘가 곤(坤:地)이고 하
괘가 건(乾:天)이니 대표적인 것이 천지가 서로 교감하는 의상(意象)이
다. 이괘(履卦)는 상괘가 건(乾:天)이고 하괘가 태(兌:澤)니 이런 현상을
통해 상하가 각각 제자리에 편안한 의상(意象)을 얻게 되고, 다시 군자
가 이 괘의 의상으로 법상(法象)을 삼아 상하를 분변하고 민지(民志)를
안정시키기 때문에 이괘 상사(象辭)에 "상괘가 천(天)이고 하괘가 택
(澤)인 것이 이괘이니, 군자는 이 괘로써 상·하를 분변하고 민지를 안
정시킨다.[上天下澤履 君子以辨上下定民志焉]"라고 한 것이다.

이처럼 역(易)과 상(象)은 『역경』의 두 가지 기본원리이다. 그리고 이것을 드러내 설명한 것이 사(辭)이다. 괘(卦)와 효(爻)는 일종의 기호로 그 지취(志趣)를 드러내 밝히지는 않았는데, 사(辭)가 그것을 밝힌 것이다. 「계사전」에 "사(辭)는 각각 그것이 지향하는 바를 가리킨다."라고 하였으니, 그 의미를 말로 드러낸 것이다.

사(辭)에는 문왕이 지은 괘사(卦辭)와 효사(爻辭)가 있고, 공자가 지은 단사(彖辭)와 상사(象辭) 및 공자의 말을 문인들이 기록해 놓은 계사(繫辭)가 있다.

7. 송대 이후의 역학(易學)

송대의 역학은 정이(程頤)의 『주역정씨전(周易程氏傳)』('『정씨역전(程氏易傳)』'으로 일컬어짐)을 으뜸으로 친다. 정이는 「답장굉중서(答張閎中書)」에서 "보내온 편지에 '역의 의리는 본래 수(數)에서 나왔다.'고 하였는데, 의리가 수에서 나왔다고 말하는 것은 잘못이다. 의리가 있은 뒤에 상(象)이 있고, 상이 있은 뒤에 수(數)가 있다. 그 의리를 터득하면 상·수는 그 안에 있다. 역은 상을 인하여 리(理)를 밝히고, 상을 통해 수(數)를 아는 것이다."[24]라고 하였다. 정이는 이런 관점에서 『주역정씨전』을 지었는데, 상을 말하지 않고 의리를 말하여 의리학(義理學)을 최초로 정립하였다.

---

24 程顥·程頤, 『二程集』 권9, 「答張閎中書」, 臺灣 漢京文化事業有限公司, 1983. "來書云 易之義本起於數 謂義起於數則非也 有理而後有象 有象而後有數 易因象以明理 由象而知數"

이런 정이의 의리학과는 달리 진박(陳搏)과 소옹(邵雍)은 상수학(象數學)을 위주로 하였다. 진박은 도가의 그림을 얻어 선천(先天)·후천(後天)·태극(太極)·하도(河圖)·낙서(洛書)의 설을 창안하였다. 주돈이(周敦頤)의 「태극도설(太極圖說)」도 이 시기에 나온 것이니, 유학의 우주론이 본격적으로 정립된 시기라 할 수 있다.

소옹은 본디 상수학에 조예가 깊어 송대 이학(理學)의 한 학파를 형성하였다. 그의 『황극경세서(皇極經世書)』는 상수학을 근본으로 한 것이다. 청대 혜동(惠棟)은 진박과 소옹의 역학을 『역경』의 전수와는 별도로 전한 것이라 하여 '역외별전(易外別傳)'이라 칭하였다.

주희(朱熹)는 "선천도(先天圖)는 희이(希夷; 陳搏의 字)로부터 전해졌다. 희이는 또 스스로 전한 것이 있으니, 대개 방사(方士)의 술법으로써 연단(煉丹)을 수련하던 것이니, 『참동계(參同契)』에서 말한 것이 그것이다."[25]라고 하여, 선천도는 전통적인 역설이 아닌 진박으로부터 나온 것이라고 보았다. 선천도는 「복희팔괘방위지도(伏羲八卦方位之圖)」를 가리킨다.

그런데 주희는 자신이 지은 『주역본의(周易本義)』 앞에 구도(九圖; 河圖之圖, 洛書之圖, 伏羲八卦次序之圖, 伏羲八卦方位之圖, 伏羲六十四卦次序之圖, 伏羲六十四卦方位之圖, 文王八卦次序之圖, 文王八卦方位之圖, 卦變圖)를 제시하고서 다음과 같이 말하였다.

이상의 역(易)의 구도(九圖)에는 천지자연의 역(易)이 있고, 복희의 역

---

25 黎靖德, 『朱子語類』 권100, 「邵子之書」. "先天圖 傳自希夷 希夷又自有所傳 蓋方士技術用以修煉 參同契所言 是也"

이 있고, 문왕·주공의 역이 있고, 공자의 역이 있다. 복희씨 이전은 모두 문자가 없고 단지 도획(圖劃)만 있으니, 매우 깊이 완미해야 역을 지은 본원과 정미한 의미를 알 수 있다. 문왕 이후로는 바야흐로 문자가 있으니, 곧 오늘날의 『역경』이다. 그러나 독자는 의당 각각 본문의 소식에 나아가야지, 바로 공자의 설로 문왕의 설을 삼아서는 안 될 것이다.[26]

후대에는 대체로 선천도 이하 도표는 도사들이 역리(易理)를 차용해 수련을 하던 방술로 보고 있다. 청대 황종희(黃宗羲)의 『역학상수론(易學象數論)』, 황종염(黃宗炎)의 『도서변혹(圖書辨惑)』, 호위(胡渭)의 『역도명변(易圖明辨)』 등에서 이 점을 상세히 변론해 놓았다.

청대 역학자들은 혜동(惠棟)과 장혜(張惠)의 설을 추중하였다. 혜동은 『주역술(周易述)』을 지었고, 장혜는 『주역우씨의(周易虞氏義)』·『우씨소식(虞氏消息)』 등을 지었다. 혜동은 한유(漢儒)의 설만을 신뢰하였고, 장혜는 우씨(虞氏)의 역설을 전문으로 하였다. 초순(焦循)이 지은 『역학장구(易學章句)』는 간명하고 타당하여 초학자들에게 도움이 크며, 『역통석(易通釋)』은 역리(易理)를 회통해 놓은 책이다.

8. 『역경』의 주석본

지금 십삼경주소본에 전하는 『주역정의』는 비직(費直)이 전한 『역

---

26 朱熹, 『周易本義』, 卷首, 「卦變圖」下. "右易之圖九 有天地自然之易 有伏義之易 有文王周公之易 有孔子之易 自伏義以上 皆无文字 只有圖劃 最宜沈玩 可見作易本原精微之意 文王以下 方有文字 卽今之易 然毒刺亦宜各就本文消息 不可便以孔子之說爲文王之說也"

경』을 저본으로 한 것이다. 『역경』은 복서(卜筮)의 서적으로 진시황의 분서 때 화를 당하지 않았다. 그래서 금문과 고문에 큰 차이가 없다.

『역경』은 상경·하경 2권으로 나누어져 있는데 상권에는 30괘, 하권에는 34괘가 수록되어 있다. 십익(十翼)은 본래 각각 별도로 되어 있었는데, 단전(彖傳)·상전(象傳)·문언(文言)은 후에 64괘 나누어 붙이고, 나머지 계사전(繫辭傳)·서괘(序卦)·설괘(說卦)·잡괘(雜卦)는 뒤에 붙여 놓았다.

경문(經文)과 전문(傳文)을 합한 것에 대해서는 여러 설이 있는데, 청대 고염무(顧炎武)는 정현이 합해 놓았다고 하였고, 요배중(姚配中)은 비직(費直)이 처음으로 합해 놓았다고 하였고, 주희는 비직이 처음 어지럽혔고 왕필(王弼)에게서 크게 어지럽혀졌다고 하였다.

지금 십삼경주소본에 전하는 『주역정의』는 왕필의 주와 공영달의 소로 이루어져 있다. 왕필은 그 설이 공소할뿐더러 노장의 설을 채택하고 있다고 비판을 받았다. 다만 철리(哲理)를 숭상하고 술수(術數)를 배척한 점에서, 그리고 단사(彖辭)·상사(象辭)·계사(繫辭)·문언(文言) 등으로 경문(經文)을 해석하여 전한 시대 비직이 『역경』을 해설한 가법(家法)에 합한다는 점에서 인정을 받는다.

왕필이 노자의 설로 현학적인 해석을 한 점이 있지만, 당대 공영달은 "고금에 독존(獨尊)이다."라고 하였으며, 송대 정이(程頤)는 "『역경』을 배우고자 하면 먼저 왕필의 『주역주(周易注)』를 보아야 한다."라고 하였고, 왕응린(王應麟)도 "왕보사(王輔嗣:王弼)의 주는 학자들이 소홀히 해서는 안 된다."라고 하였다.

『역경』은 한나라 때 비록 참위(讖緯)로 흘러가기도 하였지만, 근본적으로는 복서(卜筮)의 글이었기 때문에 한나라 때 초연수(焦延壽)·경방(京房) 등은 재이(災異)를 말한 것일 뿐이다. 그러므로 왕필은 그 폐단을 배척하면서 스스로 새로운 해석을 하여 문호를 세운 것이다.

제4절 _ 『예경(禮經)』(三禮 : 『周禮』·『儀禮』·『禮記』)

1. 삼례(三禮)

십삼경 중에 예(禮)에 관한 경전으로 '삼례(三禮)'라고 불리는 『주례(周禮)』·『의례(儀禮)』·『예기(禮記)』 3종의 경전이 있다. '삼례'라는 명칭은 후한 말기에 나타났으며, 전한 때 『예』로 일컬어진 경전은 17편의 『의례』를 가리킨다. 그러니까 육경의 하나인 『예경』은 본래 『의례』를 가리키는 것이다.

지금 전하는 49편의 『예기』는 『소대례기(小戴禮記)』를 가리키는 것으로, 고기(古記) 131편 가운데에 들어 있던 것이며, 전에는 '기(記)'라고 불렀다. 『주례』는 본래 『주관경(周官經)』으로 불렀다. 후한 말기에 49편의 『소대기』를 『예기』라 부르면서 『주관경』도 『주례』라 부르게 되었다. 후한 말의 정현(鄭玄)이 이 3종의 예서에 주를 달았는데 세상에 성행하게 되면서 '삼례'라는 호칭이 생겨났다.

『한서』「예문지」에 "『예』는 고경이 56권이다. 경은 17편이다.[禮 古經 五十六卷 經 十七篇]"라고 한 것은 17편의 『의례』를 가리키는 것이고, "기(記)는 131편이다.[記 百三十一篇]"라고 한 것은 예에 관한 고기(古記)를 가리키며, "『주관경』은 6편이다.[周官經 六篇]"라고 한 것은 『주례』를 가리킨다.

　　후한 말의 정현이 삼례에 주를 달면서 특별히 『주례』를 숭상하였고, 후인들도 특별히 정학(鄭學; 鄭玄의 學)을 숭상하여 『주례』가 마침내 삼례 중에서 첫 손가락에 꼽히게 되었다. 그리고 십삼경을 나열할 적에도 『의례』 앞에 『주례』가 놓이게 되었다.

　　『한서』 「예문지」 '주관경육편(周官經六篇)' 아래의 반고(班固)가 단주에 "왕망 때 유흠(劉歆)이 박사를 설치했다."라고 하였으며, 순열(荀悅)의 『전한기(前漢紀)』에는 "유흠은 『주관경』 6편을 『주례』로 여겼다. 왕망 때 유흠이 주청하여 『예경』으로 삼아 박사를 설치했다."[1]라고 하였다. 그리고 당대 육덕명의 『경전석문』 「서록」에는 "왕망 때 유흠이 국사가 되어 처음으로 『주관경』을 건립하여 『주례』로 삼았다."[2]라고 하였다.

　　이러한 기록을 통해 볼 때, 『주례』는 본래 서명이 『주관(周官)』이었는데, 유흠이 『주례』로 개칭하고 『예경』에 편입시킨 것으로 짐작된다. 『주례』는 주나라의 행정 조직과 역할을 기록한 책이기 때문에 후대 정치개혁을 추진하는 학자들이 모델로 삼아 중시하였다.

　　『의례』는 삼례 가운데 두 번째로 일컬어진다. 『사기』 「유림열전」에 "『예경』은 참으로 공자 때부터 비롯되었지만 그 경전이 구비되지 않았다. 진시황의 분서 때에 이르러 그 글이 흩어지거나 잃어버린 것이 더욱 많았다. 오늘날에는 『사례(士禮)』만 남아있는데, 고당생(高堂生)이 능히 말한다."[3]라고 하였다. 여기서 '사례(士禮)'라고 한 것이 바로 지금

1　荀悅, 『前漢紀』 권25, 「孝成二」. "歆以周官經六篇爲周禮 王莽時 歆奏以爲禮經 置博士"

2　陸德明, 『經典釋文』 권1, 「序錄－周禮」. "王莽時 劉歆爲國師 始建立周官經 以爲周禮"

3　司馬遷, 『史記』 권121, 「儒林列傳」. "禮固自孔子時 而其經不具 及至秦焚書 書散亡益多 於今獨有士禮 高堂生能言之"

의 『의례』이다. 『사기』에서 말한 '예(禮)'는 『의례』를 가리키는 것으로 『주례』와 『예기』를 지칭하는 것이 아니다. 또한 『한서』「예문지」에서 말한 '예고경오십육권(禮古經五十六卷)'은 고문경을 말하는 것이고, '경 십칠편(經十七篇)'은 금문경을 말하는 것이다.

전한 때 학자들이 말하는 『예경』은 17편의 『의례』를 가리키는 것으로, 삼례 중에서 『의례』가 가장 숭상되었다. '의례(儀禮)'라는 명칭이 언제부터 쓰였는지는 정확하지 않다. 『한서』「경십삼왕전(景十三王傳)」에는 '의례(儀禮)'로 쓰지 않고 '예(禮)'라고만 썼으며, 허신의 『설문해자』에도 '의례'라고 하지 않고 '예'라고만 하였으니, 후한 때에도 '의례'라는 명칭이 통행되지 않았음을 알 수 있다.

'의례'라는 명칭은 정현(鄭玄)이 「예기(禮器)」·「중용(中庸)」에 주를 달면서 17편의 『예』에 '의(儀)' 자를 더하여 생겨난 것으로 추정된다. 당 문종 개성연간(開成年間; 836~840)에 구경을 돌에 새길 적에 『의례』가 『주례』·『예기』와 함께 '삼례'로 일컬어지면서 정식으로 '의례'라는 명칭이 쓰였다.

『한서』「예문지」에 "한나라가 건국된 뒤 고당생이 『사례』 17편을 전했는데, 효선제 때에는 후창(后蒼)이 가장 밝았다."[4]라고 하였으니, 이것이 지금 전하는 『의례』이다. 그러니까 전한 때에는 『의례』가 '사례(士禮)'라고 불렸는데, 그것은 17편에 기록된 내용이 '사(士)의 예'와 관련된 것이 많기 때문이었다. 실제로 17편의 편명을 보면 사례(士禮)·대부례(大夫禮)·제후례(諸侯禮)·천자례(天子禮)가 있는데, '사례'로 책명을 삼았던 것은 맨 처음에 사관례(士冠禮)·사혼례(士婚禮)·사상견례(士相

---

4 班固, 『漢書』 권30, 「藝文志」, "漢興 魯高堂生傳士禮十七篇 訖孝宣世 后蒼最明"

見禮) 등이 있기 때문인 것으로 보인다.

삼례 중에서 마지막으로 일컫는 것이 『예기』이다. 『주례』·『의례』
는 경(經)이지만 『예기』는 경이 아니고 기(記)이다. 『예기』는 전한 때
대덕(戴德)이 편찬한 85편의 『대대례기(大戴禮記)』와 대덕의 종형의 아
들 대성(戴聖)이 편찬한 49편의 『소대례기(小戴禮記)』가 있다. 지금 십
삼경 중에 전하는 것은 『소대례기』이다. 『대대례기』는 북주(北周) 노
변(盧辨)이 주를 단 39편만 남아 있고 나머지는 일실되었다.

『대대례기』·『소대례기』 모두 『한서』「예문지」에는 보이지 않고,
단지 "기백삼십일편(記百三十一篇)"이라고만 되어 있다. 당대 육덕명의
『경전석문』「서록」에 진(晉)나라 때 진소(陳邵)의 「주례논서(周禮論
序)」를 인용하여 "대덕(戴德)이 고례(古禮) 204편을 산삭해 85편으로
만들고서 『대대례(大戴禮)』라 칭하였다. 대성(戴聖)이 다시 『대대례』
를 산삭해 49편으로 만들었으니, 이것이 『소대례(小戴禮)』이다. 후한
때 마융(馬融)·노식(盧植) 등이 제가의 동이를 고찰하여 대성이 만든
49편의 『소대례』에 붙이되 번잡하고 중복되는 것을 제외하여 서술이
간략하게 되어서 세상에 행해졌으니, 오늘날 전하는 『예기』가 바로 그
것이다."[5]라고 하였다.

『수서』「경적지」에는 "한나라 초기 하간헌왕(河間獻王)이 중니(仲尼)
의 제자들 및 후학들이 기록한 131편을 얻어 조정에 바쳤는데, 당시에
는 그것을 전하는 자가 없었다. 유향이 경적을 교열할 적에 130편을

---

5   陸德明, 『經典釋文』 권1, 「序錄」. "戴德刪古禮二百四篇 爲八十五篇 謂之大戴禮 戴聖
     刪大戴禮 爲四十九篇 是爲小戴禮 後漢馬融盧植諸家考諸家同異 附戴聖篇章 去其繁重
     及所敍略 而行於世 則今之禮記 是也"

검열했는데 차례에 따라 서술하였으며, 또 「명당음양기(明堂陰陽記)」 33편, 「공자삼조기(孔子三朝記)」 7편, 「왕사씨기(王史氏記)」 21편, 「악기(樂記)」 23편 얻어 모두 합해 5종 214편이었다."[6]라고 하였다.

『한서』「예문지」에는 '기백삼십일편(記百三十一篇)'이라고 하였는데, 『수서』「경적지」에는 유향이 교열한 것이 130편이라고 하여, 1편이 적다. 또 「명당음양기」 33편 등 4종 84편을 얻어 130편과 합해 214편이 되었다고 하였는데, 이는 『경전석문』에 인용된 진나라 진소의 「주례논서」에 '고례이백사편(古禮二百四篇)'이라고 한 것보다 10편이 더 많다.

대덕과 대성은 전한 무제(武帝)·문제(文帝) 때의 인물이고, 유향은 그보다 한참 뒤인 성제(成帝) 때의 인물이니, 대덕과 대성은 유향이 교열한 214편을 보았을 리는 만무하다. 따라서 대덕은 131편의 고례를 산삭해 『대대례기』 85편을 만들었다고 보는 것이 타당할 듯하다.

『수서』「경적지」에는 또 "대덕이 그중에서 번잡하고 중복된 것을 산삭하고 하나로 합해 기록하여 85편을 만들고 『대대기』라 하였다. 그리고 대성이 또 『대대기』를 산삭하여 46편으로 만들고 『소대기』라 하였다. 후한 말 마융이 소대(小戴:戴聖)의 학문을 전했는데 「월령(月令)」 1편, 「명당위(明堂位)」 1편, 「악기(樂記)」 1편을 고정(考定)해 49편으로 합했다."[7]라고 하였는데, 이보다 먼저 나온 『한서』와 『후한서』 등에

---

6   桑欽, 『隋書』 권32, 「經籍志1」, "漢初 河間獻王又得仲尼弟子及後學者所記一百三十一篇 獻之 時亦無傳之者 至劉向考校經籍 檢得一百三十篇 向因第而敍之 而又得明堂陰陽記三十三篇 孔子三朝記七篇 王史氏記二十一篇 樂記二十三篇 凡五種 合二百十四篇"
7   上同, "戴德刪其煩重 合而記之 爲八十五篇 謂之大戴記 而戴聖又刪大戴之書 爲四十六篇 謂之小戴記 漢末馬融 遂傳小戴之學 融又定月令一篇 明堂位一篇 樂記一篇 合四十九篇"

이미 '예기사십구편(禮記四十九篇)'이라는 말이 보이기 때문에 『수서』 「경적지」의 설은 신뢰하기 어렵다.

이에 대해 청대 전대흔(錢大昕)은 「곡례(曲禮)」·「단궁(檀弓)」·「잡기(雜記)」는 내용이 많기 때문에 상·하로 나누어 49편이 된 것이라고 하면서, 실제로는 46편이라고 하였다. 청대 학자들이 분변한 설에 의하면, 대성이 전한 49편의 『예기』는 『한서』 「예문지」에서 언급한 131편의 기(記)와 「명당음양기」 33편, 「왕사씨기」 21편, 「악기」 23편 등에서 뽑아 만든 것으로 대덕이 전한 85편을 산삭해 만든 것이 아니라고 한다. 또 「월령」·「명당위」·「악기」 3편은 마융이 편입한 것이 아니고, 이전부터 있었던 것이라고 한다.

한나라 때 『시경』·『상서』·『역경』·『춘추』에는 이름난 학자들이 많았는데, 삼례에 대해서는 이름난 학자가 많지 않았다. 후한 말기의 정현이 금문과 고문을 혼합해 삼례에 주를 달아 그 뜻을 회통시켜 삼례의 주석가로 이름이 났다. 십삼경주소의 주는 정현의 주를 채용하고 있다.

송대 주희는 『의례』를 경(經)으로 보고, 『예기』는 『의례』와 상호 참조해 보아야 할 서적으로 보았으며, 『예기』 및 여러 서적에서 예를 언급한 것을 취하여 『의례』의 해당 경문 밑에 주소(注疏)를 모아 『의례경전통해(儀禮經傳通解)』를 저술하다가 완성하지 못하고 별세하였다. 그러니까 주희는 『의례』를 『예경』으로 보고, 『예기』를 그에 대한 해석서로 본 것이다.

2. 『주례(周禮)』의 전래

『주례』는 고문만 있고 금문이 없으며, 여러 경 중에서 가장 후대에
나타났다. 당대 가공언(賈公彦)은 『주례주소(周禮注疏)』에서 "『주관(周
官)』은 효무제(孝武帝) 때 처음 나타났는데 숨겨서 전하지 못하였다. 『주
례』가 뒤에 나타난 것은 진시황이 유독 이 책을 싫어했기 때문이다."[8]라
고 하였다. 가공언의 설은 후한 말 마융의 설에 의거한 것이다.

『한서』 「경십삼왕전」에 "하간헌왕(河間獻王) 유덕(劉德)은 효경제가
즉위하기 2년 전에 즉위하였다. 학문을 연마하여 옛것을 좋아했으며
실사(實事)에서 옳은 것을 찾았다. …… 하간헌왕이 구한 서적은 모두 고
문으로 된 선진(先秦)의 옛날 책으로 『주관』 · 『상서』 · 『예』 · 『예기』 ·
『맹자』 · 『노자』 등이었는데, 모두 경(經) · 전(傳) · 설(說) · 기(記)로서 공
자의 72제자의 무리들이 논하던 것이다."[9]라고 하였으니, 『주례』는 한
무제 때 세상에 나타난 것을 알 수 있다.

그런데 『후한서』에는 "공안국이 바친 것은 『예』 고경 56편과 『주관
경(周官經)』 6편이었다. 전 시대에 그 책을 전했는데, 이름난 학자가
아직 없다."[10]라고 하였다. 이를 보면 『주례』는 하간헌왕이 구해 바친
것이 아니고, 공자의 후손의 집에서 전하던 것을 공안국이 바친 것이다.

8 賈公彦, 『周禮注疏』, 「序周禮廢興」. "周官 孝武之時始出 秘而不傳 周禮後出者 以其始
皇特惡之故也"

9 班固, 『漢書』 권52, 「景十三王傳」. "河間獻王德 以孝景前二年立 修學好古 實事求
是……獻王所得書 皆古文先秦舊書 周官尚書禮記孟子老子之屬 皆經傳說記 七十子
之徒所論"

10 范曄, 『後漢書』 권79下, 「儒林列傳下」. "孔安國所獻 禮古經五十六篇及周官經六篇 前
世傳其書 未有名家"

한편 당대 육덕명의 『경전석문』「서록」에는 하간헌왕이 옛것을 좋
아해 고례를 구해 조정에 바쳤다고 기록하고서, 그 아래 아래와 같은
혹자의 말을 인용해 놓았다.

> 하간헌왕은 책을 바치는 길을 열어 놓았다. 당시 이씨(李氏)의 성을
> 가진 자가 『주관』 5편을 올렸는데, 「사관(事官)」 1편이 빠진 것이었다.
> 그래서 천금을 걸고 그것을 구하고자 했으나 구할 수 없어 「고공기(考工
> 記)」를 취해 보충하였다.[11]

여기서 말하는 「사관(事官)」은 「동관(冬官)」을 가리킨다. 『수서』「경
적지」에도 이와 유사한 내용이 기록되어 있다.

이처럼 『주례』는 공자의 후손 공안국이 집안에서 전해오던 것을 조
정에 바쳤다는 설과 하간헌왕이 구해 조정에 바쳤다는 두 가지 설이
있다.

3. 『주례』의 진위(眞僞) 및 작자

앞에서 살펴본 것처럼 『주례』는 전승의 내력이 서로 다르고, 또 세
상에 뒤늦게 나타나서 한대 금문경학가들은 이 책을 신뢰하지 않았다.

당대 가공언은 「서주례폐흥(序周禮廢興)」에서 "『주례』는 한 성제 때
유흠에게서 일어나 정현이 붙여놓은 데서 완성된 것이 태반이다. 그러므

---

11 陸德明, 『經典釋文』「序錄」. "河間獻王開獻書之路 時有李氏上周官五篇 失事官一篇
乃購千金 不得 取考工記以補之"

로 임효존(林孝存)은 '한 무제도 『주관』이 말세에 세상을 어지럽히는 증험되지 않은 서적임을 아셨다. 그러므로 나는 십론(十論)과 칠탄(七難)을 지어 이 책을 배척한다.'라고 하였으며, 하휴(何休)도 '이 책은 육국(六國)이 음모한 책이다.'라고 하였다. 오직 정현만이 여러 경을 두루 열람하여 『주례』가 주공이 태평을 이룩한 자취임을 알았다.'[12]라고 하였다.

송대 호굉(胡宏) 이후 계본(季本)·만사동(萬斯同) 등은 모두 『주례』는 주공이 지은 책이 아니라고 하였다. 청대 요제항(姚際恒)·강유위(康有爲) 등은 이 책을 위서(僞書)로 보았는데, 강유위는 『신학위경고』에서 『주례』는 유흠이 위조한 책으로 왕망을 돕기 위해 만든 책이라고 지적하였다.

대체로 『주례』를 위서로 보는 시각은 왕망 때 유흠이 교묘하게 속인 것으로 보며, 한 무제 때에는 이 책이 없었다고 주장한다. 그리고 이 책의 육관(六官)은 『관자(管子)』의 「오행(五行)」 및 『대대기』의 「성덕(盛德)」·「천승(千乘)」·「문왕관인(文王官人)」·「조사(朝事)」 등을 모방하거나 절취하여 만든 책으로 보고 있다.

한편 북송의 왕안석은 이 책을 매우 중시하여 당대에 그 제도를 시행해 보고자 하였다. 남송의 주희도 "『주례』 한 책은 만든 것이 치밀하니, 참으로 성수(盛水)는 새지 않는다는 것이다. …… 이 책은 주공(周公)의 유전(遺典)이다."[13]라고 하여 주공이 남긴 법전으로 보았으며, 왕응린의

---

12 賈公彦, 『周禮注疏』 「序周禮廢興」, "然則周禮起於成帝劉歆 而成于鄭玄附離之者太半 故林孝存以爲武帝知周官末世瀆亂不驗之書 故作十論七難以排棄之 何休亦以爲六國陰謀之書 有有鄭玄 徧覽群經 知周禮者乃周公致太平之迹"

13 程川 撰, 『朱子五經語類』 권62, 「禮三–統論周禮」, "周禮一書 也是做得來縝密 眞箇盛水不淚……周禮是周公遺典也"

『곤학기문(困學紀聞)』에 인용된 채침의 설에도 "주공이 바야흐로 정사를 다스리는 관리를 나열하면서 사보(師保)의 직관에까지 미치지 못하여 동관(冬官)이 빠져 수미가 완비되지 못하였으니, 주공의 미완성의 책이다."[14]라고 하여 주공의 저술로 보았다.

한편 송대 정초(鄭樵)의 『통지(通志)』에 인용된 손처(孫處)의 설에는 "주공이 섭정한 지 6년 뒤에 이 책이 완성되어 풍성(豊城)으로 돌아갔으나 실제로는 시행해 보지 못하였다. 대개 주공이 『주례』를 만든 것은 당나라 현경연간(顯慶年間)이나 개원연간(開元年間)의 예와 같다. 미리 그 제도를 만들어 훗날의 쓰임을 기다린 것이니, 실제로는 시행한 것이 아니다. 시행하지 않은 것이기 때문에 대략을 겨우 서술하였고, 일에 임하면서 줄이거나 더하기를 기다린 것이다."[15]라고 하여, 주공의 저술인데 시행해 보지 못한 제도로 보았다.

청대 기윤(紀昀)의 『주례주소제요(周禮注疏提要)』에는 정초의 설을 따르면서 '유흠이 『주례』를 위조했다면 육관(六官) 전체를 위조하지 않고 굳이 1편을 빠뜨려 천금을 주고 구하려 하다 구하지 못했겠는가?'라는 점을 지적하면서, 『주례』는 주공의 저술이라 하였다.

이러한 여러 설은 『주례』는 주공의 저술이라는 점에 동의하되, 혹자는 미완성의 책으로 보고, 혹자는 완성된 저술이지만 시행해보지 못한 저술로 보아 서로의 시각이 다를 뿐이다.

---

14 王應麟, 『困學紀聞』. "周公方治事之官 而未及師保之職 冬官亦闕 首尾未備 周公未成之書也"

15 鄭樵, 『通志』「經籍略」. "周公居攝六年之後 書成歸風 而實未嘗行 蓋周公之爲周禮 亦猶唐之顯慶開元禮 預爲之以待他日之用 其實未嘗行也 惟其未經行 故僅迹大略 俟其臨事而損益之"

『주례』의 작자에 대해 또 다른 설이 있다. 이 책은 주공의 저술도 아니고, 유흠이 위조한 것도 아니며, 전국 시대 어떤 사람이 지은 것이라는 설이다. 『한서』「예문지」에 '주관경육편(周官經六篇)', '주관전사편(周官傳四篇)'이라고 하였으니, 『한서』를 지은 반고가 살던 시대에는 이 책이 있었을 것이다. 『한서』「예문지」에 다음과 같은 기록이 있다.

전국 시대 6국의 임금 중에서 위 문후(魏文侯)가 옛것을 가장 좋아하였다. 한나라 효문제 때 위 문후의 악인(樂人) 두공(竇公)을 만났는데, 그가 가지고 있던 서적을 바쳤으니 곧 『주관(周官)』대종백(大宗伯)의 속관인 대사악(大司樂)이 관장하던 악장이었다. 한 무제 때 하간헌왕은 유학을 좋아하여 모생(毛生) 등과 함께 『주관』및 제자(諸子)들이 음악을 말한 일을 채집하여 「악기(樂記)」를 짓고 팔일무(八佾舞)를 바쳤는데, 제씨(制氏)의 것과 크게 다르지 않았다. 하간헌왕의 내사승 왕정(王定)이 그 「악기」를 상산(常山)의 왕우(王禹)에게 전했다. 왕우는 성제(成帝) 때 알자(謁者)가 되어 「악기」의 뜻을 자주 아뢰고 24권으로 기록해 바쳤다. 유향이 서적을 교열할 적에 「악기」23편을 얻었는데, 왕우가 전한 것과 같지 않았으니, 그 도가 점점 더 쇠미해진 것이다.[16]

이를 보면 전국 시대 이미 『주관』이 있었고, 또 한 무제 때에도 『주관』에서 채록하여 「악기(樂記)」를 만든 자가 있었음을 알 수 있다. 또 『대대례기』「조사(朝事)」에 실린 대종백(大宗伯)·전명(典命)·전서(典瑞)·대행인(大行人)·직방(職方) 등의 글도 지금 전하는 『주례』의 문장과 한두 글자가 다를 뿐 거의 같으며, 『소대례기』「내칙(內則)」의 문구

---

16 班固, 『漢書』권30, 「藝文志」, "六國之君 魏文侯最爲好古 孝文帝時 得其樂人竇公 獻其書 乃周官大宗伯之大司樂章也 武帝時 河間獻王好儒 與毛生等共采周官及諸子言樂事者 以作樂記 獻二十四卷記 劉向校書 得樂記二十三篇 與禹不同 其道寖以益微"

중에도 지금 전하는『주례』와 동일한 문장이 있으니, 유흠이 전적으로 위조한 것으로만 볼 수는 없다. 다만『주례』를 주공이 지었다고 하는 점에 대해 한나라 유학 중 장우(張禹)·포함(包咸)·주생열(周生烈)·임효존(林孝存) 등은 신뢰하지 않았다.

후한 때 하휴(何休)도『주례』는 전국 시대 어떤 사람이 지은 책으로 보아, 만약 주공이『주례』를 지었다면 예제를 중시한 공자와 맹자가 이 책에 대해 언급하지 않았을 리 없다고 하였다. 그리하여 청대 모기령의『경문(經問)』, 피석서의『경학통론』등에는 모두 하휴의 설에 따라 전국 시대 어떤 사람이 지은 것이라고 하였다.

이러한 설에 따르면,『주례』를 지은 사람은 성주(成周) 시대 전제(典制)의 유의(遺意)를 수집한 뒤 자신의 견해를 첨가하여 한 시대 예제를 만들어 후왕이 채택해 시행해 주기를 바란 것이 된다. 그가 주공에 의탁한 것은 전국 시대 제자들이 탁고개제(託古改制)한 의도일 것이다.

후대 왕망이 이 책에 의거하여 한나라의 예제를 개혁하려다 실패했고, 소작(蘇綽)이 북주(北周)의 우문주(宇文周) 때 행하여 작은 효과를 보았다. 북송 때 왕안석의 변법은『주례』에서 취한 것이다. 명나라·청나라 때 6부의 상서(尚書)를 둔 관제는『주례』를 본받은 것이다. 이처럼 후대 정치개혁을 추진하던 사람들은 이 책을 고전으로 삼았다.

4.『주례』의 편목 및 직관(職官)

『주례』는 본디 6편이었는데, 그 가운데「동관(冬官)」1편이 없어져 5편만 전한다. 없어진「동관」은「고공기(考工記)」로 보충하였다.「동

관」으로 보충한「고공기」는 본래 별책으로 되어 있었는데, 경(經) 뒤에
다 붙인 것이다.「고공기」의 내용으로 고찰해 볼 때, 이 책은 주나라
선왕(宣王)·효왕(孝王) 이후에 지어진 책으로 보인다.

차례	職官 / 후대직관	長官 / 별칭	屬官	관장	비고
1	天官 / 吏部	冢宰(治官) / 太宰	62	邦治(治典)	總攝六官
2	地官 / 戶部	司徒(教官) / 大司徒	72	邦教(教典)	
3	春官 / 禮部	宗伯(禮官) / 大宗伯	68	邦禮(禮典)	
4	夏官 / 兵部	司馬(政官) / 大司馬	66	邦政(政典)	
5	秋官 / 刑部	司寇(刑官) / 大司寇	63	邦禁(刑典)	
6	冬官(考工記) / 工部	司空 / 大司空	30	工業(事典)	天官 小宰 六屬에 冬官도 屬官이 60이라 함

㉮「天官」의 관직과 직무

太宰	掌建邦之六典	六典: 治典, 教典, 禮典, 政典, 刑典, 事典
	以八法治官府	八法: 官屬, 官職, 官聯, 官常, 官成, 官法, 官刑, 官計
	以八則治都鄙	八則: 祭祀, 法則, 廢置, 祿位, 賦貢, 禮俗, 刑賞, 田役
	以八柄詔王馭群臣	八柄: 爵, 祿, 予, 置, 生, 奪, 廢, 誅
	以八統詔王馭萬民	八統: 親親, 敬故, 進賢, 使能, 保庸, 尊貴, 達吏, 禮賓
	以九職任萬民	九職: 三農, 園圃, 虞衡, 藪牧, 百工, 商賈, 嬪婦, 臣妾, 閒民
	以九賦斂財賄	九賦: 邦中之賦, 四郊之賦, 邦甸之賦, 家削之賦, 邦縣之賦, 邦都之賦, 關市之賦, 山澤之賦, 幣餘之賦
	以九式均節財用	九式: 祭祀之式, 賓客之式, 喪荒之式, 羞服之式, 工事之式, 幣帛之式, 芻秣之式, 匪頒之式, 好用之式,
	以九貢致邦國之用	九貢: 祀貢, 嬪貢, 器貢, 幣貢, 財貢, 貨貢, 服貢, 斿貢, 物貢
	以九兩繫邦國之民	九兩: 牧, 長, 師, 儒, 宗, 主, 吏, 友, 藪
	布治, 考成	正月布治, 年終考成, 三年考績
	附職	祭喪朝會大事時 兼職

小宰	治宮禁, 貳太宰, 六敍		掌建邦之宮刑 以治王宮之政令, 吏治·民治·財政에 관한 일, 以官府之六敍 正群吏. 六敍:以敍正其位, 以敍進其治, 以敍作其事, 以敍制其食, 以敍受其會, 以敍聽其情
	以官府之六屬 擧邦治		六屬: 天官屬 60, 地官屬 60, 春官屬 60, 夏官屬 60, 秋官屬 60, 冬官屬 60
	以官府之六職 辨邦治		六職: 治職, 教職, 禮職, 政職, 刑職, 事職
	以官府之六聯 合邦治		六聯: 祭祀之聯事, 賓客之聯事, 喪荒之聯事, 軍旅之聯事, 田役之聯事, 斂弛之聯事
	以官府之八成 經邦治		八成: 聽政役以比居, 聽師田以簡稽, 聽閭里以版圖, 聽稱責以傅別, 聽祿位以禮命, 聽取予以書契, 聽賣買以質劑, 聽出入以要會
	以聽官府之六計 弊群吏之治		六計: 廉善, 廉能, 廉敬, 廉正, 廉法, 廉辨
	附職		祭祀, 賓客, 喪荒 등을 돕는 일
宰夫	掌吏治		佐冢宰小宰
屬官 (60)	掌宮事(51)	寢舍	宮正, 宮伯, 宮人, 掌舍, 掌次
		膳食	膳夫, 庖人, 內饔, 外饔, 烹人, 甸師, 獸人, 歔人, 鼈人, 腊人, 邊人, 醢人, 醯人, 鹽人
		飮料	酒正, 酒人, 漿人, 凌人
		服裝	冪人, 幕人, 司裘, 掌皮, 典絲, 典枲, 內司服, 縫人, 染人, 追師, 履人
		醫療	醫師, 食醫, 疾醫, 瘍醫, 獸醫
		婦寺	內宰, 內小臣, 閽人, 寺人, 內豎, 九嬪, 世婦, 女御, 女祝, 女史, 典婦功
	掌財貨(9)		大府, 玉府, 內府, 外府, 司會, 司書, 職內, 職歲, 職幣

㉴ 「地官」의 관직과 직무

大司徒	掌邦教	掌建邦之土地之圖與人民之數 以佐王安擾邦國
	封國, 立社	掌其劃疆域 置社稷
	以土會之法 辨五地之物	五地: 山林, 川澤, 丘陵, 墳衍, 原隰
	施十二教	十二教: 以祀禮教敬, 以陽禮教讓, 以陰禮教親, 以樂禮教和, 以儀辨等, 以俗教安, 以刑教中, 以誓教恤, 以度教節, 以世事教能, 以賢制爵, 以庸制祿
	土宜	以土宜之法 辨十有二之名物 辨五物九等
	土圭	以土圭之法 測土深 正日影 以求地中
	荒政	以荒政十有二聚萬民: 散利, 薄征, 緩刑, 弛力, 舍禁, 去幾, 告糴, 殺哀, 蕃樂, 多昏, 索鬼神, 除盜賊
	保息	以保息養萬民: 慈幼, 養老, 振窮, 恤貧, 寬疾, 安富
	本俗	以本俗安萬民: 美宮室, 族墳墓, 聯兄弟, 聯師儒, 聯朋友, 同衣服
	布教	正月之吉 始和 布教于邦國都鄙
	組織民衆	令五家爲比 五比爲閭 四閭爲族 五族爲黨 五黨爲州 五州爲鄉
	頒職事十二	十二職: 稼穡, 樹藝, 作材, 阜蕃, 飭材, 通財, 化材, 斂材, 生材, 學藝, 世事, 服事
	以鄉三物教萬民	鄉三物: 六德(知, 仁, 聖, 義, 忠, 和), 六行(孝, 友, 睦, 姻, 任, 恤), 六藝(禮, 樂, 射, 御, 書, 數)
	以鄉八刑糾萬民	八刑: 不孝之刑, 不睦之刑, 不姻之刑, 不弟之刑, 不任之刑, 不恤之刑, 造言之刑, 亂民之刑
	以五禮防萬民之僞	
	以六樂防萬民之情	
	附職	大祭祀, 大賓客 등을 돕는 일
小司徒	掌敎法	稽國中及四郊都鄙之夫家九比之數 以辨其貴賤老幼廢疾
	頒比法	頒比法于六鄉之大夫
	會卒伍	五人爲伍 五伍爲兩 四兩爲卒 五卒爲旅 五旅爲師 五師爲軍
	均土地 起徒役	上地, 中地, 下地
	經土地 井牧田野	九夫爲井 四井爲邑 四邑爲丘 四丘爲甸 四甸爲縣 四縣爲都

小司徒	稅斂		分地域而辨其守 施其職而平其政
	附職		小祭祀, 小賓客 등을 돕는 일
屬官 (76)	掌地方政 敎(16)	國中	鄕師, 鄕大夫, 鄕老, 州長, 黨正, 旅師, 閭胥, 比長
		四郊	遂人, 遂師, 遂大夫, 縣正, 鄙師, 酇長, 里宰, 鄰長
	掌祭祀(6)		封人, 鼓人, 舞師, 牧人, 牛人, 充人
	掌地方力役(13)		載師, 閭師, 縣師, 遺人, 均人, 旅師, 稍人, 委人, 土均, 草人, 稻人, 土訓, 誦訓
	掌敎育(6)		師氏, 保氏, 司諫, 司救, 詞人, 妹氏
	掌布敎門關(12)		司市, 質人, 廛人, 胥師, 賈師, 司虣, 司稽, 肆長, 泉府, 司門, 司關, 掌節
	掌山林川澤共産物 (15)		山虞, 林衡, 川衡, 澤虞, 迹人, 卝人, 角人, 羽人, 掌葛, 掌染草, 掌炭, 掌茶, 掌蜃, 囿人, 場人
	掌米粟(8)		廩人, 舍人, 倉人, 司祿(闕), 司稼, 舂人, 饎人, 槀人

㉰「春官」의 관직과 직무

大宗伯	掌邦禮	掌建邦之天神人鬼地祇之禮 以佐王建保邦國
	掌五禮	以吉禮事邦國之鬼神祇 以禋祀祀昊天上帝, 以凶禮哀邦國之憂, 以賓禮親邦國, 以軍禮同邦國, 以嘉禮親萬民
	以九儀之命正邦國 之位	九儀(九命): 壹命受職, 再命受服, 三命受位, 四命受器, 五命賜 則, 六命賜官, 七命賜國, 八命作牧, 九命作伯
	以玉作六瑞 以等邦國	王執鎭圭, 公執桓圭, 侯執信圭, 伯執躬圭, 子執穀璧, 男執蒲璧
	以禽作六摯 以等諸臣	孤執皮帛, 卿執羔, 大夫執雁, 士執雉, 庶人執鶩, 工商執雞
	以玉作六器 以禮天地四方	以蒼璧禮天, 以黃琮禮地, 以靑圭禮東方, 以赤璋禮南方, 以白琥 禮西方, 以玄璜禮北方
	附職	大祭祀, 大賓客을 돕는 일
小宗伯	掌建國之神位	右社稷 左宗廟 兆五帝於四郊四望
	掌五禮之禁令	辨廟祧之昭穆, 辨吉凶之五服 車旗宮室之禁
	掌三族之別	辨親疏
	辨牲齍尊彛	辨六牲之名物, 辨六齍之名物, 辨六彛之名物, 辨六尊之名物

小宗伯	辨牲齍尊彝	辨六牲之名物, 辨六齍之名物, 辨六彝之名物, 辨六尊之名物
	掌衣服車旗宮室之賞賜	
	掌祭祀之序事與禮	
	貳大宗伯	凡國之大禮 佐大宗伯 凡小禮 掌事如大宗伯之儀
屬官(68)	掌禮(20)	肆師, 鬱人, 鬯人, 雞人, 司尊彝, 司几筵, 天府, 典瑞, 典命, 司服, 典祀, 守祧, 世婦, 內宗, 外宗, 家人, 墓大夫, 職喪, 都宗人, 家宗人
	掌樂舞(21)	大司樂, 樂師, 大胥, 小胥, 大師, 小師, 瞽矇, 眡瞭, 典同, 磬師, 鍾師, 笙師, 鎛師, 韎師, 旄人, 籥師, 籥章, 田祖, 鞮鞻氏, 典庸器, 司干
	掌卜祝(16)	太卜, 卜師, 龜人, 菙氏, 占人, 簭人, 占夢, 眡祲, 大祝, 小祝, 喪祝, 甸祝, 詛祝, 司巫, 男巫, 女巫
	掌文史星曆(7)	太史, 小史, 內史, 外史, 御史, 馮相氏, 保章氏
	掌車旗(4)	巾車, 典路, 車僕, 司常

㉤ 「夏官」의 관직과 직무

大司馬	掌邦政	
	掌建邦國之九法	制畿封國, 設儀辨位, 進賢興功, 建牧立監, 制軍詰禁, 施貢分職, 簡稽鄉民, 均守平則, 比小事大
	以九伐之法正邦國	馮弱犯寡則眚之, 賊賢害民則伐之, 暴內陵外則壇之, 野荒民散則削之, 負固不服則侵之, 賊殺其親則正之, 放弒其君則殘之, 犯令陵政則杜之, 外內亂鳥獸行則滅之
	以九畿之籍施邦國之政職	九畿: 國畿, 侯畿, 甸畿, 男畿, 采畿, 衛畿, 蠻畿, 夷畿, 鎮畿
	制賦	徵軍役之法
	教軍旅	春時以蒐田教振旅, 夏時以苗田教茇舍, 秋時以獮田教治兵, 冬時以狩田教大閱
	出師	征伐時 出師之大合軍
	附職	大役大會同大射大祭祀大喪時 兼職
小司馬	掌邦政	掌凡小祭祀小會同饗射師田喪紀之事

屬官 (66)	掌軍旅(10)	軍司馬(闕), 輿司馬(闕), 行司馬(闕), 司勳, 環人, 挈壺氏, 司士, 諸子, 司右, 都司馬(幷 家司馬)
	掌防禦(4)	掌固, 司險, 掌疆(闕), 候人
	掌馬(8)	馬質, 校人, 趣馬, 巫馬, 牧師, 庾人, 圉師, 圉人
	掌兵甲(5)	司甲(闕), 司兵, 司戈盾, 司弓矢, 槀人
	掌王戎事(12)	繕人, 戎右, 齊右, 道右, 大馭, 戎僕, 齊僕, 田僕, 馭夫, 虎賁氏, 旅賁氏, 節服氏
	掌四方邦國(12)	職方氏, 土方氏, 懷方氏, 合方氏, 訓方氏, 形方氏, 山師, 川師, 邍師, 匡人, 撢人, 量人
	掌雜事(15)	太僕, 小臣, 祭僕, 御僕, 隷僕, 弁師, 司爟, 射人, 服不氏, 射鳥氏, 羅氏, 掌畜, 小子, 羊人, 方相氏
기타	군대조직	1軍(12,500人), 天子 6軍, 大國 3軍, 次國 2軍, 小國 1軍 1師(2,500人), 1旅(500人), 1卒(100人), 1兩(25人), 1伍(5人)
	職方氏의 九州	九州: 揚州(동남), 荊州(정남), 豫州(河南), 靑州(정동), 兗州(河東), 雍州(정서), 幽州(동북), 冀州(河內), 幷州(정북)

㉙ 「秋官」의 관직과 직무

大司寇	掌邦禁	掌邦禁 以佐王刑邦國
	掌建邦之三典	三典: 刑新國 用輕典, 刑平國 用中典, 刑亂國 用重典
	以五刑糾萬民	五刑: 野刑, 軍刑, 鄕刑, 官刑, 國刑
	以圜土 聚教罷民	
	獄訟	
	以嘉石平罷民	
	以肺石達窮民	
	布刑	正月之吉 始和 布刑于邦國都鄙
	附職	大盟約, 大祭祀, 朝覲會同, 大軍旅, 大事에 겸직
小司寇	掌外朝之政 以致萬民而詢焉	詢國危, 詢國遷, 詢立君
	以五刑聽萬民之 獄訟	
	以五聲聽獄訟	辭聽, 色聽, 氣聽, 耳聽, 目聽

小司寇	以八辟麗邦法附刑罰	八議: 議親之辟, 議賢之辟, 議能之辟, 議功之辟, 議貴之辟, 議勤之辟, 議賓之辟
	以三訊斷庶民獄訟之中	三訊: 訊群臣, 訊群吏, 訊萬民
	登民數	
	附職	小祭祀 奉犬牲, 大賓客 前王而辟 등
屬官 (63)	掌刑法獄訟(11)	士師, 鄉士, 遂士, 縣士, 方士, 訝士, 朝士, 朝大夫, 都則, 都士, 家士
	執行刑禁(21)	司刑, 司刺, 司厲, 司圄, 掌囚, 掌戮, 司隸, 罪隸, 蠻隸, 閩隸, 夷隸, 貉隸, 禁殺戮, 禁暴氏, 野廬氏, 雍氏, 萍氏, 司寤氏, 司烜氏, 修閭氏, 衙枚氏
	掌盟約憲令(5)	司民, 司約, 司盟, 職金, 布憲
	掌辟除(16)	條狼氏, 蜡氏, 冥氏, 庶氏, 穴氏, 翨氏, 柞氏, 薙氏, 硩蔟氏, 剪氏, 赤友氏, 蟈氏, 壺涿氏, 庭氏, 伊耆氏, 犬人
	掌與諸侯蠻夷來往(10)	大行人, 小行人, 司儀, 環人, 象胥, 掌客, 掌訝, 掌交, 掌察, 掌貨賄(闕)

㉑-1 「冬官」의 관직과 직무

大司空	掌邦事	冬官 其屬六十 掌邦事, 以官府之六職 辨邦治, 事職 以富邦國, 以養萬民, 以生百物	闕失
小司空			闕失
屬官(60)			闕失, 考工記 대체

㉑-2 「考工記」의 관직과 직무

屬官(30)	掌攻木(7)	輪人, 輿人, 弓人, 廬人, 匠人, 車人, 梓人
	掌攻金(6)	築氏, 冶氏, 鳧氏, 㮚氏, 段氏(闕), 桃氏
	掌攻皮(5)	函人, 鮑人, 韗人, 韋氏(闕), 裘氏(闕),
	掌設色(5)	畵, 繢, 鍾氏, 筐人(闕), 㡛氏
	掌刮磨(5)	玉人, 榔人(闕), 雕人(闕), 磬氏, 矢人
	掌搏埴(2)	陶人, 旊人

5. 『주례』의 주석본

십삼경주소본에 수록된 『주례주소(周禮注疏)』는 정현(鄭玄)의 주(注)와 가공언(賈公彦)의 소(疏)를 채택한 것이다. 정현의 주는 지금 전하는 주석 가운데 가장 오래된 것이다. 정현은 삼례에 정통했는데, 그의 주에는 볼만한 내용이 많다. 다만 그의 주석은 고문의 『주례』와 금문의 『예기』 「왕제」를 합해 조화를 추구함으로써 금문가와 고문가의 사법(師法)이 흐려지고 억지로 합한 듯한 느낌을 주는 단점이 있다. 또한 그는 『주례』는 주공이 지은 경(經)으로, 『예기』는 공자 이후 대현이 지은 기(記)로 보는 관점에 의해 『주례』의 모순점을 미봉한 점도 없지 않다고 평가된다.

청대 손이양(孫詒讓)의 『주례정의(周禮正義)』는 선유들의 장점을 모아 절충한 책이고, 심동(沈彤)의 『주관녹전고(周官祿田考)』와 왕명성(王鳴盛)의 『주례군부설(周禮軍賦說)』은 전서를 주석한 것은 아니지만 일가의 설로 볼만하다. 「고공기」를 주석한 것으로 송대 임희일(林希逸)의 『고공기해(考工記解)』는 전석(箋釋)이 명백하고, 청대 대진(戴震)의 『고공기도(考工記圖)』와 정요전(程瑤田)의 『고공창물소기(考工創物小記)』는 상세하다. 또 완원(阮元)의 『거제도고(車制圖考)』와 정진(鄭珍)의 『윤여사전(輪輿私箋)』 등은 상세히 발명한 것이 많다.

6. 『의례(儀禮)』의 명칭

삼례 가운데 두 번째로 일컬어지는 것이 『의례』이다. 사마천의 『사기』 「유림열전」에 "여러 학자들 중에 예를 언급하는 사람이 많지만,

노나라 고당생(高堂生)이 가장 근본이 된다. 『예』는 본디 공자 때로부터 비롯되었지만 그 경이 구비되지 않았는데, 진시황의 분서 때 이르러 흩어지거나 없어진 글이 다른 경전에 비해 더 많았다. 그래서 지금에는 유독 『사례(士禮)』만 전할 뿐인데, 고당생이 가장 잘 말한다."[17]라고 하였다. 여기서 말하는 '『사례』'가 바로 오늘날 『의례』라는 서적이다.

사마천은 한대 오경을 전수한 유학자를 언급하면서 『예』만을 말하고 『주례』와 『예기』에 대해서는 언급하지 않았다. 또한 『한서』 「예문지」를 보면, '『예』는 고경이 56권이고, 경이 17편이다.[禮 古經 五十六卷 經 十七篇]'라고 말하고, 그 다음에 '기는 131편이다.[記 百三十一篇]'라고 말하고, 그 뒤에 '『주관경』은 6편, 『주관전』은 4편이다.[周官經 六篇 周官傳 四篇]'라고 말하였다.

이를 보면, 『주례』는 『주관경』으로 일컫고, 『예기』는 '기(記)'로 일컫고 있으며, 『예경』은 고경이 본래 56권이었는데 전한 때 복원된 금문의 『예경』은 17편이었음을 알 수 있고, 그것이 곧 '사례(士禮)'로 일컬어진 『의례』이었음을 알 수 있다. 따라서 삼례 중에서 『의례』가 본래 육경에 속한 경전이었음을 알 수 있다. 『예경』은 본래 56권이었는데, 39권은 일실되고 17편만 복원된 것이다.

『예기』 「예기(禮器)」에 "경례가 3백이고, 곡례가 3천이다.[經禮三百 曲禮三千]"라는 문구가 있는데, 후한 말의 정현이 이를 주석하면서 "경례는 『주례』이니, 그 관직이 360이다. 곡(曲)은 사(事)와 같은 뜻이니 곡례는 사례(事禮)로 오늘날의 『예』를 말한다. 『예』는 편이 망실된 것

---

17 司馬遷, 『史記』 권121, 「儒林列傳」, "諸學者多言禮 而魯高堂生最本 禮固自孔子時 而其經不具 及至秦焚書 書散亡益多 於今獨有士禮 高堂生能言之"

이 많아 본래의 편수가 얼마인지 전하지 않는다. 그 가운데 사의(事儀)가 3천이다.”[18]라고 하여, ‘경례’를 『주례』로 보았다.

그러나 『한서』「예문지」에는 “제왕은 본질과 문채에 대해 세대마다 줄이거나 더한 것이 있는데, 주나라에 이르러 세세한 행위를 금지하고 행해야 할 일을 제정하였기 때문에 ‘경례삼백 위의삼천(禮經三百 威儀三千)’이라 한 것이다.”[19]라고 하였고, 이 문구의 주에 다음과 같은 세 사람의 설을 인용해 놓고 있다.

㉮ 위소(韋召)는 말하기를 “『주례』는 360관직이다. 3백은 성수를 거론한 것이다.[韋昭曰 周禮 三百六十官也 三百 擧成數也]”라고 하였다.

㉯ 신찬(臣瓚)은 말하기를 “‘예경삼백’은 관례·혼례·길례·흉례를 말하고, 『주례』 3백은 관직명이다.[臣瓚曰 禮經三百 謂冠婚吉凶 周禮三百 是官名也]”라고 하였다.

㉰ 안사고(顔師古)는 말하기를 “‘예경삼백’은 위소의 설이 옳다. ‘위의삼천’은 관례·혼례·길례·흉례를 말하니 대개 의례가 이것이다.[師古曰 禮經三百 韋說 是也 威儀三千 乃謂冠婚吉凶 蓋儀禮 是也]”라고 하였다.

위소(韋昭)는 ‘예경삼백(禮經三百)’이 『주례』의 360관직을 일컫는 말로 보았고, 신찬(臣瓚)[20]은 ‘예경삼백’을 관례·혼례·길례·흉례 등의 예로 보았고, 안사고는 ‘예경삼백’은 『주례』 360관직으로 ‘위의삼천’은 관례·혼례·길례·흉례 등의 의례(儀禮)로 보았다.

---

18 戴聖, 『小戴記』「禮器」 ‘經禮三百 曲禮三千’의 注. “經禮爲周禮 其官三百有六十 曲猶事也 曲禮爲事禮 謂今禮也 禮篇多亡 本數未聞 其中事儀三千”

19 班固, 『漢書』 권30, 「藝文志」. “帝王質文世有損益 至周 曲爲之防 事爲之制 故曰 禮經三百 威儀三千”

20 『漢書』의 「漢書敍例」에 ‘臣瓚’에 대해 姓氏와 郡縣이 상세하지 않다고 하였다.

이처럼 한대의 학자들도 해석이 분분하였는데, 후대의 학자들은 대체로 삼백(三百)·삼천(三千)은 실제의 숫자를 일컫는 것이 아니라 대략을 말한 허수로 보아, 위의 문구를 '근본이 되는 예가 3백 가지, 세부적인 조목이 3천 가지'로 해석하고 있다.

한대에는 『의례』를 '예(禮)'라고 일컫고 '의례(儀禮)'라고 일컫지 않았다. 후한 말기 삼례에 주를 낸 정현조차도 '의례'라는 용어를 쓰지 않았다. 청대 단옥재의 설에 의하면, '의례'라는 명칭은 남북조 시대 양(梁)나라와 진(陳)나라 이후에 비로소 나타난다고 하였다.[21] 장백잠은 정현이 『예기』에 주를 단 뒤에 『예기』「예기(禮器)」의 '곡례삼천(曲禮三千)'과 「중용」의 '위의삼천(威儀三千)'을 『한서』「예문지」에 보이는 '예십칠편(禮十七篇)'으로 보아 '예(禮)' 자 앞에 '의(儀)'를 덧붙인 것으로 보았으며, 당 문종 개성연간 구경을 돌에 새길 적에 정식으로 '의례'라는 명칭이 기록된 것으로 보았다.[22]

『한서』「예문지」에는 "한나라가 일어난 뒤에 노나라 고당생이 『사례』 17편을 전했다.[漢興 魯高堂生 傳士禮十七篇]"라고 하여, 『의례』를 '사례(士禮)'라 칭하고 있다. 『의례』에는 사례(士禮)·대부례(大夫禮)·제후례(諸侯禮)·천자례(天子禮)가 있어 '사례'라고만 일컫기에는 부적절한데, '사례'라고 한 것은 대체로 「사관례(士冠禮)」가 맨 앞에 편차되어 있기 때문인 것으로 본다.

---

21 段玉裁, 「禮十七篇標題漢無儀字說」(蔣伯潛, 『十三經槪論』〈上海古籍出版社, 1983〉, 324쪽 참조)
22 蔣伯潛, 『十三經槪論』, 上海古籍出版社, 1983, 325쪽 참조.

7. 『의례』의 작자 및 금고문(今古文)

『의례』는 금문과 고문이 모두 있다. 『한서』「예문지」에 "『예』는 고경이 56권이고, 경이 17편이다.[禮 古經 五十六卷 經 十七篇]"라고 하였는데, '고경오십육권(古經五十六卷)'이라고 한 것이 고문이고, '경십칠편(經十七篇)'이라고 한 것이 금문이다. 『한서』「예문지」에 "한나라가 일어난 뒤에 노나라 고당생이 『사례』 17편을 전했다.[漢興 魯高堂生 傳士禮十七篇]"라고 한 것이 바로 금문을 말한 것이고, "『예』고경은 노나라 엄중 및 공씨의 집에서 나왔는데, 17편과 글이 서로 유사하고 39편이 더 많았다.[禮古經者 出於魯淹中及孔氏 與十七篇 文相似 多三十九篇]"라고 한 것은 고문이다. '엄중(淹中)'은 마을 이름이며, '공씨(孔氏)'는 공자의 구택 벽 속에서 나온 것으로 노 공왕(魯恭王)이 발견한 것이다.

이에 의하면 고문이 금문에 비해 39편이 더 많다. 그러나 망실된 지 오래되어 그 편명조차 알 수가 없다. 이 39편을 후세에 '일례(逸禮)'라고 칭한다.

송대 주희는 "지금의 『의례』는 대부분 사례(士禮)이다. 하간헌왕이 얻은 고례 56편과 같은 것은 바로 공벽(孔壁)에 숨겼던 책이다.……반고가 『한서』를 지을 당시에도 이 책은 아직 남아 있었으며, 정강성(鄭康成:鄭玄)도 이 책을 보았다. 지금 전하는 주소 중에는 이 책에서 인용한 것이 있으니, 언제 없어졌는지 모르겠다. 애석할 만하다."[23]라고 하여, 후한 말까지 고례가 남아 있었음을 환기시켰다.

---

23 馬端臨, 『文獻通考』 권180, 「經籍考七-經禮-儀禮注十七卷」, "今儀禮多是士禮 如河間獻王得古禮五十六篇 乃孔壁所藏之書……班固作漢書時 其書尚在 鄭康盛(成)亦及見之 今注疏中有引援處 不知是甚時失了 可惜"

　왕응린은 "일례가 39편인데, 그 편명이 다른 서적에 꽤 보인다. 예컨대 「학례(學禮)」는 「가산전(賈山傳)」에 보이고, 「천자순수례(天子巡狩禮)」는 『주관』 내재(內宰:天官)의 주에 보이고, 「조공례(朝貢禮)」는 『의례』「빙례(聘禮)」의 주에 보이고, 「조사의(朝事儀)」는 「근례(覲禮)」의 주에 보이고, 「체상례(禘嘗禮)」는 『주관』「사인(射人)」(夏官)의 소에 보이고, 「중류례(中霤禮)」는 『예기』「월령(月令)」의 주 및 『시경』 패풍(邶風)「천수(泉水)」의 주에 보이고, 「왕거명당례(王居明堂禮)」는 『예기』「예기(禮器)」 및 「월령」의 주에 보이고, 「고대명당례소목편(古大明堂禮昭穆篇)」은 채옹(蔡邕)의 「논본명편(論本命篇)」과 『통전』「빙례지(聘禮志)」와 『순자』에 보인다."[24]라고 하여, 다른 서적에 산견되는 고례를 추적하였다.

　『의례』에 대해 고문경학가들은 주공에게서 나온 것이라 하고, 금문경학가들은 공자에게서 나온 것이라 한다. 장백잠은 『예기』「단궁(檀弓)」에 "노 애공이 유비(孺悲)로 하여금 공자에게 사상례(士喪禮)를 배우게 하여 사상례가 이에 기록되었다."라고 한 것에 의거하여, 공자의 손에서 나온 것으로 보았다.[25]

　『예기』에 수록된 여러 편의 글은 대부분 『의례』의 문장을 해석한 것이다. 예컨대 『예기』「관의(冠義)」는 『의례』「사관례(士冠禮)」를 해석한 것이고, 「혼의(昏義)」는 『의례』「혼례(昏禮)」를 해석한 것이고,

---

24　盛世佐, 『儀禮集編』卷首下, 「綱領一一論逸禮」, "王氏應麟曰 逸禮三十九 其篇名頗見於他經 若學禮見賈山傳 天子巡狩禮見周官內宰註 朝貢禮見聘禮註 朝事儀見覲禮註 禘嘗禮見射人疏 中霤禮見月令註及詩泉水註 王居明堂禮見月令禮器註 古大明堂禮昭穆篇見蔡邕論本命篇 見通典聘禮志 見荀子"

25　上同, 327~328쪽 참조.

「문상(問喪)」은 『의례』「사상례(士喪禮)」를 해석한 것이고, 「제의(祭義)」·「제통(祭統)」은 『의례』「교특궤식례(郊特饋食禮)」·「소뢰궤식례(少牢饋食禮)」·「유사철(有司徹)」을 해석한 것이고, 「향음주의(鄕飮酒義)」는 『의례』「향음주례(鄕飮酒禮)」를 해석한 것이고, 「사의(射義)」는 『의례』「향사례(鄕射禮)」·「대사(大射)」를 해석한 것이고, 「연의(燕義)」는 『의례』「연례(燕禮)」를 해석한 것이고, 「빙의(聘義)」는 『의례』「빙례(聘禮)」를 해석한 것이다.

『예기』「예기(禮器)」에 "경례삼백 곡례삼천(經禮三百 曲禮三千)"이라고 한 것은 주공이 제정한 예의 대강과 세목을 말한 것이고, 공자 시대에 이르러서는 예문(禮文)이 많이 없어져 56편만이 전한 듯하다. 그러나 그것도 후한 말기 이후 17편만 남고 39편은 없어져 전하는 것은 17편에 불과하다.

한 선제 때 하내(河內) 여자가 낡은 집을 헐다가 일례(逸禮) 1편을 얻어 총 57편이 되었다. 원대 오징(吳澄)은 39편의 일례가 당나라 초기까지 보존되었는데, 학자들이 관심을 두지 않아 없어지게 되었다고 애석해 하면서 「분상(奔喪)」·「투호(投壺)」·「천묘(遷廟)」·「흔묘(釁廟)」·「공관(公冠)」 등을 수집해 현존하는 『의례』 17편의 뒤에 붙이기도 하였다. 그러나 청대 소의진(邵懿辰)은 오징이 편집한 것은 당대에 통행하던 예가 아니므로 믿을 수 없다고 하였다.

지금 전하는 『의례』 17편은 공자가 편정해 제자들을 가르치던 것으로 보이며, 이를 유형별로 분류하면 관례·혼례·상례·제례·향례(鄕禮)·사례(射禮)·조례(朝禮)·빙례(聘禮) 등 여덟 종류이다. 이를 팔강(八綱)이라고 한다. 그리고 이를 다시 묶어 관혼례·상제례·향사례·조빙례로 분류하기도 한다. 이것이 공자가 편찬한 육경의 『예』로 고당생(高堂生)

과 후창(后倉)이 전한 것이다. 청대 학자 소의진은 이 17편의 『의례』는 진시황의 분서 때 불타고 남은 잔결이 아니고 공자가 편정한 그대로라고 하였다.[26]

8. 『의례』의 차서 및 내용

17편의 『의례』는 한대부터 이미 차서가 다른 세 종류의 판본이 존재했으니, 하나는 대덕본(戴德本)이고, 하나는 대성본(戴聖本)이고, 하나는 유향(劉向)의 별록본(別錄本)이다. 이를 도표로 정리하면 다음과 같다.

차서	戴德本		戴聖本	劉向 別錄本	十三經注疏本	
1	士冠禮	冠禮, 婚禮	士冠禮	士冠禮	士冠禮	권1-3
2	士昏禮		士昏禮	士昏禮	士昏禮	권4-6
3	士相見禮		士相見禮	士相見禮	士相見禮	권7
4	士喪禮	喪禮, 祭禮	鄕飮酒禮	鄕飮酒禮	鄕飮酒禮	권8-10
5	旣夕禮		鄕射禮	鄕射禮	鄕射禮	권11-13
6	士虞禮		燕禮	燕禮	燕禮	권14,15
7	特牲饋食禮		大射	大射	大射	권16-18
8	小牢饋食禮		士虞禮	聘禮	聘禮	권19-24
9	有司徹		喪服	公食大夫禮	公食大夫禮	권25,26
10	喪服		特牲饋食禮	覲禮	覲禮	권26,27

---

26 청대 학자 邵懿辰의 『禮經通論』에 매우 상세하게 논하였다.

11	鄉飲酒禮	鄉禮, 射禮	小牢饋食禮	喪服	喪服	권28-34
12	鄉射禮		有司徹	士喪禮	士喪禮	권35-37
13	燕禮		士喪禮	旣夕禮	旣夕禮	권38-41
14	大射		旣夕禮	士虞禮	士虞禮	권42,43
15	聘禮	朝禮, 聘禮	聘禮	特牲饋食禮	特牲饋食禮	권44-46
16	公食大夫禮		公食大夫禮	小牢饋食禮	小牢饋食禮	권47,48
17	覲禮		覲禮	有司徹	有司徹	권49,50

이를 통해 볼 때, 제일 먼저 나온 대덕본이 관·혼·상·제·향·사·조·빙 등 팔강으로 조리 있게 구분해 차서를 정한 것을 알 수 있다. 「상복(喪服)」이 상제례에서 맨 뒤에 편차된 것은 상하를 소통하는 의미가 있을뿐더러 그 내용에 자하전(子夏傳)이 들어 있어 다른 편과 구별한 것이라 한다. 청말 강유위의 『위경고(僞經考)』에는 「상복」은 자하가 지은 것이고, 나머지 16편은 공자가 편정한 것이라고 하였다. 유향의 별록본에는 상례·제례 7편이 뒤에 편차되어 있는데, 「상복」이 맨 앞에 위치하여 상하를 소통시키고 있다. 즉 앞의 10편은 길례, 뒤의 7편은 흉례로 보아 차례를 정한 것으로 이해한다.

지금 전하는 십삼경주소본은 유향의 별록본의 차서를 그대로 따르고 있다. 중간에 있는 대성본은 편차가 문란하여 다른 본에 비해 조리가 없다.

9. 『의례』와 『예기』의 관계

17편의 『의례』 중 「사상견례(士相見禮)」·「대사(大射)」·「소뢰궤식

례(小牢饋食禮)」·「유사철(有司徹)」 4편을 제외하고는 모두 기(記)가 있
다. 십삼경주소본 「사관례」 권3의 '기관의(記冠義)'의 소(疏)에 "무릇
'기(記)'라고 하는 것은 모두 경문에 구비되지 않은 말을 기록한 것으로,
경문 외의 아득한 옛날 말을 겸하여 기록한 것이다."[27]라고 하였으니,
기(記)는 예로부터 전해오는 성현의 말씀을 채록해 놓은 것이다. 이를
도표로 정리하면 다음과 같다.

편명	記	비고
士冠禮	권3 '記 冠義 始冠緇布之冠也' 이하	
士昏禮	권6 '記 士昏禮 凡行事必用昏昕' 이하	
鄉飮酒禮	권10 '記 鄉朝服而媒賓介' 이하	
鄉射禮	권13 '記 大夫與則公士爲賓' 이하	
燕禮	권15 '記 燕朝服於寢' 이하	
聘禮	권24 '記 久無事則聘焉' 이하	
公食大夫禮	권26 '記 不宿戒' 이하	
覲禮	권27 '記 凡俟于東箱' 이하	
士虞禮	권42 '記 虞沐浴不櫛' 이하	
特牲饋食禮	권46 '記 特牲饋食' 이하	
士喪禮	권40 「旣夕禮」'記 士處適寢' 이하	「旣夕禮」에 붙어 있음
旣夕禮	권41 「旣夕禮」'啓之昕 外內不哭' 이하	
喪服	권33 '記 公子爲其母' 이하	

한유들은 「기석례(旣夕禮)」를 「사상례(士喪禮)」의 하편으로 인식하
여 「사상례」의 기(記)를 「기석례」에 붙여 놓은 것이다. 「상복(喪服)」은

---

27 賈公彦, 『儀禮注疏』 권3, 「士冠禮」 '記冠義'의 疏, "凡言記者 皆是記經不備 兼記經外
遠古之言"

경문을 분장(分章)하여 장마다 뒤에 자하(子夏)의 전(傳)을 붙여놓았고, 기(記) 뒤에도 자하의 전을 붙여 놓았다. 이를 통해 추정하건대, 경문은 공자가 찬정하여 제자들을 가르치던 것이고, 기(記)는 공자의 제자들이 기록한 것이며, 전(傳)은 자하가 지은 것이라고 여겨진다. 이 '자하'에 대해, 장백잠은 공자의 제자 자하(子夏:卜商)가 아니라, 한나라 때 사람으로 자를 자하(子夏)로 쓰는 인물인 듯하다고 하였다.[28]

『의례』는 노나라 고당생으로부터 전해졌는데, 한 선제 때 후창(后蒼)이 가장 저명하였다. 그의 문하에서 대덕(戴德)·대성(戴聖)·경보(慶普) 등이 나왔다. 전한 때의 학자들은 『의례』의 주석본을 남긴 것이 없고, 후한 때 마융(馬融)은 「상복(喪服)」에만 주를 달았다. 그 뒤 정현에 이르러 비로소 『의례』 17편 전체에 주를 달게 되었다.

이처럼 한대 경학가 가운데 『예경』에 밝은 사람은 정현뿐이었다. 정현은 금문과 고문을 합하여 삼례에 주를 달아 회통하고자 했다. 다만 정현이 단 『의례』의 주 중에는 참위설이 섞여 있기도 하여 옥의 티로 여긴다. 오늘날 전하는 십삼경주소본은 정현의 주를 채용하고 있다.

송대 주희는 『의례』를 경(經)으로 보고 『예기』 및 여러 서적에서 예한 관한 기록을 뽑아 한 책으로 편찬하고자 했으나 완성을 보지 못하였다. 청대 호배휘(胡培翬)의 『의례정의(儀禮正義)』와 소의진(邵懿辰)의 『예경통론(禮經通論)』 등이 참고할 만한 주석서이다.

---

10. 『예기(禮記)』는 경(經)이 아니고 기(記)다

『예기』는 본래 대덕(戴德)이 편찬한 85편의 『대대례기』와 대성(戴
聖)이 편찬한 49편의 『소대례기』 두 종류가 있다. 지금 전하는 십삼경
주소본의 『예기』는 『소대례기』이다. 『대대례기』는 북주(北周)의 노변
(盧辨)이 주를 단 39편만 남아 있다.

『대대례기』와 『소대례기』는 모두 『한서』「예문지」에 기록되어 있
지 않다. 『한서』「예문지」에는 "기백삼십일편(記 百三十一篇)"이라고만
기록되어 있을 뿐이다. 당대 육덕명의 『경전석문』「서록」에는 진(晉)
나라 때 진소(陳邵)의 「주례논서(周禮論序)」를 인용해 다음과 같이 기
록하고 있다.

> 대덕이 고례 204편을 산삭해 85편으로 만들고 『대대례』라 하였다. 대
> 성이 다시 『대대례』를 산삭해 49편으로 만들었으니, 이것이 『소대례』이
> 다. 후한 때 마융·노식 등이 제가의 동이를 고찰하여 대성이 만든 49편
> 의 『소대례』에 붙이되 번잡하고 중복되는 것을 제외하자 서술이 간략하
> 게 되어 세상에 행해졌으니, 오늘날 전하는 『예기』가 그것이다.[29]

이 기록에 의하면 고례 204편 가운데 85편을 간추려 편찬한 책이
『대대례기』이고, 이 중에서 다시 49편을 간추려 편찬한 것이 『소대
례기』이다. 그런데 『수서』「경적지」에는 이와 다른 내용이 기록되어
있다.

---

29 陸德明, 『經典釋文』 권1, 「序錄」, "戴德刪古禮二百四篇 爲八十五篇 謂之大戴禮 戴聖
刪大戴禮 爲四十九篇 是爲小戴禮 後漢馬融盧植諸家考諸家同異 附戴聖篇章 去其繁重
及所敍略 而行於世 則今之禮記 是也"

한나라 초 하간헌왕이 중니의 제자들 및 후학들이 기록한 131편을 얻어 조정에 바쳤는데, 당시에는 그것을 전하는 자가 없었다. 유향이 경적을 교열할 적에 130편을 검열했는데 차례에 따라 서술하였으며, 또 「명당음양기(明堂陰陽記)」 33편, 「공자삼조기(孔子三朝記)」 7편, 「왕사씨기(王史氏記)」 21편, 「악기(樂記)」 23편 얻어 모두 합해 5종 214편이었다. 대덕이 그중에 번잡하고 중복되는 것을 산삭하고 합하여 기록해 85편을 만들고서 『대대기』라 하였다. 그리고 대성이 또 『대대기』를 산삭해 46편으로 만들고서 『소대기』라 하였다. 한말 마융이 소대의 학문을 전했는데, 마융은 다시 「월령」 1편, 「명당위」 1편, 「악기」 1편을 정하여 합해 49편으로 만들었다. 정현은 마융에게 수학했는데, 또 이 책의 주를 달았다.[30]

하간헌왕이 바친 131편은 『한서』 「예문지」에 '기백삼십일편(記百三十一篇)'이라고 한 것과 일치한다. 그러나 『수서』 「경적지」에는 유향이 교열한 것이 130편이라고 하였으니, 1편이 차이가 나는데 어떤 편인지 알 수가 없다.

또 『수서』 「경적지」에는 「명당음양기」 33편, 「공자삼조기」 7편, 「왕사씨기」 21편, 「악기」 23편 등 4종 84편을 추가로 얻어 기왕의 130편과 합해 214편이 되었다고 하였는데, 이는 『경전석문』에 인용된 진나라 진소의 「주례논서」에 '고례이백사편(古禮二百四篇)'이라고 한 것과 10편이나 차이가 난다. 요컨대 한대에 전한 고례가 204편인지 214편인지 불분명하다.

---

30 桑欽, 『隋書』 권32, 「經籍志1」. "漢初 河間獻王又得仲尼弟子及後學者所記一百三十一篇 獻之 時亦無傳之者 至劉向考校經籍 檢得一百三十篇 向因第而敍之 而又得明堂陰陽記三十三篇 孔子三朝記七篇 王史氏記二十一篇 樂記二十三篇 凡五種 合二百十四篇 戴德刪其煩重 合而記之 爲八十五篇 謂之大戴記 而戴聖又刪大戴之書 爲四十六篇 謂之小戴記 漢末馬融 遂傳小戴之學 融又定月令一篇 明堂位一篇 樂記一篇 合四十九篇 而鄭玄受業於融 又爲之注"

이에 대해 장백잠은 진소의 「주례논서」에 '고례 204편'이라고 한 문장은 '214편'의 오류인 듯하다고 하였으며[31], 청대 진수기(陳壽祺)는 뒤에 구한 「악기」 23편 중 11편은 기왕의 131편에 들어 있는 것이기 때문에 이를 뺀 나머지가 204편이라고 하였다.[32]

진소의 「주례논서」에는 대성이 『대대례』를 산삭해 49편의 『소대례』를 만들었다고 하였는데, 『수서』「경적지」에는 「대대례」를 산삭해 46편의 『소대례』를 만들고 후에 마융이 3편을 더해 지금 전하는 49편의 『예기』가 되었다고 하였다. 그러나 근대 학자 장백잠은 대덕이 만든 85편의 『대대례』를 대성이 49편으로 산삭한 것이 아니고, 대성은 고례 131편에 나아가 임의로 49편을 편정한 것이라고 하였다.[33]

한편 『수서』「경적지」에는 유향이 기왕의 고례 130편을 교열하고 뒤에 4종 84편을 더 얻어 합해 모두 214편이 되었는데 이를 대덕이 산삭해 85편의 『대대기』를 만들었다고 하였다. 그러나 대덕은 전한 무제 때의 인물이고 유향은 그보다 훨씬 뒤의 인물이기 때문에 이 기록은 앞뒤가 서로 맞지 않는다. 따라서 대덕이 『대대례』를 만들 적에는 고례 131편만을 보았다고 보는 것이 옳을 것이다.

대성이 편정한 46편에 마융이 3편을 더해 49편으로 만들었다는 설에 대해, 청대 전대흔(錢大昕)은 『한서고이(漢書考異)』에서 「곡례(曲禮)」·「단궁(檀弓)」·「잡기(雜記)」 3편을 상·하 2편으로 나누어 49편이라는 설을 폈다. 이에 대해 청대 대진(戴震)이 논변하였고, 진수기(陳壽祺)의

31 蔣伯潛, 『十三經槪論』, 上海古籍出版社, 1983, 334쪽 참조.
32 上同, 334쪽 참조.
33 上同, 335쪽 참조. 이에 대해서는 『유교경전과 경학』 145~150쪽에 상세한 설명이 있다.

『좌해경변(左海經辨)』에 분명하게 고증해 놓았다.

근대 학자 장백잠은 이런 전대의 연구를 수용하면서 『예기』49편은 대성이 전한 것으로, 『한서』「예문지」에서 말한 131편의 고례와 후에 나타난 「명당음양기」33편, 「왕사씨기」21편, 「악기」23편 중에서 49 편을 선별해 편찬한 것이지, 85편의 『대대례』를 산삭해 만든 것이 아니라고 하였다. 또 그는 「월령」·「명당위」·「악기」3편도 마융이 추가한 것이 아니라, 원래의 고례에 있던 것이라고 하였다.[34]

지금 전하는 『예기』는 실제로 47편인데, 「곡례」·「단궁」·「잡기」는 상·하로 나누어져 있다. 따라서 실제로는 총 50편이 된다. 그러므로 49편이라는 종래의 설과는 1편의 차이가 있다. 이에 대해 혹자는 공영달의 『예기정의』에는 편명 밑에 단 주에 "살펴보건대 정현의 『목록』에는 '이 편은 유향의 『별록』에 ○○편에 속한다.'라고 하였다.[按 鄭目錄 云 此於別錄屬○○]"라고 한 것에 의거하여, 정현의 『목록』을 인용해 해당 편이 유향의 『별록』에 어디에 속하는 글인지를 밝혔는데, 「상복대기(喪服大記)」에는 이런 언급이 없기 때문에 앞 편인 「상대기(喪大記)」와 합해 1편이 된다고 해석하였다.[35]

앞에서 살펴보았듯이, 『주례』는 고문만 있고 금문이 없으며, 『의례』는 현존하는 17편은 금문이고 고문 39편은 일실되었다. 그렇다면 현존하는 49편의 『예기』는 금문인가, 고문인가? 『한서』「예문지」에는 '기백삼십일편(記百三十一篇)'이라고만 하였을 뿐, 금문과 고문에 대해서는 전혀 언급이 없다. 전한 때 하간헌왕이 얻은 것은 모두 고문인데

그 안에 『예기』가 있으며, 노 공왕(魯恭王) 때 공자의 구택에서 나온 고문 가운데에도 『예기』가 있다. 유향의 『별록』에도 '고문기이백사편(古文記二百四篇)'이라고 하였다. 이를 통해 보면, 대성이 『소대기』를 만들 적에 저본으로 한 131편 및 「명당음양기」 등 4종 84편은 고문으로 추정된다.

다만 「왕제(王制)」 1편은 금문이 대종을 이루고 있으니, 전적으로 고문이라고만 할 수 없다. 고문경학가들은 「왕제」를 하나라·상나라 때의 왕제(王制)로 보지만, 금문경학가들은 「왕제」를 공자가 만든 신법으로 본다. 그렇지만 이 문제는 「왕제」 1편만을 두고 논할 성질이 아니다.

장백잠은 이러한 설을 종합해 『예기』는 경(經)이 아니고 기(記)로서 공자의 후학들이 예에 관해 전해들은 것을 기록한 것이며, 전한 초 노나라 숙손통(叔孫通)이 『예기』를 편찬했고, 그 후 왕사씨(王史氏)가 뒤를 이어 편찬하였는데, 대성에 이르러 지금 전하는 49편의 『예기』로 편정한 것이라고 하였다.[36]

11. 『예기』 49편의 출처 및 내용

『한서』 「예문지」의 '기백삼십일편(記百三十一篇)'의 주에 "칠십자후학자소기(七十子後學者所記)"라고 되어 있다. 이에 의하면, 131편의 고례는 공자의 72제자의 후학들이 기록한 것으로 보인다. 그런데 그들은 전국 시대부터 전한 때까지 몇 백 년 동안의 긴 세월 속의 인물들이기

---

36 上同, 166~167쪽 참조.

때문에 어떤 인물들인지 가늠하기가 쉽지 않다.

　지금 전하는『예기』49편은 한 사람의 손에 의해 편찬된 것이 아닌 것으로 보인다. 우선「중용(中庸)」·「방기(坊記)」·「표기(表記)」·「치의 (緇衣)」4편에 대해 심약(沈約)은『자사자(子思子)』에서 취한 것이라고 하였는데,『한서』「예문지」에 "『자사』는 23편이다.[子思 二十三篇]"라 고 하였으니, 위 4편은『자사자』에서 취한 것으로 보인다.

　또 당나라 장수절(張守節)이 지은『사기정의(史記正義)』에는 '「악기(樂 記)」는 공손니자(公孫尼子)가 편찬한 것이다.'라고 하였고, 남북조 시대 유헌(劉瓛)은 '「치의(緇衣)」는 공손니자가 지은 것이다.'라고 하였다.[37] 그런데『한서』「예문지」에 "『공손니자』는 28편이다.[公孫尼子 二十八 篇]"라고 하였으니,「악기」·「치의」는『공손니자』에서 취한 것으로 보인 다. 또「삼년문(三年問)」·「악기(樂記)」·「향음주의(鄕飮酒義)」등은『순 자』의 문장과 같은 부분이 많으니,『순자』에서 취했을 가능성도 있다.

　장백잠은 여러 가지 사례를 인증하면서『예기』의 각 편은 대부분 다른 서적에서 채록한 것으로 주나라 말기로부터 진(秦)나라 때 편찬한 작품으로 추정하였다. 이러한 글을 처음으로 선집한 사람은 전한 초의 숙손통(叔孫通)인데, 그 후대에도 빼거나 더한 것이 있을 것으로 보았 다. 그리고 대성에 이르러 지금 전하는 49편의『예기』로 편찬된 것이 라 하였다.[38]

　이처럼 지금 전하는『예기』는 여러 서적에서 채록한 것으로 여러 사람의 손을 거쳐 편집되어 문체가 통일되지 않고 내용도 일관된 논리

37　蔣伯潛,『十三經槪論』, 上海古籍出版社, 1983, 337쪽 참조.
38　上同, 337~339쪽 참조.

구조를 갖추고 있지 않다. 그래서 정현의 문인 손염(孫炎)은『예기류초 (禮記類抄)』를 지어 분류를 시도했으며, 당나라 때 위징(魏徵)은『유례 (類禮)』를 지었다. 송대 주희는『의례』를 경(經)으로 보고『예기』를 기 (記)로 보아 합해『의례경전통해(儀禮經傳通解)』를 편찬하다가 완성하 지 못하였다. 원나라 때 오징(吳澄)의『예기찬언(禮記纂言)』도 차서를 바꾸어 유형별로 상종하게 한 것이다.

앞에서 언급했듯이 지금 전하는『예기』는「곡례」·「단궁」·「잡기」의 상·하를 모두 합하면 49편이 아니라 50편이 된다. 문제는「상대기(喪大 記)」뒤에 편차된「상복대기(喪服大記)」를 별편(別篇)으로 볼 것인가, 합해서 1편으로 볼 것인가 하는 관점에 따라 49편이 될 수도 있고 50편 이 될 수도 있다. 종래의 49편 설을 따라『예기정의』공영달의 주에 인용된 "살펴보건대 정현의『목록』에 '이 편은 유향의『별록』에 ○○편 에 속한다.'고 하였다.[按 鄭目錄云 此於別錄屬○○]"에 의거해 유향의 『별록』에서 8종류로 분류한 것에 따라 정리하면 다음과 같다.

『別錄』구분	내용	소속 편명
通論	禮의 의미를 통론	檀弓上, 檀弓下, 禮運, 玉藻, 大傳, 學記, 經解, 哀公問, 仲尼燕居, 孔子間居, 坊記, 中庸, 表記, 緇衣, 儒行, 大學 (16편)
制度	고대 制度를 기록	曲禮上, 曲禮下, 王制, 禮器, 少儀, 深衣(6편)
喪服	喪服에 대해 기록	曾子問, 喪服小記, 雜記上, 雜記下, 喪大記(附:喪服大記), 奔喪, 問喪, 服問, 間傳, 三年問, 喪服四制(11편)
吉禮	吉禮, 吉事를 기록	投壺, 冠義, 昏義, 鄕飮酒義, 射義, 燕義, 聘義(7편)
祭祀	祭祀를 기록	郊特牲, 祭法, 祭義, 祭統(4편)
子法	子法(자식 도리)을 기록	文王世子, 內則(2편)
樂記	음악의 이치를 기록	樂記(1편)
明堂	明堂, 陰陽을 기록	月令, 明堂位(2편)

장백잠은 이러한 분류를 다시 검토해 다음과 같이 재분류하였다.

대분류	소분류	편명	비고
記錄	정치제도	王制, 玉藻, 月令, 明堂位, 坊記	제도
	예절	曲禮, 內則, 少儀, 投壺	格言, 禮俗
	掌故(故實, 慣例)	文王世子	국가의 故實
	雜事	仲尼燕居, 孔子閒居, 表記, 緇衣, 哀公問, 檀弓	孔子言行
考證	器物	禮器, 深衣	예절, 복식
	祭禮	郊特牲, 祭義	제사
	喪制	喪服小記, 喪服大記, 喪大記, 奔喪	상례
傳注: 『儀禮』의 傳과 注	士冠禮	冠義	관례
	士昏禮	昏義	혼례
	鄕飮酒禮	鄕飮酒義	향음주례
	燕禮	燕義	연례
	聘禮	聘義	조빙
議論	정치	禮運, 大學	공자의 정치적 이상
	학술	經解	경전 해석
	음악	樂記	음악의 원리
	性理	中庸	공자의 인성 수양
	교육	學記	교육철학
	인품	儒行	유자의 행실

『예기』 49편 가운데 정채한 글은 예의 의미나 학술에 관해 통론한 것으로 「예운(禮運)」·「경해(經解)」·「악기(樂記)」·「학기(學記)」·「대학(大學)」·「중용(中庸)」·「유행(儒行)」·「방기(坊記)」·「표기(表記)」·「치의(緇衣)」 등이며, 『의례』를 해석한 것은 「관의(冠義)」·「혼의(昏義)」·「향음주의(鄕飮酒義)」·「사의(射義)」·「연의(燕義)」·「빙의(聘義)」·「상복

사제(喪服四制)」 등이며, 공자의 언행을 기록하거나 공자 문하생 및 당시 인물들의 일을 기록한 것은 「공자한거(孔子閒居)」·「중니연거(仲尼燕居)」·「단궁(檀弓)」·「증자문(曾子問)」 등이며, 고대의 예절과 제도를 기록한 것은 「왕제(王制)」·「곡례(曲禮)」·「옥조(玉藻)」·「명당위(明堂位)」·「월령(月令)」·「예기(禮器)」·「교특생(郊特牲)」·「제통(祭統)」·「제법(祭法)」·「대전(大傳)」·「상대기(喪大記)」·「문상(問喪)」·「분상(奔喪)」·「간전(間傳)」·「문왕세자(文王世子)」·「내칙(內則)」·「소의(少儀)」 등이며, 「고례(曲禮)」·「소의(少儀)」·「유행(儒行)」 등의 일부분은 고대의 격언을 기록한 것이다.

십삼경주소본의 『예기정의』는 정현의 주에 공영달의 소(疏)로 되어 있는데, 정현의 주는 현존하는 가장 오래된 주석이다. 청대 진교종(陳喬樅)과 유월(俞樾)의 주해는 십삼경주소본의 부족한 부분을 보완할 수 있다. 주석서로는 송나라 때 진호(陳澔)의 『예기집설(禮記集說)』, 청나라 때 주빈(朱彬)의 『예기훈찬(禮記訓纂)』, 강영(江永)의 『예기훈의탐언(禮記訓義探言)』 등이 있다.

송대 주희는 『예기』에 들어 있는 「대학」·「중용」을 별책으로 독립시키고 장구로 나누어 새롭게 해석하였으며, 『논어』·『맹자』와 합해 사서(四書)라고 명명하였다.

『춘추(春秋)』
(三傳 : 『公羊傳』·『穀梁傳』·『左氏傳』)

1. 『춘추』의 명칭 및 작자

현존하는『춘추』는 경(經)이 하나이고, 전(傳)이 셋이다. 이 전을 '춘추삼전(春秋三傳)'이라 칭한다. 역대로『춘추좌씨전』이 가장 많이 익혀 제일 먼저 일컬어진다. 그러나 전한 때에는『춘추공양전』이 가장 먼저 유행하였고, 그 다음에『춘추곡량전』이 유행하였으며, 『춘추좌씨전』은 가장 늦은 시기에 유행하였다.

'춘추(春秋)'라는 명칭에 대해 두 가지 설이 전한다. 하나는 '봄과 여름에는 상을 주고, 가을과 겨울에는 형벌을 집행한다.'는 말에서 취하여 포폄(褒貶)의 뜻을 붙인 것이라는 설이다. 이는『춘추공양전』의 소(疏)에 인용된 "봄은 양중(陽中)이 되니 만물이 발생하고, 가을은 음중(陰中)이 되니 만물이 완성한다."는 의미와 상통하는 것으로, 가규(賈逵)와 복건(服虔)이 이 설을 주로 하였다.

다른 하나는 봄에 교외에서 기린을 잡았는데 공자가 가을에『춘추』를 완성하여 '춘추'라고 이름을 붙였다는 것으로 공자가『춘추』를 저술한 계절을 기록했다는 설이다. 이는『춘추공양전』의 소(疏)에 인용된 "봄에서 시작하여 가을에 끝이 나는 것은, 봄은 만물을 발생하는 시작이 되고, 가을은 만물을 완성하는 끝이 된다는 것을 말한 것이다."라는 의미를 취하고, 공자가 애공(哀公) 14년 봄 기린을 잡았을 때 『춘추』를 짓기 시작하여 9월에 완성하여 '춘작추성(春作秋成)'의 의미로 '춘추'라고 하였다는 것이다.

그러나 이 두 가지 설에 대해 부정적인 견해를 피력하는 설이 등장하였는데, 그 대표적인 인물이 진(晉)나라 때 학자 두예(杜預)이다. 그는 『춘추좌씨경전집해』의 서문에서 "춘추는 노나라 사기(史記)의 명칭이다. 일을 기록하는 방식이 사(事)를 일[日:날짜]에 연계하고, 일(日)을 월[月:한 달]에 연계하고, 월(月)을 시[時:사계절]에 연계하고, 시(時)를 년[年:1년]에 연계하여 원근을 기록하고 동이를 구별하기 때문에 사관이 기록하는 것은 반드시 년(年)을 표시하고서 어떤 일을 첫머리로 한다. 년(年)에 사시[四時:사계절]가 있기 때문에 춘·하·추·동 가운데 춘·추를 가져다가 일을 기록한 책의 명칭으로 삼은 것이다."[1]라고 하였다.

이러한 두예의 설에 의하면, 춘·하·추·동 사시 가운데 춘·추를 뽑아 책명으로 삼은 것이다. 이는 『춘추』를 편년체(編年體)의 역사서술로 보는 시각이다. 후대에는 이 설이 주로 통용되었다.

『춘추』는 본래 노나라 역사의 명칭으로, 진(晉)나라의 『승(乘)』이나 초나라의 『도올(檮杌)』과 마찬가지로 일컬어지던 것이었다. 또한 공자가 『춘추』를 편찬하기 전에 이미 노나라의 역사서를 『춘추』라 칭하였으니, 공자는 노나라의 역사는 물론 그 명칭도 그대로 따른 것이다.

공자가 『춘추』를 편찬한 뒤 '춘추'라는 명칭은 편년체 역사서를 통칭

---

1 杜預, 『春秋經典集解』 「春秋序」, "春秋者 魯史記之名也 記事者 以事繫日 以日繫月 以月繫時 以時繫年 所以紀遠近別同異也 故史之所記 必表年以首事 年有四時 故錯擧以 爲所記之名也"

하는 용어로도 쓰였다. 예컨대 안영(晏嬰)이 지은 책을 『안자춘추(晏子春秋)』라 하고, 우경(虞卿)이 지은 책을 『우씨춘추(虞氏春秋)』라 하고, 여불위(呂不韋)가 지은 책을 『여씨춘추(呂氏春秋)』라 하고, 육가(陸賈)가 지은 책을 『초한춘추(楚漢春秋)』라 한 데서 그러한 사실을 확인할 수 있다. 안영은 공자와 동시대 제나라 사람인데, 『안자춘추』은 그가 직접 저술한 책이 아니고 후인이 편찬한 책이다.

공자가 『춘추』를 저술했다는 것에 대해서는 맹자가 가장 먼저 언급하였다. 맹자는 "세도가 쇠미해지고 사설(邪說) · 포행(暴行)이 일어나 신하가 임금을 시해하는 일이 있고, 자식이 아비를 시해하는 일이 있었다. 이에 공자가 두려워하여 『춘추』를 지었다."[2]라고 하였으며, 또 "공자가 『춘추』를 짓자 난신적자(亂臣賊子)들이 두려워하였다."[3]라고 하였다. 이 설은 『춘추』를 지은 이유가 무너진 세도를 바로세우기 위해서였다는 데 초점이 있다.

한편 한나라 때 사마천은 "공자가 '글렀구나, 글렀구나! 군자는 죽을 때까지 이름이 일컬어지지 않는 것을 병폐로 여긴다. 나의 도가 행해지지 않으니, 내가 무엇으로 후세에 스스로를 드러내겠는가.'라고 하고서, 역사기록을 취해 『춘추』를 지었는데, 위로는 노 은공(魯隱公)부터 아래로는 애공(哀公) 14년까지 12임금의 역사이다."[4]라고 하였다. 이 설은 공자가 자신의 정치적 이상을 펼 수 없게 되자 노나라의 역사에 미

---

2 『孟子』「滕文公下」. "世衰道微 邪說暴行有作 臣弑其君者 有之 子弑其父者 有之 孔子懼 作春秋"

3 上同. "孔子成春秋 而亂臣賊子懼"

4 司馬遷, 『史記』 권47, 「孔子世家」. "弗乎弗乎 君子病沒世而名不稱焉 吾道不行矣 吾何以自見於後世哉 乃因史記作春秋 上至隱公 下訖哀公十四年 十二公"

언대의(微言大義)를 붙여 그 도를 드러냈다는 것이다.

공자가 『춘추』를 지은 뒤에 기린이 나타난 것인지, 아니면 기린이 나타난 뒤에 공자가 춘추를 지은 것인지에 대해서는 의견이 서로 엇갈린다. 『춘추공양전』에는 "애공 14년 봄에 서쪽 교외에서 사냥을 하다가 기린을 잡았다. 무엇 때문에 이 사실을 기록한 것인가? 기이(奇異)를 기록한 것이다."[5]라고 하여, 공자가 『춘추』를 짓자 기린이 나타난 것으로 보고 있다.

이와 유사한 설로 후한 때 가규(賈逵)·복건(服虔) 등은 공자가 『춘추』를 편수했는데, 글이 완성되자 기린이 나타났으니, 기린이 감응하여 온 것이라고 하였다. 또 진(晉)나라 때 두예는 "'절필어획린(絶筆於獲麟)' 1구는 감응하여 탄식을 일으킨 것이니, 참으로 저술을 끝맺은 이유이다."[6]라고 하여, 봄에 기린을 잡고 가을에 『춘추』를 완성한 것으로 보았다.

한편 이와는 달리 『춘추좌씨전』을 지은 좌구명(左丘明)은 공자가 애공 11년 위(衛)나라에서 노나라로 돌아와 다음 해에 늙어서 출사를 할 수 없다는 말을 전하고 『춘추』를 집필하기 시작해 애공 14년에 이르러 완성하였다고 보았으니, 기린이 잡힌 시점과 『춘추』를 완성한 시점을 동일하게 본 것이다. 반면 『춘추공양전』을 지은 공양고(公羊高)는 애공 14년 기린을 잡은 뒤에 단문(端門)의 명[7]을 얻어 『춘추』를 짓기 시작해 9월에 저술을 끝냈다고 보았으니, 기린을 잡은 시점을 『춘추』를 저술

5 　公羊高, 『春秋公羊傳』 哀公 14년조. "十有四年春 西狩獲麟 何以書 記異"

6 　杜預, 『春秋經傳集解』 「春秋序」, "絶筆於獲麟之一句者 所感而起 固所以爲終也"

7 　端門의 命 : 端門은 궁전의 정남쪽 문을 말하니 임금의 명을 출납하는 문을 가리킨다. '단문의 명'은 '노나라 임금의 명'을 말한다.

하기 시작한 시점으로 본 것이다.

　이처럼 『춘추』를 저술하기 시작한 시점이 상이하고, 또 기린을 잡은 뒤에 『춘추』를 짓기 시작한 것인지, 아니면 기린을 잡고서 『춘추』의 저술을 끝맺은 것인지도 의견이 갈린다. 상식적으로 생각해 보면, 공자가 『춘추』를 저술하다가 기린을 잡은 사건에 감응하여 절필하였다고 보는 것이 타당할 듯하다.

2. 금문과 고문

　『한서』 「예문지」에 "『춘추』는 고경이 12편이고, 경이 11권이다.[春秋 古經 十二篇 經 十一卷]"라고 하였는데, '경십일권(經十一卷)'의 반고의 주에 "공양씨와 곡량씨 2가이다.[公羊穀梁 二家]"라고 하였으니, '고경(古經)'은 고문경을 말하고, 『춘추공양전』과 『춘추곡량전』은 금문을 말하는 것이다. 따라서 『춘추』에는 고문경과 금문경이 모두 있었으며, 권수도 같지 않았음을 알 수 있다. 또 그 아래 "『좌씨전』은 30권이고, 『공양전』은 11권이고, 『곡량전』은 11권이다.[左氏傳 三十卷 公羊傳 十一卷 穀梁傳 十一卷]"라고 하였으니, 금문경인 『춘추공양전』과 『춘추곡량전』은 동일하게 11권 분량인데, 고문경인 『춘추좌씨전』은 30권 분량으로 훨씬 많았음을 알 수 있다.

　청대 전대흔(錢大昕)은 위 '고경십이편(古經十二篇)'의 '고경'을 『춘추좌씨전』이라 하였다. 한유들은 대체로 『춘추좌씨전』의 저자 좌구명을 고문가로 보았다. 고문경이 금문경보다 1편이 더 많은 것은 민공(閔公)의 재위 기간이 2년밖에 되지 않아 「민공편」을 「장공편(莊公篇)」 뒤에 붙였기 때문인 것으로 보는 설이 지배적이다.

　금문경은 '애공십사년춘 서수획린(哀公十四年春 西狩獲麟)'에서 그쳤는데, 고문경은 '애공십육년하사월기축 공구졸(哀公十六年夏四月己丑 孔丘卒)'에서 그쳐 2년 이상의 기록이 더 많다. 『춘추좌씨전』에서는 '서수획린(西狩獲麟)'에 대해 담담하게 기술하고 있는데, 『춘추곡량전』에서는 '대획린(大獲麟)'으로 기술하면서 중시하고 있다. 『춘추공양전』에서는 이에 대해 더욱 상세히 기술하여 '기이(記異)'로 보면서 안연(顏淵)·자로(子路)가 죽은 것과 동일하게 중시하고 있다. 공자가 『춘추』를 저술하다가 '획린(獲麟)'에서 절필한 것은 그 도가 곤궁해진 것을 깊이 탄식한 것으로 본 것이다.

　『춘추좌씨전』을 존신한 진나라 때 두예도 공자가 '획린'에서 절필을 하였다고 하였으니, 『춘추좌씨전』의 '서수획린' 뒤의 기록은 공자의 저술한 것이 아님을 알 수 있다. 또 애공 16년 말미에 "하사월기축 공구졸(夏四月己丑 孔丘卒)"이라 하였으니, 공자가 직접 저술한 것이 아님을 알 수 있다.

　또 금문경에는 은공(隱公) 3년조에 "하사월신묘 공씨졸(夏四月辛卯 尹氏卒)"이라 하였는데, 고문경에는 "군씨졸(君氏卒)"이라 하였다. '군씨(君氏)'는 '윤씨(尹氏)'를 가리키는 것으로 은공의 생모를 가리킨다. 이것이 비록 한 글자의 차이지만, 춘추대의를 거론할 적에는 큰 의미를 지닌다.

　『한서』「예문지」에는 "『좌씨전』은 30권이고, 『공양전』은 11권이고, 『곡량전』은 11권이고, 『추씨전』은 11권이고, 『협씨전』은 11권이다.[左氏傳 三十卷 公羊傳 十一卷 穀梁傳 十一卷 鄒氏傳 十一卷 夾氏傳 十一卷]"라고 하였다. 이를 보면 『춘추좌씨전』이 나머지 전에 비해 분량이 현저히 많음을 알 수 있으니, 이는 기사(記事)를 위주로 기술했기 때문이다.

또 『한서』「예문지」에 "말세에 구설(口說)이 유행하기 때문에 공양·곡량·추씨·협씨의 전이 있게 되었다. 이 4가 중에서 공양씨와 곡량씨는 학관에 서고, 추씨는 사승(師承)이 없고, 협씨는 서적이 없었다."[8]라고 하였다. '사승이 없다'는 것은 '전해주는 사람이 없다'는 말이고, '서적이 없다'는 말은 '구설로 전할 뿐 글로 기록되지 못하였다'는 말이다.

『춘추공양전』과 『춘추곡량전』은 경문의 의례(義例)를 해석하는 데 상세하여 훈고(訓詁)를 한 전이고, 『춘추좌씨전』은 경문에 기록된 역사적 사실을 기술하는 데 상세하여 사건을 기재(記載)한 전이다. 흔히 성인인 공자가 지은 것을 경(經)이라 하고, 현인이 그 뜻을 풀이하여 기술한 것을 전(傳)이라 한다. 이런 성경현전(聖經賢傳)의 관점에서 보면 『춘추공양전』과 『춘추곡량전』은 성인의 경을 현인이 풀어서 전한 전(傳)의 정체(正體)라 할 수 있고, 『춘추좌씨전』은 역사적 사실을 기록하여 전한 사전(史傳)이라 할 수 있다.

한나라 때 유안세(劉安世)는 "『춘추공양전』과 『춘추곡량전』은 모든 해석이 『춘추』의 내용을 바르게 하여 『춘추』에 없는 것을 『춘추공양전』과 『춘추곡량전』에서는 말한 적이 없다. 그러므로 한유들은 근본을 미루어 참된 공자의 본의라고 생각하였다. 그러나 공양씨와 곡량씨도 스스로 모순이 되니, 이 또한 공자의 본의가 아니다. 『춘추좌씨전』은 『춘추』에 있는 것을 해석하지 않기도 하고, 『춘추』에 없는 것을 스스로 전을 내기도 하였다. 그러므로 선유들은 '좌씨는 경문보다 먼저 일

8　班固, 『漢書』 권30, 「藝文志」, "及末世口說流行 故有公羊穀梁鄒氏夾氏之傳 四家之中 公羊穀梁立於學官 鄒氏無師 夾氏未有書"

을 일으키기도 하고, 경문보다 뒤에 의(義)를 끝맺기도 하고, 경문에
의지해 이치를 분변하기도 하고, 경문과 어긋나게 다른 것을 합해놓기
도 하였다.'고 생각하였다. 그러나 그 설에 또한 견강부회한 것이 있으
니, 요컨대 『춘추좌씨전』을 읽는 사람들은 경문은 경문대로 전문은 전
문대로 읽어야지 합해 하나로 보아서는 안 될 것이다. 그런 뒤에야 뜻
이 통하게 된다."⁹라고 하였다.

송나라 때 호안국(胡安國)은 "사(事)는 『춘추좌씨전』보다 더 잘 갖추
어진 책이 없고, 예(例)는 『춘추공양전』보다 더 분명한 책이 없고, 의
(義)는 『춘추곡량전』보다 더 정밀한 책이 없다."¹⁰라고 하였으며, 섭몽
득(葉夢得)은 "『춘추좌씨전』은 사(事)만 전하고 의(義)를 전하지 않았기
때문에 역사에는 상세하지만 사(事)는 반드시 사실이 아니며, 『춘추공
양전』과 『춘추곡량전』은 의(義)만 전하고 사(事)를 전하지 않았기 때문
에 경문에는 상세하지만 의(義)는 반드시 합당한 것이 아니다."¹¹라고
하였으며, 주희는 "『춘추좌씨전』은 사학(史學)이고, 『춘추공양전』과
『춘추곡량전』은 경학(經學)이다. 사학자는 사(事)를 기록하는 데는 상
세하지만 도리에는 흠이 있다. 경학자는 의리에는 공이 있지만 사(事)
를 기록한 것은 오류가 많다."¹²라고 하였다.

---

9   胡廣 等, 『春秋大全』 「總論」. "元城劉氏曰 公穀皆解正春秋 春秋所無者 公穀未嘗言之
    故漢儒推本以爲眞孔子之意 然二家亦自矛盾 則亦非孔子之意矣 若左傳 則春秋所有者
    或不解 春秋所無者 或自爲傳 故先儒以謂左氏或先經以起事 或後經以終義 或依經以辨
    理 或錯經以合異 然其說亦有牽合 要之 讀左氏者 當經自爲經 傳自爲傳 不可合而爲一
    也 然後通矣"
10 朱彝尊, 『經義考』 권170, 「春秋三」. "事莫備於左氏 例莫明於公羊 義莫精於穀梁"
11 上同. "左傳傳事不傳義 是以 詳於史而事未必實 公羊穀梁傳義不傳事 是以 詳於經而義
    未必當"
12 黎靖德, 『朱子語類』 권83, 「春秋-綱領」. "左氏是史學 公穀是經學 史學者 記得事却詳

또 원나라 때 오징(吳澄)은 "사(事)를 기재한 것은 『춘추좌씨전』이
『춘추공양전』이나 『춘추곡량전』보다 상세하고, 경문을 해석한 것은
『춘추공양전』과 『춘추곡량전』이 『춘추좌씨전』보다 정밀하다. 아마도
좌씨는 반드시 서적에서 살펴 근거한 것이 있을 것이고, 공양씨와 곡량
씨는 전해들은 말이 많다."[13]라고 하였다.

이러한 여러 사람의 설을 참작해 보건대, 춘추삼전은 각기 장단점이
있다. 다만 경학적 관점에서 보면 의리를 천명하고 체례(體例)를 분석
한 점에서 『춘추좌씨전』은 『춘추공양전』이나 『춘추곡량전』만 못하다
고 하겠다.

3. 『춘추공양전』과 『춘추곡량전』

후한의 학자들은 춘추삼전에 대해 각기 좋아하는 것이 달랐다. 이육
(李育)·정중(鄭衆)·가규(賈逵) 등 고문경학가들은 『춘추공양전』의 단
점과 『춘추좌씨전』의 장점을 논하였다. 후한 말의 몇 안 되는 금문경학
가 중 한 사람인 하휴(何休)는 『공양묵수(公羊墨守)』·『좌씨고맹(左氏膏
肓)』·『곡량폐질(穀梁廢疾)』 등을 저술하여 『춘추공양전』을 높이며 나
머지 2전을 배척하였다. 동시대의 정현은 이에 대해 일일이 지적하며
논변하였다. 그러자 하휴는 "강성(康成:鄭玄)이 내 방에 들어와서 나의
창을 잡고서 나를 공격하는구나."[14]라고 하였다.

於道理上便差 經學者 於義理上有功 然記事多誤"
13 吳澄, 『吳文正集』 권1, 「雜著–四經敍錄」, "載事則左氏詳於公穀 釋經則公穀精於左氏
意者 左氏必有按據之書 而公穀多是傳聞之辭"

　　대체로『춘추공양전』은 경문의 미언(微言)·대의(大義)를 둘 다 전하였고, 『춘추곡량전』은 대의만을 전했고, 『춘추좌씨전』은 의(義)도 전하지 못한 것으로 평한다. 또한『춘추곡량전』에서 의(義)를 언급한 것은『춘추공양전』에서 대의를 언급한 것만 못하며, 기사(記事)는『춘추좌씨전』만 못하다고 한다. 그러므로『춘추곡량전』은 전한 선제 때 학관에 세워졌고, 후한 광무제 때 조서를 내려 전수하게 하였으나 그 뒤에 폐지되어 영제(靈帝) 때 만든 희평석경(熹平石經)에는 빠지게 되었다. 전한 때 금문경학이 유행할 적에도『춘추곡량전』은『춘추공양전』만큼 성행하지 못하였다.

　　『춘추좌씨전』은 문장과 역사적 사실에 장점이 있었다. 그래서 삼국시대 이후 경학이 쇠퇴하고 문학이 성행할 적에『춘추공양전』과『춘추곡량전』은 전수되지 못하고 단절된 반면, 『춘추좌씨전』은 전해지면서 보존되었다. 당나라 때 담조(啖助)는 "지금『춘추공양전』과『춘추곡량전』2전은 거의 없어졌다. 『춘추좌씨전』을 학습하는 자들도 모두 경문을 버리고 전문만을 보존하여 마치 사적(史籍)을 보는 것처럼 그 사적(事跡)을 담론하고 그 문채를 완미할 뿐 다시는『춘추』의 미언대의가 있는 줄을 알지 못한다."[15]라고 하였으니, 당시에 이미 미언대의를 밝히기 보다는 문장을 익히는 서적으로 전락하고 만 것을 알 수 있다.

　　『한서』「예문지」의 반고의 자주(自注)에 "공양자는 제나라 사람이고, 곡량자는 노나라 사람이다.[公羊子齊人 穀梁子魯人]"라고 하였다.

14　朱軾, 『史傳三編』권2, 「漢-鄭康成」, "康成入吾室 操吾矛 以伐我乎"

15　陸淳, 『春秋集傳纂例』권1, 「啖氏集傳注義第三」, "今公羊穀梁二傳殆絶 習左氏者 皆遺經存傳 談其事跡 翫其文彩 如覽史籍 不復知有春秋微旨"

'공양전'이라는 명칭에 대해서는, 자하(子夏)의 전(傳)을 공양고(公羊高)에게 전하고, 공양고는 그의 아들 공양평(公羊平)에게 전하고, 공양평은 그의 아들 공양지(公羊地)에게 전하고, 공양지는 그의 아들 공양감(公羊敢)에게 전하고, 공양감은 그의 아들 공양수(公羊壽)에게 전하여 5세를 내려와 전한 경제(景帝) 때 공양수가 호모생(胡母生)에게 전했는데, 호모생이 죽백(竹帛)에 써서 전하며 친사(親師)를 제목으로 드러내 '공양전(公羊傳)'이라 하였다는 설이 전한다. '곡량전(穀梁傳)'도 마찬가지이다. 그런데 후대에는 역사 속에서 '공양씨'와 '곡량씨'가 보이지 않는다는 이유로 이 설에 대해 의문을 제기하는 사람들도 있다.

4. 『춘추좌씨전』

『한서』「예문지」에 "『좌씨전』은 30권이다.[左氏傳 三十卷]"라고 하였는데, 반고의 주에 "좌구명(左丘明)은 노나라 태사(太史)이다.[左丘明 魯太史]"라고 하였다. 이에 의하면 『춘추좌씨전』은 노나라 태사 좌구명이 지은 것으로, 작자의 성씨를 취해 '좌씨전'이라 명명하게 된 것임을 알 수 있다.

『한서』「예문지」에는 좌구명이 『춘추좌씨전』을 저술하게 된 배경을 다음과 같이 기록하고 있다.

> 옛날의 왕자(王者)는 대대로 사관을 두어 임금의 거동을 반드시 기록하였으니, 언행을 삼가고 법식을 밝게 하기 위해서였다. 좌사(左史)는 임금의 말[言]을 기록하고, 우사(右史)는 임금의 정사[事]를 기록하였다. 사(事)는 『춘추』가 되고 언(言)은 『상서』가 되었는데, 제왕들은 그것을 함께

하지 않는 이가 없었다. 주나라 왕실이 쇠미해져 전적이 없어지자, 중니 (仲尼)는 전성(前聖)의 왕업을 보존하려고 생각하여 이에 "하례(夏禮)를 내가 말할 수 있지만 후손인 기(杞)나라에서 징험하기 부족하고 은례(殷 禮)를 내가 말할 수 있지만 후손인 송(宋)나라에서 징험하기 부족하니, 이는 문헌이 부족하기 때문이다. 문헌이 넉넉하다면 나는 그것을 징험할 수 있을 것이다."라고 하였다. 그리고 노나라는 주공의 나라로 예문이 사 물에 구비되어 있고 사관은 법도가 있었다. 그러므로 공자가 좌구명과 함께 노나라 역사를 보고서 행사에 의거하고 인도를 따라 나라를 일으킨 사건을 인하여 공적을 수립하고 나라를 패퇴시킨 사건에 나아가 벌을 정했 으며, 일월을 빌려 역수를 정하고 조빙에 의지하여 예악을 바르게 하였다. 그 내용에 포상하고 기휘하고 폄하하고 비판한 것이 있어서 글로 써서 보일 수 없어 구두로 제자들에게 전수하였는데, 제자들이 물러나서 다른 말을 하였다. 이에 좌구명은 공자의 제자들이 각자 자기의 의사에 안주해 그 진의를 잃어버릴까 염려했기 때문에 본사(本事)를 논하여 전(傳)을 지 어 공자가 공언(空言)으로 경전을 말한 것이 아님을 밝혔다. 『춘추』에서 폄하하고 비판한 대인은 당세의 군신(君臣)들로서 권위와 세력이 있었는 데, 그 사실이 모두 전(傳)에 드러났다. 그러므로 그 서적을 숨기고 세상에 내놓지 않았으니, 당시의 환난을 면하기 위함이었다.[16]

이 설에 의하면 『춘추좌씨전』은 공자가 좌구명과 함께 노나라 역사 에 미언대의(微言大義)를 붙여 구두로 제자들에게 가르치던 것이었는 데, 제자들이 각자 다르게 해석하여 이설이 많아지자 좌구명이 전(傳)

[16] 班固, 『漢書』 권30, 「藝文志」. "古之王者 世有史官 君擧必書 所以愼言行昭法式也 左史 記言 右史記事 事爲春秋 言爲尙書 帝王靡不同之 周室旣微 載籍殘缺 仲尼思存前王之業 乃稱曰 夏禮 吾能言之 杞不足徵也 殷禮 吾能言之 宋不足徵也 文獻不足故也 足則吾能徵 之矣 以魯周公之國 禮文備物 史官有法 故與左丘明 觀其史記 據行事仍人道 因興以立功 就敗以成罰 假日月以定曆數 藉朝聘以正禮樂 有所襃諱貶損 不可以書見 口授弟子 諸子 退而異言 丘明恐弟子各安其意 以失其眞 故論本事而作傳 明夫子不以空言說經也 春秋 所貶損大人 當世君臣 有威權勢力 其事實形於傳 是以隱其書而不宣 所以免時難也"

을 지어 기록으로 남겼다는 것이다. 그런데 당대 권력자들을 폄하하거
나 비판한 내용이 있기 때문에 세상에 드러내지 않고 숨겼다는 것이다.
장백잠은 이에 대해 유흠(劉歆)의 『칠략(七略)』에 있는 것을 반고가 취
한 것으로 보아, 실제로는 유흠의 설이라고 하였다.

또 『사기』 「십이제후연표(十二諸侯年表)」의 서(序)에는 이와 약간 다
른 다음과 같은 내용이 실려 있다.

> 그러므로 공자가 왕도를 밝혀 50여 임금에게 등용되길 구했으나 등용되
> 지 못하였다. 그러므로 서쪽으로 주나라 왕실을 바라보며 역사기록과 옛
> 날에 들은 것을 논하여 노나라 역사기록에서 일으켜 『춘추』를 편찬하였
> 다. 위로는 은공(隱公)부터 기록하여 아래로는 애공(哀公) 때 기린을 잡은
> 데까지 이르렀다. 그 문장을 간략히 하여 번잡하고 중복되는 것을 빼서
> 의법(義法)을 제정하니 왕도가 갖추어지고 인사가 두루 통하였다. 공자의
> 72제자들은 그 전지(傳指)를 구두로 전해 받았으니, 풍자하고 기롱하고
> 포상하고 기휘하고 폄하하고 비판하는 글이 있어 글로 써서 보여줄 수
> 없었기 때문이다. 노나라 군자 좌구명은 공자의 제자들이 사람마다 단서
> 를 달리하여 각자 그들의 의도에 안주해서 그 진의를 잃어버릴까 염려했
> 다. 그러므로 공자의 역사기록을 통해 그 말을 갖추어 논해 『좌씨춘추(左
> 氏春秋)』를 완성했다.[17]

이러한 기록은 『한서』 「예문지」의 기록과 대략 유사하다. 그러나
『한서』에는 '공자가 좌구명과 함께 노나라 역사를 보았다'고 하였는데
『사기』에는 그런 언급이 없으며, 『사기』에는 좌구명을 노나라 군자로

---

17 司馬遷, 『史記』 권13, 「十二諸侯年表2」, "是以孔子明王道 干七十餘君 莫能用 故西觀
    周室 論史記舊聞 興於魯而次春秋 上記隱 下至哀之獲麟 約其辭文 去其煩重 以制義法
    王道備人事浹 七十子之徒 口受其傳指 爲有所刺譏褒諱挹損之文辭 不可以書見也 魯君
    子左丘明懼弟子人人異端 各安其意 失其傳 故因孔子史記 具論其語 成左氏春秋"

칭하며 공자의 제자로 보지 않고 있으며, 『사기』에는 좌구명이 공자가 편찬한 『춘추』에 전(傳)을 낸 것이 아니라 『좌씨춘추(左氏春秋)』를 만들었다고 하였다.

한편 왕망 때 유흠은 비서(祕書)를 교감하다가 고문으로 된 『춘추좌씨전』을 발견하고서 크게 좋아하였다. 당시 승상의 사(史)인 윤함(尹咸)이 『춘추좌씨전』에 능통하여 유흠과 함께 경전을 교정하였다. 유흠은 윤함과 스승 적방진(翟方進)에게 『춘추좌씨전』을 전수받으며 대의를 질문하였다. 본래 『춘추좌씨전』은 고자(古字)와 고어(古語)가 많아 학자들이 훈고를 전할 뿐이었는데, 유흠이 『춘추좌씨전』을 연구하면서 전문을 가져다 경문을 해석하여 상호 의리를 발명하였다. 이를 통해 장구의 의리가 갖추어졌다.

유흠은 좌구명이 공자와 호오가 같고 공자를 친견하였으며, 공양씨·곡량씨는 공자의 72제자보다 후세 사람으로 그들이 전해들은 것과 좌구명이 직접 본 것은 상략(詳略)이 같지 않다고 생각했다. 유흠의 부친 유향은 본래 『춘추곡량전』을 좋아했는데, 유흠은 이런 생각을 갖게 되어 『춘추좌씨전』을 중시하였다. 그래서 그가 시중이 되었을 때 『춘추좌씨전』·『모시』·『일례』·『고문상서』를 모두 학관에 세웠다.[18]

애제가 유흠으로 하여금 오경박사(금문학자)들과 그 의리를 강론하게 하였는데, 박사들은 유흠과 강론하려고 하지 않았다. 이에 유흠이 태상박사에게 글을 보내 꾸짖었다. 그 내용에 『춘추좌씨전』은 좌구명이 편찬한 고문으로 된 옛 서책인데 비부(祕府)에 보관되어 묻혀서 알려지지 않게 되었다고 하였다.[19]

18 班固, 『漢書』 권36, 「楚元王傳-劉歆」 참조.

이러한 기록을 통해 볼 때 『춘추좌씨전』은 비부에 보관되어 내려온 고문으로 유흠이 비로소 발견하여 세상에 알려지게 되었다. 유흠은 전 문을 통해 경문을 해석하는 방법론을 제시하고, 『춘추좌씨전』의 작자 는 『논어』에 보이는 좌구명으로 보았으며, 처음으로 학관에 세워 경전 의 반열에 올려놓았다. 그러나 당시 금문경학가들은 『춘추좌씨전』을 불신하였다.

위와 같은 『사기』·『한서』 등의 기록을 통해 볼 때, 『춘추좌씨전』은 세 가지 의문점이 있다. 하나는 전수된 내력이고, 하나는 '누가 지었느 냐?' 하는 작자의 문제이고, 하나는 '공자가 지은 『춘추』와 어떤 관계 인가?'라는 점이다.

전수된 내력에 대해, 한나라 때 허신의 『설문해자』의 서문에는 "또 북평후(北平侯) 장창(張蒼)이 『춘추좌씨전』을 바쳤다."[20]라고 하였는데, 당나라 때 육덕명의 『경전석문』에는 "좌구명이 전을 지어 증신(曾申)에 게 전수했고, 증신은 위(衛)나라 사람 오기(吳起)에게 전수했고, 오기는 그의 아들 오기(吳期)에게 전했고, 오기는 초나라 사람 탁초(鐸椒)에게 전했고, 탁초는 조(趙)나라 사람 우경(虞卿)에게 전했고, 우경은 같은 고을의 순경(荀卿: 荀況)에게 전했고 순황은 무릉(武陵) 장창(張蒼; 승상 北平侯)에게 전했고, 장창은 낙양 가의(賈誼)에게 전했고, 가의가 전수 해 그의 손자 가가(賈嘉)에 이르렀다."[21]라고 하였다. 그러나 『한서』에는

19　上同.

20　梅鼎祚 編, 『東漢文紀』 권13, 「許愼-說文解字敍」. "又北平侯張蒼獻春秋左氏傳"

21　陸德明, 『經典釋文』 권1, 「書錄-左氏」. "左丘明作傳 以授曾申 申傳衛人吳起 起傳其 子期 期傳楚人鐸椒 椒傳趙人虞卿 卿傳同郡荀卿名況 況傳武威張蒼 蒼傳洛陽賈誼 誼傳 至其孫嘉"

이러한 언급이 없다.

한편 『논형』에는 "『춘추좌씨전』 30권은 노 공왕 때 벽 속에서 나온 것이다."[22]라고 하였으니, 이는 전한 노 공왕 때 공자가 살던 집을 헐다가 벽 속에서 고문으로 된 다수의 경전을 발견했는데, 『춘추좌씨전』도 그때 세상에 출현했다는 설이다. 그러나 『한서』 「예문지」에는 『춘추좌씨전』이 공벽(孔壁)에서 나왔다는 언급이 없으니, 『춘추좌씨전』이 전수된 내력에 대해 의심이 없을 수 없다.

또한 『춘추좌씨전』의 작자에 대해서도 명확하지 않은 점이 있다. 『사기』 「중니제자열전」에는 좌구명이 보이지 않고, 「십이제후연표」에는 '노군자(魯君子)'라고 하였으며, 『한서』 「예문지」에는 "공자와 함께 노나라 역사를 보았다.[與孔子同觀魯史]"라고 하였다. 또 『논어』에 보이는 좌구명은 공자와 동시대 인물로 공자보다 나이가 적지 않은 듯하다. 따라서 『한서』·『사기』·『논어』의 기록으로는 좌구명이 공자의 제자라고 볼 수가 없다.

좌구명을 공자의 제자로 최초 언급한 사람은 유흠이다. 그는 "나는 좌구명은 호오가 성인과 같았으며 부자(夫子:孔子)를 친견하였는데, 공양씨와 곡량씨는 70자의 후대 사람이니, 전해들은 것과 친견한 것은 그 상략이 같지 않다고 생각한다."[23]라고 하였다. 이는 좌구명을 공자의 제자로 여긴 것이다.

『사고전서총목』에는 "유향·유흠·환담(桓譚)·반고 등으로부터 모두

---

22 蔣伯潛, 『十三經槪論』, 上海古籍出版社, 1983, 437쪽 참조.

23 班固, 『漢書』 권36, 「楚元王傳-劉歆」, "歆以爲左丘明好惡與聖人同 親見夫子 而公羊 穀梁 在七十子後 傳聞之與親見之 詳略不同"

『춘추전』은 좌구명에게서 나온 것으로, 좌구명이 공자에게 경(經)을 전수받았다고 여겼다. 위·진 이래 유학자들은 이에 대해 다시는 이의가 없었다."[24]라고 하였다. 이를 보면 유흠 이후로『춘추좌씨전』이 중시되면서 작자도 좌구명으로 보게 된 듯하다.

후대에는『논어』에 등장하는 좌구명과『춘추좌씨전』을 지은 좌구명이 동일 인물이 아니라는 점이 부각되면서, 좌구명이『춘추좌씨전』을 지었다면 그는 분명 공자와 동시대 인물이 아닐 것이며, 좌구명이 공자와 동시대 인물이라면 그는『춘추좌씨전』을 지은 사람이 아닐 것이라고 하였다. 이런 관점에서『한서』「예문지」에 실린 '좌구명이 공자와 함께 노나라 역사기록을 보았다.'는 설은 거짓이라고 하였다.

『춘추』와『춘추좌씨전』의 관계에도 의문점이 있다.『사기』「십이제후연표」에는 좌구명이『좌씨춘추』를 완성하였다고 하였다.『한서』「초원왕전-유흠」에 "유흠이『좌씨춘추』를 연구하면서 전문을 인용해 경문을 해석하여 상호 의리를 발명했다. 이로부터 장구의 의리가 갖추어졌다."[25]라고 하였으니, 그 이전에는『좌씨춘추』와 공자가 지은『춘추』는 별개의 책으로 독립되어 상호 연관성이 없었음을 알 수 있다.

후대 학자들은『좌씨춘추』를 사서(史書)라고 보았는데, 송나라 때 유안세(劉安世)는 "『좌씨춘추』를 읽는 사람은 경문은 경문대로 읽고 전문은 전문대로 읽어야지 합해 하나로 보아서는 안 된다. 그런 뒤에야 뜻이 통한다."[26]라고 하였다.

---

24 『欽定四庫全書總目』권26,「春秋類一－春秋左傳正義六十卷」. "自劉向劉歆桓譚班固皆以春秋傳出左丘明 左丘明受經於孔子 魏晉以來儒者 更無異議"

25 上同. "及歆治左氏 引傳文以解經 轉相發明 由是章句義理備焉"

26 胡廣 等,『春秋大全』「總論」. "元城劉氏曰 －전략－ 要之 讀左氏者 當經自爲經 傳自爲

청나라 때 유봉록(劉逢祿)은 "좌씨는 양사(良史)의 재주를 가진 인물로 박문다식하여 본디 『춘추』의 의리를 붙이려고 한 적이 없다. 후인들이 조례(條例)를 증설하고 사적을 추연(推衍)하여 억지로 『춘추』에 전(傳)을 지은 것이라 하여 『춘추공양전』의 박사의 사법을 빼앗고자 하였다. 그래서 명목상으로는 존숭하였지만 실질적으로는 무함한 것이다."[27]라고 하였고, 피석서는 "좌씨는 서사(敍事)가 공교롭고 문채가 풍부하니, 사론(史論)으로는 마땅히 사마천·반고의 위에 있다. 그러니 성인의 경(經:『춘추』)에 의지할 필요 없이 홀로 천고에 이름을 드리울 수 있다."[28]라고 하였다.

이런 설을 종합하면, 『춘추좌씨전』은 본래 『춘추』와 연관이 없는 『좌씨춘추』로 경서가 아니고 사서(史書)라는 점을 중시하고 있다. 그래서 장백잠은 "『춘추좌씨전』과 『춘추』를 분리하면 둘 다 아름답게 되고, 합하면 둘 다 해가 된다. 따라서 굳이 『춘추』에다 억지로 붙일 필요는 없다."라고 하였다.[29]

『춘추좌씨전』의 전문으로 『춘추』의 경문을 해석하다 보면 의문점이 매우 많다. 당나라 권덕여(權德與)는 "『춘추좌씨전』에는 경문이 없는 전(傳)이 있으니, 그 근본을 잃은 것이라 하였다."[30]라고 하였다. 또 『춘

傳 不可合而爲一也 然後通矣"

27 蔣伯潛, 『十三經槪論』, 上海古籍出版社, 1983, 442쪽에서 재인용. "左氏 以良史之材 博聞多識 本未嘗求附於春秋之義 後人增設條例 推衍事蹟 强以爲傳春秋 冀以奪公羊博 士之師法 名爲尊之 實則誣之"

28 上同, 442쪽에서 재인용. "左氏 敍事之工 文釆之富 卽以史論 當在司馬遷班固之上 不 必依傍聖經 可以獨有千古"

29 上同, 442쪽 참조.

30 上同, 442쪽에서 재인용. "左氏有無經之傳 失其根本"

추』는 '애공십사년춘 서수획린(哀公十四年春 西狩獲麟)'에서 그쳤는데, 『춘추좌씨전』은 '애공십육년하사월기축 공구졸(哀公十六年夏四月己丑 孔丘卒)'에서 그쳐 2년 이상의 기록이 더 많다.

또한 전(傳)은 경(經)을 해석하는 글인데, 『춘추좌씨전』은 경문을 해석하는 본지를 잃어버렸다. 그래서 경(經)은 경대로 전(傳)은 전대로 연관성 없이 별도의 기술을 하고 있다. 그래서 청말의 양계초는 "유흠이 왕망을 비호한 근거이다."라고 하였으며, 임황중(林黃中)은 『춘추좌씨전』의 '군자왈(君子曰)'은 유흠의 말이라 하였으며, 유봉록(劉逢祿)은 『춘추좌씨전』의 범례(凡例)와 서법(書法)은 모두 유흠에게서 나온 것이라고 하였다.[31]

사마천은 좌씨(左氏)가 실명(失明)하여 『국어(國語)』를 지었다고 하였으며, 자신은 『춘추』와 『국어』를 보았다고 하였다. 『사기』에는 『춘추좌씨전』에서 채록한 문장이 유독 많은데, 이는 본디 『국어』에 있던 기록인 듯하다. 『한서』「예문지」의 춘추류에 "『국어』는 21편이다.[國語 二十一篇]"라고 하였는데 반고의 주에 "좌구명저(左丘明著)"라고 하였으며, 그 밑에 "신국어오십사편(新國語 五十四篇)"이라고 하였는데 반고의 주에 "유향분국어(劉向分國語)"라고 하였다.

이에 대해 장백잠은 유향의 『신국어(新國語)』는 『국어』에 비해 분량이 배 이상 많고, 또 유향의 저술은 거의 남아 있는데, 『신국어』만 남아 있지 않다는 점에 의문을 제기하였다. 청말의 강유위와 양계초는 『신국어』는 좌구명의 원본이고, 지금 전하는 21편의 『국어』는 유흠이 그 중에 일부를 뽑아 『춘추좌씨전』을 만들고 남은 것이라고 하였다. 장백

---

31 上同, 443쪽 참조.

잠은 이런 설을 이어 『국어』는 유흠이 사실을 뽑아 나라별로 체(體)를 바꾸고 편년체로 만들어 『춘추』에 붙인 뒤, 다시 서법과 범례 및 '군자 운운(君子云云)' 등을 붙인 것이라 하였다.[32]

당 태종 때 공영달이 오경정의를 편찬할 적에 춘추삼전 가운데 『춘추좌씨전』만을 취함으로써 『춘추공양전』과 『춘추곡량전』보다 우위를 차지하게 되었다.

지금 전하는 십삼경주소본의 『춘추좌씨전』은 두예의 주에 공영달의 소가 붙은 것으로 가장 오래된 주석이다. '두예는 좌구명의 공신이고, 공영달은 두예의 공신이다'라고 학자들은 항상 말한다. 그러나 당나라 때 학교에서는 '주공을 선성(先聖)으로 공자를 선사(先師)'로 여겼으니, 이것이 비록 고문경학가들의 설이기는 하지만, 이를 학계에 널리 퍼지게 한 사람은 두예와 공영달이다. 장백잠은 '두예는 좌구명의 공신이기는 하지만 공자의 죄인이다'라고 혹평하기도 하였다.[33]

청대 장병린(章炳麟)은 『춘추좌전독(春秋左傳讀)』을 지었고, 유문기(劉文淇)는 『좌전구주소증(左傳舊注疏證)』과 『좌전구주고증(左傳舊注考證)』을 저술하였는데, 『춘추좌씨전』을 읽는 데 매우 유용하다. 기사본말체로는 장충(章沖)의 『좌전사류시말(左傳事類始末)』, 고사기(高士奇)의 『좌전기사본말(左傳紀事本末)』, 조종유(曹宗儒)의 『춘추좌전서사본말(春秋左傳敍事本末)』, 마교사(馬敎思)의 『좌전기사본말(左傳紀事本末)』 등이 있다. 이 외에 마숙(馬驌)의 『좌전사위(左傳事緯)』, 고동고(顧棟高)의

---

32 上同, 444쪽 참조 및 蔣伯潛·蔣祖怡 저, 최석기·강정화 역주, 『유교경전과 경학』 237~240쪽 참조.

33 蔣伯潛, 『十三經槪論』, 上海古籍出版社, 1983, 445쪽 참조.

『춘추대사표(春秋大事表)』 등도 참고할 만하다.

송나라 때에는 사법(師法)보다는 의리를 밝히는 데 주안점을 두어 『춘추』에 있어서도 춘추삼전을 전적으로 신뢰하지 않고 각자 전(傳)을 지어 『춘추』를 해석했다. 예컨대 유창(劉敞)의 『춘추전(春秋傳)』, 호안국(胡安國)의 『춘추전』 등이 그런 것이다. 주희는 호안국의 전을 비판했고, 진풍(陳澧)도 유창의 전을 비판하였다. 『춘추』를 연구하면서 춘추삼전을 취하지 않고 삼전과 다른 설을 세운 경우는 주관적인 견해로 해석한 것이 많다.

5. 『춘추』의 의(義)

맹자는 "왕자(王者)의 자취가 없어지자 『시(詩)』가 망했다. 『시』가 망한 뒤에 『춘추』가 지어졌다. 진(晉)의 『승(乘)』과 초(楚)의 『도올(檮杌)』과 노(魯)의 『춘추』는 한 가지이다. 그 일은 제 환공(齊桓公)과 진 문공(晉文公)의 일이고, 그 글은 사관(史官)이 쓴 역사이다. 공자께서 '그 의(義)는 내가 삼가 취한 것이다.'라고 하셨다."라고 하였다.[34]

여기서 알 수 있듯이, 공자가 지은 『춘추』가 다른 역사서와 다른 점은 의(義)를 역사에 붙여 놓은 것이다. 그러므로 『춘추』를 읽을 적에는 그 의(義)를 찾는 것이 중요하다.

『춘추』의 문장은 지극히 간결하고, 기사(記事)는 매우 소략하기 때

---

[34] 孟子, 『孟子』 「離婁下」, "孟子曰 王者之迹熄 而詩亡 詩亡然後 春秋作 晉之乘 楚之檮杌 魯之春秋 一也 其事則齊桓晉文 其文則史 孔子曰 其義則丘竊取之矣"

문에 송나라 때 왕안석은 "선유의 전주(傳注)는 일체 폐지하여 쓰지 말아야 한다. 『춘추』를 내쳐 학관에 세우지 말아야 하니, 심지어 희롱해 '단란조보(斷爛朝報)'라고 지목하기까지 한다."[35]라고 기롱하였다. 단란(斷爛)은 '불타고 남은 온전하지 못한 것'을 말하며, 조보(朝報)는 '조정에서 어떤 일을 알리는 공고문'이다. 요컨대 『춘추』에 실린 기사를 그냥 온전하지 못한 역사적 기록으로만 대하고 그 의(義)를 읽지 못하면 그야말로 '단란조보'라는 기롱을 면치 못할 것이라는 말이다.

『춘추』의 의(義)는 그 무엇보다 앞서 정명(正名)에 있다. 공자는 마음가짐을 중시하고 행위의 동기를 중시했다. 그래서 자기를 바르게 하여 남을 바르게 하는 덕화를 중시했다. 『춘추』는 이 정명을 대지(大旨)로 삼고 있다.

자로(子路:仲由)가 공자에게 여쭙기를 "위(衛)나라 임금이 선생을 기다려 정사를 하고자 하니, 선생께서는 어떤 일을 먼저 하시렵니까?"라고 하자, 공자가 말씀하기를 "나는 기필코 명분을 바르게 하겠다."라고 하였다. 이에 자로가 "이런 말씀을 하시는군요. 선생은 우활하십니다. 어찌 명분을 바르게 하신단 말입니까."라고 하자, 공자가 말씀하기를 "비루하구나, 중유(仲由)여. 군자는 자신이 모르는 것에 대해 말하지 않는다. 명분이 바르지 않으면 말이 순조롭지 않고, 말이 순조롭지 않으면 일이 이루어지지 않고, 일이 이루어지지 않으면 예악이 일어나지 않고, 예악이 일어나지 않으면 형벌이 적중하지 않고, 형벌이 적중하지 않으면 백성들이 수족을 둘 곳이 없게 된다. 그러므로 군자가 명분을

---

35 托克托, 『宋史』, 권327, 「列傳-王安石」, "先儒傳註 一切廢不容 黜春秋之書 不使列於 學官 至戱目爲斷爛朝報"

내세우면 반드시 말할 수 있고, 말을 하면 반드시 행할 수 있어야 하니, 군자는 자기가 한 말에 대해 구차한 바가 없을 따름이다."라고 하였다.[36]

이처럼 공자가 정치사회적으로 내세운 가장 근본적인 원칙이 정명(正名)이다. 정명은 '명분을 바르게 하는 것'이다. 공자는 이런 관점에서 "임금은 임금답고, 신하는 신하답고, 아비는 아비답고, 자식은 자식다워야 한다.[君君 臣臣 父父 子子]"는 점을 주장하였고, "정(政)은 바르게 하는 것이다.[政也者 正也]"라고 하였으며, "모가 난 술잔이 모가 나지 않으면 그것이 모난 술잔이겠는가, 모난 술잔이겠는가.[觚不觚 觚哉 觚哉]"라고 하였는데, 이 모두 정명을 강조하는 말이다.

맹자는 "세도(世道)가 쇠미해지고 사설(邪說)·포행(暴行)이 일어나 신하가 임금을 시해하고 아들이 아비를 시해하자 공자가 두려워하여 『춘추』를 지었다."라고 하였으니, 사회기강을 확립하는 논거를 정명에 둔 것이다. 춘추대의로 천자를 존숭하고 오랑캐를 물리친다는 '존왕양이(尊王攘夷)'를 흔히 말하는데, 이는 실제로 정명을 가리키는 것이다.

정명(正名)에는 세 가지가 의미가 있다. 하나는 명자(名字)를 바르게 하는 정명자(正名字)이고, 하나는 명분을 바르게 정하는 정명분(定名分)이고, 하나는 포폄(褒貶)을 붙이는 우포폄(寓褒貶)이다.

정명자(正名字)는 『춘추』의 기록에 명칭과 글자를 매우 엄중하게 한 것을 말하며, 『춘추공양전』과 『춘추곡량전』에서 해석한 것도 문법(文法)과 사성(辭性)에 매우 주의를 기울이고 있다. 정명분(定名分)은 상하를 분변하고 민지(民志)를 정하는 것이다. 예컨대 당시 초나라 임금이 천자를 상징하는 '왕(王)'을 참람하게 썼는데 『춘추』에는 하등의 제후

36 『論語』 「子路」.

작위(爵位)인 '자(子)'로 일컬어 '초자(楚子)'라고 썼으며, 송(宋)나라는 약소국이지만 상등의 제후 작위인 '공(公)'으로 칭하여 '송공(宋公)'이라고 쓴 것이 그것이다. 또 당시에는 주나라의 정령이 제후들에게 행하지 않았지만, 『춘추』에는 '춘왕정월(春王正月)'이라고 써서 명분은 어지럽힐 수 없음을 드러냈다.

우포폄(寓褒貶)은 역사적 사실에 포장(褒獎)과 폄하(貶下)의 의미를 은근히 붙여놓은 것이다. 예컨대 선공(宣公) 2년 9월조에 '진조돈시기군이고(晉趙盾弑其君夷皐)'라고 한 것이 그것이다. 실제로 조돈(趙盾)은 임금을 시해하지 않고 조천(趙穿)이 임금을 시해했는데, 조돈이 집정대신(執政大臣)으로서 망명하다가 국경을 넘지 않았고 또 역적을 토죄하지도 않았기 때문에 임금을 시해한 것과 마찬가지의 죄를 지었다고 평한 것이다.

『춘추』에 보면 '원년춘왕정월(元年春王正月)'이라는 기사가 자주 보인다. 여기에는 두 가지 의문점이 있다. 하나는 '춘(春)'이 하나라의 책력인 하력(夏曆)인가, 아니면 주나라의 책력인 주력(周曆)인가 하는 점이다. 다른 하나는 '정월(正月)' 앞에 왜 '왕(王)' 자를 붙였는가 하는 점이다.

전자에 대해서는 '춘(春)'이 하력의 춘(春)이라는 설과 주력의 춘(春)이라는 두 가지 설이 있다. 후자의 '왕정월(王正月)'이란 무슨 의미인가? 이에 대해 『춘추공양전』에서는 이 '왕(王)'을 '문왕(文王)'으로 보고, '왕정월(王正月)'은 대일통(大一統)의 의미를 담은 것으로 보았다. 대일통은 천자를 존숭하는 존왕(尊王)의 의미를 갖는다. 하나라, 상나라, 주나라는 정삭(正朔)이 달랐다. 하나라는 건인(建寅)하여 인월(寅月)로 정월을 삼았고, 상나라는 건축(建丑)하여 축월(丑月)월 정월을 삼앗고, 주나라는 건자(建子)하여 자월(子月)로 정월을 삼았다. 이를 삼통(三統) 또는 삼정(三正)이라 한다.

『춘추』에 '왕정월(王正月)'은 주나라에서 정한 정월을 가리키는 것이다. 그러니까 '왕(王)'은 주나라 천자를 가리키고, '정월(正月)'은 주나라 천자가 정한 정삭을 가리킨다. 공자가 『춘추』을 편찬할 당시에는 정령이 통일되지 않고 곡삭(告朔)의 제도가 시행되지 않아 천자가 정한 제도가 무너졌기 때문에 의도적으로 주나라 천자의 정삭을 드러내 대일통을 보인 것이다.

존주양이(尊周攘夷)와 대일통(大一統)은 모두 정명(正名)을 근본으로 하는 『춘추』의 대의이다. 그런데 '대의(大義)'에 '미언(微言)'을 붙여 '미언대의(微言大義)'라는 성어가 흔히 쓰인다. '미언'이란 '말을 은미하게 하였다'는 뜻으로 '언어로써 그 내용을 다 말하지 않았다'는 말이니, '문자에서 그 의미를 다 구할 수 없다'는 뜻이다. 반면 '대의'는 공자의 제자들이 경문을 통해 그 의리를 찾아낸 것을 말한다.

하휴(何休)의 『춘추문시례(春秋文諡例)』에 이른바 '삼과구지(三科九旨)'라고 한 것이 곧 공자의 미언(微言)이다. 하휴는 '주(周)나라를 신국(新國)으로 송(宋; 商나라 후예)나라를 고국(故國)으로 하여 『춘추』를 신왕(新王)에 해당시킨 것[新周故宋 以春秋當新王]'이 일과삼지(一科三旨)이고, '본 것은 말을 달리 하고, 들은 것은 말을 달리 하고, 전해들은 것은 말을 달리한 것[所見異辭 所聞異辭 所傳聞異辭]'이 이과육지(二科六旨)이고, '자기 나라를 안으로 하고 여러 중원의 나라를 밖으로 하며, 여러 중원의 나라를 안으로 하고 이적(夷狄)을 밖으로 한 것[內其國而外諸夏 內諸夏而外夷狄]'이 삼과구지(三科九旨)라고 하였다. 일과삼지는 하(夏)·상(商)·주(周)의 삼통(三統)을 보존하는 존삼통(存三統)이고, 이과

육지는 하·상·주의 삼세를 펼치는 장삼세(張三世)이고, 삼과구지는 내·외를 구분하는 이내외(異內外)이다. 대체로 삼과는 존삼통·장삼세·이내외이고, 구지는 시(時)·월(月)·일(日)·왕(王)·천왕(天王)·천자(天子)·기(譏)·폄(貶)·절(絕)이라 한다.

삼과의 하나인 '존삼통'은 하·상·주 삼대의 대일통을 보존해 놓았다는 뜻이다. 『춘추번로』에 "『춘추』는 위로는 하나라에 굽히고 아래로는 주나라를 보존하였으니, 『춘추』를 신왕(新王)에 해당하게 한 것이다.[春秋 上絀夏下存周 以春秋當新王]"라고 하였고, 『사기』 「공자세가」에는 "『춘추』는 노나라 역사에 의거하여 주나라를 신국(新國)으로 송나라(商의 후예)를 고국(故國)으로 본 것이다.[據魯 新周故宋]"라고 하였다. 『사기』를 지은 사마천은 「태사공자서」에서 『춘추』를 일왕지법(一王之法)에 해당하는 것으로 보았다. 이는 공자가 한 사람의 신왕을 설정하여 『춘추』의 포폄을 가지고 신왕의 상벌에 해당시킨 것이다. 그러므로 맹자가 '『춘추』는 천자의 일이다'라고 말한 것이다.

한나라 학자들은 공자가 소왕(素王)의 법을 세운 것으로 생각하였다. 전한의 동중서(董仲舒)는 "공자가 『춘추』를 지었는데, 먼저 왕도를 바르게 하고서 만사를 연계시켜 소왕의 문법을 드러냈다."[37]라고 하였으며, 후한의 가규·정현·노흠(盧欽) 등도 공자가 소왕의 법을 세운 것으로 보아 "가규의 「춘추서」에 '공자가 역사서를 보면서 시비의 설에 나아가 소왕의 법을 세웠다.'라고 하였으며, 정현의 「육예론(六藝論)」에는 '노나라 서쪽 교외에서 사냥을 하다가 기린을 잡은 뒤에 공자가 소왕이라 자호하고서 후세 천명을 받는 임금을 위해 명왕(明王)의 법을

37 班固, 『漢書』 권56, 「董仲舒列傳」, "孔子作春秋 先正王而繫萬事 見素王之文焉"

제정하였다.'고 하였으며, 노흠의 「공양서(公羊序)」에 '공자가 스스로 노나라 역사기록을 인하여 『춘추』를 편수하면서 소왕의 도를 제정하였다.'라고 하였으니, 이는 선유들이 모두 공자가 소왕의 법을 세운 것으로 말한 것이다.[38]라고 하였다. 소왕(素王)의 '소(素)'는 '공(空)'의 뜻으로, 현실적으로는 천자가 아니지만 가설적으로 일왕(一王)의 법도를 세웠다는 말이다.

삼과의 하나인 '장삼세(張三世)'는 노나라 12공의 12세 역사를 직접 본 것[見], 들은 것[聞], 전해들은 것[傳聞] 등으로 나누었다는 말이다. 공자가 직접 본 것은 3세(昭公, 定公, 哀公), 들은 것은 4세(文公, 宣公, 成公, 襄公), 전해들은 것은 5세(隱公, 桓公, 莊公, 閔公, 僖公)로 본다. 이를 햇수로 계산하면 직접 본 것은 61년, 들은 것은 85년, 전해들은 것은 96년이 된다.

삼과의 하나인 '이내외(異內外)'는 『춘추번로』에서 언급한 것처럼 자기 나라를 내(內)로 하고 중원의 여러 나라를 외(外)로 하며, 중원의 여러 나라를 내(內)로 하고 이적을 외(外)로 한다는 말이다.

장삼세의 설에 대해 공양학자들은 전해들은 세대를 발난세(撥亂世)로 보아 발난반정(撥亂反正)의 시기로 보고, 직접 들은 세대를 승평세(升平世)로 보아 소강(小康)의 정치에 이른 시기로 보고, 직접 본 세대를 태평세(太平世)로 보아 대동(大同)의 정치에 이른 시기로 보았다.

공자는 세운(世運)의 진화에 따라 정치에 삼단계의 발전이 있다고

---

38 魏了翁, 『春秋左傳要義』卷首, 序-賈逵鄭玄盧欽等謂孔子立素王」, "賈逵春秋序云 孔子覽史記 就是非之說 立素王之法 鄭玄六藝論云 孔子旣西狩獲麟 自號素王 爲後世受命之君 制明王之法 盧欽公羊序云 孔子自因魯史記而修春秋 制素王之道 是先儒皆言孔子立素王也"

설정해 난신적자를 주벌하고 존주양이하는 것은 발난(撥亂)의 도이고, 예(禮)를 삼가고 의(義)를 드러내며 인(仁)을 본받고 겸양을 강론하는 것은 승평(升平)을 이룩한 소강(小康)의 도이고, 태평세의 대동(大同)에 이르면 천하가 공정해진다고 본 것이다. 이것이 『춘추』를 신왕에 해당시켜 정치적 이상을 붙인 것으로 보는 인식이다. 청대 금문경학가들은 이 삼세설(三世說)을 크게 강조하여 공자의 정치진화이론으로 보았다.

6. 『춘추』의 예(例)

『춘추』의 미언(微言)은 문자 속에서 구할 수 없지만, 대의(大義)는 문자를 통해 구할 수 있다. 문자 속에서 의(義)를 찾으려면 반드시 문사(文辭)를 모아 사건별로 배열하여 『춘추』의 서법이동(書法異同)을 찾아 그 같고 다른 점을 드러내야 한다. 이것이 '예(例)'라고 하는 것이다.

호모생(胡母生)은 『춘추공양전』을 연구하면서 조례(條例)를 제시했고, 동중서(董仲舒)는 '『춘추』에는 달례(達例)가 없다.'라고 하여 달례를 언급했다. 춘추공양학자들은 조례·달례 외에도 시례(諡例)·석례(釋例) 등의 예(例)를 찾아 해석하였다.

『춘추곡량전』의 시(時)·월(月)·일(日)의 예는 『춘추공양전』보다 상세하다. 범녕(范寧)의 『춘추곡량집해(春秋穀梁集解)』 자서(自序)에는 '상략명례(商略名例)'라는 말이 보이며, 『춘추곡량전주소(春秋穀梁傳注疏)』의 소(疏)에는 100여 조의 '약례(略例)'가 있다. 『춘추좌씨전』에도 예(例)가 있다. 정흥(鄭興)·가휘(賈徽)·정중(鄭衆)·가규(賈逵) 등도 각자 조례가 있다. 지금 전하는 『춘추좌씨전』에는 명백한 예가 있는데, 공영달의 소에는 "선유들이 모두 좌구명에게서 나온 것이라 하였다."라고 하였다. 한편 두예는 구례(舊例)를 주공의 의중으로, 신례(新例)를 공자의 의중으로 보았다.

청나라 초기의 주이준(朱彝尊)은 "예(例)로 『춘추』를 해석하는 것은 한유(漢儒)로부터 비롯되었다."[39]라고 하였다. 예(例)는 『춘추』를 연구하는 학자들이 경전에 나아가 비교하여 귀납적으로 도출한 것이지, 『춘추』 경문에 그 예를 제시한 것은 아니다. 즉 공자가 『춘추』를 지을 적에 미리 서법(書法)의 범례를 정해 놓고 그에 근거해 표준을 세워 『춘추』를 지은 것이 아니며, 주공이 정해놓은 예가 있어 공자가 이에 의거해 『춘추』를 지은 것도 아니다.

송나라 때 홍흥조(洪興祖)는 "『춘추』는 본디 예(例)가 없었다. 학자들이 행사의 자취에 따라 예를 구한 것이다."[40]라고 하였다. 요컨대 예(例)는 언어와 문장을 연구하는 학자들이 서법을 비교 분석해 어법과 문법을 찾아낸 것이다.

진(晉)나라 때 두예(杜預)는 『춘추좌씨경전집해』를 저술하였는데 자서(自序)에서 다음과 같이 말하였다.

> 중니는 노나라 사관이 서책에 기록한 성문(成文)을 인하여 그 진위를 고찰하고 그 전례(典禮)를 기록하였는데, 위로는 주공의 유제(遺制)를 따르고 아래로는 장래에 시행할 법제를 밝혔다. 그 글이 예교는 있지만 문사가 예교를 해칠 경우에는 산삭하고 바로잡아 권계를 보였고, 그 나머지는

---

39 朱彝尊, 『曝書亭集』 권34, 「序一–涪凌崔氏春秋本例序」, "以例說春秋 自漢儒始"
40 朱彝尊, 『經義考』 권186, 「春秋–洪氏興祖春秋本旨」, "春秋本無例 學者因行事之迹 以爲例"

모두 옛날 역사에 기록된 글을 따랐다. 사관 가운데는 문채 나는 글을 쓰는 사람도 있고 질박한 글을 쓰는 사람도 있으며, 문사에는 상세한 경우도 있고 소략한 경우도 있어 군이 고칠 필요가 없었다. 그러므로 『춘추좌씨전』에 "이는 잘 기록한 것이다."(昭公 31년 조)라고 하였으며, 또 "성인이 아니면 누가 능히 이렇게 지을 수 있겠는가."(成公 4년 조)라고 하였으니, 이는 대체로 주공의 기사법(記事法)을 중니가 이어 밝혔기 때문이다.[41]

이는 『춘추』의 예(例)가 주공의 유제로 공자가 이어서 밝혔다고 보는 시각으로, 홍흥조나 주이준이 후대 학자들에 의해 만들어진 것이라고 본 설과는 상반되는 설이다.

두예는 위 인용문을 이어 좌구명이 전을 지으며 예(例)를 정한 것을 다음과 같이 말하였다.

좌구명이 중니에게 경을 전수받고서 '경은 산삭할 수 없는 글이다.'라고 생각하였다. 그러므로 『좌씨전』을 지으면서 경문 앞에 전을 붙여 경문의 일을 설명하기도 하고, 경문 뒤에 전을 붙여 경문의 뜻을 종결하기도 하고, 경문에 의거하여 사리를 변론하기도 하고, 경문을 대조하여 서법이 다른 것을 모으기도 하여 그 뜻을 따라서 예를 드러냈다. 그 예가 중복되는 것은 옛날 역사의 유문(遺文)이기 때문에 생략하고서 모두 거론하지 않았으니, 이는 성인이 편수한 요지가 아니기 때문이다. 좌구명은 국사(國史)가 되어 몸소 서적을 열람하면서 경에 기록되지 않은 것까지 널리 기록하여 상세히 갖추어 언급하였기 때문에 그 문사가 완곡하고 그 지취(旨趣)가 심원하다. 좌구명은 학자들로 하여금 그 사건의 시원을 추원(推原)하여

41 孔穎達 等, 『春秋左傳正義』 卷頭, 杜預의 「春秋序」, "仲尼因魯史策書成文 考其眞僞而志其典禮 上以遵周公之遺制 下以明將來之法 其敎之所存 文之所害 則刊而正之 以示勸戒 其餘則皆卽用舊史 史有文質 辭有詳略 不必改也 故傳曰 其善志 又曰 非聖人 孰能修之 蓋周公之志 仲尼從而明之"

결과를 추단하고, 그 사건의 지엽을 찾아 그 궁극을 탐구하게 하기 위해 그 문장을 풍부하게 기록해 학자들의 마음을 편안하게 하여 스스로 그 뜻을 찾게 하고, 그 대의의 정수를 기록해 학자들의 기호를 충족시켜 스스로 심오한 뜻을 탐구하게 하였다. 마치 강해(江海)가 대지를 적시고 고택(膏澤)이 만물을 적시듯이, 널리 기록하고 구체적으로 말하여 경문에까지 미치게 하여 의리를 통하게 하였으니, 학자들은 봄날 얼음이 풀리듯이 의심이 없어져 환히 이치가 순조롭게 된 뒤에 그 뜻을 터득하게 되었다.[42]

두예는 이어서『춘추좌씨전』의 예(例)에 대해 다음과 같이 말하였다.

『춘추좌씨전』에서 '범(凡)' 자를 써서 예(例)를 말한 것은 모두 나라를 경영하는 상제(常制)와 주공이 남긴 법도와 사서(史書)의 옛 전장(典章)을 중니가 그대로 따라 편수하여『춘추』한 경전의 전체적인 체제를 만든 것이다. 또 경문에 드러낸 일은 세미하게 기록하고 숨긴 일은 드러내 밝혀 의류(義類)를 재단해 만든 것은 모두 구례(舊例)에 의거하여 경의(經義)를 드러내고, 행사의 시비를 지적하여 포폄을 바르게 한 것이다. 전(傳)에 '서(書)'·'불서(不書)'·'선서(先書)'·'고서(故書)'·'불언(不言)'·'불칭(不稱)'·'서왈(書曰)'이라고 칭한 것들은 모두 신·구의 예(例)를 일으켜 대의를 드러낸 것이니, 변례(變例)라고 한다. 그러나 또한 사서(史書)에 기록되지 않은 것이라도 중니의 뜻에 부합되어 의리라고 여긴 것이 있으니, 이것이 대체로『춘추』의 신의(新意)이다. 그러므로 전에 '범(凡)'을 말하지 않고 자세히 말하여 그 뜻을 통하게 하였다. 경문에 의례(義例)가 없고 행사에 따라 말한 것은 전에서도 그 귀추(歸趣)만을 곧장 말하였을 뿐이니,

---

42 上同. "左丘明受經於仲尼 以爲經者不刊之書也 故傳 或先經以始事 或後經以終義 或依經以辯理 或錯經以合異 隨義而發 其例之所重 舊史遺文 略不盡擧 非聖人所修之要故也 身爲國史 躬覽載籍 必廣記而備言之 其文緩 其旨遠 將令學者 原始要終 尋其枝葉 究其所窮 優而柔之 使自求之 饜而飫之 使自趣之 若江海之浸 膏澤之潤 渙然氷釋 怡然理順 然後爲得也"

이것이 비례(非例)이다.[43]

이러한 두예의 설을 정리하면 크게 구례(舊例)·변례(變例)·비례(非例)로 나눌 수 있는데, 주공이 전한 법제와 옛날의 전장으로 '범(凡)' 자를 쓴 것은 구례이고, '서(書)'·'불서(不書)'·'선서(先書)'·'고서(故書)'·'불언(不言)'·'불칭(不稱)'·'서왈(書曰)'이라고 하여 대의를 새로 발명한 것은 변례(變例)이고, 선악이 없는 사건에 대해 포폄을 붙이지 않고 그 결과만을 말한 것은 비례(非例)라는 것이다. 요컨대 예(例)에는 발범정례(發凡正例), 신의변례(新意變例), 귀추비례(歸趣非例) 세 가지가 있다고 본 것이다.

서(書)·불서(不書)·선서(先書)·고서(故書)·불언(不言)·불칭(不稱)·서왈(書曰) 등 일곱 가지 변례의 예를 들면 다음과 같다.

서(書)의 예는, 양공 27년 경문에 "여름에 숙손표(叔孫豹)가 진(晉)나라 조무(趙武), 초나라 굴건(屈建), 채나라 공손귀생(公孫歸生), 위(衛)나라 석악(石惡), 진(陳)나라 공환(孔奐), 정나라 양소(良霄), 허인(許人), 조인(曹人)을 송나라에서 만났다.[夏 叔孫豹會晉趙武楚屈建蔡公孫歸生衛石惡陳孔奐鄭良霄許人曹人于宋]"라고 하였는데, 『춘추좌씨전』에 이를 해석하여 "진(晉)나라를 먼저 쓴 것은 진나라에 신의가 있었기 때문이다.[書先晉 晉有信也]"라고 한 것이다. 이와는 반대로 불서(不書)의 예는, 은공 원년 『춘추좌씨전』에 "은공의 즉위를 쓰지 않은 것은 섭정이기

---

43 上同. "其發凡以言例 皆經國之常制 周公之垂法 史書之舊章 仲尼從而修之 以成一經之通體 其微顯闡幽 裁成義類者 皆據舊例而發義 指行事以正褒貶 諸稱書不書先書故書不言不稱書曰之類 皆所以起新舊發大義 謂之變例 然亦有史所不書 卽以爲義者 此蓋春秋新意 故傳不言凡 曲而暢之也 其經無義例 由行事而言 則傳直言其歸趣而已 非例也"

때문이다.[不書卽位 攝也]”라고 한 것이다.

　선서(先書)의 예는, 환공 2년 경문에 “2년 봄 주나라 왕력 정월 무신일에 송독(宋督)이 임금 여이 및 대부 공보(孔父)를 시해했다.[二年春王正月戊申 宋督弑其君與夷及其大夫孔父]”라고 하였는데, 『춘추좌씨전』에 “2년 봄 송독이 공씨(孔氏)를 공격하여 공보를 죽이고 그의 처를 취했다. 송나라 임금이 노하자 송독이 두려워하여 드디어 상공(殤公)을 시해하였다. 군자는 송독이 임금을 무시하는 마음을 가지고 있다가 후에 대신을 죽이는 못된 행동을 한 것이라고 여겼다. 그러므로 송독이 그 임금을 시해했다고 먼저 쓴 것이다.[二年春 宋督攻孔氏 殺孔父而取其妻 公怒督懼 遂弑殤公 君子以督爲有無君之心 而後動於惡 故先書弑其君]”라고 한 것이다.

　고서(故書)의 예는, 은공 3년 경문에 “3월 경술일에 천왕이 붕어하였다.[三月庚戌 天王崩]”라고 하였는데, 『춘추좌씨전』에 “3년 봄 왕력 3월 임술일에 평왕이 붕어하였다. 경술일에 부고를 하였기 때문에 그렇게 쓴 것이다.[三年春 王三月壬戌 平王崩 赴以庚戌 故書之]”라고 한 것이다.

　불언(不言)과 서왈(書曰)의 예는, 은공 원년 경문에 “여름 5월 정백(鄭伯)이 단(段)을 언(鄢)에서 이겼다.[夏五月 鄭伯克段于鄢]”라고 하였는데, 『춘추좌씨전』에 “‘정백이 단을 언에서 이겼다.’라고 쓴 것은 단이 아우답지 않았기 때문에 아우라고 말하지 않은 것이고, 형제가 다툰 것이 마치 두 임금이 교전한 것과 같았기 때문에 이겼다고 말한 것이며, ‘정백’이라고 칭한 것은 아우를 제대로 가르치지 못한 것을 기롱하고 그것이 정백의 본심이었음을 말한 것이다. 공숙단의 출분을 말하지 않은 것은 그렇게 쓰기가 곤란하였기 때문이다.[書曰鄭伯克段于鄢 段不弟 故不言弟 如二君 故曰克 稱鄭伯 譏失敎也 謂之鄭志 不言出奔 難之也]”라고 한 것이다. 불칭(不稱)의 예는, 희공 원년 경문에 희공이 즉위한 사실을 쓰지 않았는데, 『춘추좌씨전』에 "원년 봄. 희공의 즉위를 말하지 않은 것은 희공이 출분했었기 때문이다.[元年春 不稱卽位 公出故也]"라고 한 것이다.

이어 두예는 다음과 같이 예(例)를 분석하였다.

> 그러므로 전(傳)을 기술한 체(體)에는 위와 같은 세 가지가 있고, 예(例)를 정한 정상(情狀)에는 아래와 같은 다섯 가지가 있다. 첫째는 문사(文辭)를 은미하게 하여 의미를 드러낸 미이현(微而顯)으로, 문사는 이것을 드러내 보였지만 뜻을 일으킨 것은 저기에 있는 것이니, "족(族)을 칭한 것은 군명을 높인 것이고, 족(族)을 칭하지 않은 것은 부인을 높인 것이다."[44], "양(梁)나라가 망하였다."[45], "연릉(緣陵)에 성을 쌓았다."[46]라고 한 유형이 그것이다. 둘째는 사실(史實)을 기록하되 그 의미를 은미하게 한 지이회(志而晦)로, 말을 간략하게 하여 법제를 보여서 미루어 예(例)를 알게 한 것이니, "세 나라 이상의 임금이 회합한 경우에는 회합한 지명을 칭하지 않는다."[47], "모의에 참여한 경우에는 '급(及)'이라고 칭한다."[48]라고 한 유

---

44 成公 14년 經文에 "秋 叔孫僑如 如齊逆女 九月 僑如 以夫人婦姜氏 至自齊"라고 하였는데, 『左氏傳』에 "稱族(叔孫僑如) 尊君命也 舍族(僑如) 尊夫人也"라고 하였다. 경문의 기록은 '文見於此'이고, 전문의 기록은 '起義在彼'이다.

45 僖公 19년 經文에 "梁亡"이라 하였는데, 『좌씨전』에 "不書其主 自取之也"라고 하였다. 경문의 기록은 '文見於此'이고, 전문에 梁나라를 멸망시킨 주인공을 기록하지 않은 양나라가 스스로 멸망을 자초했기 때문이라고 한 것은 '起義在彼'이다.

46 僖公 14년 經文에 "諸侯城緣陵"이라 하였는데, 『좌씨전』에 "不書其人 有闕也"라고 하였다. 경문의 기록은 '文見於此'이고, 전문에 성을 쌓은 사람을 기록하지 않은 것은 성을 견고하게 쌓지 않았기 때문이라고 한 것은 '起義在彼'이다.

47 桓公 2년 經文에 "公及戎 盟于唐 公至自唐"이라 하였는데, 『좌씨전』에 "特相會 往來稱地 讓事也 自參以上 則往稱地 來稱會 成事也"라고 하였다. '唐'이라는 地名을 쓴 것은 회맹이 이루어지지 않았음을 암시하니, 이것이 '約言示制 推以知例'에 해당한다.

48 宣公 7년 經文에 "公會齊侯伐萊"라고 하였는데, 『좌씨전』에 "凡出師 與謀曰及 不與謀

형이 그것이다. 셋째는 문사를 완곡하게 하여 전장(典章)을 이룬 완이성장(婉而成章)으로, 완곡하게 의훈(義訓)을 따라 기술하여 크게 순리를 보인 것이니, 여러 곳의 휘피(諱避)한 부분 및 "옥구슬을 주고 허전(許田)을 빌렸다."[49]는 유형이 그것이다. 넷째는 사실을 다 기록하여 왜곡하지 않은 진이불오(盡而不汙)로, 그 사실을 솔직하게 기록하고 문사를 구체화하여 기풍(譏諷)의 의사를 드러낸 것이니, "기둥에 단청을 하였다."[50], "서까래에 조각을 하였다."[51], "천왕이 수레를 요구하였다."[52], "제후(齊侯)가 전리품을 바쳤다."[53]는 유형이 그것이다. 다섯째는 악을 징계하고 선을 권장한 징악이권선(懲惡而勸善)으로, 명예를 구하고자 한 자는 그 이름을 묻어버리고 악명을 은폐하고자 한 자는 그 이름을 드러낸 것이니, '제표(齊豹)'를 '도(盜)'라 쓰고[54] 세 반역한 사람의 이름을 쓴[55] 유형이 그것이다. 이 다섯

曰會"라고 하였다. 모의에 참여하지 않았기 때문에 경문에 '及'이라 쓰지 않고 '會'로 써서 마지못해 저들의 요구에 응한 회합이라는 의미를 드러냈다는 것이니, 이것이 '約言示制 推以知例'에 해당한다.

49 桓公 원년 經文에 "鄭伯 以璧假許田"이라 하였는데, 『좌씨전』에 "爲周公祊故也"라고 하였다. 許田은 魯나라의 朝宿邑이고, 祊은 鄭나라의 湯沐邑인데 모두 천자가 하사한 읍이다. 許田이 鄭나라에 가까이 있고, 祊은 魯나라 영역에 있어서 鄭伯이 周公의 제사를 지내주는 조건으로 옥을 얹어 두 읍을 서로 교환하자고 하였는데, 노나라 입장에서는 허락할 수 없는 일이었다. 그러므로 그 사실을 그대로 쓰지 않고 避諱하여 鄭伯이 璧을 주고 許田을 임시로 빌린 것처럼 문사를 완곡하여 기술한 것이 이른바 婉而成章이다.

50 莊公 23년 經文에 "丹桓宮楹"이라 하였는데, 『좌씨전』에 "非禮也"라 하였다.

51 莊公 24년 經文에 "刻桓宮桷"이라 하였는데, 『좌씨전』에 "非禮也"라 하였다.

52 桓公 15년 經文에 "天王使家父來求車"라고 하였는데, 『좌씨전』에 "諸侯不貢車服 天子不私求財"라고 하였다.

53 莊公 31년 經文에 "齊侯來獻戎捷"이라 하였는데, 『좌씨전』에 "諸侯不相遺俘"라고 하였다.

54 昭公 20년 經文에 "盜殺衛侯之兄縶"라고 하였는데, '盜'는 衛侯의 동생 '齊豹'를 가리키는 것으로 '求名而亡'에 해당한다.

55 襄公 21년조 經文에 "邾庶其以漆閭丘來奔"이라 하고, 昭公 5년 經文에 "莒牟夷以牟婁及防玆來奔"이라 하고, 昭公 31년 經文에 "邾黑肱以濫來奔"이라 한 것을 말한다. 邾庶其·莒牟夷·邾黑肱은 일반인으로 그 이름을 기록하는 것이 마땅하지 않으나 이름

가지 체제를 미루어 경·전의 뜻을 찾아 유형에 따른 인식을 더욱 넓혀서 242년의 행사에 붙여보면, 왕도의 정법과 인륜의 기강이 완비될 것이다.[56]

두예는 예(例)를 미이현(微而顯), 지이회(志而晦), 완이성장(婉而成章), 진이불오(盡而不汙), 징악이권선(懲惡而勸善) 다섯 가지로 정리하고 그 사례를 예시하였다. 사례는 위 인용문에 구체적으로 언급하고 있기 때문에 별도의 사례를 제시하지 않는다.

『춘추』의 예에 대해서는 후대 학자들이 언급한 설이 매우 많은데, 청대 주이준의 『경의고』에 의하면, 영용(穎容)의 『좌씨석례(左氏釋例)』, 순상(荀爽)·유도(劉陶)·최영은(崔靈恩)의 『조례(條例)』, 방범(方範)의 『경례(經例)』, 오략(吳略)의 『설례(說例)』, 유헌지(劉獻之)의 『약례(略例)』, 한황(韓滉)·육희성(陸希聲)·호안국(胡安國)·필량사(畢良史)의 『통례(通例)』, 담조(啖助)·정부(丁副)·주림(朱臨)의 『통례(統例)』, 육순(陸淳)·이응룡(李應龍)·척숭증(戚崇增)의 『찬례(纂例)』, 위표미(韋表微)·성완(成完)·손명복(孫明復)·주희맹(朱希孟)·섭몽득(葉夢得)·오징(吳澂)의 『총례(總例)』, 이근(李瑾)·증원생(曾元生)의 『범례(凡例)』, 유창(劉敞)의 『설례(說例)』, 빙정부(憑正符)의 『망례(忘例)』, 유희(劉熙)의 『연례(演例)』, 조첨(趙瞻)·진지유(陳知柔)의 『의례(義例)』, 장사백(張思伯)의 『간례(刊

을 기록하였으니, '欲蓋而章'에 해당한다.

56 孔穎達 等, 『春秋左傳正義』 卷頭, 杜預의 「春秋序」, "故發傳之體有三 而爲例之情有五 一曰微而顯 文見於此 而起義在彼 稱族尊君命 舍族尊夫人 梁亡 城緣陵之類 是也 二曰 志而晦 約言示制 推以知例 參會不地 與謀日及之類 是也 三曰婉而成章 曲從義訓 以示 大順 諸所諱辟 璧假許田之類 是也 四曰盡而不汙 直書其事 具文見意 丹楹刻桷 天王求 車 齊侯獻捷之類 是也 五曰懲惡而勸善 求名而亡 欲蓋而章 書齊豹盜 三叛人名之類 是 也 推此五體 以尋經傳 觸類而長之 附于二百四十二年行事 王道之正 人倫之紀 備矣"

例)』, 왕석(王晳)·왕일휴(王日休)·경현(敬鉉)의『명례(明例)』, 진덕녕(陳德審)의『신례(新例)』, 왕자(王鎡)·왕현(王炫)의『문례(門例)』, 여가(余嘉)의『지례(地例)』, 호기(胡箕)의『회례(會例)』, 범씨(范氏)의『단례(斷例)』, 이씨(李氏)의『이동례(異同例)』, 정형(程逈)의『현미례(顯微例)』, 석공유(石公孺)·주경손(周敬孫)의『유례(類例)』, 가현옹(家鉉翁)의『서례(序例)』, 임요수(林堯叟)의『괄례(括例)』, 오우(吳迂)의『의례(義例)』, 양 간문제(梁簡文帝)와 제 진안왕 자무(齊晉安王子懋)의『예원(例苑)』, 손입절(孫立節)의『예론(例論)』, 장대순(張大淳)의『예종(例宗)』, 유연(劉淵)의『예의(例義)』, 작씨(勺氏)의『예서(例序)』 등이 있다. 이러한 예서(例書)는『춘추』의 예만을 추출한 것도 있고, 춘추삼전 중 어느 하나의 전(傳)만을 대상으로 한 것도 있고, 춘추삼전을 모두 통합해 그 예를 비교한 것도 있다.

공자가『춘추』를 지으면서 서법 안에 대의를 붙이기도 하고, 서법 외에 미언을 붙이기도 하였다. 공자가 별세한 뒤에 미언이 끊어졌다. 오직 한나라 때 동중서·하휴 등과 청나라 때 유봉록(劉逢祿)·료평(廖平)·강유위(康有爲) 등 춘추공양학자의 언설 속에서 그 가운데 한두 가지를 엿볼 수 있다. 대개 공자는『춘추』를 한 시대의 새로운 왕[新王]으로 설정하고, 그에 의지해 자신의 이상적인 정치관을 드러낸 것이다.

7. 춘추삼전의 석경(釋經)

춘추삼전은 모두『춘추』를 풀이한 것인데, 경전을 해석하는 방법이 다르다.『춘추공양전』과『춘추곡량전』은 의례(義例)를 중시하는 반면,

『춘추좌씨전』은 사실(事實)에 중점을 두고 있다. 해석하는 의미도 다른 점이 있다.

1) 사례 1

『춘추』 노 은공 원년 경문에 "여름 5월 정백이 단(段)을 언(鄢)에서 이겼다.[夏五月 鄭伯克段于鄢]"라고 하였는데, 춘추삼전의 해석은 다음과 같이 다르다.

> • 『춘추공양전』: '단(段)을 이겼다'는 것은 무슨 뜻인가? 그를 죽였다는 말이다. 그를 죽였으면 어찌하여 그를 이겼다고 말했는가? 정백의 악을 크게 여긴 것이다. 어찌 하여 정백의 악을 크게 여긴 것인가? 모친이 그를 세우려고 하였는데 자신이 그를 죽였으니 그에게 주지 말라고 한 것만 못할 따름이다. 단은 어떤 인물인가? 정백의 아우이다. 무엇 때문에 아우라고 칭하지 않았는가? 국정에 해당하기 때문이다. 그 땅은 어떤 땅인가? 국정에 해당하는 땅이다. 제인(齊人)이 공손무지(公孫無知)를 죽였을 때[57]는 무엇 때문에 지명을 쓰지 않았는가? 기내(畿內)에 있었기 때문이다. 기내에 있으면 비록 국정에 해당하더라도 지명을 쓰지 않으며, 국정에 해당하지 않는 곳은 기내 밖에 있더라도 지명을 쓰지 않는다.[58]
> • 『춘추곡량전』: '극(克)'은 무슨 의미인가? 능하다는 뜻이다. 무엇이 능하다는 말인가? 죽이는 데 능하다는 말이다. 무엇 때문에 '살(殺)'이라

---

57 『春秋』 魯 莊公 9년조 경문에 "九年春 齊人殺無知"라고 한 것을 가리킨다. 魯 莊公 8년 齊나라 公孫無知가 連稱·管至父와 작당해서 齊 襄公을 시해하고 임금이 되었는데 그 이듬해 齊人이 그를 죽였다. 이 사건에 대해 『春秋』에는 地名을 쓰지 않았다.
58 公羊高, 『春秋公羊傳』 隱公 원년. "克之者何 殺之也 殺之則曷爲謂之克 大鄭伯之惡也 曷爲大鄭伯之惡 母欲立之 己殺之 如勿與而已矣 段者何 鄭伯之弟也 何以不稱弟 當國也 其地何 當國也 齊人殺無知 何以不地 在內也 在內 雖當國 不地也 不當國 雖在外 亦不地也"

말하지 않았는가? 단이 군대를 거느리고 있었음을 드러낸 것이다. 단은 정백의 아우이다. 무엇으로 그가 아우인 줄 아는가? 세자와 동모제를 죽인 것은 모두 임금을 칭한 경우이다. 그가 임금을 칭했기 때문에 그가 아우인 줄 아는 것이다. 단은 아우인데 아우라고 말하지 않고, 단은 공자인데 공자라고 말하지 않은 것은 그를 폄하한 것이다. 단이 자제의 도리를 잃었기 때문에 단을 천히 여기고 정백을 심히 나무란 것이다. 정백을 심히 나무랐다는 것은 무엇인가? 정백이 마음을 쓰고 사려를 깊이 하여 아우를 죽인 것을 심히 나무란 것이다. '우언(于鄢)'은 멀다는 뜻으로 어미의 품속에서 그를 취해 죽였다고 말하는 것과 같으니, 그를 심히 나무란 것이다. 그렇다면 정백이 된 입장에서는 어찌해야 한단 말인가? 추격하기를 더디게 하여 적을 놓아주는 것이 친족을 친히 하는 도리이다.[59]

• 『춘추좌씨전』: ① 당초 정 무공(鄭武公)은 신(申)나라에서 아내를 맞이했으니 무강(武姜)이다. 무강이 장공(莊公)과 공숙단(公叔段)을 낳았는데, 장공이 태어날 때 거꾸로 나와 강씨를 놀라게 하였기 때문에 그의 이름을 오생(寤生)이라 하고 그를 미워하였다. 무강은 공숙단을 사랑하여 그를 임금으로 세우고자 무공에게 자주 청하였으나 무공이 허락하지 않았다.[60] ② 장공이 즉위하자 무강이 공숙단을 위해 제읍(制邑)을 청하니, 장공이 말하기를 "제읍은 지세가 험한 고을로서 괵숙(虢叔)이 그곳에서 죽었습니다. 다른 고을을 봉해주자고 하시면 명대로 따르겠습니다."라고 하여, 무강이 경읍(京邑)을 청하니 장공이 공숙단을 그곳에 살게 하고 경성대숙(京城大叔)이라 하였다. 제중(祭仲)이 말하기를 "국도 이외의 도성이 백치(百雉)를 넘는 경우는 국가의 해가 됩니다. -중략-"

---

59 穀梁赤, 『春秋穀梁傳』 隱公 원년. "克者何 能也 何能也 能殺也 何以不言殺 見段之有徒衆也 段 鄭伯弟也 殺世子母弟 目君 以其目君 知其爲弟也 段弟也而弗謂弟 公子也而弗謂公子 貶之也 段失子弟之道矣 賤段而甚鄭伯也 何甚乎鄭伯 甚鄭伯之處心積慮 成於殺也 于鄢 遠也 猶曰取之其母之懷中而殺之爾 甚之也 然則爲鄭伯者 宜奈何 緩追逸賊 親親之道也"

60 左丘明, 『春秋左氏傳』 隱公 원년. "初 鄭武公娶于申 曰武姜 生莊公及共叔段 莊公寤生 驚姜氏 故名曰寤生 遂惡之 愛共叔段 欲立之 亟請於武公 公弗許"

라고 하니, 장공이 말하기를 "불의를 많이 자행하면 반드시 스스로 패망할 것이니, 그대는 우선 그때를 기다려라."라고 하였다. −하략−⁶¹ ③ 대숙이 성곽을 견고히 하고 군량을 모으고 갑옷과 무기를 수선하고 군사와 병거를 갖추어 정나라를 습격하려 하니, 부인[武姜]이 내응하여 성문을 열어주려 하였다. 장공이 그 시기를 듣고서 말하기를 "손을 쓸 때가 되었다."라고 하고서, 자봉(子封)에게 명하여 병거 2백 승을 거느리고 경읍을 정벌하였다. 경읍의 사람들이 대숙 단을 배반하니, 단이 언(鄢)으로 들어갔다. 장공이 언으로 가서 단을 정벌하자, 5월 신축일에 대숙이 공(共)으로 출분하였다.⁶² ④ 경문에 '정백이 언에서 단을 이겼다.'라고 썼으니, 이는 단이 아우답지 않았기 때문에 '아우[弟]'라고 말하지 않은 것이고, 그 싸움이 두 나라 임금이 싸운 것과 같았기 때문에 '극(克)'이라고 말한 것이다. '정백'이라 칭한 것은 아우를 제대로 가르치지 못한 것을 기롱한 것이고, 그것이 정백의 본심이었음을 말한 것이다. '출분'을 말하지 않은 것은 그렇게 쓰기가 곤란하였기 때문이다.⁶³ ⑤ 장공은 드디어 강씨(姜氏)를 성영(城潁)에 안치하고 맹서하기를 "죽기 전에는 서로 볼 일이 없을 것이다."라고 하였는데, 얼마 뒤 이를 후회하였다. −하략−⁶⁴ ⑥ 군자가 논평하기를 "영고숙(潁考叔)은 순효(純孝)이다. 모친을 친애하여 그 사랑을 장공에게 미루어 미쳤다. 『시경』에 '효자의 효심은 끝이 없어 길이 너의 동류에게 미치리.'라고 하였으니, 그 말은 바로 이런 경우를 두고 말한 것이로구나."라고 하였다.⁶⁵

---

61 上同. "及莊公卽位 爲之請制 公曰 制 巖邑也 虢叔死焉 佗邑唯命 請京 使居之 謂之京城大叔 祭仲曰 都城過百雉 國之害也 −중략− 公曰 多行不義 必自斃 子姑待之−하략−"
62 上同. "大叔完聚 繕甲兵 其卒乘 將襲鄭 夫人將啓之 公聞其期曰 可矣 命子封帥車二百乘以伐京 京叛大叔段 段入于鄢 公伐諸鄢 五月辛丑 大叔出奔共"
63 上同. "書曰鄭伯克段于鄢 段不弟 故不言弟 如二君 故曰克 稱鄭伯 譏失教也 謂之鄭志 不言出奔 難之也"
64 上同. "遂寘姜氏于城潁 而誓之曰 不及黃泉 無相見也 旣而悔之−하략−"
65 上同. "君子曰 潁考叔純孝也 愛其母 施及莊公 詩曰 孝子不匱 永錫爾類 其是之謂乎"

『춘추공양전』과 『춘추곡량전』은 훈고의 전(傳)으로 모두 정체(正體)
지만, 해석한 것은 다르다. 단(段)에 대해 '제(弟)'라고 칭하지 않은 것에
대해 『춘추공양전』에서는 '당국(當國)'이라 하였는데, 『춘추곡량전』에
서는 '폄지(貶之)'라고 하였다. 또 '언(鄢)'이라는 지명을 쓴 것에 대해
『춘추공양전』에서는 '당국(當國)'으로 해석했는데, 『춘추곡량전』에서
는 '원야(遠也)'라고 해석하였다. 또 『춘추공양전』에서는 '극(克)'을 '살
(殺)'로 해석했는데, 『춘추곡량전』에서는 '능(能)' 즉 '능살(能殺)'로 해석
하였다.

반면 역사적 사실을 중시한 『춘추좌씨전』의 해석은 더욱 차이가 난
다. ①에서는 장공의 모친 강씨가 장공을 미워하고 단을 총애한 배경을
말하고, ②에서는 장공이 즉위한 뒤 단에 대한 처치를 기록하고, ③에서
는 장공이 단을 친 일을 기록하고, ④에서는 『춘추』의 서법을 말하고,
⑤에서는 장공이 강씨와 화해한 일을 기술하고, ⑥은 사론(史論)이다.
⑥의 '군자왈(君子曰)'을 좌구명의 말로 보는 설도 있고, 유흠(劉歆)의
말로 보는 설도 있고, 후대 사람이 지어 붙인 것으로 보는 설도 있다.

2) 사례 2

『춘추』노 은공 3년조 경문에 『춘추공양전』과 『춘추곡량전』에는 "여
름 4월 신묘일 윤씨가 졸하다.[夏四月辛卯 尹氏卒]"라고 하였는데, 『춘추
좌씨전』에는 "여름 4월 신묘일 군씨가 졸하다.[夏四月辛卯 君氏卒]"라고
하였다. 이에 대한 삼전의 해석은 다음과 같이 상이하다.

• 『춘추공양전』: 윤씨(尹氏)는 어떤 사람인가? 천자의 대부이다. '윤
씨'라고 칭한 것은 어째서인가? 폄하한 것이다. 어찌하여 폄하하였는

가? 세경(世卿)을 나무란 것이니, 그것은 예가 아니다. 외대부(外大夫)
는 죽음을 기록하지 않는데 여기서는 무엇 때문에 기록하였는가? 천왕
이 붕어하자 그가 제후의 주인이 되었기 때문이다.[66]

•『춘추곡량전』 : 윤씨는 어떤 사람인가? 천자의 대부이다. 외대부는
죽음을 기록하지 않는데 여기서는 무엇 때문에 기록하였는가? 천자가
붕어함에 그가 노나라의 주인이 되었기 때문에 숨기고서 그 죽음을 기록
한 것이다.[67]

•『춘추좌씨전』 : 여름에 군씨(君氏)가 졸하였으니 바로 성자(聲子)이
다. 제후에게 부고하지 않고 정침에서 반곡(反哭)하지 않고 고묘(姑廟)
에 부제(祔祭)하지 않았기 때문에 '훙(薨)'이라 하지 않았고, '부인(夫人)'
이라 칭하지 않았기 때문에 장례를 말하지 않고 성을 기록하지 않았다.
그러나 은공의 모친이 되기 때문에 '군씨'라고 한 것이다.[68]

『춘추』에는 대부의 죽음을 기록하지 않았는데 특별히 '윤씨의 죽음'
을 기록한 것은 천자가 붕어한 뒤 윤씨가 집정의 경으로서 대권을 행사
했기 때문에 공자가 이를 특별히 기록하여 그 의리를 드러내 보인 것으
로 본다. 그래서 『춘추공양전』과 『춘추곡량전』에 모두 천자가 붕어한
뒤에 그가 '제후지주(諸侯之主)'가 되었다고 하거나 '노주(魯主)'가 되었
다고 해석한 것이다. 『춘추공양전』에는 보다 적극적으로 해석하여 윤
씨를 폄하한 것으로 보면서 세경을 나무란 것으로 풀이하였다. 실제로
후대 노 소공 23년에 윤신(尹辛)과 윤어(尹圉)가 주 경왕(周敬王)을 축출

---

66 公羊高, 『春秋公羊傳』, 隱公 3년. "尹氏者何 天子之大夫也 其稱尹氏何 貶 曷爲貶 譏世
     卿 非禮也 外大夫不卒 此何以卒 天王崩 諸侯之主也"
67 穀梁赤, 『春秋穀梁傳』, 隱公 3년. "尹氏者何 天子之大夫也 外大夫不卒 此何以卒之也
     於天子之崩 爲魯主 故隱而卒之"
68 左丘明, 『春秋左氏傳』 隱公 3년. "夏君氏卒 聲子也 不赴於諸侯 不反哭于寢 不祔于姑
     故不曰薨 不稱夫人 故不言葬 不書姓 爲公 故曰君氏"

하고 왕자 조(朝)를 세운 일이 있었으니, 윤씨가 주나라 왕실의 권력을 대대로 독점하여 행사한 막강한 권세가임을 드러낸 것이다.

반면 『춘추좌씨전』에는 경문의 '윤씨'를 '군씨(君氏)'로 바꾸고, 이를 은공의 생모로 보아 전혀 다른 해석을 하였다. 이에 대해 장백잠은 전한 말 왕씨(王氏)가 세경이 되었고 왕망에 이르러 평제(平帝)를 시해하고 한나라 왕실을 찬탈했기 때문에 왕망을 도운 유흠이 경문의 '윤씨'를 '군 씨'로 고치고 전문을 지어 삽입해서 왕망에게 아첨한 것으로 보았다.[69]

3) 사례 3

『춘추』 노 소공 7년 경문에 "7년 봄 왕력 정월 제나라와 화평했다. [七年春 王正月 暨齊平]"라고 하였는데, 삼전의 해석은 다음과 같이 상 이하다.

• 『춘추공양전』: 전문이 없고, 경문이 명백하기 때문에 다시 해석을 하지 않은 것으로 추정한다.
• 『춘추곡량전』: '평(平)'은 화친을 한 것이고, '기(暨)'는 '기기(暨暨)' 와 같은 뜻으로 부득이라는 말이다. 외부로부터 내부로 미치는 것을 '기 (暨)'라 한다.
• 『춘추좌씨전』: 노 소공 7년 봄 주나라 왕력 정월에 연나라가 제나 라와 화평한 것은 제나라가 요구한 것이다. 계사일에 제후(齊侯)가 북연 (北燕)의 국경인 괵(虢) 땅에 주둔하였다. 연나라 사람들이 화친을 청하 면서 "폐읍이 죄를 아니, 어찌 감히 명을 따르지 않겠습니까. 선군의 폐 기(敝器)로 사죄를 청합니다."라고 하니, 제나라 대부 공손석(公孫晳)이

69 蔣伯潛, 『十三經槪論』, 上海古籍出版社, 1983, 475쪽 참조.

제후(齊侯)에게 말하기를 "저들의 항복을 받아들여 물러났다가 기회를 엿보아 다시 출동하는 것이 좋겠습니다."라고 하였다. 2월 무오일에 유수(濡水) 가에서 결맹하였다. 연나라 사람이 연희(燕姬)를 제후(齊侯)에게 시집보내고, 요옹(瑤甕)·옥독(玉櫝)·가이(斝耳)를 뇌물로 바쳤다. 그래서 북연의 간공(簡公)을 자기 나라로 들여보내려던 계획을 이루지 못하고 돌아왔다.

경문의 '기제평(曁齊平)'에 대해, 『춘추곡량전』에서 말한 '외(外)'는 제나라를 가리키고, '내(內)'는 노나라를 가리키며, '기(曁)'는 '부득이'로 해석하였으니 노나라가 제나라의 위세에 굴복하여 부득이 제나라와 화평을 맺은 것으로 해석된다. 후한의 가규(賈逵)와 하휴(何休)가 이런 주장을 하였다. 반면 허혜경(許惠卿)·복건(服虔)·두예(杜預) 등은 모두 '북연이 제나라와 화평을 맺었다.'로 해석하였다.

한편 『춘추좌씨전』의 해석은 북연이 제나라와 화평을 맺은 것으로 해석하였다. 이는 노 소공 6년 11월에 '제후(齊侯)가 진(晉)나라에 가서 북연을 정벌하길 청하다.'라고 하였고, 12월에 '제후가 드디어 북연을 정벌하여 간공을 자기 나라로 들여보내려 하였다'는 기사를 인하여 그렇게 해석한 것이다.

『춘추좌씨전』은 기사가 상세하지만 간혹 빠뜨린 경우도 있다. 예컨대 노 환공 7년 경문에 "7년 봄 2월 기해일 함구를 불 질렀다.[七年春二月己亥 焚咸丘]"라고 하였는데, 『춘추좌씨전』에는 이에 대한 기사가 없다. 반면 『춘추공양전』에는 "함구를 불 질렀다는 것은 무엇인가? 그곳을 불태운 것이다. 그곳을 불태웠다는 것은 무엇인가? 불로 공격한 것이다. 무엇 때문에 불로 공격하였다고 말한 것인가? 처음 불로 공격한 것을 미워한 것이다. 함구는 어디인가? 주루의 도읍이다. 어찌하여 주루에 연계하지 않았는가? 그곳을 국도로 했기 때문이다. 어찌하여 그곳을 국도로 했는가? 임금이 그곳에 있었기 때문이다.[焚之者 何 樵之也 樵之者 何 以火攻也 何言乎以火攻 疾始以火攻也 咸丘者 何 邾婁之邑也 曷爲不繫乎邾婁 國之也 曷爲國之 君存焉爾]"라고 하였으며, 『춘추곡량전』에는 "주(邾)의 함구라고 말하지 않은 것은 어째서인가? 그들이 불로 공격한 것을 미워했기 때문이다.[其不言邾咸丘 何也 疾其以火攻也]"라고 하였다.

또 『춘추좌씨전』에는 경문에 없는 내용을 전문에 언급한 경우가 있다. 노 환공 7년 경문에는 위의 "7년 봄 2월 기해일 함구를 불 질렀다.[七年春 二月己亥 焚咸丘]" 외에 "여름 곡백(穀伯) 수(綏)가 와서 조회했다. 등후(鄧侯) 오이(吾離)가 와서 조회했다.[夏 穀伯綏來朝 鄧侯吾離來朝]"라는 경문이 더 있다. 그런데 『춘추좌씨전』에는 이에 대해 "7년 봄 곡백과 등후가 와서 조회했다. 이름을 쓴 것은 그들을 천시한 것이다.[七年春 穀伯鄧侯來朝 名 賤之]"라고 짧게 언급하였고, 경문에 없는 아래와 같은 기사를 그 뒤에 기록해놓았다.

- 여름 맹과 향 땅 사람이 와서 정나라에 화친을 구했다가 이윽고 배반하였다.[夏 盟向求成于鄭 旣而背之]
- 가을에 정나라 사람과 제나라 사람과 위나라 사람이 맹과 향을 정벌하니, 주나라 왕이 맹과 향 땅 사람들을 협 땅으로 옮겼다.[秋 鄭人齊人衛人伐盟向 王遷盟向之民于郟]
- 겨울 곡옥백이 진(晉)나라 소자후를 유인하여 살해하였다.[冬 曲沃伯誘晉小子侯 殺之]

이러한 내용은 경문에 없을뿐더러, 『춘추공양전』과 『춘추곡량전』에도 없다. 『춘추』 경문은 노 애공(魯哀公) 16년(BC479) "하사월기축 공자졸(夏四月己丑 孔丘卒)"에서 끝이 났는데, 『춘추좌씨전』은 그 이후의 일을 연속해 기록하여 노 도공(魯悼公) 4년(BC464)에서 끝을 맺었다. 즉 15년의 기사를 더 추가한 것이다. 이처럼 경문에 없는 전(傳)을 낸 것에 대해 후대 학자들은 '전(傳)은 경(經)을 해석한 글'이라는 원칙에 위배되는 것이라고 생각하며, 어떤 학자들은 『춘추좌씨전』이 본래 『춘추』를 해석한 것이 아니라고까지 주장하기도 한다.

8. 『춘추좌씨전』의 문장

『춘추좌씨전』은 기사(記事)를 위주로 한 재기지전(載記之傳)이고, 『춘추공양전』과 『춘추곡량전』은 『춘추』의 경문을 해석한 훈고지전(訓詁之傳)이라고 한다. 이는 『춘추좌씨전』이 경문의 의미를 발휘하고 해석하는 것을 주로 한 것이 아님을 의미한다. 그래서 유안세(劉安世)는 '『춘추좌씨전』을 읽는 사람은 경문은 경문대로 전문은 전문대로 따로 읽어야지, 합해서 하나로 읽으면 안 된다.'고까지 하였다. 그러므로 후대에는 『춘추좌씨전』은 경(經)을 해석한 전(傳)이 아니고 역사서로 보아야 한다는 주장이 제기되었다.

청나라 말기의 양계초는 "『춘추』와 『춘추좌씨전』을 분리해 보면 둘 다 좋지만, 이를 하나로 합해 보면 둘 다 해롭다."[70]라고 하였다. 장백잠

은 경학적인 관점에서 보면 『춘추좌씨전』이 『춘추공양전』·『춘추곡량전』만 못하지만, 역사·문학 방면에서는 특별한 지위가 있는 서적이라고 평하였다.[71]

9. 『춘추』의 주요 국명(國名)과 세계(世系)

1) 국명보(國名譜)

- 주(周) : 희성(姬姓)으로 후직(后稷)의 후손, 후직이 태(邰)에 봉해졌는데, 하나라가 쇠하자 후직의 아들 불줄(不窋)이 서융으로 쫓겨남, 불줄의 손자 공유(公劉)가 서융에서 빈(邠)으로 천도, 공유의 9세손 고공단보(古公亶父:太王)가 적인(狄人)의 핍박으로 기(岐)로 천도, 고공단보의 손자 창(昌:文王)이 풍(豊)에 도읍, 문왕의 아들 무왕(武王)이 상(商:殷)나라 주왕(紂王)을 이기고 호(鎬)로 천도, 평왕(平王)이 왕성(王城)으로 천도, 경왕(敬王)이 성주(成周)로 천도, 평왕 49(BC722)부터 춘추 시대 시작, 경왕 39년 기린이 잡힘, 난왕(赧王) 때 진(秦)에 멸망.

- 노(魯) : 희성(姬姓)으로 후작(侯爵), 문왕의 넷째 아들 주공(周公)의 식읍으로 장자 백금(伯禽)이 노나라에 봉해져 곡부(曲阜)에 도읍, 그로부터 13세를 전하여 은공 원년에 춘추 시대 시작, 그로부터 242년 뒤인 애공 14년 '서수획린(西狩獲麟)'에서 『춘추』가 끝남, 그 뒤 9세를 전하다 경공(頃公:讎)에 이르러 초(楚)에 멸망.

---

71 上同, 483~497쪽 참조.

- **채(蔡)** : 희성(姬姓)으로 후작(侯爵), 무왕의 동모제인 숙도(叔度)를 봉한 나라, 숙도가 관숙(管叔)과 반란을 일으켜 추방당함, 숙도의 아들 호(胡)가 행실을 고치자 성왕이 다시 채(蔡)에 봉함, 평후(平侯)가 신채(新蔡)로 천도, 소후(昭侯)가 주래(州來)로 천도, 선후(宣侯) 28년부터 춘추 시대, 후제(侯齊)에 이르러 초에 멸망.

- **조(曹)** : 희성(姬姓)으로 백작(伯爵), 무왕의 동모제인 숙진탁(叔振鐸)을 봉한 나라, 12세를 전하여 환공(桓公) 32년부터 춘추 시대, 노 애공 8년 백양(伯陽)이 송(宋)에 멸망.

- **위(衛)** : 희성(姬姓)으로 후작(侯爵), 무왕의 동모제 강숙(康叔)을 봉한 나라, 강숙이 처음 강(康)에 식읍을 받았는데, 성왕 때 무경(武庚)을 주살한 뒤 강숙을 위(衛)에 봉하여 은허(殷墟)에 거주하게 함, 문공(文公)이 초구(楚丘)로 천도, 성공(成公)이 제구(帝丘)로 천도, 환공(桓公) 13년부터 춘추 시대, 출공(出公) 12년이 노 애공 14년, 그 뒤 칭호가 격하되어 '군(君)'이라 칭함, 복수(濮水) 북쪽 땅만 영토로 남음, 진 이세(秦二世)가 위군(衛君) 각(角)을 폐하여 서인으로 만듦.

- **등(滕)** : 희성(姬姓)으로 후작(侯爵), 문왕의 아들 숙수(叔繡)를 봉한 나라, 칭호가 격하되어 '자(子)'로 호칭, 『한서』에는 31세만에 제나라에 멸망되었다고 하고, 『전국책』에는 송나라에 멸망되었다고 함.

- **진(晉)** : 희성(姬姓)으로 후작(侯爵), 성왕이 무왕의 아들 당숙(唐叔) 우(虞)를 봉한 나라, 익(翼)에 도읍, 당숙의 아들 섭보(燮父)가 진후(晉侯)가 됨, 10세를 전하여 소후(昭侯)에 이르러 아버지 문후(文侯)의 아우 성사(成師:桓叔)를 곡옥(曲沃)에 봉함, 소후의 후손

애후(哀侯)에 이르러 환숙(桓叔)의 손자 무공(武公)에게 멸망, 무공이 강(絳)으로 천도, 경공(景公)이 신전(新田)으로 천도, 악후(鄂侯) 2년부터 춘추 시대, 정공(定公) 31년이 노 애공 14년, 이로부터 6세를 전한 뒤 한(韓)·위(魏)·조(趙)가 진(晉)을 삼분하여 독립하고 정공(靖公:俱酒)을 폐하여 서인으로 만듦.

- **오(吳)** : 희성(姬姓)으로 자작(子爵), 고공단보의 아들 태백(泰伯)·중옹(仲雍)이 아우 계력(季歷)을 피해 형만(荊蠻)으로 가서 구오(句吳)라 칭함, 태백이 졸하자 중옹이 즉위, 17세를 전하여 수몽(壽夢)에 이르러 '왕(王)'이라 칭함, 부차(夫差) 15년이 노 애공 14년, 이로부터 8년 뒤 월왕(越王) 구천(句踐)에게 멸망.

- **정(鄭)** : 희성(姬姓)으로 백작(伯爵), 선왕(宣王)이 여왕(厲王)의 아들 우(友)의 후손을 봉한 나라, 원래 서도(西都) 기내(畿內) 역림(棫林)에 있었는데 유왕(幽王) 때 우(友)가 처자를 이끌고 괵(虢)과 증(鄶)의 땅을 빼앗아 도읍을 삼고 신정(新鄭)이라 칭함, 장공(莊公) 22년부터 춘추 시대, 성공(聲公) 20년이 노 애공 14년, 그 뒤 5세를 전하여 강공(康公:乙)에 이르러 한(韓)에 멸망.

- **우(虞)** : 희성(姬姓)으로 공작(公爵), 고공단보의 아들 중옹(仲雍)의 후손, 무왕이 중옹의 증손 주장(周章)이 오(吳)의 임금이 된 것을 알고는 주장의 아우 우중(虞仲)을 하나라 구토에 봉한 나라, 12세를 전하여 우공(虞公)에 이르러 BC655년 진(晉)에 멸망.

- **괵(虢)** : 희성(姬姓)으로 공작(公爵), 무왕이 계력의 아들 괵숙(虢叔)을 괵(虢)에 봉함, 주나라 왕실이 동천한 뒤 괵공(虢公) 기보(忌父)와 임보(林父)가 대를 이어 왕실을 보좌, BC655년 진(晉)에 멸망.

- **연(燕)** : 희성(姬姓)으로 백작(伯爵), 소공 석(召公奭)의 후손, 소공

이 태보가 되어 소(召)를 식읍으로 받음, 또 계(薊)에 봉하고 북연(北燕)이라 함, 14세를 전하여 목후(穆侯) 7년 춘추 시대 시작, 헌공(獻公) 12년이 노 애공 14년, 이로부터 12세를 전하여 왕희(王喜)에 이르러 진(秦)에 멸망.

● **제(齊)** : 강성(姜姓)으로 후작(侯爵), 선조가 사악(四岳)으로 우(禹)를 도운 공이 있어 여(呂)에 봉해졌는데, 상나라 말 태공(太公) 여망(呂望)이 문왕과 무왕을 도운 공으로 영구(營丘)에 봉해지고 제후(齊侯)가 됨, 희공(僖公) 9년에 춘추 시대 시작. 간공(簡公) 14년이 노 애공 14년, 이로부터 3세를 지나 강공 대(康公貸)가 졸하자 대부 전씨(田氏)가 찬탈함. 뒤에 진(秦)에 멸망.

● **진(秦)** : 영성(嬴姓)으로 백작(伯爵), 전욱(顓頊)의 후손인 여수(女修)의 후예, 여수의 손자 대비(大費)가 우(禹)와 함께 수토(水土)를 평정하고 순(舜)을 도와 조수를 길들인 공으로 영성(嬴姓)을 하사받음, 19세를 전하여 비자(非子)에 이르러 주 효왕(周孝王)의 양마관(養馬官)이 되어 말을 번식시키자 진(秦)에 도읍, 주 평왕이 동천할 때 기(岐)·풍(豊)의 땅을 주어 제후가 됨, 영공(寧公)이 평양(平陽)으로 천도, 덕공(德公)이 옹(雍)으로 천도, 문공(文公)이 역양(櫟陽)으로 천도, 문공 14년부터 춘추 시대, 도공(悼公) 11년이 노 애공 14년, 이로부터 9세를 전하여 효공(孝公)이 함양으로 천도, 그의 아들 혜문군(惠文君)이 스스로 왕을 칭함, 진시황에 이르러 천하를 통일하고 스스로 황제라 칭함, 2세만에 멸망.

● **초(楚)** : 미성(羋姓)으로 자작(子爵), 전욱(顓頊)의 후손, 전욱의 손자 중려(重黎)가 고신씨(高辛氏)의 화정(火正)이 되어 축융(祝融)으로 명명되었는데, 그의 아우 오회(吳回)가 뒤를 이어 축융이 되었

다. 오회의 후손 육웅(鬻熊)이 주 무왕의 스승이었으므로 성왕이 육웅의 증손 웅역(熊繹)을 형만(荊蠻)에 봉함, 뒤에 영(郢)으로 천도하고 국호를 초(楚)라 함, 5세를 전하여 웅통(熊通)이 무왕(武王)으로 칭함, 혜왕(惠王) 8년이 노 애공 14년, 그 뒤 12왕을 거쳐 부추(負芻)에 이르러 진(秦)에 멸망.

- **송(宋)** : 자성(子姓)으로 공작(公爵), 상나라 제을(帝乙)의 아들 계(啓)가 미(微)를 채읍으로 받아 '미자(微子)'라고 함, 주 무왕이 주(紂)를 정벌한 뒤 그의 아들 무경(武庚)을 세워 조상의 제사를 받들게 했으나 삼감(三監)과 함께 배반을 하여 성왕이 그를 죽이고 미자를 송공(宋公)으로 봉하여 탕(湯)의 제사를 받들게 함, 목공(穆公) 7년부터 춘추 시대 시작, 경공(景公) 36년이 노 애공 14년, 그 후 왕언(王偃)이 '왕(王)'이라 칭하며 패자가 되기를 도모하자, 제·위(魏)·초(楚)가 연합해 멸망시킴.

- **기(杞)** : 사성(姒姓)으로 백작(伯爵), 주 무왕이 상나라를 이긴 뒤 우(禹)의 후손 동루공(東樓公)을 찾아 기(杞)에 봉해 우(禹)의 제사를 받들게 함, 4세를 전하여 무공(武公) 29년에 춘추 시대 시작, 처음에는 후(侯)로 칭했는데 뒤에는 격하되어 자(子)로 일컬어지다 다시 백(伯)으로 호칭, 연(緣)으로 천도했다가 다시 순우(淳于)로 천도, 민공(閔公) 6년이 노 애공 14년, 32년 뒤 초(楚)에 멸망.

- **진(陳)** : 규성(嬀姓)으로 후작(侯爵), 순(舜)의 후손으로 유우(有虞)에 봉해진 사람이 시조, 우알보(虞閼父)가 주 무왕의 도정(陶正)이 되자 무왕이 큰딸을 우알보의 아들 만(滿)에게 출가시키고 우만(虞滿)을 진후(陳侯)로 봉해 순의 제사를 받들게 함, 환공(桓公) 23년부터 춘추 시대 시작, 민공(閔公) 21년이 노 애공 14년, 3년 뒤 초(楚)

에 멸망.

- **설(薛)** : 임성(任姓)으로 후작(侯爵), 황제(黃帝)의 후손 해중(奚仲)이 설(薛)에 봉해짐, 뒤에 격하되어 백(伯)으로 칭해짐.

- **주(邾)** : 조성(曹姓)으로 자작(子爵), 축융의 손자 안안(晏安)의 후손, 주 무왕이 조협(曹挾)을 주(邾)에 봉하여 부용국으로 삼음, 환공(桓公) 29년이 노 애공 14년, 전국 시대에 국호를 추(鄒)로 바꿈.

- **거(莒)** : 기성(己姓)으로 자작(子爵), 혹은 영성(嬴姓)으로 소호(少昊)의 후손이라는 설도 있음, 주 무왕이 자여기(玆輿期)를 거(莒)에 봉함, 초(楚)에 멸망.

- **소주(小邾)** : 조성(曹姓)으로 자작(子爵), 주협(邾挾)의 후손, 이보안(夷父顏)이 주나라에 공이 있어 주가 그의 아들 우(友)를 예(郳)에 봉해 부용국으로 삼음, 춘추 시대 6세를 전하다가 뒤에 초(楚)에 멸망.

- **허(許)** : 강성(姜姓)으로 남작(男爵), 주 무왕이 사악(四岳)의 후손 문숙(文叔)을 허(許)에 봉함, '춘추 시대 정나라의 핍박을 받다가 뒤에 초나라에 붙음, 섭(葉)·이(夷)·백우(白羽)·용성(容城) 등으로 여러 번 천도, 전국 시대 초 초(楚)에 멸망.

- **월(越)** : 사성(姒姓)으로 자작(子爵), 소강(小康)의 아들의 후손이 회계(會稽)에 봉해져 우(禹)의 제사를 받듦, 20여 세를 전하여 윤상(允常)에 이르렀고, 그의 아들 구천(句踐)이 오나라를 정벌, 6세를 전하여 무강(無疆)에 이르러 초(楚)에 멸망.

- **기타 공작(公爵)** : 주(州:姜姓)

- **기타 후작(侯爵)** : 형(邢:姬姓), 순(荀:姬姓), 식(息:姬姓), 수(隨:姬姓), 가(賈:姬姓), 기(紀:姜姓), 등(鄧:曼姓), 당(唐)

- **기타 백작(伯爵)** : 제(祭:姬姓), 모(毛:姬姓), 원(原:姬姓), 범(凡:姬姓), 골(滑:姬姓), 예(芮:姬姓), 성(郕:姬姓), 신(申:姜姓), 양(梁:嬴姓), 남연(南燕:姞姓), 곡(穀)

- **기타 자작(子爵)** : 파(巴:姬姓), 래(萊:姜姓), 서(徐:嬴姓), 담(郯:嬴姓), 기(夔:羋姓), 증(鄫:姒姓), 호(胡:嬀姓), 우(鄅:妘姓), 핍양(偪陽:妘姓), 서구(舒鳩:偃姓), 침(沈), 담(譚), 현(弦), 미(麋), 온(溫), 돈(頓), 종(宗), 운(鄆), 뢰(賴), 서(舒)

- **기타 남작(男爵)** : 숙(宿:風姓)

- **기타** : 위(魏:姬姓), 경(耿:姬姓), 곽(霍:姬姓), 고(郜:姬姓), 초(焦:姬姓), 양(揚:姬姓), 밀(密:姬姓), 상(向:姜姓), 황(黃:嬴姓), 갈(葛:嬴姓), 대(戴:子姓), 이(夷:妘姓), 임(任:風姓), 전유(顓臾:風姓), 수구(須句:風姓), 육(六:偃姓), 륙(蓼:偃姓), 서용(舒庸:偃姓), 라(羅:熊姓或偃姓), 강(江:或嬴姓), 소(蕭:或子姓), 항(項:或姞姓), 권(權:或偃姓), 동(桐:或偃姓), 공(共), 종오(鐘吾), 양(陽), 여(黎), 도(道), 백(柏), 이(貳), 진(軫), 영씨(英氏), 수(遂), 숭(崇), 기(冀), 려(厲), 소(巢), 용(庸), 개(介), 근모(根牟), 시(邿), 극(極), 모(牟), 장(鄣), 약(鄀), 복(濮), 전(鄟), 사(姒), 어여구(於餘丘), 욕(蓐), 방(房), 교(絞), 회이(淮夷)

- **융(戎)** : 북융(北戎), 여융(驪戎), 육혼융(陸渾戎), 대융(大戎), 소융(小戎), 견융(犬戎), 강융(姜戎), 낙융(雒戎), 모융(茅戎), 융만(戎蠻), 노융(盧戎), 산융(山戎), 무종(無終)

- **적(狄)** : 적적(赤狄), 고락씨(皐落氏), 장구여(廧咎如), 노씨(潞氏), 갑씨(甲氏), 유우(留吁), 탁진(鐸辰), 백적(白狄), 선우(鮮虞), 비(肥), 고(鼓), 수만(鄋瞞)

2) 국가별 세계(世系)

● 주(周)

후직(后稷)-불줄(不窋)-국(鞠)-공유(公劉)-경절(慶節)-황복(皇僕)-차불(差弗)-훼유(毀隃)-공비(公非)-고어(高圉)-아어(亞圉)-공숙조류(公叔祖類)-태왕(太王:亶父)-왕계(王季:歷)-문왕(文王:昌)-무왕(武王:發)-성왕(成王:誦)-강왕(康王:釗)-소왕(昭王:瑕)-목왕(穆王:滿)-공왕(共王:繄扈)-의왕(懿王:囏)-효왕(孝王:辟方/共王弟)-이왕(夷王:燮/懿王子)-여왕(厲王:胡)-선왕(宣王:靖)-유왕(幽王:涅)-평왕(平王:宜臼)-설보(洩父)-환왕(桓王:林)-장왕(莊王:佗)-희왕(僖王:胡齊)-혜왕(惠王:閬)-양왕(襄王:鄭)-경왕(頃王:壬臣)-광왕(匡王:班)-정왕(定王:瑜/頃王子)-간왕(簡王:夷)-영왕(靈王:泄心)-경왕(景王:貴)-도왕(悼王:猛)-경왕(敬王:匄/景王子)

● 노(魯)

주공(周公:旦)-노공(魯公:伯禽)-고공(考公:酋)-양공(煬公:熙)-유공(幽公:宰)-위공(魏公:瀆/幽公弟)-여공(厲公:擢)-헌공(獻公:具)-진공(眞公:濞)-무공(武公:敖/獻公子)-의공(懿公:戲)-백어(伯御)-효공(孝公:稱/武公子)-혜공(惠公:不皇)-은공(隱公:息姑)-환공(桓公:允/隱公弟)-장공(莊公:同)-자반(子般:莊公子)-민공(閔公:啓/莊公子)-희공(僖公:申/莊公子)-문공(文公:興)-자악(子惡)-선공(宣公:倭/文公子)-성공(成公:黑肱)-양공(襄公:午)-자야(子野:襄公子)-고공(昭公:稠:襄公子)-정공(定公:宋/襄公子)-애공(哀公:蔣)-도공(悼公:寧)

● 채(蔡)

채숙(蔡叔:度)-채중(蔡仲:胡)-채백(蔡伯:荒)-궁후(宮侯)-여후(厲侯)-무후(武侯)-이후(夷侯)-이후(釐侯:所事)-공후(共侯:興)-대후(戴

侯)-선공(宣公:考父)-환후(桓侯:封人)-애후(哀侯:獻舞/宣公子)-목후(穆侯:肹)-장후(莊侯:甲午)-문공(文公:甲)-경공(景公:固)-영후(靈侯:般)-은태자유(隱太子有)-평후(平侯:廬)-채후주(蔡侯朱)-도후(悼侯:東國/隱太子有의子)-소후(昭侯:申/隱太子有의子)-성후(成侯:朔)

● 조(曹)

조숙(曹叔:振鐸)-태백(太伯:脾)-중군(仲君:平)-궁백(宮伯:侯)-효백(孝伯:雲)-이백(夷伯:喜)-유백(幽伯:彊/孝伯子)-대백(戴伯:蘇/孝伯子)-혜백(惠伯:兕)-석보(石甫)-목공(繆公:武/惠伯子)-환공(桓公:終生)-장공(莊公:射姑)-기(羈)-희공(僖公:赤/莊公子)-소공(昭公:班)-공공(共公:襄)-문공(文公:壽)-선공(宣公:廬)-성공(成公:負芻)-무공(武公:滕)-평공(平公:須)-도공(悼公:午)-성공(聲公:野/平公子)-은공(隱公:通/武公子)-정공(靖公:露/平公子)-백양(伯陽)

● 위(衛)

강숙(康叔:封)-강백(康伯)-고백(考伯)-사백(詞伯)-첩백(庫伯)-정백(靖伯)-정백(貞伯)-항후(項侯)-이후(釐侯)-무공(武公:和)-장공(莊公:揚)-환공(桓公:完)-선공(宣公:晉/莊公子)-혜공(惠公:朔)-검모(黔牟:宣公子)-혜공(惠公:朔)-의공(懿公:赤)-대공(戴公:申/惠公子)-문공(文公:燬/惠公子)-성공(成公:鄭)-무숙(武叔:文公子)-성공(成公:鄭)-목공(穆公:遬)-정공(定公:臧)-헌공(獻公:衎)-상공(殤公:剽/定公子)-헌공(獻公:衎)-양공(襄公:惡)-영공(靈公:元)-출공(出公:輒/蒯聵子)-장공(莊公:蒯聵/靈公子)-반사(般師:靈公子)-군기(君起:靈公子)-출공(出公:輒)-도공(悼公:黚)

● 등(滕)

숙수(叔繡)-등후(滕侯)-선공(宣公:嬰齊)-소공(昭公)-문공(文公)-성

공(成公:原)-도공(悼公:寧)-경공(頃公:結)은공(-隱公:虞母)

● 진(晉)

당숙(唐叔:虞)-섭보(燮父)-무후(武侯:寧族)-성후(成侯:服人)-여후(厲侯:福)-정후(靖侯:宜臼)-희후(僖侯:司徒)-헌후(獻侯:籍)-목후(穆侯:費王)-상숙(殤叔:獻侯子)-문후(文侯:仇/穆侯子)-소후(昭侯:伯)-효후(孝侯:平)-악후(鄂侯:郄/昭侯子)-애후(哀侯:光/孝侯子)-소자후(小子侯)-후민(侯緡:孝侯子)-무공(武公:莊伯鱓子)-헌공(獻公:佹諸)-해제(奚齊)-군탁(君卓:獻公子)-혜공(惠公:夷吾/獻公子)-회공(懷公:圉)-문공(文公:重耳/獻公子)-양공(襄公:驩)-영공(靈公:夷皐)-성공(成公:黑臀/文公子)-경공(景公:獳)-여공(厲公:州蒲)-도공(悼公:周)-평공(平公:彪)-소공(昭公:夷)-경공(頃公:去疾/趙武의子, 趙獲의후손)-정공(定公:午)

● 오(吳)

태백(泰伯)-중옹(仲雍)-계간(季簡)-숙달(叔達)-주장(周章)-웅수(熊遂)-가상(柯相)-강구이(彊鳩夷)-여교의오(餘橋疑吾)-가려(柯廬)-주요(周繇)-굴우(屈羽)-이오(夷吾)-금처(禽處)-전(轉)-파고(頗高)-구비(句卑)-거제(去齊)-수몽(壽夢)-제번(諸樊)-여제(餘祭:壽夢子)-이매(夷昧:壽夢子)-왕료(王僚)-합려(闔廬:諸樊子)-부차(夫差)

  * 숙달(叔達)-우중(虞仲)-우공(虞公)

● 정(鄭)

환공(桓公:友)-무공(武公:掘突)-장공(莊公:寤生)-소공(昭公:忽)-여공(厲公:突/莊公子)-자미(子亹:莊公子)-자의(子儀:莊公子)-문공(文公:捷/厲公子)-목공(穆公:蘭)-영공(靈公:夷)-양공(襄公:堅/穆公子)-도공(悼公:費)-성공(成公:睔/襄公子)-수(繻:襄公子)-희공(僖公:髡頑/成公子)-간공(簡公:嘉)-정공(定公:寧)-헌공(獻公:蠆)

● 연(燕)

소강공(召康公:奭)……혜후(惠侯)-희후(僖侯)-경후(頃侯)-애후(哀侯)-정후(鄭侯)-목후(繆侯)-선후(宣侯)-환후(桓侯)-장공(莊公)-양공(襄公)-환공(桓公)-선공(宣公)-소공(昭公)-무공(武公)-문공(文公)-의공(懿公)-혜공(惠公)-도공(悼公)-공공(共公)-평공(平公)-간공(簡公)-헌공(獻公)

● 제(齊)

태공(太公:呂尙)-정공(丁公:呂級)-을공(乙公:得)-계공(癸公:慈母)-애공(哀公:不辰)-호공(胡公:靜/癸公子)-헌공(獻公:山/癸公子)-무공(武公:壽)-여공(厲公:無忌)-문공(文公:赤)-성공(成公:脫)-장공(莊公:購)-희공(僖公:祿父)-양공(襄公:諸兒)-환공(桓公:小白/僖公子)-무휴(無虧)-효공(孝公:昭/襄公子)-소공(昭公:潘:襄公子)-군사(君舍)-의공(懿公:商人/襄公子)-혜공(惠公:元/襄公子)-경공(頃公:無野)-영공(靈公:環)-장공(莊公:光)-경공(景公:杵臼/靈公子)-안유자도(安孺子荼)-도공(悼公:陽生/景公子)-간공(簡公:壬)-평공(平公:敖/悼公子)

● 진(秦)

여수(女脩)-대업(大業)-백예(柏翳)-대렴(大廉)…중연(仲衍)…중휼(中潏)-비렴(蜚廉)-악래(惡來)-여방(女防)-방고(旁皐)-대궤(大几)-대락(大駱)-비자(非子)-진후(秦侯)-공백(公伯)-진중(秦仲)-장공(莊公)-양공(襄公)-문공(文公)-영공(寧公:文公의 아들, 靜公의 子)-출자(出子)-무공(武公:寧公子)-덕공(德公:寧公子)-선공(宣公)-성공(成公:德公子)-목공(穆公:壬好/德公子)-강공(康公:罃)-공공(共公:稻)-환공(桓公:榮)-경공(景公)-애공(哀公)-혜공(惠公:哀公의 아들, 夷公의 子)

● 초(楚)

축융(祝融)-오회(吳回)-육종(陸終)-곤오(昆吾)-계연(季連:陸終子)-부저(附沮)……육웅(鬻熊)-웅려(熊麗)-웅광(熊狂)-웅역(熊繹)-웅애(熊艾)-웅달(熊䵣)-웅승(熊勝)-웅양(熊楊:熊䵣子)-웅거(熊渠)-웅지(熊摯)-웅연(熊延:熊渠子)-웅용(熊勇)-웅엄(熊嚴:熊延子)-웅상(熊霜)-웅순(熊徇:熊嚴子)-웅악(熊咢)-약오(若敖)-소오(宵敖)-분모(蚡冒)-무왕(武王:通/宵敖子)-문왕(文王:貲)-도오(堵敖:囏)-성왕(成王:頵)-목왕(穆王:商臣)-장왕(莊王:旅)-공왕(共王:審)-강왕(康王:昭)-협오(郟敖:麇)-영왕(靈王:虔/共王子)-자비(子比:共王子)-평왕(平王:共王子)-소왕(昭王:軫)-혜왕(惠王:章)

● 송(宋)

미자(微子:啓)-미중(微仲:衍)……송공(宋公:稽)-정공(丁公:申)-민공(閔公:共)-양공(煬公:熙/丁公子)-여공(厲公:鮒/閔公子)-희공(僖公:擧)-혜공(惠公:覵)-애공(哀公)-대공(戴公)-무공(武公:司空)-선공(宣公:力)-목공(穆公:和/武公子)-상공(殤公:與夷/宣公子)-장공(莊公:馮/穆公子)-민공(閔公:捷)-자유(子游:莊公子)-환공(桓公:御說/殤公子)-양공(襄公:玆父)-성공(成公:王臣)-군어(君禦:襄公子)-소공(昭公:成公子)-문공(文公:鮑/成公子)-공공(共公:固)-평공(平公:成)-원공(元公:佐)-경공(景公:欒)-계(啓)-소공(昭公:得)

● 기(杞)

동루공(東樓公)-서루공(西樓公)-제공(題公)-모취공(謀娶公)……무공(武公)-정공(靖公)-공공(共公)-혜공(惠公)-성공(成公)-환공(桓公:姑容/惠公子)-효공(孝公:匄)-문공(文公:益姑/桓公子)-평공(平公:郁釐/桓公子)-도공(悼公:成)-은공(隱公:乞)-희공(僖公:過/悼公子)

● 진(陳)

기백(箕伯)-직병(直柄)-우수(虞遂)-백희(伯戲)……알보(閼父)-호공(胡公:滿)-신공(申公:犀侯)-상공(相公:皐羊/胡公子)-효공(孝公:突/申公子)-신공(愼公:圉戎)-유공(幽公:寧)-희공(僖公:孝)-무공(武公:靈)-이공(夷公:說)-평공(平公:燮/武公子)-문공(文公:圉)-환공(桓公:鮑)-진타(陳佗:文公子)-여공(厲公:躍)-장공(莊公:林/桓公子)-선공(宣公:杵臼/桓公子)-목공(穆公:款)-공공(共公:朔)-영공(靈公:平國)-성공(成公:午)-애공(哀公:弱)-언사(偃師)-혜공(惠公:吳)-회공(懷公:柳)

● 설(薛)

해중(奚仲)……중훼(仲虺)……설후(薛侯)……설백(薛伯)……헌공(獻公:穀)-양공(襄公:定)-군비(君比)-혜공(惠公:夷)

● 주(邾)

주협(邾俠)-비(非)-성(成)-거보(車輔)-장신(將新)-자보(訾父)-이보(夷父)-숙술(叔術:訾父子)-하보(夏父:夷父子)-의보(儀父:克)-자쇄(子瑣)-문공(文公:蘧蒢)-정공(定公:貜且)-선공(宣公:牼)-도공(悼公:華)-장공(莊公:穿)-은공(隱公:益)-환공(桓公:革)-하(何:隱公子)

※ 이보(夷父)-예우(郳友)……이래(犁來)-소주자(小邾子)……목공(穆公)……소주자(小邾子)

● 거(莒)

자여(玆輿)……거자(莒子)……자비공(玆丕公)-기공(紀公:庶其)-거공(渠公:朱)-이비공(犁比公:密州)-전여(展輿)-저구공(著丘公:去疾)-공공(共公:庚輿)-교공(郊公:著丘公子)-거자광(莒子狂)

● 허(許)

문숙(文叔)……허남(許男)……장공(莊公)-목공(穆公:新臣/莊公弟)-

희공(僖公 : 業)-소공(昭公 : 錫我)-영공(靈公 : 審)-도공(悼公 : 買)-남사(男斯)-원공(元公 : 成)

- **월(越)**

무여(無餘)……무임(無壬)-무고(無雇)-부담(夫譚)-윤상(允常)-구천(句踐)-태자 적영(太子適郢)

- **잡소국(雜小國)**

※ 기(紀) : 기후(紀侯)-기계(紀季 : 紀侯弟)

※ 성(郕) : 성백(郕伯)-주유(朱儒)

※ 증(鄫) : 증자(鄫子)-세자무(世子巫)

※ 등(鄧) : 등후(鄧侯 : 吾離)-기후(祁侯)

※ 괵(虢) : 괵숙(虢叔)-괵공추(虢公醜)

※ 수만장적(鄋瞞長狄) : 연사(緣斯)-훼(虺), 표(豹), 간여(簡如), 영여(榮如), 분여(焚如), 교여(僑如)

※ 당(唐) : 혜후(惠侯)-성공(成公)

※ 소(蕭) : 소숙(蕭叔)-동숙(同叔)

※ 심(沈) : 심자(沈子 : 揖)-자령(子逞)-자가(子嘉)

※ 호(胡) : 호자(胡子 : 髡)-자표(子豹)

※ 융만(戎蠻) : 자가(子嘉)-자적(子赤)

※ 강융(姜戎) : 오리(吾離)-융자구지(戎子駒支)

10. 『춘추』의 주석본과 청말의 공양학(公羊學)

전한 때 『춘추공양전』으로 이름난 학자는 호모생(胡母生)과 동중서

(董仲舒)이다. 호모생은 공양고의 5세손인 공양수(公羊壽)로부터 전수받아『춘추공양전』을 글로 쓴 사람이다. 십삼경주소본에 수록된『춘추공양전주소(春秋公羊傳注疏)』는 후한 말 하휴(何休)의 주를 채용한 것이다. 하휴는 후한 말기의 몇 안 되는 금문경학가 중 한 사람이다. 그는『춘추공양전해고(春秋公羊傳解詁)』를 저술하였다.

『춘추공양전』의 소(疏)를 지은 사람은 서언(徐彦)인데,『당서』「예문지」에 등장하지 않아 어떤 인물인지에 대해 여러 설이 대두되었다. 당 현종 때『춘추공양전주소(春秋公羊傳注疏)』·『춘추곡량전주소(春秋穀梁傳注疏)』등 4경의 주소가 완성되어 공영달 등이 만든 오경정의와 합해 이른바 구경주소가 비로소 만들어졌으니, 대체로 이 시기의 인물로 추정된다.

십삼경주소본에 수록된『춘추곡량전주소』의 주는 진(晉)나라 때 범녕(范甯)의『춘추곡량집해(春秋穀梁集解)』를 채록한 것이며, 소(疏)는 당대 양사훈(楊士勛)이 지은 것이다. 양사훈의 생애에 대해서는 자세히 알 수 없다. 공영달의『춘추좌전정의』의 서문에 "고 사문박사 양사훈과 함께 참작하여 정했다.[與故四門博士楊士勛參定]"라고 하였으니, 양사훈은 당 태종 때의 인물인 듯하다.

『춘추공양전』과『춘추곡량전』의 소(疏)는 서언·양사훈이 지은 것이지만,『춘추좌씨전』의 소(疏)는 여러 사람의 손에 의해 완성되었다.

송나라 때에는 호안국(胡安國)의『춘추호씨전(春秋胡氏傳)』이 나와 유행함으로써『춘추좌씨전』도 그 형세가 예전만 못하였다. 다만 학자들이 역사적 사실을 살피거나 문장가들이 선진고문의 문장을 익히는 데 필독서로 읽혔다. 그러다 원대와 명대를 거치면서『춘추호씨전』도 큰 주목을 받지 못하였고, 그 자리를『춘추좌씨전』이 대신하였다.

청대 중엽 이후로는 춘추공양학이 새롭게 조명되면서 부흥하였다. 장존여(莊存與)는 『춘추정사(春秋正辭)』를 지어 처음으로 『춘추공양전』의 설로 해석하였다. 유봉록(劉逢祿)은 『공양하씨석례(公羊何氏釋例)』·『공양하씨해고전(公羊何氏解詁箋)』을 지었으며, 진립(陳立)의 『공양의소(公羊義疏)』는 하휴(何休)의 금문공양학을 발양하였다. 반면 『춘추곡량전』에 대해서는 크게 주목하는 학자가 없어서 새로운 주소가 나오지 못하였다. 오직 후강(侯康)의 『곡량전소증(穀梁傳疏證)』이 있을 뿐이다.

제5장

『효경(孝經)』·『이아(爾雅)』와

사서(四書) 개설

『효경(孝經)』

1. 『효경』의 작자와 성립시기

『효경』은 남북조 시대 남조 송나라 때 『논어』와 함께 처음 경의 반열에 올랐고, 당나라 말기인 당 문종 개성연간(開成年間; 836~839) 12경을 돌에 새겨 태학에 둘 때 비로소 경전의 반열에 들었다. 이는 당나라 말에 9경 체제에서 『논어』·『효경』·『이아』를 더한 12경 체제가 되었음을 의미한다.

그리고 북송 진종(眞宗; 997~1022) 때 형병(邢昺)과 손석(孫奭)이 여러 경전의 의소(義疏)를 교정하여 주소본을 편찬하면서 구경주소에 『효경주소』·『논어주소』·『이아주소』·『맹자주소』 등이 더해져 십삼경주소가 완성되었으며, 남송 광종(光宗) 소희연간(紹熙年間; 1190~1194) 12경에 『맹자』를 더하여 '십삼경(十三經)'이라는 명칭이 생겨났다.

이는 당나라 말부터 송나라 초에 이르는 시기에 『논어』·『효경』·『이아』·『맹자』가 경전의 지위를 획득한 것으로, 오경만을 경전으로 인식하던 종래의 사고에 벗어나 십삼경 체제가 성립된 것을 의미한다. 이를 통해 볼 때, 『효경』은 당나라 말에 이르러 비로소 경전의 반열에 올랐음을 알 수 있다.

『효경』은 금문경을 기준으로 할 때 총 18장, 1,799자에 불과한 짤막한 글이며, '효(孝)'라는 하나의 주제를 위주로 하고 있다. 공자는 인(仁)이라는 본성을 구현하기 위해 실천조목으로 효제충신(孝悌忠信)을 극구 강조하였으니, 효는 유학의 근본이 되는 윤리 중 하나라고 하겠다.

'효경(孝經)'이라는 책명에 대해『한서』「예문지」에는 "효는 하늘의 경(經)이고, 땅의 의(義)이고, 인민의 행(行)이다. 큰 것을 거론해 말했기 때문에 '효경'이라고 한 것이다."[1]라고 하여, 천·지·인의 큰 것을 거론해 말했기 때문에 '경(經)' 자를 붙인 것이라고 하였다.

『효경』의 저자에 대해서는 역대로 여러 가지 설이 있다. 모기령은 『효경』을 공자가 지은 책으로 보면서, "『효경』의 위서(緯書)인『구명결(鉤命決)』을 보면, 공자가 말씀하시기를 '내가 제후를 포폄한 심지(心志)를 보고자 하면『춘추』에 있고, 내가 인륜을 숭상한 행실을 보고자 하면『효경』에 있다.'라고 말씀하셨다."[2]라고 하였다.

이처럼『효경』을 공자가 지은 책으로 보는 설이 있으나,『구명결』은 한대의 참위서로 신뢰하기 어려운 책일 뿐만 아니라,『효경』첫 장에 '증자시(曾子侍)'라고 하여 증삼(曾參)을 '증자(曾子)'로 칭하고 있기 때문에, 공자의 저작이 될 수 없다고 주장하는 설이 있다. 그리하여 후대에는 '공자의 저작'이라는 설을 대부분 신뢰하지 않는다.

『효경』은 공자가 증삼과 효에 대해 문답하는 형식의 글로 되어 있다. 그래서 한대 사마천은『효경』의 저자를 증삼으로 보아 다음과 같이 기록하였다.

---

1   班固,『漢書』권30,「藝文志-六藝略-孝經」, "夫孝 天之經 地之義 民之行也 擧大者言 故曰孝經"

2   毛奇齡,『孝經問』, "孝經鉤命決曰 孔子云 欲觀我褒貶諸侯之志 在春秋 崇人倫之行 在 孝經"

공자는 증자가 효도에 능통하다고 여겼기 때문에 그에게 학업을 전수했다. 증자는 『효경』을 지었고, 노나라에서 죽었다.[3]

이는 공자가 증자에게 효에 대해 일러준 것을 증자가 기록한 것이 『효경』이라는 것이다. 증자는 공자의 문인 중에서 효에 가장 밝았던 인물이니, 이 설은 충분히 설득력이 있다. 『한서』「예문지」에도 "『효경』은 공자가 증자를 위해 효도를 진술한 것이다."라고 하였다.[4]

그런데 송나라 때 이르러 이러한 사마천의 설에 대해 이설이 등장하기 시작했다. 북송의 사마광(司馬光)은 "공자가 증삼과 효를 논했는데, 문인들이 그 내용을 기록하여 '효경'이라고 했다."[5]라고 하여, 공자의 문인들이 기록한 것으로 보았다. 그러나 조금 뒷시대의 호인(胡寅)도 제1장 「개종명의장(開宗明義章)」에 '중니가 한가롭게 거처하실 적에 증자가 모시고 있었다.[仲尼居 曾子侍]'라는 문구가 보이는데, '증자(曾子)'로 칭한 것으로 보아 공자가 증자와 효를 논한 것을 증자의 문인들이 기록한 것으로 보았다.

그런데 이와는 달리 송나라 때 풍의(馮椅)는 『효경』 첫머리에 '자왈(子曰)'이라 칭하지 않고 '중니(仲尼)'라고 칭한 것은 『중용』의 경우처럼 손자로서 조부(祖父)를 칭한 것으로 보아 자사(子思)의 저작이라고 하였다. 이 설은 증자의 문인이 지었다는 막연한 설이 아니고, 증자의 문인인 자사가 지었다라고 특정한 것이 사마광·호인의 설과 다르다.

한편 남송 때 주희(朱熹)는 『고문효경(古文孝經)』 22장을 경(經)1장,

3　司馬遷, 『史記』 권67, 「仲尼弟子列傳」, "孔子以爲能通孝道 故授之業 作孝經 死於魯"
4　班固, 『漢書』 권30, 「藝文志」, '六藝略－孝經', "孝經者 孔子爲曾子陳孝道也"
5　司馬光, 『古文孝經指解』 「序」, "孔子與曾參論孝 而門人書之 謂之孝經"

전(傳)14장 체제로 개편하여 성경현전(聖經賢傳)으로 나누어 『효경간오
(孝經刊誤)』를 편찬하였다. 그는 제1장(開宗明義章)부터 제6장(庶人章)
까지는 공자와 증자가 문답한 말로 '증자의 문인들'이 기술한 것이라고
보았다. 주희는 제1장부터 제6장까지만 본문이고, 그 뒤는 혹자가 전기
(傳記)에서 이리저리 인용하여 경문을 해석한 전문이라고 보았다.[6]

청대 기윤(紀昀)은 그 문장이 『대대례기』·『소대례기』와 근사하니 하
간헌왕(河間獻王)이 채집하였다면 고례(古禮) 131편 속에 편입되어 『예
기』의 한 편이 되었을 것으로 보았으며, 선진 시대부터 전한 초기의
유자가 지은 것으로 보았다.[7] 또 요제항(姚際恒)은 공자의 말이 아닐
뿐만 아니라 주나라·진나라 때의 말도 아니라고 하면서 한유(漢儒)들이
지은 것으로 보았다.[8]

근·현대 학자들 가운데는 이와는 다른 주장을 펴는 사람도 있다.
왕정기(王正己)는 내용이 『맹자』와 유사하기 때문에 맹자의 제자들이
지은 것으로 보았으며, 호평생(胡平生)은 공자와 증자 및 이들의 제자
와 재전 제자들이 『효경』을 편찬했는데 원본은 전국 시대에 유실되었
고, 전한 초기에 어떤 사람들이 『여씨춘추(呂氏春秋)』에 인용된 것과
선진 시대 여러 서적에서 뽑아 금문의 『효경』을 위찬(僞撰)했다고 하였
다. 그러니까 금문본 『효경』은 위서라는 것이다.[9]

호평생은 위와 같은 관점에서 『효경』은 전국 시대 말기로부터 전한

6   朱熹, 『晦庵集』 권66, 雜著, 「孝經刊誤」 참조.
7   紀昀, 『四庫全書總目』 經部 「孝經類敍」 참조.
8   姚際恒, 『古今僞書考』 참조.
9   이상의 여러 설은 상당 부분 鄭太鉉·姜珉廷의 『역주 효경주소』 「해제」(전통문화연
구회, 2018)를 참조하였다.

초기 사이에 저술되었다고 보았으며, 그 논거로『춘추좌씨전』·『여씨춘추』·『순자』 등과 유사한 문구들이 많아 사상적 관련성이 적지 않다는 점을 이유로 들었다.

2. 『효경』의 금문과 고문

　『효경』에는 금문과 고문이 있다.『금문효경』은 진(秦)나라 때 하간(河間)의 안지(顔芝)가 은밀히 보관해두었던 18장의『효경』으로, 한 무제 건원연간(建元年間; BC140~135)에 안지의 아들 안정(顔貞)이 꺼내 하간헌왕에게 바쳤는데, 하간헌왕이 이를 한 무제에게 바쳤다.『한서』「예문지」에는 "『효경』 1편이다."라고 하였으며, 반고의 주에는 "18장이다."라고 하였다. 이를 통해 전한 때 금문본『효경』은 총 18장 1편이었음을 알 수 있다.

　또 그 아래에 "장손씨(長孫氏)의 설이 2편, 강씨(江氏)의 설이 1편, 익씨(翼氏)의 설이 1편, 후씨(后氏)의 설이 1편, 잡전(雜傳)이 4편, 안창후(安昌侯)의 설이 1편이다.[長孫氏說 二篇 江氏說 一篇 翼氏說 一篇 后氏說 一篇 雜傳 四篇 安昌侯說 一篇]"라고 하였는데, 이들이 전한 때『효경』을 전수하거나 연구한 사람들이다. 강씨는 박사 강옹(江翁)이고, 후씨는 소부(小府) 후창(后倉)이고, 익씨는 간의대부 익봉(翼奉)이고, 안창후는 장우(張禹)이다.

　한 성제 때 유향이 비부(祕府)의 서적을 교감할 적에 금문본을 저본으로 하여 고문본과 비교해 18장의 정본을 만들었다. 이 판본을 저본으로 하여 후한 때 정중(鄭衆)·마융(馬融)·정현(鄭玄) 등이 주를 달았는데, 정현이 이를 집성하여 『효경주』를 내었다.

『고문효경』은 한 무제 때 노 공왕이 궁궐을 넓히기 위해 공자가 살던 집의 벽을 허물다가 벽 속에서 발견한 주나라 때의 전서(篆書)로 쓴 22장의 『효경』을 말한다. 노나라의 공혜(孔惠)가 이 책을 한 소제에게 바쳤고, 소제는 학자들을 시켜 금문인 예서(隸書)로 이를 옮겨 쓰게 하였다.

『고문효경』의 고주로는 공안국이 전한 『고문효경전(古文孝經傳)』을 꼽는데, 이는 남북조 시대 남조 양(梁)나라 때 정현의 금문 『효경주』와 함께 나란히 국학에 올랐으나 후에 유실되었다. 수나라 문제 때인 594년 비서성 왕소(王劭)가 우연히 이 책을 발견하여 하간(河間)의 유현(劉炫)에게 보냈는데, 유현이 『고문효경술의(古文孝經述義)』를 지어 민간에 유포시켰다. 후에 조정에 알려져 정현의 금문 『효경주』와 함께 국학에 올랐다. 유현이 입수했다는 고문으로 된 공안국의 『고문효경전(古文孝經傳)』은 유현의 위작이라는 설도 있다.[10]

『금문효경』과 『고문효경』은 장수도 차이가 나고 글자 수도 차이가 난다. 『금문효경』은 총 18장인데, 『고문효경』은 총22장이며, 판본에 따라 글자 수도 일정하지 않다. 글자 수는 제외하고 장수와 편차를 간략히 도표로 정리하면 다음과 같다.

---

10 이상 鄭太鉉·姜珉廷의 『역주 효경주소』「해제」(전통문화연구회, 2018) 참조.

今文孝經		古文孝經	
章次	章名	章次	章名
01	開宗明義	01	開宗明義
02	天子	02	天子
03	諸侯	03	諸侯
04	卿大夫	04	卿大夫
05	士	05	士
06	庶人	06	庶人
		07	孝平
07	三才	08	三才
08	孝治	09	孝治
09	聖治	10	聖治
		11	父母生續
		12	孝優劣
10	紀孝行	13	紀孝行
11	五刑	14	五刑
12	廣要道	15	廣要道
13	廣至德	16	廣至德
14	廣揚名	17	感應
15	諫諍	18	廣揚名
16	感應	19	閨門
17	事君	20	諫爭
18	喪親	21	事君
		22	喪親

이를 통해 다음과 같은 사실을 발견할 수 있다.

첫째, 『금문효경』을 기준으로 할 적에 『고문효경』은 제6장 서인장(庶人章)을 서인장과 효평장(孝平章)으로 분장하고, 제9장 성치장(聖治章)을 성치장·부모생속장(父母生續章)·효우열장(孝優劣章)으로 분장하였다. 둘째, 『금문효경』을 기준으로 할 때 『고문효경』은 감응장(感應章)·광

양명장(廣揚名章)·간쟁장(諫爭章) 등의 편차가 바뀌었다. 셋째『금문효
경』에 없는 규문장(閨門章)이『고문효경』에는 있다.

3. 『효경』의 내용

　『금문효경』을 저본으로 하여 주소를 낸『효경주소』를 바탕으로 각
장의 내용을 간추려 도표화하면 다음과 같다.

章次	章名	내용
01	開宗明義	孝는 제왕이 민심을 따라 화목한 세상을 이룰 수 있는 至德이고 要道
02	天子	부모에 대한 愛敬을 타인에 대한 愛敬으로 확장
03	諸侯	겸손과 절약, 社稷 보전, 민심 和平
04	卿大夫	예법에 맞는 복장과 언행, 宗廟 보전
05	士	父에 대한 愛敬, 上官에 대한 忠順, 爵祿 보전, 祭祀 보전
06	庶人	謹身과 節約, 부모 봉양
07	三才	사람이 天地의 법칙을 본받아 孝로 常行을 삼음
08	孝治	明王이 孝로 천하를 다스림, 예로써 아랫사람을 대함
09	聖治	以父配天의 事親으로 군주에 대한 愛敬을 이끌어냄
10	紀孝行	事親의 방법 : 致敬, 致樂, 致憂, 致哀, 致嚴
11	五刑	五刑에 속하는 죄목 중 가장 중대한 것이 不孝
12	廣要道	제왕이 孝와 悌를 솔선
13	廣至德	至德을 지낸 제왕은 孝와 悌를 솔선
14	廣揚名	父兄에 恭敬, 상관에 충성, 立身揚名
15	諫諍	부모와 군주가 不義에 빠지지 않게 간쟁하는 것이 孝와 忠
16	感應	종묘에 공경을 극진히 하면 귀신이 감응
17	事君	군주의 좋은 점을 따르고 나쁜 점을 바로잡아 소통
18	喪親	親喪을 당했을 때 喪禮를 다하는 것

제1장 개종명의장(開宗明義章)은 『효경』의 근본이 되는 의미를 펼쳐내어 그 이치를 드러내 밝힌다는 뜻으로 붙인 명칭이다. 즉 천자·제후·경대부·사·서인의 오효(五孝)를 드러내 밝힌다는 뜻이다. 이 「개종명의장」에서 공자는 "효는 덕행의 근본이고, 교화가 생겨나는 곳이다.[夫孝 德之本也 敎之所由生也]"라고 하였고, 또 "신체발부는 부모에게서 받으니 감히 훼상하지 않는 것이 효의 시작이고, 입신행도(立身行道)하여 후세에 이름을 드날려 부모를 빛내는 것이 효의 끝이다.[身體髮膚 受之父母 不敢毁傷 孝之始也 立身行道 揚名於後世 以顯父母 孝之終也]"라고 하였다. 그리고 또 "효는 사친(事親)에서 시작하고, 사군(事君)이 중간이며 입신(立身)에서 끝난다.[夫孝 始於事親 中於事君 終於立身]"라고 하였다.

이를 통해 보건대, 효는 자신의 신체를 훼손하지 않는 것, 자신을 욕되게 하지 않고 입신행도하여 부모를 빛내는 것으로 요약된다. 그리고 그 중간에 사친의 효를 미루어 임금을 섬기는 충(忠)이 들어 있다.

또 공자는 "사람의 행실 중에는 효보다 큰 것이 없다. 효는 아버지를 존경하는 것보다 큰 것이 없고, 아버지를 존경하는 것으로는 배천(配天)보다 큰 것이 없으니, 주공(周公)이 그 일을 처음 한 사람이다. 옛날 주공이 후직에게 교(郊)제사를 지내어 하늘에 배향하고, 명당(明堂)에서 문왕에게 종(宗)제사를 지내어 상제에 배향하였다. 그러므로 온 세상의 제후들이 각자 맡은 바의 직분으로 공물을 가지고 와서 제사를 도왔다. 성인의 덕 중에서 또 무엇이 효보다 더하겠는가."라고 하였다.[11]

------

11 邢昺, 『孝經注疏』 「聖治章第九」, "人之行莫大於孝 孝莫大於嚴父 嚴父莫大於配天 則周公其人也 昔者 周公郊祀后稷 以配天 宗祀文王於明堂 以配上帝 是以 四海之乃 各以其職來祭 夫聖人之德 又何以加於孝乎"

　이러한 언급은 사람이 할 일 중에서 효가 가장 중요하고, 효 중에서는 사친이 가장 중요하고, 사친 중에서는 배천이 가장 위대하다는 것이다. 요컨대 효가 배천에 이르러 사람[人]이 하늘[天]과 통하는 데까지 이르렀다. 『중용』을 보면 순(舜)을 '대효(大孝)'라 칭하고, 무왕과 주공을 '달효(達孝)'라 칭하면서 수명(受命)을 언급하고 있는데, 이것이 바로 효의 극치를 말한 것이다. 효의 극치는 배천에 이르고 다시 하늘로부터 천명을 받는 수명에 이르니, 이 세상을 평치하는 근본이라고 할 수 있겠다.

　『효경』에서는 신분의 등급에 따라 다섯 가지의 예를 제시하고 있으니, 천자의 효, 제후의 효, 경대부의 효, 사(士)의 효, 서인의 효가 그것이다.

　천자장(天子章)에서 공자는 천자의 효에 대해 "어버이를 친애하는 자는 감히 남을 미워하지 않고, 어버이를 공경하는 자는 감히 남을 업신여기지 않는다. 친애와 공경을 사친에 극진히 하면 덕의 교화가 백성에게 더해져 온 세상 사람들에게 본보기가 될 것이니, 대체로 이것이 천자의 효이다."[12]라고 하였다. 천자가 솔선해서 어버이를 친애하고 공경하면 온 세상 사람들이 본받고 따라할 것이라는 말이다.

　제후장(諸侯章)에서 공자는 제후의 효에 대해 "윗자리에 있으면서 교만하지 않으면 지위가 높아도 위태롭지 않고, 절약하고 법도를 삼가면 곳간이 가득 차도 사치하지 않는다. 지위가 높아도 위태롭지 않는지라 귀한 신분을 오래 지키게 되고, 곳간이 가득 차도 사치하지 않는지라 부유함을 오래 지키게 되니, 부귀가 그의 몸에서 떠나지 않은 뒤에야 사직을 보존하고 인민을 화평하게 할 수 있으니, 대체로 이것이 제후의

12　邢昺, 『孝經注疏』 「天子章第二」, "愛親者 不敢惡人 敬親者 不敢慢於人 愛敬盡於事親 而德教加於百姓 刑于四海 蓋天子之孝也"

효이다."¹³라고 하였다.

경대부장(卿大夫章)에서 공자는 경대부의 효에 대해 "선왕의 법복(法服)이 아니면 감히 입지 않으며, 선왕의 법언(法言)이 아니면 감히 말하지 않으며, 선왕의 덕행이 아니면 감히 행하지 않는다. 그러므로 법이 아니면 말하지 않고 도가 아니면 행하지 않아 입에는 법도에 어긋난 말이 없고 몸에는 법도에 어긋난 행실이 없어서, 말이 천하에 가득해도 말로 인한 허물이 없고 행실이 천하에 가득해도 원망과 미움이 없다. 이 세 가지(복장, 언어, 행실)가 갖추어진 뒤에야 종묘를 지킬 수 있으니, 대체로 이것이 경대부의 효이다."¹⁴라고 하였다.

사장(士章)에서 공자는 사(士)의 효에 대해 "아버지를 섬기는 데에서 취하여 어머니를 섬기니 사람이 같으며, 아버지를 섬기는 데에서 취하여 임금을 섬기니 공경이 같다. 그러므로 어머니는 아버지를 섬길 때의 사랑을 취하고 임금은 아버지를 섬길 때의 공경을 취하니, 이 두 가지를 겸하는 분은 아버지이다. 그러므로 효로써 임금을 섬기면 충(忠)이 되고, 공경으로 어른을 섬기면 순(順)이 된다. 충순(忠順)을 잃지 않고서 윗사람을 섬긴 뒤에야 그의 녹봉과 작위를 보전하여 그 제사를 지킬 수 있으니, 대체로 이것이 사(士)의 효이다."¹⁵라고 하였다.

---

13 邢昺, 『孝經注疏』 「諸侯章第三」, "在上不驕 高而不危 制節謹度 滿而不溢 高而不危 所以長守貴也 滿而不溢 所以長守富也 富貴不離其身 然後能保其社稷 而和其民人 蓋諸侯之孝也"

14 邢昺, 『孝經注疏』 「卿大夫章第四」, "非先王之法服 不敢服 非先王之法言 不敢道 非先王之德行 不敢行 是故 非法不言 非道不行 口無擇言 身無擇行 言滿天下 無口過 行滿天下 無怨惡 三者備矣 然後能守其宗廟 蓋卿大夫之孝也"

15 邢昺, 『孝經注疏』 「士章第五」, "資於事父 以事母 而愛同 資於事父 以事君 而敬同 故母取其愛 而君取其敬 兼之者 父也 故以孝事君則忠 以敬事長則順 忠順不失 以事其上 然後能保其祿位 而守其祭祀 蓋士之孝也"

서인장(庶人章)에서 공자는 서인의 효에 대해 "하늘의 도를 쓰고 땅의 이로움을 분별하며, 몸가짐을 삼가고 쓰는 것을 절약하여 부모를 봉양하니, 이것이 서인의 효이다."[16]라고 하였다.

공자는 효치장(孝治章)에서 옛날 명왕(明王)이 천하를 다스릴 적에는 신분이 미천한 사람도 깔보지 않고 예우하여 모든 나라의 환심을 얻어 자기 선왕(先王)을 섬겼으며, 나라를 다스리는 제후는 홀아비와 과부 같은 불쌍한 사람들을 업신여기지 않아 백성의 환심을 사서 자기 선군(先君)을 섬겼으며, 가(家)를 다스리는 경대부도 신첩에게 신의를 잃지 않아 사람들의 환심을 사서 자기 어버이를 섬겼다고 하여, 통치자가 민심을 얻어 조상을 섬기고 영역을 잘 지키는 일을 효치(孝治)라고 하였다.

또 기효행장(紀孝行章)에서는 효자가 부모를 섬기는 조목을 구체적으로 열거하면서 평상시 섬길 적에는 공경을 극진히 하고, 봉양할 적에는 즐거움을 극진히 해드리고, 병이 나면 걱정을 극진히 하고, 상을 당하면 애통을 극진히 하고, 제사를 지낼 적에는 엄숙함을 극진히 하는 다섯 가지를 다해야 능히 사친(事親)의 도라고 하였다. 그러니까 살아서 평상시 모시고 봉양할 때부터 돌아가신 뒤의 상례와 제례를 모두 극진히 해야 효행이라 할 수 있다는 것이다.

『효경』의 내용 가운데 자식이 아버지에게 간쟁(諫諍)하는 내용이 있는데 다음과 같다.

> 공자께서 말씀하시기를 "아버지에게 간쟁하는 자식이 있으면 그 자신은 불의에 빠지지 않는다. 그러므로 불의에 해당하면 자식은 아버지에게

---

16 邢昺, 『孝經注疏』「庶人章第六」, "用天之道 分地之利 謹身節用 以養父母 此庶人之孝也"

간쟁하지 않아서는 안 되며, 신하는 임금에게 간쟁하지 않아서는 안 된다. 그러므로 불의에 해당하면 간쟁해야 하니, 아버지의 명령을 따르기만 하는 것이 또한 어찌 효일 수 있겠는가."[17]

아버지가 불의한 경우 자식은 간쟁을 해야 한다는 것이다. 그런데 위의 인용문은 '천자에게 간쟁하는 신하 7인이 있으면 비록 무도하더라도 천하를 잃지 않고, 제후에게 간쟁하는 신하 5인이 있으면 비록 무도하더라도 그 나라를 잃지 않고, 대부에게 간쟁하는 신하 3인이 있으면 비록 무도하더라도 그 가(家)를 잃지 않고, 사(士)에게 간쟁하는 벗이 있으면 그 자신이 아름다운 명예에서 이탈하지 않는다.'는 문맥을 이어서 말한 것이기 때문에 무조건 자식이 아버지에게 간쟁하는 것이 옳다고 말한 것은 아니다. 요점은 아버지가 불의에 해당하는 경우에는 간쟁을 하는 것이 옳다는 말이다.

그런데 그 간쟁은 신하가 임금에게 간쟁하는 것처럼 해서는 안 된다. 『논어』에 보면 공자는 "부모를 섬기되 기미를 보아 간언을 해야 하니, 부모님의 마음이 나의 간언을 받아들이지 않는 것을 보고서는 더욱 공경하여 부모님의 말씀을 어기지 말며 수고롭더라도 부모님을 원망하지 않아야 한다."[18]라고 하여, 간언을 할 때 극도로 신중할 것을 언급하고 있다.

부모에게 간쟁하는 것에 대해 『대대례기』에도 아래와 같은 증자(曾子)의 말이 있다.

---

17 邢昺, 『孝經注疏』 「諫諍章第十五」. "父有爭子 則身不陷於不義 故當不義 則子不可以
    不爭於父 臣不可以不爭於君 故當不義 則爭之 從父之令 又焉得爲孝乎"
18 朱熹, 『論語集註』 「里仁」. "事父母 幾諫 見志不從 又敬不違 勞而不怨"

부모를 친애하고 공경함이 있되 부모의 행실이 도에 맞으면 따르고, 도에 맞지 않으면 간언을 한다. 간언을 해도 받아들이지 않으면 부모의 말씀을 따르면서 자기 책임처럼 여긴다. 부모의 말씀을 따르기만 하고 간언하지 않는 것은 효가 아니며, 간언만 하고서 행실은 따르지 않는 것도 효가 아니다. 효자의 간언은 선에 도달하는 것이지 감히 다투어 따지는 것이 아니다. 다투어 따지는 것 난을 일으키는 일이 발생하는 원인이다.[19]

혹자는 『효경』의 내용과 『대대례기』의 내용이 상호 모순된다고 보기도 하지만, 실은 모순된 것이 아니다. 『논어』에 실린 공자의 언급처럼 간언을 하되 기미를 보아 부모의 마음이 언짢지 않도록 극도로 조심해서 간언을 해야 한다는 것이다.

4. 『효경』의 주석서

앞에서 살펴보았듯이, 『금문효경』은 후한 말 정현의 『효경주』가 대표적이고, 『고문효경』은 전한 때 공안국의 『고문효경전(古文孝經傳)』이 대표적이다. 『수서』「경적지」에는 61가의 주석서가 기록되어 있고, 『구당서』「경적지」에는 26가의 주석서가 기록되어 있다. 이 가운데 대부분 유실되었고, 공안국·정현·왕숙·유현(劉炫)·황간(皇侃) 등의 설이 당 현종의 『효경어주(孝經御注)』와 송(宋)나라 형병(邢昺)의 『효경주소(孝經注疏)』에 일부 실려 전하고 있다.

---

19 『大戴禮記』「曾子事父母第五十三」, "有愛而敬 父母之行 若中道則從 若不中道則諫 諫而不用 行之如由己 從而不諫 非孝也 諫而不從 亦非孝也 孝子之諫 達善而不敢爭辨 爭辨者 作亂之所由興也"

부모에게 효도하는 것은 임금에게 충성하는 것과 긴밀하게 연관되어 있기 때문에『효경』은 전한 때부터 통치자들이 중시하는 경전이 되었다. 전한 문제 때『효경』에 박사를 설치하였고, 선제 때에는 향교에도 경사(經師)를 배치하여 전국적으로 교육시키는 교과목이 되었다.

남북조 시대 남조 양나라 무제와 당나라 때 현종은 직접『효경』에 주석을 달았으니, 통치자들이『효경』을 얼마나 중시했는지를 알 수 있다. 당 현종 719년에는 공안국의『고문효경전』과 정현의『금문효경』의 주에 대해 진위를 토론하는 회의를 개최하기도 하였다. 이때 유지기(劉知幾)는 유현(劉炫)이 교정한『고문효경전』을 지지하였고, 사마정(司馬貞)은『고문효경전』은 위작이라고 주장하여 결론을 내리지 못함으로써 금문과 고문이 함께 통용되었다. 그리고 당 현종은 손수『금문효경』을 저본으로 공안국·정현·위소(韋昭)·왕숙·위극기(魏克己) 등의 주를 채용하여『효경어주』를 편찬해 돌에 새겨 태학에 세우게 하였으니, 이를 '석대효경(石臺孝經)'이라 한다. 이후로 이『효경어주』가 유행하고 다른 주석서들은 자취를 감추게 되었다.

당 현종 722년 처음으로『효경어주』를 지을 때 원행충(元行沖)에게 명하여 어주를 부연하는 소(疏)를 짓게 하였는데, 얼마 뒤 별세하여 현종이 2차로 주를 보완할 적에는 참여하지 못하였다. 그리하여 소에 미비한 점이 있었다. 이에 송나라 진종 때인 1000년 형병(邢昺)에게 조령을 내려 두호(杜鎬)·서아(舒雅)·손석(孫奭) 등과 함께 소를 개정하게 하였다. 이에 형병 등은『효경주소』를 편찬하였고, 이 책이 후에 십삼경주소본에 들어가게 되었다.

남송 때 주희는 1186년『고문효경』을 저본으로 하여 경(經) 1장, 전(傳) 14장 체제로 개편하여『효경간오(孝經刊誤)』를 편찬하였다. 그는 종래 천자-제후-경대부-사-서인의 효로 구분한 것을 천자와 사(士)의 효에 중점을 두었고, 전 14장의 내용을 대부분 제1장 개종명의(開宗明義)를 해석한 것으로 간주하였다.

남송 말 주희의 재전 문인인 동정(董鼎)은 주희의 『효경간오』를 근본으로 삼아 상세한 주석을 더해 『효경대의(孝經大義)』를 편찬하였다. 주희는 『고문효경』에서 223자를 삭제하였는데, 실제로는 삭제하지 않고 삭제하는 것이 좋겠다는 표기만 하고 글자를 그대로 놔두었다. 그런데 동경은 주희가 삭제하는 것이 좋겠다고 한 글자를 완전히 빼버리고 본문을 새로 편집하여 신판본을 만들었다.

조선 시대는 윤휴(尹鑴)가 특별히 『효경』을 중시하여 『효경장구고이(孝經章句考異)』·『효경외전(孝經外傳)』·『효경외전속편(孝經外傳續篇)』 등을 저술하였다. 윤휴는 『효경』을 『중용』과 함께 가장 중요한 경전으로 인식하였다. 그는 『효경』은 사친지도(事親之道)를 말한 것으로, 『중용』은 사천지도(事天之道)를 말한 것으로 보았다. 그리고 『예기』「내칙」은 『효경』의 절문(節文)으로, 『대학』은 『중용』의 조목으로 보았다.[20]

---

20 尹鑴, 『白湖全書』, 1893면, 「行狀」, "公於孝經用功 與中庸無異 曰孝經言事親之道 內則 實其節文也 中庸 事天之道 大學 是其條目也"

1. 『이아』라는 책의 성격

　『이아』는 십삼경에 들어 있지만 성경현전(聖經賢傳)이 아니다. 『이아』는 한 마디로 훈고명물(訓詁名物)에 관한 서적으로 경(經)을 해석하는 데 공구로 쓰이는 백과사전류의 책이다. 『한서』 「예문지」 육례략(六藝略)에는 육경 외에 『논어』·『효경』이 더 있으며, 『효경』 뒤에 “『이아』 3권 21편, 『소이아(小爾雅)』 1편, 『고금자(古今字)』 1권[爾雅 三卷 二十一篇 小爾雅 一篇 古今字 一卷]”이라 하여 사전류의 서적을 육경 및 『논어』·『효경』 뒤에 붙여놓았다.

　이 『이아』에 대해 남북조 시대 유협(劉勰)은 『문심조룡(文心雕龍)』에서 “『이아』는 공자의 문도들이 편찬한 책으로, 『시경』과 『상서』의 금대(襟帶)이다.”[1]라고 하였으며, 송나라 때 임광조(林光朝)는 “『이아』는 육적(六籍:六經)의 호유(戶牖)이며, 학자들의 요진(要津)이다. 고인의 학문은 반드시 먼저 『이아』에 통달했으니, 육적과 백가의 말은 모두 유형으로써 구할 수 있었다.”라고 하였으며[2], 청대 송상봉(宋翔鳳)은 『이아곽

1　劉勰, 『文心雕龍』 권8, 「練字第三十九」, “夫爾雅者 孔徒之所纂 而詩書之襟帶也”
2　朱彝尊, 『經義考』 권237, 「爾雅一」, “林光朝曰 爾雅 六籍之戶牖 學者之要津也 古人之

주의소(爾雅郭注義疏)』의 서문에서 "『이아』는 훈고(訓故)의 연해(淵海)이고, 오경의 제항(梯航)이다."라고 하였다.[3]

'금대(襟帶)'는 옷깃과 허리띠로 옷을 입고 벗는 중요한 부분이니, 『시경』과 『상서』를 이해하는 관문과 같다는 말이다. '육적(六籍)'은 육경이고 '호유(戶牖)'는 방문·봉창이며, '요진(要津)'은 중요한 나루터이다. 즉 『이아』는 육경의 내용을 이해하는 문과 같고, 학자들이 건너야 하는 강의 나루와 같이 중요하다는 말이다. 또 '연해(淵海)'는 깊은 바다이고 '제항(梯航)'은 제산항해(梯山航海)를 뜻하니, 『이아』는 훈고를 모아놓은 서적으로 오경을 이해하는 공구라는 말이다. 이러한 비유를 통해 현대적인 의미로 풀이하면, 『이아』는 '육경을 이해하는 공구서'라는 뜻이다. 요컨대 『이아』는 후대 문자학이나 성운학에 해당하는 소학류(小學類)의 고전으로, 경전을 이해하는 최초의 사전이라 하겠다.

'이아(爾雅)'라는 책명에 대해, 『한서』「예문지」의 장안(張晏)의 주에는 "'이(爾)'는 가깝다는 뜻이고, '아(雅)'는 바르다는 뜻이다.[爾 近也 雅 正也]"라고 하였다. 유희(劉熙)의 『석명(釋名)』에는 이를 좀 더 구체적으로 풀이하여 다음과 같이 기록하고 있다.

> 이아(爾雅)의 이(爾)는 닐(昵)의 의미로 닐(昵)은 가깝다[近]는 뜻이며, 아(雅)는 의(義)의 의미로 의(義)는 바르다[正]는 뜻이다. 오방(五方)의 말이 같지 않으니, 모두 바른 것에 가깝게 함을 위주로 한 말이다.[4]

學 必先達爾雅 則六籍百家之言 皆可以類求矣"

3 이종호 편, 『유교경전의 이해』, 중화당, 1994, 197쪽에서 재인용. 중국학자 楊伯俊의 『經典淺談』 중 『爾雅』 부분을 집필한 陸宗達과 王寧의 글에서 인용한 것이다.

4 劉熙, 『釋名』「釋典藝第二十」. "爾雅 爾 昵也 昵 近也 雅 義也 義 正也 五方之言不同 皆以近正爲主也"

이 설에 따르면 '이아'라는 책명은 '바른 의미에 근접하게 하는 책'이라는 뜻이 된다. 그런데 여기서 '바른 것에 가깝다[近正]'는 뜻이 무엇을 말하는지 분명하지 않다. 청대 완원(阮元)은 이에 대해 '예로부터 내려오는 천하의 다른 말을 바른 말에 가깝도록 한 것'으로 풀이하였다. 바른 말[正言]은 표준말을 의미하니, 각 지역의 방언을 정언(正言; 표준말)에 가깝도록 풀이한 것으로 해석한 것이다.[5]

중국의 현대 학자 황간(黃侃; 黃季剛)은 『이아약설(爾雅略說)』에서 『순자』「영욕편(榮辱篇)」의 '군자안아(君子安雅)'와 「유교편(儒效篇)」의 '거하이하(居夏而夏)'를 근거로 '아(雅)'를 '하(夏)'의 가차자로 보아 "첫째는 『이아』가 중원의 공식적인 말임을 알 수 있고, 둘째는 『이아』가 경전의 상용어임을 알 수 있고, 셋째는 『이아』가 훈고의 바른 뜻임을 알 수 있다."[6]라고 하였다.

이를 통해 볼 때, 『이아』는 표준말[正言]로 방언이나 속어를 해석한 책이고, 당시의 말로써 옛날의 말을 해석한 책이고, 일상에서 널리 상용하는 상용어로 잘 쓰지 않는 어려운 말을 해석한 책이라고 할 수 있다.

진(晉)나라 때 『이아』에 주를 단 곽박(郭璞)은 「이아서(爾雅序)」에서 "『이아』는 고훈의 지귀(指歸)를 통하게 하는 책이며, 시인의 흥영(興詠)을 서술한 책이며, 지나간 시대의 이사(異詞)를 모아놓은 책이며, 내용은 같지만 호칭이 다른 것을 변별한 책이다. 그러니 참으로 구류(九流)를 건너는 나루[津涉]이며, 육예의 열쇠[鈐鍵]이며, 많은 것을 보고 배운

5 보인회 한문고전반(https://cafe.daum.net/Boinhoi)의 '이것이 유교경전이다-12강 爾雅'에서 재인용.
6 이종호 편, 『유교경전의 이해』, 제12장 『爾雅』(陸宗達·王寧 저), 198쪽에서 재인용. "一可知爾雅爲諸夏之公言 二可知爾雅皆經典之常語 三可知爾雅爲訓詁之正義"

사람의 깊은 내면[潭奧]이며, 글 짓는 사람의 화려한 동산[華苑]이다. 사물을 널리 섭렵하되 의혹됨이 없고, 초목조수의 이름을 많이 알 수 있는 책으로는 『이아』보다 가까운 책이 없다."[7]라고 하였다.

여기서 알 수 있듯이, 『이아』는 유가의 육경뿐만 아니라 제자백가 · 시문 · 박물(博物)에 모두 도움을 줄 수 있는 책으로 활용되었음을 알 수 있다. 실제로 『이아』에는 오경뿐만 아니라, 『초사』 · 『장자』 · 『관자』 · 『국어』 · 『산해경』 · 『여씨춘추』 등에 나오는 말을 풀이한 것이니, 『이아』는 선진 시대의 고적을 읽는 데 필요한 사전이었다고 하겠다.

『이아』는 전한 문제 때 박사를 세웠으나, 경(經)이 아닌 전(傳)과 기(記)에 세운 박사를 후에 없애고 오경에만 박사를 두게 되어 경전의 반열에 들어가지 못하였다.[8] 그러나 전한 말 유향 · 유흠 부자가 고문학을 일으킬 것에 『이아』에 능통한 사람을 모집하여 강론하게 함으로써 다시 중시되기 시작하였다.

『이아』는 당 문종 개성연간(開成年間; 836~839) 12경을 돌에 새겨 태학에 둘 때 경전의 반열에 들어가게 되었다. 그리고 북송 진종(眞宗)연간(997~1022) 형병(邢昺)과 손석(孫奭)이 여러 경전의 의소(義疏)를 교정하여 주소본을 편찬하면서 『이아주소(爾雅注疏)』가 더해져 십삼경 주소에 들어가게 되었다.

『이아』가 경전의 반열에 오르게 된 것에 대해, 청대 기윤(紀昀)의 『사

---

7 郭璞, 『爾雅注』「爾雅序」, "夫爾雅者 所以通詁訓之指歸 敍詩人之興詠 摠絕代之離詞 辯同實而殊號者也 誠九流之津涉 六藝之鈐鍵 學覽者之潭奧 摛翰者之華苑也 若乃可以博物不惑多識於草木鳥獸之名者 莫近於爾雅爾"

8 趙岐, 『孟子題辭』, "孝文皇帝 欲廣遊學之路 論語孝經孟子爾雅 皆置博士 後罷傳記博士 獨立五經而已"

고전서총목제요』에는 '경전을 해설하는 사람들이 모두 『이아』에 의존해 고사(古事)를 증명하기 때문에 소중히 여기는 바를 따라 경부(經部)에 넣게 되었다.'고 하였다.

2. 『이아』의 작자와 성립시기

『이아』는 언제 누가 만든 것일까? 『이아』의 저자에 대해서는 크게 네 가지 설이 있다.

첫째는 주공(周公)이 한 편을 짓고, 나머지는 공자(孔子)와 자하(子夏)가 이어서 지었다는 설이다. 위(魏)나라 때 장읍(張揖), 당나라 때 육덕명(陸德明) 등이 이 설을 주장하였다. 육덕명은 『경전석문』「서록」에서 다음과 같이 말하고 있다.

> 「석고(釋詁)」 1편은 주공이 지은 듯하다. 「석언(釋言)」 이하는 혹 중니(仲尼)가 증보한 것, 자하(子夏)가 채운 것, 숙손통(叔孫通)이 더한 것, 양문(梁文)이 보충한 것이라고 말하는데, 장읍(張揖)의 의론이 상세하다.[9]

이러한 주장에 의하면, 『이아』는 주나라 초로부터 전한에 이르기까지 오랜 기간을 거쳐 여러 차례 보충하면서 성립된 것으로 보고 있다.

둘째는 공자의 문인들이 지었다는 설이다. 정현(鄭玄)과 유협(劉勰) 등이 이 설을 주장하였다. 이들은 이 책의 성립시기를 동주(東周) 시대

---

9 陸德明, 『經典釋文』「序錄」. "爾雅者……釋詁一篇 蓋周公所作 釋言以下 或言仲尼所增 子夏所足 叔孫通所益 梁文所補 張揖論之詳矣"

로 보고 있다.

셋째는 한나라 때 유자들이 지었다는 설이다. 송나라 때 조수중(曹粹中)이 『방재시설(放齋詩說)』에서 이 주장을 하면서 『모시고훈전(毛詩故訓傳)』 이후에 성립된 것으로 보았다.

넷째는 역대로 내려오면서 여러 사람들이 모아 완성한 책으로 보는 설이다. 기윤(紀昀)이 『사고전서총목제요』에서 주장한 설이다. 기윤은 '문자를 공부하는 사람들이 옛 글을 모아서 엮은 것으로 대대로 내려오면서 기록을 모아 완성된 것이며, 주공과 공자가 지었다는 것은 모두 의탁한 말이다.'라고 하였다.

첫째와 둘째의 설은 『이아』에서 해석한 재료 가운데 오경은 절반 이하이며, 취하고 있는 훈고도 『초사』·『장자』·『여씨춘추』·『국어』·『사기』 등 상당수가 주공과 공자보다 한참 후대에 만들어진 책들이기 때문에 그렇게 주장하고 있는 것이다. 또 현대 학자들의 고증에 따르면 『이아』 속의 많은 자료는 『모시고훈전』 이전에 있었던 것들이며, 제도 또한 주나라 때의 제도가 많기 때문에 한나라 때 유자들이 만들었다는 설도 신뢰하기 어렵다.

이상의 여러 설 가운데 현대 학자들은 대체로 넷째의 설을 많이 따르고 있다. 그것은 『이아』의 내용으로 볼 때 한 시대 한 사람에 의하여 만들어진 것이 아니라고 보기 때문이다. 대개 전국 시대에 처음 만들어지기 시작해서 후한 고문경이 성행한 뒤에 『이아』의 편집이 완료되었을 것으로 추정하고 있다.

3. 『이아』의 편차와 내용

현존하는 『이아』는 총 19편이다. 이를 도표로 정리하면 다음과 같다.

篇次	篇名	내용	유형분류
01	釋詁	단음절어 훈석, 훈석방법 直訓	言語類
02	釋言	단음절어 훈석, 훈석방법 直訓	
03	釋訓	疊字語와 連綿語로 훈석, 훈석방법 義界	
04	釋親	宗族, 母堂, 妻堂, 婚姻으로 친속관계 호칭 훈석	人文關係類
05	釋宮	궁궐의 전체 명칭 및 각개 부위의 명칭 훈석	建築器物類
06	釋器	기물명칭, 재료명칭, 제작공정명칭 등 훈석	
07	釋樂	악기를 훈석	
08	釋天	천문을 四時, 祥, 災, 歲陽, 歲陰, 歲名, 月陽, 月名, 風雨, 星名, 祭名, 講武, 旌旗 등 13개 유형으로 분류해 훈석	天文地理類
09	釋地	地名,지리환경 등을 九州, 十藪, 八陵, 九府, 五方, 野, 四極 등 7개 유형으로 분류해 훈석	
10	釋丘	高地를 丘와 厓岸으로 분류해 훈석	
11	釋山	山脈을 훈석	
12	釋水	江水를 水泉, 水中, 河曲, 九河로 나누어 훈석	
13	釋草	초본식물 훈석	植物動物類
14	釋木	목본식물 훈석	
15	釋蟲	곤충 훈석	
16	釋魚	수생식물(파충류 포함) 훈석	
17	釋鳥	조류 훈석	
18	釋獸	獸類를 寓屬, 鼠屬, 齸屬, 須屬으로 나누어 훈석	
19	釋畜	가축류를 馬屬, 牛屬, 羊屬, 狗屬, 雞屬, 六畜으로 나누어 훈석	

다음은 이해를 돕기 위해 각 편의 예를 한두 가지씩 들어보기로 한다.

① 석고(釋詁)

• 초(初), 재(哉), 수(首), 기(基), 조(肇), 조(祖), 원(元), 태(胎), 숙(俶), 락(落), 권여(權輿)는 시(始)의 뜻이다.

• 붕(崩), 훙(薨), 무록(無祿), 졸(卒), 조락(殂落), 에(殪)는 사(死)의 뜻이다.

② 석언(釋言)

• 은(殷), 제(齊)는 중(中)의 뜻이다.

• 사(斯), 치(誃)는 이(離)의 뜻이다.

③ 석훈(釋訓)

• 명명(明明), 근근(斤斤)은 찰(察)의 뜻이다.

• 조조(條條), 질질(秩秩)은 지(智)의 뜻이다.

④ 석친(釋親)

• 부(父)를 고(考)라 하고, 모(母)를 비(妣)라 한다.

• 부(父)의 고(考)를 왕부(王父)라 하고, 부(父)의 비(妣)를 왕모(王母)라 한다.

⑤ 석궁(釋宮)

• 궁(宮)을 실(室)이라 하고, 실(室)을 궁(宮)이라 한다.

• 유(牖)와 호(戶)의 사이를 의(扆)라 하고, 그 안을 가(家)라 하고, 동서 담장[墻]을 서(序)라고 한다.

⑥ 석기(釋器)

• 목두(木豆)를 두(豆)라 하고, 죽두(竹豆)를 변(籩)이라 하고, 화두(瓦豆)를 등(䇺)이라 한다.

⑦ 석악(釋樂)

• 궁(宮)을 중(重)이라 하고, 상(商)을 민(敏)이라 하고, 각(角)을 경(經) 이라 하고, 치(徵)를 질(迭)이라 하고, 우(羽)를 류(柳)라 한다.

• 대비(大瑟)를 쇄(灑)라 하고, 대금(大琴)을 이(離)라 하고, 대고(大鼓) 를 분(鼖)이라 한다.

⑧ 석천(釋天)

• 궁창(穹蒼)을 창천(蒼天)이라 한다. 봄에는 창천(蒼天)이라 하고, 여 름에는 호천(昊天)이라 하고, 가을에는 민천(旻天)이라 하고, 겨울 에는 상천사시(上天四時)라 한다.

⑨ 석지(釋地)

• 양하(兩河) 사이를 기주(冀州)라 하고, 하남(河南)을 예주(豫州)라 하고, 하서(河西)를 옹주(雍州)라 하고……

• 노(魯)에는 대야(大野)가 있고, 진(晉)에는 대륙(大陸)이 있고, 진 (秦)에는 양우(楊陓)가 있고, 송(宋)에는 맹저(孟諸)가 있고…….

⑩ 석구(釋丘)

• 구(丘)가 한번 이루어진 것을 돈(敦)이라 하고, 구(丘)가 두 번 이루 어진 것을 도(陶)라 하고, 구(丘)가 두 번 이루어져 위가 뾰족하게 된 것을 융(融)이라 하고, 구(丘)가 세 번 이루어진 것을 곤륜(崐崙) 이라 한다.

⑪ 석산(釋山)

• 하남(河南)을 화(華:華陰山)라 하고, 하서(河西)를 악(嶽:吳嶽)이라하 고, 하동(河東)을 대(岱:岱宗/泰山)라 하고, 하북(河北)을 항(恒:恒山/ 北嶽)이라 하고, 강남(江南)을 형(衡:衡山/南嶽)이라 한다.

⑫ 석수(釋水)

- 샘에 물이 있다가 없다가 하는 것을 첨(灊)이라 하고, 우물에 물이 있다가 없다가 하는 것을 계(瀱)라고 한다.
- 물 가운데 살만한 곳을 주(州)라 하고, 작은 주[小州]를 저(陼)라 하고, 작은 저[小陼]를 지(沚)라 하고, 작은 지[小沚]를 지(坻)라 한다.

⑬ 석초(釋草)

- 곽(藿)은 산부추[山韭]이고, 각(茖)은 산파[山葱]이고, 경(勤)은 산염교[山薤]이고, 역(蒚)은 산마늘[山蒜]이다.

⑭ 석목(釋木)

- 도(稻)는 산싸리나무[山榎]이고, 고(栲)는 산벗나무[山樗]이고, 백(柏)은 측백나무[椈]이다.

⑮ 석충(釋蟲)

- 곡(螜)은 도로래[天螻]이고, 비(蜚)는 풍뎅이[蠦蜰]이다.

⑯ 석어(釋魚)

- 비(鮏)는 큰 메기[鱧]이고, 작은 것은 조(鮡)이다.

⑰ 석조(釋鳥)

- 서안(舒鴈)은 거위[鵝]이고, 서부(舒鳧)는 집오리[鶩]이다.
- 황(皇)은 꾀꼬리[黃鳥]이다.

⑱ 석수(釋獸)

- 비비(狒狒)는 사람과 같은데 머리카락을 풀어헤치고 빨리 달리며 사람을 잡아먹는다.
- 표문(豹文)은 얼룩쥐[䑕鼠]이다.

⑲ 석축(釋畜)

- 박(駮)은 말과 비슷한데 이빨은 굽고 호랑이와 표범을 잡아먹는다.

• 키가 8척인 말은 융(駥)이고, 키가 7척인 소는 순(犉)이다.

『이아』는 고대의 문헌과 어휘를 연구하는 데 도움을 줄 뿐만 아니라, 자연과 문물의 명물훈고에도 도움을 준다.

4. 『이아』의 주석서

『이아』의 주석가로는 위진(魏晉) 시대 이전의 유흠·번광(樊光)·이순(李巡)·손염(孫炎) 등이 있는데 이들의 주를 구주(舊注)라 한다. 이들의 주는 대부분 일실되었고, 당나라 때 육덕명의 『경전석문』 권29-30에 수록된 『이아음의(爾雅音義)』에 부분적으로 보전되어 있다.

현재 전해지고 있는 주본(注本)은 진(晉)나라 때 곽박(郭璞)이 주를 낸 『이아주(爾雅注)』이다. 이 곽박의 『이아주』를 저본으로 한 소(疏)에는 십삼경주소에 들어 있는 송나라 때 형병(邢昺)의 『이아주소』와 청나라 때 학의행(郝懿行)의 『이아의소(爾雅義疏)』가 있다. 그리고 청나라 때 소진함(邵晉涵)의 『이아정의』가 있다.

1. 『논어』는 전(傳)·기(記)이다

　『한서』「예문지」의 육예략(六藝略)에는 『역』·『서』·『시』·『예』·『악』·『춘추』 육경의 서적을 차례로 나열한 뒤 『논어』·『효경』·소학류(『이아』 등)를 함께 부기(附記)해 놓았다. 이를 보면 반고(班固)가 살았던 시대에 『논어』와 『효경』이 경전의 반열에 오르지는 못했지만, 육경에 버금가는 중요한 경서로 인식되었음을 알 수 있다.

　근대 학자 장백잠은 『한서』「경십삼왕전(景十三王傳)-노공왕전(魯恭王傳)」에 "공왕은 본디 궁실을 치장하길 좋아하여 공자가 살던 구택을 헐어 궁실을 확장하였는데, 그 집에서 종경(鐘磬)과 금슬(琴瑟)의 소리가 나는 것을 듣고서 드디어 감히 그 집을 허물지 못하였다. 그 집의 벽 속에서 고문으로 된 경전(經傳)을 얻었다."[1]라고 한 기사 중 '경전(經傳)'에 주목하여 '전(傳)'을 『논어』로 보았다.

　장백잠은 그 근거로 『한서』「양웅열전」에 "양웅(揚雄)은 경(經) 중에는 『역경』보다 더 위대한 것이 없다고 생각했기 때문에 『태현경(太玄

1　班固, 『漢書』 권53, 「景十三王傳-魯恭王傳」, "恭王初好治宮室 壞孔子舊宅 以廣其宮 聞鐘磬琴瑟之聲 遂不敢復壞 於其壁中 得古文經傳"

經)』을 지었고, 전(傳) 중에는 『논어』보다 더 위대한 것이 없다고 생각 했기 때문에 『법언(法言)』을 지었다."라고 한 구절을 인용해 이를 증명 하였다. 이는 『논어』를 전(傳)으로 보는 인식이다.

한편 『후한서』 「조자열전(趙咨列傳)」에 "『기(記)』에 '상(喪)에 비록 예가 있더라도 슬픔이 주가 된다.'고 하였고, 또 '상(喪)은 형식적으로 잘 다스리기보다는 차라리 진정으로 슬퍼하는 편이 낫다.'고 하였는데, 오늘날은 그렇지 않다."라고 한 기사에 주목하여, "상을 당했을 적에는 잘 다스리기보다는 차라리 슬퍼하는 것이 더 낫다.[喪 與其易也 寧戚]"고 한 『논어』 「팔일」에 보이는 것을 근거로 '『기(記)』'는 바로 『논어』를 가리키는 것이라고 하는 설이 있다. 이는 『논어』를 기(記)로 보는 인식 이다.

이러한 두 가지 설을 종합하면, 『한서』 「예문지」의 육예략에 『논 어』・『효경』・소학류를 붙여놓은 것은 이런 책들을 육경의 부용(附庸) 으로 보아 경(經)의 전(傳)이나 기(記)로 인식했기 때문이다. 전(傳)은 현인이 성인의 경(經)을 해석한 글이고, 기(記)는 공자의 문인들 또는 후학들이 공자의 사상을 부연해 지은 글이다.

---

2   班固, 『漢書』 권87, 「揚雄列傳-贊」. "以爲 經莫大於亦 故作太玄 傳莫大於論語 作法言"

2. 『논어』의 명칭에 관한 설

후한 초기의 왕충(王充)은 "공안국(孔安國)이 노나라 사람 부경(扶卿)에게 『논어』를 전수하였는데, 관직이 형주자사에 이르렀다. 그가 처음으로 이 책을 『논어』라고 명명하였다."³라고 하여, 한 무제 때에 처음으로 '논어'라는 책명이 세상에 나타난 것으로 보았다.

이에 대해 장백잠은 『예기』 「방기(坊記)」에 "『논어』에 '삼년 동안 부친의 도를 바꾸지 말아야 효라고 말할 수 있다.[論語曰 三年無改於父之道 可謂孝矣]"라고 한 것에 주목하고, 또 「방기」는 분명 한 무제 이전에 지어진 책이라는 점을 거론하면서, '논어'라는 책명은 부경(扶卿)에게서 비롯된 것이 아니고, 그 이전에 이미 쓰인 명칭이라는 점을 환기시켰다. 이러한 설에 의하면, '논어'라는 명칭은 한대 이전에 이미 쓰였음을 알 수 있다.

『한서』 「예문지」에 "『논어』는 공자가 제자와 당시 사람들에게 응답한 말과 제자들이 서로 더불어 한 말과 제자들이 공자에게 들은 말이다. 당시 공자의 제자들은 각자 기록한 것이 있었는데, 공자가 세상을 떠난 뒤 문인들이 모여 편집하고 의논하여 편찬한 것이다. 그러므로 '논어'라고 명명한 것이다."⁴라고 하였다. 이 자료에 근거하면 '논어'라는 책명은 공자의 문인들이 『논어』를 편찬할 적에 이미 붙인 이름임을 알 수 있다.

당나라 때 육덕명은 『경전석문』 「서록」에서 제자들이 각자 기록한

---

3   王充, 『論衡』 「正說篇」. "孔安國 以授魯人扶卿 官至荊州刺史 始曰論語"

4   班固, 『漢書』 「藝文志」. "論語者 孔子應答弟子時人及弟子相與言而接聞於夫子之語也 當時弟子各有所記 夫子旣卒 門人相與輯而論纂 故謂之論語"

것을 함께 논의하여 편찬하고 당시의 현인과 옛날 명왕(明王)의 말을
수집하여 합해 하나의 법을 만들어서 '논어'라 명명하였다고 하였다.[5]
이를 통해 볼 때, '논어'라는 책이름은 '제자들이 각자 기록한 말을 논의
하여 편찬한 것[論撰所記之語]'이라는 의미에서 취했다고 보는 설이 설
득력이 있다.

한편 유희(劉熙)의 『석명(釋名)』 「석전예(釋典藝)」에 "『논어』는 공자
가 제자들과 더불어 한 말을 기록한 것이다. …… 논(論)은 윤(倫)의 뜻
으로 윤리(倫理)가 있다는 뜻이다."[6]라고 하였다. 이는 '윤리가 있는 말
을 서술한 책'이라는 의미로 책명을 풀이한 것이다. 이와 유사한 설로
『논어주소』에 실린 형병(邢昺)의 다음과 같은 풀이가 있다.

> 논(論)은 윤(倫), 윤(綸), 윤(輪), 리(理), 차(次), 찬(撰)의 뜻이다. 이
> 책이 세무(世務)를 경륜할 수 있기 때문에 윤(綸)이라 한 것이고, 원만히
> 전개되어 무궁하기 때문에 윤(輪)이라 한 것이고, 온갖 이치를 온축해
> 포함하고 있기 때문이 리(理)라 한 것이고, 편장(篇章)에 차서가 있기 때
> 문에 차(次)라고 한 것이고, 여러 현인들이 모아 찬정(撰定)한 것이기 때
> 문에 찬(撰)이라 한 것이다. 정현의 『주례주』에 "답술하는 것을 어(語)라
> 한다."라고 하였으니, 이 책에 수록된 내용은 모두 중니(仲尼)가 제자들
> 및 당시 사람들에게 응답한 말이기 때문에 어(語)라고 한 것인데, 어(語)
> 자를 논(論) 자 밑에 붙인 것은 반드시 논찬(論撰)을 거친 뒤에 수록하여
> 함부로 수록한 것이 아님을 드러낸 것이다.[7]

---

5   陸德明, 『經典釋文』 「序錄-論語」. "論語者 孔子應答弟子及時人所言 或弟子相與言而
    接聞於夫子之語也 當時弟子 各有所記 夫子旣終 微言已絶 弟子恐離居已後 各生異見
    而聖言永滅 故相與論撰 因輯時賢及古明王之語 合成一法 謂之論語"

6   劉熙, 『釋名』 권6, 「釋典篇」. "論語 紀孔子與諸弟子所語之言也……論 倫也 有倫理也"

7   邢昺, 『論語注疏解經』(1816년 阮元校刻本) 「序解」. "論者 倫也 綸也 輪也 理也 次也

이 설은 유희의 『석명』의 설을 계승해 더 부연하고, 또 『한서』「예문지」의 '논찬(論纂)했다'는 설을 취하여 더욱 상세히 풀이한 것이다. 형병의 이 설은 '논어'의 책명에 대한 글자를 다각도로 상세히 풀이했다는 점에 의의가 있다.

원나라 때 학자 하이손(何異孫)은 위와 같이 논찬(論纂) 또는 논찬(論撰)으로 보는 설과는 달리 다음과 같이 책명을 풀이하였다.

> 『논어』에는 공자의 제자들이 공자의 말을 기록한 것도 있고, 공자가 제자들의 질문에 답한 것도 있고, 제자들이 서로 문답한 것도 있고, 또 당시 사람들이 서로 말한 것도 있고, 신하가 임금의 질문에 답한 것도 있다. 모두 문의(文義)를 토론한 것이기 때문에 '논어'라고 말한 것이다.[8]

이 설은 '논어(論語)'의 '논(論)'을 토론(討論)으로, '어(語)'를 공자의 말, 공자가 제자들의 질문에 답한 말, 제자들이 서로 문답한 말, 당시 사람들이 서로 한 말, 신하가 임금의 질문에 답한 말 등으로 세분화하여 정리한 것이 특징이다.

이러한 세 가지 설은 '논(論)' 자를 논찬(論纂)으로 볼 것인가, 논찬(論撰)으로 볼 것인가, 토론(討論)으로 볼 것인가 하는 관점의 차이에 의한 것이다. 후대에는 『한서』「예문지」의 설에 의거해 논찬(論纂)으로 보는 설이 대체로 널리 수용되고 있다.

撰也 以此書 可以經綸世務 故曰綸也 圓轉無窮 故曰輪也 蘊含萬理 故曰理也 篇章有序 故曰次也 群賢集定 故曰撰也 鄭玄周禮注云 答述曰語 以此書所載 皆仲尼應答弟子及時人之辭 故曰語 而在論下者 必經論撰 然後載之 以示非妄也"

8 何異孫, 『十一經問對』, "論語 有弟子記夫子之言者 有夫子答弟子問者 有弟子自相答者 又有時人相言者 有臣對君問者 有師弟子大夫之問者 皆所以討論文義 故謂之論語"

『논어(論語)』를 『논(論)』이라고 하거나 『어(語)』라고 간략하게 칭하는 경우도 종종 보이는데, 이는 '논(論)' 자나 '어(語)' 자를 생략해 줄여쓴 것으로 큰 의미가 있는 것은 아니다.

3. 『논어』의 금문·고문과 전수

한나라 때 출현한 『논어』에는 금문본과 고문본이 있다. 전한 때 나온 금문본 『논어』는 두 종류가 있었는데, 하나는 노나라 사람이 전한 『노론(魯論)』이고, 하나는 제나라 사람이 전한 『제론(齊論)』이다. 이는 『시경』에 『노시(魯詩)』와 『제시(齊詩)』가 있는 것과 같다.

『노론』은 20편이고, 『제론』은 22편으로 「문왕(問王)」·「지도(知道)」 2편이 더 많다. 또한 위(魏)나라 때 하안(何晏)의 「논어집해서(論語集解序)」에 의하면, 『제론』 22편 속의 20편도 『노론』에 비해 장구(章句)가 훨씬 더 많다고 하였다.[9]

청대 유보남(劉寶楠)은 『한서』 「예문지」에 "『제론』은 22편이고, 『노론』은 20편에 전(傳)이 19편이고, 제설(齊說)은 29편이다.[齊 二十二篇 魯 二十篇 傳十九篇 齊說 二十九篇]"라고 한 것에 의거하여, 하안이 '장구(章句)'라고 한 것을 훈석한 말로 보아 '『노론』의 전(傳) 19편, 『제론』의 설 29편'으로 해석했는데, 장백잠도 이 설을 지지하였다.

고문본 『논어』는 '고론(古論)'이라고 약칭하는데, 전한 때 공자가 살

---

9   邢昺, 『論語註疏解經』 「序解」. "敍曰 -전략- 齊論語 二十二篇 其二十篇中 章句頗多
    於魯論"

던 집의 벽 속에서 나온 것으로, 『한서』 「예문지」에는 "『논어』 고문본
은 21편이다.[論語 古 二十一篇]"라고 하였다. 반고의 주에 "공자가 살던
집의 벽 속에서 나온 것으로, 「자장(子張)」이 2편이다.[出孔子壁中 兩子
張]"라고 하였으니, 이는 「자장」이 2편이었다는 말이다. 이에 대해 하
안의 「논어집해서」에는 「요왈(堯曰)」의 제2장인 '자장문어공자왈(子張
問於孔子曰)' 이하를 나누어 「자장」으로 삼아 21편이 된 것이라고 하면
서 편차가 『제론』・『노론』과 같지 않다고 하였다.[10]

이 외에도 서진(西晉) 때 급군(汲郡)의 사람이 옛날 무덤에서 10여
만언의 죽서(竹書)를 발견했는데, 그중에 『논어』도 있었다고 한다. 이
는 공자가 살던 집의 벽 속에서 나온 『고론』과 다른 또 하나의 고문본
『논어』라고 볼 수 있는데, 후대에 일실되어 전하는 것이 없다.

그럼 지금 전하는 『논어』는 어떤 고문본일까? 아니면 금문본일까?
금문본이라면 『노론』일까? 『제론』일까? 지금 전하는 『논어』는 전한
때 장우(張禹)가 전한 『논어』로, 일명 '장후론(張侯論)'이라고 칭하기도
한다.

장우(張禹)는 전한 말의 정치가이자 경학가로 자는 자문(子文)이며,
승상을 지냈고 안창후(安昌侯)에 봉해진 인물이다. 그는 처음 하후건
(夏侯建)・왕양(王陽)에게 『노론』을 배우고, 후에 교동(膠東)의 용담(庸
譚)에게서 『제론』을 배웠다. 그리고 이 둘을 합해 고찰하면서 보다 좋
은 쪽을 따르고 번다하거나 의혹되는 것은 산삭했으며, 『제론』의 「문
왕(問王)」・「지도(知道)」 2편을 삭제하여 『노론』처럼 20편으로 정하였

---

10 上同. "古論 亦無此二篇 分堯曰下章子張問 以爲一篇 有兩子張 凡二十一篇 編次 不與
   齊魯論同"

다. 그리고 자신이 편정한 『논어』를 '장후론(張侯論)'이라 칭하였다. 그
러니까 지금 전하는 『논어』는 금문본인 『노론』과 『제론』을 장우(張禹)
가 통합해 만든 것이다.

『한서』「예문지」에는 "노나라 안창후의 설이 21편이다.[魯 安昌侯說
二十一篇]"라고 하였는데, 후대 학자들은 '일(一)' 자가 잘못 쓴 연문(衍
文)이거나, 본경(本經) 20편 뒤에 장우가 자신의 설 1편을 붙인 것으로
본다. 장우는 지위가 높고 중망을 받아 그가 편정한 『장후론(張侯論)』은
세상에 널리 유행하였다. 그리하여 『장후론』이 세상에 유행하면서 『노
론』·『제론』·『고론』은 점점 세상에서 자취를 감추게 되었다.

후한 영제(靈帝) 때 돌에 새긴 희평석경(熹平石經)에 『장후론』을 그대
로 실었고, 위진(魏晉) 시대 하안(何晏)이 『논어집해(論語集解)』를 저술
할 적에도 『장후론』을 저본으로 함으로써 『장후론』이 『논어』의 정본으
로 세상에 전해지게 되었다. 후한 말의 정현은 금문과 고문을 통합하려
하였는데, 그 역시 『장후론』을 위주로 『제론』과 『고론』을 겸하여 취하
였다.

전한 때 『노론』·『제론』·『고론』을 전수한 사람들에 대해서는 『한
서』「예문지」의 다음과 같은 기록을 통해 알 수 있다.

> 『제론』을 전한 사람은 창읍(昌邑)의 중위(中尉) 왕길(王吉), 소부(少府)
> 송기(宋畸), 어사대부 하우(夏禹), 상서령 오록충종(五鹿充宗), 교동(膠
> 東) 용생(庸生:庸譚)이었는데, 오직 왕양(王陽:陽은 王吉의 字)이 명가였
> 다. 『노론』을 전한 사람은 상산도위(常山都尉) 공분(龔奮), 장신소부(長信
> 少府) 하후승(夏侯勝), 승상 위현(韋賢), 노나라 부경(扶卿), 전 장군 소망
> 지(蕭望之), 안창후 장우(張禹)이었는데, 모두 명가이다. 장씨(張氏)가 최
> 후에 나타나 세상에 유행하였다.[11]

『한서』「예문지」를 보면 전한 때 지어진『논어』의 설로는『제론』을 해석한 제설(齊說) 29편, 『노론』을 해석한 하후승(夏侯勝)의 설 21편, 안창후의 설 21편, 왕준(王駿; 王吉의 子)의 설 20편 등이 있을 뿐, 『고론』의 설은 없다. 하안의 「논어집해서」에는 "『고론』은 오직 박사 공안국이 훈해를 하였는데 세상에 전해지지 않았다. 순제(順帝) 때 남군태수(南郡太守) 마융(馬融)이 또한 그 훈설(訓說)을 지었다."[12]라고 하였다.

4. 『논어』를 찬정(撰定)한 사람

앞에서 살펴보았듯이, 반고의『한서』「예문지」에는 "당시의 제자들이 각자 기록한 것이 있었다. 부자가 돌아가신 뒤에 문인들이 서로 모여 편집해 논의하여 편찬하였다.[當時弟子 各有所記 夫子旣卒 門人相與輯而論纂]"라고 하여, 공자의 문인들이『논어』를 편찬한 것으로 보았으나, 구체적으로 어떤 인물인지는 언급하지 않았다.

유향의『별록』에도『논어』는 공자의 제자들이 선언(善言)을 기록해 놓은 것이라고 하였을 뿐이다. 또한 한나라 때 조기(趙岐)의「맹자제사(孟子題辭)」에는 "70제자의 무리가 공자께서 말씀하신 것을 모아『논어』를 만들었다.[七十子之疇 會集夫子所言 以爲論語]"라고 하여, 공자의

---

11 班固, 『漢書』 권30, 「藝文志」. "傳齊論者 昌邑中尉王吉 少府宋畸 御史大夫夏禹 尙書令五鹿充宗 膠東庸生 惟王陽名家 傳魯論者 常山都尉龔奮 長信少府夏侯勝 丞相韋賢 魯扶卿 前將軍蕭望之 安昌侯張禹 皆名家 張氏最後而行於世"

12 邢昺, 『論語注疏解經』 「序解」. "古論唯博士孔安國爲之訓解 而世不傳 至順帝時 南郡太守馬融 亦爲之訓說"

도를 전해 받은 '70제자의 무리'라고만 언급하였을 뿐이다. 이상은 『논어』의 찬정자를 공자의 70제자로 범범하게 말하는 설이다.

한편 당나라 때 육덕명의 『경전석문』「서록」에는 "정강성(鄭康成:鄭玄)은 말하기를 '중궁(仲弓)과 자하(子夏) 등이 찬정한 것이다.'라고 하였다.[鄭康成云 仲弓子夏等 所撰定]"라고 하였고, 『경전석문』「논어음의(論語音義)」에는 "정현이 말하기를 '중궁·자유(子游)·자하 등이 찬정하였다.'라고 하였다.[鄭玄云 仲弓子游子夏等撰]"라고 하였다.

육덕명은 모두 정현의 설을 인용하여 『논어』를 찬정한 제자의 이름을 구체적으로 일컬었다. 이는 대체로 정현의 설을 근거로 하여 전해진 것으로, 『논어』는 공자의 제자 중 중궁·자유·자하 등이 만들었다고 보는 설이다.

또 당나라 때 유종원(柳宗元)은 「논어변(論語辯)」에서 다음과 같이 새로운 주장을 폈다.

> 혹자가 묻기를 "유자들이 『논어』라고 칭하는 책은 공자의 제자들이 기록한 것이라는 설이 믿을 만합니까?"라고 하여, 내가 답하기를 "그렇지 않습니다. 공자의 제자 중에 증삼(曾參)이 가장 어리니, 공자보다 46세가 적습니다. 증자는 늙어서 죽었는데, 이 『논어』에 증자의 죽음을 기록하고 있으니, 공자와의 시간적 거리가 멉니다. 증자가 죽었을 때 공자의 제자들은 생존자가 거의 없었습니다. 내 생각으로는, 증자의 제자들이 『논어』를 편찬한 것입니다. 어째서 그럴까요? 또한 이 책에 공자 제자를 수록할 적에 반드시 '자(字)'로 칭하였는데, 증자(曾子)와 유자(有子)만은 그렇게 하지 않고 '자(子)'로 칭하였습니다. 이를 통해 말하자면 공자의 제자들은 자(字)로 호칭한 것입니다. 그렇다면 유자(有子)는 무엇 때문에 '자(子)'로 호칭한 것일까요? 공자가 돌아가신 뒤 여러 제자들이 유자(有子)가 공자와 닮았다고 여겨 그를 세워 스승으로 삼았습니다. 그 뒤 유자(有子)가 여러

사람들의 질문에 능히 대답을 하지 못하자 질책을 받고 회피하여 스승의 자리에서 물러났으니, 참으로 전에 스승의 칭호가 있었기 때문입니다. 지금 전하는 기록에 증자가 유독 최후에 죽었다고 하니, 나는 이 때문에 그런 줄 아는 것입니다. 아마도 악정자춘(樂正子春)과 자사(子思)의 문도들이 함께 『논어』를 만든 듯합니다."라고 하니, 혹자가 말하기를 "공자의 제자들이 일찍이 공자의 말씀을 잡기해 놓았으나 끝내 『논어』를 편찬해 완성한 사람은 증씨(曾氏)의 문도들이군요."라고 하였다.[13]

　『맹자』「등문공 상」 제4장에 "훗날 자하·자장·자유가 유약(有若:有子)의 언행과 기상이 공자와 유사하다는 이유로 공자를 섬기던 것으로써 그를 섬기고자 하여 증자(曾子)에게 강요했는데, 증자가 말하기를 '불가합니다. 부자(夫子:孔子)의 도덕은 장강(長江)과 한수(漢水)에 깨끗이 세탁하여 가을 햇볕에 말린 것처럼 청결하고 명백한지라 더할 것이 없습니다."[14]라고 하였고, 『예기』「단궁 상(檀弓上)」에도 "자유가 말하기를 '심하구나! 유자의 말이 부자와 같다.[子游日 甚哉 有子之言 似夫子也]"라고 하였으니, 유약이 공자 사후 사석(師席)에 있었음을 알 수 있다.

　종래의 설에서는 『논어』의 찬정자를 중궁·자유·자하 등으로 보았

---

13 茅坤 撰, 『唐宋八家文抄』 권24, 「柳州文抄八−論語辯二篇」, "或問曰 儒者稱論語 孔子弟子所記 信乎 曰 未然也 孔子弟子 曾參最少 少孔子四十六歲 曾子老而死 是書記曾子之死 則去孔子也 遠矣 曾子之死 孔子弟子 略無有者矣 吾意 曾子弟子之爲之也 何哉 且是書載弟子 必以字 獨曾子有子 不然 由是言之 弟子之號也 然則有子 何以稱子 曰 孔子之歿也 諸弟子以有子爲似夫子 立而師之 其後不能對諸子之問 乃叱避而退 則固嘗有師之號矣 今所記獨曾子最後死 余是以知之 蓋樂正子春子思之徒者 與爲之爾 或曰 孔子弟子 嘗雜記其言 然而卒成其書者 曾氏之徒也"

14 『孟子』「滕文公上」, "他日 子夏子張子游 以有若似聖人 欲以所事孔子 事之 强曾子 曾子曰 不可 江漢以濯之 秋陽以暴之 皜皜乎不可尙已"

는데, 유종원은 이런 설과는 달리 증자와 그의 문인들이 찬정한 것으로 본 것이다. 이러한 설은 『논어』에 증삼과 유약만을 스승을 뜻하는 '자(子)'로 칭하고, 나머지 공자의 제자들은 자(字)로 칭한 것이라는 논거에서 설득력을 갖는다.

남송의 주희는 『논어집주』의 「서설(序說)」에서 "정자(程子)는 말씀하기를 '『논어』는 유자(有子)와 증자(曾子)의 문인들에게서 만들어졌기 때문에 이 책에 유독 이 두 사람만 자(子)로 칭하였다.'라고 하였다."라고 하여, 유종원의 설을 따르면서 약간 수정하여 유자와 증자의 문인들이 함께 『논어』를 편찬한 것으로 보았다.

그런데 유종원과 주희의 설에도 이견이 전혀 없는 것은 아니다. 우선 유자와 증자 이외의 제자들은 자(字)로 호칭했다는 설에 문제가 있다. 『논어』「옹야(雍也)」에 "염자(冉子)가 그에게 곡식 5병(秉)을 주었다. [冉子 予之粟五秉]"라고 하고, 「자로(子路)」에 "염자가 조정에서 물러나 [冉子退朝]"라고 하여, 염구(冉求)를 스승을 뜻하는 '자(子)'로 칭하였으며, 「선진(先進)」에 "민자(閔子)가 곁에서 공자를 모셨다.[閔子侍側]"라고 하여 민손(閔損)도 '자(子)'로 칭하였다.

이러한 점을 감안하고 유자와 증자가 여러 편에 여러 차례 보이는 점을 고려하면, 유약과 증삼의 문인의 손에서 편정된 것이 여러 편이고, 염구와 민손 등의 제자들이 편정한 것도 일부 있다고 보인다.

『논어』에 등장하는 인물 중 노 애공(魯哀公)·계강자(季康子)·자복경백(子服景伯)·맹무백(孟武伯) 등은 그들이 죽은 뒤에 일컬은 시호(諡號)로 칭하고 있는데, 이들은 모두 공자보다 나중에 죽은 사람들이다. 따라서 『논어』는 공자가 별세한 뒤에 만들어진 책이 분명하다. 또한 「태백(泰伯)」에 증자가 임종할 무렵에 한 말을 기록한 것이 있는 것으로 보아, 증자가 죽은 뒤에 만들어진 것도 명백하다.

『논어』는 공자의 제자들이 각자 기록한 것을 모아 편찬한 것이기에 몇 가지 문제점이 발견되는데, 이를 정리하면 다음과 같다.

첫째, 동일한 내용이 중복되어 나오는 경우이다. '교언영색 선의인(巧言令色 鮮矣仁)'은 「학이」에 보이는데, 「양화」에도 보인다.

둘째, 동일한 내용이 중복되어 나오는 문장이 약간 다른 경우이다. 「학이」에 '부친이 살아계실 적에는 그의 지향을 관찰하고, 부친이 돌아가신 뒤에는 그의 행실을 관찰한다. 삼년 동안 부친의 도를 바꾸지 말아야 효라고 할 수 있다.[父在 觀其志 父沒 觀其行 三年無改於父之道 可謂孝矣]'라고 하였는데, 「이인」에는 앞부분이 빠지고 뒷부분의 '삼년무개어부지도 가위효의(三年無改於父之道 可謂孝矣)'라고 한 것만을 기록해 놓았다.

셋째, 동일한 일인데 전해지면서 내용이 달라진 경우이다. 공자가 천하를 주유하다가 송나라 사마(司馬) 상퇴(向魋)에게 해를 당할 뻔한 일을 두고서 「술이」에는 "공자께서 말씀하시기를 '하늘이 나에게 덕을 내리셨으니, 환퇴가 나를 어찌하겠는가.'라고 하셨다.[子曰 天生德於予 桓魋 其如予何]"라고 하였는데, 「자한」에는 "공자께서 광(匡) 땅에서 경계심이 있으셔서 말씀하시기를 '문왕이 돌아가신 뒤에 문화가 나에게 있지 않은가. 하늘이 이 문화를 없애려 하신다면 나중에 죽는 내가 이 문화에 참여할 수 없었을 것이지만, 내가 이 문화에 참여하여 하늘이 이 문화를 아직 없애지 아니하시니 그가 나를 어찌하겠는가.'라고 하였다.[子畏於匡曰 文王旣沒 文不在玆乎 天之將喪斯文也 後死者 不得與於斯文也 天之未喪斯文也 匡人 其如予何]"라고 한 것이다.

넷째, 전십편(前十篇)과 후십편(後十篇)의 문체가 다르고 '공자'를 칭

하는 것에도 차이가 난다. 이 점에 대해서는 뒤에서 다시 거론하기로
한다.

이러한 점을 종합적으로 고려하건대, 『논어』는 한 사람이 기록한 것
에서 나온 것이 아니고, 한 선생의 말만을 계승한 것도 아니고, 한 시기
에 집성(集成)한 책도 아니며 여러 차례 덧붙이고 증보하여 편찬한 책
으로 여겨진다.

『논어』를 편찬한 사람에 대해 『한서』 「예문지」에는 제자들이 각자
기록한 것을 공자 사후 문인들이 함께 편집하여 논찬(論纂)한 것이라
하였고, 정현은 중궁·자유·자하라고 하였고, 정이(程頤)는 유자와 증
자의 문인들이 편찬한 책이라 하였다. 이러한 설을 종합적으로 참고하
여 검토할 필요가 있다.

5. 『논어』의 편목, 구성, 칭위(稱謂), 문체

『논어』의 편목은 각 편 제1장 제1구 또는 제2구에서 2자 혹은 3자를
취하여 제목을 붙인 것으로, 특별한 의미를 갖는 것은 아니다. 이를
도표로 정리하면 다음과 같다.

차례	篇名	採取한 句	비고
01	學而	子曰 學而時習之	제2구
02	爲政	子曰 爲政以德 譬如北辰	제2구
03	八佾	孔子謂季氏 八佾舞於庭	제2구
04	里仁	子曰 里仁爲美	제2구
05	公冶長	子謂公冶長 可妻也	제1구
06	雍也	子曰 雍也 可使南面	제2구
07	述而	子曰 述而不作	제2구
08	泰伯	子曰 泰伯 其可謂至德也已矣	제2구
09	子罕	子罕言利與命與仁	제1구
10	鄕黨	孔子於鄕黨 恂恂如也	제1구
11	先進	子曰 先進於禮樂 野人也	제2구
12	顔淵	顔淵問仁 子曰 克己復禮 爲仁	제1구
13	子路	子路問政 子曰 先之勞之	제1구
14	憲問	憲問恥 子曰 邦有道穀	제1구
15	衛靈公	衛靈公問陳於孔子 孔子對曰	제1구
16	季氏	季氏將伐顓臾	제1구
17	陽貨	陽貨欲見孔子	제1구
18	微子	微子去之	제1구
19	子張	子張曰 士見危致命	제1구
20	堯曰	堯曰 咨爾舜	제1구

　『논어』는 제1편부터 제10편까지의 전십편(前十篇)과 제11편부터 제20편까지의 후십편(後十篇)으로 구별할 수 있다. 『논어』는 일시에 만들어진 책이 아니니, 전십편이 최초로 만들어진 것이고, 후십편은 후에 만들어진 속편으로 보인다.

　전십편은 공자의 말을 기록한 앞의 9편과 공자의 일상생활을 기록한 마지막 「향당(鄕黨)」으로 편차되어 있다. 아마도 『논어』를 최초로 편찬할 적에 이 10편을 편집하면서 공자의 일상을 기록한 「향당」을 맨 뒤에 편차한 듯하다.

후십편 중 「자장(子張)」은 모두 공자의 제자들의 말을 기록하고 있는데, 이 역시 속10편을 만들고 나서 뒤에 편차한 듯하다. 맨 마지막의 「요왈(堯曰)」은 19편이 홀수이기 때문에 20편의 성수(成數)로 만들기 위해 후학들이 발췌하여 덧붙인 것인 듯하다.

「요왈」은 모두 3장으로 되어 있는데, 제1장은 옛 성왕인 요(堯)·순(舜)·우(禹)·탕(湯)의 일을 기록하고 나서 『상서』 「태서(泰誓)」의 말을 인용하였고, 그 뒤 '근권량(謹權量)' 이하는 누구의 말인지 불분명하다. 제2장은 공자가 자장(子張)의 물음에 답한 것인데, 앞에서 물음에 답한 문체와 전혀 다르다. 제3장은 공자가 지명(知命)·지례(知禮)·지언(知言)에 대해 말한 것인데, 정현은 "『노론』에 이 장은 없다."라고 하였다. 「요왈」의 이 3장은 모두 의심스러우니, 후인들이 덧붙인 것으로 추정된다.

전십편은 일정한 체제와 법칙이 있어 통일되어 있는데, 후십편은 박잡하여 통일감이 상당히 결여되어 있다. 전십편에서는 공자가 노나라 임금 정공(定公)·애공(哀公)의 질문에 답한 경우 '공자대왈(孔子對曰)'로 표기하고, 계강자(季康子)·맹의자(孟懿子)·맹무백(孟武伯) 등 대부의 질문에 답한 경우는 '자왈(子曰)'로 표기하고 있다. 그런데 후십편에서는 계강자의 질문에 답한 3장(「선진」 제6장, 「안연」 제17장·제18장)에 '공자대왈(孔子對曰)'로 표기하고 있다. 이는 후십편을 기록할 당시 계씨(季氏)의 지위가 높아지고 권세가 더욱 무거워져 당시의 습속을 따르며 전십편의 체례(體例)를 미처 살피지 못한 소치인 듯하다.

　어떤 사람이 공자에게 질문을 한 경우, 「선진」·「자로」에는 '문어공자(問於孔子)'라고 표기하지 않았는데, 「안연」 제11장 제 경공(齊景公)의 질문과 제17장·제18장·제19장 계강자의 질문과 「위령공」 제1장 위영공(衛靈公)의 질문에는 모두 '문어공자(問於孔子)', '문정어공자(問政於孔子)', '문진어공자(問陳於孔子)' 등으로 표기하여 '공자(孔子)'라는 표현을 하고 있다.

　또 제자가 공자에게 질문한 경우, 후십편의 앞 5편에서는 「헌문」 제6장 '남궁괄문어공자(南宮适問於孔子)'를 제외하고는 '문어공자(問於孔子)'라는 표현을 쓰지 않았다. 그리고 전십편과 후십편 중 앞의 5편에서는 공자의 말만을 기록할 경우, '자왈(子曰)'이라 하고 '공자왈(孔子曰)'로 표기하지 않았는데, 후십편의 「계씨」에서는 '공자왈(孔子曰)'로 표기하고 있다. 「미자」에는 '공자왈(孔子曰)', '공자행(孔子行)', '공자하(孔子下)', '공자과지(孔子過之)' 등 '공자(孔子)'로 표기한 것이 많다.

　전십편에서는 제자들이 공자를 대면할 때 '자(子)'라고 칭하였으며, 오직 타인이 공자를 언급할 적에 '부자(夫子)'라고 하였다. '부자(夫子)'는 '선생'이라는 말로 전국 시대 습관적으로 쓰던 말이지 춘추 시대 쓰던 말이 아니다. 그런데 후십편 「선진」 제25장에 증석(曾晳)이 "선생께서는 어찌하여 중유의 말에 웃으셨습니까?[夫子 何哂由也]"라고 하였고, 「양화」 제4장에 "자유가 대답하기를 '옛날 제가 선생에게 들으니'[子游對曰 昔者 偃也 聞諸夫子]"라 하였고, 제7장에 "자로가 말하기를 '옛날 제가 선생에게 들으니'[子路曰 昔者 由也 聞諸夫子]"라고 하였고, 「양화」 제17장·제18장에 "증자가 말하기를 '나는 선생에게 듣건대'[曾子曰 吾聞諸夫子]"라고 하였다.

　또 전십편에서는 공자를 '중니(仲尼)'라고 칭한 것이 없는데, 후십편

「자장」제22장에서는 위(衛)나라 대부 공손조(公孫朝)가 자공(子貢)에게 질문하면서 "중니는 어디에서 배웠습니까?[仲尼 焉學]"라고 하였다. 이러한 점들이 모두 후십편이 통일되지 못하고 박잡하게 표현한 대표적인 사례이다.

다음은 전십편과 후십편의 문체에 대해 살펴보기로 한다.

전십편에는 대구(對句)로 되어 있는 문체가 없는데, 후십편「계씨」제4장·제5장·제6장·제7장·제8장·제10장은 모두 대구로 되어 있다. 「양화」제6장·제8장과「요왈」제2장은 대구를 썼을 뿐만 아니라, 대체적인 답변을 먼저 하고 다시 질문하기를 기다렸다가 상세한 답변을 뒤에 하고 있어 앞에서 볼 수 없는 새로운 문체를 쓰고 있다. 또「미자」의 제5장·제6장·제7장에 실린 내용은 공자의 현실참여 정신과는 일정한 거리가 있는 은거피세(隱居避世)의 정신지향인지라 의문을 가질 수밖에 없다.

후십편 가운데 앞의 5편은 그래도 비교적 믿을 만한데, 뒤의 5편 가운데「자장」을 제외하고는 대부분 믿을 수가 없다.

6. 『논어』의 도덕론

『논어』에 기록된 공자의 말 중에는 도덕에 관한 것이 과반을 넘는다. 공자의 도덕론은 인(仁)을 중심에 두고 있다. '인(仁)'이라는 글자는 인(人)과 이(二)가 합해진 회의자(會意字)로, 인(人)과 인(人)이 서로 만나 대처하는 도덕을 총칭하는 말이다. 그러니까 인간관계 속에서 인간이 마땅히 가져야 할 도덕적인 가치의 근본을 인(仁)으로 본 것이다.

즉 부모와 자녀 사이의 자애와 효도, 형제와 자매 사이의 우애, 부부 사이의 애정, 벗 사이의 믿음 등을 모두 인(仁)에 범주에 있다고 할 수 있다. 그런데 지위나 관계가 다르기 때문에 그 덕목이 분화되어 다양한 명칭을 갖게 된 것이다.

우리는 '인(仁)' 자도 '어질다'로 해석하고, '현(賢)' 자도 '어질다'로 해석해 차이를 못 느낀다. 인(仁)은 위에서 언급했듯이 인애(仁愛)·자애(慈愛)·친애(親愛)·우애(友愛) 등처럼 본연적으로 남을 사랑하는 성품을 말하고, 현(賢)은 '어리석다[愚]'와 상대적으로 쓰는 '현명하다'는 의미로 덕행과 지혜가 있는 사람을 뜻한다.

인은 내면의 본성을 대표하고 포괄한다. 그러므로 『중용』에서 공자가 "인(仁)은 사람의 내면에 구비된 본성이다.[仁者 人也]"라고 한 것은 인(仁)을 사람의 내면에 있는 근원적 가치덕목으로 본 것이다. 맹자는 이를 풀이하여 "인(仁)이란 사람의 내면에 구비된 본성으로 사람과 합하여 말하면 도이다.[仁也者 人也 合而言之 道也]"(『맹자』「盡心下」)라고 하였다. 인(仁)은 사람이 사람다운 이치이고, 사람이 몸으로 그것을 실천하는 것을 도로 본 것이다. 그러니까 유가의 도는 사람이 인(仁)을 실천하는 것이며, 그것이 바로 인간의 길이라는 말이다.

인(仁)은 한 마디로 그 개념을 정의하기가 어렵다. 그래서 공자도 인(仁)을 다양한 비유나 예를 들어 설명했지, '이것이 인이다.'라고 말하지 않았다. 맹자는 인(仁)을 이해하는 데 결정적인 단서를 제공하는 발언을 하였다. 그는 "〈어린아이가 우물 속으로 기어들어가는 것을 보고서 측은하게 여기는 마음이 드는데〉 그 측은하게 여기는 마음이 바로 인(仁)으로 나아가는 단서이다.[惻隱之心 仁之端也]'라고 하여, 남을 측은하게 여기는 마음을 인으로 나아가는 첫걸음이라고 하였다. 이 말은 인을 나와 남의 관계 속에서 단적으로 끄집어내 설명한 것으로, 나의 마음을 미루어 남에게 미치는 추기급인(推己及人)이다.

공자는 이에 대해 두 가지로 말하였다. 하나는 '내가 원하지 않는 것을 남에게 베풀지 말라'는 '기소불욕 물시어인(己所不欲 勿施於人)'이고, 다른 하나는 '내가 어느 자리에 오르고 싶을 때 남을 세워주라'는 '기욕립이립인(己欲立而立人)'이다.

전자는 '남이 나에게 베풀어 원치 않는 것을 나 또한 남에게 베풀지 말라[施諸己而不願 亦勿施於人]'(『중용』)고 한 것, 또 '아래 사람에게 싫었던 것 그것으로써 윗사람을 섬기지 말며, 윗사람에게 싫었던 것 그것으로써 아래 사람을 부리지 말며, 앞 사람에게 싫었던 것 그것으로써 앞서가며 뒤따라오는 사람에게 그런 짓을 하지 말며, 뒷사람에게 싫었던 것 그것으로써 뒤따라가며 앞사람에게 그런 짓을 하지 말며, 왼쪽 사람에게 싫었던 것 그것으로써 오른쪽 사람에게 행하지 말며, 오른쪽 사람에게 싫었던 것 그것으로써 왼쪽 사람에게 행하지 말라.[所惡於下 毋以事上 所惡於上 毋以使下 所惡於前 毋以先後 所惡於後 毋以從前 所惡於左 毋以交於右 所惡於右 毋以交於左]'(『대학』)라고 한 혈구지도(絜矩之道)와 유사한 것으로, 이른바 서(恕)라고 하는 것이다.

후자는 전자보다 훨씬 더 진전된 것으로 살신성인(殺身成仁)에 해당한다. 그러니까 인(仁)을 이룩한 경지이다. 그래서 공자는 "자식에게 요구하는 것으로써 부친을 섬기는 일, 신하에게 요구하는 것으로써 임금을 섬기는 일, 아우에게 요구하는 것으로써 형을 섬기는 일, 벗에게 요구하는 것을 내가 먼저 그에게 베푸는 일 등이 내가 아직 능하지 못한 것이다.[所求乎子 以事父 所求乎臣 以事君 所求乎弟 以事兄 所求乎朋友 先施之 未能也]'(『중용』)라고 하였다.

공자의 도를 전해 받은 증자는 "선생의 도는 충(忠)과 서(恕)일 따름이다.[夫子之道 忠恕而已]"라고 하여, 공자의 도를 충서로 정리하였다. 충(忠)은 후대 '자신을 극진히 하다[盡己]'로 풀이하니, 자신을 100% 진실하게 하는 진정성 추구라고 할 수 있다. 서(恕)는 나의 진정성인 충을 바탕으로 남을 대하고 배려하는 마음이다. 공자는 이 충·서를 통해 인(仁)을 달성할 수 있다고 생각했다. 그래서 "충·서는 인과의 거리가 멀지 않다.[忠恕 違道不遠]"(『중용』)라고 하였다.

불인(不仁)한 사람은 자기가 있는 줄만 알고 남이 있는 것은 고려하지 않는다. 단지 이기적인 생각만 할 뿐, 남을 측은히 여기지 않는다. 그리하여 남을 배려하는 마음이 없을 뿐만 아니라, 자신의 진정성도 온전히 갖출 수 없다. 그래서 송대 학자들 가운데는 인(仁)을 공정(公正)으로 해석하기도 하였다.

오늘날 우리가 '소통(疏通)'을 입버릇처럼 말하고 있는데, 이는 사람과 사람 사이가 불통이라는 의미로, 남을 배려하는 서(恕)가 부족하다는 말이다. 요컨대 자신만을 생각하고 남을 배려하지 않기 때문에 불통, 불공정이 난무하고 있는 것이니, 공자가 충·서를 극구 강조하며 새로운 세상을 꿈꾸었던 것을 다시 돌아보지 않을 수 없다.

1) 인(仁)의 가치

공자는 인(仁)에 대해, "사람이 인에 대해서 물이나 불보다 더 절실히 필요하다.[民之於仁也 甚於水火]"(「위령공」)라고 하였다. 우리는 물이 없으면 생존할 수 없고, 불이 없으면 생활할 수 없다. 즉 수(水)·화(火)는 인간생존을 위해 필수불가결한 것인데, 공자는 이 수·화보다 인이 더 필요하다고 한 것이다. 또 공자는 "인을 당해서는 스승에게도 양보하지 않는다.[當仁 不讓於師]"(「위령공」)라고 하였고, 또 "살신성인(殺身成仁)"이라 하여 자신의 목숨을 버려서라도 인을 이룩해야 한다고 하였으니, 인을 사람이 추구할 가장 소중한 가치로 인식한 것이다.

공자는 "군자가 인을 떠나면 어디에서 명예를 이룩하겠는가? 식사를 하는 짧은 시간 동안이라도 인을 어김이 없으니, 급박할 때에도 인에 기필하고, 어려운 상황에서도 인에 기필한다.[君子去仁 惡乎成名 君子無終食之間違仁 造次必於是 顚沛必於是]"(「이인」)라고 하여, 잠시도 인을 어기지 않아 아무리 급박할 때나 아무리 어려운 상황에서도 인에서 떠나서는 안 된다고 하였다. 이는 인(仁)을 사람의 가장 소중한 가치로 인식한 것이다.

이처럼 공자는 인을 인간의 삶에 있어 한순간도 분리될 수 없는 불가분의 관계로 언급했다. 그것은 인이 사람이 사람답게 되는 도이기 때문이니, 마치 자동차가 차도를 벗어나면 사고가 나듯이, 사람이 사람의 도리를 벗어나면 사람답지 못하게 되기 때문이다. 그래서 "지사(志士)와 인인(仁人)은 살기를 구하려고 인을 해침은 없으며, 자신을 죽여 인을 완성함은 있다고 하였다.[志士仁人 無求生以害仁 有殺身以成仁]"(「위령공」)고 하였다.

2) 구인(求仁)

공자는 "성(聖)·인(仁)과 같은 것은 내가 어찌 감히 자처하겠는가. 또한 그 도를 실천하기를 싫증내지 않고, 사람을 가르치기를 게을리 하지 않는 점에서는 그러하다고 할 수 있을 것이다.[若聖與仁 則吾豈敢

抑爲之不厭 誨人不倦 可謂云爾已矣]"(「술이」)라고 하여, 자신이 인하다고 자처하지 않고 '인의 도를 부지런히 실천하는 사람'이라 하였다.

그리고 당시의 사람들에 대해서도 인을 가벼이 허락하지 않았으며, 또한 "나는 인을 좋아하는 사람과 불인을 미워하는 사람을 아직 만나보지 못하였다.[我未見好仁者惡不仁者]"(「이인」)라고 하면서, 하루 동안이라도 인에 힘을 쓰는 자가 없는 것을 안타까워하였다.

증자(曾子)는 "사(士)는 인으로 자기의 임무를 삼는 사람이니, 그 임무가 무겁지 않겠는가.[仁以爲己任 不亦重乎]"(「태백」)라고 하였으며, 공자는 백이·숙제를 옛날의 현인이라 하면서 '인을 구하여 인을 얻은 사람[求仁而得仁]'(「술이」)이라고 평하였다.

「안연」에는 인에 대한 문답이 여러 장에 산견된다. 그 가운데 단연 눈에 띄는 것이 제1장의 안연(顔淵)이 인을 물은 것에 답한 아래와 같은 내용이다.

> 안연이 인을 물었는데, 공자가 답하기를 "자신의 사욕을 극복해 예로 돌아가는 것이 인을 행하는 방법이니, 하루하루 극기복례하면 천하 사람들이 그의 인을 허여할 것이다. 인을 행하는 것은 자기를 말미암으니, 남을 말미암는 것이겠는가."라고 하였다. 안연이 다시 묻기를 "청컨대 그 조목을 여쭙니다."라고 하자, 공자가 답하기를 "예가 아니면 보지 말고, 예가 아니면 듣지 말고, 예가 아니면 말하지 말고, 예가 아니면 행동하지 말라."라고 하니, 안연이 말하기를 "제가 영민하지 못하지만 청컨대 이 말씀을 일삼겠습니다."라고 하였다.[15]

---

15 『論語』「顔淵」. "顔淵問仁 子曰 克己復禮爲仁 一日克己復禮 天下歸仁焉 爲仁由己 而由人乎哉 顔淵曰 請問其目 子曰 非禮勿視 非禮勿聽 非禮勿言 非禮勿動 顔淵曰 回雖不敏 請事斯語矣"

이 대목은 인을 구하고 실천하는 구체적인 언급이 들어 있는 『논어』의 가장 핵심적인 부분이다. 안회는 이런 가르침을 그대로 실천하여 석 달 동안 인에서 한 번도 벗어나지 않는 '삼월불위인(三月不違仁)' 경지에까지 올랐다.

이 대목은 인을 구하고 실천하는 방도를 언급한 것이지만, 문답을 정밀히 분석해 보면 난해한 점이 한둘이 아니다. 안회는 '인이 무엇입니까?'라고 물었는데, 공자는 '극기복례(克己復禮)가 인을 하는 방도이다.'라고 답을 하였다. 인을 물었는데 인을 행하는 방도를 답하였으니, 질문에 정면으로 답한 것이 아니다. 더구나 인을 행하는 방도로 극기복례를 말하여 인(仁)이 아닌 예(禮)를 말했다.

또한 '극기복례'의 '예(禮)'가 무엇을 의미하는 것인가 하는 점이다. 예(禮)는 주희의 설처럼 '천리를 절문한 것[天理之節文]'과 '인사의 떳떳한 법칙[人事之儀則]'이라는 두 가지 해석이 모두 가능하다. 즉 예는 천리(天理)로 볼 수도 있고, 인사(人事)로 볼 수도 있다. 천리로 보면 오상(五常)의 하나인 인·의·예·지·신의 예이니 곧 본성이고, 인사로 보면 인간생활 속의 온갖 예의범절이 모두 이에 속한다. 이 오상 가운데 오직 예(禮)만이 인사와 천리를 겸하고 있다.

극기복례의 예는 천리와 인사 두 가지 측면을 모두 포함하고 있으며, 또 일상에서 실천하기 쉬운 것[人事]을 통해 천리에 도달하는 하학상달(下學上達)의 논리도 들어 있다. 공자가 극기복례의 실천조목으로 말한 '눈으로 보고 귀로 듣고 입으로 말하고 몸으로 행동하는 것'은 인사에 해당하고, 그런 노력을 통해 사욕을 극복해 본성의 인·의·예·지로 돌아가는 것이 최종적으로 도달할 목표지점이다. 그것이 곧 인을 행하는 방법이다. 그래서 공자는 인을 물은 안연의 질문에 예를 가지고 답을 한 것이다.

「안연」 제2장에는 중궁(仲弓)이 인(仁)을 묻자 공자가 "문 밖으로 나가서는 큰 손님을 만난 것처럼 공경하고, 백성을 부릴 적에는 큰 제사를 모시는 것처럼 공경하며, 자기가 하고 싶지 않은 것을 남에게 베풀지 마는 것이 바로 인이다.[出門如見大賓 使民如承大祭 己所不欲 勿施於人]"(「안연」)라고 하였다. 앞의 2구는 경(敬)을 말한 것이고, 뒤의 2구는 서(恕)를 말한 것이다. 그래서 주희는 이 장을 주석하면서 "경(敬)을 주로 하며 서(恕)를 행하는 것이 곤도(坤道)이다.[主敬行恕 坤道也]"라고 하였다. 이 역시 '인은 이런 것이다.'라는 말이 아니고, 인을 얻기 위해서는 이렇게 해야 한다는 말이니, 구인(求仁)을 논한 것이다.

또 「옹야」에 "자신의 일상 가까운 데에서 능히 어떤 일을 취해 자신이 원하는 바로써 남의 마음을 헤아리면 인을 행하는 방법이다.[能近取譬 可謂仁之方也已]"(「옹야」)라고 하여, 서(恕)를 인을 행하는 방법으로 언급하였다.

3) 인(仁)에 대한 비유

인은 형이상학적 가치이기 때문에 설명하기가 쉽지 않다. 그래서 공자도 '인은 이것이다.'라고 말을 하지 않고, 여러 가지 비유를 들어 그 의미를 풀이하였는데, 중요한 몇 대목을 간추리면 다음과 같다.

① 오직 인자(仁者)라야 남을 좋아할 수 있고, 남을 미워할 수 있다.
[唯仁者 能好人 能惡人](「里仁」)
② 어려운 일을 먼저하고 그 대가를 뒤로 하면 인하다 할 수 있다.
[先難而後獲 可謂仁矣](「雍也」)

③ 지혜로운 자는 물을 좋아하고, 인한 자는 산을 좋아한다.
　[知者樂水 仁者樂山](「雍也」)
④ 강직하고 꿋꿋하고 질박하고 어눌한 것이 인에 가깝다.
　[剛毅木訥 近仁](「子路」)
⑤ 말을 교묘하게 하고 안색을 잘 꾸미는 자는 인한 사람이 드물다.
　[巧言令色 鮮矣仁](「學而」)

　①은 마음이 100% 진실하여 사심(私心)이 없이 공정(公正)한 사람만이 남을 공정하게 평할 수 있다는 것이니, 인을 진정(眞正) 또는 공정으로 말한 것이다. ②의 선난(先難)은 극기(克己)에 해당하니 공(公)을 먼저 하고 사(私)를 뒤로 하는 것이 인자의 마음이다. ③은 인을 얻은 사람을 산에 비유한 것으로 산처럼 후중불천(厚重不遷)하여 늘 변치 않는 덕을 형상한 것이다. ④와 ⑤는 인품을 형용한 것으로 외형의 수식보다 내면의 순수함을 인에 가까운 것으로 본 것이다.

4) 일상에서 인(仁)을 실천하기

　공자는 "인한 사람은 인에 편안하고, 지혜로운 사람은 인을 이롭게 여긴다.[仁者安仁 知者利仁]"(「이인」)라고 하고, 또 "나는 인을 좋아하는 자와 불인을 미워하는 자를 아직 만나보지 못했다.[我未見好仁者惡不仁者]"(「이인」)라고 하였다.

　인자는 안인(安仁)이니, 인과 자신이 하나가 되어 의도하지 않아도 인을 행하는 사람으로 성인(聖人)을 가리킨다. 이인자(利仁者)는 인을 이롭게 여겨 의도적으로 인을 구하고 실천하려는 사람이다. 호인자(好仁者)는 이인자(利仁者)보다 적극적으로 인을 지향하는 사람이다. 오불

인자(惡不仁者)는 적극적이지는 않지만 불인을 미워하고 인을 이롭게 여기는 사람이다.

자신의 인을 증진시키기 위해서는 인자를 가까이 해야 한다. 그래서 공자는 "사인(士人) 중에 인자를 벗하라.[友其士之仁者]"(「위령공」)라고 하였고, 증자는 "벗을 통해 자신의 인을 증진시킨다.[以友輔仁]"(「안연」)라고 하였다.

그러나 인은 밖에 있는 것이 아니고 자신의 내면에 내재되어 있는 것이기 때문에 이를 계발시키는 노력이 필요하다. 그래서 공자는 "인은 멀리 있는가? 나는 인하고자 하면 인이 바로 이른다.[仁 遠乎哉 我欲仁 斯仁至矣]"(「술이」)라고 하였고, 자하는 "널리 배우고 의지를 돈독히 하며, 절실히 묻고 가까운 자신의 일상에서 사유하면 인이 그런 가운데 있다.[博學而篤志 切問而近思 仁在其中矣]"(「자장」)라고 하였다. 이것이 바로 『중용』에 '도는 사람에게서 멀지 않다.[道不遠人]'라고 한 사유이다. 그래서 맹자는 '측은지심은 인의 단서이다.[惻隱之心 仁之端]'라고 한 것이다. 맹자가 말한 측은지심(惻隱之心), 수오지심(羞惡之心), 사양지심(辭讓之心), 시비지심(是非之心)을 확충하여 자신의 마음에 꽉 채우면 인하다고 할 수 있다.

공자는 인을 실천하는 구체적인 방법을 인간관계 속에서 찾았다. 사람이 이 세상에 태어나 관계를 맺는 가장 가까운 사람이 부모와 형제와 자녀이다. 나와 부모의 관계, 나와 형제의 관계, 나와 자식의 관계는 불가분의 관계인데, 이 관계를 지속적으로 잘 유지해 나가려면 노력이 필요하다.

『논어』에서 공자가 가장 역점을 두어 말한 것이 바로 효제(孝悌)와 충신(忠信)이다. 효·제는 부모에게 효도하고 형에게 공경하는 것을 말한다. 자칫 오해하면 일방적으로 윗사람인 부모에게 효도하고 형이나 어른에게 공경하라는 말처럼 들리지만, 사실은 상호적인 관계이다. 자식을 자애하지 않는 부모에게 일방적으로 효도하라는 말이 아니고, 아우를 때리는 형에게 무조건 공경하라는 말이 아니다. 자식과 아우 입장에서의 본분을 말한 것이다. 이는 나를 중심으로 말한 것으로, 내가 할 도리를 언급한 것이다.

충·신은 자신의 진정성을 극대화하는 충(忠)과 그 진정성을 바탕으로 남을 대하는 신의(信義)를 말한다. 그러니까 '나'라고 하는 한 인간이 진정성을 확보하고 그 진정성으로 남을 대하는 것을 충·신이라 한 것이며, 이를 바탕으로 가장 가까운 부모와 형제에게 효도하고 공경히 하는 것이 사람의 도리임을 천명한 것이다. 이는 바로 사람답게 사는 근본을 말한 것이다.

유자(有子:有若)는 "군자는 근본을 힘쓰니 근본이 확립되면 도가 생겨난다. 그러니 효·제는 인을 행하는 근본이로구나.[君子務本 本立而道生 孝弟也者 其爲仁之本與]"(「학이」)라고 하였다. 유약은 효·제를 '인을 실천하는 근본'이라고 하였다. 이는 무엇을 말한 것일까? 바로 나와 가장 가까이 있는 제일 친한 사람들을 대하는 마음을 말한 것이다. 그래서 근본을 언급한 것이다.

이런 마음을 미루어나가 온 가족, 온 일가친척, 온 고을사람, 온 나라 사람들에게까지 미루어나갈 때 대동사회(大同社會)로 나아갈 수 있다. 그래서 맹자는 "친족을 친애하고 나서 그 마음을 미루어 나와 상관이 없는 남을 인애하며, 온 인류를 인애하고 나서 사람이 아닌 다른 생물을 사랑하라.[親親而仁民 仁民而愛物]"(『맹자』「진심 상」)고 하였다.

공자가 효를 말한 것이 『논어』에 산견되는데, 공자의 교육철학은 질문한 사람의 자질이나 상황에 따라 답변했기 때문에 그 내용이 상이하다. 맹의자(孟懿子)가 효를 물었을 적에는 '예를 어기지 말라'고 하였고, 맹무백(孟武伯)이 효를 물었을 적에는 '병이 나서 부모에게 걱정을 끼치지 말아야 한다.'고 하였으며, 자유(子游)와 자하(子夏)가 효를 물었을 적에는 '신체를 능히 봉양하거나 힘든 일을 대신해드리는 것이 아니고 공경(恭敬)하라'고 가르쳤다.

공자가 효를 말한 것 가운데 가장 의미심장한 말이 "부모가 돌아가신 뒤 적어도 3년 동안 부모의 도를 바꾸지 말아야 효라고 할 수 있다."는 말이다. 이 말은 함의가 풍부하다. 단순히 추모와 기억의 문제만이 아니고, 계승과 개혁에 신중을 요구한 것이다.

부모는 나를 나아준 분이다. 형제와 자매는 모두 나와 함께 부모에게서 태어난 사람이다. 따라서 제(悌)는 효를 미루어나간 것이다. 이를 다시 미루어나가면 자신의 자녀에게 자애하는 것이 되고, 부부에게로 미루어나가면 부부 사이의 의리가 되고, 벗에게로 미루어나가면 신(信)이 된다. 이를 더 넓게 미루어나가면 친족을 친애하는 친친(親親)이 되고, 더 미루어나가면 상관이 없는 남을 인애하는 인민(仁民)이 되고, 더 미루어나가면 사람이 아닌 생물까지 사랑하는 애물(愛物)이 된다. 이는 맹자가 말한 측은지심으로부터 세상의 모든 생명체에게까지 미루어나가는 생명존중사상이다. 이를 실천할 때 공존하며 더불어 사는 세상을 만들 수 있다.

7. 『논어』의 수양론

도(道)는 '인간이 마땅히 걸어가야 할 길'로 리(理)이며, 덕(德)은 얻다[得]는 뜻으로 하늘이 명한 것을 얻는다는 의미도 있고, 사람이 그 도리를 터득하여 얻는다는 의미도 있다. 그러니까 사람의 마음에 인의예지의 본성이 있는데, 이것이 마음속에 내재되어 있지만 계발하여 내 몸에 채우지 않으면 자신의 것이 되지 않는다. 측은지심을 끌어내 내 몸에 꽉 채워야 인이 나의 것이 될 수 있다. 그래서 본성을 알고 얻어서 내 것으로 만드는 것이 바로 수기(修己), 즉 수양이다.

『논어』에 군자(君子)와 소인(小人)을 상대적으로 언급한 것이 10여 곳에 보이는데, 중요한 문구를 가려 정리하면 아래와 같다.

> ① 군자는 공적으로 두루 화친하고 사적으로 편당을 하지 않으며, 소인은 사적으로 편당을 학고 공적으로 두루 화친하지 않는다.[君子周而不比 小人比而不周](「爲政」)
> ② 군자는 덕을 생각하고 소인은 평안히 처할 곳을 생각하며, 군자는 법을 생각하고 소인은 은혜를 베풀어주길 생각한다.[君子懷德 小人懷土 君子懷刑 小人懷惠](「里仁」)
> ③ 군자는 의리에 밝고 소인은 이익에 밝다.[君子喩於義 小人喩於利](「里仁」)
> ④ 군자는 남의 아름다움을 이루어주고 남의 악을 이루어주지 않으며, 소인은 이와 반대로 한다.[君子成人之美 不成人之惡 小人反是](「子路」)
> ⑤ 군자는 화합하며 뇌동하지 않고, 소인은 뇌동하며 화합하지 않는다.[君子和而不同 小人 同而不和](「子路」)
> ⑥ 군자는 태연하되 교만하지 않고, 소인은 교만하되 태연하지 않는다.[君子泰而不驕 小人 驕而不泰](「子路」)
> ⑦ 군자는 고명한 데로 나아가고, 소인은 비천한 데로 나아간다.[君子上達 小人下達](「憲問」)

⑧ 군자는 자신에게서 문제점을 찾고, 소인은 남에게서 문제점을 찾는다.[君子求諸己 小人求諸人](「衛靈公」)

⑨ 군자는 세 가지 두려워하는 것이 있으니, 천명을 두려워하고 대인을 두려워하고 성인의 말씀을 두려워한다. 소인은 천명을 알지 못해 두려워하지 않고 대인을 함부로 대하고 성인의 말씀을 업신여긴다.[君子有三畏 畏天命 畏大人 畏聖人之言 小人不知天命而不畏也 狎大人 侮聖人之言](「季氏」)

⑩ 군자의 잘못은 일식이나 월식과 같아 그 잘못을 사람들이 모두 보며, 잘못을 고치면 사람들이 모두 그를 우러른다.[君子之過 與日月之食焉 過也 人皆見之 更也 人皆仰之](「子張」)

이처럼 공자는 군자와 소인을 상대적으로 일컬은 경우가 많은데, 대체로 소인은 사적인 반면 군자는 공적이고, 소인은 개인의 이익을 추구하는 반면 군자는 공공의 의리를 추구한다. 따라서 소인은 사리(私利)를 추구하는 인간형이고, 군자는 공의(公義)를 추구하는 인간형이다.

위에 인용한 것을 중심으로 말한다면, 군자는 끼리끼리 편당을 짓지 않고 두루 사이좋게 지내며, 부화뇌동하지 않고 남들과 화합하며, 교만하지 않고 태연자약하며, 덕과 법과 의를 중시하고, 남의 단점을 말하지 않고 장점을 거론하여 성장하게 하며, 남에게서 문제점을 찾지 않고 자신에게서 문제점을 찾으며, 허물이 있으면 숨기지 않고 인정하고 고치며, 보다 높은 도덕적 가치를 지향하는 사람이다. 소인은 이와 반대로 하는 사람이다.

이러한 군자에 대한 언급은 공자가 바람직한 이상적인 인간상을 제시하여 도덕사회를 지향하는 강렬한 의지를 담아놓은 것이다. 그렇다면 이러한 군자상(君子像)은 구체적으로 어떻게 제시되고 있을까? 『논어』에서 말한 군자의 모습을 간추려 정리해 보도록 한다.

첫째, 군자의 모습과 태도에 대해 살펴보면 다음과 같다. 우선 군자는 공경으로 자신을 수양하고[修己以敬](「헌문」) 예(禮)로 자신을 단속해서[約之以禮](「옹야」) 중후한 자세를 유지한다.[君子不重則不威](「학이」) 이런 마음자세로 일상에서 "눈으로 볼 적에는 밝게 보기를 생각하고, 귀로 들을 적에는 총명하게 듣기를 생각하고, 안색은 온화하기를 생각하고, 모습은 공손하기를 생각하고,……의심이 들면 묻기를 생각하고, 분노가 일 때는 나중의 어려움을 생각하고, 어떤 것을 얻을 적에는 의에 맞는지를 생각하는[視思明 聽思聰 色思溫 貌思恭……疑思問 忿思難 見得思義]"(「계씨」) 실천을 하는 사람이 바로 군자이다.

그래서 용모를 움직일 적에는 포악하고 거만함을 멀리 하고, 안색을 바르게 할 적에는 신의에 가깝게 하고, 말을 할 적에는 비루하고 이치에 맞지 않는 말을 멀리하라고 한다.[動容貌 斯遠暴慢矣 正顔色 斯近信矣 出辭氣 斯遠鄙倍矣](「태백」) 이처럼 일상에서 실천하는 군자의 도리를 공자는 "군자는 의(義)로써 근본을 삼고, 예(禮)로써 행하고 겸손으로써 드러내고 성신(誠信)으로 완성한다.[君子 義以爲質 禮以行之 遜以出之 信以成之]"(「위령공」)라고 하였다. 이것이 바로 문채와 바탕이 서로 잘 조화된 군자의 모습이다.[文質彬彬然後君子](「옹야」)

이렇게 일상에서 마음가짐과 언행을 수양한 군자는 멀리서 바라보면 모습이 장엄하고, 가까이 다가가서 보면 안색이 온화하고, 그의 말을 들어보면 말이 명확하다.[望之儼然 卽之也溫 聽其言也厲](「자장」) 그러므로 위엄이 있되 사납지 않다.[威而不猛](「요왈」)

둘째, 군자의 언행에 대해 살펴보면 다음과 같다. 공자는 언행에 있어서 늘 말보다 행동이 앞서야 한다고 하였다. 그 대표적인 발언이 "군자는 말을 어눌하게 하고자 하고 행동을 민첩하게 하고자 한다.[君子欲

訥於言而敏於行]"(「이인」)라고 한 것이다. '눌(訥)'은 말을 더듬는 것이 아니고, 말을 하고 싶어도 꾹 참고 발설하지 않는 것이다.

이런 관점에서 공자는 "군자는 그 말이 그 행동보다 지나친 것을 부끄럽게 여긴다.[君子恥其言而過其行]"(「헌문」)라고 하였으며, 또 자공에게는 "그 말보다 먼저 행동하고 그런 뒤에 말이 행동을 뒤따라야 한다.[先行其言而後從之]"(「위정」)라고 하였다. 그래서 말을 할 적에는 충성스럽게 하기를 생각하라고 하였으며[言思忠](「계씨」), 또 "군자가 명분을 내세울 적에는 반드시 말할 수 있어야 하고, 말을 하면 반드시 행할 수 있어야 하니, 군자는 그의 말에 대해 구차한 바가 없을 따름이다.[君子名之必可言也 言之必可行也 君子於其言 無所苟而已矣]"(「자로」)라고 하였다.

셋째, 군자는 근본을 힘쓰며 덕을 숭상하는 사람이다. 군자는 효제충신에 힘을 쏟으며 자신을 닦아 덕을 추구한다. 그래서 "식사를 하는 짧은 시간 동안이라도 인을 어김이 없으니, 급박할 때에도 인에 기필하고, 어려운 상황에서도 인에 기필한다.[君子去仁 惡乎成名 君子無終食之間違仁 造次必於是 顚沛必於是]"(「이인」)라고 하였으며, "군자는 천하의 일에 대해 자신의 주장만을 밀고나가는 것도 없고, 남의 의견에 무조건 반대하는 것도 없으며 의(義)를 더불어 따를 뿐이다.[君子之於天下也 無適也 無莫也 義之與比]"(「이인」)라고 하였으며, "군자는 다투는 바가 없으나 있다면 반드시 활쏘기일 것이다. 서로 읍하고 양보하고서 활터에 올라 활을 쏘고 내려와 패한 사람이 벌주를 마시니, 이렇게 다투는 것이 군자이다.[君子無所爭 必也射乎 揖讓而升 下而飮 其爭也君子]"(「팔일」)라고 하였다. 이를 통해 보면 군자는 인(仁)과 의(義)와 예(禮)를 숭상하는 사람이다.

『논어』 첫머리에 먼저 혼자 공부하는 학(學)의 기쁨을 말하고[學而時

習之 不亦說乎], 다음 자신이 터득한 것을 벗과 토론하며 공론화하는 즐거움을 말하고[有朋自遠方來 不亦樂乎], 마지막으로 "남들이 나를 알아주지 않더라도 노여워하지 않으면 또한 군자가 아니겠는가.[人不知而不慍 不亦君子乎]"(「학이」)라고 하였다. 이 군자는 학문을 통해 덕을 닦아 도덕적 주체를 확립한 사람이다.

그래서 공자는 '군자는 한 가지 전문적인 재능을 갖은 사람이 아니고 널리 배워 인간과 사회의 도리를 체득한 사람이다'라고 하였으니, 이것이 바로 "군자는 그릇이 아니다.[君子不器]"(「위정」)라는 말이다. '기(器)'는 '한 형태로 만들어진 그릇'으로 하나의 형태밖에는 담아내지 못한다. 즉 '하나의 재주에 국한된 기능'을 의미한다. 군자는 이런 것을 지양하고 보편적인 진리를 추구해 두루 쓰일 수 있는 사람을 의미한다.

넷째, 군자의 지향에 대해 살펴보기로 한다. 자로가 군자에 대해 묻자, 공자는 "공경으로써 자신을 수양하는 사람이다.[修己以敬]"라고 답하였다. 자로가 다시 '이와 같을 따름입니까?'라고 묻자, 공자는 "자신을 수양하여 남을 편안하게 해주는 사람이다.[修己以安人]"라고 답하였다. 자로가 다시 '이와 같을 따름입니까?'라고 묻자, 공자는 "자신을 수양하여 모든 백성을 편안하게 해주는 사람이다.[修己以安百姓]"라고 답하였다.(「헌문」) 이 대화에는 공자 사상의 핵심이 농축되어 있다. 군자는 우선 자신을 수양하여 도덕을 갖추고, 그 도덕을 바탕으로 남을 편안히 살게 해주는 사람이다. 이것이 바로 군자의 지향이다.

그래서 공자는 "군자는 도를 도모하지 음식을 도모하지 않는다.……군자는 도를 걱정하지 가난을 걱정하지 않는다.[君子謀道不謀食……君子憂道不憂貧]"(「위령공」)라고 하였다. 이 도를 추구하기 위해 군자는 남이 자신을 알아주지 않는 것을 병통으로 여기지 않고 자신의 무능함을 병통으로 여기며[16], 죽을 때까지 이름이 일컬어지지 않는 것을 미워한다.[17] 또 젊어서는 여색을 경계하고, 장성해서는 싸움을 경계하고, 늙어서는 재물을 탐하는 것을 경계한다.[18]

다섯째, 군자의 처신과 처사에 대해 간추려 정리하기로 한다. 사마우(司馬牛)가 군자에 대해 묻자, 공자는 "군자는 걱정하지 않고 두려워하지 않는다.[君子 不憂不懼]"(「안연」)고 하였다. 사마우가 그 뜻을 깨닫지 못하자, 공자는 "자신의 내면을 성찰하여 하자가 없으니, 무엇을 걱정하고 무엇을 두려워하겠는가.[內省不疚 夫何憂何懼]"라고 하였다. 마음에 한 점 부끄러움이 없기 때문에 걱정할 것도 두려워할 것도 없다는 의미이다.

하늘을 우러러 한 점 부끄러움도 없게 하는 것이 군자의 처신이다. 그래서 군자는 자신의 지위를 벗어나지 않기를 생각하며[19], 군자는 자긍심을 갖되 남과 다투지 않으며 여러 사람과 회합하되 편당을 짓지 않으며[20], 군자는 말로써 사람을 천거하지 않고 사람이 나쁘다고 그의 좋은 말까지 폐지하지 않는다[21]고 하였다.

이러한 처신을 하는 군자는 일을 민첩하게 하고 말을 삼가며[22], 위급한 사람을 구휼해주고 부유한 자에게 부를 더해주지 않는다.[23]

---

16 『論語』「衛靈公」. "君子病無能焉 不病人之不己知也"
17 『論語』「衛靈公」. "君子疾沒世而名不稱焉"
18 『論語』「季氏」. "君子有三戒 少之時 血氣未定 戒之在色 及其壯也 血氣方剛 戒之在鬪 及其老也 血氣旣衰 戒之在得"
19 『論語』「憲問」. "君子 思不出其位"
20 『論語』「衛靈公」. "君子 矜而不爭 群而不黨"
21 『論語』「衛靈公」. "君子 不以言擧人 不以人廢言"
22 『論語』「學而」. "敏於事而愼於言"

『논어』에는 군자상과 유사한 인간형으로 또 '성인(成人)'을 언급한
것이 있다. 자로가 성인(成人)에 대해 묻자, 공자는 "장무중(臧武仲)의
지혜와 공작(公綽)의 욕심 없음과 변장자(卞莊子)의 용기와 염구(冉求)
의 재예(才藝)에 예와 음악으로 문채를 낸 사람이면 성인이라 할 수 있
다."[24]라고 답하였다. 이는 지혜와 청렴과 용기와 재능에 예로써 절제하
고 음악으로써 조화하여 내면에 덕이 완성되고 외면에 문채가 드러나
는 사람을 말한 것으로 완성된 사람이니, 곧 성인(聖人)의 경지에 오른
사람이라 하겠다.

그러나 공자는 당대에 그런 완성된 인간을 찾아볼 수 없기 때문에
격을 낮추어 "이익을 보고 의리를 생각하며, 위태로움을 보고서 목숨을
버리며, 오래된 약속에 대해 평소의 말을 잊지 않으면 또한 성인이라
할 수 있다.[見利思義 見危授命 久要 不忘平生之言 亦可以爲成人矣]"(「헌
문」)라고 하여, 지(智)·인(仁)·용(勇)·예(藝)·예악(禮樂)을 다 갖춘 온
전히 완성된 사람에 못 미칠지라도, 의리를 생각하고 국가적 위기에
목숨을 버릴 수 있으며 충신(忠信)한 사람이라면 성인으로 본 것이다.

공자는 "성인(聖人)을 내가 만나볼 수 없다면 군자(君子)를 만나볼 수
있으면 이에 괜찮을 것이다.[聖人 吾不得而見之矣 得見君子者 斯可矣]"
(「술이」)라고 하였으니, 위에서 말한 온전한 인격을 갖춘 성인(成人)의
다음 단계 사람이 군자라 할 수 있다.

또 『논어』에는 군자(君子)·성인(成人) 외에도 선인(善人)·유항자(有

---

23   『論語』「雍也」, "君子 周急不繼富"
24   『論語』「憲問」, "子路問成人 子曰 若臧武仲之知 公綽之不欲 卞莊子之勇 冉求之藝 文
      之以禮樂 亦可以爲成人矣"

恒者)·사(士) 등의 인간형이 제시되어 있다. 공자는 "선인(善人)을 내가 만나볼 수 없다면 항심(恒心)을 가진 자를 만나보면 괜찮을 것이다.[善人 吾不得而見之矣 得見有恆者 斯可矣]"(「술이」)라고 하였는데, 선인에 대해 주희는 '인에 지향을 두어 악이 없는 사람'이라 하였다. 공자는 또 "없으면서 있는 체하며, 텅 비었으면서 가득 찬 체하며, 곤궁하면서도 사치한 짓을 하면 항심을 갖기가 어렵다.[亡而爲有 虛而爲盈 約而爲泰 難乎有恆矣]"(「술이」)라고 하여, 사람은 항심을 갖기가 어렵기 때문에 항심을 가진 사람도 높게 평하였다.

사(士)는 독서하여 도를 구하는 사람인데, 증자는 "사(士)는 마음을 넓게 하고 지향을 굳세게 하지 않아서는 안 되니 임무는 무겁고 갈 길은 멀기 때문이다. 인으로 임무를 삼으니 무겁지 아니한가, 죽은 뒤에야 끝이 나지 갈 길이 멀지 않은가.[士 不可以不弘毅 任重而道遠 仁以爲己任 不亦重乎 死而後已 不亦遠乎]"(「태백」)라고 하여, 인으로 임무를 삼고 죽을 때까지 구도하는 사람을 사(士)라 하였다.

공자가 제시한 자신을 수양의 방법은 한 마디로 자신에게 돌이켜 성찰하는 것이다. 공자의 도를 전해 받은 증자는 "나는 날마다 세 가지로 나 자신을 성찰한다.[吾日三省吾身]"(「학이」)라고 하면서, '남을 위해 일을 하면서 충성을 다하지 않았는가, 벗과 사귀면서 신의를 다하지 않았는가, 전해 받은 것을 수시로 익히지 않았는가?'라는 세 가지를 제시하였다.

맹자는 이를 활쏘기에 비유하여 화살이 적중하지 못하면 남을 원망하지 않고 돌이켜 자신에게서 구하라는 반구저기(反求諸己)를 강조하면서[25] "남을 사랑하되 그가 나를 친애하지 않으면 나의 인을 돌이켜보고, 남을 다스리되 다스려지지 않으면 나의 지(智)를 돌이켜보고, 남을 예우하되 그가 답례하지 않으면 나의 경(敬)을 돌이켜보라. 어떤 일을 행하고서 제대로 되지 않으면 모두 돌이켜 자신에게서 문제점을 찾아야 한다.[愛人不親 反其仁 治人不治 反其智 禮人不答 反其敬 行有不得者 皆反求諸己]"(『맹자』「離婁上」)라고 하였다.

이러한 성찰은 자신을 늘 돌아보아 부족한 점을 보충하고 나쁜 점을 고치며, 남들의 좋은 점을 받아들여 자신을 성장하게 하는 원동력으로 작용한다.

8. 『논어』의 교육론

1) 교육의 정신

공자는 동아시아 역사상 최초로 사교육을 행한 인물이다. 그전에는 지식과 교육이 모두 특권층의 전유물이었다. 그래서 일반인들은 교육을 받고 싶어도 받을 수 없었다. 공자의 문하에는 권력을 가진 대부의 자제로부터 끼니도 제대로 잇지 못하는 안회(顔回) 같은 가난한 사람까지 다양한 부류의 사람들이 급문(及門)하였다. 공자는 스스로 "가르침이 있으면 부류가 없다.[有敎無類]"(「위령공」)라고 하였으며, "마른 생선 한 꾸러미 이상을 폐백으로 들고 온 사람은 내가 가르치지 않은 적이 없다.[自行束脩以上 吾未嘗無誨焉]"(「술이」)라고 하였다.

이처럼 교육을 개방한 공자는 스스로 스승으로서 모범을 보여 "나는

25　『孟子』「公孫丑上」. "仁者如射 射者 正己而後發 發而不中 不怨勝己者 反求諸己而已矣"

배우면서 싫증을 내지 않고, 남을 가르치면서 게을리 하지 않았다.[學而不厭 誨人不倦]"(「술이」)라고 하였다. 이 학불염(學不厭)・교불권(敎不倦)은 학자로서 교육자로서의 자세를 극명히 제시한 것이다. 잘 가르치기 위해서는 죽을 때까지 싫증을 내지 않고 부지런히 학문을 해야 하니, 그런 스승의 모습을 몸소 실천해 보인 인물이 공자이다.

맹자는 공자가 학불염・교불권을 자처한 것에 대해 "학불염은 지(智)이고, 교불권은 인(仁)이니, 선생은 인하고 또 지(智)하시니 선생은 이미 성인이십니다."라는 말을 인용해 놓았다.[26] 공자는 자로에게 "너는 그의 사람됨이 발분망식하며 도를 즐거워하여 근심을 잊고 늙음이 다가오는 줄도 모르고 사는 사람이라고 어찌 말하지 않았는가.[女奚不曰 其爲人也 發憤忘食 樂以忘憂 不知老之將至云爾]"(「술이」)라고 하였으니, 바로 학불염을 말한 것이다.

또 안회는 "선생께서 차례차례 사람을 잘 인도하여 문(文)으로써 나를 넓혀 주시고, 예(禮)로써 나를 단속해 주셨다.[夫子循循然善誘人 博我以文 約我以禮]"(「자한」)라고 하였으니, 이는 바로 교불권을 말한 것이다. 『중용』의 성기(成己)・성물(成物)로 말하자면 학불염은 성기에 해당하고, 교불권은 성물에 해당한다.

공자는 호학자(好學者)로서 학문에 있어 매우 엄격하였다. 그래서 안회를 제외하고는 그 누구도 호학자로 인정하지 않았다. 공자는 "옛것을 배워 익숙히 하고서 새로운 지식을 알아내야 스승이 될 수 있다.[溫故而知新 可以爲師矣]"(「위정」)라고 하였으니, 역설적으로 말하자면 옛것만

---

26 『孟子』「公孫丑上」. "昔者 子貢問於孔子曰 夫子 聖矣乎 孔子曰 聖則吾不能 我學不厭而敎不倦也 子貢曰 學不厭 智也 敎不倦 仁也 仁且智 夫子旣聖矣"

을 익히고 새로운 지식을 발명하지 못하면 스승이 될 자격이 없다는 말이다.

교육자는 단순한 지식전달자가 아니라, 지식을 습득하여 자기화한 깨달음이 있어야 하고, 새로운 이치나 논리를 발명하여 지식의 세계를 확장해야 한다. 그렇지 않고 지난 것을 그대로 전달하기만 하면 앵무새나 다를 바는 지식전달자에 불과하게 된다. 이런 사람은 '책 읽어주는 사람'에 불과하다.

2) 교육의 방법

공자의 교육방법은 자질과 수준에 따른 '맞춤형 교육'과 스스로 분발하여 학습하게 하는 '자기주도형 학습'으로 요약된다.

먼저 자질과 수준에 따른 맞춤형 교육에 대해 살펴보기로 한다. 「위정」 앞부분에는 효(孝)에 대해 문답한 기사를 모아놓았는데, 모두 효를 물었지만 공자의 답변은 각기 다르다. 이를 정리하면 다음과 같다.

① 맹의자가 효를 묻자, 공자께서 말씀하시기를 "어기지 마는 것입니다."라고 하였다. 번지가 수레를 몰고 있었는데, 공자께서 그에게 이르시기를 "맹손씨가 나에게 효를 묻기에 내가 '어기지 마는 것입니다.'라고 대답했네."라고 하자, 번지가 "무슨 말씀이십니까?"라고 하여, 공자께서 "부모가 살아 계실 적에는 예로써 섬기고, 돌아가시면 예로써 장례를 치르고, 예로써 제사를 지내라는 말일세."라고 하였다.[孟懿子問孝 子曰 無違 樊遲御 子告之曰 孟孫問孝於我 我對曰無違 樊遲曰 何謂也 子曰 生事之以禮 死葬之以禮 祭之以禮](제5장)

② 맹무백이 효를 묻자, 공자께서 "부모는 오직 자식의 질병을 걱정하실 따름입니다."라고 하셨다.[孟武伯問孝 子曰 父母 唯其疾之憂](제6장)

③ 자유가 효를 묻자, 공자께서 "오늘날의 효는 신체를 잘 봉양하는

것을 말하니, 개와 말에 대해서도 모두 잘 길러줌이 있으니, 부모에게 공경하지 않는다면 그것과 어떻게 구별하겠는가."라고 하셨다.[子游問孝 子曰 今之孝者 是謂能養 至於犬馬 皆能有養 不敬 何以別乎](제7장)

④ 자하가 효를 묻자, 공자께서 "자제들이 부모의 노고를 대신해 드리고, 술과 음식이 있을 경우 어른에게 먼저 드시게 하는 것을 너는 효라고 생각하느냐?"라고 하셨다.[子夏問孝 子曰 色難 有事 弟子服其勞 有酒食 先生饌 曾是以爲孝乎](제8장)

①은 '예를 어기지 않는 것'이 효라는 내용이고, ②는 '몸이 아파 부모에게 걱정을 끼치지 않는 것'이 효라는 내용이고, ③은 신체만 잘 봉양하는 것은 효가 아니고 '마음을 봉양하는 양지(養志)가 효'라는 내용이며, ④는 부모의 노고를 대신하거나 맛난 음식을 해드리는 것이 효가 아니고 '화락한 안색으로 마음을 기쁘게 해드리는 것이 효'라는 내용이다.

송나라 때 정이(程頤)는 이에 대해 "맹의자에게 일러준 것은 대중에게 고한 것이고, 맹무백에게 일러준 것은 그에게 걱정할 만한 일이 많았기 때문이고, 자유는 신체를 잘 봉양하지만 혹 공경심을 잃기 때문에 그렇게 말한 것이고, 자하는 정직하고 바른 말을 잘하지만 혹 온화한 안색이 적었기 때문에 그렇게 말한 것이다. 각기 그들 재질의 고하와 그들이 잘못하는 것을 인하여 일러준 것이기 때문에 답변이 같지 않다."[27]라고 하였다.

이것이 바로 자질과 수준에 맞게 교육하는 '맞춤형 교육'이다. 학생의 자질에 따라 달리 말을 해주고, 그 학생의 부족한 면이나 잘못하는

---

27 朱熹, 『論語集註』「爲政」제8장 集註. "程子曰 告懿子 告衆人者也 告武伯者 以其人多可憂之事 子游 能養而或失於敬 子夏 能直義而或少溫潤之色 各因其材之高下與其所失而告之 故不同也"

점을 보완하는 교육을 한 것이다. 이러한 사례는「안연」제1장, 제2장, 제3장에서 안회와 중궁(仲弓)과 사마우(司馬牛)가 인(仁)을 질문한 것에 대한 답변에서도 그대로 나타나며,「안연」제10장과 제21장에서 자장(子張)과 번지(樊遲)가 숭덕변혹(崇德辨惑)을 질문한 것에 대한 답변에서도 그대로 나타나며,「선진」제21장에서 중유(仲由)와 염구(冉求)와 공서적(公西赤)이 '좋은 말을 들으면 그대로 실천해야 합니까?[聞斯行諸]'를 질문한 것에 대한 답변에서도 그대로 나타난다.

『예기』「학기(學記)」에 "교육이란 잘하는 것을 북돋아주고 잘못하는 것을 구제해주는 것이다.[教也者 長善而救其失者也]"라고 하였는데, 이 점이 바로 재질에 따른 '맞춤형 교육'을 의미한다.「술이」제8장에 "분발하지 않으면 그의 의사를 열어주지 않고, 발분하지 않으면 그의 말문을 틔워주지 않되, 한 모퉁이를 들어 보여줌에 나머지 세 모퉁이를 돌이켜 유추하지 않으면 다시 가르치지 않는다.[不憤不啓 不悱不發 擧一隅不以三隅反 則不復也]"라고 하였다. 이는『예기』「학기」에 "바른 길로 인도하되 끌어당기지 않으며, 지향하는 바를 북돋아주되 억제하지 않으며, 깨닫는 길을 열어주되 통달을 강요하지 않는다.[道而弗牽 強而不抑 開而不達]"라고 한 것과 같은 방법으로, '자기주도형 학습'을 하게 하는 것이다.

「선진」제25장에는 중유·증석(曾晳:曾點)·염구·공서화(公西華:공서적)가 공자를 모시고 앉아 대화하는 기사가 있는데, 공자는 제자들에게 '나를 어려워하지 말고, 만약 누가 너희들을 알아준다면 너희들은 무엇을 하겠는가?'라는 질문을 하여, 각자의 지향을 말하게 하였다. 이것이 바로 각자가 지향하는 것을 파악하여 그에 따라 계도하고자 하는 교육 방법이다.

공자는 "'어찌할까?' '어찌할까?'라고 말하지 않는 자는 나는 그를 어찌할 수 없다."[28]라고 하여 어떤 일에 대해 스스로 고민하며 해결방법을 모색하지 않는 자는 자신도 어찌할 수 없다고 하였다. 그래서 "배불리 먹고 하루 종일 마음을 쓰는 바가 없는 사람이라면 무슨 일을 하기가 어렵다."[29]라고 하여, 스스로 문제를 해결하고자 하는 노력을 중시하였다.

공자는 "비유하자면 산을 만들 적에 한 삼태기의 흙을 쌓지 못하고 그만두는 것도 그 자신이 그만두는 것이고, 비유하자면 평지에 산을 만들 적에 한 삼태기의 흙을 붓고 시작하는 것도 그가 시작하는 것이다."[30]라고 하였으니, 이 역시 스스로 분발하고 노력하는 자기주도형 학습을 중시한 발언이다.

또 공자가 "나는 말을 하지 않으려 한다.[予欲無言]"(「양화」)라고 하거나, "하늘이 무슨 말을 하던가."(「양화」)라고 한 것처럼, 답을 직접 일러주지 않고 스스로 사유하여 찾게 한 불언지교(不言之敎)도 자기주도형 학습에 속한다.

이는 공자 자신의 공부법이기도 하였으니, "나는 태어나면서부터 이치를 안 사람이 아니고, 옛날의 도를 좋아하여 부지런히 그것을 구한 사람이다."[31]라고 한 데에서 확인할 수 있다.

공자의 교육방법에서 추가로 언급할 사항이 일상의 가깝고 쉬운 것으로부터 차근차근 배워 높은 이치를 터득하는 하학상달(下學上達)의

---

28 『論語』「衛靈公」. "不曰如之何如之何者는 吾末如之何也已矣"
29 『論語』「陽貨」. "飽食終日 無所用心 難矣哉"
30 『論語』「子罕」. "譬如爲山 未成一簣止 吾止也 譬如平地 雖覆一簣進 吾往也"
31 『論語』「述而」. "我非生而知之者 好古敏以求之者也"

공부법이다. 이는 많이 보고 많이 들어 지식을 축적하여 두루 익힌 뒤에 그 안에 이치를 하나로 회통하는 일이관지(一以貫之)이다.

3) 교육의 내용과 중점

『사기』「공자세가」에 "공자는 시(詩)·서(書)·예(禮)·악(樂)으로 학생을 가르쳤다."라고 하였으며, 『논어』「계씨」에 진강(陳亢)이 공자의 아들 백어(伯魚)에게 '자네는 특별히 교육받은 것이 있는가?'라고 묻자, 백어는 없다고 하면서 '시를 배우지 않으면 말을 잘 할 수가 없다'라는 말씀을 듣고서 물러나 시를 배웠고, '예를 배우지 않으면 자신을 수립할 길이 없다'는 말씀을 듣고서 물러나 예를 배웠다고 답변하였다.[32] 이러한 기사를 종합해 보면 공자가 제자들을 가르친 교육과목은 『시경』·『상서』 및 예·악에 관한 것이 주류였음을 알 수 있다.

또 「술이」에 "선생은 아래 네 가지로써 학생들을 가르쳤으니, 문(文)과 행(行)과 충(忠)과 신(信)이다.[子以四教 文行忠信]"라고 하였다. 문은 문장(文章)이고, 행은 행실이고, 충·신은 덕성을 함양하는 것이다. 즉 글을 가르치고 행실을 반듯하게 하고 덕성을 함양하는 것이 공자의 주된 교육내용이었음을 알 수 있다.

공자는 스스로 호학(好學)으로 자처했는데, 공자가 말하는 학(學)은 문(文)과 행(行)을 모두 포함한다. 『논어』 맨 앞에 '배우고서 수시로 그

---

32 『論語』「季氏」, "陳亢問於伯魚曰 子亦有異聞乎 對曰 未也 嘗獨立 鯉趨而過庭 曰 學詩乎 對曰 未也 不學詩 無以言 鯉退而學詩 他日 又獨立 鯉趨而過庭 曰 學禮乎 對曰 未也 不學禮 無以立 鯉退而學禮 聞斯二者 陳亢退而喜曰 問一得三 聞詩聞禮 又聞君子之遠其子也"

것을 익히면 또한 기쁘지 아니한가.[學而時習之 不亦說乎]'라고 하여 학(學)을 맨 앞에 말하고 있다. 이 학(學)은 선각자를 본받고 따라하는 것을 가리킨다. 공자는 학(學)을 말하면서 문자를 통해 글을 배우는 것보다는 심지(心志)와 언행(言行)을 본받고 실천하는 일상에서의 행실을 더 중시하였다.

그리하여 문학으로 이름이 난 자하조차도 "현인을 어질게 여기되 여색을 좋아하는 마음처럼 지극히 하며, 부모를 섬기되 능히 자기 힘을 다하며, 임금을 섬기되 능히 자기 몸을 바치며, 붕우와 교제하되 말을 하여 신의가 있으면 비록 그가 배우지 않았다고 할지라도 나는 반드시 그를 배운 사람이라 할 것이다."[33]라고 하였다. 이는 존현(尊賢)·사친(事親)·사군(事君)·교유(交友)에 관한 진정성을 갖춘 인간형을 말한 것이니, 일상에서의 실천을 중시한 것이다.

공자는 "젊은이들은 가정에 들어가서는 부모에게 효도하고, 밖으로 나와서는 어른에게 공경하며, 행실을 삼가고 말을 신의 있게 하며 널리 대중을 사랑하되 인자를 친히 해야 하니, 이런 것들을 행하고서 남은 힘이 있거든 그 힘으로 문자를 배우라.[弟子 入則孝 出則弟 謹而信 汎愛衆而親仁 行有餘力 則以學文]"(「학이」)라고 하였는데, 이 역시 효제(孝悌)와 언행을 글공부보다 중시한 것이다.

공자는 『중용』에서 성신(誠身)의 조목으로 박학(博學)·심문(審問)·신사(愼思)·명변(明辨)·독행(篤行) 다섯 가지를 제시했는데, 앞의 네 가지는 지(知)이고 독행은 행(行)이다. 즉 지(知)를 추구하는 과정을 상세히

---

33 『論語』「學而」. "子夏曰 賢賢易色 事父母 能竭其力 事君 能致其身 與朋友交 言而有信 雖曰未學 吾必謂之學矣"

네 단계로 구분해 말한 것인데, 첫째는 널리 배우라는 것이고, 둘째는 그냥 기억하고 이해하는 것이 아니라 그 의미가 무엇인지를 상세히 캐물으라는 것이고, 셋째는 질문을 통해 답을 얻으면 다시 신중히 사색하라는 것이고, 넷째는 그렇게 해서 얻어진 답은 남들에게 명확하게 논변할 수 있어야 한다는 것이다. 이런 과정을 거쳐서 지(知)가 완성된다고 본 것이다. 이 네 가지를 간추리면 학문(學問)과 사변(思辨)이 되며, 다시 간추리면 학(學)과 사(思)가 된다.

공자는 학(學)만 하고 사색하지 않는 경우와 사색만 하고 학(學)을 하지 않는 폐단을 경계하여 "배우기만 하고 사색하지 않으면 아는 것이 없어 멍하고, 사색하기만 하고 배우지 않으면 위태롭다.[學而不思則罔하고 思而不學則殆]"(「위정」)라고 하였다. 특히 스승을 통해 배우지 않고 독학을 하면서 멋대로 사색하는 것을 경계하여 "나는 하루 종일 음식을 먹지 않고 하루 종일 잠도 자지 않고 사색을 하였는데 유익함이 없었으니, 사색만 하는 것은 배우는 것만 못하다.[吾嘗終日不食 終夜不寢 以思無益 不如學也]"(「위령공」)라고 하였다.

이는 독학을 하여 객관적 사유를 하지 못하고 편견과 아집에 빠지는 것을 경계한 것이다. 후대 훈고를 위주로 한 한학(漢學)을 학이불사(學而不思)로 보고, 의리를 위주로 한 송학(宋學)을 사이불학(思而不學)으로 보는 시각이 있으니, 학문과 사변은 지적추구에서 둘 다 빼놓을 수 없는 조목이다.

학(學)은 시습(時習)이나 온고(溫故)를 중시한다. 즉 선각자가 미리 밝혀 놓은 가치를 충분히 익혀 자기화하는 것이다. 그런 뒤에 새로운 지식을 발명하는 지신(知新)의 단계로 나아가는 것이 온고이지신(溫故而知新)이다.

공자의 도를 통달한 72제자 가운데 공자가 호학으로 인정한 사람은 안회(顔回) 한 사람뿐이다. 공자는 안회에 대해 한 번도 꾸지람을 한 적이 없고 칭찬 일색이었다. 공자는 안회에 대해 '하나를 말해주면 열을 아는 사람이라고 하였고[聞一以知十]'(「공야장」), '어떤 말을 해주었는데 게을리 하지 않고 실천하는 사람은 안회뿐이라고 하였으며[語之而不惰者 其回也與]'(「자한」), '나는 그가 진보하는 것만 보았지 그가 중지하는 것은 보지 못하였다[吾見其進也 未見其止也]'(「자한」)라고 하였다. 배우기를 게을리 하지 않고 나날이 진보하며 배운 것을 미루어 배우지 않은 것까지 사색하는 안회 같은 인물이 진정한 호학자라고 하겠다.

9. 『논어』의 정치론

1) 정치철학

여기서는 공자의 정치철학을 몇 가지로 정리해 보기로 한다.

첫째, 자신을 수양하여 백성을 평안히 해주는 것[修己以安百姓]이다. 자로가 군자에 대해 묻자 공자는 "경(敬)으로 자신을 수양하는 사람이다."라고 하였고, 자로가 다시 묻자 공자는 "자신을 수양하여 남을 편안히 해주는 사람이다."라고 하였고, 자로가 또다시 묻자 공자는 "자신을 수양하여 백성을 편안히 해주는 사람이다."라고 하였다. 그리고 이 '수기이안백성(修己以安百姓)'은 요·순 같은 성인도 오히려 어렵게 여긴 것이라고 하였다.[34]

---

34 『論語』「憲問」. "子路問君子 子曰 修己以敬 曰 如斯而已乎 曰 修己以安人 曰 如斯而已

우리는 흔히 유학의 핵심은 수기(修己)·치인(治人)이라고 말하지만, 공자는 수기·치인이라고 말하지 않고 수기·안인(安人)이라고 말했으며, 수기·안백성(安百姓)이라고 말했다. 여기서 우리는 치인(治人)과 안인(安人)에 대해 생각해 볼 필요가 있다. 사람들을 다스리는 것이 아니고, 사람들을 편안히 살게 해주는 것이 바로 정치다. 이것이 공자의 정치철학의 근본이다.

공자는 자로의 질문에 자신의 정치적 이상을 말하면서 "노인을 편안히 살게 해주는 세상, 벗들을 서로 믿고 살게 하는 세상, 젊은이들을 품어주는 세상을 만들고 싶다.[老者安之 朋友信之 少者懷之]"(「공야장」)라고 하였다. 이는 삼대가 모두 차별 없이 공평하게 더불어 사는 세상을 의미한다. 이것이 바로 공자가 말한 안인(安人), 안백성(安百姓)의 방법이다.

둘째, 정명(正名)이다. 자로는 위(衛)나라 사람이다. 자로가 '〈선생께서〉 위나라에서 정치를 하게 되신다면 무엇부터 먼저 하실 것입니까?'라고 묻자, 공자는 "반드시 명분을 바르게 하는 일부터 할 것이다.[必也正名乎]"라고 하였다. 이에 대해 자로가 현실정치를 모르는 우활한 말씀이라고 하자, 공자는 "명분이 바르지 않으면 말이 순조롭지 않고, 말이 순조롭지 않으면 일이 이루어지지 않고, 일이 이루어지지 않으면 예악이 일어나지 않고, 예악이 일어나지 않으면 형벌이 적중하지 않게 되고, 형벌이 적중하지 않으면 백성들이 수족을 둘 곳이 없게 될 것이다.[名不正則言不順 言不順則事不成 事不成則禮樂不興 禮樂不興則刑罰不中 刑罰不中則民無所錯手足]"라고 하였다.(「자로」)

平 曰 修己以安百姓 修己以安百姓 堯舜 其猶病諸"

당시 위나라 영공(靈公)의 아들 괴외(蒯聵)가 해외에 망명해 있었는데, 영공이 죽자 괴외의 아들 첩(輒)이 임금이 되어 생부 괴외의 입국을 막고 있었다. 즉 부자 사이에 왕권을 놓고 쟁탈전이 벌어진 것이다. 이런 상황에서 공자는 정명을 통해 위나라의 정치적 안정을 꾀하려 한 것이다. 이러한 정치사상은 공자가 제(齊)나라에 갔을 때 제 경공(齊景公)이 정사를 묻자, 공자가 대답하기를 "임금은 임금답고, 신하는 신하답고, 아비는 아비답고, 자식은 자식답게 하는 것입니다.[君君 臣臣 父父 子子]"(안연」)라고 한 것과 일맥상통한다.

또 공자는 노나라 대부 계강자(季康子)가 정치를 묻자, 답하기를 "정치는 바르게 하는 것이니, 그대가 정도로써 백성을 인솔하면 누가 감히 바르지 않겠습니까.[政者 正也 子帥以正 孰敢不正]"(「안연」)라고 하였는데, 이 역시 정명사상이라 할 수 있다.

공자가 정명을 언급한 것은 『논어』에서 어렵지 않게 찾아볼 수 있다. 예컨대 "모난 술잔이 모나지 않으면 그것이 모난 술잔이겠는가, 모난 술잔이겠는가.[觚不觚 觚哉觚哉]"(「옹야」)라고 한 것, 염구가 늦게 퇴청하여 정사가 있었다고 말하자 공자가 그것은 계씨(季氏)의 일이라고 하며 정(政)과 사(事)를 엄격히 구분한 것(「자로」), 노나라 삼가(三家)에서 천자의 음악인 옹(雍)으로 제사상을 물리는 것을 비판한 것(「팔일」), 계씨가 태산의 신에게 여(旅)제사를 지내자 염구를 나무란 것(「팔일」) 등은 모두 동이(同異)를 변별하고 상하를 분정(分定)한 정명사상에서 연유한 것이다.

셋째, 널리 은혜를 베풀어 대중을 구제하는 박시제중(博施濟衆)이다. 자공이 "만약 백성에게 널리 은혜를 베풀어 능히 대중을 구제하는 사람이 있다면 어떻습니까? 인(仁)하다고 할 수 있겠습니까?[如有博施於民

而能濟衆 何如 可謂仁乎]"라고 질문하자, 공자는 "어찌 인을 일삼을 뿐이 겠는가, 반드시 성(聖)일 것이다. 요·순도 오히려 그 일을 잘 할 수 없 다고 여겼다.[何事於仁 必也聖乎 堯舜 其猶病諸]"(「옹야」)라고 하였다. 이는 백성을 구제하여 편안히 살게 해주는 것이 정치라는 그의 정치철 학을 말한 것이다.

넷째, 통치자의 덕목으로 예의와 겸양을 중시한 것이다. 공자는 "능 히 예의와 겸양으로 나라를 다스리면 나라를 다스리는 데에 무슨 어려 움이 있겠는가. 능히 예의와 겸양으로 나라를 다스리지 않으면 아무리 좋은 예가 있다고 한들 무엇 하겠는가.[能以禮讓 爲國乎 何有 不能以禮讓 爲國 如禮何]"(「이인」)라고 하였다. 이는 위정자의 덕을 말한 것이다. 위정자는 백성 위에 군림하는 사람이 아니고, 예의와 겸양으로 자신을 낮추며 백성을 위하는 사람이라는 뜻이다.

다섯째, 민본주의이다. 자공이 정치를 물어 공자는 족식(足食)·족병 (足兵)·민신(民信) 세 가지를 말하였다. 자공이 '부득이해서 이 가운데 하나를 제외해야 한다면 어느 것을 먼저 제외해야 하는가?'를 묻자, 공자는 서슴없이 병(兵; 국방비)을 제외해야 한다고 하였다. 자공이 다시 '나머지 둘 가운데 하나를 제외해야 한다면 어느 것을 제외해야 하느냐' 고 묻자, 공자는 식(食; 식량)을 제외해야 한다고 답하였다.[35] 그러니까 정치에 있어서는 백성들이 위정자를 믿는 신임이 가장 중요하고, 그 다음으로 먹고사는 식량문제 해결이고, 그 다음으로 국방을 튼튼히 하 여 자주국방을 하는 것이라는 말이다. 이러한 언급 속에는 민심을 얻지

---

35 『論語』「顔淵」, "子貢問政 子曰 足食足兵 民信之矣 子貢曰 必不得已而去 於斯三者 何先 曰 去兵 子貢曰 必不得已而去 於斯二者 何先 曰 去食 自古皆有死 民無信 不立"

못하면 그 정권은 지속될 수 없다는 민본주의 사상이 자리하고 있다.

공자의 제자 유약(有若)은 노 애공의 조세에 대한 질문에 답하면서 "백성이 풍족하면 임금께서는 누구와 함께 부족하시겠으며, 백성이 부족하면 임금께서는 누구와 함께 풍족하시겠습니까?"[36]라고 하여, 백성의 입장에서 정치를 해야 한다고 역설하였다. 이러한 정치사상은 백성을 근본에 두는 민본사상이라고 하겠다.

여섯째, 부민(富民)·교민(敎民)의 정책이다. 공자가 천하를 주유할 적에 염구가 "백성들이 많이 모이면 그 다음에는 어떤 일을 해야 합니까?"라고 묻자, 공자가 "백성들을 부유하게 해주어야 한다."라고 하였다. 염구가 다시 "백성들이 부유해지면 그 다음에는 어떤 일을 해야 합니까?"라고 묻자, 공자는 "그들을 가르쳐야 한다."라고 하였다.[37]

이 말 속에는 공자의 기본적인 정치철학이 담겨 있다. 즉 첫째는 백성을 잘 살게 해주는 정치를 하고, 그 다음에는 백성들을 가르쳐 예의 염치를 알게 하는 정치를 하고자 한 것이다. 백성을 가르치는 일은 어떤 사상을 일방적으로 주입시키는 것이 아니고, 인간의 본성을 알아 인간다운 삶을 스스로 지향하게 하여 예의염치가 살아있는 세상을 만드는 것이다.

일곱째, 균등한 분배와 안정된 사회를 구현한 것이다. 공자는 계씨가 부용국 전유(顓臾)를 정벌하여 취하려 하자, 그의 밑에서 벼슬하던 염구를 나무라며 "나는 '국(國)'이나 가(家)를 소유한 자는 백성이 적은 것을

---

36 『論語』「顔淵」. "哀公問於有若曰 年饑 用不足 如之何 有若對曰 盍徹乎 曰 二 吾猶不足 如之何其徹也 對曰 百姓足 君孰與不足 百姓不足 君孰與足"

37 『論語』「子路」. "子適衛 冉有僕 子曰 庶矣哉 冉有曰 旣庶矣 又何加焉 曰 富之 曰 旣富 矣 又何加焉 曰 敎之"

걱정하지 않고 재물을 균분(均分)하지 못함을 걱정하며, 가난을 걱정하지 않고 사회가 안정되지 못함을 걱정한다.'고 들었다. 대개 재물이 균분되면 가난한 사람이 없고, 백성이 화목하면 인구가 줄어들지 않고, 사회가 안정되면 국가가 전복되지 않는다."라고 하였다.[38] 이 말은 국가사회의 안정은 부(富)의 공정한 분배에서 비롯된다는 정치철학이다.

여덟째, 삼대의 장점을 취한 예악문물(禮樂文物)을 만드는 것이다. 안회가 나라를 다스리는 방도를 묻자, 공자는 "하나라 때의 역법을 시행하고, 상나라 때의 수레제도를 시행하고, 주나라 때의 복장을 착용하고, 음악은 순임금의 소무(韶舞)를 쓰며, 음란한 정성(鄭聲)을 추방하고 말만 잘하는 녕인(佞人)을 멀리 내치는 것이니, 정성은 음란하고 녕인은 위태롭기 때문이다."라고 하였다.[39] 이러한 언급을 보면, 공자는 역대의 좋은 제도를 집성하여 새로운 예악문물 제도를 만들고자 했음을 알 수 있다.

아홉째, 정치참여를 하느냐 하지 않느냐 하는 출처(出處)의 기준을 명확히 한 것이다. 공자는 독서하여 도를 구하는 사(士)의 신분으로 현실정치에 참여하여 대부의 신분에 오른 인물로 자신의 도를 세상에 펴고자 하였다. 그러나 공자는 출사하는 문제를 가볍게 여기지 않고 자신의 분명한 원칙에 따라 행동하였다.

공자는 "도를 독실하게 믿고 배우기를 좋아하며 죽음으로써 도를 지키고 도를 잘 보전해야 한다. 위태로운 나라에는 들어가지 않고 어지러운 나라에는 거처하지 않으며, 천하에 도가 있으면 세상에 나아가고

---

38 『論語』「季氏」, "丘也 聞有國有家者 不患寡而患不均 不患貧而患不安 蓋均無貧 和無寡 安無傾"
39 『論語』「衛靈公」, "顏淵問爲邦 子曰 行夏之時 乘殷之輅 服周之冕 樂則韶舞 放鄭聲 遠佞人 鄭聲淫 佞人殆"

도가 없으면 은거한다. 나라에 도가 있을 적에 가난하고 천한 것이 수치이고, 나라에 도가 없을 적에 부유하고 귀한 것이 수치이다."라고 하였다.[40] 여기서 말하는 '독신호학 수사선도(篤信好學 守死善道)'는 사(士)의 본분을 말한 것이고, 그 다음은 출처(出處)를 말한 것인데, 출처의 기준이 '그 정권이 도가 있는가, 없는가'에 척도를 두고 있다.

2) 정치행위

공자는 위와 같은 정치철학을 바탕으로 실무정치에 있어서 위정자가 해야 할 일을 질문에 따라 답한 것이 산견되는데, 이를 간추려 정리해보기로 한다.

우선 공자는 위정자의 자세에 대해, 국사를 공경히 하여 민중에게 신임을 받고, 재용(財用)을 절약하여 인민을 사랑하며, 백성을 부릴 적에는 농시(農時)를 피해 적절한 시기에 해야 한다고 하였다.[41] 즉 공경한 마음으로 국사에 임하며, 재용을 절약하고, 함부로 백성을 동원하지 않아야 한다는 것이다.

공자는 이런 기본적인 자세와 아울러 또 위정자는 충성스러운 마음으로 게으름이 없이 솔선하여야 함을 강조하였다. 자장이 정사를 묻자, 공자는 "마음가짐이 게으름이 없으며 충성으로 정사를 행해야 한다."라고 하였으며[42], 자로에게는 "솔선하고 수고하며 게으름이 없어야 한

---

40 『論語』「泰伯」. "子曰 篤信好學 守死善道 危邦不入 亂邦不居 天下有道則見 無道則隱 邦有道 貧且賤焉 恥也 邦無道 富且貴焉 恥也"
41 『論語』「學而」. "子曰 道千乘之國 敬事而信 節用而愛人 使民以時"
42 『論語』「顏淵」. "子張問政 子曰 居之無倦 行之以忠"

다."라고 하였다.[43] 위정자는 솔선수범하고 잠시도 나태함 없이 긴장해야 한다는 것이다.

공자는 위정자가 백성을 대하는 태도에 대해 선을 택하는 지혜[智], 어진 마음으로 그것을 오래 지킬 수 있는 인(仁), 백성을 대할 때의 경박하지 않고 장엄한 태도, 백성을 예로 고무시키는 일 등을 중요한 덕목으로 보았다.[44] 그리하여 계강자에게 "장엄함으로 백성에게 임하면 백성이 그대를 공경할 것이고, 집안에서 부모에게 효도하고 자제를 자애하면 백성들이 그대를 본받아 충성할 것이고, 선인을 등용하여 불능한 이를 가르치면 백성이 권면할 것입니다."라고 조언하기도 하였다.[45]

자장이 공자에게 정치의 방도를 묻자, 공자는 오미(五美)를 존중하고 사악(四惡)을 물리치라고 하였다.[46] 오미는 은혜를 베풀되 허비하지 않는 혜이불비(惠而不費), 수고롭게 하되 백성이 원망하지 않는 노이불원(勞而不怨), 인정(仁政)을 베풀고자 하되 탐하지 않는 욕이불탐(欲而不貪), 태연하게 정사를 행하되 교만하지 않는 태이불교(泰而不驕), 위엄이 있되 사납지 않은 위이불맹(威而不猛)이다.

그리고 사악은 미리 백성을 가르치지 않고 죽이는 학(虐), 미리 경계를 하지 않고 성취를 재촉하는 포(暴), 명령을 태만히 하고 기일을 각박하게 재촉하는 적(賊), 사람들에게 공평하게 나누어주되 출납을 인색하

---

43 『論語』「子路」, 子路問政 子曰 先之勞之 請益 曰 無倦"

44 『論語』「衛靈公」, "子曰 知及之 仁不能守之 雖得之 必失之 知及之 仁能守之 不莊以涖之 則民不敬 知及之 仁能守之 莊以涖之 動之不以禮 未善也"

45 『論語』「爲政」, "季康子問 使民敬忠以勸 如之何 子曰 臨之以莊則敬 孝慈則忠 擧善而教不能則勸"

46 『論語』「堯曰」 제2장 참조.

게 하는 유사(有司)이다. 이런 사악을 멀리하고 오미를 힘써 행하는 것이 선정을 펴는 방도라는 말이다.

또한 공자는 '한 마디의 말이 나라를 흥성하게 할 수도 있고 나라를 잃게 할 수도 있다'고 경계하며, 위정자는 말을 신중히 해야 한다고 하였다. 임금노릇을 하고 신하노릇을 하는 것이 어렵다는 인식을 하게 되면 국사에 신중히 임해 나라를 흥성하게 할 수 있지만, 임금이 '나는 임금이 된 것은 즐겁지 않고 신민들이 나의 말을 어기지 않는 것을 즐거워한다.'고 말하면 이런 임금은 나라를 잃게 된다고 하였다.[47]

공자는 나라를 잘 다스리기 위해서는 어진 인재를 적극적으로 등용해야 함을 강조하였다. 『중용』의 구경(九經) 중 수신(修身) 다음에 존현(尊賢)을 거론한 것도 이와 같은 맥락의 발언이다. 공자는 중궁이 "어찌 훌륭한 인재인줄 알아서 등용을 합니까?"라고 질문하자, "네가 아는 훌륭한 인재를 등용하면 네가 모르는 훌륭한 인재를 사람들이 그냥 내버려 두겠는가?"라고 하여, 어진 인재를 등용하는 방법까지 일러주었다.[48]

이외에도 실무정치에 관한 언급이 많지만 생략하고, 정치행위의 근본에 해당하는 덕화를 언급한 것에 대해 살펴보기로 한다. 노나라 실권자인 계강자가 "무도한 자를 죽여 백성들로 하여금 도가 있는 데로 나아가게 하면 어떻겠습니까?"라고 묻자, 공자는 "정치를 하면서 어찌 사람을 죽이는 도를 쓴단 말입니까? 당신이 선정을 하고자 하면 백성들이 선해질 것입니다. 군자의 덕은 바람과 같고 소인의 덕은 풀과 같

---

47 『論語』「子路」제15장 참조.
48 『論語』「仲弓」. "仲弓爲季氏宰 問政 子曰 先有司 赦小過 擧賢才 曰 焉知賢才而擧之 曰 擧爾所知 爾所不知 人其舍諸"

아서 풀 위로 바람이 불면 풀은 반드시 휩쓸립니다."라고 하였다.[49]

이 대화 속에는 정치의 도리는 사람을 살리는 선한 것이어야 하며, 그 방법은 위정자가 덕으로 백성들을 교화시키는 것이 중요하다는 정치철학이 담겨 있다. 이것이 바로 풍화 즉 덕으로 백성을 교화시키는 덕화이다. 공자는 '덕으로 정치를 한다.[爲政以德]'(「爲政」)라는 관점을 가지고 있었기에 법치보다 덕치의 중요성을 다음과 같이 말하였다.

정사로써 백성을 인도하고 법으로써 백성을 가지런히 통제하면 백성은 죄를 면하지만 수치심이 없게 되며, 덕으로써 백성을 인도하고 예로써 백성을 가지런히 통제하면 백성이 수치심을 갖게 될 뿐만 아니라 또한 선으로 나아가게 된다.[50]

정(政)은 호령과 같은 정치적 행위이고 형(刑)은 법을 의미이다. 정(政)과 형(刑)은 법치를 의미하고, 덕(德)과 예(禮)는 덕치를 의미하니, 법치 이전에 덕치가 근본임을 말한 것이다. 염치를 갖고 선을 지향하게 하는 것이 정치의 본질이라는 말이다.

10. 『논어』에 보이는 공자 모습

1) 공자의 일상

『논어』 20편은 주로 공자의 말이나 대화를 기록해 놓고 있는데, 유

---

49 『論語』「顔淵」. "季康子問政於孔子曰 如殺無道 以就有道 何如 孔子對曰 子爲政 焉用殺 子欲善 而民善矣 君子之德風 小人之德草 草上之風 必偃"
50 『論語』「爲政」. "子曰 道之以政 齊之以刑 民免而無恥 道之以德 齊之以禮 有恥且格"

380 제5장_『효경(孝經)』·『이아(爾雅)』와 사서(四書) 개설

독「향당(鄕黨)」은 공자의 행동거지를 기록하고 있어 공자의 일상을 다각도로 엿볼 수 있게 한다. 그 가운데는 의복·음식·기거·태도·처신 등 다양한 정보를 제공하고 있다.

의복을 언급한 예로는 아래의 문장을 대표적인 사례로 제시할 수 있다.

> 공자는 재계복인 청홍색(靑紅色)이나 소상복(小祥服)의 진홍색으로 옷깃을 장식하지 않으셨고, 간색인 홍색과 자색으로 평상복을 만들지 않으셨다. 더운 여름에는 갈포로 만든 홑옷을 반드시 속옷 위에 걸쳐 입고서 외출하셨다. 검은 옷에는 검은 염소가죽으로 만든 갖옷을 입으셨고, 흰 옷에는 흰 사슴 새끼의 가죽으로 만든 갖옷을 입으셨고, 황색 옷에는 누런 여우가죽으로 만든 갖옷을 입으셨다. 평상시의 갖옷은 길게 만들되 오른쪽 소매를 짧게 하였다. 반드시 잠옷이 있었는데 길이가 한길 반이나 되었다. 겨울에는 여우나 담비의 두터운 가죽으로 만든 옷을 입고 거처하셨다. 탈상한 뒤에는 패물을 차지 않는 것이 없었다. 조복(朝服)이나 제복(祭服)처럼 주름 잡은 하의가 아닐 경우에는 반드시 폭을 줄여서 만들었다. 길사에 입는 검은 염소가죽으로 만든 갖옷과 검은 관을 쓰고서는 조문하지 않으셨다. 매월 초하루에는 반드시 조복 차림으로 조회하셨다.[51]

이를 통해 보면, 공자는 당대의 예제(禮制)에 따라 처소와 상황에 맞는 의복을 착용한 것을 알 수 있으며, 또한 일상생활에 편리하도록 복장을 하였음을 알 수 있다.

다음은 공자의 음식에 대해 살펴보기로 한다. 공자의 음식예절에 대해「향당」에 기록한 한 가지 사례를 제시하면 다음과 같다.

---

51 『論語』「鄕黨」, "君子 不以紺緅飾 紅紫 不以爲褻服 當暑 袗絺綌 必表而出之 緇衣 羔裘 素衣 麑裘 黃衣 狐裘 褻裘 長短右袂 必有寢衣 長一身有半 狐貉之厚 以居 去喪 無所不佩 非帷裳 必殺之 羔裘玄冠 不以弔 吉月 必朝服而朝"

밥은 정밀한 것을 싫어하지 않으셨고, 회(膾)는 가늘게 썬 것을 싫어하지 않으셨다. 밥이 상해 쉰 것과 상한 생선과 부패한 고기를 잡숫지 않으셨다. 색깔이 나쁜 음식을 잡숫지 않으셨고, 냄새가 나쁜 음식을 잡숫지 않으셨으며, 설익은 음식을 잡숫지 않으셨고, 제철이 아닌 음식을 잡숫지 않으셨다. 자른 것이 반듯하지 않으면 잡숫지 않으셨고, 그 음식에 맞는 장이 없으면 잡숫지 않으셨다. 고기가 아무리 많더라도 밥 기운을 이기게 하지 않으셨고, 오직 술은 일정한 주량을 정하지 않았으나 취하여 정신을 어지럽게 하는 데까지는 이르지 않으셨다. 시장에서 사온 술과 포를 잡숫지 않으셨다. 생강 먹는 것을 그만두지 않으셨으며, 음식을 과식하지 않으셨다. 국가에서 제사지낸 뒤에 나누어준 고기는 하룻밤을 묵히지 않으셨고, 집에서 제사지낸 고기는 사흘을 넘기지 않으셨으니 사흘이 지나면 잡숫지 않으셨다. 음식을 먹을 적에는 응답을 하지 않으셨고, 잘 적에는 말을 건네지 않으셨다. 거친 밥과 나물국이라도 반드시 제반(祭飯)을 하시되 반드시 재계하듯이 공경히 하셨다.[52]

이러한 기사를 얼핏 보면 전부 먹지 않는 음식뿐이어서, '공자는 과연 어떤 음식을 먹고 살았을까' 하는 의심이 들 때가 있다. 그러나 음식은 일상생활 속에서 가장 중도에 맞게 절제하기가 어렵다. 음식에 관한 공자의 태도가 지나치게 보일 수도 있겠으나, 이는 원칙에 맞게 절제하고 자제하는 음식예절을 말한 것이다. 현대인들은 비만이 많은데, 이는 음식조절을 하지 않기 때문이다.

다음 공자의 기거(起居)를 살펴보기로 한다. 공자의 일상의 기거는 "자리가 바르지 않으면 앉지 않으셨다."[53]라고 하거나, "잠을 잘 때는

---

52 『論語』「鄕黨」. "食不厭精 膾不厭細 食饐而餲 魚餒而肉敗 不食 色惡不食 臭惡不食 失飪不食 不時不食 割不正 不食 不得其醬 不食 肉雖多 不使勝食氣 唯酒無量 不及亂 沽酒市脯 不食 不撤薑食 不多食 祭於公 不宿肉 祭肉 不出三日 出三日 不食之矣 食不語 寢不言 雖疏食菜羹 瓜祭 必齊如也"

시체처럼 하지 않았으며, 집에 거처할 적에는 용모를 꾸미지 않으셨다."[54]라고 한 것을 통해 살펴볼 수 있다. 자리에 공경한 자세로 바르게 앉고, 집안에서의 생활은 편안하고 자연스럽게 한 것을 짐작할 수 있는 대목이다.

공자는 수레에 오를 적에 반드시 바르게 서서 끈을 잡으셨고, 수레 안에서는 돌아보지 않으셨고, 말을 빨리 하지 않으셨고, 손가락으로 친히 가리키지 않으셨다.[55] 또 수레를 타고 가다가 상복을 입은 자를 만나면 일어나서 예를 표하셨고, 지도와 호적을 짊어지고 가는 자를 만나면 역시 일어나 예를 표하셨다.[56]

그리고 외출했다가 상복을 입은 자를 만나면 비록 가까운 사람이라 할지라도 반드시 얼굴색을 바꾸셨고, 면관을 쓴 관리와 앞이 보이지 않는 맹인을 만나서는 비록 사석일지라도 반드시 예모를 갖추셨다.[57] 또 벗이 죽었는데 빈소도 차릴 곳이 없으면 '우리 집에 빈소를 차리라'고 말하였다.[58] 또 성대한 음식을 받으면 반드시 안색을 바꾸고 일어나셨으며, 사나운 우레가 치고 맹렬한 바람이 불면 반드시 안색을 변하셨다.[59]

이러한 일상의 기거를 통해 볼 때, 공자는 일상생활 속에서 매우 반듯하고 신중하고 예의 있게 행동한 것을 알 수 있다.

---

53 『論語』「鄕黨」. "席不正 不坐"
54 『論語』「鄕黨」. "寢不尸 居不容"
55 『論語』「鄕黨」. "升車 必正立執綏 車中 不內顧 不疾言 不親指"
56 『論語』「鄕黨」. "凶服者 式之 式負版者"
57 『論語』「鄕黨」. "見齊衰者 雖狎 必變 見冕者與瞽者 雖褻 必以貌"
58 『論語』「鄕黨」. "朋友死 無所歸 曰於我殯"
59 『論語』「鄕黨」. "有盛饌 必變色而作 迅雷風烈 必變"

다음은 공자의 태도에 대해 살펴보기로 한다. 공자는 고을에 기거할 적에 자신을 낮추고 겸손하여 신실한 모습으로 말을 잘하지 못하는 듯이 하셨다.[60] 그 이유는 고을에 부형과 종족이 많이 살고 있었기 때문이다.

그러나 종묘에서 제사를 지낼 때나 조정에서 정사에 참여할 적에는 말을 상세하고 분명하게 하시되 오직 삼갔다.[61] 또 조정에서 하대부와 말할 적에는 강직하게 하였고, 상대부와 말할 적에는 화락하게 하였으며, 조정에서 임금이 계실 적에는 공경한 마음으로 긴장하며 몸가짐을 알맞게 하였다.[62]

공자가 궁궐에 출입할 때의 태도에 대해 다음과 같이 기록하고 있다.

> 공문에 들어설 적에는 몸을 굽혀 용납되지 못하는 듯이 하셨고, 조정에서 서 있을 적에는 문 가운데 서지 않으셨고, 다닐 적에는 문지방을 밟지 않으셨고, 임금이 계신 곳을 지나갈 적에는 안색이 상기되고 발걸음을 살금살금 했으며 말씀은 잘하지 못하는 듯이 하셨다. 옷자락을 잡고 임금이 계신 건물의 마루에 오를 적에는 몸을 굽히고 숨을 죽여 숨을 쉬지 않는 것처럼 하셨다. 임금을 뵙고 나와 한 계단을 내려와서는 긴장한 안색을 펴서 화평하게 하셨고, 계단을 다 내려와서는 종종 걸음으로 걷되 새가 날개를 펴고 날아갈 듯한 자세로 달려갔으며 자기 자리로 돌아와서는 공경한 마음으로 긴장감을 늦추지 않으셨다.[63]

---

60 『論語』「鄕黨」. "孔子於鄕黨 恂恂如也 似不能言者"
61 『論語』「鄕黨」. "其在宗廟朝廷 便便言 唯謹爾"
62 『論語』「鄕黨」. "朝 與下大夫言 侃侃如也 與上大夫言 誾誾如也 君在 踧踖如也 與與如也"
63 『論語』「鄕黨」. "入公門 鞠躬如也 如不容 立不中門 行不履閾 過位 色勃如也 足躩如也 其言似不足者 攝齊升堂 鞠躬如也 屛氣 似不息者 出降一等 逞顔色 怡怡如也 沒階 趨翼

조정에서 벼슬할 적의 공자의 태도는 충심에서 우러난 지극히 공경하고 법도에 맞는 절도라고 하겠다.

2) 공자의 지향

공자는 "열 집밖에 안 되는 작은 고을에도 반드시 나처럼 충신(忠信)한 사람이 있겠지만, 나처럼 호학(好學)하는 사람은 없다."[64]라고 하여, 스스로 호학자로 자처하였다. 그리고 문인 중에는 안회만을 호학자로 인정하였다. 그리고 자신은 조술(祖述)하고 창작하지 않으며 도를 믿고 옛것을 좋아하기를 노팽(老彭)에게 비유한다고 하였다.[65]

이처럼 옛것을 좋아하여 부지런히 배우기를 힘쓴 공자는 덕을 잘 닦지 못하는 것, 학문을 잘 강론하지 못하는 것, 의로움을 듣고서 바로 옮겨 실천하지 못하는 것, 불선을 능히 고치지 못하는 것을 늘 걱정하며 살았다. 그리고 발분망식하며 도를 즐기면서 걱정을 잊고 살았다.

이런 자세로 평생을 산 공자는 만년에 자신의 삶을 돌아보며 다음과 같이 말하였다.

> 나는 15세에 학문에 뜻을 두었고, 30세에 예에 맞게 나의 가치관을 확립했고, 40세에 남의 말에 의혹되지 않았고, 50세에 천명을 알았고, 60세에 남의 말을 듣고서 귀가 순해졌으며, 70세에는 마음이 하고자 하는 바를 따라도 법도에서 벗어나지 않았다.[66]

如也 復其位 踧踖如也"

64 『論語』「公冶長」. "十室之邑 必有忠信如丘者 不如丘之好學也"

65 『論語』「述而」. "述而不作 信而好古 竊比於我老彭"

66 『論語』「爲政」. "吾十有五而志于學 三十而立 四十而不惑 五十而知天命 六十而耳順

이는 공자가 학문한 내력을 시기별로 정리해 말한 것인데, 자세히 음미하면 그 의미가 심장하다. 특히 50세의 '지천명(知天命)'에 대해 독자들이 깊이 생각하지 않는데, 이 말 속에는 '하늘이 자신에게 부여한 본성을 알게 되었다'는 의미가 들어 있다. 자신의 본성을 자각하는 것은 인간존재에 대한 근본적인 이해를 한 것으로, 인의예지의 본성을 깨달았다는 말로도 들린다. 그리고 70세의 '종심소욕불유구(從心所欲不踰矩)'는 감정이 본성과 하나가 되어 안이행지(安而行之)하는 경지에 이르렀음을 의미한다. 즉 감정을 절제하여 중도에 맞게 하지 않아도 저절로 중도에 맞는 경지에 이른 것이다. 공자는 살아서 성인으로 자처하지 않았지만, 이미 성인의 경지에 이르렀던 것이다.

위(衛)나라 대부 공손조(公孫朝)가 자공에게 "중니는 어디서 배웠는가?"라고 묻자, 자공은 "문왕과 무왕의 도가 땅에 떨어지지 않고 사람들에게 남아있으니……선생이 어디서인들 배우지 않으셨겠습니까. 어찌 일정한 스승이 있었겠습니까."라고 답하였다.[67] 자공은 공자가 특정한 스승을 모시고 배운 것이 아니라, 모든 사람에게서 선을 취해 집대성했다는 말이다.

노나라 대부 숙손무숙(叔孫武叔)이 조정에서 대부들에게 "자공이 중니보다 낫다."고 하였다. 이 말을 전해들은 자공은 집의 담장에 비유하여, 나의 담장은 어깨높이인지라 집안의 좋은 것들을 들여다볼 수 있지만, 선생의 담장은 몇 길이나 되어 문을 통해 안으로 들어가지 않으면

七十而從心所欲不踰矩"

67 『論語』「子張」"衛公孫朝問於子貢曰 仲尼 焉學 子貢曰 文武之道 未墜於地 在人…… 夫子 焉不學 而亦何常師之有"

그 안의 아름다운 것들을 볼 수 없으니, 그 안으로 들어가 본 자가 적어서 그 사람이 그런 말을 하는 것이라고 하였다.[68] 즉 공자의 진면목을 몰라서 그렇게 말하는 것이라고 물리친 것이다.

또 숙손무숙이 공자를 헐뜯자, 자공은 다른 현인은 구릉(丘陵)과 같아 넘을 수 있지만 공자는 일월(日月)과 같아 넘을 수 없으니 자신의 분수를 스스로 알지 못하는 것을 드러낼 뿐이라고 하였다.[69]

맹자는 공손추의 집요한 질문에 받고 백이(伯夷)·이윤(伊尹)과 공자의 다른 점에 대해 답하면서 다음과 같이 공자 문인들의 말을 인용하였다.

　　재아·자공·유약은 지혜가 성인(공자)을 알기에 충분하니, 아무리 수준이 낮더라도 자기가 좋아하는 사람에게 아부하는 데까지는 이르지 않았을 것이다. 재아는 말하기를 "나의 관점으로 선생을 보건대 요·순보다 나은 것이 멀다."고 하였고, 자공은 말하기를 "그 예를 보고 그 정사를 알며 그 음악을 듣고 그 덕을 아니, 백세 뒤로부터 백세의 왕들을 평가하면 그 실정에서 벗어나지 않을 것이다. 인류가 생긴 이래로 선생만한 분이 아직 없다."라고 하였고, 유약은 말하기를 "어찌 인류만을 가지고 말하겠는가. 기린이 길짐승에게 있어서와 봉황이 날짐승에게 있어서와 태산이 구릉에 있어서와 하해(河海)가 도랑물에 있어서 마찬가지이며, 성인이 인류에 있어서도 마찬가지이다. 옛 성인들은 그 부류에서 빼어나고 그 무리에서 우뚝한 분들이지만, 인류가 생긴 이래로 공자보다 더 성대한 분은 아직 없다."라고 하였다.[70]

68　『論語』「子張」제23장 참조.

69　『論語』「子張」제24장 참조.

70　『論語』「子罕」, "宰我子貢有若 智足以知聖人 汗不至阿其所好 宰我曰'以予觀於夫子 賢於堯舜遠矣'子貢曰'見其禮而知其政 聞其樂而知其德 由百世之後 等百世之王 莫之能違也 自生民以來 未有夫子也'有若曰'豈惟民哉 麒麟之於走獸 鳳凰之於飛鳥 太山之於邱垤 河海之於行潦 類也 聖人之於民 亦類也 出於其類 拔乎其萃 自生民以來 未有盛

맹자는 재아·자공·유약이 스승을 과대평가하지 않았을 것이라는 점을 미리 언급하면서 이들이 공자를 평가한 말을 인용해 놓았다. 그들의 평가는 인류가 존재한 이래로 공자보다 더 성대한 도덕을 갖춘 이는 없다는 것이다. 이런 점이 후대 공자를 문선왕(文宣王)으로 추존하게 한 것이다.

공자에게 호학자로 칭찬을 받은 안회는 공자에 대해 "우러러보면 더욱 높고 뚫고 들어가려 하면 더욱 견고하며, 바라보면 앞에 있다가 문득 뒤에 가 계셨다."[71]라고 하여, 공자의 도를 따라갈 수 없을 탄식하였다.

3) 공자의 상시(傷時)

공자는 자신의 정치적 꿈을 품고 세상을 구제하여 도덕사회를 이루고 싶었다. 그러나 사회의 분위기는 자신이 추구하는 것과는 다를 방향으로 흘러가고 있었다. "축타(祝佗)의 말재주가 있거나 송조(宋朝)의 미모가 있는 사람이 아니라면 오늘날의 세상에서 화를 면하기가 어렵겠구나."[72]라고 한 탄식을 음미해 보면, 당대 사회는 교언영색(巧言令色)하는 풍속이 만연하고 있었음을 알 수 있다.

공자는 어려서부터 두 가지 꿈이 있었다. 하나는 황하 유역을 통일하고 통일제국 주나라의 제도를 완비한 주공(周公)처럼 새롭게 예악문물을 정비하는 것이었고, 다른 하나는 하늘에 닿은 태산을 바라보며 자신의 도덕을 하늘과 하나로 합하는 천인합일(天人合一)을 추구하는 것이

於孔子也"

71 『論語』「子罕」, "仰之彌高 鑽之彌堅 瞻之在前 忽焉在後"
72 『論語』「雍也」, "子曰 不有祝佗之佞而有宋朝之美 難乎免於今之世矣"

다. 전자는 정치적 이상이었고, 후자는 학문적 이상이었다.

후자에 관한 일화를 소개하기로 한다. 공자는 어느 날 자공에게 "나를 알아주는 이가 없구나."라고 하자, 자공이 "어찌하여 나를 알아주는 사람이 없다고 말씀하십니까?"라고 묻자, 공자는 "나는 하늘에서 얻지 못해도 하늘을 원망하지 않고, 남들에게 합하지 않아도 남들을 허물하지 않으며, 아래로 쉬운 것부터 배워 위로 높은 경지에 도달하고자 하니, 나를 알아줄 이는 하늘일 것이다."라고 하였다.[73] 여기서 하학(下學)은 일상의 인사를 배우는 것이고, 상달(上達)은 형이상학적인 천리(天理)에 도달하는 것을 의미한다. 이 말의 깊은 뜻은 '나를 알아줄 이는 하늘일 것이다.[知我者 其天乎]'라는 말에 있으니, 하늘과 하나가 되기를 희망하는 공자의 이상이 담겨 있다.

공자는 어려서부터 부단히 옛날의 문물을 배우고 집성하기를 게을리 하지 않았고, 중년에는 자신의 도를 세상에 펴고자 했다. 그래서 공자는 "만약 나를 등용하는 자가 있다면 1년만이라도 가능할 것이지만, 3년이 되면 공을 이룩함이 있을 것이다."[74]라고 자신하기도 하였다.

그러나 현실세계에서는 아무도 그런 그의 꿈을 받아들이지 않았다. 그래서 공자는 때로 탄식하기도 하고, 때로 다른 곳에 가서 자신의 꿈을 펼쳐보려는 마음을 먹기도 하였다. 예컨대 "도가 행해지지 않으니, 뗏목을 타고 바다에 떠서 다른 나라로 가고자 한다."[75]라고 탄식하거나, '구이(九夷)에 가서 살고 싶다'[76]고까지 하였다.

---

73 『論語』「憲問」, "子曰 莫我知也夫 子貢曰 何爲其莫知子也 子曰 不怨天 不尤人 下學而上達 知我者 其天乎"

74 『論語』「子路」, "子曰 苟有用我者 期月而已 可也 三年有成"

75 『論語』「公冶長」, "子曰 道不行 乘桴浮於海"

공자는 젊어서부터 주공의 도를 세상에 펴는 데 뜻을 두고 간절히 고심하여 꿈속에 주공이 자주 보였다고 한다. 그런데 늙어서 자신의 꿈을 펼 수 없게 되자, "심하구나! 나의 노쇠함이여. 오래되었구나! 나는 다시 꿈속에서 주공을 보지 못하였다."[77]라고 탄식하기도 하였다.

공자는 대체로 50세부터 55세까지 약 5년 동안 노나라에서 벼슬살이를 하였다. 그리고 55세부터 제자들과 천하를 주유하다가, 68세 때 노나라로 돌아가 약 5년 동안 육경을 편찬하고 세상을 떠났다.

공자는 천하주유를 하면서 자신의 도를 펼 수 없다는 것을 실감하고서 "돌아가야겠구나! 돌아가야겠구나! 우리 고을의 젊은이들이 광간(狂簡)하여 문채 나게 문장을 이룩하였으나 그것을 재단할 줄은 모르는구나."[78]라고 하여, 고향으로 돌아가 제자들을 가르쳐서 자신의 이상을 세상에 전하고자 하였다. 만년에 육경을 편찬한 것도 자신이 이룩하지 못한 꿈을 책에 담아 훗날 누군가가 이루어주기를 희망한 것이다.

4) 공자에 대한 타인의 인물평

공자와 동시대를 살았던 사람들 중에 공자의 진면목을 알아본 사람도 있고, 공자의 일면만을 본 사람도 있고, 공자를 비방한 사람도 있다.

의(儀) 땅의 봉인(封人)은 미관말직에 덕을 숨기고 살던 현자인 듯한데, 공자를 만나 본 뒤 공자의 제자들에게 "여러분들은 공자가 벼슬을 잃은 것을 어찌 근심하십니까? 천하에 도가 없어진 지 오래되었습니

---

76 『論語』「子罕」. "子欲居九夷"
77 『論語』「述而」. "子曰 甚矣 吾衰也 久矣 吾不復夢見周公"
78 『論語』「公冶長」. "子曰 歸與歸與 吾黨之小子狂簡 斐然成章 不知所以裁之"

다. 하늘이 장차 선생을 목탁(木鐸)으로 삼으시려는 것입니다."[79]라고
하였다. 목탁은 정치교화를 시행할 적에 주민들을 불러 모으기 위해
흔들던 요령과 같은 도구이다. 봉인이 공자를 목탁에 비유한 것은, 공
자가 벼슬을 잃은 것은 공자의 가르침을 세상에 널리 전파하기 위한
하늘의 뜻이라는 것이다. 이처럼 공자를 알아보고 천하주유의 의미를
도를 전파하기 위한 것으로 본 인물도 있다.

반면 공자의 일면만을 보고서 자신의 견해대로 품평한 사람도 있다.
달항당(達巷黨)의 어떤 사람은 '널리 배웠지만 한 가지 기예로 명성을
이룩한 것이 없다.'고 하였으며[80], 태재 벼슬을 하던 어떤 사람은 재능
이 많은 사람을 성자(聖者)로 보는 관점에서 공자를 평하였다.[81] 이러한
사람들은 공자의 진면목을 온전히 알지 못한 사람이다.

또 앞에서 살펴보았듯이, 숙손무숙(叔孫武叔)·진자금(陳子禽) 같은
사람들은 공자를 비방하기를 서슴지 않았고, 지혜로운 자공을 공자보다
낫다고까지 하였다. 이러한 사람들 외에 초야에 숨어살던 은자 가운데
서도 공자와 시대정신이 달라 공자를 비아냥거리거나 풍자한 사람들이
있다. 예컨대 미생묘(微生畝), 석문(石門)의 새벽문지기, 하궤자(荷蕢者),
초나라 광자(狂者) 접여(接與), 장저(長沮)와 걸익(桀溺), 하조장인(荷蓧
丈人) 등이 그런 사람들이다.

미생묘는 공자를 분주히 돌아다니며 말재주를 뽐내 남을 설득시키려
는 사람으로 보았고[82], 석문의 새벽문지기[晨門]는 공자를 어찌 할 수

---

79 『論語』「八佾」. "二三子 何患於喪乎 天下之無道也 久矣 天將以夫子爲木鐸"
80 『論語』「子罕」. "達巷黨人曰 大哉 孔子 博學而無所成名"
81 『論語』「子罕」. "大宰問於子貢曰 夫子 聖者與 何其多能也"
82 『論語』「憲問」. "微生畝謂孔子曰 丘 何爲是栖栖者與 無乃爲佞乎"

없는 세상임을 알면서도 세상을 구제하려고 하는 사람으로 보았으며[83], 하궤자는 공자가 치는 경쇠[磬] 소리를 듣고서 자신을 알아주지 않으면 그쳐야 하는데 그렇게 하지 못하는 인물로 공자를 평하였다.[84]

또 초나라 광자 접여는 "봉황이여, 봉황이여, 어찌 덕이 쇠했는가. 지난 일은 간할 수 없지만 다가올 일은 추향할 수 있으니, 그만둘지어다. 그만둘지어다. 오늘날 정치에 종사하는 것은 위태롭다."라는 노래를 부르며 공자의 앞의 지나갔고[85], 장저는 길을 잃고서 나루를 묻는 자로에게 공자는 나루를 알 것이라고 하며 가르쳐주지 않았고, 걸익은 자로에게 어찌 피세지사(避世之士)를 따르지 않고 공자 같은 피인지사(避人之士)를 따르느냐고 힐책하기도 하였다.[86] 그리고 하조장인은 자로에게 '사지를 부지런히 움직이지 않고 오곡을 분별하지 못하는 사람을 어찌 선생이라 하느냐'고 질책하였다.[87]

진자금(陳子禽)도 단목사(端木賜)에게 "중니가 어찌 그대보다 낫겠는가?"라고 하자, 단목사는 말을 조심해야 한다고 하면서 공자에 미치지 못함은 마치 하늘에 사다리를 놓아 오를 수 없는 것과 같다고 하였다.[88]

---

83 『論語』「憲問」, "子路宿於石門 晨門曰 奚自 子路曰 自孔氏 曰 是知其不可而爲之者與"
84 『論語』「憲問」, "子擊磬於衛 有荷蕢而過孔氏之門者曰 有心哉 擊磬乎 旣而曰 鄙哉 硜硜乎 莫己知也 斯已而已矣 深則厲 淺則揭"
85 『論語』「微子」, "楚狂接輿歌而過孔子曰 鳳兮鳳兮 何德之衰 往者不可諫 來者猶可追 已而已而 今之從政者殆而"
86 『論語』「微子」, "長沮桀溺耦而耕 孔子過之 使子路問津焉 長沮曰 夫執輿者 爲誰 子路曰 爲孔丘 曰 是魯孔丘與 曰 是也 曰 是知津矣 問於桀溺 桀溺曰 子爲誰 曰 爲仲由 曰 是魯孔丘之徒與 對曰 然 曰 滔滔者天下皆是也 而誰以易之 且而與其從辟人之士也 豈若從辟世之士哉"
87 『論語』「微子」, "子路從而後 遇丈人以杖荷蓧 子路問曰 子見夫子乎 丈人曰 四體不勤 五穀不分 孰爲夫子"
88 『論語』「子張」 제25장 참조.

11. 『논어』의 공자 문인

　공자의 제자를 기록한 것으로는 사마천의 『사기』의 「중니제자열전 (仲尼弟子列傳)」과 『공자가어』의 「제자해(弟子解)」와 문옹(文翁)의 『제 자도(弟子圖)』가 있다. 『논어』에 등장하는 공자의 제자는 27인뿐이다. 『사기』와 『공자가어』에 기록된 제자는 모두 77인인데, 서로 다른 인물 이 금장(琴張)·진강(陳亢)·현단(縣亶) 3인이다. 『제자도』에는 72인이 수록되어 있는데, 신정(申棖)·임방(林放)·신당(申堂)·거백옥(蘧伯玉) 4 인은 『사기』와 『공자가어』에 없는 인물이다.

　금장(琴張)은 『맹자』에 보이는데, 『논어』 「자한」에 보이는 뢰(牢)를 금장으로 보는 설도 있다. 진강(陳亢)은 『논어』에 세 번 등장하는데, 공자의 제자가 아니고 자공이나 백어(伯魚)보다 후배로 보는 견해가 있 다. 현단(縣亶)은 고찰할 만한 자료가 없고, 신정(申棖)은 『논어』에 보 이는데 공자의 제자인 듯하다. 임방(林放)은 『논어』에 보이는데 공자의 제자인지 아닌지를 고찰할 만한 근거가 없다. 신당(申堂)은 신정(申棖) 으로 보는 설이 있다. 거백옥(蘧伯玉)은 공자보다 나이가 많은 위(衛)나 라 대부로 공자의 제자는 아닌 듯하다.

　『사기』에 수록된 제자 중 『논어』에 보이는 인물은 27인인데, 그중에 확실히 알 수 있는 제자는 21인뿐이다. 안로(顔路)·공야장(公冶長)·담 대멸명(澹臺滅明)·남용(南容)·무마기(巫馬期)·공백료(公伯寮) 등은 공 자의 제자라고 하기에 의문점이 많다. 『논어』에 등장하는 주요 제자의 인물 간개는 다음과 같다.

• **안회(顔回)** : 자는 자연(子淵)이며 노나라 사람이다. 복성공(復聖公)으로 추봉되었고, 대성전(大成殿) 사배(四配)의 첫째 자리에 위차(位次)되어 있다. 안회는 집안에 식량이 자주 떨어질 정도로 가난하였으며, 밥 한 그릇과 국한 그릇으로 누항(陋巷)에 살았다. 그러나 그는 경제적인 이유 때문에 자신이 추구하는 구도(求道)의 즐거움을 변치 않았다. 그래서 공자로부터 어질다는 칭찬을 받았다.

안회는 공자로부터 호학자로 인정을 받았는데, 공자는 노 애공에게 그의 학문에 대해 '노여움을 남에게 옮기지 않고, 허물을 두 번씩 되풀이하지 않았다.[不遷怒 不貳過]'고 하였다. 이는 바로 안회가 수기(修己)의 학문에 힘을 쏟아 실천을 잘하였음을 말한 것이다. 공자는 안회에게 인(仁)을 행하는 방법으로 극기복례(克己復禮)를 일러주며 '예가 아니면 보지 말고, 예가 아니면 듣지 말고, 예가 아니면 말하지 말고, 예가 아니면 행동하지 말라.[非禮勿視 非禮勿聽 非禮勿言 非禮勿動]'는 사물(四勿)을 구체적인 실천조목으로 말해주었다. 안회는 이 극기복례를 학문의 본령으로 삼아 자신을 닦아 '석 달 동안 인에서 한 번도 벗어나지 않는[三月不違仁]' 경지에 이르렀다.

그래서 공자는 안회를 자신을 도와주는 사람이 아니라고 하였으며, '등용하면 도를 행하고 버려지면 도를 간직할 사람은 나와 너 두 사람뿐이다.'라고 하였다. 그리고 안회가 불행이 단명하여 일찍 세상을 떠나자, 공자는 '하늘이 나를 죽이시는구나.'라고 탄식하였고, '내가 이 사람을 위해 통곡하지 않고 누구를 위해 통곡하겠는가.'라고 하며 애통함을 숨기지 않았다.

공자의 도를 전해 받은 증삼(曾參)은 안회에 대해 '능함으로 불능한 이에게 묻고, 많은 지식으로 지식이 적은 사람에게 묻고, 있으면서도 없는 듯이 하고, 꽉 찼으면서도 텅 빈 듯이 하며, 남이 침범해도 그와 다투지 않는 일에 종사하였다'고 평하였다.

• **증삼(曾參)** : 자는 자여(子輿)며, 노나라 사람이다. 종성공(宗聖公)으로 추봉되었고, 대성전 사배(四配) 중 두 번째에 위차 되어 있다. 『논어』에 '증자(曾子)'로 표기되어, 그의 문인들이 주도적으로 『논어』를 편찬한 것으로 보는 설이 있다. 증삼은 자질이 노둔하였지만 꾸준히 차근차근 공부하여 공자의 도를 전해 받은 인물이다. 그는 '남을 위해 일을 도모하면서 충성스럽게 하지 않았는가?', '벗과 사귀면서 신의 있게 하지 않았는가?', '전수받은 것을 익히지 않았는가?'라는 세 가지를 매일 반성하였으니, 충신(忠信)으로 부지런히 자신을 향상시킨 인물임을 알 수 있다.

증삼은 사(士)는 인(仁)을 자신의 임무로 삼기 때문에 임무가 무겁고, 죽고 나서야 끝나기 때문에 갈 길이 멀다는 임중도원(任重道遠)을 말하였으니, 그의 정신지향을 엿볼 수 있게 한다. 그는 '군자는 문(文)으로 벗을 모으고, 벗으로 자신의 인(仁)을 북돋운다.'고 하였으며, '어린 고아를 부탁할 수 있고, 1백리의 명을 맡길 수 있으며, 대절(大節)에 임해 지조를 빼앗을 수 없는 사람이 군자이다.'라고 하여, 군자의 의미를 정립하는 데 일조하였다.

증삼은 공자 말년에 공자를 모시고 지내며 그 도를 전해 받은 인물인데, 아래 인용문은 이를 입증하는 유명한 일화이다.

　　공자가 말씀하기를 "증삼아, 나의 도는 마음을 전일하게 하여 그것들을 관통하느니라."라고 하니, 증자가 답하기를 "예, 알겠습니다."라고 하였다. 공자가 밖으로 나가신 뒤, 자리에 함께 있던 문인들이 증자에게 묻기를 "선생이 무슨 말씀을 하신 것인가?"라고 하자, 증자가 말하기를

"선생의 도는 충(忠)·서(恕)일 따름이다."라고 하였다.[89]

이 짧막한 대화가 후대 '오도일이관지(吾道一以貫之)'로 회자된 장본
인데, 마치 선문답처럼 갈피를 잡기가 쉽지 않다. 여기서 '일이관지(一
以貫之)'의 '일(一)'과 '지(之)'가 무엇을 의미하는지를 찾아내야 하는데,
증삼은 이를 말하지 않고 '선생의 도는 충·서일 뿐이다.'라고 하였다.
그렇다면 '일이관지'와 '충·서'는 어떤 연관성을 갖는 것일까? 이것을
찾아야 이 장을 이해할 수 있다. 이는 당시 그 자리에 있던 공자 문하의
제자들도 어리둥절해 한 말이니, 후학들이 그 본지를 찾기는 더욱 어려
울 수밖에 없다. 현대 학자들도 이에 대해 깊은 사색을 하지 못해 피상
적으로 읽고 지나칠 따름이다. 이 짧은 한 마디 말 속에서 그 의미를
찾아내야 공자와 증삼의 정신지향을 엿볼 수 있다.

송나라 때 주희는 '일(一)'을 일본(一本)으로, '지(之)'를 만수(萬殊)로
보고서, 천지가 지성무식(至誠無息)하여 만물이 각각 제자리를 얻은 것
으로 풀이하였다. 그리고 증삼이 이를 말로 설명하기 어렵기 때문에
충(忠)·서(恕)를 차용해 그 의미를 드러내 밝혀 사람들이 알기 쉽게 한
것이라고 풀이하였다. '지성무식(至誠無息)'은 『중용』에 보이는데 이는
우주의 근본으로 일본(一本)이라 명명한 도의 본체이고, '만물이 각각
제자리를 얻는 것'은 도의 작용이다. 이는 리일(理一)·분수(分殊)의 관
점에서 말한 것으로, 근원에 초점을 맞춘 시각과 개체에 초점을 맞춘
시각을 아우르는 관점이다. 즉 일이관지는 근본을 바탕으로 하는 관점

89 『論語』「里仁」. "子曰 參乎 吾道一以貫之 曾子曰 唯 子出 門人問曰 何謂也 曾子曰
夫子之道 忠恕而已矣"

에서 개체의 작용을 파악하는 것이라는 말이다.

증삼이 말한 충(忠)·서(恕)는 인심(人心)에 나아가 체·용을 설명한 것으로 충(忠)은 진실무망(眞實无妄)의 본체이고, 서(恕)는 그런 마음으로 남을 헤아리고 배려하는 작용이다. 『중용』에 중(中)을 천하의 대본(大本)이라 하고 화(和)를 천하의 달도(達道)라고 한 것과 같다.

증삼은 이런 점을 명확히 알았던 듯하다. 그래서 『대학』의 전문(傳文)을 구술(口述)한 증삼은 『대학장구』전 제9장에서 '자신에게 간직된 것이 서(恕)가 아니면서 능히 남을 깨우쳐주는 자는 없다.'고 하였고, 전 제10장에서는 '혈구지도(絜矩之道)'를 평천하(平天下)의 요지로 내세우며 그 구체적인 내용을 거론하였다.

증삼은 죽음에 임박하여 계손씨가 준 대자리가 사(士)의 신분에 맞지 않는다고 하여 아들을 시켜 다른 자리로 바꾸어 깔고 누워 운명하였다고 하는데, 이를 역책(易簀)이라 한다. 그리고 임종하기 직전에 제자들에게 남긴 다음과 같은 말은 그의 정신지향이 어떠했는지를 짐작하게 한다.

> 증자가 병이 위중하여 문하 제자들을 불러놓고 말씀하기를 "나의 발을 열어보고 나의 손을 열어보아라. 『시경』의 시에 '전전긍긍하여 깊은 연못 가에 임한 듯이 조심하며, 얇은 얼음을 밟는 듯이 조심하라'고 하였으니, 지금 이후에야 나는 잘못을 면한 줄 알겠구나. 애들아."라고 하였다.[90]

신체발부는 부모에게 받은 것인지라 이를 상하게 하는 것은 불효라

---

90 『論語』「泰伯」. "曾子有疾 召門弟子曰 啓予足 啓予手 詩云 戰戰兢兢 如臨深淵 如履薄氷 而今而後 吾知免夫 小子"

고 여기는 것이 유교의 일반적인 인식이다. 그런데 이를 더 유추하면, 신체뿐만 아니라 본성까지 아울러 언급한 것을 알 수 있다. 『중용』 첫머리에 "하늘이 명한 것을 성(性)이라 한다.[天命之謂性]"고 하였으니, 마음속의 본성은 하늘이 부여한 것이고, 신체는 부모에게서 받은 것이다. 그러니 이 신체와 본성을 해치지 않고 살다가 온전히 하여 죽게 되었으니 다행이라는 말이다.

증삼이 비록 자신의 손과 발을 열어보라고 하고, 온전히 보전되었으니 이제는 마음을 편히 하고 죽을 수 있게 되었다는 말을 하였지만, 그 속에는 지금껏 전전긍긍하며 하늘을 거역하지나 않을까 걱정하며 살았다는 말이 숨어 있다. 군자의 죽음을 종(終) 또는 졸(卒)이라 하는데, 이는 하늘이 부여한 명(命)을 잘 완수하여 끝마쳤다는 의미이니, 증삼은 군자의 죽음을 몸으로 보여준 인물이라 하겠다.

• 민손(閔損) : 자는 자건(子騫)이며, 노나라 사람이다. 공자는 민손의 효를 칭찬하면서 사람들이 그의 부모·형제의 말에 이의를 제기하지 않는다고 하였다. 민손은 일찍 모친을 여의고 계모 슬하에서 자랐는데, 학대를 받았던 듯하다. 그러나 부모의 명을 거스르지 않고 효도를 다하여 감화시킨 인물로 알려져 있으며, 증자와 함께 효도로 이름이 난 인물이다.

노나라 대부 계손씨가 민손을 비(費) 땅의 수령으로 삼았는데, 민손은 '다시 나를 부르러오면 나는 국경에 있는 문수(汶水) 가로 가 있을 것이다.'라고 하여, 벼슬을 사양하였다. 또 그는 노나라 조정에서 창고를 새로 지으려 하자 '옛것을 고쳐 쓰면 되는데 어찌 굳이 새로 고쳐 짓는단 말인가.'라고 하여, 공자로부터 칭찬을 받았다.

• 염경(冉耕) : 자는 백우(伯牛)이며, 노나라 사람이다. 안회·민손·

염옹(冉雍)과 함께 덕행으로 이름이 난 인물이다. 『논어』에는 염경이 중병에 걸려 공자가 문병을 하면서 "이 사람은 이런 병이 없어야 할 사람인데 이런 병에 걸리다니 명이로구나. 이런 사람인데 이런 병에 걸리다니. 이런 사람인데 이런 병에 걸리다니."라고 탄식한 1장만이 있을 뿐이다. 『사기』에는 염경이 악질이 있었다고 하였는데, 『논어』를 해석하는 사람들은 그 악질이 바로 나병(癩病; 한센병)이라고 하였다.

• **염옹(冉雍)** : 자는 중궁(仲弓)이며, 노나라 사람이다. 안회·민손·염경과 함께 덕행으로 이름이 난 인물이다. 염옹의 아버지는 신분이 천하고 행실이 좋지 않았는데, 공자는 '얼룩소의 새끼가 털이 붉고 뿔이 나면 희생으로 쓰지 않으려 하더라도 산천의 신이 내버려두겠는가.'라고 하여 세상에 크게 쓰일 것이라고 격려하였다. 염옹은 공자로부터 임금노릇을 할 만한 인물로 평가받았다. 공자가 자상백도(子桑伯子)도 임금노릇을 할 만한 인물인데 그 이유는 간결하기 때문이라고 하자, 염옹은 마음을 경(敬)에 두고 간결함을 행해야 할 것이라고 하여, 공자로부터 인정을 받았다. 염옹이 인(仁)을 묻자, 공자는 그에게 '문 밖으로 나가서는 큰 손님을 만난 듯이 하며, 백성을 부릴 적에는 큰 제사를 받드는 듯이 하고, 자기가 원하지 않는 것을 남에게 베풀지 말아야 한다.'고 답하여 인을 실천하는 방법을 일러주었다.

• **단목사(端木賜)** : 자는 자공(子貢)이며, 위(衛)나라 사람이다. 단목(端木)이 성이고, 사(賜)가 이름이다. 단목사는 지혜가 출중하고 재물을 잘 불렸으며, 억측을 해도 자주 적중하였다. 그는 인물을 비교해 품평하기를 좋아하다가 공자로부터 '나는 그럴 겨를이 없다.'고 핀잔을 받기도 하였다. 그는 '전손사(顓孫師)와 복상(卜商) 중에 누가 더 어집니까?'라고 질문을 했다가, 공자로부터 전손사는 과하고 복상은 불급(不

及)한데, 과는 불급과 같다는 말을 들었다.

또 공자로부터 '너는 안회와 비교해 누가 더 낫다고 생각하는가?'라는 질문을 받고, 자신은 하나를 들으면 둘을 알지만 안회는 하나를 들으면 열을 아니, 자신이 그만 못하다고 하였다. 또 공자가 공야장(公冶長)과 복부제(宓不齊)를 칭찬하자, 자신은 어떠하냐고 질문을 했다가 '너는 그릇[器]이다.'라는 말을 듣고서, 다시 '어떤 그릇입니까?'라고 물어, '너는 호련(瑚璉)이다.'라는 말을 듣기도 하였다.

공자는 '군자불기(君子不器)'라고 하여 한 가지 기예를 갖춘 사람보다는 덕을 갖추어 두루 쓰일 수 있는 군자가 되라고 가르쳤는데, 자공에게는 '너는 그릇이다.'라는 혹평을 하였다. 그러나 그는 물러서지 않고 재차 질문하여 그릇 중에서는 가장 보배로운 호련으로 인정을 받았는데, 이는 그릇 중에 가장 뛰어나니 이제는 그릇의 한계를 벗어나 불기(不器)에 이른 군자가 되라는 가르침으로 볼 수 있다.

단목사가 군자에 대해 묻자, 공자가 '그 말보다 먼저 행동하고 그런 뒤에 말이 행동을 따라야 한다.'고 하였으니, 단목사는 총명한 자질로 지혜로웠지만 역행(力行)이 부족하였던 듯하다. 이러한 점은 공자가 '인자는 자기가 어느 자리에 서고 싶을 때 남을 세워주고, 자기가 어디에 도달하고 싶을 때 남을 도달하게 해준다. 능히 자신 가까운 일상에서 어떤 일을 취해 비유해 보면, 인을 행하는 방법이라 할 수 있다.'고 일러주고, 종신토록 행할 만한 한 마디 말을 묻자 '그것은 바로 서(恕)이다. 자기가 하고 싶지 않은 것을 남에게 베풀지 마는 것이다.'라고 답한 것에서 유추해 볼 수 있다.

당시 사람들 중에 공자보다 단목사가 더 낫다고 하는 사람들이 있었다. 그러자 단목사는 담장에 비유하여 자신의 담장은 어깨 높이라서 그 안을 들여다 볼 수 있지만, 공자의 담장은 몇 길이나 되어 그 안에 들어가 보지 못하면 그 안의 아름다운 것을 알지 못한다고 하였다. 또 다른 사람은 구릉과 같아 오를 수 있지만 공자는 일월과 같아 오를 수 없다고 하였으며, 또 공자의 경지에 미칠 수 없는 것은 하늘에 사다리를 놓아 오를 수 없는 것과 같다고 하였다.

단목사는 공자가 돌아가시자 다른 제자들과 함께 심상(心喪) 삼년상을 치렀는데, 삼년상을 마친 뒤 또 삼년을 더 공자의 묘 옆에 여막을 짓고 살다가 떠났다고 한다. 지금도 중국 산동성 곡부 공묘(孔廟)에 가 보면 단목사가 여묘살이를 하던 유지(遺址)가 남아 있다.

• **유약(有若)** : 자는 자유(子有)이며, 노나라 사람이다. 『논어』에서는 '유자(有子)'로 칭하고 있어 그의 제자들이 『논어』를 편찬하는 데 증삼의 제자들과 함께 주도적 역할을 하였음을 짐작할 수 있다. 그러나 제12편인 「안연」에는 '유약(有若)'이라고 성명을 그대로 쓰고 있어, 『논어』의 후십편이 나중에 만들어진 것임을 추정하게 한다. 유약의 말은 「학이」에 3장, 「안연」에 1장이 보인다. 유약은 효제(孝弟)에 대해 언급하면서 '인을 행하는 근본'이라 하였고, '예의 쓰임은 화(和)가 귀하다'고 하였으며, 노 애공에게는 10분의 1의 세금만 받으라고 권하면서 '백성이 풍족하면 임금이 누구와 더불어 부족하겠습니까.'라고 하였다. 이를 보면 유약의 정신지향을 짐작할 수 있다.

• **원헌(原憲)** : 자는 자사(子思)이며, 노나라 사람이다. 원헌에 관한 기록은 『논어』에 세 군데 보인다. 원헌은 공자가 노나라 사구(司寇) 벼슬을 할 적에 가신(家臣)을 한 것으로 추정된다. 원헌이 공자에게 치(恥)를 묻자, 공자는 '나라에 도가 있을 적에도 녹을 받고, 나라에 도가 없을 적에도 녹을 받는 것이 수치이다.'라고 하였다. 또 원헌이 '남을 이기고

자랑하고 원망하고 탐욕스러움을 행하지 않으면 인(仁)이라 할 수 있습
니까?'라고 묻자, 공자는 그런 일이 어렵기는 하지만 인은 아니라고
하였다. 원헌은 집안이 곤궁하였지만 도를 배워 실천하기를 힘쓴 인물
인 듯하다.

• **복부제(宓不齊)** : 자는 자천(子賤)이며, 노나라 사람이다. 복부제
에 관한 기록은 『논어』에 한 곳에 보인다. 공자는 복부제를 평하면서
군자라 하였고, '노나라에 군자가 없다면 이 사람이 어디에서 이런 덕
을 취했겠는가.'라고 하였다. 『설원』에는 복부제가 단보(單父)의 수령
이 되었을 적에 부친처럼 섬기는 사람이 3인, 형으로 섬기는 사람이
5인, 벗하는 사람이 11인이었다고 하였다. 이를 보면 인자를 친애하고
벗을 통해 덕을 성취하려 한 인물임을 짐작할 수 있다.

• **언언(言偃)** : 자는 자유(子游)이며, 노나라 사람이다. 『사기』에는
오(吳)나라 사람이라고 하였다. 언언은 무성(武城)의 수령을 지냈는데,
그곳에서 담대멸명(澹臺滅明)이라는 어진 사람을 얻었다. 담대멸명은
지름길로 다니지 않고, 공적인 일이 아니면 수령의 집무실에 찾아가지
않는 곧고 바른 사람이었다. 또 언언이 무성의 수령으로 있을 적에 공
자가 찾아갔는데, 젊은이들을 잘 교육시켜 현가지성(絃歌之聲)이 들렸
다. 공자가 언언에게 "닭을 잡는 데 어찌 소 잡는 칼을 쓰는가?"라고
하자, 언언이 "저는 전에 선생에게 '군자가 도를 배우면 남을 사랑하고,
소인이 도를 배우면 부리기 쉽다'는 말씀을 들었습니다."라고 하니, 공
자가 제자들에게 언언의 말이 옳다고 하였다.

언언은 자하(子夏:卜商)와 함께 문학으로 이름이 난 사람인데, 예에
도 밝았던 인물인 듯하다. 『예기』「예운(禮運)」은 언언의 기록이라고
보는 설이 이를 입증한다. 또한 언언은 지방의 자제들을 잘 교육시킨

교육자로서도 유능한 인물이라고 하겠다. 『논어』에는 언언에 관한 기록이 모두 8장에 보인다.

• **복상(卜商)** : 자는 자하(子夏)이며, 위(衛)나라 사람으로 위 문후(魏文侯)의 스승이다. 복상은 공자로부터 '나를 일으켜주는 사람은 복상이로구나. 비로소 너와는 시를 말할 수 있겠구나.'라는 칭찬을 받은 인물로, 자유와 함께 문학으로 이름이 났다. 『논어』의 기록만으로 보면 복상은 시를 잘 해석하고 문학에 뛰어난 인물로만 보이는데, 실제로 그는 공자가 편찬한 육경을 후세에 전한 인물이다. 『사기』에 의하면 복상은 서하교수(西河敎授)로 있었고, 전한 때 육경을 전한 사람들이 복상에게 연원을 두고 있다. 또 『예기』 「단궁(檀弓)」의 기록에 의하면 노년에 자식을 잃고 애통해 하다가 실명하였다고 한다.

복상이 거보(莒父)의 수령을 지낼 적에 공자에게 정사를 묻자, 공자는 그에게 '속성하려 하지 말고, 작은 이익을 보지 말라.'고 하였다. 또 공자는 복상에게 '군자유(君子儒)가 되고, 소인유(小人儒)가 되지 말라.'고 하였으니, 재주는 있으나 덕이 부족했던 듯하다. 그러나 복상은 공자의 문하에서 수학하여 이러한 단점을 극복해 '소도(小道)라도 볼만한 점이 있지만, 멀리 가는 데는 걸림이 있기 때문에 군자는 그것을 하지 않는다.'라고 하였다. 복상이 한 말을 보면 군자의 도덕에 관한 내용이 상당히 많다.

『논어』에 복상에 관한 기록은 19곳에 보이는데, 공자에게 질문한 것은 시와 효를 물은 것뿐이다. 그 나머지는 모두 자하의 말을 기록해 놓은 것이다. 복상이 효를 묻자, 공자는 그에게 '안색을 온화하게 하기가 어렵다'는 점을 말하였으니, 이런 점이 그의 단점이었던 듯하다.

복상의 말 가운데 주목할 만한 몇 장을 소개하면 다음과 같다.

- 현자를 어질게 여기되 여색을 좋아하는 마음처럼 하며, 부모를 섬기되 능히 자기의 힘을 다하며, 임금을 섬기되 능히 자기 몸을 바치며, 벗과 교유하되 말을 하여 신의가 있으면 비록 배우지 않았더라도 나는 반드시 배웠다고 말할 것이다.[子夏曰 賢賢易色 事父母 能竭其力 事君 能致其身 與朋友交 言而有信 雖曰未學 吾必謂之學矣](學而)
- 날마다 모르는 것을 알고, 달마다 능하지 못한 것을 잊지 않으면 학문을 좋아하는 사람이라고 말할 수 있다.[子夏曰 日知其所亡 月無忘其所能 可謂好學也已矣](子張)
- 널리 배우고 의지를 돈독히 하며, 절실히 묻고 가까이서 사유하면 인이 그런 가운데 있을 것이다.[子夏曰 博學而篤志 切問而近思 仁在其中矣](子張)
- 공인들은 공장에 있으면서 자기 일을 완성하고, 군자는 배워서 그 도를 이룩한다.[子夏曰 百工居肆 以成其事 君子學 以致其道](子張)

이러한 기록을 종합해 보면, 복상은 안회의 호학에는 미치지 못할지라도 학문을 좋아하여 부지런히 그 도를 추구한 인물이라고 하겠다.

• **중유(仲由)** : 자는 자로(子路)이며, 노나라 변읍(卞邑) 출신이다. 위(衛)나라 출신이라는 설도 있다. 노나라와 위(衛)나라에서 벼슬하였다. 중유는 공자보다 9세 연하로 공자 문하에서 나이가 많은 제자 중 한 사람이다. 중유의 성격은 매우 직설적이며, 용기를 좋아하여 허물이 있으면 즉석에서 고치고자 하였으며, 한 나라의 군수물자를 다스릴 만한 정치적 수완이 있었다. 『논어』에 중유에 관한 기사는 39곳에 보인다.

중유는 공자로부터 속되다[喭]는 평을 들었고, 그의 비파소리가 비루하고 살벌하자 '어찌 나의 문에서 비파를 타는가.'라는 꾸지람을 들었고, 공자가 위(衛)나라에서 정치를 한다면 명분부터 바로잡겠다고 하자 우활하다고 직언을 하였다가 '비루하구나, 자로여. 군자는 자기가 모르는 것에 대해 말하지 않는 법이다.'라고 핀잔을 듣기도 하였다. 또

'인민도 있고 사직도 있으니 어찌 굳이 독서한 뒤에야 학문을 한다고 할 수 있겠습니까?'라고 하였다가, 공자로부터 '그러므로 나는 말 잘하는 자를 미워한다.'는 핀잔을 받기도 하였다. 그러나 공자가 병들었을 적에 기도를 하였고, 가신 노릇을 하기도 하였다.

중유는 실천에 용감하여 좋은 말을 듣고서 능히 실행할 수 없는 상태에서 또 좋은 말을 들을까 두려워하였다. 그래서 '좋은 말을 들으면 바로 실행해야 합니까?'라고 묻자, 공자가 '부형이 살아 계시니 어찌 바로 실행할 수 있겠는가.'라고 하였다. 또 공자에게 '선생께서 삼군(三軍)을 출동시키신다면 누구와 함께 하시겠습니까?'라고 물었다가, '맨손으로 호랑이를 때려잡고 맨몸으로 하수를 헤엄쳐 건너 죽어도 후회가 없는 자와는 함께 하지 않을 것이다.'라고 하였으며, '중유는 용기를 좋아함이 나보다 나으나 재단을 취하는 바가 없다.'고 하였다. 또 '군자는 용기를 숭상합니까?'라고 묻자, 공자는 '군자는 의(義)를 으뜸으로 삼으니, 군자가 용기만 있고 의가 없으면 난을 일으키고, 소인이 용기만 있고 의가 없으면 도둑질을 한다.'고 경계시켰다.

중유는 직설적인 성격이어서 공자에게도 불쾌한 기색을 숨기지 않았으며, 공자의 말에 대해 노골적으로 '우활하다'고까지 하였다. 노나라 공산불요(公山弗擾)가 비(費) 땅을 근거로 배반하여 공자를 초빙하자 공자가 그에게 가려고 하였다. 그러자 중유는 기뻐하지 않으면서 '하필 공산씨에게 가려고 하십니까.'라고 하였으며, 필힐(佛肸)이 중모(中牟) 땅을 근거로 배반하여 공자를 부르자 공자가 가려고 하니 중유가 '선생께서 가려고 하는 것은 어째서입니까?'라고 따져 묻기도 하였다.

또 위(衛)나라에 있을 적에 음란하다고 소문이 난 위 영공의 부인 남자(南子)를 공자가 만나자 중유가 기뻐하지 않았다. 그러자 공자는

그에게 '내가 만약 부정한 짓을 한다면 하늘이 그것을 싫어하실 것이다.'
라고 맹서를 하기도 하였다. 그리고 천하주유를 하다가 진(陳)나라에서
식량이 떨어져 종자들이 병이 들어 일어나질 못하자, 자로가 노여운
기색으로 공자에게 '군자도 곤궁함이 있습니까?'라고 따지기도 하였다.

중유는 이처럼 직설적이고 허물을 고치는 데 용감하고 용기를 숭상하
여 마치 무인의 기질을 가진 사람처럼 보이지만, 그도 공자 문하에서
오랫동안 수학한 학자였다. 그래서 그는 '어찌 해야 사(士)라고 할 수
있습니까?'라고 물었다. 그는 또 어떤 사람이 군자인지를 물었는데, 공
자가 경(敬)으로 자신을 수양하는 사람이라고 짧게 말하자, 집요하게
질문을 이어가 '수기이안인(修己以安人)'하는 사람, '수기이안백성(修己
以安百姓)'하는 사람이라는 답을 들을 수 있었다.

중유는 공자로부터 '다 떨어진 솜 도포를 입고서 여우와 담비의 가죽
으로 만든 좋은 옷을 입은 사람과 서 있어도 부끄럽게 여기지 않을 사람'
으로 평가를 받았고, '거마(車馬)를 타고 가벼운 좋은 갖옷 입는 것을
벗과 함께 하여 낡고 헤지더라도 유감이 없을 것'이라고 자신의 지향을
드러내기도 하였다. 이는 세속적 가치로부터 벗어났음을 보여준다.

중유는 정치적 수완이 있었다. 그래서 공자는 그에 대해 '한 마디
말을 듣고 옥사를 결정할 수 있는 사람'이라 하였고, '약속을 묵히는
법이 없는 사람'이라고 하였다. 또 과단성이 있기 때문에 정치를 하는
데 문제가 없다고 하였고, 제후국에서 군대 재정을 다스릴 만한 재능이
있다고 하였다. 중유는 스스로 제후국이 대국의 사이에 끼어 있어 군사
적 위협을 받고 기근이 들었을 적에 자신이 그 나라를 다스리면 3년
만에 백성들을 용기 있게 할 수 있고 지향할 방향을 알게 할 수 있다고
자부하였다.

• **염구(冉求)** : 자가 자유(子有)이기 때문에 염유(冉有)로도 일컬었으며, 노나라 사람이다. 재예(才藝)가 있어 정사로 이름이 났으며, 노나라 계손씨 밑에서 벼슬하였다. 염구는 백성에게 세금을 거두어 계씨를 더 부유하게 하자, 공자로부터 '염구는 나의 무리가 아니니, 얘들아 북을 쳐서 그를 성토하는 것이 좋겠다.'라고 호된 꾸지람을 받았다. 또 계씨가 태산의 신에게 천자가 지내는 여(旅)제사를 지내는 것을 염구가 구제하지 못하자, '너는 태산의 신이 예의 근본을 물은 임방(林放)만 못하다고 생각하느냐'라는 질책을 받기도 하였다.

공서적이 공자의 사신이 되어 제나라로 심부름을 갈 때, 염구가 그의 어미를 위해 곡식을 주자고 청하였는데, 공자가 주라고 한 양보다 더 많이 주자, 공자로부터 '군자는 위급한 사람을 구제하지 부자에게 부를 더해주지 않는다.'라고 꾸지람을 받기도 하였다.

염구는 정치적 재능이 있어서 자신이 사방 50~60리 또는 사방 60~70리의 작은 나라를 다스리면 3년 만에 그 나라 백성들을 풍족하게 먹여 살릴 수 있다고 하였다. 그러나 예악에 대해서는 자신하지 않고 군자를 기다리겠다고 하였다.

염구는 공자를 모시고 말을 할 적에 강직했다고 하니, 자신의 소견을 분명히 말하는 사람이었던 듯하다. 그러나 그가 '좋은 말을 들으면 바로 실행해야 합니까?'라고 묻자, 공자가 '좋은 말을 들으면 바로 실행해야 한다.'고 하였으니, 실천이 부족했음을 미루어 알 수 있다. 또한 '선생의 도를 기뻐하지 않는 것은 아니지만, 저는 힘이 부족합니다.'라고 했다가, '참으로 힘이 부족한 자는 중도에 그만두니, 지금 너는 힘이 부족한 것이 아니라, 스스로 한계를 그어 하지 않는 것이다.'라고 꾸지람을 받았다. 이를 보면, 염구는 적극적인 성격이 못되었던 듯하다.

• **전손사(顓孫師)** : 자는 자장(子張)이며, 진(陳)나라 사람이다. 전손(顓孫)은 성이고, 사(師)는 이름이다. 일설에는 전손씨가 노 장공 22년(BC672)에 제나라로부터 노나라로 망명하였다고 하였으니, 공자 당시에는 노나라에 살던 사람으로 추정된다. 『논어』에 전손사에 관한 기록도 17건이나 보인다. 공자는 전손사에 대해 편벽되다[辟]고 하였으며, 전손사가 녹을 구하는 공부를 하자 언행에 허물과 후회가 없으면 녹이 저절로 있게 된다고 하였다.

전손사는 '10세 뒤를 알 수 있습니까?'라고 질문을 하여, 공자로부터 예악문물의 손익에 대한 이야기를 들었다. 또 선인의 도와 명(明)과 숭덕변혹(崇德辨惑)을 질문하여 명확한 답변을 들었다. 또 초나라 영윤 자문(子文)과 제나라 대부 최저(崔杼)의 일을 질문하면서 인에 해당하는지를 물었으나, 공자는 자문은 충(忠)에 해당하고, 최저는 청(淸)에 해당한다고 하여 인을 인정하지 않았다. 또 전손사가 사(士)의 달(達)을 묻자, 공자는 문(聞)과 달(達)을 분변하여 일러주었다.

또 전손사가 행(行)을 묻자, 공자가 "말이 충신하고 행실이 돈독하고 공경하면 비록 오랑캐 나라에 있을지라도 자신을 행할 수 있지만, 말이 충신하지 않고 행실이 돈독하고 공경하지 않으면 주(州)나 리(里)일지라도 자신을 행할 수 있겠는가? 서 있을 적에는 충신(忠信)·독경(篤敬)이 눈앞에 나타난 것을 보고, 수레를 탔을 적에는 충신·독경이 손잡이 횡목(橫木)에 있는 것을 보아야 하니 그런 뒤에야 자신을 행할 수 있다."(「위령공」)고 하니, 전손사는 그 말을 띠에다 적었다.

또 전손사가 인(仁)을 묻자, 공자가 이 세상에 다섯 가지를 능히 행하면 인이 된다고 하였다. 전손사가 그 조목을 묻자, 공자는 '공손하면 남이 업신여기지 않고, 관대하면 민중의 마음을 얻고, 신의 있으면 사람들이 일을 맡기고, 민첩하면 공을 세우고, 은혜로우면 충분히 사람들을 부릴 수 있다.'고 하였다. 전손사가 정사를 묻자, 공자는 '마음가짐에 게으름이 없으며, 충심으로 그 일을 하는 것이다.'라고 하였다.

자유(子游)는 전손사에 대해 '나의 벗 자장(子張)은 남들이 능하기 어려운 일을 하지만 아직 인하지는 못하다.'고 하였고, 증삼은 '당당하구나, 자장이여. 함께 인을 행하기가 어렵겠구나.'라고 하였다. 또 자공이 '자장과 자하 중 누가 더 낫습니까?'라고 묻자, 공자는 자장은 과하고 자하는 불급(不及)하다고 하였다.

• **재여(宰予)** : 자가 자아(子我)이기 때문에 재아(宰我)로도 불렸으며, 노나라 사람이다. 재여는 자공과 함께 언어(言語)로 이름이 났던 인물인데, 공자에게 심한 꾸지람을 받은 사람이다. 공자는 낮잠을 자는 재여를 발견하고서 "썩은 재목은 조각을 할 수 없고, 썩은 흙으로 빚은 담장은 흙손질을 할 수 없으니, 내가 재여에 대해 무엇을 나무라겠는가."[91]라는 꾸지람을 하였다. 이는 썩은 재목이나 썩은 흙으로 빚은 담장 같은 존재이기 때문에 꾸지람을 할 가치조차도 없는 사람이라는 말이니, 내친 것이나 다름없는 말이다. 공자는 또 "처음 나는 사람에 대해 그의 말을 듣고서 그의 행실을 믿었는데, 지금 나는 사람에 대해 그의 말을 듣고서 그의 행실을 관찰하게 되었으니, 재여에게서 이런 점을 바꾸었다."[92]라고 하였다. 이 말 역시 심한 질책이다.

재여는 말을 잘 했지만, 총명하지는 못했던 듯하다. 그는 삼년상을

---

91 『論語』「公冶長」. "宰予晝寢 子曰 朽木 不可雕也 糞土之牆 不可杇也 於予與 何誅"
92 『論語』「公冶長」. "子曰 始吾於人也 聽其言而信其行 今吾於人也 聽其言而觀其行 於予與 改是"

일년상으로 단축하는 것이 좋겠다고 공자에게 말했다가, '네가 편안하
게 여기면 그렇게 하라'는 질책을 두 번씩이나 들었다. 재여가 나간
뒤 공자는 그에 대해 불인하다고 하였다. 등 뒤에다 대놓고 불인하다고
하였으니, 공자의 눈밖에 벗어난 제자라 해도 과언이 아닐 것이다.

또 재여는 '인자는 어떤 사람이 우물에 사람이 빠져 있다고 말할지라
도 따라 들어가 구해야겠지요?'라고 물었다가 공자로부터 '어찌 그렇
게 하겠는가.'라는 부정적인 답변을 들었고, 노 애공이 사(社)에 심은
나무에 대한 질문에 망령되이 잘못 대답했다가 '지난 일이라 허물하지
않는다.'는 심한 꾸지람을 듣기도 하였다. 『논어』에 등장하는 인물 가
운데 스승으로부터 가장 심한 꾸지람을 들은 제자이다.

• 번수(樊須) : 자는 자지(子遲)이며, 제나라 사람이다. 번수는 둔한
자질을 가진 인물인 듯하다. 그가 인(仁)을 묻자 공자는 '애인(愛人)'이
라 하였고, 지(智)를 묻자 공자는 '지인(知人)'이라 하였다. 번지가 그
의미를 못 알아듣자, 공자가 '정직한 사람을 등용하여 부정직한 사람들
속에 두면 부정직한 사람들로 하여금 정직하게 할 수 있다.[擧直錯諸枉
能使枉者直]'라고 설명을 하였으나, 번수는 이 말의 뜻도 이해하지 못하
여 자하에게 다시 물었는데, 자하는 얼른 그 말뜻을 알아차리고 순임금
이 고요(皐陶)를 등용하자 불인자(不仁者)가 사라졌고, 탕임금이 이윤
(伊尹)을 등용하자 불인자가 사라졌다고 풀이해 주었다.

또 노나라 대부 맹의자(孟懿子)가 공자에게 효를 물었는데, 공자가
'어기지 말라[無違]'라고만 답하였다. 번수가 공자의 수레를 몰고 있었
는데, 공자가 그 이야기를 해주자 '무슨 말씀입니까?'라고 질문을 하였
고, 공자는 친절하게 '부모가 살아계실 적에는 예로써 섬기고, 돌아가시
면 예로써 장례를 지내며, 예로써 제사를 지내라는 말이다.'라고 설명을

해주었다. 즉 '무위(無違)'는 '무위례(無違禮)'를 말한 것인데, 번수가 알아듣지 못할 것을 짐작하고서 친절히 사친례(事親禮)·장례(葬禮)·제례(祭禮)를 모두 말해준 것이다.

또 번수가 농사일을 배우기를 청하자 '나는 노숙한 농부만 못하다'고 거절하였고, 채소밭을 가꾸는 일을 배우기를 청하자 '나는 노숙한 채소 키우는 사람만 못하다'고 거절하였다. 그리고 번수가 나가자 공자는 "소인이로구나, 번수여. 윗사람이 예(禮)를 좋아하면 인민들이 공경하지 않는 이가 없을 것이고, 윗사람이 의(義)를 좋아하면 인민들이 복종하지 않는 사람이 없을 것이고, 윗사람이 신(信)을 좋아하면 인민들이 실정을 쓰지 않을 사람이 없을 것이니, 이와 같으면 사방의 인민들이 자기 자식을 엎고 찾아올 것이니, 어찌 농사일을 배우겠는가."라고 나무랐다.[93]

공자는 번수가 인(仁)을 질문한 것에 대해 '인자는 어려운 일을 먼저 하고 그에 대한 대가를 얻는 것을 뒤로 한다.[仁者 先難而後獲]'라고 답해주었고, 또 '거처는 공손하고 일을 집행할 적에는 공경하게 하고 다른 사람과 교제할 적에는 충성스럽게 하라.[居處恭 執事敬 與人忠]'고 일러주었으며, 지(智)를 질문한 것에 대해 '사람으로서의 의리를 힘쓰고 귀신을 공경하되 멀리하라.[務民之義 敬鬼神而遠之]'고 일러주었다. 이를 통해 그의 자질을 미루어 짐작할 수 있다.

• **남궁괄(南宮适〈括〉)** : 자는 자용(子容)이며, 남용(南容)으로도 칭하였다. 주희는 노나라 대부 맹의자(孟懿子)의 형이라고 하였는데, 후대

---

93 『論語』「子路」. "樊遲請學稼 子曰 吾不如老農 請學爲圃 曰 吾不如老圃 樊遲出 子曰 小人哉 樊須也 上好禮則民莫敢不敬 上好義則民莫敢不服 上好信則民莫敢不用情 夫如 是則四方之民 襁負其子而至矣 焉用稼"

의심하는 학자들이 있다. 남궁괄은 공자로부터 '나라에 도가 있을 적에
는 폐해지지 않고, 나라에 도가 없을 적에는 형륙을 면할 사람이다.'라
는 평을 들었고, 또 『시경』 「억(抑)」의 '백규의 티는 오히려 갈아낼 수
있지만, 이 말의 잘못은 갈아낼 수가 없다.[白圭之玷 尙可磨也 斯言之玷
不可爲也]'를 매일 세 번 반복해 읊조리자, 공자가 형의 딸을 시집보낸
인물이다.

남궁괄이 공자에게 "유궁후예(有窮后羿)는 활쏘기를 잘하였고, 오(奡)
는 육지에서 배를 끌 정도로 힘이 세었는데, 모두 올바른 죽음을 얻지
못했습니다. 그러나 우(禹)와 직(稷)은 몸소 농사를 지었는데도 천하를
소유하였습니다."라고 하자, 공자는 답하지 않았다. 남궁괄이 나가자
공자는 "군자로다. 이 사람이여. 덕을 숭상하는구나, 이 사람이여."라고
하였다.[94]

이런 기록을 종합해 볼 때, 남궁괄은 덕이 있고 자신을 성찰하는 사
람으로, 공자로부터 신망을 받았던 인물인 듯하다.

• **공서적(公西赤)** : 자는 자화(子華)이며, 노나라 사람이다. 홀어머
니를 모시고 살았으며, 공자의 사신으로 제나라에 다녀온 적이 있다.
공자가 '성(聖)·인(仁)과 같은 것은 내가 감히 자처할 수 없지만 배우기
를 싫어하지 않고 사람을 가르치기를 게을리 하지 않는 점은 그러하다
고 할만하다.'라고 하자, 공서적은 '바로 그 점이 제자들이 배울 수 없
는 것입니다.'라고 하였다. 이를 통해 보면, 공서적은 공자를 가까이
모시면서 그 의중을 잘 알았던 사람인 듯하다.

---

94 『論語』 「憲問」, "南宮适問於孔子曰 羿善射 奡盪舟 俱不得其死 然禹稷躬稼而有天下
夫子不答 南宮适出 子曰 君子哉 若人 尙德哉 若人"

공자가 '알아주는 이를 만나 뜻을 펴게 된다면 너는 어떤 일을 해보고 싶으냐?'라고 묻자, 공서적은 '제가 능하다고 말씀드리는 것이 아니고 이러한 일을 배우고자 하는 것입니다. 종묘의 제사와 제후가 회동할 적에 현단복(玄端服)과 장보관(章甫冠)을 쓰고 임금의 예를 조금 돕는 일을 하고자 합니다.'라고 하여, 예·악에 뜻을 두고 있음을 말하였다. 또 노나라 대부 맹무백(孟武伯)이 공자에게 공서적은 어떤 인물이냐고 묻자, 공자는 관복을 입고 조정에서 벼슬하며 외국 사신을 접대하게 할 만한 인물이라고 하였으니, 예에 밝은 인물이었음을 알 수 있다.

• **고시(高柴)** : 자는 자고(子羔), 또는 자고(子皐)이며, 위(衛)나라 사람이다. 공자는 그의 자질이 우둔하다고 평하였다. 자로가 고시로 하여금 계손씨의 근거지인 비읍(費邑)의 수령을 삼게 하였다고 하였다.

• **사마경(司馬耕)** : 자는 자우(子牛)이며, 송나라 사람이다. 송나라 사마 환퇴(桓魋)의 형으로 본명은 상리(尙犂)이다. 환퇴가 패퇴한 뒤 사마경은 제나라로 망명했다가 다시 오나라로 망명했고, 마지막으로 노나라에 들어와 살다가 죽었다. 그는 외롭게 국외를 떠도는 신세인지라 '사람들은 모두 형제가 있는데, 나만 유독 형제가 없다.'고 걱정을 하여 자하로부터 군자의 덕을 닦으면 온 세상 사람들이 모두 형제가 될 것이라는 위로를 받기도 하였다.

사마경이 인(仁)을 묻자 공자는 '인자는 그 말을 어눌하게 한다.'고 하여 말을 경계시켰으며, 군자에 대해 묻자 공자는 '군자는 근심하지 않고 두려워하지 않는다.'고 하면서 '내면을 성찰해 하자가 없으니 무엇을 근심하고 무엇을 두려워하겠는가.'라고 하였다.

• **칠조개(漆彫開)** : 자는 자개(子開)이며, 노나라 사람이다. 공자가 칠조개에게 벼슬을 권했는데, 대답하기를 '저는 아직 벼슬을 잘 할 자

신이 없습니다.'라고 하여, 공자로부터 인정을 받았다.

•**공야장(公冶長)** : 자는 자장(子長)이며, 공야(公冶)는 성이고 이름은 장(長)이다. 『사기』에 제나라 사람으로 되어 있는데, 윗대부터 노나라에 살았던 듯하다. 공자의 사위이다. 공자는 '그가 비록 감옥에 있었으나, 그의 죄가 아니다.'라고 하고서, 딸을 시집보낸 인물이다. 세속에서 전하는 말에 공야장은 새의 말을 알아들어 새와 소통하였다고 한다.

•**증점(曾點)** : 자는 자석(子晳)이며, 노나라 사람이다. 증삼의 부친이다. 증점은 중유·염구·공서적 등과 함께 공자를 모시고 앉아 대화할 적에 '알아주는 사람을 만나 자신의 뜻을 펼 수 있게 되면 무슨 일을 해보고자 하는가?'라는 질문을 받고 다른 사람들은 모두 자신의 재능에 따라 답을 하였는데, 증점은 말을 하지 않았다. 그래서 공자가 '너는 어떻게 해볼 생각이냐?'라고 다시 묻자, 증점은 연주하던 비파를 내려놓고 일어나서 '늦은 봄날 어른 대여섯 명과 동자 예닐곱 명과 함께 기수(沂水)에 가서 목욕하고, 무우(舞雩) 언덕에 올라 바람을 쏘이고, 시를 읊조리며 돌아오고자 합니다.'라고 답하였다. 그러자 공자는 탄식을 하며 '나는 너의 지향을 인정한다.'라고 하였다.

이에 대해 후대 주희는 '증점의 학문은 대개 인욕(人欲)이 다한 곳에 천리(天理)가 유행하는 것을 보아 곳에 따라 충만하여 조금도 흠결이 없는 점이 있었던 듯하다.'고 하였다. 그리하여 후대 학자들은 증점이 지향한 '욕호기 풍호무우 영이귀(浴乎沂 風乎舞雩 詠而歸)'에 대해 인욕을 막고 천리를 보전하여 성명(性命)을 온전히 하는 삶의 전형으로 인식하였다. 조선 시대 학자들이 산수 좋은 곳에 은거하여 성명을 온전히 하는 삶을 지향한 것은 모두 이러한 증점의 삶을 이상적으로 여겼기 때문이다.

12. 『논어』의 주석서

『논어』의 주석서 가운데 위진 시대 위(魏)나라 하안(何晏)의 『논어집해(論語集解)』가 가장 오래된 책이고, 주희의 『논어집주』이 가장 정밀한 책이고, 청나라 때 유보남(劉寶楠)의 『논어정의』가 가장 굉박하다.

『논어집해』는 수·당 이후로 하안 1인의 저술로 일컬어졌다. 그런데 이 책은 위나라 정시연간(正始年間; 240~248)에 편찬해 황제에게 올린 것으로, 이 책의 말미에 손옹(孫邕)·정충(鄭冲)·조희(曹羲)·순의(荀顗)·하안(何晏) 등이 이 책을 올렸다고 기록하고 있다. 따라서 하안 혼자 이 책을 편찬해 올린 것이 아니고, 이 5인이 공동으로 찬정한 것이라고 주장하는 설이 설득력이 있다.

송나라 때 주희는 『예기』의 「대학」·「중용」을 별책으로 독립시킨 뒤 『논어』·『맹자』와 합해 '사서(四書)'라 명명하고서, 공자−증자−자사−맹자로 이어진 도통(道統)을 중시하여 의리를 드러내고, 이정(二程: 程顥·程頤)의 설을 중심으로 장재(張載)·범조우(范祖禹)·여희철(呂希哲)·여대림(呂大臨)·사량좌(謝良佐)·유초(游酢)·양시(楊時)·후중량(侯仲良)·윤돈(尹焞)·주부선(周孚先)·호인(胡寅)·홍흥조(洪興祖) 등의 설을 인용하여 『논어집주』를 편찬하였다. 남송 말기 조순손(趙順孫)의 『논어찬소(論語纂疏)』는 주희의 『논어집주』에 송유(宋儒)들의 설을 모아 소(疏)를 단 것으로 매우 상세하다.

『맹자(孟子)』

1. 『맹자』는 경(經)인가, 자(子)인가

　『한서』「예문지」 제자략(諸子略)의 유가자류(儒家者流)에 "『맹자』는 11편이다."라고 하였으니, 『맹자』는 경부(經部)가 아니고 자부(子部)에 들어있던 서적이었음을 알 수 있다. 즉 한나라 때에는 『맹자』를 경서로 보지 않고 사상서로 본 것이다. 서명으로 보아도 『묵자』·『장자』·『순자』와 동일하다

　다만 『묵자』·『장자』·『순자』 등 제자서(諸子書)는 의론문(議論文)을 모아 만든 책으로, 대부분 편제(篇題)에 그 편의 의리가 드러나 있다. 그런데 『맹자』는 『논어』와 마찬가지로 각 편 제1장의 제1구 또는 제2구 중 두세 글자를 취해 편명을 삼았다. 이처럼 편이나 장의 체례(體例)로 보면 『논어』와 유사하고 제자서와는 다르다.

　한나라 때 조기(趙岐)의 「맹자제사(孟子題辭)」에 "맹자가 제나라와 양나라로부터 물러나 요·순의 도를 조술하여 이 책을 저술하였다. 이 책은 대현이 성인을 본떠 지은 것이다. 공자의 70제자의 무리들이 공자가 말씀하신 것을 모아 편집해 『논어』를 만들었으니, 『논어』는 오경의 관할(錧鎋; 비녀)이고, 육예(六藝)의 후금(喉衿; 목구멍과 옷깃)이다. 『맹자』는 이 『논어』를 본받고 본뜬 것이다."라고 하였다.

이처럼 한나라 때 유학자들은 『맹자』를 제자서로 보기보다는 성경 현전의 관점에서 성인의 말씀을 부연하여 풀이한 전(傳)으로 보았다.

송나라 때 왕응린도 『오경통의설(五經通義說)』에서 "아름답구나, 한나라 때 학자들이 경(經)을 존숭함이여. 유가 53가는 현전(賢傳) 아닌 것이 없는데, 『맹자』에 첫 번째로 박사를 두었다."[2]라고 하였다. 왕응린은 『한서』「예문지」제자략-유가자류에 들어 있는 53가를 모두 현인의 전(傳)으로 보고 있고, 또 전한 때 그중에서 『맹자』가 제일 먼저 박사관을 둔 책이라고 보았다.

조기의 「맹자제사」에 "전한 효문제는 유학(遊學)의 길을 넓히고자 하여 『논어』·『효경』·『맹자』·『이아』에 모두 박사를 두었다. 후에 전(傳)·기(記)의 박사를 파하여 오경에만 박사를 세웠을 따름이다."[3]라고 하였으니, 전한 문제 때 『논어』·『효경』·『이아』와 함께 박사를 설치하였으나, 후에 경(經)이 아닌 전(傳)·기(記)의 박사를 파하고 오경에만 박사를 두면서 『맹자』도 박사를 두지 않았음을 알 수 있다.

『맹자』에 설치했던 박사를 파한 것은 무제 건원(建元) 5년(BC136) 처음으로 오경박사를 둘 때로 보인다. 『맹자』는 『한서』「예문지」제자략-유가자류에 들어 있지만, 문제 때 박사를 세운 것을 보면, 전한 때 이미 제자서보다는 위상이 더 높은 경을 해석한 전(傳)으로 인식되어

---

1 趙岐, 『孟子注』「孟子題辭」, "孟子退自齊梁 述堯舜之道而著作焉 此大賢擬聖而作者也 七十子之疇 會集夫子所言 以爲論語 論語者 五經之錧鎋 六藝之喉衿也 孟子之書 則而象之"

2 王應麟, 『五經通義說』, "美哉 漢之尊經乎 儒五十三家 莫非賢傳也 而孟子首置博士"

3 趙岐, 『孟子注』「孟子題辭」, "孝文皇帝欲廣遊學之路 論語孝經孟子爾雅皆置博士 後罷傳記博士 獨立五經而已"

『논어』 다음으로 중요하게 여겼음을 알 수 있다.

그러나 한대에 『맹자』는 『논어』와 『효경』만큼 중시되지 못하였고, 그 후로도 제자서로 취급을 받았다. 당 문종 개성연간(開成年間; 836~839)에 경전을 돌에 새겨 태학에 둘 적에도 『이아』까지만 추가하여 『맹자』는 경전의 반열에 오르지 못하였다.

그러다 남송 광종 소희연간(紹熙年間; 1190~1194)에 위의 12경에 『맹자』를 더하여 '십삼경'이라는 명칭이 생겨났다. 그리하여 북송 초에 이르러 비로소 『맹자』는 경(經)의 지위를 획득하였다. 그렇지만 『맹자』는 여타 경전에 비해 크게 주목을 받지 못하였다. 그러다 남송 효종 때 주희에 이르러 다시 빛을 보게 되었다. 주희는 『예기』에 들어 있던 「대학」과 「중용」을 별책으로 독립시키고 분장하여 장구로 나누어 해석을 해 『대학장구』와 『중용장구』를 저술하고, 『논어』와 『맹자』는 전해오는 주석을 모으고 또 새로운 해석을 더하여 『논어집주』와 『맹자집주』를 편찬하였다.

그리고 이 네 종류의 책을 공자-증자-자사-맹자로 이어진 도통을 전한 책으로 보아 '사서(四書)'라고 명명하였다. 이로부터 사서는 공자의 도가 전해진 책으로 인식되었고, 오경보다 더 중시되었다. 그리하여 『맹자』도 사서의 한 책으로 오경보다 더 중시되는 필독서로 널리 읽히게 된 것이다.

2. 『맹자』의 내편과 외편

한나라 때 사마천은 『사기』 「맹자열전(孟子列傳)」에서 "맹자는 중니의 의중을 기술하여 『맹자』 7편을 지었다."'라고 하였다. 그런데 한나라 때 응소(應劭)가 편찬한 『풍속통(風俗通)』에는 "맹자가 중니의 의중을 조술하여 책을 지었는데, 중·외 11편이다."'라고 하였다. 이로 인해 『맹자』는 내편 7편과 외서 4편, 총 11편으로 인식하는 사람들이 있었다.

역시 한나라 때 사람인 조기(趙岐)는 『맹자』 7편에 대해서만 주를 달았을 뿐이다. 조기는 「맹자제사」에서 "이에 물러나 수준 높은 제자인 공손추·만장의 무리들과 의문점을 토론하고 물음에 답한 것들을 논하여 편집하고, 또 법도 있는 말을 스스로 편찬하여 7편 261장 34,685자의 책을 저술하였다.……또 외서 4편이 있는데 「성선변(性善辯)」·「문설(文說)」·「효경(孝經)」·「위정(爲政)」이다. 그 문장이 넓고 깊지 않아 내편과 서로 같지 않으니, 맹자가 원래 지은 진본이 아니고 후세 사람이 모방하여 가탁한 것인 듯하다."'라고 하였다.

이를 보면 조기가 살았던 후한 때까지 외편 4편이 남아 있었음을 알 수 있다. 또한 사마천이나 조기 모두 이 외편을 보고서 맹자가 직접 지은 글이 아니라고 판단해 '『맹자』 7편'이라 한 것으로 보인다.

당대를 거쳐 송대까지도 외서 4편을 보았다는 기록이 있지만, 후대 조기의 주가 달린 내편 7편만을 위주로 함으로써 외서 4편은 자취를 감춘 듯하다. 그것은 조기가 맹자의 저술이 아니고 후인이 모방해 의탁한 것이라고 한 것이 받아들여진 것으로 보인다.

---

4 司馬遷, 『史記』 권74, 「孟子荀卿列傳」. "述仲尼之意 作孟子七篇"
5 應劭, 『風俗通』 권7, 「窮通」. "仲尼之意 作書 中外十一篇"
6 趙岐, 『孟子注』, 「孟子題辭」. "於是 退而論集所與高第弟子公孫丑萬章之徒 難疑答問 又自撰其法度之言 著書七篇 二百六十一章 三萬四千六百八十五字……又有外書四篇 性善辯文說孝經爲政 其文不能弘深 不與內篇相似 似非孟子本眞 後世依倣而託之者也"

『맹자』의 작자에 대해, 사마천은 "맹가(孟軻)는 가는 곳마다 제후와 의견이 합치되지 않아 물러나 만장의 무리와 함께 『시경』과 『상서』의 의미를 서술하고, 중니의 의중을 조술하여 『맹자』 7편을 지었다."[7]라고 하여, 맹자가 직접 지은 것으로 보았다. 후한의 조기 역시 "이 책은 맹자가 지은 것이다. 그러므로 총괄하여 『맹자』라고 한 것이다."[8]라고 하여, 맹자의 자작으로 보았다. 청초의 염약거(閻若璩)도 이러한 설을 지지하였다.

그런데 이와는 달리 『맹자』는 맹자의 자작이 아니고, 문인들의 손에 의해 만들어진 책으로 보는 설이 있다. 그들이 주장하는 논거는 당대 양 혜왕(梁惠王)이나 제 선왕(齊宣王) 같은 임금들을 시호(諡號)로 일컫고 있으며, 맹자의 제자 중 악정자(樂正子)와 공도자(公都子) 등도 '자(子)'로 칭하고 있으며, 맹자가 스스로 자신을 '맹자(孟子)'로 칭하고 있는 것 등이 이치에 맞지 않다는 것이다.

자신의 책에 작자 자신을 '자(子)'로 칭하는 것도 합당하지 않고, 더구나 제자를 '자(子)'로 칭하는 것은 있을 수 없는 일이기 때문에 이 설은 설득력이 있다. 그래서 이러한 문제점을 지적하는 사람들은 『맹자』를 맹자 사후 문인들의 손에 의해 만들어진 책으로 보고 있다. 그중에 특히 공손추와 만장 두 사람의 질문이 가장 많고, 또 이들은 '자(子)'로 칭하지 않았기 때문에 이 두 사람의 손에 의해 만들어진 것으로 보고 있다. 이 설이 상당히 설득력이 있게 받아들여지고 있다.

---

7   司馬遷, 『史記』 권74, 「孟子荀卿列傳」, "孟軻所如不合 退與萬章之徒 序詩書 述仲尼之意. 作孟子七篇"
8   趙岐, 『孟子注』 「孟子題辭」, "此書 孟子之所作也 故摠謂之孟子"

조기의 「맹자제사」에 "망한 진(秦)나라 때 경술(經術)을 불태워 없애고 유생을 묻어 죽여 맹자의 도당이 다 없어졌다. 그러나 그 책은 제자서로 불렸기 때문에 서적이 민멸되지 않을 수 있었다."[9]라고 하였다. 그러니까 진시황의 분서 때 제자서도 포함되었으나 육경만큼 혹독하게 없애지 않아 보존되었다는 것이다. 또한 오경박사를 설치한 한 무제 이전에 이미 『맹자』에 박사를 둘 정도로 온전하게 전해져서 『맹자』에는 금문과 고문의 구분이 없게 되었다.

『맹자』는 본래 「양혜왕(梁惠王)」·「공손추(公孫丑)」·「등문공(滕文公)」·「이루(離婁)」·「만장(萬章)」·「고자(告子)」·「진심(盡心)」 7편이었는데, 한나라 때 조기가 주를 달면서 1편을 상·하 2권으로 나누어 모두 14권이 되었다.

3. 『맹자』의 성선설(性善說)

1) 자사(子思)에서 맹자로 이어진 성론(性論)

자공(子貢; 端木賜)이 "선생께서 성(性)과 천도(天道)를 말씀하시는 것은 들을 수 없었다.[夫子之言性與天道 不可得而聞也]"(『논어』「공야장」)라고 하였듯이, 공자는 성(性)·천도(天道) 등 형이상학적인 담론을 극도로 자제하고 학(學)과 사(思)를 중심에 두고 가르쳤다. 그것은 자하(子夏)가 "널리 배우고 심지(心志)를 돈독히 하며 절실히 묻고 가까운 데서 사유하면 인(仁)이 그런 가운데 있을 것이다.[博學而篤志 切問而近思 仁在其中

---

9   上同. "亡秦焚滅經術 坑戮儒生 孟子徒黨 盡矣 其書號爲諸子 故篇籍得不泯絶"

矣]"(『논어』「자장」)라고 한 언급을 통해 확인해 볼 수 있다. 즉 공자는 일상에서 충신(忠信)과 효제(孝悌)를 실천해 인(仁)을 얻어 천도의 경지에 이르게 하는 하학상달의 방법을 쓴 것이다. 『논어』에 공자가 성(性)을 직접 말한 것은 '성은 서로 근사하지만 습관에 따라 서로 멀어진다. [性相近 習相遠]'(『논어』「양화」)라고 한 1구절뿐이다.

공자의 도를 전해 받은 손자 자사(子思)는 『중용』을 지으면서 "하늘이 명한 것을 성(性)이라 하고, 그 성을 거역하지 않고 순응하는 것을 도(道)라 하고, 그 도를 각각의 경우에 맞게 드러내 표현한 것을 교(敎)라 한다."[10]고 하여, 처음으로 성(性)에 대한 개념을 본격적으로 정의하였다.

또 자사는 "희로애락이 아직 발하지 않은 것을 중(中)이라 하며, 희로애락이 발하여 모두 절도에 맞은 것을 화(和)라 한다. 중(中)이란 천하의 대본(大本)이고, 화(和)란 천하에 두루 통하는 달도(達道)이다. 이 중화를 극진히 하면 천지의 질서가 제자리를 잡고, 만물이 그 속에서 잘 길러진다."[11]라고 하였다. 희로애락은 정(情)을 대표하는 감정이다. 즉 심(心)에 성(性)과 정(情)이 있음을 말한 것이며, 나아가 정(情)의 미발(未發)과 이발(已發), 그리고 발이중절(發而中節)까지 언급한 것이다.

자사는 중용(中庸)이라는 도리를 설명하기 위해 먼저 인심(人心)에 나아가 성(性)·정(情)을 말하고, 성에서 곧장 나오는 정의 미발을 중(中)으로, 정이 발하여 절도에 맞게 되는 것을 화(和)로 본 것이다. 이는 희로애락 등의 칠정(七情)을 주체적으로 절제하여 중도에 맞게 하는 것

---

10 朱熹, 『中庸章句』 제1장. "天命之謂性 率性之謂道 修道之謂敎"
11 上同. "喜怒哀樂之未發 謂之中 發而皆中節 謂之和 中也者 天下之大本也 和也者 天下之達道也 致中和 天地位焉 萬物育焉"

에 초점을 맞추어 심성의 수양을 본격적으로 말한 것이다.

자사는 제1장에 말한 것을 다시 풀이하여 "오직 이 세상의 지극히 성(誠)한 사람이어야 능히 자기의 본성을 극진히 하는 일을 한다. 자기의 본성을 능히 극진히 하면 남의 본성을 극진히 할 수 있으며, 사람의 본성을 능히 극진히 하면 사람이 아닌 다른 생물의 본성을 극진히 할 수 있으며, 생물의 본성을 능히 극진히 하면 천지의 화육(化育)을 도울 수 있으며, 천지의 화육을 도울 수 있으면 천지와 더불어 병립하여 셋이 될 수 있다."[12]라고 하여, 본성을 극진히 하는 진성(盡性)을 언급하고 있다.

맹자는 자사의 문인에게 수업을 받은 것으로 보이니, 공자-증자-자사-맹자로 이어진 학통으로 볼 때, 맹자의 성설(性說)은 자사에게 큰 영향을 받은 것을 부인할 수 없다. 일례로 『맹자』 「진심 상」에 "자신의 마음을 극진히 하는 자는 자신의 본성을 알고, 자신의 본성을 알면 하늘[天]을 알게 된다. 그러니 자신의 마음을 보존하여 자신의 본성을 기르는 것이 하늘을 섬기는 방법이다."[13]라고 하였는데, 자사가 『중용』에서 지인(知人)·지천(知天)·배천(配天)을 언급한 바 있으니, 자사와 맹자의 학문적 영향관계를 단적으로 알 수 있다.

12　上同. "唯天下至誠 爲能盡其性 能盡其性 則能盡人之性 能盡人之性 則能盡物之性 能盡物之性 則可以贊天地之化育 可以贊天地之化育 則可以與天地參矣"
13　『孟子』 「盡心上」 제1장. "孟子曰 盡其心者 知其性也 知其性 則知天矣 存其心 養其性 所以事天也"

2) 맹자와 고자(告子)의 성설(性說) 논쟁

자사가 성(性)을 말했지만, 성보다는 이발의 정(情)을 중절하는 데 중점을 두어 성(誠)을 추구하는 데 목적을 두었다. 성을 학술의 장에 끌어내어 본격적으로 담론한 사람은 맹자이다. 『맹자』 「고자 상」의 제1장부터 제4장까지는 맹자가 고자와 성에 대해 논쟁한 것을 기록하고 있다. 이를 차례로 정리해 보기로 한다.

고자는 성(性)을 버드나무에 비유하고, 인(仁) · 의(義) 같은 덕성을 버드나무를 구부려 만든 소쿠리 같은 그릇에 비유하면서 인성(人性)으로 인 · 의를 행하는 것은 버드나무를 구부려 소쿠리를 만드는 것과 같다고 하였다.[14] 이는 인 · 의 같은 인성은 선천적인 것이 아니고 후천적인 것이라는 말이다.

이에 대해 맹자는 단호히 반대한다. 맹자는 고자에게 '버드나무의 본성을 순응해서 그릇을 만든다고 생각하는가?'라고 질문하면서, 그대의 설과 같다면 이는 버드나무의 본성을 해쳐서 그릇을 만드는 것이라고 하였다. 그리고 고자의 설과 같다면 사람의 본성을 해쳐서 인 · 의를 행하는 것이 되기 때문에 천하 사람들을 거느리고서 인 · 의를 해치는 설이라고 반박하였다.[15] 이는 사람의 본성은 선천적으로 얻어지는 것임을 천명한 말이다.

고자는 또 성(性)은 고인 물[湍水]처럼 동쪽으로 트면 동쪽으로 흐르

---

14 『孟子』 「告子上」 제1장. "告子曰 性猶杞柳也 義猶桮桊也 以人性爲仁義 猶以杞柳爲桮桊"

15 上同. "孟子曰 子能順杞柳之性而以爲桮桊乎 將戕賊杞柳而後以爲桮桊也 如將戕賊杞柳而以爲桮桊 則亦將戕賊人以爲仁義與 率天下之人而禍仁義者 必子之言夫"

고, 서쪽으로 트면 서쪽으로 흐른다고 하였다.[16] 이는 인성에는 본디
선·불선이 없다는 것으로, 후천적으로 선할 수도 있고, 악할 수도 있다
는 말이다. 이에 대해 맹자는 인성이 선한 것은 물이 낮은 곳으로 흐르
는 것과 같다[猶水之就下]고 보았다. 그리고 물을 쳐서 이마 위로 튀어
오르게 하거나, 물을 역류시켜 산에 있게 하는 것은 수성(水性)을 거역
한 것으로 물의 본성이 아니라고 응수했다.[17] 이는 인성이 선하다는 점
을 말한 것이다.

다시 고자는 생(生)을 성(性)이라 하였다. 생(生)은 살아 있는 생명체
의 본능적인 지각·운동을 말한다. 이는 생명을 가진 모든 생물을 동일
한 성으로 본 것이다. 이에 대해 맹자는 '견성(犬性)과 우성(牛性)이 같
고 우성과 인성(人性)이 같은가?'를 반문하였고, 고자는 답을 하지 못
했다.[18]

이에 대해 주희는 성(性)은 사람이 하늘에서 얻은 리(理)이고, 생(生)
은 사람이 하늘에서 얻은 기(氣)라고 하면서, 기로 말하면 사람과 동물
이 지각하고 운동하는 것이 같지만 리로써 말하면 사람이 인의예지의
본성을 품부 받는 것과 동물이 품부 받는 것은 다르다고 하였다. 결국
주희는 고자가 성(性)이 리(理)인줄 몰라 기(氣)를 성으로 보았다고 평하

16 『孟子』「告子上」제2장. "告子曰 性猶湍水也 決諸東方則東流 決諸西方則西流 人性之
   無分於善不善也 猶水之無分於東西也"
17 上同. "孟子曰 水信無分於東西 無分於上下乎 人性之善也 猶水之就下也 人無有不善
   水無有不下 今夫水 搏而躍之 可使過顙 激而行之 可使在山 是豈水之性哉 其勢則然也
   人之可使爲不善 其性亦猶是也"
18 『孟子』「告子上」제3장. "告子曰 生之謂性 孟子曰 生之謂性也 猶白之謂白與 曰然 白
   羽之白也 猶白雪之白 白雪之白 猶白玉之白與 曰然 然則犬之性猶牛之性 牛之性猶人之
   性與"

였다.[19]

고자는 다시 생의 지각·운동을 성이라고 하는 관점으로 식욕(食欲)과 색욕(色欲)을 성이라고 하면서, 한발 물러나 인(仁)은 내면에서 생기는 것이지만 의(義)는 외부적인 요인에 의해 결정되는 것이라고 하였다. 그러자 맹자는 '백마(白馬)와 백인(白人)의 백색은 다름이 없지만 장마(長馬; 나이 많은 말)의 장(長)과 장인(長人; 나이 많은 사람)의 장(長)이 다름이 없는가?'를 반문하면서, 나이 많은 것이 의(義)가 아니고 우리가 나이 많은 사람을 어른으로 대접하는 것이 의라고 하였다. 이에 고자는 초나라 사람의 장자(長者)를 어른으로 대하고 우리 집안의 장자를 어른으로 대하니 공경이 장자에게 있기 때문에 의(義)는 안에 있는 것이 아니고 바깥에 있다는 주장을 하였다. 이에 대해 맹자는 진나라 사람이 불고기를 좋아함은 우리가 불고기를 좋아함과 다름이 없다는 비유를 들어 의(義)가 바깥에 있는 것이 아니고 사람의 마음속에 있는 것임을 논증하였다.[20]

맹자와 고자의 성설 논쟁은 이렇게 끝났으나, 고자는 맹자의 문인들과 집요하게 자신의 설을 주장하며 논쟁하였다. 맹자의 제자 공도자(公

---

19 『孟子』 「告子上」 제3장 註. "性者 人之所得於天之理也 生者 人之所得於天之氣也 性形而上者也 氣 形而下者也 人物之生 莫不有是性 亦莫不有是氣 然以氣言之 則知覺·運動 人與物 若不異也 以理言之 則仁義禮智之稟 豈物之所得而全哉 此人之性所以無不善而爲萬物之靈也 告子不知性之爲理 而以所謂氣者當之"

20 『孟子』 「告子上」 제4장. "告子曰 食色 性也 仁 內也 非外也 義 外也 非內也 孟子曰 何以謂仁內義外也 曰 彼長而我長之 非有長於我也 猶彼白而我白之 從其白於外也 故謂之外也 曰 白馬之白 無以異於白人之白也 不識長馬之長 無以異於長人之長與 且謂長者義乎 長之者義乎 曰 吾弟則愛之 秦人之弟則不愛也 是以我爲悅者也 故謂之內 長楚人之長 亦長吾之長 是以長爲悅者也 故謂之外也 曰耆秦人之炙 無以異於耆吾炙 夫物則亦有然者也 然則耆炙亦有外歟"

都子)는 당대 거론되는 성설을 아래와 같이 몇 가지로 정리하여 맹자에게 물었다.

> ① 성(性)은 선·불선이 없다(告子)
> ② 성은 선이 될 수도 있고 악이 될 수도 있다(或者)
> ③ 성이 선한 사람도 있고 성이 불선한 사람도 있다(或者)
> ④ 성은 선하다(맹자)

맹자는 성(性)은 형이상의 리(理)이므로 설명할 길이 없기 때문에 성(性)이 표출된 정(情)을 통해 이를 설득시켰다. 사람이 불선을 행하는 것은 재질(才質:質性)의 잘못이 아니고 물욕에 빠졌기 때문이라고 보아, 사람의 정(情:作用)은 본래 악하게 될 수 없기 때문에 정이 연유해 나온 성(性:本體)은 선하다고 하였다. 그러면서 측은지심(惻隱之心), 수오지심(羞惡之心), 사양지심(辭讓之心), 시비지심(是非之心) 사단(四端:情)은 사람이 본래 가지고 있는 인·의·예·지의 본성에서 발로된 것임을 강조하였다.[21]

맹자는 입으로 느끼는 맛에 있어서 모든 사람이 좋아하는 맛, 귀로 듣는 소리에 있어서 모든 사람이 좋아하는 음악, 눈으로 보는 아름다움에 대해 모든 사람이 좋아하는 아름다움이 있듯이, 사람의 마음에 있어

---

21 『孟子』「告子上」제6장. "公都子曰 告子曰 性無善無不善也 或曰 性可以爲善 可以爲不善 是故文武興 則民好善 幽厲興 則民好暴 或曰 有性善 有性不善 是故 以堯爲君而有象 以瞽瞍爲父而有舜 以紂爲兄之子 且以爲君 而有微子啓 王子比干 今曰性善 然則彼皆非與 孟子曰 乃若其情 則可以爲善矣 乃所謂善也 若夫爲不善 非才其罪也 惻隱之心 人皆有之 羞惡之心 人皆有之 恭敬之心 人皆有之 是非之心 人皆有之 惻隱之心 仁也 羞惡之心 義也 恭敬之心 禮也 是非之心 智也 仁義禮智 非由外鑠我也 我固有之也 弗思耳矣"

서도 모든 사람의 마음이 다 같이 좋아하는 것이 바로 리(理)와 의(義)라고 하여, 인심의 본성이 선하다는 점을 설명하였다.[22]

또 맹자는 제나라 동남쪽 교외에 있는 우산(牛山)의 나무를 비유로 들어 사람들이 나무를 베어 민둥산이 된 것은 산의 본성이 아니라고 하면서, 사람에게는 모두 인(仁)·의(義)의 본성이 있는데 매일 해쳐 금수처럼 된 것이라고 하였다.[23]

이처럼 맹자는 성선설을 주장하면서 심(心)·성(性)·정(情)의 문제를 모두 거론하였는데, 인심에 불인인지심(不忍人之心)이 있음을 포착하여 사단을 증명하고, 다시 사단을 통해 인성이 선함을 입증하고, 그리고 사단을 확충해 인·의·예·지의 성을 온전히 이룩할 수 있음을 설파하였다. 맹자는 이에 대해 다음과 같이 말하였다.

> 이른바 사람은 모두 남에게 차마하지 못하는 마음을 가지고 있다고 하는 것은 이렇다. 지금 사람들은 어린아이가 우물 속으로 기어들어가려는 것을 얼핏 보고서 모두 안타깝고 측은해 하는 마음이 드는데, 그것은 어린아이의 부모와 교제를 트기 위한 것이 아니고, 고을의 벗들에게 명예를 구하기 위한 것도 아니고, 그런 상황을 보고서도 측은한 마음이 들지 않는 모진 사람이라는 소리를 싫어하여 그런 것도 아니다. 이로 말미암아 보건대, 측은지심이 없으면 사람이 아니고, 수오지심이 없으면 사람이 아니고, 사양지심이 없으면 사람이 아니고, 시비지심이 없으면 사람이 아니다. 측은지심은 인(仁)으로 나아가는 단서이고, 수오지심은 의(義)로 나아가는 단서이고, 사양지심은 예(禮)로 나아가는 단서이고, 시비지심은 지(智)로 나아가는 단서이다. 사람이 이 사단을 가지고 있는 것은 몸에 사지가

있는 것과 같다. 이 사단이 있는데도 '나는 할 수 없다.'고 스스로 말하는
자는 자신을 해치는 자이고, '우리 임금은 할 수 없다.'고 말하는 자는
자기 임금을 해치는 자이다. 무릇 나에게 사단이 있는 것을 모두 확장해
충만히 할 줄 알면 불이 처음 타오르듯이 피어나고 샘이 처음 솟아나듯이
솟아오를 것이다. 이를 자신에 충만히 채우면 온 세상을 보호할 수 있고,
이를 충만히 채우지 않으면 부모를 섬기기에도 부족할 것이다.[24]

맹자는 남에게 함부로 하지 않는 '불인인지심(不忍人之心)'을 모든 사
람이 가지고 있기 때문에 '불인인지정(不忍人之政)'을 펴면 온 세상을
편안히 할 수 있다는 생각을 하였고, 그 '불인인지심(不忍人之心)'을 확
인한 것이 바로 나와 전혀 상관이 없는 어린아이가 우물 속으로 기어들
어가려는 상황을 보고서 누구나 측은한 마음이 생긴다는 것을 예로 들
었다. 이는 사람이면 누구나 다 같이 가지고 있는 본연의 마음이라고
보았다.

맹자는 누구나 동일하게 가지고 있는 측은지심과 같은 유형으로 수
오지심, 사양지심, 시비지심을 들었다. 그리고 이를 통해 측은지심이
인(仁)으로 나아가는 첫걸음이듯이, 수오지심은 의(義)로 나아가는 첫
걸음이고, 사양지심은 예(禮)로 나아가는 첫걸음이고, 시비지심은 지
(智)로 나아가는 첫걸음이라고 하였다. 맹자는 이 사단을 확충하여 자

---

24 『孟子』「公孫丑上」제6장. "所以謂人皆有不忍人之心者 今人乍見孺子將入於井 皆有
怵惕惻隱之心 非所以內交於孺子之父母也 非所以要譽於鄕黨朋友也 非惡其聲而然也
由是觀之 無惻隱之心 非人也 無羞惡之心 非人也 無辭讓之心 非人也 無是非之心 非仁
也 惻隱之心 仁之端也 羞惡之心 義之端也 辭讓之心 禮之端也 是非之心 智之端也 人之
有是四端也 猶其有四體也 有是四端而自謂不能者 自賊者也 謂其君不能者 賊其君者也
凡有四端於我者 知皆擴而充之矣 若火之始然 泉之始達 苟能充之 足以保四海 苟不充之
不足以事父母"

신에 가득 채우면 바로 평천하를 이룩할 있다고 생각했다.

맹자가 성선설과 함께 정(情)에서 사단을 거론한 것은 사상사적으로 큰 의미가 있다. 왜냐하면 마음이 발한 감정의 세계에서 사단을 가려 인·의·예·지의 본성으로 돌아갈 수 있는 길을 열어준 것이기 때문이다. 후대 심통성정(心統性情)에 관한 설, 사단과 칠정에 관한 설이 기실 맹자의 논의에서 비롯되었음을 환기시킬 필요가 있다.

고자와의 논쟁을 통해 맹자는 인·의·예·지의 본성과 사단은 외부로부터 얻어지는 것이 아니라 자신의 마음에 들어 있다는 점을 분명히 하였고, 그 본성은 선하다는 점을 역설하였다. 그리고 그 본성에 대해 다음과 같이 말하였다.

> 사람이 배우지 않고서 능한 것이 양능(良能)이고, 사려하지 않고서 아는 것이 양지(良知)이다. 어린아이는 어버이를 사랑할 줄 모르는 자가 없고, 성장해서는 형을 공경할 줄 모르는 사람이 없다. 어버이를 친애하는 것인 인(仁)이고, 어른을 공경하는 하는 의(義)이다. 그러니 이는 다른 이유가 없다. 온 세상 사람들에게 두루 통용되는 것이기 때문이다.[25]

이것이 바로 본연적으로 알고 본연적으로 능하다는 양지양능설(良知良能說)이다. 인성에 이런 양지와 양능이 갖추어져 있기 때문에 사단을 확충하여 인의예지의 덕성을 충만히 하면 성인이 될 수 있고, 대인이 될 수 있다는 논리이다.

---

25 『孟子』, 「盡心上」 제15장. "孟子曰 人之所不學而能者 其良能也 所不慮而知者 其良知也 孩提之童 無不知愛其親者 及其長也 無不知敬其兄也 親親 仁也 敬長 義也 無他 達之天下也"

4. 『맹자』의 수양론

맹자는 성선설을 말하면서 입만 열면 요·순을 말하였고, '사람은 모두 요·순이 될 수 있습니까?'라는 질문에 서슴지 않고 '그렇다.'고 답하였으며, 요·순의 도는 효(孝)·제(悌)일 뿐이라고 하였다.[26] 그러면서 안회가 '순(舜)은 어떤 사람이며, 나는 어떤 사람인가? 큰일을 하는 사람은 또한 이와 같이 할 따름이다.'라고 한 말을 인용하여[27] 누구나 본성을 계발해 충만하게 하면 요·순 같은 성인이 될 수 있다고 하였다.

사람의 본성은 선하지만 불선한 짓을 하는 이유에 대해 맹자는 다음과 같이 말하였다.

> 이를테면 사람이 불선을 행하는 것은 재질(才質)의 죄가 아니다.……인의예지는 외부로부터 나의 내면으로 들어오는 것이 아니고, 내가 본디 가지고 있는 것인데 이를 사유하지 않을 따름이다. 그러므로 '구하면 얻고 내버려두면 잃는다.'고 말한 것이다. 사람이 혹 선하고 악한 것이 서로 두 배 또는 다섯 배나 차이가 나서 나중에는 계산할 수 없는 데까지 이르는 것은 그들의 재질을 능히 극진히 하지 않기 때문이다.[28]

재질[才]은 타고난 자질을 말한다. '자질의 죄가 아니다.'라는 말은 자질이 나쁘기 때문에 악을 행하는 것이 아니라는 말이다. 맹자는 악을 행하는 이유를 '자신의 재질을 능히 극진히 하지 않는[不能盡其才]' 것

---

26 『孟子』「告子下」 제2장.
27 『孟子』「滕文公上」 제2장.
28 『孟子』「告子上」 제6장. "若夫爲不善 非才其罪也 …… 仁義禮智 非由外鑠我也 我固有之也 弗思耳矣 故曰 求則得之 舍則失之 或相倍蓰而無算者 不能盡其才者也"

으로 말하고 있는데, 그것은 바로 타고난 사유능력을 통해 본성을 적극적으로 구해 극진히 하지 않는 것을 말한 것이다. 즉 나의 마음에 인의예지의 본성이 있는 것을 알아 이를 적극적으로 계발해 내 자신에 충만하게 채우는 노력을 통해 인격을 완성할 수 있다는 말이다.

그래서 맹자는 '자기 마음을 극진히 하는 자는 자기 본성을 안다.[盡其心 知其性]'고 하였고, 또 '자기 마음을 보존하여 자기 본성을 기른다.[存其心 養其性]'고 하여 심성수양론을 제시하였다.[29] '자기의 마음을 극진히 한다'는 것을 마음속에 내재된 본성을 있는 힘을 다해 계발하고 확충하는 노력을 의미하니, 이치를 끝까지 궁구한다는 말이다. 이런 주체적인 노력으로 존심양성(存心養性)하지 않으면 외부적인 영향에 휘둘리게 되고, 감각기관의 물욕에 끌리게 되어 악을 행할 수 있다는 것이다.

또한 맹자는 주체적이고 능동적으로 존심양성을 하지 않고 스스로 게을리 하면 자신을 해치고 자신을 버리는 사람이 된다고 보았다. 맹자는 함께 어떤 말을 할 수 없을 정도로 말에 예의가 없는 사람을 자포자(自暴者)라 하였고, 함께 어떤 일을 할 수 없을 정도로 인(仁)에 마음을 두고 의(義)를 말미암을 수 없다고 포기하는 자를 자기자(自棄者)라 하였다. 그러면서 인(仁)은 사람이 편안히 거처할 수 있는 집[安宅]과 같고, 의(義)는 사람이 편안히 걸어갈 수 있는 길[正路]과 같다고 보아, 안택(安宅)에 거처하지 않고 정로(正路)를 버리면 사람구실을 할 수 없다고 보았다.[30]

맹자의 수양론은 존심양성으로 대표되는데, 「우산장(牛山章)」에서

는 다음과 같은 비유를 들어 설명하고 있다.

> 사람에게 보존된 것인들 어찌 인의(仁義)의 마음이 없겠는가마는 그 양심을 버리는 이유는 또한 도끼와 자귀가 우산(牛山)의 나무에 대해 매일 베는 것과 같으니, 어찌 아름답게 될 수 있겠는가. 밤중에 길러지는 것과 이른 아침의 기상에 있어서 그 호오(好惡)가 정상적인 사람과 근사한 점이 거의 얼마 되지 않는데 또 대낮에 하는 것이 그것마저 가두어 없어지게 하니, 가두어 없어지게 하기를 반복하면 밤에 길러지는 야기(夜氣)를 보존할 수가 없고, 야기를 보존할 수 없으면 금수와의 거리가 멀지 않게 된다. 사람들은 그가 금수와 유사한 점을 보고서 아예 타고난 재질(才質)이 없다고 생각할 것이니, 이것이 어찌 사람의 실정이겠는가. 그러므로 제대로 길러주게 되면 어떤 생물이든 자라지 않는 것이 없고, 제대로 길러주지 않으면 어떤 생물이든 소멸하지 않음이 없다. 공자께서 말씀하시기를 "잡으면 보존되고 놓아버리면 없어져서 출입에 일정한 때가 없으며 어디로 향할지를 알 수 없는 것은 오직 사람의 마음을 말하는 것일 것이다."라고 하셨다.[31]

마음을 붙잡고 보존하여 인·의의 본성을 길러나가지 않으면 금수와 다를 바가 없게 된다는 점을 우산(牛山)의 나무에 비유하여 설명한 것이다.

맹자는 비유법에 대가라 할 수 있는데, 개와 닭을 잃어버리면 모두 찾을 줄 알지만, 인심 속의 인·의를 찾지 못하고 방치하는 사람들을

---

31 『孟子』「告子上」제8장. "雖存乎人者 豈無仁義之心哉 其所以放其良心者 亦猶斧斤之 於木也 旦旦而伐之 可以爲美乎 其日夜之所息 平旦之氣 其好惡 與人相近也者 幾希 則 其旦晝之所爲 有梏亡之矣 梏之反覆 則其夜氣不足以存 夜氣不足以存 則其違禽獸不遠 矣 人見其禽獸也 而以爲未嘗有才焉者 是豈人之情也哉 故苟得其養 無物不長 苟失其養 無物不消 孔子曰 操則存 舍則亡 出入無時 莫知其鄉 惟心之謂與"

안타깝게 여기며 다음과 같이 말하였다.

> 인(仁)은 사람의 마음속에 있고, 의(義)는 사람이 걸어가야 할 길이다. 그 길을 버리고 말미암지 않으며, 그 마음을 버리고 구할 줄 모르니 애처롭구나. 사람들은 자기 집의 닭과 개가 도망치면 찾을 줄 알면서도 방심이 있는데도 구할 줄 모른다. 학문의 길은 다른 것이 없다. 그 방심을 구하는 것일 따름이다.[32]

맹자는 마음을 붙잡고 보존하며 본성을 기르는 방법으로 구방심(求放心)을 제시하며, 그것이 바로 학문의 길이라고 역설하고 있다. 요컨대 학문의 길은 지적 탐구에 있는 것이 아니고, 마음을 붙잡고 본성을 기르는 데 있다는 것으로 그 핵심은 방심을 찾는 데 주목하라는 것이다.

맹자는 "자기 마음을 극진히 하는 자는 자기 본성을 알게 되니, 자기 본성을 알면 천(天)을 안다. 자기 마음을 보존하여 자기 본성을 기르는 것이 천(天)을 섬기는 방법이다."[33]라고 하여, 진심(盡心)·지성(知性)·지천(知天)·사천(事天)의 문제를 언급하였다. 이는 인심(人心)-인성(人性)-천(天)의 구조 속에서 인(人)과 천(天)의 관계를 설명한 것으로, 궁극적으로는 『중용』에서 자사가 말한 천인합일과 일맥상통하는 논리이다.

사람[人]이라는 생명체의 핵심을 사유능력을 가진 심(心)에 있다고 파악하여 마음을 극진히 다해 심(心) 속에 내재된 성(性)을 아는 일이 진심지성(盡心知性)이고, 자신의 본성을 알면 그 성이 하늘이 부여한

---

32 『孟子』「告子上」 제11장. "仁 人心也 義 人路也 舍其路而弗由 放其心而不知求 哀哉 人有雞犬放 則知求之 有放心而不知求 學問之道無他 求其放心而已矣"
33 『孟子』「盡心上」 제1장. "盡其心者 知其性也 知其性 則知天矣 存其心 養其性 所以事天也"

것임을 아는 것이 지천(知天)이니, 이는 곧 존재의 근원에 대한 인식을 하는 것이다. 그리고 그 성을 계발하여 내 몸에 충만히 채우는 것이 사천(事天)이고, 그렇게 해서 하늘과 하나가 되는 것이 천인합일이다.

맹자는 이러한 진심·지성·지천·사천을 군자가 추구할 가장 핵심적인 일로 보았기 때문에 다른 그 어떤 가치보다 여기에 목표를 두었다. 그리하여 맹자는 군자가 이 세상에서 하고 싶은 소망이나 즐거워하는 것보다 본성으로 한 것을 계발하는 데 주안점을 두고 있다.

> 토지를 넓히고 인민을 많이 모으는 것이 군자가 바라는 바이지만 군자가 즐거워하는 것은 이런 데에 있지 않다. 천하의 중앙에 위치하여 천자가 되어서 온 세상의 인민을 안정시키는 것이 군자가 즐거워하는 것이지만 군자가 본성으로 하는 것은 이런 데에 있지 않다. 군자가 본성으로 하는 것은 아무리 그 도를 크게 행해도 보태지지 않으며 아무리 곤궁하게 거처해도 줄어들지 않으니 분수가 정해졌기 때문이다. 군자가 본성으로 하는 것은 인의예지가 심(心)에 근본을 하여, 기색(氣色)에 드러나는 것이 깨끗하게 얼굴에 나타나고 등에 넘쳐흐르고 사지의 몸가짐에 발현되어 사지가 내 말을 기다리지 않고서도 내 의도를 저절로 깨달아 순응하는 것이다.[34]

맹자는 군자의 소욕(所欲)·소락(所樂)·소성(所性)을 말하면서, 외적으로 대업을 이루어 천하를 다스리는 일보다 내적으로 자신의 본성을 길러 저절로 그 덕이 발현되게 하는 것을 더 중시하고 있다. 이는 외적으로 구현하는 왕도(王道)보다 내면의 덕을 이룩하는 천덕(天德)을 더

---

34 『孟子』「盡心上」 제21장. "廣土衆民 君子欲之 所樂不存焉 中天下而立 定四海之民 君子樂之 所性不存焉 君子所性 雖大行 不加焉 雖窮居 不損焉 分定故也 君子所性 仁義禮智根於心 其生色也睟然 見於面盎於背 施於四體 四體不言而喩"

근원적으로 인식하는 사유이다.

맹자는 옛날 현인을 적극적으로 평가하여 백이(伯夷)·이윤(伊尹)·유하혜(柳下惠)·공자(孔子)를 모두 성인으로 평하였다. 그러면서 각각의 특징을 백이는 성지청자(聖之淸者), 이윤은 성지임자(聖之任者), 유하혜는 성지화자(聖之和者), 공자는 성지시자(聖之時者)로 품평하였다.[35] 그러나 공자에 대해서는 시조리(始條理)와 종조리(終條理)를 모두 갖추어 집대성한 인물로 평하였고[36], 시중(時中)의 중도를 실천한 성인으로 보아 맹자 자신이 배우고자 하는 본보기로 삼았다.[37] 맹자는 공자의 시중의 도를 타고난 본성을 따라 그때그때 합당하게 실천하는 것으로 보았다.

맹자의 심성수양론에서 빼놓을 수 없는 것이 「공손추 상」 제2장에서 거론한 내용이다. 「공손추 상」 제2장은 요지를 한 마디로 말하기가 어렵다. 그래서 어떤 사람은 부동심장(不動心章)이라 하고, 어떤 사람은 호연지기장(浩然之氣章)이라 한다. 굳이 이장의 요지를 말하고자 하면 부동심(不動心), 양호연지기(養浩然之氣), 지언(知言) 세 가지를 주제어로 뽑을 수 있다.

맹자는 북궁유(北宮黝)·맹시사(孟施舍)·증자(曾子)·고자(告子) 등의 부동심에 대해 언급하면서 자신의 부동심을 말하였는데, 그 요지는 '지(志)를 기(氣)의 장수로 보아 지(志)를 지키면서 기(氣)를 해침이 없어야 한다.'는 것이다. 지(志)는 심지(心志)로 마음이 추향하는 목적의식을 말하고, 기(氣)는 사람의 몸에 충만한 기운을 가리킨다. 이 지(志)와 기

---

35 『孟子』「萬章下」 제1장 참조.

36 『孟子』「萬章下」 제1장. "孔子之謂集大成 集大成也者 金聲而玉振之也"

37 『孟子』「公孫丑上」 제2장. "可以仕則仕 可以止則止 可以久則久 可以速則速 孔子也 皆古聖人也 吾未能有行焉 乃所願 則學孔子也"

(氣) 양자의 관계에 대해, 맹자는 지(志)는 기의 장수로, 기(氣)는 지(志)의 졸병으로 보아 지(志)가 기(氣)를 통솔해야 함을 주장하였다. 이것이 맹자의 부동심의 방법이다.

공손추는 맹자의 위와 같은 말을 듣고서 선생은 어디에 장점이 있느냐고 묻자, 맹자는 '나는 남의 말을 잘 알아듣고, 나는 나의 호연지기를 잘 기른다.'고 답하였다. 즉 지언(知言)과 양호연지기(養浩然之氣)에 장점이 있다고 말한 것이다. 공손추가 다시 이에 대해 묻자, 맹자는 먼저 호연지기를 기르는 문제에 대해 다음과 같이 말하였다.

> 호연지기의 기가 됨은 의(義)와 도(道)에 배합하니, 이런 것이 없으면 줄어들게 된다. 호연지기는 의(義)를 모아 생겨나는 것인지라, 의가 밖에서 엄습하여 취해지는 것이 아니니, 어떤 일을 행하고서 마음에 유쾌하지 않음이 있으면 줄어든다. 나는 그러므로 '고자는 일찍이 의를 알지 못했다.'고 말하는 것이니, 그가 의를 외부에 있는 것으로 보았기 때문이다. 반드시 호연지기를 기르는 데 일삼음을 두되 기필하지 말아서 마음으로 잊지도 말며, 송나라 사람처럼 인위적으로 조장하지도 말아야 한다.[38]

맹자는 호연지기를 의(義)와 도(道)에 배합한 것으로 정의하고, 내면에 의를 모아서 길러지는 것으로 보았다. 그리고 호연지기를 기르는 방법으로 항상 호연지기를 기르는 일에 마음을 두되 그 효과를 미리 기약하지 말고, 한 순간도 마음속으로 잊지도 말며, 인위적으로 조장하지 말아야 한다는 점을 제시하였다. 이는 호연지기를 기르는 방법일

---

38 『孟子』「公孫丑上」제2장. "其爲氣也 配義與道 無是 餒也 是集義所生者 非義襲而取之也 行有不慊於心 則餒矣 我故曰 告子未嘗知義 以其外之也 必有事焉 而勿正 心勿忘 勿助長也 無若宋人然"

뿐만 아니라 심성을 수양하는 방법의 본질에 해당된다. 곧 이는 맹자의 심성수양론의 핵심이라고 하겠다.

또 지언(知言)에 대해 묻자, 맹자는 다음과 같이 말하였다.

> 치우친 말을 하면 그의 가려진 바를 알아차리고, 방탕한 말을 하면 그의 마음이 빠져 있는 바를 알아차리고, 사악한 말을 하면 그가 도리에서 벗어난 바를 알아차리고, 회피하는 말을 하면 그의 곤궁한 바를 알아차린다.[39]

말[言]은 마음[心]에서 나오니, 마음이 바른 이치에 밝아 가려진 것이 없어야 말이 평이하고 정직하고 통달하게 된다. 그렇지 않으면 병폐가 드러나니, 도리에 통달하면 상대의 말을 듣고서 그의 병폐를 읽어낼 수 있다는 말이다.

이상에서 맹자의 심성수양의 핵심적인 요소를 거론하였는데, 이외에도 맹자가 거론한 심성수양에 관한 담론은 수없이 많다. 그 가운데서 특별히 중요하다고 여겨지는 몇 가지를 추가로 논의해 보기로 한다.

그중에 하나가 바로 순임금이 모든 사람에게서 선을 취했다는 것과 그것이 곧 남이 선을 하도록 도와주는 효과를 낳는다고 말한 것이다. 맹자는 이렇게 말하고 있다.

> 자로는 남들이 자신에게 허물이 있다고 일러주면 기뻐하였다. 우임금은 남에게서 선언을 들으면 그에게 감사하다고 절하였다. 대순(大舜)은 이들보다 더 위대한 점이 있으니, 선을 남과 함께 하여 자기를 버리고

---

39 上同. "詖辭 知其所蔽 淫辭 知其所陷 邪辭 知其所離 遁辭 知其所窮"

남을 따르며 남에게서 선을 취해 자기의 선으로 삼기를 즐거워하셨다.
밭 갈고 씨 뿌리고 옹기 굽고 물고기 잡던 시절부터 황제가 되었을 때까
지 남에게서 선을 취하지 않은 적이 없으셨다. 남에게서 취하여 자기의
선을 삼는 것은 남이 선을 행하도록 도와주는 것이다. 그러므로 군자의
선은 남이 선을 행하도록 도와주는 것보다 더 위대한 것이 없다.[40]

맹자는 공자를 집대성한 성인으로 보았듯이 순임금 역시 집대성한
성인으로 적극 품평하였다. 미천한 시절부터 황제가 되었을 때까지 남
에게서 한 가지 선한 장점이라도 모두 취하였다는 것이 그것을 말한다.
그리고 그러한 행위는 자신을 완성하는 데서 그치지 않고 남들이 더욱
부지런히 선을 행하도록 하는 효과를 가져 오게 하였다는 것이다. 이것
이 바로 남들이 선을 하도록 도와준다는 여인위선(與人爲善)이다.

이처럼 자신의 소견을 버리고 조금이라도 더 나은 남의 소견을 따랐
다는 것은 늘 자신을 돌아보고 성찰했다는 것을 의미한다. 그래서 맹자
의 심성수양론에서 간과할 수 없는 한 가지 방법이 반구저기(反求諸己)
다. 이는 어떤 문제가 발생했을 때 외부적인 요인으로 그 원인을 돌리
지 말고 항상 자기 자신에게서 문제점을 찾으라는 말이다. 맹자는 이렇
게 말하였다.

내가 남을 사랑하는데 그가 나를 친애하지 않으면 나의 인(仁)을 돌아
보고, 내가 남을 다스리는데 다스려지지 않으면 나의 지(智)를 돌아보
고, 내가 남에게 예를 표했는데 그가 나에게 답례를 하지 않으면 나의

---

40 『孟子』「公孫丑上」제8장. "子路 人告之以有過則喜 禹聞善言則拜 大舜有大焉 善與人
同 舍己從人 樂取於人 以爲善 自耕稼陶漁 以至爲帝 無非取於人者 取諸人以爲善 是與
人爲善者也 故君子 莫大乎與人爲善"

공경을 돌아보아야 한다. 어떤 일을 행하고서 뜻한 바를 얻지 못하면 모두 돌이켜 자기에게서 문제점을 찾아야 한다. 자신이 바르면 천하 사람들이 그에게 귀의할 것이다.[41]

맹자는 나 자신에게서 문제점을 찾아 고치는 자반(自反)을 매우 강조하였다. 맹자는 군자가 일반인과 다른 점을 존심(存心)에서 찾았고, 인(仁)으로 존심하고 예(禮)로 존심하는 사람이 군자라고 하였다. 또 남이 나를 함부로 대하면 군자는 반드시 자반을 하여 자신의 불인(不仁)과 무례(無禮)를 성찰하라고 한다. 또 자반을 해도 자신이 인(仁)하고 예(禮)가 있는데 상대방이 함부로 자신을 대하면 군자는 다시 자반을 하여 불충(不忠)하지 않았는가를 성찰한다. 충(忠)은 진정성을 의미한다. 자반을 하여 한 점 부끄러움이 없는 진실한 마음을 확인한 뒤에도 상대방이 함부로 자신을 대하면 그때는 상대를 망인(妄人)으로 여겨 상대하지 않는다는 것이다.[42]

자반(自反), 반구저기(反求諸己)는 자신의 내면을 성찰하는 것이다. 성찰은 유학의 심성수양론에서 매우 중요한 지점인데, 맹자는 이를 적극적으로 주목하여 강조한 것이다. 이 점은 심성수양론에서 매우 중요한 의미를 갖는 것으로, 공자의 사상을 한층 심화시킨 것이라 하겠다.

이 자반과 아울러 맹자가 또 하나 심성수양론으로 주목한 것이 자신의 부끄러움을 아는 지치(知恥)이다. 맹자는 "사람은 부끄러움이 없어서는 안 되니, 부끄러움이 없는 것을 부끄러워하면 수치스러운 일이

---

41 『孟子』「離婁上」제4장. "愛人不親 反其仁 治人不治 反其智 禮人不答 反其敬 行有不得者 皆反求諸己 其身正而天下歸之"
42 『孟子』「離婁下」제28장 참조.

없는 것이다."[43]라고 하여, 염치가 없는 것을 부끄러워할 줄 아는 지치를 거론하였다. 부끄러움이 없음을 부끄러워하면 자신의 수오지심을 채울 수 있을 것이다.

맹자는 또 "부끄러움은 사람에게 있어서 큰 것이다. 교묘하게 임기응변을 하는 자는 부끄러움을 쓰는 바가 없다. 남만 같지 못한 것을 부끄러워하지 않으면 무엇이 남과 같은 점이 있겠는가."[44]라고 하여, 남만 못한 점을 부끄러워할 줄 알면 자포자기하지 않고 자신을 계발시킬 수 있다고 하였다.

이처럼 맹자가 주장한 지치(知恥)는 자반(自反)과 일맥상통하는 논리로 자신의 내면을 돌아보고 성찰하여 잘못을 고쳐나가고 부족한 점을 채워 나가는 심성수양론의 구체적 방법이라 하겠다.

맹자는 심성수양을 통해 도달하는 인격을 선(善)・신(信)・미(美)・대(大)・성(聖)・신(神)의 여섯 단계로 나누어 보았다. 이 세상의 이치 중에서 선은 누구나 반드시 좋아할 수 있고 악은 누구나 반드시 미워할 만한 것인지라 '사람이 하염직한 것을 선이라 한다.[可欲之謂善]'라고 하였다. 사람됨이 누구나 좋아할 만하고 미워할 수 없는 사람이라면 선인(善人)이라 할 수 있다. 즉 누구나 하고 싶어 할 만한 선을 가진 사람은 천성적으로 자질이 선한 선인을 가리킨다.

신(信)은 선을 자기 몸에 소유하여 신의가 있는 신인(信人)이다. 미(美)는 신을 자신의 심신에 가득 채워 아름다움이 내면에 충만한 사람

---

43 『孟子』「盡心上」제6장. 孟子曰"人不可以無恥 無恥之恥 無恥矣"
44 『孟子』「盡心上」제7장. "恥之於人 大矣 爲機變之巧者 無所用恥焉 不恥不若人 何若人有"

이다. 대(大)는 화순한 마음이 내면에 가득 차서 밖으로 그 빛이 발하여
온몸에 드러나고 하는 일에 발휘되는 사람으로, 맹자가 자부한 대인(大
人)이다. 성(聖)은 대(大)가 더욱 발전하여 자연스럽게 덕화가 미치는
경지로 인위적인 노력이 없이도 저절로 중용의 도에 맞는 성인이다.
신(神)은 성인의 덕화가 미치는 것조차 알 수 없는 신묘한 경지로, 성
(聖) 위에 별도의 신(神)이 있는 것이 아니라 성인의 덕화가 신묘하게
미치는 효과를 말한 것이다.

맹자는 스스로 성(聖)의 경지로 자처하지 않고 대(大)의 경지로 자
부하였으며, 대인에 대해 자주 언급하였다. 맹자는 제자 악정자(樂正
子)를 품평하면서 선(善)과 신(信)의 중간 단계에 이른 사람이라고 평
하였다.[45]

맹자는 대인(大人)에 대해 '자신을 바르게 하여 남이 바르게 되는 사람
[正己而物正者]'이라 하였고[46], '인에 마음을 두고 의를 말미암으면 대인
의 일이 갖추어진다.[居仁由義 大人之事備矣]'고 하였으며[47], '대인은 어
린아이의 마음을 잃지 않는 사람이다.[大人者 不失其赤子之心者也]'라고
하였다.[48] 또 대체(大體)를 기르면 대인이 되고 소체(小體)를 기르면 소인
이 된다고 하면서 사유능력이 없는 이목구비의 감각기관을 따라 생각하
고 행동하면 외물에 끌려가게 되니, 사유능력이 있는 심(心)이 사유하여

---

45 『孟子』「盡心下」제25장. "浩生不害問曰 樂正子 何人也 孟子曰 善人也 信人也 何謂善
    何謂信 曰可欲之謂善 有諸己之謂信 充實之謂美 充實而有光輝之謂大 大而化之之謂聖
    聖而不可知之之謂神 樂正子 二之中 四之下也"
46 『孟子』「盡心下」제19장.
47 『孟子』「盡心下」제33장.
48 『孟子』「離婁下」제12장.

이치를 터득해 대체를 먼저 세워야 대인이 될 수 있다고 하였다.[49]

이런 맹자의 설은 심성수양의 핵심을 거론한 것으로 사람이 본성을 계발하고 도덕적 주체성을 확립하면 누구나 대인 또는 성인이 될 수 있다는 논리이다. 이러한 설은 성선설을 기반으로 하여 인격수양론을 제시한 것으로 모든 사람에게 희망을 주는 메시지라 아니할 수 없다. '누구나 성인이 될 수 있다.'는 메시지는 피지배층의 민중에게 그 무엇보다 삶의 큰 희망이 될 수 있다. 또한 자질이 영민하지 못한 사람에게도 높은 인격을 이룩할 수 있는 희망의 메시지가 아닐 수 없다.

5. 『맹자』의 교육론

맹자가 등 문공(滕文公)에게 말한 왕도정치는 먼저 민생의 의식주를 해결해 준 뒤에 교육을 시켜 인륜을 밝히는 내용이다. 맹자는 등문공에게 백성은 항산(恒産)이 있어야 항심(恒心)을 갖는다고 하면서 토지를 분배하고 세금을 부과하는 전제(田制)에 대해 설명한 뒤, 삼대의 학교제도에 대해 언급하면서 학교를 개설한 것은 인륜을 밝히기 위한 것임을 강조하였다.[50]

맹자는 양 혜왕(梁惠王)에게도 백성들의 의식주를 먼저 해결한 뒤에 학교를 개설하여 교육을 시켜야 왕도정치를 할 수 있음을 다음과 같이 역설하였다.

---

49 『孟子』「告子上」제15장.
50 『孟子』「滕文公上」제3장 참조.

백성들이 살아있는 이를 봉양하고 죽은 이를 떠나보내는 상례에 유감
이 없도록 하는 것이 왕도정치의 시작입니다. 5묘의 집 주위 텃밭에 뽕
나무를 심으면 나이 50세가 된 사람들이 비단옷을 입을 수 있고, 닭과
돼지와 개 같은 가축의 번식시기를 놓치지 않으면 나이 70세 된 노인이
고기를 먹을 수 있습니다. 백성이 100묘의 농지를 경작하는 데 농사지을
시기를 빼앗지 않으면 몇 식구의 한 가족이 굶주림이 없을 수 있습니다.
그 뒤에 학교의 교육을 삼가 효제(孝悌)의 의리로써 거듭 가르치면 머리
카락이 희끗희끗한 사람들이 도로에서 짐을 이거나 지지 않을 것이고,
나이 70세 된 노인들이 비단옷을 입고 고기를 먹을 수 있을 것입니다.
백성들이 굶주리지 않고 헐벗지 아니하는데도 왕도정치를 하지 못한 경
우는 없습니다.[51]

맹자는 또 양 혜왕에게 백성들이 농사를 짓고 난 뒤 젊은이들에게
한가한 날 효제·충신을 수학하도록 하면 가정에 들어가서는 부형을
섬기고 밖으로 나와서는 어른이나 상관을 섬길 것이라고 하였다.[52]

효제·충신은 공자가 자주 언급한 교육내용이다. 효제는 나와 가장
가까운 부모에게 효도하고 형장에게 공경하는 것이고, 충신은 나의 마
음을 진실하게 하고 남을 대할 때 신의 있게 하는 마음가짐이다.

맹자는 이처럼 공자의 교육론을 바탕으로 하고 있는데, 성선설을 근
거로 하여 자득(自得)을 중시하고 있다.

---

51 『孟子』「梁惠王上」제3장. "養生喪死 無憾 王道之始也 五畝之宅 樹之以桑 五十者 可
以衣帛矣 雞豚狗彘之畜 無失其時 七十者 可以食肉矣 百畝之田 勿奪其時 數口之家 可
以無飢矣 謹庠序之教 申之以孝悌之義 頒白者 不負戴於道路矣 七十者衣帛食肉 黎民不
飢不寒 然而不王者 未之有也"
52 『孟子』「公孫丑上」제5장 참조.

군자가 깊숙이 나아가기를 힘쓰되 반드시 올바른 방도로써 하는 것은 그 이치를 자득하고자 해서이다. 이치를 자득하면 마음이 편안해지고, 마음이 편안해지면 자뢰함이 깊어지고, 자뢰함이 깊어지면 좌우의 가까운 데서 취하더라도 그 근원을 만나게 된다. 그러므로 군자는 이치를 자득하고자 하는 것이다.[53]

여기서 말하는 '올바른 방도[其道]'는 원칙이나 표준을 가리킨다. 즉 이치를 궁구하는 데 원칙에 맞게 탐구해서 자득해야 한다는 것이니, 멋대로 치우친 사색을 해서는 안 된다는 말이다. 맹자는 이 '올바른 방도'를 '규구(規矩)'로 보아 "큰 목수는 사람을 가르칠 적에 반드시 규구로써 하니, 목공기술을 배우는 자도 반드시 규구로써 한다."[54]라고 하였다. 규구는 목수가 곡선을 그리고 직각을 그리는 데 쓰는 자이니, 기준이나 법도를 말한다.

맹자는 "목수와 수레 만드는 목공은 남에게 규구를 줄 수는 있지만, 그 사람을 솜씨 좋게 할 수는 없다."[55]고 하고, 또 "대장(大匠)은 졸렬한 목공을 위해 승묵(繩墨; 먹줄과 먹통)을 바꾸거나 폐하지 않으며, 유궁후예(有窮后羿)는 졸렬한 사수를 위해 활시위 당기를 법을 바꾸지 않는다. 군자가 활시위를 당겨 쏘지 않은 상태에서 뛰어나갈 듯한 자세로 중도에 서 있으면 재능이 있는 자는 그 자세를 보고서 스스로 터득해 따라한다."[56]라고 하여 자득을 강조하였다. 이는 군자가 학생을 가르칠 적에

---

53 『孟子』「離婁下」제14장. "君子深造之以道 欲其自得之也 自得之 則居之安 居之安 則資之深 資之深 則取之左右 逢其原 故君子欲其自得之也"
54 『孟子』「告子上」제20장. "大匠誨人 必以規矩 學者 亦必規矩"
55 『孟子』「盡心下」제5장. "梓匠輪輿 能與人規矩 不能使人巧"
56 『孟子』「盡心上」제41장. "大匠 不爲拙工 改廢繩墨 羿 不爲拙射 變其彀率 君子 引而

법도를 전수해 줄 뿐 도를 터득하는 것은 자신의 몫임을 활쏘기로 비유한 것이다.

맹자는 인품의 고하에 따라 교육방법에 다섯 가지가 있다고 하였는데, 첫째는 제때에 내리는 비처럼 교화시키는 경우이며, 둘째는 덕을 완성시켜주는 경우이며, 셋째는 각자의 장점을 따라 재주를 달성하게 해주는 경우이며, 넷째는 질문에 답하여 깨우치는 경우이며, 다섯째는 직접 수업을 받지 못하여 남에게 군자의 도를 전해 듣고서 스스로 자신을 선하게 하는 사숙(私淑)이다.[57]

주희는 첫째의 방법은 안회와 증삼의 경우로, 둘째의 방법은 염옹(冉雍)과 민손(閔損)의 경우로, 셋째의 방법은 중유(仲由)와 단목사(端木賜)의 경우로, 넷째의 방법은 번지(樊遲)와 만장(萬章)의 경우로, 다섯째의 방법은 진강(陳亢)과 이지(夷之)의 경우로 비유하였다.

이 외에도 맹자는 달갑게 여기지 않아 거절하는 것이 또한 가르침이 될 수 있다는 의미로 불설지교회(不屑之教誨)를 말하였으며[58], '군자는 자식을 직접 가르치지 않고 역자교지(易子教之)한다'는 점과 '부자 사이에는 선을 권면하지 않는다.'는 점을 말하였는데[59], 이 역시 맹자의 교육론에 해당하는 내용이다.

不發 躍如也 中道而立 能者從之"

57 『孟子』「盡心上」 제40장. "君子之所以教者五 有如時雨化之者 有成德者 有達財者 有答問者 有私淑艾者 此五者 君子之所以教也"

58 『孟子』「盡心上」 제16장 참조.

59 『孟子』「離婁上」 제18장 참조.

6. 『맹자』의 왕도정치론(王道政治論)

맹자의 왕도정치론은 한 마디로 인정(仁政)을 펴는 것이다. 그런데 맹자는 인정의 논리적 근거를 성선설(性善說)의 근거인 불인인지심(不忍人之心)에서 찾았다. 맹자는 "사람은 모두 남에게 차마하지 못하는 마음을 가지고 있다. 선왕은 남에게 차마하지 못하는 마음이 있어서 이에 남에게 차마하지 못하는 정사가 있었다. 남에게 차마하지 못하는 마음으로 남에게 차마하지 못하는 정사를 행하면 천하를 다스리는 일은 손바닥 위에 물건을 올려놓고 움직이는 것처럼 쉬울 것이다."[60]라고 하여, 인정은 남에게 차마하지 못하는 인심(仁心)에서 비롯된다고 하였다. 불인인지심(不忍人之心)은 인심(仁心)이고 불인인지정(不忍人之政)은 인정(仁政)이다.

다시 맹자는 눈 밝은 이루(離婁), 솜씨 좋은 공수자(公輸子)일지라도 규구(規矩)가 아니면 네모나 원을 그릴 수 없고, 귀 밝은 사광(師曠)일지라도 육률(六律)이 아니면 오음(五音)을 바로잡을 수 없다는 비유를 들면서, 요·순의 도일지라도 인정이 아니면 천하를 평치할 수 없다고 하였다. 규구는 네모와 곡선을 그리는 컴퍼스와 곡척(曲尺)이고, 육률은 고대 음조의 표준이 되는 소리로 법도를 의미하며, 이루와 공수자와 사광은 각 분야의 전문가로 인심(仁心)을 비유한 것이다. 이는 즉 요·순 같은 성인일지라도 인정(仁政)이라는 법도를 근본으로 하지 않으면 왕도정치를 할 수 없다는 논리이다.

---

60 『孟子』「公孫丑上」제6장. "孟子曰 人皆有不忍人之心 先王有不忍人之政矣 以不忍人之心 行不忍人之政 治天下 可運於掌上"

그래서 맹자는 "성인이 이미 눈의 힘을 다하고서 규구(規矩)·준승(準繩)으로써 계승하니 네모와 곡선, 수평과 수직을 만들 적에 이루 다 쓸 수 없었고, 성인이 귀의 힘을 다하고서 육률로써 계승하니 오음을 바로잡을 적에 이루 다 쓸 수 없었고, 성인이 심사(心思)를 다하고서 불인인지정(不忍人之政)으로써 계승하니 인(仁)이 온 세상을 덮었다."[61] 라고 하여, 인심(仁心)으로 인정(仁政)을 행해야 평천하를 할 수 있다고 보았다.

맹자는 인정(仁政)의 기본요소로 두 가지를 거론했다. 하나는 민생의 경제적인 삶을 안정시켜 항산(恒産)이 있게 하는 제도를 제정하는 제민지산(制民之産)이고, 하나는 학교를 개설하여 효제지의(孝悌之義)를 가르쳐 항심(恒心)을 갖게 하는 것이다. 맹자는 "인민은 항산이 없으면 항심이 없게 되고, 항심이 없으면 방탕하고 편벽되고 사악하고 사치한 짓을 하게 된다."[62]고 하면서 제일 급선무로 인민의 항산을 제정하여 부모를 봉양하고 처자를 양육할 터전을 마련해주어야 한다고 하였다. 그리고서 학교를 개설하여 효·제의 의리를 가르쳐야 한다고 역설하였다. 이것이 맹자가 제시한 인정(仁政)으로 양 혜왕과 제 선왕과 등 문공에게 말한 핵심적인 내용이다.

맹자가 생각한 인민의 산업을 제정하는 것은 정전법(井田法)이다. 맹자는 나라를 다스리는 방도를 질문한 등 문공에게 백성의 산업을 제정하는 문제가 급선무라고 하면서 하(夏)나라 때의 공법(貢法), 상(商:殷)

---

61 『孟子』「離婁上」제1장. "聖人旣竭目力焉 繼之以規矩準繩 以爲方員平直 不可勝用也 旣竭耳力焉 繼之以六律 正五音 不可勝用也 旣竭心思焉 繼之以不忍人之政 而仁覆天下矣"

62 『孟子』「梁惠王上」제7장. "若民 則無恒産 因無恒心 苟無恒心 放辟邪侈 無不爲已"

나라 때의 조법(助法), 주(周)나라 때의 철법(徹法)에 대해 개략적인 설명을 하였는데, 그 요지는 다음과 같다.

하나라 때의 공법은 한 가장에게 50묘의 전지(田地)를 주고서 그 가운데 5묘의 수확을 세금으로 내는 토지분배 및 세금수취의 제도이다. 상나라 때의 조법은 대체로 정전제와 같은 제도로 630묘를 9등분해 한 가정에 70묘씩 나누어주되 중간 1구역은 공전(公田)으로 삼고 그 나머지 8구역은 8가(家)에 나누어주어 각자 농사를 짓게 하며, 공전은 8가에서 함께 농사를 지어 국가에 세금으로 내게 하는 제도이다.

주나라 때의 철법은 한 가장에게 100묘씩 나누어주되 8가(家)가 1정(井)을 함께 하여 힘을 합해 공동으로 경작하고 수확한 것을 균분(均分)하는 제도이다. 다만 상나라 때의 조법은 공전만을 8가가 공동으로 경작하는 것인데, 철법은 전체 900묘를 공동으로 경작하고 공동분배하며, 공전 100묘 중 20묘는 8가가 공동으로 경작하는 농막으로 삼는 것이니 실제로는 880묘 중에서 80묘의 수확을 세금으로 내는 것이어서 11분의 1에 해당한다.[63]

맹자가 이해한 정전제는 두 가지로, 하나는 조법이고 하나는 철법이다. 조법은 1정(井)에 속한 8가가 공전만 공동으로 경작하여 국가에 세금을 내는 제도이고, 철법은 1정(井)에 속한 8가가 900묘를 공동으로 경작하여 국가에 세금을 내고 수확을 공동으로 분배하는 제도이다. 그래서 주희는 조법의 '조(助)'는 '힘을 빌리다'는 '차(借)'의 뜻으로 해석했고, 철법의 '철(徹)'은 '힘을 통합하다'는 '통(通)'과 '균일하게 분배하다'는 '균(均)'의 뜻으로 풀이하였다.

---

63 『孟子』「滕文公上」 제3장 참조.

또 맹자는 『시경』 소아(小雅) 「대전(大田)」에 '우리 공전에 비를 내리
고 드디어 우리 사전(私田)에 미치네.[雨我公田 遂及我私]'라고 한 시구
에 주목하여 주나라 때도 조법을 시행하였음을 입증하였다. 이를 통해
힘을 합해 공전을 먼저 경작하고 난 뒤에 각자 자기의 사전을 경작하는
당시의 풍습을 짐작할 수 있다.

맹자의 인정(仁政)은 통치자가 인민의 의식주를 해결해 주어 모든
인민들이 인간답게 사는 세상을 구현하는 것으로 인민이 국가의 근본이
된다는 민본정치를 대변한다. 맹자는 "인정은 반드시 토지의 경계를
구획하여 분배하는 것으로부터 비롯되니, 토지구획이 바르지 못하면
정전(井田)이 균분되지 못하며 곡식과 녹봉이 공평하지 못할 것이다."[64]
라고 하였다. 농경사회에서 농지분배가 가장 중요하기 때문에 농민에게
토지를 분배하고 세금을 거두는 문제를 가장 먼저 거론한 것이다.

맹자는 이러한 전제(田制)를 제정하는 문제 외에도 민생을 안정시키
기 위해 산림천택(山林川澤)의 자원을 이용하는 문제, 시장에서 세금을
거두는 문제, 국경의 관문을 통과할 때 내는 세금, 주민세 등 다방면에
서 보민(保民)의 문제를 거론하였다.[65] 이처럼 민생의 의식주의 문제를
최우선적으로 해결하고 나서 교육을 시켜 떳떳한 인륜을 따르며 사는
인간다운 삶을 거론하였다.

---

64 『孟子』 「滕文公上」 제3장. "夫人情 必自經界始 經界不正 井地不均 穀祿不平"
65 『孟子』 「梁惠王上」 제3장에 "數罟 不入洿池 漁鼈 不可勝食也 斧斤 以時入山林 材木
不可勝用也 穀與漁鼈 不可勝食 材木 不可勝用"라 하였고, 「梁惠王下」 제5장에 "關市
譏而不征 澤梁無禁"라 하였고, 「公孫丑上」 제5장에 "市 廛而不征 法而不廛 則天下之
商皆悅 而願藏於其市矣 關 譏而不征 則天下之旅皆悅 而願出於其路矣 耕者 助而不稅
則天下之農皆悅 而願耕於其野矣 廛 無夫里之布 則天下之民皆悅 而願爲之氓矣"라고
하였다.

앞에서 살펴보았듯이 맹자는 인정을 펴기 위해서는 인심(仁心)이 있어야 한다고 하였는데, 이 인심이 바로 불인인지심(不忍人之心)으로 남의 배려하는 마음이다. 그런데 맹자는 제 선왕과의 대화를 통해 알 수 있듯이, 이 불인인지심이 있더라도 이를 능동적으로 미루어나가 남의 처지를 헤아리는 적극적인 노력이 있어야 인정을 행할 수 있다고 보았다. 그래서 도살장으로 끌려가는 소가 벌벌 떨며 두려워하는 모양을 보고 양(羊)으로 소[牛]를 바꾸라고 한 제선왕의 불인인지심을 포착하여 인정을 유도한 것이다. 맹자를 이를 다음과 같이 말하였다.

태산을 옆에 끼고 북해를 뛰어넘는 것을 남들에게 '나는 할 수 없다.'고 말하는 것은 참으로 불능한 것입니다. 그러나 장자를 위해 나뭇가지를 꺾어드리는 것을 남들에게 '나는 할 수 없다.'고 말하는 것은 불능한 것이 아닙니다. 그러므로 왕께서 왕도정치를 행하지 못하는 것은 태산을 옆에 끼고 북해를 뛰어넘는 유형이 아니고, 왕께서 왕도정치를 행하지 못하는 것은 장자를 위해 나뭇가지를 꺾어드리는 유형입니다. 우리 집의 노인을 경로하여 남의 집의 노인에게 미치고, 우리 집의 유아를 자애하여 남의 집의 유아에 미치면 천하는 손바닥 위에서 운전할 수 있습니다.……그러므로 은혜를 미루어 나가면 온 세상 사람을 보호할 수 있고, 은혜를 미루어 나가지 않으면 자기 처자식도 보호할 수 없습니다. 옛날 사람이 오늘날 사람보다 크게 뛰어난 이유는 다른 것이 없습니다. 자신이 하는 것을 잘 미루어 나갔을 따름입니다. 지금 왕의 은혜가 금수에게 미치면서도 은공이 백성에게 이르지 못하는 것은 유독 무엇 때문이겠습니까?[66]

66 『孟子』「公孫丑上」제7장. "挾太山以超北海 語人曰我不能 是誠不能也 爲長者折枝 語人曰我不能 是不爲也 非不能也 故王之不王 非挾太山以超北海之類也 王之不王 是折枝之類也 老吾老 以及人之老 幼吾幼 以及人之幼 天下可運於掌……故推恩 足以保四海 不推恩 無以保妻子 古之人 所以大過人者 無他焉 善推其所爲而已矣 今恩足以及禽獸 而功不至於百姓者 獨何與"

통치자가 자기 주변에만 은혜를 펼 것이 아니라 보다 적극적으로 온 백성에게 미루어 나가야 한다는 추은(推恩)의 논리이다. 요컨대 불인인 지심의 인심(仁心)을 적극적으로 미루어 나가 백성을 보호해야 한다는 것이다. 이것을 『대학』에서는 혈구지도(絜矩之道)로 말하고 있다. 요컨대 제가(齊家)의 핵심인 효(孝)·제(悌)·자(慈)를 임금이 미루어 나가 온 백성을 교화시키는 추화(推化)가 치국(治國)의 논리인 반면, 평천하(平天下)는 임금이 온 천하 백성의 사정을 다 알 수 없기 때문에 효·제·자의 마음으로 백성의 사정을 먼저 능동적으로 헤아려 살펴야 한다는 것이다.

그리하여 맹자가 인정의 핵심으로 거론한 것이 임금이 백성과 동고동락(同苦同樂)하는 여민동락(與民同樂)이다. 맹자는 이렇게 말하고 있다.

신이 청컨대 왕을 위해 음악을 말씀드리고자 합니다. 지금 왕께서 이곳에서 음악을 연주할 경우, 백성들이 왕이 연주하는 종·북과 관악기·피리의 소리를 듣고서 모두 골머리를 앓고 이맛살을 찌푸리면서 서로 말하기를 "우리 왕의 음악 연주를 좋아하심이여. 어찌하여 우리들로 하여금 이런 극한에 이르게 하여 부자간에 서로 만나지 못하고 형제와 처자가 뿔뿔이 흩어지게 한단 말인가."라고 하며, 지금 왕께서 이곳에서 사냥을 하실 경우, 백성들이 왕의 수레와 말이 달리는 소리를 듣고 아름다운 깃발을 보고서 모두 골머리를 앓고 이맛살을 찌푸리면서 서로 말하기를 "우리 왕이 사냥을 좋아하심이여. 어찌하여 우리들로 하여금 이런 극한에 이르게 하여 부자간에 서로 만나지 못하고 형제와 처자가 뿔뿔이 흩어지게 한단 말인가."라고 한다면 이는 다른 이유가 없습니다. 백성과 더불어 즐거움을 함께 하지 않기 때문입니다. 지금 왕께서 이곳에서 음악을 연주하실 경우 백성들이 왕의 종·북과 관악기·피리의 소리를 듣고서 모두 흔쾌히 기쁜 기색을 띠며 서로 말하기를 "우리 왕께서는 거의 질병이 없으신가보다. 어떻게 음악 연주를 저리 잘 하시는지."라고 하며, 지금 왕께서 이곳에서 사냥을 하실 경우 백성들이 왕의 수레와 말이

달리는 소리를 듣고 아름다운 깃발을 보고서 모두 흔쾌히 기쁜 기색을
띠며 서로 말하기를 "우리 왕께서는 거의 질병이 없으신가보다. 어떻게
사냥을 저리 잘 하시는지."라고 하면 이는 다른 이유가 없습니다. 백성
과 더불어 즐거움을 함께 하기 때문입니다. 지금 왕께서 백성과 더불어
즐거움을 함께 하신다면 왕도정치를 펼 수 있습니다.[67]

이것이 바로 맹자가 왕도정치의 핵심으로 거론한 여민동락의 논리이
다. 맹자는 이를 '여민해락(與民偕樂)'(「양혜왕 상」 제2장) 또는 '여민동
지(與民同之)'(「양혜왕 하」 제2장)로 표현하기도 하였다. 그리고 이런 여
민동락의 논리를 더 구체적으로 다음과 같이 역설하였다.

백성의 즐거움을 즐거워하는 통치자는 백성들도 그 통치자의 즐거움
을 즐거워하고, 백성의 근심을 걱정하는 통치자는 백성들도 그 통치자의
근심을 걱정합니다. 그러니 천하 사람들의 즐거움으로써 즐거워하고 천
하 사람들의 근심으로써 걱정하면서도 왕도정치를 펴지 못할 임금은 없
습니다.[68]

이는 통치자에 주안점을 두지 않고 민생에 주안점을 둔 이른바 민
본주의이다. 이런 민본주의의 왕도정치사상은 비단 임금에게만 국한

---

67 『孟子』「梁惠王下」 제1장. "臣請爲王言樂 今王鼓樂於此 百姓聞王鐘鼓之聲 管籥之音
舉疾首蹙頞而相告曰 吾王之好鼓樂 夫何使我至於此極也 父子不相見 兄弟妻子離散 今
王田獵於此 百姓聞王車馬之音 見羽旄之美 舉疾首蹙頞而相告曰 吾王之好田獵 夫何使
我至於此極也 父子不相見 兄弟妻子離散 此無他 不與民同樂也 今王鼓樂於此 百姓聞王
鐘鼓之聲 管籥之音 舉欣欣然有喜色而相告曰 吾王庶幾無疾病與 何以能鼓樂也 今王田
獵於此 百姓聞王車馬之音 見羽旄之美 舉欣欣然有喜色而相告曰 吾王庶幾無疾病與 何
以能田獵也 此無他 與民同樂也 今王與百姓同樂 則王矣"
68 『孟子』「梁惠王下」 제4장. "樂民之樂者 民亦樂其樂 憂民之憂者 民亦憂其憂 樂以天下
憂以天下 然而不王者 未之有也"

된 것이 아니고 정치에 종사하는 모든 사람에게 적용된다. 그래서 맹자는 진정한 대장부에 대해 "천하의 광거(廣居:仁)에 마음을 두고, 천하의 정위(正位)에 올라 천하의 대도를 행하여 뜻을 얻으면 백성과 더불어 그 도를 실천하고, 뜻을 얻지 못하면 홀로 그 도를 행한다."[69]라고 하였다.

이러한 맹자의 민본주의는 인재등용에 있어서도 좌우의 측근들이나 대부들의 의견을 따르지 말고 국민이 모두 인정하고 동의하는 현인을 직접 검증한 뒤에 등용해야 백성의 부모가 된 자격이 있다고 강조하고 있다.[70]

그런데 이러한 맹자의 민본주의는 천명(天命)도 민심(民心)에 근본을 한다는 사상으로 한 단계 더 발전하였다. 맹자는 요·순의 선양(禪讓)에 대해 천자는 천하를 남에게 줄 수 없으니 요가 순에게 천하를 준 것이 아니고 하늘[天]이 그에게 준 것이라고 하며, 하늘은 말을 할 수 없기 때문에 행사(行事)로써 그 뜻을 드러내 보여줄 뿐이라고 하였다. 또 천자는 하늘에 어떤 사람을 천거할 수는 있지만 하늘로 하여금 그에게 천하를 주게 할 수는 없다고 하면서, 요가 하늘에 순을 천거하자 하늘이 그를 받아들였고, 요가 백성들에게 순을 드러내 보이자 백성들이 그를 받아들였다고 하였다.

---

69 『孟子』「滕文公下」 제2장. "居天下之廣居 立天下之正位 行天下之大道 得志 與民由之 不得志 獨行其道"

70 『孟子』「梁惠王下」 제7장. "左右皆曰賢 未可也 諸大夫皆曰賢 未可也 國人皆曰賢 然後察之 見賢焉 然後用之 左右皆曰不可 勿聽 諸大夫皆曰不可 勿聽 國人皆曰不可 然後察之 見不可焉 然後去之 左右皆曰可殺 勿聽 諸大夫皆曰可殺 勿聽 國人皆曰可殺 然後察之 見可殺焉 然後殺之 故曰 國人殺之也 如此 然後可以爲民父母"

또 만장이 '하늘이 받아들이고 백성이 받아들였다'는 구체적인 사례를 묻자, 맹자는 "요가 순으로 하여금 제사를 주관하게 하였는데 여러 신들이 그 제사를 흠향하였으니 이것이 바로 하늘이 받아들인 것이며, 순으로 하여금 정사를 주관하게 하였는데 정사가 잘 다스려져 백성들이 평안하였으니 이것이 바로 백성이 그를 받아들인 것이다."라고 답하였다.

맹자는 『상서』「태서(泰誓)」의 '하늘이 보는 것은 우리 백성이 보는 것을 말미암고, 하늘이 듣는 것은 우리 백성이 듣는 것은 말미암는다.'는 문구를 인용하여 하늘은 눈과 귀가 없지만, 대중들의 눈과 귀를 통해 알 수 있다고 하였다.[71] 이는 곧 민의(民意)가 천의(天意), 민심(民心)이 천심(天心)이라는 사상이다.

맹자는 이런 민본주의에 의거하여 "백성이 제일 귀하고, 사직(社稷)이 그 다음이고, 임금은 가장 가볍다. 그러므로 민중에게 신임을 받아 천자가 되고, 천자에게 신임을 받아 제후가 되고, 제후에게 신임을 받아 대부가 된다. 제후가 사직을 위태롭게 하면 제후를 바꾸어 세우고, 희생이 성장하고 자성(粢盛)이 청결하게 준비되고 제때에 제사를 지내는데도 가뭄과 홍수가 들면 사직을 바꾸어 설치한다."[72]라고 하여, 군주나 사직보다도 백성을 가장 귀한 존재로 보았다. 여기서 맹자의 민본주의사상은 극치에 달한다.

맹자는 이런 민본사상에 입각하여 임금과 신하의 관계, 임금과 백성

---

71 이상 『孟子』「萬章上」제5장 참조.
72 『孟子』「盡心下」제14장. "孟子曰 民爲貴 社稷次之 君爲輕 是故 得乎丘民而爲天子 得乎天子爲諸侯 得乎諸侯爲大夫 諸侯危社稷 則變置 犧牲旣成 粢盛旣絜 祭祀以時 然而旱乾水溢 則變置社稷"

의 관계를 설정하였다. 맹자는 제 선왕에게 임금이 신하를 예로 대해야 함을 역설하면서 "임금이 신하를 수족(手足)처럼 보면 신하는 임금을 복심(腹心)처럼 보고, 임금이 신하를 견마(犬馬)처럼 보면 신하는 임금을 국인(國人)처럼 등한히 보며, 임금이 신하를 토개(土芥)처럼 하찮게 보면 신하는 임금을 원수처럼 봅니다."[73]라고 하여, 임금과 신하의 관계를 직설적으로 말하였다.

또 임금과 백성의 관계에 대해서는 임금은 백성의 부모와 같다는 역할을 강조하면서 다음과 같이 말하였다.

> 푸줏간에는 살찐 고기가 있고 마구간에는 살찐 말이 있는데 백성들은 굶주린 기색이 있고 들판에는 굶어죽은 시체가 있다면 이는 짐승을 거느리고서 사람을 잡아먹는 격입니다. 짐승이 서로 잡아먹는 것도 사람들은 미워하는데 백성의 부모가 되어서 정사를 행하되 짐승을 몰아 사람을 잡아먹는 것을 면하지 못한다면 그가 백성의 부모가 된 의미가 어디에 있겠습니까.[74]

맹자는 부모의 역할을 제대로 못하여 백성을 굶어죽게 하거나 전쟁터로 내몰아 죽게 하는 임금은 임금으로서의 자격이 없는 사람이라 하였으며, 그처럼 백성을 해치는 임금은 민중의 마음을 잃은 일부(一夫: 獨夫)에 지나지 않는다고 보았으며, 상나라 주왕(紂王)은 민심을 저버린 일부(一夫)였기 때문에 주벌을 당했다고 보았다.

---

[73] 『孟子』「離婁下」제3장. "君之視臣如手足 則臣視君如腹心 君之視臣如犬馬 則臣視君如國人 君之視臣如土芥 則臣視君如寇讐"
[74] 『孟子』「梁惠王上」제4장. "庖有肥肉 廐有肥馬 民有飢色 野有餓莩 此率獸而食人也 獸相食 且人惡之 爲民父母 行政 不免於率獸而食人 惡在其爲民父母也"

또 맹자는 정치를 논하면서 의(義)・이(利)에 대해 명확히 분변하였다. 『맹자』를 펴면 첫 대목에 '무엇으로써 우리나라를 이롭게[利] 해 줄 수 있습니까?'라는 양 혜왕의 질문에 '왕께서는 어찌 굳이 이(利)를 말씀하신단 말입니까. 또한 인(仁)・의(義)가 있을 따름입니다.[王 何必 曰利 亦有仁義而已]'라고 답한 것이 보이는데, 이 말을 음미하면 맹자의 왕도정치사상을 쉽게 이해할 수 있다.

맹자는 오신(吾身)・오가(吾家)・오국(吾國)만을 이롭게 하고자 하는 이기적인 사고에 일침을 가하면서 인・의를 역설하였는데, 그런 이기적인 사고를 하게 되면 남의 것을 빼앗지 않고서는 만족하지 못하는 상호쟁탈전이 일어날 수밖에 없어서 결국 공멸하게 될 것이므로, 이기적인 사고를 버리고 공정한 사회를 지향하는 사고를 해야 한다고 하였다.

맹자는 이(利)로써 초나라와 진(秦)나라의 왕에게 유세를 하고자 하는 송경(宋牼)에게 그 불가함을 말하면서 "신하가 이(利)를 품고 임금을 섬기고, 자식이 이(利)를 품고 아비를 섬기고, 아우가 이(利)를 품고 형을 섬기면 임금과 신하, 아비와 자식, 형과 아우 사이에 끝내 인・의를 버리고 이(利)를 품고서 서로 접하게 될 것이니, 그러고서도 망하지 않는 경우는 없다."[75]라고 하였다.

또 맹자는 왕도정치를 말하면서 상대적으로 패도정치(覇道政治)를 말하였다. 맹자는 무력으로 인(仁)을 표방하는 것을 패도(覇道)로 보았고, 덕으로 인(仁)을 실행하는 것을 왕도(王道)로 보았다. 그리고 무력으로 사람을 복종시키는 경우는 심복하는 것이 아니고 힘이 부족하기

---

75 『孟子』「告子下」제4장 "爲人臣者懷利以事其君 爲人子者懷利以事其父 爲人弟者懷利以事其兄 是君臣父子兄弟 終去仁義 懷利以相接 然而不亡者 未之有也"

때문에 굴복하는 것이지만, 덕으로 사람을 복종시키는 경우는 공자의 72제자가 공자에게 복종하듯이 마음속으로 기뻐하며 진실로 복종하는 것이라고 하였다.[76]

　그래서 왕도정치는 백성을 편안히 해주려는 도리로 백성을 부리기 때문에 백성들이 수고롭더라도 통치자를 원망하지 않고, 백성을 살려주려는 도로써 백성을 죽이기 때문에 백성이 죽더라도 통치자를 원망하지 않는다고 하였으며[77], 통치자가 그들을 이롭게 해 주더라도 공으로 여기지 않는다고 하였다.

7. 『맹자』의 처세론(處世論)

　맹자는 사람은 모두 자신의 나쁜 점을 부끄러워하고 남의 나쁜 점을 미워하는 수오지심(羞惡之心)을 가지고 있기 때문에 이를 확충하면 본성의 하나인 의(義)를 얻을 수 있다고 보았다. 공자가 의(義)를 말하지 않은 것은 아니지만, 본성을 대표하는 인(仁)에 더 비중을 두어 말한 것이 사실이다. 맹자는 이런 공자의 사상을 계승하여 인(仁)과 의(義)를 동시에 강조하며 겸하여 말하여 그 중요성을 더욱 역설하였다. 『맹자』 첫 장을 열면 양 혜왕에게 '어찌 굳이 이(利)를 말씀하신단 말입니까. 또한 인·의가 있을 따름입니다.[何必曰利 亦有仁義而已]'라고 한 것이 이런 사상을 잘 보여준다.

76　『孟子』「公孫丑上」제3장 참조.
77　『孟子』「盡心上」제12장, 제13장 참조.

맹자의 처세론은 이 의(義)를 준거로 하여 출처(出處)와 거취(去就)를 정하고, 사양(辭讓)하고 취사(取捨)하는 기준을 삼았다고 할 수 있다. 먼저 출처·거취에 대해 살펴보기로 한다.

맹자는 사(士)는 기본적으로 독서를 하여 도를 구해 세상을 구제하는 임무를 가지고 있기 때문에 벼슬하지 않는 것은 의리가 아니라고 보았다. 그래서 사인이 벼슬하는 것은 농부가 밭을 가는 것과 같다고 하였고, 또 사인이 벼슬자리를 잃는 것은 제후가 국가를 잃는 것과 같다고 하였다.[78] 이처럼 사인의 본분은 벼슬하여 세상을 구제하는 데 있기 때문에 세상에 나아가느냐 나아가지 않고 은거하느냐 하는 출(出)과 처(處)에 있어서 출(出)을 기본적인 전제로 하고 있다.

맹자는 사인이 벼슬하는 당위성에 대해 "석 달 동안 임금이 없으면 겨를 없는 듯이 하여 국경을 떠날 적에 반드시 폐백을 싣고 간다."는 공자의 말과 "옛날 사람은 석 달 동안 임금이 없으면 위문하였다."는 공명의(公明儀)의 말을 인용하였다.[79]

이처럼 맹자는 '사인이 벼슬하는 것은 본분'이라는 당위성을 전제하지만, 아무 때나 무조건 벼슬길에 나아가는 것은 아니라고 보았다. 즉 '도가 있는 세상인가, 도가 없는 세상인가?'하는 처한 시대의 상황에 따라 출(出)과 처(處)를 결정한다고 하였다. 맹자는 우(禹)·직(稷)이 평세(平世:治世)를 만나 세 번이나 자기 집 앞을 지나면서도 들어가 보지 않을 정도로 분주히 세상을 구제한 일과 안회(顔回)가 난세(難世)를 만

---

78 『孟子』「滕文公下」제3장에 "士之仕也 猶農夫之耕也"라 하고, 또 "士之失位也 猶諸侯之失國家也"라고 하였다.

79 上同. "孟子曰 仕 傳曰 孔子三月無君 則皇皇如也 出疆必載質 公明儀曰 古之人三月無君 則弔"

나 안빈낙도한 일에 대해, 다음과 같이 말하였다.

> 우(禹)·직(稷)과 안회(顔回)는 도를 같이 한다. 우는 물에 빠진 사람이
> 세상에 있으면 자기가 그를 빠뜨린 것처럼 생각하였고, 직은 굶주리는
> 사람이 세상에 있으면 자기가 그를 굶주리게 한 것처럼 생각하였기 때문
> 에 세상에 나아가 급급히 일을 한 것이다. 우·직과 안회가 처지가 바뀌
> 었다면 모두 그렇게 하였을 것이다.[80]

다 알다시피 안회는 누항(陋巷)에 살면서 식량이 자주 떨어질 정도로
빈한했지만 그의 즐거움[其樂]을 변치 않고 공자 문하에서 부지런히 도
를 구한 인물이다. 다른 동학들은 모두 벼슬을 하여 자신들의 뜻을 펴
보려 하였지만 안회는 경제적인 궁핍함에도 불구하고 도를 구해 자신
의 몸에 간직하는 일에 진력하였다. 이는 세상에 나아가 벼슬을 하더라
도 세상을 구하기가 어려운 시대로 보았기 때문이다.

맹자는 이러한 역사적 사실을 상기시키며 출처와 거취의 문제를 공
자로 표준을 삼아 다음과 같이 말하였다.

> 벼슬할 수 있으면 벼슬하고, 그만 둘 수 있으면 그만두고, 오래 머물
> 수 있으면 오래 머물고, 빨리 떠날 수 있으면 빨리 떠난 분이 공자이시다.[81]

맹자는 「만장 하」 제1장에서 "은거할 만하면 은거하고, 벼슬할 만하
면 벼슬한 분은 공자이시다.[可以處則處 可以仕則仕 孔子也]"라고 하였

---

80 『孟子』「離婁下」제29장. "禹稷顔回同道 禹思天下有溺者 由己溺之也 稷思天下有餓
     者 由己餓之也 是以 如是其急也 禹稷顔子易地 則皆然"
81 『孟子』「公孫丑上」제2장 "可以仕則仕 可以止則止 可以久則久 可以速則速 孔子也"

으니, 세상에 나아가 벼슬할 만한 세상이면 나아가 벼슬하고, 물러나 은거할 만한 세상이면 물러나 은거하여 그 시대의 처한 상황에 따라 나아가고 물러남을 결정했다는 말이다. 출(出)은 출사(出仕)를 말하고, 처(處)는 퇴처(退處)를 말한다.

맹자는 제자 진대(陳代)로부터 "제후를 만나지 않는 것은 작은 절개인 듯합니다. 지금 선생께서 제후를 한 번 만나시면 크게는 왕도정치를 할 수 있고, 작게는 패도정치를 할 수 있습니다. 전하는 기록에 '한 자를 굽혀 여덟 자를 편다.[枉尺直尋]'고 하였으니, 이는 해볼 만한 일인 듯합니다."라고 하자, 맹자는 옛날 제 경공이 정(旌)으로 우인(虞人)을 부르자 우인이 가지 않은 고사를 두고서 공자가 우인을 칭찬한 말을 거론하면서 '자기를 부르는 예로써 부르지 않으면 가지 않는 것'이 의리임을 천명하고, 진대가 말한 '한 자를 굽혀 여덟 자를 편다.'는 논리는 의(義)가 아닌 이(利)로써 말한 것이라고 변별하였다.[82]

맹자는 '우인(虞人)은 무엇으로써 부릅니까?'라는 만장의 질문에 "우인은 피관(皮冠)으로써 부르고, 서인(庶人)은 전(旃)으로써 부르고, 사(士)는 기(旂)로써 부르고, 대부(大夫)는 정(旌)으로써 부른다."고 답하면서, 제 경공이 대부를 부르는 정(旌)으로써 우인을 불렀기 때문에 그는 나아가지 않은 것이라고 하였다.[83] 즉 이는 정당한 방법이 아니면 함부로 나아가지 않는다는 말이다.

맹자가 스스로 제후를 찾아가 벼슬을 구하지 않자, 제자들은 스승이 제후를 찾아가 만나지 않는 것에 대해 '무슨 의리인가'를 물었다. 앞에

---

82   『孟子』「滕文公下」제1장 참조.
83   『孟子』「萬章下」제7장 참조.

서 살펴보았듯이 진대(陳代)도 질문했고, 만장도 질문했다. 그러자 맹자는 찾아가서 만나는 것은 불의(不義)라는 점을 분명히 하였다. 그리고 제후가 사(士)를 만나고자 하는 것은 사인이 다문(多聞)하거나 현명하기 때문인데, 이런 사람은 제후가 스승으로 삼을 만한 사람이지 벗할 수 있는 사람이 아니라고 하였다.[84]

맹자는 제 선왕이 사람을 보내 조정에 나오라는 청을 거절하고서 경추씨(景丑氏)와 대화를 나누며 다음과 같이 말하였다.

> 이 세상에는 세 가지 두루 통용되는 존귀함이 있으니, 작위(爵位)가 하나이고, 나이[齒]가 하나이고, 덕이 하나입니다. 조정에서는 작위만한 것이 없고, 고을에서는 나이만한 것이 없고, 세상을 바르게 하고 백성을 길러주는 데에는 덕만 한 것이 없습니다. 어찌 그 하나를 가지고 나머지 둘을 업신여길 수 있겠습니까. 그러므로 크게 훌륭한 일을 할 임금은 반드시 함부로 부르지 못하는 신하가 있습니다. 어떤 일을 그와 도모하고자 하면 그에게 찾아가니, 덕 있는 이를 존중하고 도를 즐거워함이 이와 같지 않으면 함께 훌륭한 일을 할 수 없습니다. 그러므로 탕임금이 이윤(伊尹)에 있어서 그에게 배운 뒤에 신하로 삼았기 때문에 힘들이지 않고서 왕도를 행하였고, 제 환공이 관중(管仲)에 있어서 그에게 배운 뒤에 신하로 삼았기 때문에 힘들이지 않고서 패도를 이룩하였습니다. 오늘날 세상은 국토도 비슷하고 임금의 덕도 비슷하여 서로 더 낫지 않은 것은 다른 이유가 없습니다. 임금이 자신이 가르친 사람을 신하 삼기를 좋아하고 자신이 가르침을 받은 사람을 신하로 삼기를 좋아하지 않기 때문입니다. 탕임금이 이윤에 대해서와 제 경공이 관중에 대해서는 감히 그들을 부르지 않았습니다. 관중도 오히려 함부로 부르지 않았는데, 관중의 패도를 배우지 않는 나에게 있어서야 말할 것이 있겠습니까.[85]

---

84 上同.

여기서 맹자가 제후를 먼저 찾아가 만나지 않는 이유를 분명히 알 수 있다. 얼핏 보면 사(士)가 자존심을 극도로 드러낸 것처럼 보이지만, 왕도정치를 이상으로 하는 맹자에게 있어서는 임금의 존현의식(尊賢意識)이 없으면 포부를 이룰 수 없기 때문에 제후를 찾아가 만나는 일을 신중히 한 것이다. 『중용』 구경(九經)에 임금의 수신(修身)이 첫째이고, 그 다음이 존현(尊賢)이니, 임금이 현인을 존중하지 않고 부리려 하면 왕도를 이룩할 수 없음은 자명한 일이다. 맹자가 자신을 굽혀 구차하게 제후의 뜻에 합하려고 하지 않았던 이유는 자존심을 세우려고 한 것이 아니라, 바로 왕도정치를 행하려고 한 데 있었던 것이다.

맹자는 사(士)의 본분에 대해 명쾌하게 언급하였다. 송나라 구천(句踐)에게 유세에 대해 말하면서 남이 알아주든 알아주지 아니하든 욕심을 갖지 말고 자득(自得)해야 한다고 하였고, '어떻게 해야 자득할 수 있느냐?'는 질문에 맹자는 다음과 같이 답하였다.

> 덕(德)을 드높이고 의(義)를 즐기면 자득할 수 있다. 그러므로 사(士)는 곤궁해도 의(義)를 잃지 않고 현달해도 도에서 벗어나지 않는다. 곤궁해도 의를 잃지 않기 때문에 사(士)는 자신을 잃지 않고, 현달해도 도에서 벗어나지 않기 때문에 백성들이 실망하지 않는다. 옛날 사람은 뜻을 얻으면 은택이 백성에게 더해졌고, 뜻을 얻지 못하면 수신하여 세상에 덕을 드러냈으니, 곤궁하면 독선기신(獨善其身)하고 현달하면 겸선천하(兼善天下)했다.[86]

---

85 『孟子』「公孫丑下」 제2장 "天下有達尊三 爵一齒一德一 朝廷莫如爵 鄕黨莫如齒 輔世長民莫如德 惡得有其一以慢其二哉 故將大有爲之君 必有所不召之臣 欲有謀焉則就之 其尊德樂道 不如是 不足與有爲也 故湯之於伊尹 學焉而後臣之 故不勞而王 桓公之於管仲 學焉而後臣之 故不勞而霸 今天下地醜德齊 莫能相尙 無他 好臣其所敎 而不好臣其所受敎 湯之於伊尹 桓公之於管仲 則不敢召 管仲且猶不可召 而況不爲管仲者乎"

이 말은 사(士)의 자존감을 드러낸 것은 물론, 사인의 본분을 간명하게 잘 말한 것으로 여겨진다. 덕은 마음으로 터득해 얻은 선이니 존덕(尊德)은 자신의 덕을 부단히 끌어올리는 내적수양을 말한다. 『중용』에 '존덕성(尊德性)'이라 한 것과 크게 다르지 않다. 의(義)는 자신을 지키는 바른 도리로 사욕이나 물욕에 끌려가지 않고 공정(公正)을 지키는 것이니 외적인 처신이나 결단을 말한다. 사(士)의 득지(得志)와 부득지(不得志)는 천명이니, 뜻을 얻지 못하면 독선기신하고 뜻을 얻으면 겸선천하하는 것이 사인의 본분이라는 것이다. 이는 공자가 '도가 있으면 세상에 나타나고, 도가 없으면 숨는다.[有道則見 無道則隱]'(『논어』「태백」)라고 한 것, 또는 '그들을 등용하면 도를 행하고 버리면 도를 간직한다.[用之則行 舍之則藏]'(『논어』「술이」)라고 한 것과 같은 맥락에 있는 말이다.

맹자는 제 선왕이 희생으로 쓸 소가 끌려가는 것을 보고서 측은한 마음이 들어 양으로 바꾸라고 한 일을 통해, 임금의 마음을 계발해 왕도를 이룩하고 싶었다. 그래서 이양역우(以羊易牛)를 인술(仁術)이라 치켜세우며 왕도정치를 유도하면서 할 수 없는 것이 아니라 할 수 있는데 하지 않는 것이라고 하였다.

그리고 왕도정치를 펴는 방법으로 '우리 집의 노인을 노인으로 공경해서 남의 집 노인에게까지 미친다.[老吾老 以及人之老]'는 추은(推恩)을 말했다. 그러나 제 선왕은 이를 선뜻 받아들이지 못했다. 맹자는 다시 패도(覇道)를 추구하는 제 선왕에게 연목구어(緣木求魚)의 심한 비

---

86 『孟子』「盡心上」제9장. "尊德樂義 則可以囂囂矣 故士窮不失義 達不離道 窮不失義 故士得己焉 達不離道 故民不失望焉 古之人 得志 澤加於民 不得志 修身見於世 窮則獨善其身 達則兼善天下"

유까지 써 가면서 그 불가함을 역설하여 마음을 움직인 뒤, 백성의 산업을 제정해 삶을 안정시키고 교육을 통해 효·제의 의리를 알게 하는 왕도를 건의하였다.

또 맹자는 제 선왕에게 '혼자서 음악연주를 즐기는 독악락(獨樂樂)과 남들과 함께 음악연주를 즐기는 여인악락(與人樂樂) 중에 어느 것이 더 즐거운가'를 유도 질문하여 여민동락(與民同樂)하면 왕도정치를 할 수 있다고 설득하였고, 원유(苑囿)에 대해서도 문왕(文王)의 여민동지(與民同之)를 예로 들어 왕도를 간접적으로 말하였다. 또 별궁(別宮)인 설궁(雪宮)에서 제 선왕을 만나 '현자도 이런 별궁을 소유한 즐거움이 있느냐?'는 질문에, 맹자는 '천하 사람들의 즐거움으로써 즐거워하고 천하 사람들의 걱정으로써 걱정하는 여민동락(與民同樂)과 여민동우(與民同憂)를 하면 왕도정치를 할 수 있다'고 하였다.

이 외에도 맹자는 제 선왕이 왕도정치를 할 수 없다는 온갖 핑계에 대해, 문왕 등의 고사를 인용하면서 왕도정치를 해야 한다고 설득하였으며, 좌우 측근들의 말만 듣지 말고 온 백성이 지지하는 현자를 등용할 것을 주문하였다. 그리고 무왕이 상나라 주왕(紂王)을 정벌한 것은 백성의 신임을 잃은 일부(一夫:獨夫)를 주벌한 것이지 임금을 시해한 것이 아니라고 하였다.

맹자는 제나라에서 객경(客卿)이라는 벼슬을 하였는데, 제나라가 연나라를 정벌하는 등 왕도정치를 펼 수 있는 조짐이 보이지 않자 제나라를 떠나기로 결심하였다. 그때 제 선왕이 맹자에게 '계속해서 만나 자문을 받을 수 있겠느냐'고 묻자, 맹자가 '감히 청하지 못할 뿐이지 참으로 제가 원하는 바입니다.[不敢請耳 固所願也]'라는 명언을 남겼다. 맹자가 떠나려 하자 제 선왕은 신하에게 맹자를 머물게 하여 젊은이들을

양성하게 하고, 대부와 국인들로 하여금 본보기가 되게 하라고 명하였
으나, 맹자는 물질적인 이익으로 유인하는 제나라 대부에게 자신은 천
장부(賤丈夫)가 아니라고 하면서 거절하였다.

맹자는 제나라를 떠나면서도 제 선왕에게 미련이 남아 있었다. 그래
서 우울한 표정으로 제나라를 떠났다. 당시 수행하던 제자가 묻자, 맹
자는 '왕도정치를 펼 인물이 나올 시기가 되었는데, 당대에 내가 아니
면 누가 왕도정치를 하겠는가?'라는 말로 왕도정치를 펴 보지 못하고
떠나는 우울한 심경을 말하였다.

맹자는 인(仁)·의(義)를 사상의 기본으로 했기 때문에 인간관계 속에
서 사양하고 양보하며 물건을 취하고 증여할 적에도 구차하거나 편의
적으로 하지 않고 의(義)라는 원칙에 따라야 함을 역설하였다. 맹자는
'얼핏 보면 취할 수 있고 자세히 보면 취할 수 없을 경우에 취하면 청렴
을 해치고, 얼핏 보면 줄 수 있고 자세히 보면 줄 수 없을 경우에 주면
은혜를 해친다.'(「이루 하」)는 언급을 하면서, 취하고 줄 적에 그것이
합당한지를 잘 판단해야 한다고 하였다.

그리고 맹자는 이윤(伊尹)을 거론하면서 "이윤은 유신씨(有莘氏)의
들판에서 농사지으며 살 적에 요·순의 도를 즐거워하여 그의 의(義)가
아니고 그의 도가 아니라면 천하를 녹으로 주더라도 돌아보지 않았을
것이고, 4천 마리의 말을 매어놓고 불러도 돌아보지 않았을 것이며,
그의 의가 아니고 그의 도가 아니면 지푸라기 하나라도 남에게 주지
않고 지푸라기 하나라도 남에게서 취하지 않았을 것이다."[87]고 평하여,

---

87 『孟子』「萬章上」제7장. "伊尹耕於有莘之野 而樂堯舜之道焉 非其義也 非其道也 祿之
以天下 弗顧也 繫馬千駟 弗視也 非其義也 非其道也 一介不以與人 一介不以取諸人"

취하고 주는 문제는 도(道)와 의(義)를 척도로 해야 함을 강조하였다.

재물을 주고받는 문제에 대해 당시 사람들은 명확한 도덕적 가치기준이 없었다. 그래서 맹자의 제자들도 맹자에게 이런 점을 자주 질문하였는데, 그중에 한 가지를 거론해 보기로 한다. 진진(陳臻)은 맹자가 전에 송(宋)나라에서는 70일(鎰)을 받고 설(薛)나라에서는 50일을 받았는데 제(齊)나라에서는 100일을 받지 않은 것을 두고 따져 묻자, 맹자는 송나라에서 받은 것은 노잣돈으로 준 것이며 설나라에서 준 것은 병비(兵備)를 위해 준 것이므로 받았고, 제나라에서는 주는 돈은 받을 명분이 없어서 받지 않은 것이라고 답하였다.(「공손추 하」 제3장) 이는 재물을 사양하고 받거나 취하고 줄 적에 모두 합당한 명분과 의리를 기준으로 했음을 말한 것이다.

맹자는 사(士)가 제후에게 의탁하지 않는 것이 예라고 보았다. 이에 대해 제자 만장은 '임금이 사(士)에게 곡식을 보내주면 받을 수 있습니까?'라고 물었고, 맹자는 '받을 수 있다'고 답하였다. 다시 만장이 '곡식을 받는 것은 무슨 의리입니까?'라고 묻자, 맹자는 '임금은 백성을 구휼해줄 책임이 있다'고 답하였다. 만장이 다시 '구휼해주면 받고 하사하면 받지 않는 것은 어째서입니까?'라고 묻자, 맹자는 '감히 받지 못하는 것'이라고 답하였다. 만장은 다시 '감히 받지 못하는 것은 어째서입니까?'라고 물었고, 맹자는 '사(士)가 빈한하면 문지기나 야경꾼 같은 미관말직에 나아가 먹고 살아야지 상직(常職)이 없이 임금이 주는 것을 받는 것은 공손하지 못한 것'이라고 답하였다.(「만장 하」 제6장) 그리고 임금의 존현(尊賢)을 다시 강조하였다.

맹자는 그 이전의 어떤 성현보다도 의(義)를 강조한 인물이다. 그것은 약육강식의 전국 시대라는 시대적 배경 속에서 의리라는 가치가 가장 소중하고 절실한 것으로 생각했기 때문일 것이다. 곧 맹자가 의리를 따르고 정의를 구현하는 것을 가장 절박한 시대정신으로 인식한 것이라 하겠다.

그는 의(義)를 생사의 문제에까지 연관하여 말하였는데, 그것이 바로 사생취의(捨生取義)이다. 맹자는 생선 요리와 곰발바닥 요리를 예로 들면서 둘 다 먹을 수 없을 경우에는 더 귀하고 맛있는 곰발바닥 요리를 택할 것이라고 하였다. 그리고 생(生)과 의(義), 이 두 가지 중에 하나만을 택해야 할 경우에는 생을 버리고 의를 택한다고 하였다. 이처럼 의를 준거로 하거나 예의를 분변하지 않고 음식이나 녹을 받는다면 그 것은 본심을 잃은 것이라고 하였다.(「고자 상」 제10장)

맹자가 말한 사생취의는 공자가 말한 살신성인(殺身成仁)과 유사한 말이다. 다른 점은 공자는 인(仁)에 초점을 맞추었고, 맹자는 의(義)에 초점을 맞추어 생의 의미를 말한 것이다. 맹자는 '밥 한 그릇과 국 한 그릇의 음식을 얻으면 살고 얻지 목하면 죽을 절박한 상황에서도 함부로 부르며 주면 길가는 사람도 받지 않을 것이며, 발로 차면서 주면 걸인도 받기를 달가워하지 않을 것'이라고 하여, 원하는 것이 생보다 심한 경우, 싫어함이 사보다 심한 경우에는 구차하게 받지 않고 환란도 피하지 않는다고 하였다.(「고자 상」 제10장)

이상에서 살펴본 맹자의 처세방식은 한 마디로 부끄러움을 아는 지치(知恥)에 근본을 두어 수오지심(羞惡之心)을 발단으로 한 의(義)를 준거로 하고 있는 것이 특징이다. 맹자는 "사람은 하지 않는 것이 있은 뒤에 큰일을 할 수 있다."[88]라고 하였으니, '하지 않는 것'은 바로 자기

---

88 『孟子』「離婁下」 제8장 "人有不爲也 而後可以有爲"

원칙을 가리키는 것이고, 그것은 곧 의를 척도로 하는 것이다.

공자의 도를 전해 받은 증자는 '문으로써 벗을 모으고, 벗으로써 인을 북돋운다.[以文會友 以友輔仁]'라고 하여, 벗은 글을 함께 강론하여 자신의 인을 북돋을 수 있는 존재로 보았다. 맹자도 이런 정신을 이어받아 벗을 사귈 적에는 나이가 많은 점, 신분이 귀한 점, 형제가 많거나 훌륭한 것을 내세우며 벗해서는 안 된다는 점을 강조하면서 '벗은 그의 덕을 벗하는 것이다.[友也者 友其德也]'라고 하였다. 이는 벗의 개념을 더 명확하고 의미 있게 드러낸 말이다.

그리고 맹자는 노나라 대부 맹헌자(孟獻子)가 다섯 사람과 벗한 것을 예로 들었는데, 그 요지는 맹헌자도 자신이 권력을 가진 대부라는 것을 의식하지 않았고, 이 다섯 사람도 맹헌자가 권력을 가진 대부라는 것을 의식하지 않았다는 것이다. 맹자는 이러한 사(士)와 대부(大夫)의 진정한 사귐을 근거로 사(士)와 제후의 사귐, 나아가 사(士)와 천자의 사귐을 논하면서 요임금과 순임금의 사귐을 천자로서 필부를 벗한 것으로 규정하였다. 결국 맹자는 권력을 가진 사람들이 사(士)를 벗하는 것을 존현(尊賢)으로 귀결시켰다.(「만장 하」 제3장)

또 맹자는 자사가 노 목공(魯繆公)과의 관계에 대해 언급한 "지위로 말하면 그대는 임금이고 나는 신하이니 내가 어찌 감히 임금과 벗하겠는가. 그러나 덕으로 말하면 그대는 나를 섬겨야 할 사람이니 어찌 나와 벗할 수 있겠는가."[89]라는 말을 인용하여, 벗을 선택하는 기준이 덕에 있음을 다시 강조하였다.

89 『孟子』「萬章下」제7장. "以位則子君也 我臣也 何敢與君友也 以德則子事我者也 奚可以與我友"

맹자가 벗을 논한 것 가운데 후대 가장 많이 회자되는 말이 상우천고
(尙友千古)다. 맹자는 '한 고을의 선사(善士)라야 한 고을의 선사를 벗할
수 있고, 한 나라의 선사라야 한 나라의 선사를 벗할 수 있으며, 천하의
선사라야 천하의 선사를 벗할 수 있다'고 하면서, 천하의 선사를 벗하
는 것으로도 만족하지 못할 경우 위로 올라가 역사 속의 인물을 벗한다
고 하였다.(「만장 하」 제8장) 이는 당대에 벗할 인물을 만나지 못할 경우
역사 속의 성현을 벗할 수 있다는 말이다.

또 맹자는 벗을 사귀는 문제를 언급하면서 '단정한 사람을 벗해야
한다.'고 하였다. 맹자는 명사수 자탁유자(子濯孺子)와 유공지사(庾公之
斯)의 고사를 인용하면서 '윤공지타(尹公之他)는 단정한 사람이기 때문
에 그가 벗을 취할 적에도 반드시 단정한 사람을 취했을 것이다.'라는
자탁유자의 말을 인용하였다.(「이루 하」 제24장)

8. 『맹자』의 논고인(論古人)과 벽이단(闢異端)

앞에서 살펴보았듯이, 맹자는 당대에 벗할 사람이 없으면 옛날로 올
라가 고인을 논하면서 그의 시를 읊조리고, 그의 글을 읽으며, 그 시대
를 논한다고 하였으니, 이것이 바로 상우천고(尙友千古)다.

공자는 약 1,500여 년 전의 요·순·우·탕·문왕·무왕·주공 등을 성
인으로 평하면서 그들의 마음과 정신을 통해 충신·효제 등의 유교적
가치를 정립하였다. 맹자 역시 이런 공자의 사상을 계승하였는데, 맹자
는 공자보다 더 적극적으로 선인들을 품평하면서 그 가치를 극대화하
였다. 그것을 단적으로 보여주는 것이 '맹자는 〈등문공에게〉 성선(性

善)을 말하였는데, 말끝마다 반드시 요·순을 칭하였다.[孟子道性善 言
必稱堯舜]'라는 말이다. 이는 요·순을 재평가하여 시대정신으로 이끌
어낸 것을 말한다.

맹자는 요·순뿐만 아니라 역대 성현을 재평가하였는데, 그 가운데
가장 주목되는 것이 백이(伯夷)·이윤(伊尹)·전금(展禽:柳下惠)을 성인
(聖人)으로 평가한 것이다. 여기에 맹자의 탁월한 안목과 시대정신이
있다. 공자는 이들에 대해 성인으로 평한 것이 없었는데, 맹자가 처음
으로 성인으로 평한 것이다. 공자는 이윤에 대해서는 논평한 것이 없
고, 백이에 대해서는 인(仁)을 구해 인을 얻은 옛날의 현인이라 하였으
며(『논어』「술이」), 유하혜에 대해서도 현인으로 평하였다.(『논어』「위
령공」)

맹자는 위 3인 및 공자를 모두 성인으로 평하였는데, 각각의 장점을
잘 포착하여 다음과 같이 말하였다.

> 백이와 이윤은 도가 같지 않다. 자기가 섬길 만한 임금이 아니면 섬기
> 지 않고 부릴 만한 백성이 아니면 부리지 않으며 다스려지면 나아가고
> 어지러우면 물러난 사람은 백이다. 누구를 섬긴들 임금이 아니며 누구를
> 부린들 백성이 아니겠는가라고 하여 다스려져도 나아가고 어지러워도
> 나아간 사람은 이윤이다. 벼슬할 만하면 벼슬하고 그만둘 만하면 그만두
> 며 오래 머물 만하면 오래 머물고 빨리 떠날 상황이면 빨리 떠난 사람은
> 공자이다. 이들은 모두 옛날의 성인이다.[90]

---

90 『孟子』「公孫丑上」제2장. "不同道 非其君 不事 非其民 不使 治則進 亂則退 伯夷也
何事非君 何使非民 治亦進 亂亦進 伊尹也 可以仕則仕 可以止則止 可以久則久 可以速
則速 孔子也 皆古聖人也"

맹자는 또 백이에 대해 눈으로는 나쁜 색을 보지 않고 귀로는 나쁜 소리를 듣지 않으며, 마구 포악한 정치를 하고 마구 포악한 짓을 하는 사람들이 사는 곳에는 함께 거처하지 않으며, 무례한 시골사람과 함께 있는 것을 조복(朝服)을 입고 흙덩이 위에 앉아있는 것처럼 여겼다고 하였다. 그래서 상나라 주왕(紂王)의 세상에는 멀리 북해의 바닷가로 피해 세상이 맑아지기를 기다렸다고 하였다. 그러므로 백이의 풍도를 듣는 사람들은 완악한 사람도 청렴해지고 의지가 나약한 사람도 지향을 세우게 된다고 하였다. 이는 백이를 역사상 청렴(淸廉)을 대표하는 표상으로 본 것이다. 그리하여 맹자는 백이를 성지청자(聖之淸者)라고 평하였다. 백이는 맹자에 의해 비로소 성인의 반열에 오른 것이다.(「만장 하」 제1장)

또 이윤에 대해서는, 이윤이 선각자라는 의식으로 이 세상 사람이 요·순의 은택을 입지 못하는 사람이 있으면 마치 자기가 그들을 밀어 구덩이로 빠지게 한 것처럼 생각해서 천하의 중임을 자임했다고 하였다. 그래서 맹자는 이윤을 성지임자(聖之任者)로 재평가했다.(「만장 하」 제1장)

또 유하혜에 대해서는, 더러운 임금을 부끄럽게 여기지 않고 미관말 직을 사양하지 않아서 나아가면 자신의 어짊을 숨기지 않고 반드시 올 바른 도로써 했고, 버려지더라도 원망하지 않고 곤액을 당해도 근심하지 않았으며, 무례한 시골 사람과 함께 있을 적에도 유유히 차마 떠나지 못하며 자신을 더럽힐 수 없다고 생각했다고 평하였다. 그래서 맹자는 유하혜의 풍도를 듣는 사람은 비루한 사람도 관대해지고 야박한 사람도 돈독해진다고 하였다. 이런 점에서 맹자는 유하혜를 성지화자(聖之和者)라고 평하였다.(「만장 하」 제1장)

또 맹자는 공자에 대해 '빨리 떠날 만하면 빨리 떠나고, 오래 머물 만하면 오래 머물며, 은거할 만하면 은거하고, 벼슬할 만하면 벼슬한 사람은 공자이다.'라고 하면서 공자를 성지시자(聖之時者)라고 평하였다. 시(時)는 시중(時中), 시의(時宜)를 의미하니 그때그때의 처한 상황에 따라 중도를 택해 행했다는 의미이다. 다시 맹자는 공자를 집대성한 인물로 평하면서 집대성이란 시조리와 종조리를 모두 갖춘 것을 말한다고 하였다. 즉 공자는 성인의 한 가지 장점을 가진 것이 아니라, 처음부터 끝까지 모든 장점을 두루 갖추었다는 것이다.(「만장 하」제1장)

맹자는 고인만을 평한 것이 아니라, 고서(古書)의 내용에 대해서도 논평한 것이 종종 보인다. 맹자는 『상서』에 대해 "『상서』의 내용을 다 믿으면 『상서』가 없는 것만 못하다. 나는 「무성(武成)」에 대해 두세 간책(簡策)만을 취할 따름이다. 인인(仁人)은 천하에 대적할 사람이 없는데, 지극히 인한 사람이 지극히 불인한 사람을 정벌하였는데 어찌 그 피가 절굿공이를 떠내려가게 할 정도로 많이 흘렀단 말인가."[91]라고 하여, 「무성」의 내용에 대한 문제점을 지적하였다.

또한 『시경』해석의 문제점을 언급하면서 "시를 해설하는 사람은 문(文)으로써 사(辭)를 해치지 말고, 사(辭)로써 지(志)를 해치지 말며, 독자의 마음으로 작자의 지향을 이해해야 그 시의 본지를 터득할 수 있다."[92]고 하였다. 여기서 '문(文)'은 글자를 말하고, '사(辭)'는 문장을 말하고, 지(志)는 시를 지은 작자의 지향을 가리킨다. 이는 글자나 문장에

---

91 『孟子』「盡心下」제3장. "盡信書 則不如無書 吾於武成 取二三策而已矣 仁人無敵於天下 以至仁伐至不仁 而何其血之流杵也"

92 『孟子』「萬章上」제4장. "說詩者 不以文害辭 不以辭害志 以意逆志 是爲得之"

얽매여 본지를 잃어버리지 말아야 한다는 말이다. 맹자가 이런 관점에서 시나 고사를 새롭게 해석한 것이 『맹자』에 종종 보인다.

맹자가 살던 전국 시대는 제자백가가 쟁명(爭鳴)하던 시대로 일컬어지니, 유가는 제자백가 중의 하나로 인식되었다. 이런 시대에 맹자는 유가의 도를 자임하여, 사설(邪說)과 포행(暴行)을 물리치고 유가의 도를 지키는 것을 사명으로 여겼다. 맹자는 호변가(好辯家)라는 사람들의 지적에 대해 시대적 상황 때문에 부득이 그들과 맞서 논쟁을 하다 보니 그런 평을 듣게 되었다고 하였다.

당시 제자백가 가운데 가장 큰 세력을 떨치고 있던 사상은 위아설(爲我說)을 주장한 양주(楊朱)와 겸애설(兼愛說)을 주장한 묵적(墨翟)이다. 아마도 당시 사람들은 빈번한 전란 속에서 나만을 위하는 이기주의와 모든 사람을 겸하여 사랑해야 한다는 박애주의, 둘 중에 하나를 선호하는 성향을 보였던 듯하다. 맹자는 이 두 사상의 문제점을 지적하면서 그 폐해를 다음과 같이 말하였다.

> 성왕이 나타나지 않아 제후가 방자하며 처사가 제멋대로 의논하여 양주와 묵적의 말이 세상에 가득해서 천하의 말이 양주에게 귀의하지 않으면 묵적으로 귀의한다. 양씨의 설은 나만을 위하니 이는 임금을 무시하는 것이고, 묵씨의 설은 모든 사람을 아울러 사랑하니 이는 아비를 무시하는 것이다. 아비를 무시하고 임금을 무시하는 것은 금수이다. 옛날 공명의(公明儀)는 "푸줏간에 살찐 고기가 있고 마구간에 살찐 말이 있는데 백성은 굶주린 기색이 있고 들판에는 굶어죽은 시체가 있으면, 이는 금수를 거느리고서 사람을 잡아먹게 하는 것이다."라고 하였다. 양주와 묵적의 도가 없어지지 않으면 공자의 도가 드러나지 않을 것이다. 이는 사설(邪說)이 백성을 속여 인·의를 꽉 막는 것이다. 인·의가 꽉 막히면 금수를 거느리고서 사람을 잡아먹게 하다가, 나중에는 사람들이 서로 잡아

먹게 될 것이다. 나는 이 때문에 두려워해 선왕의 도를 보호하여 양주와 묵적을 막으며 방탕한 말을 추방하여 사설을 말하는 자가 다시 나오지 못하게 하고자 한다. 그 마음에서 일어나 그 일을 해치고, 그 일에서 일어나 그 정사를 해치니, 성인이 다시 태어나시더라도 나의 말을 바꾸지 않으실 것이다. 옛날 우임금이 홍수를 다스리자 천하가 태평해졌고, 주공이 이적을 겸병하고 맹수를 몰아내자 백성이 평안해졌으며, 공자가 『춘추』를 지으시자 난신적자가 두려워하였다. 『시경』에 "융(戎)·적(狄)을 응징하니 형(荊)·서(舒)가 다스려져서 감히 우리를 막을 자가 없었다."(魯頌 「閟宮」)라고 하였으니, 무부(無父)·무군(無君)은 주공도 응징한 바이다. 나 또한 인심을 바르게 하고 사설을 그치게 하며 편벽된 행실을 막고 방탕한 말을 추방하여 위 세 성인을 계승하고자 하니, 어찌 논변을 좋아하는 것이겠는가. 나는 부득이해서 그러는 것이다. 양주와 묵적의 설을 막는 것을 능히 말하는 사람은 성인의 무리이다.[93]

이는 도를 자임하는 사람으로서의 말일 뿐만이 아니라, 자기가 처한 시대에 무엇을 해야 하는지를 명확히 인식한 지식인의 시대정신까지 드러낸 말이다. 맹자는 양주의 위아설을 임금조차 무시하는 설로, 묵적의 겸애설을 아비조차 무시하는 설로 보았으니, 그 설의 병폐를 단적으로 지적한 것이다. 무부(無父)·무군(無君)은 부자유친(父子有親)·군신유의(君臣有義)를 주장하는 유가의 도와 정면으로 배치되는 설이다. 맹

---

93 『孟子』「滕文公下」제9장. "聖王不作 諸侯放恣 處士橫議 楊朱墨翟之言 盈天下 天下之言不歸楊 則歸墨 楊氏爲我 是無君也 墨氏兼愛 是無父也 無父無君 是禽獸也 公明儀曰 有肥肉 廏有肥馬 民有飢色 野有餓莩 此率獸而食人也 楊墨之道不息 孔子之道不著 是邪說誣民 充塞仁義也 仁義充塞 則率獸食人 人將相食 吾爲此懼 閑先聖之道 距楊墨 放淫辭 邪說者不得作 作於其心 害於其事 作於其事 害於其政 聖人復起 不易吾言矣 昔者 禹抑洪水而天下平 周公兼夷狄驅猛獸而百姓寧 孔子成春秋而亂臣賊子懼 詩云 戎狄是膺 荊舒是懲 則莫我敢承 無父無君 是周公所膺也 我亦欲正人心 息邪說 距詖行 放淫辭 以承三聖者 豈好辯哉 予不得已也 能言距楊墨者 聖人之徒也"

자가 제나라 진중자(陳仲子)를 비판한 것도 형을 피하고 어머니와 이별하여 인륜을 저버렸기 때문이니, 인륜을 무시하고서는 청렴이 될 수 없다는 인식이다.

맹자는 양주와 묵적의 설이 난무하면서 인·의의 도를 꽉 막히게 하였다고 진단하고서, 자신의 역할이 정인심(正人心)·식사설(息邪說)·거피행(距詖行)·방음사(放淫辭)에 있음을 분명히 하였다. 이것이 바로 맹자의 벽이단(闢異端) 사상이다.

맹자는 농가자류(農家者流)에 대해서도 비판하였다. 농가자류였던 허행(許行)이 초나라에서 등나라로 가서 농사를 짓고 살았는데, 본디 유자였던 진상(陳相)이 송나라에서 등나라로 가서 허행을 만나 유가를 버리고 농가를 배웠다. 진상이 맹자를 만나, 등나라 임금은 현군이지만 도를 듣지 못했다고 하면서 진정한 현자는 백성들과 함께 농사를 지어 식량을 마련하고 백성들과 함께 취사를 하면서 백성을 다스린다고 하였다.

이에 대해 맹자는 농부와 백공(百工)이 각자 본업이 있어서 교역을 하며 살듯이, 대인(大人; 위정자)의 일이 있고 소인(小人; 백성)의 일이 있기 때문에 남을 다스리는 사람은 백성들이 낸 세금을 받아서 먹고 살며, 남에게 다스림을 받는 사람은 남을 먹여 살리는 것이 세상에 두루 통하는 의리하고 하였다. 요컨대 통치자와 백성은 각각 자기 역할이 있다는 것이다.

이런 관점에서 맹자는 요임금 시대 홍수가 범람하고 금수가 들끓을 때 익(益)·우(禹)·후직(后稷)·설(契) 등을 등용하여 민생을 안정시키고 인륜을 가르쳐서 세상을 태평하게 하였고, 또 순·우·고요(皐陶) 등 현인을 얻지 못하는 것을 걱정하였으니, 농사를 지어 자급자족하면서 세상을 다스릴 수는 없다고 하였다.

허행은 전국 시대 농가자류로 신농씨의 설을 주로 하는 사상가였다. 맹자는 허행의 설에 대해 '선왕의 도'가 아니라고 단적으로 배척하면서, 요·순의 도가 선왕의 도라고 하였다. 맹자는 양주와 묵적을 비롯한 여타 사상은 선왕의 도, 즉 요·순의 도가 아니며 오히려 선왕의 도를 가로막고 방해하는 이단으로 보았다. 그래서 맹자는 힘을 다해 그런 설을 배척하는 데 앞장섰으니, 그것이 그의 시대정신이었고, 유가의 도를 자임한 그의 임무였던 것이다.

9. 『맹자』의 주석서

후한 때 『맹자』에 주를 단 책이 몇 종 있었던 듯한데, 전하지 않고 오직 조기(趙岐)의 『맹자주(孟子注)』만 전한다. 송나라 때 만든 십삼경주소본은 조기의 『맹자주』를 저본으로 한 것이다. 십삼경주소의 소(疏)는 송대 손석(孫奭)이 지은 것으로 알려졌는데, 주희는 손석의 소(疏)는 전혀 소체(疏體)가 아니라는 점을 들어 의심하였고, 청대 주이준은 손석이 지은 것이 아니라고 하였다.

『맹자』주석서로는 주희의 『맹자집주』가 의리를 발휘한 점이 간명하고 정밀하다. 남송 말에 나온 조순손(趙順孫)의 『맹자찬소(孟子纂疏)』는 주희의 『맹자집주』를 더 부연한 것으로 『맹자집주』에 공이 있다. 청대 초순(焦循)의 『맹자정의』는 『맹자』 해석의 완결편이라 할만하다. 또 대진(戴震)의 『맹자자의소증(孟子字義疏證)』도 『맹자』를 읽을 때 필요한 중요한 서적이다.

1. 사서(四書)와 『대학』

주희는 「중용장구서」에서 도통(道統)의 문제를 거론하여 요-순-우 북송 때 정호(程顥)·정이(程頤) 형제가 나와 끊어진 도통을 다시 이었다고 하였다.

이런 계통으로 이어진 학문을 도학(道學)이라고 한다. 도학은 요(堯)가 순(舜)에게 마음을 전한 '진실로 그 중도를 잡아라.[允執其中](『논어』「요왈」)로부터 비롯되어, 순이 우(禹)에게 전한 '인심은 위태롭고 도심은 미미하니, 오직 인식을 정밀하게 하고 마음을 전일하게 해야 진실로 그 중도를 잡을 수 있다.[人心惟危 道心惟微 惟精惟一 允執厥中]'(『상서』「대우모」)라는 16자로 이어졌는데, 그 핵심은 앎을 극진히 하는 유정공부(惟精工夫)와 마음을 전일하게 하는 유일공부(惟一工夫)를 통해 중용의 도를 늘 유지하는 데 있다.

이런 도학의 도통으로 볼 때, 공자는 예전 성인들의 심법(心法)을 계승하여 후학들에게 길을 열어준 인물로 평가된다. 그것은 공자가 예로부터 전해진 문명을 집대성하여 육경을 편찬해 유교를 창시했기 때문이다.

공자가 편찬한 육경은 진시황 때 분서·갱유를 거치면서 『악경(樂

經)』이 없어져 한대 이후로는 오경 체제로 바뀌었는데, 오경을 전수하면서 분파가 생겨 여러 가(家)의 박사를 둠으로써 『역경』·『상서』·『시경』 삼경에, 『예경』이 『의례』·『주례』·『예기』 삼례로 분화되어 더해지고, 『춘추』를 부연 해석한 『춘추공양전』·『춘추곡량전』·『춘추좌씨전』 삼전도 모두 경전의 반열에 올라 구경이 되었다. 전한 말에는 이 9경에 13가의 박사를 두었다.

이런 9경 체제는 당나라 때까지 이어지다가 송나라로 넘어오는 시기에 변화가 일어나기 시작해 『논어』·『효경』·『이아』를 더해 12경이 되었고, 송나라 때에 이르러서는 『맹자』를 더해 십삼경이 되었다. 이것이 명나라 전기 사서오경 체제로 재정립되기 이전의 십삼경 체제이다.

남송 주희에 이르러 공자 이전의 사료를 토대로 만들어진 오경보다는 공자로부터 전해진 사서(四書)에 더 비중을 두게 되었다. 그리하여 주희는 공자의 말씀을 기록한 『논어』, 공자의 도를 전해 받은 증삼이 전한 『대학』, 증삼의 제자이면서 공자의 손자인 자사가 지은 『중용』, 자사의 학맥을 이은 맹자의 사상을 담은 『맹자』를 '사서'라고 명명하고, 이를 재해석하여 신유학의 체계를 수립하였다.

이후로 사서는 오경보다 더 중요한 위치를 차지하게 되었다. 신유학은 사서로 학문의 기초를 삼아 공자–증자–자사–맹자로 전해진 도통에 중점을 두고 있다. 주희는 이 사서 가운데서도 특히 『대학』과 『중용』의 해석에 일생의 정력을 기울여 새롭게 해석하면서 신유학의 기초적 토대를 정립하였다.

「대학」과 「중용」은 『예기』에 들어 있는 한 편의 글이다. 『예기』는 본래 고례(古禮)를 해석한 기(記)였지 경(經)이 아니었다. 『예경』은 대부분 일실되고 사례(士禮)에 해당하는 17편만 남은 것이 현재 전하는

『의례』이다. 전한 때 고례를 정리하여 대덕(戴德)이 85편의『대대례기』를 편찬하였고, 대성(戴聖)이 49편의『소대례기』를 편찬하였는데,『소대례기』가 바로『예기』이다. 후한 말 정현이『의례』·『주례』·『예기』에 주를 달아 후세에 전해졌는데, 당나라 때 이르러 공영달 등이 오경정의를 편찬할 때『예기』가 오경에 들어가고『의례』와『주례』는 그 뒤에 주소를 달아 구경주소에 포함되었다. 그러니까 당나라 때부터『예기』가 삼례 중에서『의례』와『주례』보다 더 중시되기 시작한 것이다. 이후로 이『예기』에 들어 있던「대학」과「중용」도 학자들의 주목을 받기 시작하였다.

『대학』의 저자에 대해 주희는 경일장(經一章)은 공자의 말씀을 증삼이 기록한 것이고, 전십장(傳十章)은 증삼의 말씀을 증삼의 제자들이 기록한 것인 듯하다고 하였다. 증삼은 노둔한 자질이었지만 공자의 도를 물려받아 도통을 계승한 인물이다. 그가 공자의 말씀을 부연하여『대학』을 지었기 때문에 주희는 이 글을 주목하지 않을 수 없었을 것이다. 공자가 세상을 떠난 뒤, 증삼은 공자가 말한 '대학의 도'를 부연하였는데, 제자들이 그 내용을 기록하여『대학』을 만들었다. 그래서 주희는 공자의 말씀인 경문(經文)과 증삼의 말씀인 전문(傳文)으로 되어 있다고 보았다. 주희의 설에 의하면『대학』은 삼강령(三綱領)과 팔조목(八條目)으로 구성되어 있는데, 이는 진리를 탐구하는 지(知), 심신을 수양하는 행(行), 남들에게 펴나가는 추행(推行)의 논리구조를 갖고 있다.

증삼의 도는 공자의 손자인 자사에게 전해졌다. 자사는 공자의 도가 없어질까 우려하여『중용』을 지었다. 이『중용』은 공자의 말씀을 근간으로 하여 만든 책으로, 사람[人]과 하늘[天]의 관계를 설명한 것이다. 만물의 근원인 하늘의 도에 합치되기 위해서는 중용의 도를 따라야 한다는 내용인데, 중(中)은 치우치거나 기대지 않고 지나치거나 모자람이 없는 균형 잡힌 공정한 마음을 의미하고, 용(庸)은 그런 마음가짐을 한 순간도 해이하지 않게 줄곧 지속해 나가는 것이다.

자사의 도는 그의 제자를 통해 맹자에게 이어졌다. 맹자는 추(鄒)나라 출신으로, 제자백가가 다투어 일어나던 시기에 공자가 전한 도를 세상에 널리 편 인물이다. 맹자는 공자가 말한 인(仁)과 아울러 의(義)를 적극 설파하였다. 인이 사랑의 이치라면, 의는 사회의 정의를 뜻한다. 맹자는 성선설을 주장하고, 본성을 회복하기 위해 측은지심 등 사단(四端)을 확충해 나갈 것을 역설하였다. 그리고 가장 가까운 관계에 있는 사람들과의 관계를 지속적으로 유지시켜 나가기 위해 부자유친 등 오륜을 언급하였다. 여기서 유교의 본성인 인・의・예・지・신의 오상(五常)이 정립되었다.

주희는 사서에 대해 『대학』과 『중용』을 중시해서 편차를 개정하고 장구(章句)를 나누어 논리구조를 체계화하여 새로운 해석을 하였다. 그래서 『논어』와 『맹자』를 재해석한 『논어집주』・『맹자집주』와는 달리 책의 이름을 『대학장구』・『중용장구』라고 명명하였다.

주희는 또 사서 가운데 『대학』에 학자가 공부해야 할 내용이 모두 갖추어져 있어 학문의 규모가 된다고 생각해 공부하는 사람들이 제일 먼저 읽어야 할 책이라 하였다. 즉 사서의 독서차례를 『대학』-『논어』-『맹자』-『중용』으로 제시한 것이다. 『중용』은 천명(天命)・천도(天道) 등 형이상을 언급한 부분이 있어 맨 뒤에 읽어야 한다고 하였으니, 하학상달(下學上達)을 염두에 둔 인식이다.

『논어』와 『맹자』는 논리적 체계를 갖춘 글이 아니고, 공자와 맹자가 제자나 타인들과 문답한 내용을 모아 놓은 것이다. 반면 『대학』과 『중용』은 한 편의 논리적 구조를 갖추어 쓴 글이다. 그래서 주희는『대학』
을 해석하는 데 일생의 정력을 다 쏟았고, 임종하기 직전까지『대학장
구』와『중용장구』에 대해 수정을 거듭하였다. 그러므로 주자학의 근원
은 이 두 책에 있다고 해도 과언이 아니다.

　『대학』에는 나를 경영하여 덕을 밝히고 그 덕을 바탕으로 남들에게
도 영향을 미쳐 세상을 평안히 하는 내용이 다 들어 있다. 반면『중용』
에는 나의 마음가짐을 중용에 두고서 선을 밝히고 자신을 진실로 가득
채워 천도에 배합하는 삶을 지향하는 내용이 들어 있다. 요컨대『대학』
은 수평적으로 나와 남의 관계를 중심으로 세상을 경영하는 인도를 말
하고 있는 반면,『중용』은 수직적으로 나의 심성의 문제에 주목하여
인도와 천도를 아울러 말하고 있다.

2. 『대학』의 유래와 성격

　한대 이후 동아시아 학술은 오경을 중심으로 전개되면서 발전하였
다. 그런데 이 오경 가운데『예경』이 어떤 책인가에 대해서는 논란이
많다. 근대 학자 장백잠(蔣伯潛)은『경여경학(經與經學)』에서 '『예기』
는 기(記)이지 경(經)이 아니다'라고 하였고, '『예경』은『의례』와『주
례』를 가리키는 것'이라고 하였다.[1]

　그는『예기』는 후대에 나온 것으로, 예경인『의례』를 해석한 고례를
모아 놓은 것이라 하였다. 즉 공자 제자들과 후세 학자들이 기록해 놓

---

[1]　최석기·강정화 역주,『유교경전과 경학』, 경인문화사, 2002,「제6장 예(禮)」참조.

은 131편을 한대 하간헌왕(河間獻王)이 얻었고, 이것을 후대 대덕과 대성이 산삭하여 만든 것이 『대대례기』와 『소대례기』인데, 지금 전하는 『예기』는 바로 『소대례기』라는 것이다.[2] 『의례』는 한나라 때 노나라 땅에 살던 고당생(高堂生)이 전한 17편으로 고대의 사례(士禮)를 기록한 책이며, 『주례』는 원래 명칭이 '주관(周官)'이었는데 유흠이 '주례'로 개칭한 주나라의 관직제도를 기록한 책이다.

후한 이후로 이 삼례가 각각 전해져 당나라 때는 구경에 들어갔고, 송대에 만든 십삼경주소에도 모두 편입되었다. 『예기』는 대성이 만든 49편의 『소대례기』인데, 그 속에 「대학」과 「중용」이 들어 있다. 『예기』 속에 있던 「대학」은 송나라 이전까지는 주목을 받지 못하였다.

그러다 북송 때에 이르러 사마광(司馬光)·정호(程顥)·정이(程頤) 등이 「대학」을 주목하여 그 의미를 해석하거나 착간(錯簡)된 것을 바로잡아 개본(改本)하였다. 그것은 「대학」의 내용이 사대부정치 시대에 사인(士人)들이 공부해야 할 일을 체계적으로 잘 제시하고 있기 때문이었다. 그러니까 『대학』에는 사대부 시대에 사대부의 정신지향과 부합하는 내용이기 때문에 주목을 받게 된 것이고, 나아가 동아시아 사대부의 정신적 토대가 된 것이다.

청나라 초기 주이준(朱彝尊)이 편찬한 『경의고(經義考)』에 의하면, 역대 『대학』 관련 저작은 총 264종이며, 현존하는 것은 75종이다. 이 가운데 주희의 『대학장구』 이전에 지어진 것은 정호·정이·료강(廖剛)의 3종을 저술에 불과하다. 이 3종에 임지기(林之奇)의 해석[3]을 합치면,

---

2 上同, 「제7장 예(禮)」 참조.
3 林之奇의 해석은 李紀祥의 『兩宋以來大學改本之硏究』(臺灣 學生書局, 민국77년)에

주희 이전에 저술된 설은 모두 4종이다. 또 이 4종 가운데 료강의 해석은 확인할 수 없기 때문에 그 내용을 알 수 없고, 이를 제외한 나머지 3종의 해석은 십삼경주소본『예기』의 「대학(大學)」을 저본으로 하여 새롭게 해석한 것이다.

이를 통해 보면, 북송대에 이르러 비로소『대학』에 주목하게 되었고, 편차를 개정하는 등 본격적인 해석이 시도되었다는 것을 알 수 있다. 이는 후대 주희가『대학』을 사서로 편입하고 대대적인 개편작업을 통해 새로운 해석을 하는 데 그 밑거름이 되었다.

그렇다면『대학』은 그 전에 어떤 성격의 책으로 인식되었을까? 청나라 건륭연간(1736~1795)에 만들어진 흠정사고전서에 수록된『흠정예기의소』의 첫머리에 실린 아래의 글을 보면, 당대 이전 사람들이『대학』을 어떤 책으로 인식하고 있었는지를 잘 보여준다.

> ① 육덕명은 말하기를 "정현은 '「대학」은 널리 배워 정사를 행할 수 있는 것을 기록한 것이기 때문에 붙여진 이름이다.'라고 하였다."라고 하였다.[4]
> ② 공영달은 말하기를 "살펴보건대 정현의『목록(目錄)』에 '「대학」이라고 이름을 붙인 것은 널리 배워 정사를 행할 수 있기 때문에 붙여진 이름이다.'라고 하였다. 「대학」은 유향(劉向)의『별록(別錄)』에는 통론(通論)에 속해 있다. 이 「대학」은 학문이 성취되는 일을 논한 것이다. 자기 나라를 능히 다스리고 천하에 그 덕을 드러내 밝히는 것은 도리어 명덕이 유래하는 바에 근본을 하니, 먼저 성의(誠意)로부터 시작을 한다."

서 거론하였다.

4　『欽定禮記義疏』(문연각사고전서) 권73, 大學第42, "陸氏德明曰 鄭云 大學者 以其記
博學可以爲政也"

라고 하였다.[5]

당나라를 대표하는 학자 육덕명과 공영달은 모두 '대학'이라고 편명을 붙인 이유를 '널리 배워 정사를 행할 수 있는 내용을 기록한 것이기 때문에 대학이라고 명명한 것이다.'라는 정현의 설을 인용하고 있다. 이를 통해 보건대, 당나라 때까지는 이런 정현의 설이 그대로 통용되고 있었음을 알 수 있다. 이런 관점에서 보면, 『대학』은 '정치철학입문서'로서의 역할을 한 것으로 여겨진다. 즉 왕권을 중심으로 한 고대 귀족 사회에서 수기(修己)부터 치인(治人)에 이르는 전 과정을 말한 정치철학서로서 인식한 것이다.

그런데 ②의 공영달의 설 후반부를 보면, 「대학」을 '학성지사(學成之事)'로 규정하고 있는 것이 눈에 띈다. 이는 분명 정치적 성격을 강조하기보다는 학문적 측면을 강조한 발언이다. 특히 '치국과 평천하는 명명덕에 근본을 한다'는 점을 언급하고 있어 치인보다는 수기에 더 비중을 둔 인식을 드러내고 있다.

이런 인식은 한학(漢學)의 말기에 송학(宋學)이 태동되는 전환기적 사고를 보여준다. 한대에는 경전을 복원하고 박사를 세워 훈고를 중심으로 한 사법이 전승되었고, 당대에 이르러서는 자구의 해석을 주로 하던 훈고학이 구절의 의미를 소통시키는 쪽으로 부연하여 해석하는 의소학(義疏學)으로 변모하였다. 그러다 송대에 이르러 이런 훈고학·의소학의 공소한 폐단을 극복하고 경전의 본지를 찾자는 움직임이 일어나

---

5 上同. "孔氏穎達曰 案鄭目錄云 名曰大學者 以其記博學可以爲政也 此於別錄 屬通論 此大學之篇 論學成之事 能治其國 章明其德於天下 郤本明德所由 先從誠意爲始"

의리학이라는 새로운 학문방법이 대두되었다.

『대학』도 정치서로 인식되다가 학문서로 인식된 것은 이런 학술양
상의 변화와 무관하지 않다. 이렇게 달라진 시각은 송대 주희에 이르면
『대학』을 정치서로 보지 않고 '학자의 일'로 보는 확고한 인식이 나타
난다. 『흠정예기의소』에 있는 내용을 인용해 본다.

> 주자는 말하기를 "정자(程子)께서 말씀하시기를 '「대학」은 공씨(孔氏)
> 가 남긴 책으로, 초학자들이 덕으로 들어가는 문이다. 오늘날 고인이 학
> 문하던 차례를 엿볼 수 있는 것은 유독 이 편이 남아 있는 데 의지하니,
> 『논어』와『맹자』는 그 다음이다. 학자들이 이 책을 말미암아 배우면 거
> 의 학문을 하는 데 어긋나지 않을 것이다.'라고 하셨다."라고 하였다.[6]

주희는 정자의 말을 인용해 자신의 주장을 대신하고 있는데, 『대학』
이라는 책의 성격을 '초학자들의 입덕문(入德門)'으로 전제하고, 고대
인들의 학문차서를 알 수 있는 서적이라 하고 있다. 이는 왕권을 중심
으로 한 귀족계층의 통치에 관한 서적이 아니라, 사대부 계층의 학자들
이 공부해야 할 학문의 규모로 파악한 것이다. 그래서 주희는 『대학』
을 집에 비유하여 간가(間架)에 해당한다고 하였다.[7]

주희가 사서 중심의 경학 체계를 수립한 뒤, 원대에는 그의 사서주석
서가 관학의 교과서로 채택되어 교육의 중심으로 그 위상을 확고하게
다졌다. 그리고 주희의 사서주석서에 대한 부연과 해석이 그 시대 학문

---

6   上同. "朱子曰 子程子曰 大學孔氏之遺書 而初學入德之門也 於今 可見古人爲學次第者
     獨賴此篇之存 而論孟次之 學者必由是而學焉 則庶乎其不差矣"
7   『大學章句大全』 첫머리에 실린 「讀大學法」에 "今且熟讀大學 作間架 却以他書塡補
     去"라 하였다.

의 주류를 형성하였다. 그리하여 명나라 초에 만들어진 사서대전본에
는 이들의 설이 다수 세주(細註:小註)에 편입되는 결과를 낳았다.

주희가 만든 『대학장구』에 대해, 그의 후학들은 의문을 제기하였다.
주희의 재전 문인대부터 『대학장구』에 약간의 수정을 가하여 편차를
일부 개정해 완본(完本)을 만드는 작업이 활발하게 일어나기 시작했다.
이러한 경향은 원대를 거쳐 명대까지 지속되어 『대학장구』 개정설을
제기한 사람이 수십 명이나 되었다. 다시 말하면, 이 점이 이 시대 학술
의 주요 쟁점이었음을 말해 준다. 따라서 학술사적인 측면에서 보면
매우 중요한 의미를 갖는다.

3. 『대학』 해석의 주요 관점

종래 『대학』을 해석할 적에는 아래와 같은 몇 가지 사안이 중요한
문제점으로 부각되어 이를 중심으로 논의가 전개되었다.

첫째, 고본의 「대학」(십삼경주소본 『예기』의 「대학」)에 착간(錯簡)이
있거나 일실된 궐문(闕文)이 있다는 관점이다.

여기에는 다시 두 가지 관점이 있다. 하나는 착간만 있고 궐문은 없
다는 관점이며, 하나는 착간도 있고 궐문도 있다는 관점이다. 주희는
착간도 있고 궐문도 있다는 관점에서 편차를 개정하고, 일실된 격물치
지전(格物致知傳)을 자신의 견해로 보충해 넣었다. 그것이 없어진 것을
보충해 놓았다고 하는 이른바 보망장(補亡章:補傳)이다.

대체로 주희 이전의 정호 · 정이 · 임지기 등은 착간만 있다는 관점에
서 편차를 개정하였다. 그런데 주희는 착간만 있는 것이 아니라 궐문까

지 있다고 생각하여 보망(補亡)의 차원에서 격물치지전을 손수 지어 보충해 넣은 것이다.

그러나 주희의『대학장구』를 보완하기 위한 후대의 개정설은, 대부분 이로부터 문제제기를 하고 있다. 즉 궐문은 없고 착간만 있다는 관점에서 격물치지전에 해당하는 구절을 찾아 체제를 일부 개정하는 방향을 취한 것이다. 그런 설 가운데는, 착간은 인정하지만 후인이 궐문을 보충해 넣는 것은 옳지 않다는 인식이 저변에 깔려 있다.

남송 말의 동괴(董槐)·왕백(王柏)·차약수(車若水) 등이 주희의『대학장구』를 일부 개정한 것은, 대체로 주희의 보망장을 인정하지 않고 격물치지전을 찾아 그 자리에 넣으려는 문제의식에서 출발한 것이다. 남송 말부터 주희의『대학장구』를 일부 개정하여 격물치지전으로 삼은 다양한 설들은 모두 궐문은 없고 착간만 있다는 관점에서 제기된 것이다. 이는 1천여 년 뒤에 글을 지어 경전에 삽입하는 것은 매우 부적절하다는 인식에서 연유한 것이다.

둘째, 경문·전문의 구분 여부에 관한 관점이다.

여기에도 두 가지 견해가 있다. 하나는 한나라 때부터 전해 내려온『예기』의「대학」에는 원래 경문과 전문의 구분이 없다는 점에서 불분경전(不分經傳)을 주장하는 견해이며, 하나는 경문은 공자의 말씀이고 전문은 증자의 말씀이라는 성경현전의 시각에서 경(經)과 전(傳)으로 나누어 보아야 한다는 견해이다.

경문과 전문으로 나누는 견해는『대학』의 작자 문제와 긴밀하게 연관되어 있다.『대학』의 작자에 대해 정자는 '공씨의 유서'라고 하였다. 정자는『대학』의 작자를 누구라고 명확히 말하지 않았지만, 공자로부터 비롯되어 그의 후학들이 저술한 것으로 보았다. 이러한 설을 이어받은 주희는 『대학장구』에서 "경일장은 아마도 공자의 말씀인데 증자가 기술한 것인 듯하고, 전십장은 증자의 생각인데 그의 문인들이 기록한 것인 듯하다."라고 하였다. 주희는 『대학』을 경문과 전문으로 나누고, 경문은 공자의 말을 증자가 기록한 것으로, 전문은 증자의 말을 증자의 문인이 기록한 것이라고 보았다.

주희는 이런 관점에서 경일장·전십장의 체제로 분장하여 논리구조를 명확히 하였다. 이러한 주희의 설은 명대 중반까지 그대로 전승되며 그 내부에서 약간의 개정을 통한 보완작업이 이루어졌다. 그러나 주희의 설에 회의적이었던 명대 왕수인(王守仁)은 『예기』에 들어 있던 「대학」(고본의 「대학」으로 칭함)을 취하여 새로운 해석을 시도함으로써 경문과 전문으로 나누는 것을 인정하지 않았다. 이러한 설은 양명학이 유행하는 16세기 이후 급속히 전파되었다.

셋째, 편차를 개정할 것인가, 말 것인가 하는 관점이다.

어떤 텍스트를 저본으로 새로운 해석을 하더라도 그 편차를 그대로 따라 해석할 것인가, 아니면 편차를 개정하여 논리구조를 새로 구성할 것인가 하는 문제가 제기된다.

우선 고본의 「대학」을 저본으로 하되 그 편차를 그대로 따라 해석하는 관점을 먼저 살펴보기로 한다. 이는 대체로 16세기 학자들에 의해 제기되기 시작하였는데, 왕수인은 경문과 전문으로 나눌 수 없다고 하였다. 그는 주희처럼 분장하면 고경(古經)의 본지를 잃게 되니, 고본에 따라 해석하면서 성인의 본지를 터득해야 한다고 주장했다. 우리나라에서도 조선 후기에 이런 주장을 한 학자들이 나타난다.

다음은 고본의 「대학」을 저본으로 편차를 개정한 해석에 대해 살펴보기로 한다. 고본의 「대학」을 저본으로 개정한 설도 왕수인과 비슷한

시기인 명대 중엽에 나타난다. 그 대표적인 인물이 왕도(王道)·최선(崔
銑)·계본(季本) 등이다. 우리나라에서도 조선 후기에 고본의 「대학」의
편차를 개정하여 새로운 주장을 하는 설이 나타난다.

다음은 『대학장구』의 편차를 일부 개정하여 자신의 설을 개진한 해
석에 대해 살펴보기로 한다. 앞에서 언급했듯이, 이는 주로 주희가 격
물치지전을 궐문으로 보아 보망한 것에 찬성하지 않고 궐문이 없다는
관점에서 격물치지전을 경문이나 전문에서 찾아 편차를 개편함으로써
논리 구조를 완성하고자 한 것이다.

이에 대한 설은 남송 말부터 명대 중엽까지 지속적으로 나타났는데,
주로 어떤 구절을 격물치지전으로 보아 편차를 개정하느냐 하는 문제
가 관건이다. 여기에는 다양한 설이 등장하였다. 우리나라에서도 16세
기 중반 이언적(李彦迪)이 「대학장구보유(大學章句補遺)」를 지어 『대학
장구』를 일부 개정해 독자적인 설을 제기하였는데, 그 후에도 여러 학
자들에 의해 다양한 설이 제기되었다.

4. 주희(朱熹) 이전의 『대학』 편차 개정설

1) 고본의 「대학」과 후대의 문제의식

「대학」은 본래 한나라 때 대성(戴聖)이 편찬한 『소대례기』(『예기』)
49편 중 제42편에 수록되어 있는 글이다. 후한 때 정현은 이 『예기』에
주를 달았다. 그리고 당나라 때 공영달이 황제의 칙령을 받들어 오경정
의를 편찬하였는데, 이때 『예기』는 정현의 주와 황간(皇侃)의 소(疏)를
채용하고, 다른 설은 모두 폐기하였다. 이로부터 『예기』는 정현의 주

와 공영달의 소(疏:正義)가 수록된 것을 관본으로 삼게 되었다. 이것이 송나라 때 간행된 십삼경주소본에 수록되어 지금까지 전하는 고본의 구설이다.

당대에는 구경을 위주로 인재를 선발하였다. 당대 과거제도가 시행된 뒤로 오경정의의 하나였던 『예기정의』도 사인들에게는 필독서가 되었다. 이러한 여파는 중국에서 최초로 사대부정치 시대가 열리는 송나라 때까지 이어졌다. 이런 분위기 속에서 10세기 말 당대에 만들어진 구경주소에, 송나라 때 형병에 의해 편찬된 『논어』·『효경』·『이아』의 소가 나와 십이경주소가 완성되었고, 남송 초에 손석의 소로 알려진 『맹자주소』가 더해져 십삼경주소가 완성되었다.

남송 때 주희는 『예기』에 들어 있던 「대학」·「중용」을 별책으로 독립시키고 편차를 개정하고 주석을 새롭게 하여 『대학장구』·『중용장구』를 만든 뒤, 자신이 새롭게 주석한 『논어집주』·『맹자집주』와 함께 사서라 명명하고, 이를 학문의 근간으로 내세움으로써 종래 오경 중심의 경학체제를 사서 중심의 체제로 바꾸었다.

그 후 주희가 만든 사서주석서가 학문의 중심으로 자리 잡음으로써 십삼경주소본은 역사의 뒤안길로 밀려나게 되었다. 십삼경주소본의 『예기주소』에 실린 「대학」을 보면, 정현의 주(注)는 각 구·절 뒤에 분산되어 있는 반면, 공영달의 소(疏)는 크게 두 단락으로 나눈 뒤 모아놓았다. 대체로 주는 자·구의 뜻을 간단하게 해석한 훈고적 성격이 강하고, 소는 자·구의 뜻풀이에서 벗어나 구·절의 의미를 전체적으로 소통시키기 위한 해석이기 때문에 그렇게 구분한 것이다.

정현의 주를 보면, 전체의 구조를 파악하는 언급이나 단락을 나누어 요지를 파악하는 내용이 없다. 이는 당대 이전에는 장(章)·절(節)을 나

누어 주해하지 않았음을 말해준다. 반면 공영달의 소를 보면, 크게 두
단락으로 나누어 소를 붙여 놓았다. 이는 그가 크게 두 단락으로 나누
어 문장의 의미를 파악한 것이라 할 수 있다.

　이러한 공영달의 단락나누기는『대학』의 조리를 일목요연하게 파악
한 것이라고 보기는 어렵다. 그러나 그 후로 학자들이 고본의「대학」에
나아가 단락을 나누어 요지를 파악하려고 하여, 전체를 6장·7장·10
장·13장 등으로 나누어 보는 설이 제기되기 시작하였다. 그 가운데 전체
를 6장으로 나누는 설이 가장 많이 나타나는데, 이를 정리하면 다음과
같다.

　　　제1장 : 大學之道……此謂知之至也
　　　제2장 : 所謂誠其意者……此謂知本
　　　제3장 : 所謂修身在正其心者……此謂修身在正其心
　　　제4장 : 所謂齊家在修其身者……此謂身不修不可以齊家
　　　제5장 : 所謂治國必先齊其家者……此謂治國在齊其家
　　　제6장 : 所謂平天下在治其國者……此謂國不以利爲利 以義爲利也

　이런 6장으로 나누어 본 단락나누기를 통해 그 요지를 파악하면 다
음과 같다.

　　　제1장 : 三綱領·八條目
　　　제2장 : 誠意
　　　제3장 : 正心·修身
　　　제4장 : 修身·齊家
　　　제5장 : 齊家·治國
　　　제6장 : 治國·平天下

그런데 이렇게 요지를 파악하고 나면, 다음과 같은 문제점이 대두된다. 하나는 삼강령에 대한 해석이 없다는 것이다. 삼강령만 제시하고 그에 대한 해설이 없다고 본 것이다. 또 하나는 팔조목에 대한 해석 가운데 격물·치지와 치지·성의와 성의·정심에 대한 해석이 보이지 않는다. 제3장 이하를 보면 팔조목을 둘씩 서로 연관 지어 해석하고 있는데, 성의 앞에 격물·치지와 치지·성의의 해석이 없고, 또 성의 뒤에도 성의·정심의 해석이 없다. 이는 분명 논리구조 파악에 있어서 흠결이 아닐 수 없다.

이런 문제점을 두고 후대의 학자들 사이에 다음과 같은 문제의식이 대두되었다.

> ① 고본의 「대학」은 착간이 심하다. 따라서 삼강령과 격물·치지에 대한 해석은 일실된 것이 아니라, 다른 단락에 잘못 삽입되어 있다.
> ② 삼강령에 대한 해석은 착간 되어 다른 단락에 삽입되어 있고, 격물·치지에 대한 해석은 일실되어 고본의 「대학」에 누락되었다.

①은 고본의 「대학」에 일실된 궐문은 없고 단지 착간만 있다는 관점이고, ②는 고본의 「대학」에 일실된 궐문도 있고 착간 된 것도 있다는 관점이다.

이런 문제의식은 북송 때 정호·정이 형제에 의해 비롯되어 그 뒤로 꾸준히 제기되었다. 그리하여 착간 된 것을 바로잡으려는 노력의 일환으로 각양의 설들이 등장하였다. 이 가운데 몇 가지 중요한 설을 간추려 보면 다음과 같다.

첫째, 남송 때 주희는 ②의 관점에 의해 '차위지본 차위지지지야(此謂知本 此謂知之至也)'를 격물치지전의 결어로 보고, 그 앞에 분명히 궐문이 있다고 생각해 보망장을 만들어 보충하였다. 또한 제1단락과 제2단락은 착간이 심하다고 보아, 이를 대폭 개편하였다.

둘째, 송대 동괴(董槐)·왕백(王柏)·섭몽정(葉夢鼎) 등과 명대 송렴(宋濂)·방효유(方孝孺)·채청(蔡淸) 등은 '차위지본 차위지지지야'를 격물치지전의 결어로 보면서도 격물치지전이 일실되었다고 보지 않고 착간되었을 뿐이라고 생각해 다양한 설을 제기하였는데, 고본의 「대학」 제1장의 '지지이후유정(知止而后有定)' 이하 42자를 격물치지전으로 보는 설이 주류를 이룬다.

셋째, 남송의 여입무(黎立武)와 명말청초의 황도주(黃道周)·모기령(毛奇齡)·이광지(李光地) 등은 격물치지전이 일실되거나 착간 된 것이 아니라, 고본의 「대학」 제1장에 들어 있다고 주장하였다. 이런 설은 대체로 '차위지본 차위지지지야'를 격물치지전의 결어로 보고, '지지이후유정' 이하 혹은 '자천자이지어서인(自天子以至於庶人)' 이하를 격물치지전으로 본다.

넷째, 청대 모선서(毛先舒)·정대중(程大中)·손기봉(孫奇逢) 등은 고본의 「대학」에는 본디 격물치지전이 불필요하다고 주장하였다. 이 역시 궐문이나 착간이 없다는 관점에서 출발한 설로, 격물치지의 뜻이 성의장에 들어 있다는 것이다.

이러한 설들은 대체로 주희가 『대학장구』를 만든 이후 본격적으로 제기되었다. 주희의 『대학장구』가 나옴으로써 고본의 「대학」에 대한 문제의식들이 본격적으로 논의되기 시작하였으니, 주희는 『대학』 해석의 새로운 장을 연 장본인이라 아니할 수 없을 것이다.

고본의 「대학」을 십삼경주소본의 공영달의 소에 따라 2단락으로 나누고, 각 절에 차례대로 번호를 부여해 정리하면 다음과 같다.

01-01 大學之道……在止於至善
　　02 知止而后有定……慮而后能得
　　03 物有本末……則近道矣
　　04 古之欲明明德於天下者……致知在格物
　　05 物格而后知至……國治而后 天下平
　　06 自天子以至於庶人 壹是皆以修身爲本
　　07 其本亂而末治者 否矣……未之有也
　　08 此謂知本 此謂知之至也
　　09 所謂誠其意者……故君子必愼其獨也
　　10 小人閒居……故君子必愼其獨也
　　11 曾子曰……其嚴乎
　　12 富潤屋……故君子必誠其意
　　13 詩云 瞻彼淇澳……民之不能忘也
　　14 詩云 於戲……此以沒世不忘也
　　15 康誥曰 克明德……皆自明也
　　16 湯之盤銘曰……是故 君子無所不用其極
　　17 詩云 邦畿千里……止於信
02-01 子曰 聽訟……大畏民志 此謂知本
　　02 所謂修身在正其心者……則不得其正
　　03 心不在焉……食而不知其味
　　04 此謂修身 在正其心
　　05 所謂齊其家在修其身者……天下鮮矣
　　06 故諺有之曰……莫知其苗之碩
　　07 此謂身不修 不可以齊其家
　　08 所謂治國必先齊其家者……慈者 所以使衆也
　　09 康誥曰 如保赤子……嫁者也
　　10 一家仁……此謂一言僨事 一人定國
　　11 堯舜帥天下以仁而民從之……未之有也
　　12 故治國 在齊其家
　　13 詩云 桃之夭夭……可以敎國人

14 詩云 宜兄宜弟……可以敎國人

15 詩云 其儀不忒……民法之也

16 此謂治國 在齊其家

17 所謂平天下在治其國者……君子有絜矩之道也

18 所惡於上 毋以使下……此之謂絜矩之道也

19 詩云 樂只君子……此之謂民之父母

20 詩云 節彼南山……辟則爲天下僇矣

21 詩云 殷之未喪師……失衆則失國

22 是故 君子先愼乎德……有財此有用

23 德者 本也 財者 末也

24 外本內末 爭民施奪

25 是故 財聚則民散 財散則民聚

26 是故 言悖而出者 亦悖而入 貨悖而入者 亦悖而出

27 康誥曰 惟命 不于常 道善則得之 不善則失之矣

28 楚書曰 楚國 無以爲寶 惟善 以爲寶

29 舅犯曰 亡人 無以爲寶 仁親 以爲寶

30 秦誓曰 若有一个臣……亦曰殆哉

31 唯仁人 放流之……爲能愛人 能惡人

32 見賢而不能擧……過也

33 好人之所惡……菑必逮夫身

34 是故 君子有大道 必忠信以得之 驕泰以失之

35 生財有大道……則財恒足矣

36 仁者以財發身 不仁者以身發財

37 未有上好仁……非其財者也

38 孟獻子曰 畜馬乘……此謂國不以利爲利也 以義爲利也

39 長國家而務財用者……此謂國不以利爲利 以義爲利也

2) 정호(程顥)의 『대학』 해석과 특징

정호(程顥; 1032~1085)는 고본 「대학」에 착간이 있다는 관점에서 개정하였다. 그러나 그가 분장을 하거나 편차를 개정한 것에 대해, 자기의 설을 개진한 것은 전하지 않는다. 정호는『예기』의 한 편으로 들어 있던「대학」의 중요성에 주목하고, 착간이 있다고 생각해 편차를 개정하였다. 정호 이후로 청대까지 여러 학자들이 고본「대학」의 편차를 개정하여 논리적 체계를 완성하려고 부단히 노력했던 것은, 정호가 그 단초를 열었기 때문이다.

정호가 고본「대학」의 편차를 개정한 설은 사고전서 제183책『정씨 경설(程氏經說)』권6「명도선생개정대학(明道先生改正大學)」에 들어 있다. 이를 고본「대학」의 편차와 비교하기 위해 편의상 번호를 붙여 정리하면 아래와 같다. 원괄호 숫자는 정호가 개정한 차례이고, 뒤의 숫자는 고본「대학」의 차서이다.

① 01-01~01-03 大學之道……則近道矣

② 01-15 康誥曰 克明德……皆自明也

③ 01-16 湯之盤銘曰……是故 君子無所不用其極

④ 01-17 詩云 邦畿千里……止於信

⑤ 01-04 古之欲明明德於天下者……致知在格物
　　01-05 物格而后知至……國治而后 天下平

⑥ 01-06~01-08 自天子以至於庶人……此謂知本 此謂知之至也

⑦ 01-09~01-12 所謂誠其意者……故君子必誠其意

⑧ 02-02~02-04 所謂修身在正其心者……此謂修身 在正其心

⑨ 02-05~02-07 所謂齊其家在修其身者……此謂身不修 不可以齊其家

⑩ 02-08~02-16 所謂治國必先齊其家者……此謂治國 在齊其家

⑪ 02-17~02-20 所謂平天下在治其國者……辟則爲天下僇矣

⑫ 01-13 詩云 瞻彼淇澳……民之不能忘也
　　01-14 詩云 於戱……此以沒世不忘也

⑬ 02-01 子曰 聽訟……大畏民志 此謂知本

⑭ 02-21~02-39 詩云 殷之未喪師……此謂國不以利爲利 以義爲利也

정호가 개정한 것을 보면, ②·③·④의 명명덕·신민·지어지선을 해석한 대목을 앞으로 옮기고, ⑫·⑬을 치국평천하장으로 옮긴 것이 특징이다. 정호는 고본「대학」에 착간이 있다는 관점에서 이와 같이 편차를 개정한 것인데, 기본적으로 삼강령과 그에 대한 해석, 팔조목과 그에 대한 해석으로 논리구조를 파악한 것이다.

그렇게 보면 ⑤·⑥은 격물치지에 대한 해석이 된다. 또한 ⑫를 치국평천하장으로 옮긴 것은, 그 내용이 성의장에 해당하기 어렵다고 느꼈기 때문일 것이며, ⑬의 청송장(聽訟章)도 적당한 위치를 찾지 못하여 치국평천하장으로 옮긴 듯하다. 이러한 해석은 후대 고본「대학」의 편차를 개정하여 논리구조를 보다 정밀히 파악하는 데 새로운 시각을 열어주었다.

3) 정이(程頤)의 『대학』 해석과 특징

정호의 아우 정이(程頤; 1033~1107)도 나름의 시각으로 『대학』의 편차를 아래와 같이 개편하였다. 앞의 원괄호 숫자는 정이가 개정한 차례이고, 뒤의 숫자는 고본「대학」의 차서이다.

① 01-01~01-07 大學之道……未之有也
② 02-01 子曰 聽訟……大畏民志 此謂知本
   01-08 此謂知本(衍文) 此謂知之至也
③ 01-15 康誥曰 克明德……皆自明也
④ 01-16 湯之盤銘曰……是故 君子無所不用其極
⑤ 01-17 詩云 邦畿千里……止於信

⑥ 01-09~01-12 所謂誠其意者……故君子必誠其意

⑦ 02-02~02-04 所謂修身在正其心者……此謂修身 在正其心

⑧ 02-05~02-07 所謂齊其家在修其身者……此謂身不修 不可以齊其家

⑨ 02-08~02-16 所謂治國必先齊其家者……此謂治國 在齊其家

⑩ 02-17~02-20 所謂平天下在治其國者……辟則爲天下僇矣

⑪ 01-13 詩云 瞻彼淇澳……民之不能忘也

    01-14 詩云 於戲……此以沒世不忘也

⑫ 02-27~02-34 康誥曰 惟命不于常……必忠信以得之 驕泰以失之

⑬ 02-21~02-26 詩云 殷之未喪師……亦悖而出

⑭ 02-35~02-39 生財有大道……此謂國不以利爲利 以義爲利也

정이는 『대학』을 경문과 전문으로 구분하지 않고 전체를 14장으로 분장하였다. 정이는 정호의 해석을 수용하면서 편차를 재개정한 것으로 추정된다. 그가 ③·④·⑤와 ⑪처럼 편차를 개정한 것은, 정호의 설을 그대로 수용한 것이다. ③·④·⑤는 삼강령을 말한 뒤, 삼강령을 해석한 전문이다. ⑪ 역시 성의장의 내용과 연관시키기 어렵기 때문에 정호의 설을 따른 듯하다. 정이는 ②처럼, 청송장을 '차위지본 차위지지지야'의 앞으로 옮긴 뒤, 중복되는 '차위지본' 4자를 연문으로 보아 빼버리고, '차위지지지야' 6자를 청송장의 결어로 본 것이다.

정이의 해석을 전체적인 논리구조에서 보면, 제1장에서 삼강령·팔조목을 말하고, 제2장에서 격물치지를 해석하고, 제3장~제5장에서 삼강령을 다시 해석하고, 제6장 이하에서 팔조목의 성의 이하를 해석한 것을 알 수 있는데, 이는 정호의 설을 더 발전시킨 측면이 있다.

그리고 ⑬처럼 치국평천하장 내에서 편차를 개정한 것이 독특하다. 그 의도는 치국평천하장은 크게 혈구(絜矩)·용인(用人)·재용(財用)으로 그 요지를 간추릴 수 있는데, ⑬처럼 고본 「대학」의 '02-21~02-26'을

뒤로 옮겨야 ⑭의 '02-27'과 자연스럽게 연결되기 때문이라 생각해서인
듯하다. 이 치국평천하장의 전체적인 문맥으로 보면, ⑬은 용인과 재용
의 중간에 위치하여 자연스럽게 앞뒤를 연결해 주는 역할을 하고 있다.

정이의 개정은 삼강령·팔조목을 앞에 제시하고, 그 다음에 삼강령·팔조
목에 대한 해석이 차례대로 전개되는 논리구조를 제시한 데에 큰 의의가
있다. 후대 주희의 개정설은 이러한 정이의 설을 토대로 한 것이다. 이런
기본관점에 의해, 그는 청송장을 앞으로 옮겨 '01-08'과 합해 지본(知本)
과 지지(知至)를 말한 것으로 본 것이다. 기타 '친민(親民)'을 '신민(新民)'
으로 바꾼 것, 몇몇 자구를 연문으로 본 것, 수신장의 '신(身)'을 '심(心)'의
오자로 보아 글자를 개정한 것 등도 후대에 지대한 영향을 끼쳤다.

정호·정이의 개정은 후대에 상당한 영향을 끼쳤고, 주희는 그 설에
기초해『대학장구』·『대학혹문』을 저술하였다. 정호·정이의 개정과 해
석의 의의를 정리하면 다음과 같다.

첫째, 두 설이 다르지만 모두 삼강령·팔조목을 정연하게 배열하려
는 의도로 개정하였다는 점이다. 이는 후대 주희의『대학장구』에 지대
한 영향을 끼쳤다.

둘째, 성의장에 착간이 심하다고 판단해 성의와 관련된 것만 남겨두
고, 나머지 구절을 다른 곳으로 옮겼다는 점이다. 이 역시 주희의『대
학장구』에 큰 영향을 미쳤다.

셋째, 삼강령의 하나인 '친민'을 '신민'의 오자로 보아 삼강령을 명명
덕·신민·지어지선으로 바로잡았다는 점이다. 이 역시 팔조목과 유기
적인 연관성을 갖게 하였다.

넷째, 삼강령을 앞에 말하고 뒤에 다시 그것을 부연해 팔조목을 해석
한 것으로 논리구조를 설정함으로써 은연중 경·전으로 구분하는 시각

을 갖고 있다. 이 설도 주희의 『대학장구』 체제가 성립되는 데 기초가
되었다.

다섯째, 개정을 통하여 격물치지를 해석한 대목을 설정하려 하였다
는 점이다. 두 사람이 개편한 편차를 보면 은연중 격물치지를 해석한
대목을 설정하려 한 것을 알 수 있다. 이 역시 주희에게 영향을 끼쳤다.

5. 주희의 『대학』 편차 개정과 해석의 논리

1) 『대학장구』의 편차 개정 및 분장

주희(朱熹; 1130~1200)는 정호·정이의 해석을 계승하면서 독자적인
해석을 하여 종래와는 달리 전면적으로 편차를 개편하고 분장·분절을
하여 『대학장구』를 만들었다. 주희는 43세 때인 1172년 『대학장구』의
초고를 완성하였다. 그리고 자신의 설을 다른 사람들에게 보이며 수정
해 나갔다. 심지어 임종하기 3일 전까지 성의장을 수정할 정도로 심혈
을 기울인 책이 『대학장구』이다. 그래서 주희의 여러 설 가운데 『대학
장구』의 설을 만년의 정론(定論)으로 본다.

주희는 어느 날 학생들을 가르치다 『대학』을 보고서 말하기를 "나의
평생 정력이 모두 이 책에 들어있다. 먼저 이 책에 통달해야 바야흐로
독서를 할 수 있다."라고 하였으며[8], 또 "나는 『대학』에 공력을 기울인
것이 매우 많다. 사마온공(司馬溫公:司馬光)이 『자치통감』을 만들고서

8　黎靖德, 『朱子語類』 권14, 葉賀孫 錄, "一日 敎看大學曰 我平生精力 盡在此書 先須通
　　此 方可讀書"

말하기를 '신의 평생 정력이 모두 이 책에 들어있습니다.'라고 하였는데, 나도 『대학』에 대해 또한 그러하다. 『논어』·『맹자』·『중용』은 도리어 힘을 기울이지 않았다."[9]라고 하였으며, 또 "나는 사람들에게 먼저 『대학』을 읽어 그 규모를 정하게 하고, 다음으로는 『논어』를 읽어 그 근본을 세우게 하고, 다음으로는 『맹자』를 읽어 그 발월(發越)을 보게 하고, 다음으로는 『중용』을 읽어 고인의 미묘처를 찾게 하였다."[10]라고 하였다.

이런 언급을 통해 볼 때, 주희가 평생의 정력을 기울여 해석한 책이 『대학』이라는 사실을 알 수 있으며, 주자학의 근저가 『대학』에 있었다고 해도 과언이 아닐 것이다.

주희의 『대학장구』는 경일장·전십장의 체제로 분류하여 성경(聖經)·현전(賢傳)으로 나누었다. 종래의 해석에는 분장도 명확하지 않았을 뿐더러, 분경전(分經傳)은 그 누구도 주장하지 않았다. 그런데 주희는 경문은 공자의 말을 증삼이 기술한 것이라 하고, 전문은 증삼의 말을 그의 문인들이 기술한 것이라 하였다. 이를 고본「대학」과 비교하면 다음과 같다. 앞부분은 『대학장구』의 편차이고, 뒷부분은 고본「대학」의 차서이다.

> 經-01 : 01-01 大學之道……在止於至善
> 經-02 : 01-02 知止而后有定……慮而后能得
> 經-03 : 01-03 物有本末……則近道矣
> 經-04 : 01-04 古之欲明明德於天下者……致知在格物
> 經-05 : 01-05 物格而后知至……國治而后天下平

---

9 上同, 郭友仁 錄. "某於大學 用工甚多 溫公作通鑑 言臣平生精力 盡在此書 某於大學 亦然 論孟中庸 却不費力"
10 上同, 廖謙 錄. "某要人先讀大學 以定其規模 次讀論語 以立其根本 次讀孟子 以觀其發越 此讀中庸 以求古人微妙處"

經-06 : 01-06 自天子以至於庶人 壹是皆以修身爲本

經-07 : 01-07 其本亂而末治者 否矣……未之有也

〈經一章:三綱領八條目〉

傳1-01 : 01-15 康誥曰 克明德

傳1-02 : 01-15 太甲曰 顧諟天之明命

傳1-03 : 01-15 帝典曰 克明峻德

傳1-04 : 01-15 皆自明也   〈釋明明德〉

傳2-01 : 01-16 湯之盤銘曰 苟日新 日日新 又日新

傳2-02 : 01-16 康誥曰 作新民

傳2-03 : 01-16 詩曰 周雖舊邦 其命維新

傳2-04 : 01-16 是故 君子無所不用其極   〈釋新民〉

傳3-01 : 01-17 詩云 邦畿千里 惟民所止

傳3-02 : 01-17 詩云 緡蠻黃鳥……可以人而不如鳥乎

傳3-03 : 01-17 詩云 穆穆文王……止於信

傳3-04 : 01-13 詩云 瞻彼淇澳……民之不能忘也

傳3-05 : 01-14 詩云 於戲 前王不忘……此以沒世不忘也

〈釋止於至善〉

傳4-01 : 02-01 子曰 聽訟 吾猶人也……大畏民志 此謂知本

　　　 : 01-08 此謂知本(衍文)   〈釋本末〉

傳5-01 : 01-08 (補亡) 此謂知之至也   〈釋格物致知〉

傳6-01~04 : 01-09~12 所謂誠其意者……故君子必誠其意

〈釋誠意〉

傳7-01~03 : 02-02~04 所謂修身在正其心者……此謂修身 在正其

〈釋正心修身〉

傳8-01~03 : 02-05~07 所謂齊其家在修其身者……不可以齊其

〈釋修身齊家〉

傳9-01~09 : 02-08~16 所謂治國必先齊其家者……此謂治國 在齊

其家   〈釋齊家治國〉

傳10-01~23 : 02-17~39 所謂平天下在治其國者……以義爲利也

〈釋治國平天下〉

이를 도표로 정리하면 다음과 같다.

차례	節數	要旨	備考
經一章	7	三綱領·八條目	三綱領, 六事, 本末, 八條目(工夫), 八條目(功效), 本末
傳一章	4	釋明明德	古本大學 01-15를 4절로 分節
傳二章	4	釋新民	古本大學 01-16을 4절로 分節
傳三章	5	釋止於至善	古本大學 01-17을 3절로 分節하고, 01-13,14를 그 뒤로 옮김
傳四章	1	釋本末	01-08의 '此謂知本'을 程子의 설에 따라 衍文으로 봄
傳五章	1	釋格物致知	01-08의 '此謂知之至也'를 格物致知傳의 결어로 보고 補亡
傳六章	4	釋誠意	古本大學과 편차는 동일하되 4절로 分節
傳七章	3	釋正心修身	古本大學과 편차는 동일하되 3절로 分節
傳八章	3	釋修身齊家	古本大學과 편차는 동일하되 3절로 分節
傳九章	9	釋齊家治國	古本大學과 편차는 동일하되 9절로 分節
傳十章	23	釋治國平天下	古本大學과 편차는 동일하되 23절로 分節, 程頤가 개정한 편차를 따르지 않음

주희는 고본「대학」제3장(정심수신장) 이하는 편차를 전혀 개편하지 않고, 구설을 그대로 수용하였다. 이는 고본「대학」제1장과 제2장에만 착간과 궐문이 심하다는 관점을 반영한 것이다. 이런 관점에서 정이가 전 제10장을 개편한 설도 따르지 않았다.

2) 『대학』 해석의 특징

주희의 『대학장구』의 특징은 다음과 같이 정리해 볼 수 있다.

첫째, 전체의 체제를 경일장·전십장의 체제로 개편하였다.

주희 이전에는 경·전으로 나누어 체제를 파악한 해석이 없었다. 그런데 주희는 경문과 전문으로 나누고, 또 분장하여 경일장·전십장의 체제를 만들었다. 이는『대학』해석사에서 새로운 전환점이 된다. 그가 이렇게 경·전을 나눈 데에는, 경문은 공자의 말씀이고 전문은 증삼의 말씀이라는 성경·현전의 의식이 전제되어 있다. 그리고 이는 공자의 도가 증삼으로 이어졌다는 도통의식을 반영한 것이다.

둘째, 명명덕·신민·지어지선을 삼강령으로, 격물·치지·성의·정심·수신·제가·치국·평천하를 팔조목으로 보는 설이 확립되었다.

주희 이전의 해석에서는 삼강령·팔조목을 분명하게 말한 것이 없다. 정호가 삼강(三綱)–삼강석문–팔조(八條)–팔조석문의 순으로 편차를 개정하였고, 정이는 삼강·팔목–격치석문(格致釋文)–삼강석문–성정수제치평석문(誠正修齊治平釋文)의 순으로 개편하였지만, 주희처럼 삼강령·팔조목의 논리체계를 정립하지는 못하였다.

셋째, 고본「대학」제2장(성의장)에 속해 있던 것을 앞으로 옮겨 삼강령을 해석한 전문으로 개편한 것이다.

주희는 경문 바로 뒤에 명명덕을 해석한 전 제1장, 신민을 해석한 전 제2장, 지어지선을 해석한 전 제3장의 순서로 그 체제를 개정하였다. 물론 이 역시 정자의 영향을 받은 점을 부인할 수 없다. 그러나 그는 정자와 다르게 개정하여 독자적인 설을 제기하였다.

넷째, 삼강령을 해석한 전문 뒤에 본말전(本末傳)을 별도로 둔 것이다.

이 점은 후대에 많은 논란을 불러일으킨 장본이 된다. 주희는 이른바 청송장이라 불리는 대목을 어디에 편차할 것인가를 두고 심각하게 고심한 듯하다. 그는 삼강령·팔조목에 없는 본말전을 굳이 둔 것에 대해 다음과 같이 해석하였다.

① 대개 나의 명덕이 이미 밝아지면 자연히 인민의 심지를 외복시킴이 있게 된다. 그러므로 소송 판결하기를 기다리지 않더라도 저절로 소송이 없을 것이다. 이 말을 보면 본말의 선후를 알 수 있다.(주희,『대학장구』 전 제4장 주)

② 전문의 결어인 '차위지본(此謂知本)'을 보면 이 절이 본말의 뜻을 해석한 것임을 알 수 있다. 경일장의 본문으로 차례를 대조해 보면, 이 절은 이 자리에 소속되어야 함을 알 수 있다.(주희,『대학혹문』전 제4장 해석)

①은 청송장의 내용이 명명덕을 본(本)으로 신민을 말(末)로 보는 것을 해석한 것이라는 말이다. 그리고 ②는 경일장에 삼강령을 먼저 말하고, 다음에 '물유본말(物有本末)'을 말하고, 다음 팔조목을 말하고, 다음 본말을 말했으니, 이런 경일장의 차례로 보면 삼강령을 해석한 뒤에 본말전을 두는 것이 마땅하다는 견해이다.

다섯째, 격물치지전이 일실되어 궐문이 있다고 생각해 자신의 견해로 증보해 첨입하였다.

주희가 만든 보망장은 다음과 같다.

〈所謂致知在格物者 言欲致吾之知 在卽物而窮其理也 蓋人心之靈 莫不有知 而天下之物 莫不有理 惟於理有未窮 故其知有不盡也 是以大學始敎 必使學者 卽凡天下之物 莫不因其已知之理而益窮之 以求至乎其極 至於用力之久而一旦豁然貫通焉 則衆物之表裏精粗 無不到 而吾心之全體大用 無不明矣 此謂物格〉 **此謂知之至也**

〈……〉 속의 문장이 주희가 만들어 넣은 것이다. 주희는 '차위지본(此謂知本)'에 대해 정자의 설에 따라 연문(衍文)으로 보았지만, 이 보망장을 보면 '차위물격(此謂物格)'으로 개정한 것을 알 수 있다. 후대 이

구를 '차위지지(此謂知止)'로 개정하는 설이 나오기도 하였는데, 이 역시 주희의 보망장에서 연유한 듯하다.

여섯째, 고본 「대학」 성의장에 속했던 여러 절의 편차를 개정하여 성의장의 내용을 명료하게 하는 한편, 삼강령을 해석한 전문을 완비했다는 점이다.

일곱째, 고본 「대학」의 '01-13'과 '01-14'를 지어지선전 뒤에 붙여 그 의미를 새롭게 부여한 것이다.

이에 대해 후대에 문제가 제기되기는 하였지만, '01-13'을 명명덕의 지어지선으로 보고, '01-14'를 신민의 지어지선으로 본 것은 주희가 새롭게 발명한 설이다.

이상에서 주희의 『대학』 해석의 특징을 몇 가지로 정리해 보았다. 이 외에도 세부적인 측면에서 고찰해 보면, 전대에 발명하지 못한 의리를 새롭게 발명한 것을 다수 찾을 수 있다.

6. 주희의 『대학』 해석의 의의와 문제점

위에서 주희의 『대학』에 나타난 특징을 몇 가지로 정리해 보았는데, 여기서는 그런 해석이 경학사적으로 어떤 의미를 가지고 있는지, 그리고 그런 해석에 대해 어떤 문제점이 지적되었는지를 살펴보기로 하겠다. 주희는 『대학』의 논리구조에 대해 다음과 같이 설명하였다.

무릇 전문은 이리저리 여러 경전을 인용하여 통일된 기강이 없는 것처럼 보이지만, 문리가 접속되고 혈맥이 관통하여 심천과 시종이 지극히 정밀하니, 익숙히 보고 상세히 음미하면 오랜 뒤에 그 본지를 보게 될

것이기 때문에 내가 지금 여기에다 다 해석해 놓지 않는다.[11]

여기서 눈여겨 볼 문구가 '문리접속(文理接續)'과 '혈맥관통(血脉貫通)'이다. 주희는 『대학』의 경·전과 삼강령·팔조목의 논리구조를 접속과 관통으로 파악한 것이다. 접속은 전후 문맥의 연결이고, 관통은 전체를 하나로 꿰뚫는 논리를 말한다. 그는 이와 같은 이론을 바탕으로 『대학장구』의 체제를 완성한 것이다.

그는 이런 관점으로 경일장·전십장 체계를 세운 뒤, 경일장에서는 삼강령·팔조목을 말하고, 전십장에서는 먼저 삼강령을 해석하고 뒤에 팔조목을 차례로 해석했다고 구조를 분석하였다. 이처럼 그는 삼강령·팔조목으로 명확히 구분하고 각각의 연관성과 통일성을 제시하였다. 이런 점에서 주희의 『대학』 해석은 경학사적으로 큰 의미가 있다. 청초의 호위(胡渭)가 명대 고헌성(顧憲成)·나여방(羅汝芳) 등의 학술을 비판하면서 주희의 『대학』 해석을 극찬한 데서 그런 의의를 발견할 수 있다. 그러나 주희의 『대학』 해석에 문제점이 전혀 없는 것은 아니다. 문제점이 전혀 없이 완벽했다면 후대 그의 『대학장구』를 개정하는 논의가 일어나지 않았을 것이다. 그러면 후학들은 주로 어떤 점에 문제의식을 가졌던 것일까?

첫째, 격물치지전이 일실되었다고 보아 보망장을 지어 첨입한 점이다. 후대 주희의 『대학장구』를 일부 개정한 왕위(王禕; 1322~1373)는 주희의 『대학』 해석에 대해 극찬을 하면서도 격물치지전을 궐문으로 보아 보망한 것에 대해서는 인정하지 않았다.

---

11 朱熹, 『大學章句』, 經一章, 章下註.

둘째, 삼강령과 팔조목에 본말이 없는데 본말전을 둔 것이다. 원대의 왕위는 "또한 삼강령·팔조목 외에 어찌 이른바 본말이 있기에 별도로 그 전을 지었단 말인가?"라고 하여 본말전을 둔 것에 대해 비판한 바 있거니와[12], 주희의 『대학』 해석에 대해 후학들이 불만스럽게 여긴 또 하나의 문제가 바로 본말전을 둔 것이다. 명대 왕오(王鏊; 1450~1524)는 "주자의 전문에는 청송장 1절로 본말을 해석한 전을 삼았으니, 의심할 만하다. 본말은 강령도 아니고 조목도 아니다. 그런데 어떻게 그것을 해석할 전을 둘 수 있단 말인가? 또한 경문의 '본말'은 해석하고서 '종시'는 유독 빠뜨렸단 말인가?"[13]라고 하였다.

셋째, 치지·성의에 대한 해석이 없다는 점이다. 전문은 격물·치지, 정심·수신, 수신·제가, 제가·치국, 치국·평천하처럼 팔조목을 두 조목씩 상호 연관시켜 해석하고 있다. 그렇다면 '치지·성의'와 '성의·정심'이 있어야 마땅한데, 『대학장구』의 구조로 보면 그런 점을 발견할 수 없다.

이에 대해 주희의 재전 문인 요로(饒魯:雙峯饒氏)는 성의장을 독립시켜 놓은 이유에 대해, 성의는 행(行)에 속하고 격물·치지는 지(知)에 속하기 때문에 의도적으로 구분해 놓은 것이라 하였다. 또한 그는 성의와 정심을 연관시키지 않고 독립시킨 이유를, 성의는 단지 정심과 연관되는 구조가 아니라, 평천하까지 모두 연관되는 논리구조를 갖고 있기 때문이라고 하였다. 그러나 요로의 이러한 변론에도 불구하고 여전히

---

12 朱彛尊, 『經義考』 권156, 「禮記19-大學」, '朱子-大學章句' "王禕曰 −전략− 且三綱領 八條目之外 安有所謂本末 乃別爲之耶"

13 上同. "王鏊曰 −전략− 朱傳 以聽訟一節 爲釋本末 則可疑 本末 非綱領 非條目 何以釋 爲 且本末旣釋 終始獨遺之耶"

의문은 남는다.

넷째, 『대학장구』의 치국평천하장은 요지파악이 모호하다는 점이다. 정이는 이 점을 염려하여 '시운 은지미상사(詩云 殷之未喪師)' 이하 6절을 뒤로 옮겨 '생재유대도(生財有大道)' 앞에 옮겨 둠으로써 혈구·용인·재용으로 그 요지를 파악하였다. 그러나 주희는 이런 정이의 설을 따르지 않고, 혈구에 초점을 맞추어 요지를 파악하였다.

이상에서 주희의 『대학』 해석이 갖는 의의와 문제점을 살펴보았다. 이러한 주희의 해석에 대해, 후세의 학자들은 두 파로 갈린다. 하나는 『대학장구』를 일부 수정해 보완하려는 부류이고, 하나는 고본 「대학」을 저본으로 독자적인 해석을 시도하는 부류이다.

대체로 전자는 주자학파에 속한 학자들이고, 후자는 양명학파 및 고증학파의 일부 학자들이 이에 속한다. 우리나라에서도 『대학장구』를 일부 개정하는 설이 이언적으로부터 제기되어 꾸준히 개정설이 등장하였고, 아예 고본 「대학」을 취하여 새롭게 해석하는 설도 조선 후기 주자학만을 절대적으로 존신하지 않은 일부 학자들에 의해 제기되었다.

후대 학자들이 주희의 해석에서 심각한 문제로 인식한 것이 격물치지전을 궐문으로 보아 보망한 것이다. 이에 대해 원대 진천상(陳天祥; 1230~1316)은 다음과 같이 말하고 있다.

전인들이 경서를 해석할 적에 일찍이 보충해 바로잡은 적이 있는데, 몇 글자만 빠지고 그 나머지 문장은 온전히 남아 있어 의미 맥락이 통할 수 있을 경우에만 그것을 보충할 이유가 있었다. 그러나 그럴 경우에는 '모처에 의당 모 자가 있어야 할 듯하다'고 하는 데 불과할 따름이었다. 지금 『대학장구』는 자기의 생각을 전적으로 써서 127자를 창작해 첨가하여 증자의 말을 대신해 바로 정전(正傳)을 삼은 것이다. 따라서 그 내용이

근사한가 근사하지 않은가 하는 문제는 덮어두고 논하지 않더라도, 오늘
날 사람이 고서를 지어 전성·전현의 경전과 병렬하는 것은 의리상 미안
한 듯하다. 이에 준거해 관례를 삼으면『상서』의 없어진 40여 편도 후인
들이 모두 첨가해 보충할 수 있을 것이다. 그러면 학자들의 순후하지 않
은 풍조를 조장하는 데 관계된 바가 매우 클 것이다. 주문공(朱文公:朱熹)
의 식견과 도량으로 이런 점이 있음을 면치 못하니, 애석하다. 보전(補傳)
에 대해서는 우선 놔두고 주석만 강론하는 것이 옳을 것이다.[14]

진천상의 이러한 문제의식은 격물치지전은 일실된 것이 아니라 착간
되었다는 인식을 더욱 확산시켰고, 『대학장구』의 편차를 일부 개정하
여 격물치지전에 해당시키는 다양한 설이 명대를 거쳐 청대 초기까지
꾸준히 제기되었다.

7. 주희의『대학』해석의 요지

주희의『대학』해석은 삼강령과 팔조목을 주제어로 보아 그 의미를
유기적으로 파악한 것이 특징이다. 삼강령은 명명덕(明明德)과 신민(新
民)과 지어지선(止於至善)인데, 지어지선은 목표지점에 해당하고, 실제
의 일은 명명덕과 신민 두 강령에 있다. 그래서 팔조목의 격물·치지·

---

14 陳天祥, 『四書辨疑』(문연각사고전서 제202책) 「大學」, "前人解經 亦嘗有補正三五
字之闕者 以其餘文全在 意脈可通 而有補之之理也 然亦但言某處 宜有某字 不過如此
而已 今乃全用已意 創添一百二十七字 以代曾子之言 便爲正傳 似與不似 且置勿論 但
以今人而作古書 與前聖前賢經傳並列 於義亦似未安 若準此爲例 則尙書亡逸四十餘篇
後人皆得添補 長學者不厚之風 所繫甚大 以文公之識量 不免有此 惜哉 宜姑置之 只講
註文 可也"

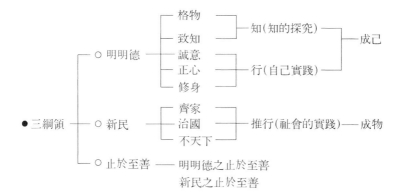

성의·정심·수신은 명명덕에 속하고, 제가·치국·평천하는 신민에 속한다.

　팔조목은 공부(工夫)와 공효(功效)가 있다. 공부는 노력하는 실천적 행위를 의미하고, 공효는 공부를 통해 얻어지는 효과를 의미한다. 격물·치지·성의·정심·수신·제가·치국·평천하는 공부이고, 물격(物格)·지지(知至)·의성(意誠)·심정(心正)·신수(身修)·가제(家齊)·국치(國治)·천하평(天下平)은 공효이다.

　격물(格物)은 내 마음속으로 사물의 이치를 궁구하는 것이고, 치지(致知)는 그 앎을 극진히 하는 것이다. 이는 지적탐구인 지(知)에 해당한다. 성의(誠意)는 내 마음속에 싹튼 생각을 선으로 가득 채우는 것이고, 정심(正心)은 내 마음속에서 일어난 분치(忿懥)·공구(恐懼)·호요(好樂)·우환(憂患) 등의 감정을 잘 살펴 함부로 움직이지 않게 바로잡는 것이고, 수신(修身)은 다른 사람을 만나면서 일어나는 친애(親愛)·천오(賤惡)·외경(畏敬)·애긍(哀矜)·오타(敖惰) 등의 감정이 한쪽으로 치우치지 않게 살펴서 제거하는 것이다. 성의·정심·수신은 앎을 통해 내 마음을 수양하는 자기실천인 행(行)에 해당한다.

제가(齊家)는 '집안을 다스리다'는 뜻이 아니고, '수신한 마음으로 집
안사람들을 공평하게 대한다'는 말이다. 즉 효도[孝]·공경[悌]·자애
[慈] 등을 실천하여 부모와 자식, 형과 아우, 모든 집안사람들이 감화되
어 본받고 따르도록 하는 것이 '집안사람들을 가지런히 한다'는 제가이
다. 즉 이는 자신이 수신한 덕을 가족들에게 공평하게 미루어 나가는
것이므로 추(推)라 한다.

치국(治國)은 '나라를 다스리다'는 말이 아니고, '집안사람들을 공평
하게 대하던 마음을 미루어 온 나라사람들을 공평하게 대하여 교화를
미루어 나간다.'는 말이다. 집안에서 부모에게 효도하던 마음을 미루어
나가면 임금을 섬기는 일이 되고, 집안에서 어른을 공경하던 마음을
미루어 나가면 윗사람을 섬기는 일이 되고, 집안에서 자식을 자애하던
마음을 미루어 나가면 민중을 부리는 일이 된다는 것으로 미루어 온
나라 사람을 교화하는 일이므로 화(化)라 한다.

평천하(平天下)는 '천하를 평치한다.'는 뜻인데, '천자가 천하를 다스
린다.'는 정치적인 의미보다는, '천하를 다스리기 위해서는 통치지가
먼저 천하 사람들의 마음을 미루어 헤아려야 한다.'는 논리이다. 그래
서 천하를 다스리는 방도로 '혈구지도(絜矩之道)'를 제시한 것이다. 혈
구지도는 수신을 한 자신의 공정한 척도로 온 세상 사람들의 사정을
먼저 미루어 헤아려 그들을 배려하는 정치를 하는 것이다. 즉 교화가
미칠 수 없이 먼 곳에 사는 사람도 나의 마음과 같을 것이라는 점을
미루어 헤아려서 인정을 베푸는 것이다.

제가·치국·평천하는 자신이 닦은 덕을 남들에게 더 넓게 확대해 시
행하는 것이므로 추행(推行)이라 한다. 가까이는 가족에게 미쳐나가고,
조금 넓히면 온 고을, 온 나라로 미루어 교화를 넓힐 수 있다. 멀리

떨어진 곳에 사는 사람은 교화가 미칠 수 없으므로 통치자가 먼저 그들의 사정을 헤아려 인정을 베풀어야 한다는 논리이다.

『대학』을 송대 이전에는 정치서(政治書)로 보았지만, 사대부 시대인 송나라 때부터는 정치서가 아닌 수신서(修身書)로 보았다. 정자(程子)가 『대학』을 '입덕지문(入德之門)'이라 한 것이 이를 단적으로 말해준다. 팔조목에 치국·평천하가 있기 때문에 『대학』은 제왕의 학문을 말한 것이라고 주장하는 사람들이 있지만, 사대부 시대의 학자들은 치국·평천하를 임금 혼자 독단하는 일로 보지 않았다. 요컨대 『대학』의 핵심은 명명덕(明明德)이 근본이고 신민(新民)은 말단적인 일이기 때문에 명명덕에 더 중점이 있으며, 신민에 해당하는 제가·치국·평천하는 지(知)·행(行)을 통해 덕을 이룩한 사람이 미루어 시행하는 일인 추행(推行)으로 본 것이다. 역설적으로 말하면 수신을 하지 않은 임금은 제가·치국·평천하를 할 수 없지만, 수신을 한 현신(賢臣)은 제가·치국·평천하를 할 수 있다는 말이기도 하다.

다음은 공효에 대해 살펴보기로 한다. 물격(物格)은 사물의 이치가 나에게 이른 것이고, 지지(知至)는 나의 앎이 지극해진 것이고, 의성(意誠)은 내 마음속 생각이 선으로 가득 찬 것이고, 심정(心正)은 내 마음이 바르게 된 것이고, 신수(身修)는 내 몸의 감각기관으로 외물을 접해 일어난 감정이 치우치지 않은 것이다. 가제(家齊)는 집안사람들이 공평하게 대우를 받아 가지런해진 것이고, 국치(國治)는 나라 사람들이 교화를 입어 잘 다스려지는 것이고, 천하평(天下平)은 위정자가 백성들의 사정을 미루어 헤아리는 혈구지도의 덕택으로 천하 사람들이 태평하게 사는 것이다.

격물·치지는 두 조목이지만 실제로는 하나의 일이다. 주자는 이를 사물에 나아가 그 이치를 궁구하는 것으로 보아 즉물궁리(卽物窮理)로 보았다. 사물에 나아가 그 이치를 궁구하여 머물 바[至善]를 아는 것은 곧 진리탐구를 의미한다. 이는 앎[知]에 관한 것으로 이치를 탐구해 아는 것이다. 주자학에서는 이 앎이 있어야 실천을 할 수 있기 때문에 지(知)를 우선시한다.

앎을 이룩하고 나면 그 이치를 내 몸에 구현하여 터득해야 나의 덕이 된다. 그 과정이 바로 성의·정심·수신이다. 『대학』에서의 이 3조목은 모두 마음이 발하고 난 뒤의 수신(修身)을 의미한다. 성의(誠意)의 성(誠)은 '가득 채우다'는 뜻이고, 의(意)는 '마음속에서 막 싹튼 생각'이다. 이 생각은 선으로 향할 수도 있고 악으로 향할 수도 있기 때문에 그 기미를 예의주시하며 살펴야 하고, 선으로 가득 채워야 한다. 그러므로 성의는 '마음속에서 갓 싹튼 생각을 선으로 가득 채워 자신을 속이지 않도록 하는 것'을 말한다. 수신은 이점이 가장 먼저 해야 할 일이므로 성의를 정심보다 먼저 말한 것이다.

성의를 흔히 '뜻을 정성스럽게 하고'라고 해석하는데 이는 주자의 해석과 전혀 맞지 않는다. 그래서 성의장에서는 자신을 속이지 않는 '무자기(毋自欺)'와 선을 좋아하고 악을 미워하는 '호선오악(好善惡惡)'과 스스로 부끄러움이 없이 만족하는 '자겸(自謙)', 그리고 남들은 모르지만 혼자만 알고 있는 마음속의 생각을 신중히 하는 '신독(愼獨)'을 공부의 핵심으로 삼고 있다. 신독은 자기 혼자만 알고 있는 마음속 생각을 신중히 한다는 뜻이다.

정심(正心)은 마음속에 있는 여러 가지 감정[浮念: 과거, 현재, 미래]이 함부로 발동하지 못하도록 마음을 수시로 살피고 공경으로 이를 바로잡는 것이다. 여러 가지 감정은 욕망이 움직이고 감정이 우세하여 치우

친 생각으로 분노[忿懥], 두려움[恐懼], 좋아함[好樂], 근심[憂患] 등이
다. 이런 감정이 마음에 있으면 마음이 바르게 되지 않게 되고, 마음이
이런 감정에 이끌리어 마음의 주체를 잃게 된다. 그러므로 이런 감정을
정밀히 살펴 공경[敬]으로 이를 바로잡아 도덕적 주체심이 마음에 중심
을 잡도록 해야 한다. 이것이 바로 정심(正心)이다.

조선 시대 학자들은 정심장에 마음이 발한 뒤의 일만 말했지만, 그
이면에는 마음이 발하기 전의 본체에 대한 일이 전제되어 있다고 보았
으니, 그것이 바로 주자의 주에 보이는 "반드시 이런 감정을 살펴 경
(敬)하여서 그런 감정을 바로잡은 뒤에 이 마음이 항상 보존된다.[必察
乎此 而敬以直之然後 此心常存]"고 한 말이다. 즉 정심장에서는 마음이
발한 뒤의 감정을 치우치지 않고 바르게 하는 것만 말하지만, 그 이면
에는 이미 마음이 발하기 전에 공경한 마음으로 마음을 붙잡고 기르는
존양(存養)의 공부가 있다고 본 것이다.

수신(修身)은 마음이 감각기관을 통해 외적인 사물을 접하면서 발하
는 치우친 감정을 물리쳐 다스리는 것이다. 즉 남을 친하고 사랑하는
친애(親愛), 천히 여기고 미워하는 천오(賤惡), 두려워하고 공경하는 외
경(畏敬), 불쌍히 여기고 긍휼히 여기는 애긍(哀矜), 오만하게 대하고
업신여기는 오타(敖惰) 등의 편념(偏念)을 살펴서 제거하는 것이 수신이
다. 이는 나와 남 사이에서 일어나는 치우친 감점을 바로잡는 것이다.

그런데 이 수신은 미시적으로는 팔조목의 하나이지만, 거시적으로
는 격물·치지·성의·정심·수신 다섯 조목을 모두 포괄한다. 『대학』을
수신서로 보는 관점도 이 다섯 조목이 근본에 해당하는 명명덕(明明德)
에 속하기 때문이다. 이 다섯 조목은 자신을 완성하는 성기(成己)이고,
이를 통해 얻은 덕을 바탕으로 남들에게 교화를 미쳐 주변 사람들을

완성시켜주는 것이 성물(成物)이다.

이런 관점에서 보면『대학』은 제가·치국·평천하의 신민(新民)에 초점을 둔 것이 아니고, 명명덕에 초점을 둔 것임을 알 수 있다. 따라서 조선 시대 학자들은『대학』을 수신서로 보았지 정치서로 보지 않았다. 더구나 제왕학의 논리적 근거를 제공하는 서적으로 보지 않았다. 일부 논자들이 조선 전기『대학연의(大學衍義)』를 왕실에서 중시한 것을 두고서『대학』을 제왕학으로 보는데, 이는 실정에 맞지 않는 논의라고 하겠다.

1. 『중용』의 유래와 성격

『한서』「예문지」에는 "『예(禮)』는 고경이 56권이었는데, 금문의 『예경』은 17편이다.[禮 古經 五十六卷 經 十七篇]"라고 하여, 『예경』은 본래 56권이었는데 일실되어 금문의 『예경』은 17편만 남았다고 하였다. 또 "기(記)는 131편이다.[記 百三十一篇]"라고 하여, 고례(古禮)를 해석한 기(記)가 131편 있다고 하였다. 또 "중용설이 2편이다.[中庸說 二篇]"라고 하여, 기(記)와는 별도의 「중용설」 2편이 있다고 기록하고 있다. 안사고(顔師古)의 주에는 "지금 『예기』에 「중용」 1편이 있는데, 이는 본래 『예경』이 아니고 이 「중용설」이 유전(流傳)된 것인 듯하다."[1]라고 하였다.

이러한 설에 의거하면 『예기』에 들어 있는 「중용」은 별도로 전한 「중용설」인 듯한데, 언제 어떻게 대성(戴聖)이 편찬한 『소대례기』에 편입되었는지 분명하지 않다. 청대 학자들이 분변한 설에 의하면, 대성이 전한 49편의 『예기』는 『한서』「예문지」에서 언급한 131편의 기(記)와 「명당음양기(明堂陰陽記)」 33편, 「왕사씨기(王史氏記)」 21편, 「악기

---

1   班固, 『漢書』 권30, 「藝文志」 '中庸說 二篇'의 注, "師古曰 今禮記有中庸一篇 亦非本禮經 蓋此之流"

(樂記)」 23편 등에서 뽑아 만든 것으로, 대덕(戴德)이 만든 85편의 『대
대례기』를 산삭해 만든 것이 아니라고 한다.

청대 주이준의 『경의고-중용』에 의하면, 「중용」을 최초로 해석한
사람은 위진 시대 진(晉)나라 때 대옹(戴顒)으로 『수서』「경적지」에 그
의 저술 『예기중용전(禮記中庸傳)』 2권이 기록되어 있는데 일실되었다
고 하였다. 그 뒤 남북조 시대 남조 양 무제(梁武帝)의 『중용강소(中庸
講疏)』 1권이 있었는데 이 역시 일실되었다고 하였다.

후대에는 대체로 『중용』은 북송의 이정(二程:程顥·程頤)에 이르러
『대학』과 함께 표장되기 시작했다고 보는데, 청대 주이준의 『경의고』
에는 명대 육심(陸深)의 아래와 같은 설을 인용하여 진나라 때 대옹과
남북조 시대 양 무제에 의해 『중용』이 주목받기 시작했다고 하였다.

> 『중용』은 『소대례기』에 뒤섞여 나온 글인데, 이정(二程)에 이르러 비로
> 소 존신하여 표장되었다. 지금은 단독으로 세상에 유행하는데 육경과 어
> 깨를 나란히 한다. 그러나 진대(晉代) 대옹(戴顒)이 일찍이 『중용』에 전
> (傳)을 지었고, 양 무제는 『중용강소』를 지었으니, 『중용』을 중시한 것이
> 송나라에서 비롯되었을 뿐만이 아님을 이미 알겠다.[2]

당나라 때에 이르러서는 이고(李翶)가 「중용설」을 지었는데, 지금은
전하지 않는다. 북송 초에 이르러 호원(胡瑗)의 「중용설」, 진양(陳襄)의
「중용강의」, 여상(余象)의 「중용대의」, 교집중(喬執中)의 「중용의(中庸
義)」, 사마광(司馬光)의 「중용광의(中庸廣義)」, 장방평(張方平)의 「중용

---

2 朱彝尊, 『經義考』 권151, 「禮記-私記制旨中庸義」, "中庸雜出戴記 至二程 始尊信而表章
之 今獨行 與六經亚 然戴顒嘗傳中庸 梁武帝爲中庸講疏 已知重中庸矣 非但始於宋也"

론」, 요자장(姚子張)의 「중용설」, 범조우(范祖禹)의 「중용론」, 소식(蘇軾)의 「중용론」 등이 『경의고』에 보이는데, 일실된 것도 있고 남아 있는 것도 있다.

『경의고』에는 정호(程顥)의 「중용해(中庸解)」에 대해 여러 설이 실려 있다. 조공무(晁公武)는 부재유(傅才孺)-증천은(曾天隱)-강도(江濤)-진관(陳瓘)으로 전해진 것을 이병(李丙)이 소장하고 있다고 하였고, 양만리(楊萬理)는 이 「중용해」는 정호가 지은 것이 아니고 문인 여대림(呂大臨)이 지은 것이라고 하였다. 또 강소종(康紹宗)은 정호가 「중용해」의 내용을 스스로 불만족스럽게 여겨 소각했다고 하였다.

이정(二程)의 문하에서 수학한 사람들은 「대학」과 「중용」에 대해 새로운 시각을 갖게 되어 독자적인 해석을 가하기 시작하였다. 주이준의 『경의고』에 의하면, 여대림은 「중용해(中庸解)」를 지었고, 유초(游酢)는 「중용해의(中庸解義)」를 지었고, 양시(楊時)는 「중용해(中庸解)」를 지었고, 후중량(侯仲良)은 「중용설(中庸說)」을 지었고, 곽충효(郭忠孝)는 「중용설」을 지었다. 그리고 동시대 조열지(晁說之)도 「중용전」을 지었다.

이를 통해 볼 때, 이정의 영향으로 『중용』이 학문의 주요 관심 영역으로 새롭게 인식된 것을 알 수 있다. 정자의 문인 여대림은 「중용해」의 서문에서 "「중용」은 학자들이 덕으로 나아가는 요점으로 본말이 구비되어 있다."[3]라고 하였으니, 당대 학자들이 『중용』을 어떻게 인식했는지를 단적으로 보여준다.

이처럼 십삼경주소본의 『예기』에 들어 있던 「중용」이 주목을 받으

3　朱彝尊, 『經義考』 권151, '中庸後解', "中庸之書 學者所以進德之要 本末具備矣"

면서 여러 해설이 나와 학계의 관심사가 되었다. 그러다가 남송 주희에 이르러 별책으로 독립시켜 사서(四書)에 포함시킴으로써 독립적 지위를 가진 경서가 되었다.

주희는 『중용』을 자사(子思)의 저술로 보면서 자사가 도학이 실전되는 것을 우려하여 지었다고 하였다. 그러면서 도통(道統)의 유래를 요(堯)가 순(舜)에게 심법(心法)을 전한 '윤집기중(允執其中)'(『논어』「요왈」)이라고 한 것과 순이 우(禹)에게 심법을 전한 '인심유위 도심유미 유정유일 윤집궐중(人心惟危 道心惟微 惟精惟一 允執厥中)'(『상서』「대우모」)이라고 한 것에 찾았다. 주희는 이 16자를 성인이 도를 전수한 심법으로 보아 「중용장구서」에서 인심(人心)·도심(道心)의 문제를 거론하면서 유정공부(惟精工夫)와 유일공부(惟一工夫)를 통해 중도를 잡고 지켜나가야 함을 역설하였다.[4]

대체로 학자들은 『대학』의 대지는 경(敬)이고, 『중용』의 대지는 성(誠)으로 파악하고 있다. 『대학』은 격물·치지의 지적탐구[知]와 성의·정심·수신의 심신수양[行]과 제가·치국·평천하의 명덕을 타인에게 미루어나가는 추행(推行)으로 되어 있다. 이 가운데 성의·정심·수신은 마음이 발한 뒤에 기미를 살펴 일어난 생각을 선으로 향하게 하고, 마음에 일어나는 분치(忿懥)·공구(恐懼)·호요(好樂)·우환(憂患) 등의 감정을 다스려 바르게 하며, 외부적 요인으로 일어나는 친애(親愛)·천오(賤惡)·외경(畏敬)·애긍(哀矜)·오타(敖惰)의 감정을 물리쳐 바른 마음을 회복하고 유지하는 것으로 마음이 발하고 난 뒤에 경(敬)을 통해 수신하는 것이다. 그러므로 『대학』에는 마음이 발하기 전 미발시(未發時)의

---

4 朱熹, 『中庸章句』「中庸章句序」 참조.

공부가 없다.

성리학에서 말하는 미발시의 공부는 마음을 붙잡고 본성을 함양하는 존양(存養)을 말하며, 이발시(已發時)의 공부는 발한 마음을 살피고 악으로 빠지는 것을 극복해 물리치는 성찰(省察)과 극치(克治)를 가리킨다.

『대학』은 현실사회에서 한 개인이 추구할 일, 곧 도덕적 수양을 통해 덕을 닦고, 그 덕을 주변에 확산시켜 나가는 수평적 논리를 펴고 있다. 반면『중용』은 천(天)과 인(人)의 관계를 집중적으로 해명하면서 천명(天命)-성(性)-도(道)-교(敎; 성인의 가르침)로 내려오는 도(道)와 사람이 지(智)·인(仁)·용(勇)으로 선을 택하여 오래 유지하며 용감히 실천하여 천도에 합하는 천인합일(天人合一)을 제시하고 있다. 그래서『대학』을 입덕지서(入德之書)라 하고, 『중용』을 입도지서(入道之書)라 한다. 그러므로『중용』은 수평적 논리가 아니라 수직적 논리를 펴고 있다.

『중용』에는 지인(知人)·지천(知天)·배천(配天)이라는 용어가 보이는데, 지인(知人)은 인간존재에 대한 본질적인 앎을 의미하며, 지천(知天)은 존재의 근원인 하늘[天:太極, 理]에 대한 앎을 의미하고, 배천(配天)은 사람이 존재의 근원과 하나로 배합하는 천인합일을 의미한다. 지인은 '나는 누구인가?'라는 'who am I?'를 뜻하며, 지천은 '나는 어디서 왔는가?'라는 존재의 근원에 대한 물음이다. 이 두 가지 물음은 '나'라고 하는 존재를 해명하는 본질적인 물음이다.

『중용』은 공자-증자-자사로 이어지는 도통에 있어서 빼놓을 수 없는 중요한 서적이다. 또한 자사로부터 맹자로 이어지는 학맥을 사맹학파(思孟學派)라고 하는데, 이 학통에서 이 도학이 전해졌다. 그리고 맹자에 이르러 도통이 끊어졌는데, 송나라 때 이정(二程)이 1천 년 동안 전하지 못하는 도통을 이었다고 하였다.

『중용』에서는 인심·도심에 대해 언급하지 않았지만, 심(心)·성(性)·정(情)의 문제를 모두 언급하고 있다. 후대 심통성정설(心統性情說)도 그 연원을 거슬러 올라가면 모두 이 책에 근원한다고 하겠다. 맹자가 이러한 자사의 사상을 이어 『맹자』에서 심·성·정의 문제를 본격적으로 거론하여 성선설을 논리적 근거로 사단(四端), 부동심(不動心), 불인인지심(不忍人之心), 적자지심(赤子之心), 호연지기(浩然之氣) 등의 문제를 거론하였다. 그러니까 『맹자』에 보이는 심성정(心性情)에 관한 언급은 『중용』에 그 연원을 두고서 더 확장시킨 사상이라 하겠다.

2. 『중용』의 논리구조

『중용』의 내용을 체계적으로 해석하기 위해서는 무엇보다도 구조분석과 논리접속이 필요하다. 주희의 「중용장구서」에 '지분절해 맥락관통(支分節解 脈絡貫通)'이라고 한 문구가 이에 대한 결정적 단서를 제공해준다. 따라서 단락을 나누어 구조를 분석하고, 각 지절(支節)·장구(章句)의 논리접속을 제대로 파악하지 않으면, 주석에 따라 문구나 해석하는 데서 그칠 수밖에 없다. 『중용』을 해석하는 기초적인 이해를 돕기 위해 이 점에 대해 더 구체적으로 살펴보고자 한다.

십삼경주소본에 실린 『예기』「중용」은 후한 정현의 주에 당나라 공영달이 소를 낸 것인데, 전체를 32장으로 나누고 있다. 주희의 『중용장구』「편제(篇題)」에 실린 정자의 설에는 "처음에는 일리(一理)를 말하고, 중간에는 흩어져 만사(萬事)가 되고, 마지막에는 다시 합하여 일리가 된다.[始言一理 中散爲萬事 末復合爲一理]"라고 하였다. 이 설은 『중용』을 3단락으로 나누어 요지를 파악하는 설이다.

　북송 때 조열지(晁說之; 1059~1129)는『중용』을 81절로 나누어 해석했다. 그 뒤 주희는 33장으로 분장하였고, 주희보다 조금 뒷시대 여입무(黎立武)는 15장으로 분장하였다. 그러나 주자학이 관학이 된 뒤로는 주희의 설이 통용되었다.

　그런데 주희가 33장으로 분장해 놓은『중용장구』의 요지를 파악하기 위해 크게 몇 단락으로 나누어 요지를 분석할 것인가 하는 문제가 주희의 재전 문인대부터 제기되었다.

　그 첫 번째 인물이 진력(陳櫟:新安陳氏)과 요로(饒魯:雙峰饒氏)이다. 진력은 주희의『대학장구』를 제1장~제11장, 제12장~제20장, 제21장~제33장으로 크게 3단락으로 나누어 보았다. 이 설은 주희가『중용장구』장하주(章下註)에서 주장한 4대절로 나누어 보는 설과 거의 유사하다. 다른 점은 제33장을 독립시키지 않고 제3단락에 포함시킨 것이다.

　한편 요로는 주희의『중용장구』장하주의 설(33장을 4대절로 나눈 설)을 따르지 않고, 제20장을 2장으로 나누어 34장으로 하고 전체를 크게 6대절로 나누어 요지를 파악하였는데 이를 도표로 정리하면 아래와 같다.

단락	범위	章數	요지	비고
제1대절	제01장	1	中和	
제2대절	제02장 – 제11장	10	中庸	
제3대절	제12장 – 제19장	8	費와 隱	
제4대절	제20장 – 제26장	8	誠	제20장을 2장으로 나눔 (총 34장으로 봄)
제5대절	제27장 – 제32장	6	大德과 小德	
제6대절	제33장	1	復釋首章之義	

요로가 『중용장구』를 6대절로 나누어 본 뒤, 『중용』의 분절에 대한 논의가 활발하게 일어났다. 원래 호병문(胡炳文)은 체용론의 관점에서 일리(一理)가 중간에 흩어졌다가 마지막에 다시 합하는 연관구조로 되어 있다고 보았다. 이는 정자의 설과 유사하다. 한편 경성(景星)은 요로의 6대절 중 제21장부터 32장까지를 한 절로 묶어 5대절로 나누어 보았으며, 사백선(史伯璿)은 경성의 설과 유사한 5대절을 주장하였다.

그런데 명초 호광(胡廣) 등이 편찬한 『중용장구대전』에는 종전에 보이지 않던 주희의 「독중용법(讀中庸法)」이 실렸는데, 그중에 아래와 같이 6대절로 나누어 보는 설이 실려 있다.

단락	범위	章數	요지
제1대절	제01장	1	中和를 말함
제2대절	제02장 – 제11장	10	中庸을 말함
제3대절	제12장 – 제19장	8	費와 隱을 말함
제4대절	제20장 – 제26장	7	誠을 말함
제5대절	제27장 – 제32장	6	大德과 小德을 말함
제6대절	제33장	1	다시 제1장의 뜻을 말함[復申首章之義]

이 「독중용법」의 6대절설은 요로의 6대절설과 거의 같다. 『중용장구대전』에는 이 「독중용법」 아래 소주에 왕씨(王氏)의 4대지설(大支說)이 실려 있다. 왕씨는 ‘대지(大支)’라는 명칭을 쓰면서 제20장을 앞 단락에 소속시켜 전체를 4대지로 나누어 보고 있다.

그런데 왕씨의 4대지설은 주희가 『중용장구』 장하주에서 4단락으로 나누어 요지를 파악한 것과 일치한다. 『중용장구』 장하주 제1장·제2장·제11장·제12장·제20장·제21장·제32장·제33장의 설을 종합해 보면,

아래와 같이 4단락으로 나누어 구조를 분석하고 있음을 알 수 있다.

단락	범위	章數	요지
제1대절	제01장 – 제11장	11	中庸
제2대절	제12장 – 제20장	9	費隱을 포함하고 小大를 겸함
제3대절	제21장 – 제32장	12	天道와 人道
제4대절	제33장	1	한 편의 요지를 총론함

　이를 보면, 주희는 『중용장구』의 분절에 대해 「독중용법」에서는 6대절을 주장하고, 『중용장구』 장하주에서는 4단락을 주장한 것이 된다. 이를 요로는 6대절설로 수용하였고, 왕씨는 4대지설로 수용한 것이다.

　명초에 만들어진 『중용장구대전』에 「독중용법」이 전면에 실리고, 왕씨의 설은 소주에 실린 것을 보면, 당시까지는 6대절설이 4대지설보다 우세했음을 알 수 있다. 그러나 이에 대한 논의는 계속되었다. 15~6세기에 활동한 주기(周琦)는 요로의 설을 그대로 수용하여 6대절설을 주장하였고, 하상박(夏尙樸; 1466~1538)은 8대절설을 주장하였다.

　한편 채청(蔡淸; 1453~1508)은 「중용장구서」의 '지분절해(支分節解)'에 대해, 인신(人身)의 사지(四肢)와 각절(各節)에 비유하여 해석하였다. 그의 설을 보면, 지분(支分)과 절해(節解)를 분리해 해석하는 성향이 뚜렷이 나타나는데, 분절은 왕씨의 4대지설과 유사하다. 채청이 4대지설을 본격 주장함으로써 이후 4단락으로 나누어 보는 설은 대체로 '4대지설'로 일컬어졌다.

　이처럼 명나라 중반까지는 「독중용법」의 6대절설이 있음에도 불구하고, 4대지설 및 독자적인 설이 부단히 제기되고 있었다. 그러나 양명학이 등장한 이후에는 고본을 저본으로 해석하는 풍조가 대두되어 이

에 대한 관심이 줄어들었고, 또 고증학이 대두되면서 더 이상의 진전을
이룩하지 못하였다.

조선에서는 권근(權近)으로부터 『중용』의 분절에 대한 문제의식이
대두되기 시작하여 장현광(張顯光) 등을 거치면서 다양하게 발전하였
고, 20세기까지 이어지면서 다양한 도설(圖說)이 생산되었다.[5]

이상에서 『중용』 해석의 기초적인 이해를 위해 구조분석과 논리접
속의 문제를 살펴보았다. 이는 『중용』 해석에 있어서 이 두 사안이 얼
마나 중요한지를 단적으로 보여주는 것이며, 『중용』을 공부하는 사람
들에게 이정표 같은 역할을 한다.

『중용』을 해석하면서 구조분석을 하지 않거나 논리접속을 파악하지
않고, 관념적으로 형이상학적인 명제에 천착해 독자적인 논조를 전개
하는 것은 근간을 보지 않고 지엽만을 보는 것이나 다름없다. 실제로
기왕의 연구는 이런 관점으로 본 것이 대부분이다. 또한 자구나 해석하
며 암송하는 것은 문 안으로 들어가지 못하고 담장 밖에서 안을 기웃거
리는 것이나 다름없다.

3. 『중용』의 내용

『중용』을 우스갯소리로 '성도교(性道敎)'라 한다. 마치 어떤 종교를
지칭하는 듯한 인상을 준다. 그런데 『중용』을 펴면 첫머리에 "하늘[天]
이 명한 것을 성(性)이라 하고, 그 본성을 거역하지 않고 순응하는 삶을

---

5 최석기, 『조선시대 중용도설』, 보고사, 2013.

도(道)라 하고, 그런 도를 닦은 성인의 말씀을 교(敎)라 한다.[天命之謂性 率性之謂道 修道之謂敎]"라는 말이 보인다. 바로 이 문장의 '성·도·교'가 이 글 전체의 자안(字眼)이기 때문에 그렇게 말한 것이다.

『중용』은 공자의 가르침[敎]을 손자 자사가 기록해 놓은 것으로, 그 도가 없어지지 않도록 하기 위해 공자의 말을 인용하면서 그 뜻을 부연하는 방식을 취하고 있다. 『중용』의 주제어는 성·도·교인데, 특히 사람의 마음[心]에 초점을 맞추어 논한 것이다. 『중용』에서는 인간 존재의 심·성에 주목하여 존심양성(存心養性)해서 하늘이 명한 성을 해치지 않고 그에 순응하는 인간의 길[人道]을 제시하고 있다. 그래서 인간의 길을 걸어 천도에 합하는 방도를 알려주고 있다.

그런데 그 길은 먼 데 있는 것이 아니라, 우리 마음속에 내재되어 있다. 인간이 잠시도 벗어나서는 안 되는 길이 곧 인도(人道)이고, 이 인간의 길은 마음이 발하기 전에 계신공구(戒愼恐懼)하고, 마음이 발하면 신독(愼獨)하여 희로애락의 정(情)을 절도에 맞게 하는 것이다. 이러한 노력을 오랫동안 하여 덕이 넓고 두터우며 높고 밝은 경지에 이른 분이 바로 공자이다. 그래서 제1장에 중용(中庸)을 말하지 않고, 마음의 성정(性情)으로써 말한 중화(中和)를 거론한 것이다.[喜怒哀樂之未發 謂 之中 發而皆中節 謂之和]

중용은 이치[理]로 말한 것이고, 중화는 마음[心]으로 말한 것이다. 중용은 도리로 말할 때도 있고, 마음으로 말할 때도 있다. 그러므로 중용의 중(中)은 심(心)이 발하기 전에 치우치거나 기울지 않고 마음이 발한 뒤에 지나치거나 미치지 못함이 없는 것이며[不偏不倚 無過不及], 용(庸)은 그런 마음을 늘 끊어지지 않고 지속되게 하는 것[平常]이라고 해석한 것이다. 역시 이런 마음이 오래되어 넓고 두터우며 높고 밝아지면 성인의 경지에 이르게 된다.

『중용』의 대지(大旨)는 성(誠)이라 하는데, 이 성(誠)도 도리로 말할 경우와 인심(人心)으로 말할 경우가 있다. 도리로 말하면 천도(天道)이다. 그러나 인심으로 말하면 진실한 마음으로 가득차서 망령된 생각이 없어진 진실무망(眞實無妄)의 마음이다. 그래서 자신의 마음을 100% 진실로 가득 차게 하는 것이 인간의 길인 것이다.

이를 위해 『중용』에서는 수신(修身)을 극도로 강조하고 있다. 노나라 애공이 공자에게 정사(政事)를 물었을 때, 공자가 답한 요지가 바로 수신이다. 정사를 물었는데, 정사의 핵심이 수신에 있기 때문에 수신을 중심에 두고 답한 것이다.

주희는 태산에 오르는 과정은 공부지만, 태산의 정상에 서면 하늘과 하나가 된다고 했다.[功效] 물론 이 말은 이치상 그렇다는 것이지만, 귀담아들을 만하다. 『중용』에 천도와 인도를 번갈아 말한 것은 우리가 추구할 과정과 목표를 함께 보여준 것이다.

『중용』에는 현상과 개체에 해당하는 용(用)과 그 원리와 본체에 해당하는 체(體)가 등장하는데, 그것이 바로 비(費)와 은(隱)이다. 이는 우리가 눈으로 보고 귀로 들을 수 있는 현상의 세계만을 인식해서는 안 되고, 그 이면에 내재된 소이연(所以然; 그러한 까닭)까지 알지 않아서는 안 된다는 것이다. 우리는 사유능력을 가진 마음이 전부인 것으로 이해하지만, 마음에는 심(心)·성(性)·정(情)이 있다. 『중용』에서는 하늘이 사람에게 명한 마음의 본원을 본성[性]이라고 하였다.

하늘이 명한 이 본성을 올바로 알고 그에 순응하지 않으면 온전한 삶을 살 수가 없다. 그 근원을 보지 못하면 마음에서 일어나는 감정[情]을 마음의 전부라고 인식하게 된다. 마치 공자가 눈앞에 보이는 흘러가는 시냇물을 보고서 그 근원을 생각하고 그 궁극처를 생각한 것처럼 공자는 사람의 마음에서 일어나는 여러 감정을 보고서 그 근원을 하늘이 명한 성(性)이라고 생각한 것이다.

우리는 현상만 보고 그 이면의 원리를 보지 못한다. 그러나 그 원리를 모르면 현상도 온전히 이해할 수 없다. 그래서 솔개가 떨어지지 않고 허공에 떠 있는 현상[鳶飛戾天], 물고기가 물에 빠져 생명을 잃지 않고 연못에서 자유롭게 노니는 현상[魚躍于淵]을 통해서 그 이치를 알아야 온전한 삶을 살 수 있다. 『중용』에서는 또 우리 존재의 근원이 하늘[天]임을 알게 하기 위해 제사를 예로 들어 귀신(鬼神)을 언급하고 있다. 눈에 보이지 않는 원리와 이치를 알아야 우리의 삶을 온전히 할 수 있기 때문이다. 이 점이 『중용』이 우리에게 주는 큰 교훈이다.

주희가 연못에 비친 천광(天光)과 운영(雲影)을 보고서 천리가 유행하는 것을 지각한 것(「觀書有感」)과 조선 시대 도학자들이 산색(山色)을 보고 시냇물 소리[溪聲]를 듣고서 천리가 유행하는 것을 알아차렸듯이 (소수서원 景濂亭을 노래한 시), 일상에서 천리와 늘 함께 하는 것은 인간의 삶을 속되게 하지 않고 자연의 이치와 함께 하게 한다. 이것이 바로 자연의 이치에 순응하는 온전한 삶이다.

이 삶의 원리를 우리 선현들은 일상에서 늘 느끼며 자신을 성찰하였는데, 우리는 이러한 정신을 온전히 잃어버렸다. 그래서 우리 시대에 새삼 『중용』이 절실히 필요한 것이다. 『중용』은 내 마음을 공평무사하고 광명정대하게 오래오래 지속하여 자연과 하나가 되는 삶을 살라는 공자의 가르침이다.

『중용장구』 제1장은 자사가 전체의 요지를 간추려 대체를 말한 것이다. 그리고 제2장부터 제11장까지는 공자의 말을 인용해 놓았는데, 군

자(君子)의 중용(中庸)을 말하고, 중용의 도가 밝혀지고 않고 행해지지
않는 이유를 말하고, 지(智)·인(仁)·용(勇) 삼달덕(三達德)을 말하여 중
용의 도를 얻는 방도를 일러주고 있다.

삼달덕의 지(智)는 중용이 좋은 것인 줄을 알아서 그것을 선택할 줄
아는 것을 지혜로 본 것이다. 공자는 역사 속에서 그런 인물로 순(舜)을
거론하면서 '양쪽의 극단을 다 들어보고서 사람들에게는 그의 중용의
도를 썼다.'는 점을 예로 들었다. 따라서 이 지(智)는 인의예지의 지(智)
가 아니라, 중용을 택할 줄 아는 지혜를 말한다. 그러므로 공자는 또
'자신들은 지혜롭다고 말하지만, 중용을 택하여 한 달도 능히 지키지
못한다.'고 하였다. 순은 중용을 택하여 지켜서 사람들에게 중용의 도
를 썼다는 말이다.

삼달덕의 인(仁)도 인의예지의 인(仁)이 아니고, 안회(顔回)가 '석 달
동안 인에서 벗어나지 않았다.[三月不違仁]'고 한 것을 염두에 두고서
중용을 오래 지킨 사례로 제시한 것이다. 그래서 자사는 공자가 '안회
의 사람됨은 중용을 택하여 하나의 선을 얻으면 정성껏 가슴에 새겨
잃어버리지 않았다.'고 한 말을 인용해 중용을 능히 택하여 능히 지킨
사례로 안회를 거론한 것이다.

삼달덕의 용(勇)은 용기인데 혈기의 용기가 아니라 덕의(德義)의 용
기를 말한다. 즉 나라에 도가 있을 적에도 곤궁했을 때의 지조를 변치
않고, 나라에 도가 없을 때에는 죽더라도 지조를 변치 않는다는 용기를
말한 것이다. 인욕의 사(私)를 극복하고 천리의 공(公)을 지향하는 데에
이런 용기가 필요함을 말한 것이다.

『중용장구』 제10장에는 용(勇)과 관련된 강(强)을 말하면서 호용(好
勇)의 대표적 인물인 자로(子路:仲由)가 공자에게 강(强)을 질문하여 공

자가 군자의 강을 답한 것을 인용해 놓았다. 자로는 허물을 고치는 데 용감했으니, 용(勇)을 대표할 만한 인물이기 때문에 그를 사례로 거론한 것이다. 용(勇)은 중용을 택하여 오래 지키는 데에 필요한 강한 의지와 추진력을 의미한다. 그래서 용(勇)을 말하지 않고 강(强)을 말한 것이다.

『중용장구』제20장에는 오달도(五達道: 父子有親, 君臣有義, 夫婦有別, 長幼有序, 朋友有信)를 실천하는 조목으로 삼달덕(三達德: 智·仁·勇)을 거론하고, 이 삼달덕을 실천하는 원천으로 일(一:誠)을 거론하였다. 달도(達道)는 온 세상에 두루 통하는 도리를 말하고, 달덕(達德)은 온 세상 사람들에게 두루 통용되는 덕목을 말한다. 덕은 '얻다', '터득하다'는 뜻이니, 생명체인 사람이 도리를 터득하여 얻은 것을 의미한다. 그리고 '일(一)'은 이(二)나 삼(三)이 아닌 전일(專一)한 마음으로, 『중용』의 대지인 진실무망의 성(誠)을 의미한다. 이는 조금도 사욕이 없는 100% 완전히 진실해진 마음을 가리킨다.

『중용장구』제20장에서 공자는 사람의 분수(分數)에 따라 지(知)의 측면에서 생이지지(生而知之), 학이지지(學而知之), 곤이지지(困而知之)가 있고, 행(行)의 측면에서 안이행지(安而行之), 이이행지(利而行之), 면강이행지(勉强而行之)가 있는데, 공을 이룩하는 단계에 이르면 같다고 하였다. 주희는 이를 해석하면서 '아는 것은 지(智)이고, 실천하는 것은 인(仁)이고, 그것을 알고 공을 이룩하여 하나가 되는 데 이르는 것은 용(勇)이다.'라고 하였다. 또 주희는 사람의 자질의 측면에서 말하면, '생이지지와 안이행지는 지(智)이고, 학이지지와 이이행지는 인(仁)이고, 곤이지지와 면강이행지는 용(勇)이다.'라고 하였다.

앞에서 언급한 바 있듯이, 지·인·용 삼달덕은 중용을 택할 줄 아는 지(智), 중용을 택하여 오래 지킬 수 있는 인(仁), 그리고 알고 공을 이룩

해 성(誠)의 경지까지 나아가는 데 필요한 강한 의지력인 용(勇)을 가리
킨다. 공자는 호학(好學)이 지(智)에 가깝고, 역행(力行)이 인(仁)에 가깝
고, 지치(知恥)가 용(勇)에 가깝다고 하였다. 학문을 좋아하여 세상의
이치를 올바로 아는 것, 올바른 이치를 힘써 실천하는 것, 그리고 자신
을 성찰하여 치우치고 기울고 지나치고 미치지 못하는 것을 수시로 인
식하며 부끄러워하는 것, 이를 통해 중용을 택할 수 있는 지혜가 생기고,
안회처럼 석 달 동안 인을 어기지 않고 항상 지켜나가며, 억지로 힘써
더 진덕(進德)하려고 하는 용기를 가져야 오달도를 이룩할 수 있다는
것이다.

사실 오달도는 맹자가 언급한 것이고, 공자는『중용』에서 임금과 신
하 사이의 관계, 아비와 자식 사이의 관계, 남편과 아내 사이의 관계,
형과 아우 사이의 관계, 벗과 벗 사이의 관계에 대해서만 언급했다.
오륜이라고 일컫는 이 다섯 가지 관계는 나와 가장 가까운 사람들과의
관계를 말한다. 곧 내가 세상에 태어나 맺는 사회적인 관계망이다. 이
관계망 속에 살면서 어떻게 하면 지속적으로 좋은 관계를 유지해 나갈
수 있는가 하는 척도를 제시한 것이 바로 맹자가 말한 아비와 자식 사
이의 친애, 임금과 신하 사이의 의리, 남편과 아내 사이의 분별, 형과
아우 사이의 차례, 벗과 벗 사이의 신의이다.

이런 사회적인 관계망 속에서 이 다섯 가지 가치를 무시하면 나와
가장 가까운 사람들과의 관계가 정상적으로 유지되기 어렵다. 그러면
스스로 불행해질 수밖에 없다. 곧 인간답게 살기 어렵다는 것이다. 이
를 위해 지·인·용의 삼달덕이 필요한 것이고, 이 삼달덕을 갖기 위해
근원적으로 1%도 거짓이 없는 100% 진실한 마음이 있어야 한다는 것이
다. 이 마음에 도달할 때 우리는 중용의 도에 순응하는 삶을 살게 되고,

그것은 결국 천명의 성(性)을 거역하지 않고 순응하는 삶이 된다. 그 길을 알려준 분이 바로 공자이다. 그래서『중용』에서는 수신을 무엇보다 강조하고 있다.

『중용장구』제12장에서는 "군자의 도는 비하면서도 은하다.[君子之道 費而隱]"라고 하였다. 이는 자사의 말이다. 여기서 말하는 비(費)와 은(隱)은 현대적인 언어가 아니기 때문에 이해하기가 쉽지 않다. 주희는 비(費)를 '작용의 광대함[用之廣]'으로, 은(隱)은 '본체의 은미함[體之微]'으로 풀이하였다. 그러나 이런 주석으로는 그 의미를 얼른 이해하기가 쉽지 않다.

다만 체(體)와 용(用)으로 설명한 것에서 힌트를 찾을 수 있다. 체는 본체이고, 용은 작용이다. 본체는 본바탕이고 내면인지라 그 실체를 들여다보기 어려우니 은미할 수밖에 없다. 작용은 움직여서 일어난 현상인지라 보고 들어 알 수 있으며 다양하다. 본체는 근원적인 것인지라 하나의 이치로 귀결되지만, 작용은 움직여 드러낸 것인지라 개체의 다양성을 갖는다. 이를 성리학에서는 리일(理一)과 분수(分殊:萬殊)로 설명한다. 근원적인 리(理)는 하나지만, 개체로 나누어지면 만 가지로 다르다는 말이다.

그러면 자사는 왜 '군자의 도는 비하면서도 은하다.'라고 말했을까? '군자의 도'는 '군자의 중용의 도'를 가리킨다. 이 군자의 도는 눈에 보이는 현상이나 작용을 통해 쉽게 알 수 있지만, 그 궁극에 이르면 은미하여 알 수 없다는 것이다. 즉 현상을 보는 데서 그치지 말고 그 근원의 본체까지 알아야 한다는 것이다. 요컨대 드러난 현상을 통해 그 근원을 보아야 한다는 말이다.

『중용장구』제12장에는 비은(費隱)을 말하면서 '조단호부부(造端乎

夫婦'와 '연비려천 어약우연(鳶飛戾天 魚躍于淵)'을 말하고 있다. 여기서 말하는 '부부(夫婦)' '남편과 아내'를 의미하는 말이 아니다. 이는 일반인을 뜻하는 필부필부(匹夫匹婦)를 말한 것이다. 즉 자아비에게 짝이 되고 아내에게 짝이 되는 평범한 사람을 의미한다. '조단호부부'는 '평범한 일반인으로서 누구나 알고 행할 수 있는 쉬운 데에서 단서를 시작한다.'는 말이지, '부부[남편과 아내]에서 단서를 시작한다.'는 말이 아니다. 이는 가장 알기 쉽고 행하기 쉬운 것을 비유적으로 말한 것이니, '남편과 아내'를 지칭하는 '부부'와는 그 의미가 다르다.

'연비려천 어약우연'은 줄여서 '연비어약(鳶飛魚躍)'이라 하는데 '솔개는 날아올라 허공에 떠 있고, 물고기는 연못에서 뛰논다.'는 뜻이다. 얼핏 보면 범상한 말이지만, 눈으로 허공에 떠 있는 솔개를 보면서 솔개가 땅에 떨어지지 않고 허공에 떠 있는 이치가 있는 것을 알고, 눈으로 연못에서 뛰노는 물고기를 보면서 물고기가 물에 빠져 죽지 않는 이치가 있는 것을 알아야 한다는 의미가 들어 있다. 즉 눈에 보이는 현상을 통해 그 이면의 이치를 보라는 것이다.

대부분의 사람들은 현상만을 보고 그 이면의 이치까지 미루어 알지 못한다. 공자가 시냇가에서 '흘러가는 것은 저와 같구나, 밤낮으로 쉬지 않는구나.'라고 탄식을 한 것을 두고서, 눈에 보이는 시냇물을 통해 '그 물이 어디에서 발원하여 어디를 거쳐 왔고 앞으로 어디로 흘러갈 것인가를 헤아리라'는 말씀이라고 해석하는 것과 같다. 그 이면의 이치를 보지 못하면 현상에만 집착하게 되니, 나무만 보고 숲을 보지 못하는 것과 다를 바 없다.

『중용장구』 제16장에는 "귀신의 덕 됨은 성대하구나![鬼神之爲德 其盛矣乎]"라는 문구가 보인다. '귀신의 덕 됨'이라는 말은 현대적 의미로 풀이하기가 난해하다. 선현들은 이를 '귀신의 정상(情狀)과 공효(功效)'로 풀이하였다. 정상(情狀)은 '본래의 모습'을 의미하고, 공효(功效)는 '끼치는 효과'를 의미한다. 그러니까 귀신은 음양(陰陽)의 정령(精靈)으로 음양이 작용하여 생명체가 태어나고 죽을 때까지 그 생명체의 본체가 되었다가 죽고 나면 다시 돌아가 귀신이 되기 때문에 그 '본래의 모습'이나 '미치는 효과'가 성대하다고 말한 것이다. 귀신은 만물을 생장(生長)하고 염장(斂藏)하는데 누가 시켜서 그런 것이 아니고 그 성정이 본래 그러하니, 그 덕이 성대하다는 의미이다.

귀신은 기(氣)로 말하면 음양이지만, 덕(德)으로 말하면 실리(實理)이다. 그러니까 기로 말할 때도 있고, 리로 말할 때도 있다. 실리란 '실제로 그러한 이치'로 음양이 작용하여 생명체가 태어나고 생존하다가 다시 본래의 모습으로 돌아가는 것을 모두 포괄하여 '실리'라고 말한 것이다. 또 기의 측면에서 생명체에 나아가 말하면, 귀(鬼)는 음(陰)의 정령이고 신(神)은 양(陽)의 정령으로, 정신을 의미하는 혼(魂)과 육신을 의미하는 백(魄)으로 볼 수도 있다.

『중용』에서 귀신을 말한 것은 비·은으로 볼 때 은(隱)을 말한 것으로, 생명체의 본체를 아울러 말한 것이다. 『중용장구』 제16장에 '눈으로 보아도 보이지 않고 귀로 들어도 들리지 않지만 생명체[物]에 본체가 되어 빠뜨릴 수 없다.'고 하였으니, 기(氣)와 리(理)를 아우르고 비와 은을 겸하여 말한 것이다.

『중용』에서는 귀신을 말하면서 제사를 거론하고 있는데, 이는 제사를 통해 귀신을 접할 수 있기 때문이다. 눈에 보이지 않는 귀신은 제사를 통해 감지할 수 있다. 『중용장구』 제17장, 제18장, 제19장에 모두 제사를 언급하고 있는데, 이는 제사를 통해 귀신을 접하는 것을 말한 것이다.

그런데 이는 궁극적으로 사람[人]이 존재의 근원인 하늘[天]과 하나가 됨을 의미한다. 그래서 이 3장에는 모두 '그런 사람은 천명(天命)을 받았다'는 의미의 '수명(受命)'을 언급하고 있다. 이 3장에는 순(舜)과 문왕(文王)과 무왕(武王)·주공(周公)의 효(孝)를 언급하고 있는데, 이는 제사를 통해 존재의 근원인 귀신을 감지하고 그와 하나가 되어 천명을 받는다는 뜻이다. 효를 언급한 것은 제사를 통해 선조(귀신)를 만나기 때문에, 일상의 일에서 비유를 취해 하늘[天]에 배합하는 이치를 드러내 보인 것이다. 그러므로 그들의 효를 대효(大孝) 또는 달효(達孝)라고 한 것이다.

『중용장구』 제20장은 노 애공이 정사를 질문한 것에 공자가 답한 것을 기록해 놓고 있다. 이 장은 세 단락으로 나누어 볼 수 있다. 제1단락은 정치는 사람에게 달려 있는데 임금이 수신(修身)하여 지인(知人)하고 지천(知天)해야 한다는 것이다. 지인은 인간 존재에 대한 앎을 의미하고, 지천은 인간 존재의 근원이 하늘을 알아야 한다는 것이다. 제2단락은 정치를 하는 근본인 구경(九經)을 말한 것으로, 임금이 수신을 통해 존현(尊賢)·친친(親親)을 근본으로 하고서 경대신(敬大臣)·체군신(體群臣)·자서민(子庶民)·내백공(來百工)·유원인(柔遠人)·회제후(懷諸侯) 등을 실천해야 한다는 것이다. 제3단락은 구경을 실제로 구현하기 위해서는 다시 자신에게 돌이켜 명선(明善)과 성신(誠身)을 통해 자신을 성(誠)되게 하는 택선고집(擇善固執)의 공부를 해야 한다는 것이니, 다시 수신(修身)으로 귀결시킨 것이다. 그러니까 정치를 잘하기 위해서는 통치자가 수신을 근본으로 하지 않으면 안 된다는 점을 역설한 것이다.

『중용장구』 제21장 이하는 공자가 제20장에서 "성(誠)은 하늘의 도이고, 자신을 성되게 하는 것은 사람의 도이다.[誠者 天之道也 誠之者

人之道也]"라고 한 것에 의거하여 천도와 인도를 반복해 논한 것이며, 제33장은 이를 전체적으로 마무리를 짓되 인도를 닦아 천도에 합하는 차례로 논지를 전개한 것이다.

제21장은 제20장의 성신(誠身)과 명선(明善)을 근거로 천도와 인도를 아울러 말하고, 제22장은 천도의 측면에서 성(誠)을 말미암아 명(明)하는 일[自誠而明]을 말하고, 제23장은 인도의 측면에서 명(明)을 말미암아 성(誠)하는 일[自明而誠]을 말하고 있다.

제22장에는 '진기성(盡其性)', '진인지성(盡人之性)', '진물지성(盡物之性)'이 보이는데, 이는 자기의 본성을 극진히 하는 일, 그리고서 남의 본성까지 극진히 하는 일, 더 나아가 모든 생명체[物]의 본성까지 극진히 하는 일을 말하고 있다. 그렇게 되면 천지가 만물을 화육하는 것과 같은 역할을 하는 지성(至誠)의 경지에 이른다는 것이다.

제23장에는 지성(至誠)의 다음 단계인 치곡(致曲)을 말하고 있는데, 이는 전체가 아닌 한 부분에서 최선을 다하여 성(誠)을 이룩하게 되면 그것이 점점 확장되어 만물을 능히 화육하는 단계까지 나아갈 수 있다는 점을 말하고 있다.

제25장에는 『중용』에서 빼놓을 수 없는 핵심적인 용어가 여럿 들어 있다. 우선 "성(誠)은 자연스럽게 성취되는 것이고, 도는 스스로 걸어가야 할 길이다.[誠者自成 而道自道也]"라고 한 첫 문장은 난해하기 그지없다. '성자자성(誠者自成)'은 '성은 자연스럽게 성취되는 것'이라는 뜻이다. 성(誠)은 천도이기 때문에 인위적인 안배(按排)나 조작이 없기 때문에 '자연스럽게 성취된다.'고 한 것이지, 아무 것도 하지 않아도 저절로 이루어진다는 의미는 아니다. 또 이 말은 '자신을 완성하는 것[成己]'을 의미하니, 이를 '스스로 이루다.'라고 해석해서는 의미가 온전하지

못하게 된다. '이도자도(而道自道)'는 '그리고 그 성(誠)이라는 목적지로 가는 길은 스스로 걸어가야 할 길이다.'라는 뜻이다.

또 "성(誠)은 만물의 처음부터 끝까지이다.[誠者 物之終始]"라는 문구가 있는데, 이는 '성(誠)은 생명체가 태어나면서부터 죽을 때까지 필요로 하는 것이다.'라는 뜻이다. 흔히 이 '물(物)'을 '물건' 또는 '물체'라고 하는데, 그렇게 보면 본지와는 멀어진다. 이 '물(物)'은 생명체를 의미한다. 생명체는 살아있는 생물로 사람과 동물·식물을 모두 포함한다.

또 '성(誠)하지 않으면 그 물(物)은 없다.[不誠無物]'라는 문구가 있는데, 이는 '성하지 않으면 그 생명체는 없는 것이나 마찬가지이다.'라는 뜻으로, 진실하지 않으면 그 생명체는 존재의 가치나 의미가 없다는 말이다. 또 '성기(成己)'와 '성물(成物)'이라는 용어가 보이는데, 이는 '성은 나를 완성하는 것일 뿐만 아니라 남까지 완성시켜주는 것이기도 하다.'라는 의미이다.

제26장에는 '지성무식(至誠無息)'이 주제어이고, 제27장은 존덕성(尊德性)과 도문학(道問學)을 통해 지덕(至德)을 이룩함을 말한 것이고, 제28장과 제29장은 지덕(至德)을 가진 성인은 윗자리에 있어도 교만하지 않고[居上不驕], 아랫자리에 있으면서 배반하지 않는다.[爲下不倍(背)]는 내용이다. 제30장은 공자의 덕을 말한 것으로 덕을 작게 베풀면 시냇물처럼 갈라져 흐르며 대지를 적셔주고[小德川流], 덕을 크게 베풀면 그 덕화를 두텁게 하여 무궁한 데까지 미친다[大德敦化]는 것이다. 제31장은 소덕천류(小德川流)를 부연해 말한 것이고, 제32장은 대덕돈화(大德敦化)를 부연해 말한 것이다.

제33장은 6절로 총 8편의 『시경』의 시를 인용하여 위기지학(爲己之學)을 하겠다는 마음을 갖고 격물치지(格物致知)하며, 마음이 발했을

때 신독(愼獨)을 통해 성찰하고, 마음이 발하지 않았을 적에는 계신공구(戒愼恐懼)를 통해 존양하며, 자신의 성경(誠敬)을 극진히 하여 남을 감화시키고, 그 덕이 더욱 깊어져 공경을 드러내지 않더라도 천하가 평치되며, 자기의 덕을 드러내지 않는 독공(篤恭)이 무성무취(無聲無臭)한 하늘의 일처럼 극에 이를 때 천도와 하나로 합한다는 내용이다.

제6장

한국의 유교경전

제1절 _ <h1 style="text-align:center">삼국·고려 시대 유교경전</h1>

한국경학은 삼국 시대부터 문헌에 나타난다. 고구려는 영양왕 11년
(600) 태학박사 이문진(李文眞)에게 명하여 고사(古史)를 정리해『신집
(新集)』을 만들었다고 하니[1], 태학에 박사를 두었음을 알 수 있다. 백제
는 성왕 때인 541년 남조 양나라에 모시박사(毛詩博士)를 보내달라고
요청한 것[2]으로 보아, 이즈음에『모시』가 전해져 비로소 시경박사를
두었던 듯하다. 신라는 765년 공양왕이 태학에 거둥해 박사에게『상
서』를 강의하게 했으며[3], 788년 4월 원성왕이 독서삼품과를 설치하고
오경을 등을 교수하였다.[4]

이러한 자료에 의하면, 고구려·백제·신라 삼국은 모두 태학을 설치
하고 박사를 두어 유교경전을 가르쳤던 것을 알 수 있다. 당시 태학에서
가르치던 교과목 및 박사관을 설치한 경전에 대해서는 구체적으로 알
수가 없지만, 대체로 한나라 때에 복원된 오경이 중심이었던 듯하다.

통일신라 시대의 유교경전 교육은 아래의 글을 비교적 상세히 알 수

---

1 金富軾,『三國史記』권20,「高句麗本紀」第八, 영양왕 11년 春正月조 참조.

2 上同, 권26,「百濟本紀」第四, 聖王 19년조 참조.

3 上同, 권9,「新羅本紀」第九, 恭讓王 원년조 참조.

4 上同, 권10,「新羅本紀」第十, 元聖王, 4년조 참조.

있다.

> 교수법은 『주역』·『상서』·『모시』·『예기』·『춘추좌씨전』·『문선(文選)』
> 으로 나누어 학업을 익혔다. 박사와 조교 1명이 혹 『예기』·『주역』·『논
> 어』·『효경』으로 가르치기도 하고, 혹 『춘추좌전』·『모시』·『논어』·『효
> 경』으로 가르치기도 하고, 혹 『상서』·『논어』·『효경』·『문선』으로 가르
> 치기도 하였다. 제생은 독서하여 3품으로 관직에 나아갔는데, 『춘추좌
> 씨전』·『예기』·『문선』을 읽고 그 뜻에 능통하고 아울러 『논어』·『효경』
> 에 밝은 자는 상급으로 삼고, 「곡례(曲禮)」·『논어』·『효경』을 읽고 그
> 뜻에 능통한 자는 중급으로 삼고, 「곡례」·『효경』을 읽고 그 뜻에 능통
> 한 자는 하급으로 삼았다.[5]

이를 보면 『주역』·『상서』·『모시』·『예기』·『춘추좌씨전』 등 오경
에 『논어』·『효경』을 더하여 칠경이 유교경전으로 읽혔음을 알 수 있
다. 『문선』이 유교경전과 나란히 교과목에 들어 있는 것이 특징인데,
이는 당나라와 외교관계에서 필요했기 때문인 듯하다. 또 독서삼품과
에서 『논어』·『효경』에 밝고 『춘추좌씨전』·『예기』·『문선』에 능통한
자를 상급, 『논어』·『효경』·「곡례」에 능통한 자를 중급, 『효경』·「곡
례」에 능통한 자를 하급으로 삼은 데에서, 『효경』·『논어』·「곡례」가
필수과목이었음을 알 수 있다.

당나라 때 공영달과 안사고 등이 편찬한 오경정의는 642년에 완성되
어 653년에 정식으로 반포하였는데, 『주역정의』는 왕필(王弼)의 주를

---

5 上同, 권38, 「雜志第七–職官上」. "敎授之法 以周易尙書毛詩禮記春秋左氏傳文選 分
而爲之業 博士若助敎一人 或以禮記周易論語孝經 或以春秋左傳毛詩論語孝經 或以尙
書論語孝經文選 敎授之 諸生 讀書以三品出身 讀春秋左氏傳若禮記若文選而能通其義
兼明論語孝經者爲上 讀曲禮論語孝經者爲中 讀曲禮孝經者爲下"

종주로 한 것이었고, 『상서정의』는 공안국이 전한 것으로 전해지는 위
『고문상서』를 저본으로 한 것이었고, 『모시정의』는 정현의 주를 저본
으로 한 것이었고, 『예기정의』는 정현의 주를 저본으로 한 것이었고,
『춘추정의』는 두예의 『춘추좌씨경전집해』를 종주로 한 것이었다.

여기서 주목할 만한 점이 삼례(三禮)에서 『의례』와 『주례』가 빠지고
『예기』가 홀로 오경에 들어간 것과 춘추삼전 중 한나라 때 중시된 금문
의 『춘추공양전』과 『춘추곡량전』이 빠지고 고문인 『춘추좌씨전』이 오
경에 들어간 것이다. 또 『금문상서』와 『고문상서』가 모두 빠지고 위진
시대에 두찬(杜撰)한 위 『고문상서』가 『상서』로 확정된 것이다.

당 현종 때인 728년 국자좨주 양창(楊瑒)의 건의로 명경고시에 『주
례』·『의례』·『춘추공양전』·『춘추곡량전』 등 4경이 오경정의에 추가
되어 후에 구경주소(九經注疏)가 되었으나, 추가된 4경은 오경만큼 중
시되지 않은 듯하다.

당나라 때의 이러한 동향과 위에서 인용한 『삼국사기』의 내용을 비
교해 보면, 신라에서는 당 현종 때의 구경주소가 아닌 공영달 등이 편
찬한 오경정의에 『논어』·『효경』을 더한 칠경이 주요한 유교경전으로
읽힌 듯하다. 이러한 점이 통일신라 시대 유교경전의 특징이라 하겠다.

또 설총(薛聰; 655~?)은 우리말로 구경을 훈독하면서 후생을 훈도하
였다고 하니[6], 당시 구경이 필독서였음을 알 수 있다. 그런데 이 구경은
당 현종 때 완성된 구경주소의 구경이 아닌 듯하며, 공영달이 편찬한
오경에 『논어』·『효경』 등이 더해진 구경으로 추정된다. 나머지 2경이
어떤 경전인지는 알 수 없으나, 『춘추공양전』·『춘추곡량전』은 아닌

6 上同, 권46, 「列傳」 第六, 薛聰 조. "以方言讀九經 訓導後生"

듯하다. 고려 시대 『주례』를 국학에서 가르친 기록이 있으니, 아마도 『주례』와 『의례』가 아닐까 추정해 본다.

다음은 고려 시대 경전에 대해 살펴보기로 한다. 고려 예종 때에는 칠재(七齋)를 설치하여 교육하였는데, 이택재(麗澤齋)는 『주역』, 대빙재(待聘齋)는 『상서』, 경덕재(經德齋)는 『모시』, 구인재(求仁齋)는 『주례』, 복응재(服膺齋)는 『대례(戴禮)』(『예기』), 양정재(養正齋)는 『춘추』, 강예재(講藝齋)는 무학(武學)을 익히는 곳으로 하였으니[7], 『주례』·『예기』가 포함된 육경이 주요 경전이었음을 알 수 있다. 특이한 점은 통일신라의 경우처럼 『주례』가 주요한 경전에 포함되어 있고 『의례』가 빠져 있다는 것이다.

고려 시대 태학의 교육제도는 인종 때 완비되었는데, 국자학과 사문학(四門學)이 모두 경학을 위주로 하였다. 학생들은 『논어』·『효경』을 필수과목으로 하고, 『주역』·『상서』·『주례』·『예기』·『모시』·『춘추좌씨전』·『춘추공양전』·『춘추곡량전』 등 8경 중에서 1경을 택해 전공하게 하였다.[8] 이를 보면 당나라 때의 9경 또는 북송 때의 12경과는 달리 『논어』·『효경』을 제일 중시하고, 오경과 함께 『주례』를 중시한 것을 알 수 있다. 또한 전에 없던 『춘추공양전』과 『춘추곡량전』이 교과목으로 등장하고 있는 것이 눈에 띈다. 이를 보면 『논어』·『효경』과 구경주소가 주요 교과목이었음을 알 수 있다.

---

7   金宗瑞 등, 『高麗史』 권74, 「志-選擧二-學校」. "〈睿宗〉四年七月 國學置七齋 周易曰麗澤 尙書曰待聘 毛詩曰經德 周禮曰求仁 戴禮曰服膺 春秋曰養正 武學曰講藝"

8   上同. "凡經 周易尙書周禮記毛詩春秋左氏傳公羊傳穀梁傳 各爲一經 孝經論語 必令兼通 諸學生課業 孝經論語 共限一年 尙書公羊穀梁傳 各限二年半 周易毛詩周禮儀禮 各二年 禮記左傳 各三年"

문종과 숙종 때의 기록에도 '구경'이 보이는데, 구체적으로 어떤 경전
인지는 알 수 없지만, 당나라 후기에 만들어진 구경주소의 구경을 지칭
하는 것으로 추정된다. 또 『고려사』에는 '십삼경(十三經)'이라는 어휘가
등장하지 않으니, 남송 때 만들어진 십삼경주소는 고려에 바로 전해지
지 않은 듯하다.

남송이 망하고 원나라가 통일한 시기는 고려 충렬왕 때인 1279년이
다. 안향(安珦)은 충렬왕을 따라 연경에 다녀왔는데, 만년에 주희의 초
상을 걸어놓고 우러러 사모했다고 하니, 연경에서 주자학을 접한 것으
로 보인다.

그 뒤 백이정(白頤正)이 충선왕을 따라 연경에 가서 정주학 서적을
구입해 돌아왔다. 이제현(李齊賢)과 박충좌(朴忠佐)가 그를 스승으로
모시고 배움으로써 정주학이 비로소 고려에 전해지게 되었다.[9] 이제현
은 충선왕을 따라 연경에 가서 석학들과 교유하며 정주학을 섭렵하고
돌아와 조충전각지도(彫蟲篆刻之徒)를 배제하고 경명행수지사(經明行
修之士)를 양성하자는 문교정책을 건의하였다.

이제현이 전한 정주학은 이곡(李穀)을 통해 그의 아들 이색(李穡)에게
전해졌다. 이색은 공민왕 때 성균관 대사성으로 문교정책을 담당하며
인재를 양성하였는데, 그의 문하에서 김구용(金九容)·정몽주(鄭夢周)·
정도전(鄭道傳)·박상충(朴尙衷)·박의중(朴宜中)·이숭인(李崇仁)·권근
(權近)·하륜(河崙)·길재(吉再) 등 여말선초의 명유들이 배출되었다.

이 가운데 권근은 우리나라에서 경학연구 성과를 최초로 낸 인물로

---

9   金宗瑞 등, 『高麗史』 권106, 「列傳-白頤正」, "時程朱之學, 始行中國, 未及東方, 頤正
     在元, 得而學之, 東還, 李齊賢·朴忠佐, 首先師受"

경학사에서 매우 중요한 위치에 있다. 그는 『주역』·『시경』·『상서』· 『예기』·『춘추』에 대해 자신의 견해로 해석한 『오경천견록(五經淺見 錄)』과 『대학』·『중용』 및 성리설 등에 대해 자신의 견해를 피력한 『입 학도설(入學圖說)』을 저술했는데, 모두 설경논학(說經論學)하는 경설(經 說)을 제시하고 있다.

특히 『입학도설』에 실린 『대학』·『중용』에 대한 설을 보면, 남송 말 부터 원대로 이어지는 주자학파 내부의 학설을 소화한 바탕 위에 자신 의 독자적인 설을 개진하고 있어 주목된다.[10] 그러나 권근은 오경 중심 으로 경전을 해석하고 있어 16세기 이후처럼 사서삼경 체제로 경학을 인식하지 않고 있다는 것을 알 수 있다.

조선 세종 때 명나라 영락제(永樂帝)의 칙명으로 만든 사서오경대전 본(四書五經大全本)이 들어와 사서오경 체제가 확립되었다. 그러나 『예 기』는 진호(陳澔)의 『예기집설(禮記集說)』을 위주로 하고, 『춘추』는 송 나라 때 호안국(胡安國)의 『춘추호씨전(春秋胡氏傳)』을 위주로 한 것이 기 때문에 주자학이 정착하는 16세기 이후로는 크게 주목을 받지 못하 였던 듯하다.

---

10 崔錫起, 『한국경학의 연구 시각』, 보고사, 2020, 139~142쪽 참조.

조선 시대 유교경전

사서대전과 오경대전은 세종 1년(1419) 조선에 유입되어[1] 각 도에서 관찰사가 금속활자로 간행해 조정에 올렸다. 이 책이 교과서가 되어 조선 5백 년 동안 불변의 권위를 누리며 통행되었고, 지금도 여전히 그 판본이 통용되고 있다. 이 가운데 『춘추대전』은 호안국의 『춘추호씨전』을 위주로 한 것으로 일찍이 주희가 비판한 바 있어 널리 읽히지 못하고 『춘추좌씨전』이 그 자리를 대신하였다. 『예기대전』도 주희가 『의례』를 『예경』으로 보아 『예기』와 합해 『의례경전통해(儀禮經傳通解)』를 만들고자 했기 때문에 『예경』으로 주목을 받지 못하여 서서히 밀려나게 되었다.

그리하여 16세기 이르러서는 사서삼경 체제로 정착되었다. 이황(李滉)이 사서삼경에만 석의(釋義)를 정리한 것은 이런 인식을 보여주며, 선조·광해 연간에 이루어진 언해도 사서삼경에 머물고 말았다.

조선 전기는 주희가 저술한 『소학(小學)』과 사서집주 등을 통해 신유학을 익히는 시기로, 독서의 범위가 사서대전·오경대전·『성리대전(性理大全)』·『소학』·『근사록(近思錄)』·『심경(心經)』·『주자어류(朱子語

---

1   實錄廳, 『世宗實錄』 권1, 세종 1년 12월 7일(정축)조.

類)』·『주자전서(朱子全書)』·『춘추좌씨전』등에서 크게 벗어나지 못하였다. 15세기 후반부터『소학』이 중시되고, 16세기에 이르러『대학』이 학문의 근본으로 중시되면서 사서 중심의 주자학적 경학 체제가 정착되었다. 그리하여 십삼경주소는 예(禮)를 논할 때 가끔 인용할 뿐 주목을 받지 못하였다.

그러다 17세기에 이르러 고본의「대학」을 저본으로 독자적인 해석을 시도한 사람들이 십삼경주소로 시선을 돌리기 시작했고, 예학을 연구한 몇몇 학자들이 십삼경주소를 참조했다. 또 예송논쟁이 일어나면서 근기남인계의 허목(許穆)·윤휴(尹鑴) 등이『예기정의』·『의례주소』등 고경으로 시선을 돌리게 되어 비로소 십삼경주소에 관심이 증폭되었다. 그러나『예기정의』·『의례주소』등 예학에 집중되고 십삼경 전체로 관심을 돌리지는 못하였다.

17세기 말 서인이 숭정학(崇正學)·벽이단(闢異端)의 기치를 높이 세워 주자학으로의 획일화를 꾀하자, 근기남인계와 소론계 학자들이 십삼경주소로 시선을 돌리게 되었는데, 그 대표적인 인물이 소론계의 최석정(崔錫鼎; 1646~1715)과 근기남인계의 이익(李瀷; 1681~1763)이다.

최석정은 최명길(崔鳴吉)의 손자로 박세채(朴世采)를 종유하였다. 그는 예학을 연구하여 18권 5책의『예기류편(禮記類編)』을 편찬하였는데, 원문의 장구가 혼돈을 주거나 일탈된 것을 세밀하게 바로잡아 놓았으며, 여러 단락으로 나누어진 것을 한데 모아 한 장으로 편찬한 것이 특징이다.[2] 또 선유의 해석을 그대로 따르지 않고 자신의 견해로 개정하

---

2   한국학중앙연구원,『한국민족문화대백과사전』, 한국학중앙연구원, 1991,「예기유편」참조.

거나 산삭하기도 하였다. 이 때문에 노론계의 집중적인 비판을 받았다.

『조선왕조실록』에 의하면 1709년(숙종 35) 2월 성균관 재임(齋任) 이병정(李秉鼎) 등이 『예기류편』의 문제점을 논박하였는데, 그 요지는 주희의 집주·장구가 천하의 상경(常經)인데 선현을 깔보고 멋대로 뜯어고쳐 윤휴와 박세당(朴世堂)의 뒤를 이었다는 것이다.[3] 이후 1년여 동안 최석정을 탄핵하며 죄를 주자고 청하는 상소가 빗발쳤다. 최석정의 『예기류편』중「대학」·「중용」을 해석한 부분을 보면,「대학」의 경우 주희가 전 제4장(본말장)으로 본 것을 없애 전 제3장에 붙인 것,「중용」의 경우 분절과 요지파악이 주희의 설과 상당히 다른 것을 알 수 있다.

최석정은 1709년 6월 3일 변론하는 책자를 올렸고[4], 숙종은 최석정을 벌하지 않았다. 이 기사 뒤에 붙은 사론을 보면 노론계가 주자학으로의 획일화를 꾀하던 정황을 알 수 있다.

최석정은 남보다 매우 총명하여 일찍이 도문학(道問學)에 전심하지 않았지만 십삼경에 매우 해박하고 제자백가에 널리 통하여 자못 속유들이 미칠 수 있는 바가 아니었다. 더욱 예학에 공력을 들여 편집한 예서가 분류하여 뽑아놓은 것에 가깝기는 하지만, 차례가 정돈되어 예가에 큰 도움이 있다. 혹 장구를 나누거나 옮기기도 했지만, 모두 선유들의 서론을 따른 것으로 애초 경솔한 생각으로 두찬한 것은 아니다. …… 단지 최석정이 사류의 영수가 되어 바야흐로 신임을 받아 등용되니, 당인들이 기필코 이를 빌미로 모함하여 기화를 얻은 듯이 서로 소장을 올려 주자를 호위하는 것으로 자처하면서 곧장 이단으로 공격하기를 마치 홍수나 맹수의 화가 급박한 것처럼 하고 있다. 식자가 보기에는 선성을 핑계로 당

3 實錄廳, 『肅宗實錄』 권47, 숙종 35년 2월 16일(무오)조 참조.
4 實錄廳, 『肅宗實錄』 권47, 숙종 35년 6월 3일(임인)조 참조.

동벌이(黨同伐異)하는 것으로 비쳐질 것을 알지 못하는 것이니, 그 불경
스러움이 더욱 크다. 무릇 학자가 자신의 작은 지혜를 믿고 선유를 업신
여기는 것은 참으로 옳지 않지만, 의문을 차기(箚記)하는 것은 실로 묻고
배우는 데 유익함이 있으니 선현들도 일찍이 금하지 않았던 것이다.[5]

이 사론을 보면 18세기 초 노론과 소론이 분열되는 시점에서 당파적
시각이 어떠했는지를 짐작할 수 있다. 이익(李瀷)이 "서인의 학문은 오
로지 '근수규구(謹守規矩)' 네 글자를 세상을 경영하는 데 병폐가 없는
단안(斷案)으로 생각하기 때문에 지식이 끝내 매우 노망하다."[6]라고 하
면서 주희의 설만을 맹목적으로 존숭하는 학풍을 비판한 것처럼, 오로
지 당론에 따라 사소한 흠이라도 찾아내 상대방을 제거하려는 의도가
드러나 있다.

위 인용문 가운데 '최석정이 십삼경에 매우 해박하였다.'는 언급은
주목할 만하다. 이는 그가 사서오경대전본의 신주(新註)는 물론 십삼경
주소의 구주를 참고하여 예학을 연구하였다는 사실을 말해준다.

이익은 전주(箋註)는 노맥(路脈)을 인도해주는 것에 불과할 뿐 그 경
지에 도달해 마음으로 통하는 것은 오로지 독자에게 달려있다고 하였

5 實錄廳, 『肅宗實錄-補闕正誤』 권47, 숙종 35년 6월 3일(임인)조. "錫鼎聰明絶人 雖
未嘗專意於問學 而博極十三經 傍及諸子 殆非俗儒所及 尤用力於禮學 所編禮書 雖近類
抄 而撰次整齊 大有補於禮家 雖或分移章句 而亦皆遵依先儒緒論 初非率意杜撰 其於朱
夫子 亦極致隆歸重 未嘗有一言嘰逼 則顧安有吳楚僭王之嫌 而惟其筵奏一着 終涉率易
若以此咎其僭越 則夫誰曰不可 而只以錫鼎爲士流領袖 方彼嚮用 黨人必欲藉此擠之 如
得奇貨 章交公車 自詫以衛護朱子 而直以異端 攻錫鼎 眞若有洪水猛獸之禍 殊不知自識
者觀之 憑藉先聖 以濟黨伐 其不敬尤大矣 夫學者之挾其小智 凌駕先儒 固爲不韙 而至
於箚記疑難 實有益於問學 亦先賢之所未嘗禁"
6 安鼎福, 『順菴集』 권16, 잡저, 「函丈錄」. "西人學問 專以謹守規矩四字 爲涉世無病敗
之斷案 故知識終甚鹵莽"

다.[7] 그리고 안내자의 인도를 받아 목적지에 도달한 사람은 나중에 그 길을 찾아갈 수 없지만, 묻고 물어서 어렵사리 목적지에 도달한 사람은 그 길을 분명히 알고 있다는 비유를 하면서, 훈고를 삼가 지키기만 하는 것은 마음으로 자득하는 것이 아니라고 하였다.[8]

이익은 선현의 주석을 따라 그대로 해석하기만 하는 독서가 아니라, 경문의 본지를 스스로 자득하는 것을 중시하였고, 의리발명을 위해 회의(懷疑)를 강조했다. 그래서 그는 구설 가운데 따를 것은 따르는 불구신(不苟新), 구설과 다른 견해가 있을 경우 구설을 고치는 불구유(不苟留), 사소한 장점이라도 버리지 않고 취하는 불구기(不苟棄)의 태도를 취하였다.[9]

이익은 사서삼경에 대해 전면적으로 재해석을 시도하였는데, 필자가 그의 『시경질서(詩經疾書)』를 분석한 바에 의하면 주희의 『시집전』을 따르지 않고 십삼경주소의 구주를 따른 것이 과반이나 된다.[10] 이익의 『성호사설』과 『성호전집』에는 십삼경주소의 설을 인용한 것이 약 90여 곳 보이니, 이는 대전본의 주석만을 보지 않고 구주를 함께 보았음을 말해준다. 요컨대 조선 후기 주자학으로 경도된 시기에 본지탐구에 목표를 두고 의리를 발명하려 했던 이익에 이르러 사서삼경 등에 대해 전면적으로 구주와 신주를 모두 참고하면서 독자적인 해석이 나

---

7   李瀷, 『星湖僿說』 권27, 經史門, 「窮經」. "箋註者 不過導而指示其路脈 及足到心通 則在讀者矣"

8   李瀷, 『星湖文集』 권32, 序, 「論語疾書序」. "比如 人趨百里之程 其一人 則需以車騎 導以僮騶 一日便到 其一人 探探旁蹊 艱難而始達 後使之更趨焉 則其探者 認得分明 不比導行者之或迷於歧衢也 以此知謹守訓詁之非心得者也"

9   崔錫起, 『한국경학의 연구 시각』, 보고사, 2020, 387~389쪽 참조.

10 崔錫起, 『星湖 李瀷의 학문정신과 시경학』, 중문출판사, 1994, 210~211쪽 참조.

타난 것이니, 이는 조선경학사에서 한 획을 긋는 주목할 만한 분기점이
라 하겠다.

이후 청대 고증학이 유입되어 정조(正祖)·홍석주(洪奭周)·성해응(成
海應)·정약용(丁若鏞)·김정희(金正喜) 등이 한송불분(漢宋不分)을 외치
면서 구주를 아울러 채용하였다. 정조(1752~1800)는 초계문신 등에게
직접 책문을 내어 시험하였는데, 그 가운데 1790년 십삼경 전반에 대해
질문한 것[11]이 있다. 그리고 그 책문에 초계문신 정약용(1762~1836)이
답변한 대책[12]이 있어 당시 십삼경주소에 대한 인식을 살펴볼 수 있다.
정조가 십삼경에 대해 질문한 것은 수십 가지로 다 거론하기 어렵다.
그중에 십삼경 전체에 대해 질문한 것과 그에 대한 정약용의 답변을
한두 가지 간추려 살펴보기로 한다.

  ▶ 정조 질문 : 도서목록의 총경류에 십삼경이 첫 머리에 있으니, 이
  는 도덕의 풀무이며 문예의 연해(淵海)이다. 그 전수된 원류와 전주(箋
  註)의 득실을 모두 상세히 말할 수 있겠는가?
  ▶ 정약용 답변 : 신은 삼가 생각하건대, 경전을 해석하는 방법은 세
  가지가 있으니, 첫째는 전문(傳聞)이고, 둘째는 사승(師承)이고, 셋째는
  의해(意解)입니다. 자기의 의사로 해석하는 것은 천백 년 뒤에 출생하였더
  라도 천백 년 앞 시대로 뛰어올라 의거할 수 있으니, 주자가『대학』에
  대해 곧장 단정하여 "경일장은 공자의 말씀이고, 전십장은 증자의 의도이
  다."라고 한 것과 같은 경우입니다. 이는 절대로 전문이나 사승의 옛날
  해석에 의지한 것이 아니고, 엄숙히 자기의 의사로 결정한 것이니, 참으로
  시세(時世)의 고금에 관계됨이 없습니다. 그러나 전문과 사승은 옛날에

11 正祖,『弘齋全書』권50, 策問三,「十三經」-抄啓文臣課試-.
12 丁若鏞,『與猶堂全書』『제1집시문집』권8, 對策,「十三經策」.

가까운 것으로 으뜸을 삼지 않을 수 없으니, 어째서일까요? 풍요(風謠)와
습속(習俗)이 서로 근사한 것은 민간인의 마을에서 얻은 것일지라도 오히
려 상고할 만한 점이 있기 때문이며, 사제지간에 전해주고 받으며 강마한
친절한 가르침은 일상의 담화나 우스갯소리를 기록한 것이라도 오히려
증거할 만한 점이 있기 때문입니다. ······ 아! 오늘날의 학자들은 칠서대전
(七書大全:사서삼경대전)이 있는 줄만 알고, 십삼경주소가 있는 줄은 모릅
니다. 천지에 빛나는 『춘추』와 삼례의 글일지라도 칠서의 목록에 들어
있지 않으니, 그 글을 폐기하여 강론하지 않으며, 도외시하여 받아들이지
않고 있습니다. 이것이 참으로 사문의 큰 걱정거리며 세교의 급무입니다.
······ 신은 삼가 생각하건대, 십삼경은 모든 서책 중에 으뜸입니다. ······
그러므로 도통을 전수하여 수사(洙泗)의 참된 근원에 접속한 이도 반드시
이 십삼경에 귀의하였고, 전석(箋釋)을 좌우에 두고서 학해(學海)의 요로
(要路)를 건넌 이도 반드시 이 십삼경에서 힘을 썼습니다. 십삼경은 참으
로 덕성의 풀무이며, 예술의 부고(府庫)가 됩니다.[13]

　정조의 질문은 '십삼경이 전수된 원류와 전주(箋註)의 득실을 논하
라'는 것이 요지다. 이에 대해 정약용이 답변한 내용을 정리하면, ①전
문과 사승과 의해의 세 가지 해석방법 및 주희의 해석태도, ②칠서대전
만 읽고 십삼경주소는 모르는 당대 학풍 및 십삼경의 가치와 의의로

13　丁若鏞, 『與猶堂全書』 『제1집시문집』 권8, 對策, 「十三經策」, "臣竊伏念 釋經之法有
三 一曰傳聞 二曰師承 三曰意解 意解者 雖生於千百歲之下 而有能超據乎千百歲之上
如朱子之於大學 直斷之曰經一章孔子之言 而傳十章曾子之意 是截然不資乎傳聞師承
之舊 而儼然以己意決之者 是固無與於時世之古今 而若夫傳聞與師承者 不得不以近古
爲宗何者 風謠俗習之相近 雖得於街巷鄙俚之間 猶之有稽也 授受講劘之親切 雖記其游
談謷欬之末 猶之有徵也 ······嗟乎 今之學者 徒知有七書大全 不知有十三經注疏 雖以春
秋三禮之照耀天地 而不列乎七書之目 則廢之而不講 外之而不內 此誠斯文之大患 世敎
之急務也······臣伏念經有十三 冠冕羣書······是故傳道授統 接洙泗之眞源者 必於是歸
依 左箋右釋 濟學海之津梁者 必於是用力 信爲德性之爐鞴 藝術之府庫也"

요약할 수 있다.

정약용은 십삼경이 모든 서책의 으뜸이라고 하면서, 도통을 전수하여 수사학의 근원에 접속한 도학자와 전인의 전석(箋釋)을 참고하여 학문의 길을 찾은 경학가들이 모두 십삼경을 통해 목적지에 도달했다고 하였다. 그리하여 그는 십삼경은 '덕성의 풀무이고 예술의 부고'라고 그 의미를 부여하였다. 이는 사서대전과 오경대전만을 읽고 학습한 조선성리학자들과는 상당히 다른 시각으로, 십삼경주소의 중요성을 새롭게 인식한 것이다.

정약용은 이 글에서 십삼경의 전수내력을 언급한 뒤, 그 중요성을 다음과 같이 말하였다.

> 신이 삼가 생각건대, 십삼경의 전체와 대용은 깊고 빛나 천지에 참여하고 우주에까지 뻗쳤습니다. 그 문체는 별처럼 반짝거리고 태양처럼 찬란하며, 그 부유함은 땅처럼 두텁고 바다처럼 넓어 정미한 뜻이 신의 경지에 들고 신묘하게 합한 의리가 도가 되었으니, 참으로 장구나 기억하고 외우는 유자들이 그 한 쪽 면도 엿볼 수 있는 바가 아닙니다. 진(秦)나라 때 불타고 한나라 때 일실되었으나 남은 간편(簡編)이 없어지지 않아 제나라에서 읊조리고 노나라에서 암송하여 남은 향기가 지금까지 전해져 참으로 도를 품고 경을 궁구하는 학자들이 시대마다 나왔던 것입니다. 그중에 혹 순금 속에 쇠가 있고 쌀 속에 쭉정이가 있듯이 불순한 것이 있기도 하지만 그 공로가 허물을 덮을 수 있으니, 이는 군자들이 용서해야 할 일입니다.[14]

---

14 上同. "臣竊伏惟 十三經之全體大用 淵瀷輝爛 參之天地 亘諸宇宙 其文則星輝日粲 其 富則地負海涵 精義入神 妙契爲道 信非記誦之儒 所得以窺其涯涘者也 火秦逸漢而爛簡 不泯 絃齊誦魯而遺芬尙傳 誠以抱道窮經者 代有其人也 其或有金中之鐵 米中之糠者 功 可掩過 而君子恕之"

　조선 시대 학자 중에 정약용처럼 십삼경의 중요성을 언급한 사람은 찾아보기 어렵다. 그는 송대 정주학을 부정하지 않으면서도 그 이전의 십삼경주소에 대해 경학사적 의미를 매우 높게 인식하였다. 정약용은 사서오경이라는 말을 쓰지 않고 의도적으로 '육경사서'라고 일컬었는데, 이는 육경을 유교경전의 원류로 인식한 것이다.

　이런 인식은 조선경학이 사서삼경대전 위주로 진행되면서 정종(正宗)에 해당하는 육경에 이르지 못하는 것을 지적한 것이다. 결국 정약용이 십삼경을 중시한 것은 사서 위주의 조선경학에 대해 반성하면서 육경의 정신을 회복하고자 한 것이다.

　18세기 후반부터 19세기 전반기 중앙 학계의 몇몇 학자들이 한학(漢學)의 훈고와 송학(宋學)의 의리를 아울러 취하여 해석하고자 하였는데, 그중에 『오주연문장전산고』를 저술한 이규경(李圭景; 1788~?)을 주목할 필요가 있다. 그는 천지·인사·경사(經史)·만물·시문에 대해 역대의 여러 설을 수집해 변증설을 지었는데, 경사편 「경전총설(經典總說)」에 「십삼경주소급제가경해오경사서대전변증설(十三經注疏及諸家經解五經四書大全辨證說)」이 있다. 이 글에는 십삼경주소 및 사서오경대전에 대해 역대의 설을 변증해 놓았는데, 특히 십삼경주소에 대한 인식이 돋보인다.

　이규경은 십삼경의 전수내력을 각 경전별로 언급하면서 제가의 해석을 간추려 제가경해(諸家經解), 보유제가경해(補遺諸家經解), 속보(續補), 동국제가경해(東國諸家經解), 고문(古文), 의서(擬書), 위서(緯書) 등을 기록해 놓았는데, 이는 십삼경에 대한 개론이다. 뒤에 「총고(總考)」가 있는데, 구경 또는 12경의 글자 수에 대해 기록해 놓은 글이다. 그 뒤에 명나라 때 판각한 판본의 문제를 언급하면서 십삼경 등에 탈오(脫誤)가

많다는 점을 지적하였고[15], 명나라 영락제 때 만든 대전본이 송·원대
학자들이 만든 책을 거의 답습한 것이라 하였다. 이 글 뒤에「경전총론
(經傳總論)」이 실려 있는데, 그중에는 주이준의「발대대례기(跋大戴禮
記)」를 인용하여『대대례기』를 포함해 14경으로 보는 설[16]을 언급하
였다.

　이규경은 또 청대 소장형(邵長蘅)이 "『맹자』는 제자에 들어 있었고,
『대학』과『중용』은『대기(戴記)』(『小戴記』) 속에 있던 것을 송유들이
비로소 존숭했는데『대학』과『중용』은 지금까지 오히려『예기주소』
속에 묻혀 있으며 별도로 뽑아내어 경으로 삼지 않고 있다. 그러니 한
차례 수정하여 춘추삼전은 물리쳐 전(傳)으로 돌리고,『대학』과『중
용』을 십삼경의 숫자에 채우는 것이 옳을 것이다."[17]라고 한 말을 인용
하고서, 다음과 같이 자신의 견해를 피력하였다.

　　내가 상고하건대, 이 논리가 매우 타당하다.『춘추』는 이미 삼전을 합
　한 것이 있는데 우리나라에서『호안국전』까지 합쳐 춘추사전(春秋四傳)
　이라 하면서『중용』과『대학』은『논어』와『맹자』에 합쳐 사서라 칭하는
　것은 경을 존숭하는 뜻에 어긋남이 있다. 또 십삼경이란 명칭은 본래 성

15　李圭景,『五洲衍文長箋散稿』經史篇, 經典總說,「十三經注疏及諸家經解五經四書大
　　全辨證說-經傳總說」, "皇明南北國子監 俱有板刻 萬曆中 北監又刻十三經二十一史 其
　　板視南稍工 而士夫遂家有其書 我東亦稍稍購來 今則藏書家 無不收集 考其板刻 校勘不
　　精 訛舛彌甚 且有不知而妄改者 如十三經中儀禮脫誤尤多……此則秦火之所未亡 而亡
　　於監刻矣 且注疏中引書之誤 凡十九條"
16　上同. "朱彝尊跋大戴禮記曰 -전략- 然由其說推之 則大戴記在宋日曾列之于經 故有十
　　四經目 此亦學者所當知也"
17　上同. "邵長蘅曰 -전략- 孟子 雜諸子中 大學中庸 雜戴記內 宋儒始知尊之 而大學中庸
　　至今猶汩沒禮記注疏 未嘗別出之爲經 似宜一加釐正 斥三傳從傳 而卽庸學備十三經之
　　數 可乎"

인이 정한 것이 아니고 명나라 때 십삼경이라 하였으니, 춘추삼전을 강
등시켜 전주(傳註)로 만들고, 『중용』과 『대학』을 높여 경으로 삼는 것이
무엇이 불가하겠는가. 이는 바로 정명(正名)의 대의인 것이다.[18]

중국의 근대 학자 장백잠(蔣伯潛)은 경전(經傳)을 경(經)과 전(傳)과
기(記)로 재분류해야 한다고 하였는데, 이규경도 이와 유사한 견해를
제시한 것이다. 기실 조선 시대에는 『대학』과 『중용』이 그 어떤 경전
보다 중시되었고, 『소학』 역시 경전의 대우를 받았기 때문에 조선경학
을 논할 적에는 종래의 십삼경 또는 사서오경에 구애되지 말고 새롭게
분류할 필요가 있다.

이규경은 오경대전과 사서대전이 나오고 십삼경주소가 폐지되자 고
경이 없어졌다고 하여[19], 사서오경대전본이 통행된 이후의 학풍변화와
사서오경대전본의 문제점을 지적하였다. 그리고 또 "나는 정강성(鄭康
成:鄭玄)은 한유의 주석을 집대성한 분이고, 주부자(朱夫子:朱熹)는 송
유의 주석을 집대성한 분으로 후대 유자들의 표준과 모범이 되어 감히
이의(異議)할 수 없는 분은 이 두 선생뿐이라 생각한다. 주소의 오류와
집주의 하자를 가지고 잘못이라 지적하여 전서를 폐하려 하는 자는 대
의와 본령을 모두 알지 못하는 자이니, 어찌 말하겠는가."[20]라고 하여,

18 上同. "景按此論極是 春秋則已有三傳之合 我東合胡安國傳 名以四傳春秋 而庸學則並
語孟稱四書者 有乖尊經之義 且十三經之名 初非聖人之所定者 皇明時 揭爲十三經云 則
降三傳爲傳注 陞庸學爲正經 何所不可 此卽正名之大義也夫"

19 上同. "五經四書大全出 而十三經注疏廢 古經亡矣"

20 上同. "愚謹以爲 鄭康成 漢儒之集大成也 朱夫子 宋儒之集大成也 後儒之準的模楷 不
敢異議者 惟此二先生也 以注疏之訛謬集注之瑕類爲非 而欲廢全書者 並不知大義本領
者也 何足道哉"

정현과 주희를 경전주석을 집대성한 학자로 동등하게 평하고 있다.

마지막으로 이규경은 "우리나라에는 십삼경이 있는 줄 아는 사람도 드물다. 간혹 이를 아는 자가 있더라도 명목만을 취하여 수집해 소장하나 높은 시렁에 묶어 두어 쥐와 좀이 갉아 먹을 따름이니, 애석한 일이 아니겠는가."[21]라고 하여, 주희의 주석밖에 모르는 당시의 학문폐단을 지적하였다.

---

21   上同. "我東則能知有十三經者 亦幾希矣 不然則只取名目 收藏而束庋高閣 爲蠹鼠所侵蝕而已 可不惜哉"

1. 원전자료

賈公彦, 『儀禮注疏』(십삼경주소본)

賈公彦, 『周禮注疏』(십삼경주소본)

賈　誼, 『新書』

顧炎武, 『日知錄』(문연각사고전서)

穀梁赤, 『春秋穀梁傳』(십삼경주소본)

公羊高, 『春秋公羊傳』(십삼경주소본)

孔穎達 등, 『禮記正義』(십삼경주소본)

孔穎達 등, 『毛詩注疏』(십삼경주소본)

孔穎達 등, 『尙書注疏』(십삼경주소본)

孔穎達 등, 『周易正義』(십삼경주소본)

孔穎達 등, 『春秋左傳正義』(십삼경주소본)

郭　璞, 『爾雅注』(십삼경주소본)

歐陽脩, 『詩本義』

紀　昀, 『四庫全書總目』(문연각사고전서)

金富軾, 『三國史記』

金宗瑞 등, 『高麗史』

段玉裁, 『說文解字注』

戴　聖, 『小戴記』

杜　預, 『春秋經典集解』

黎靖德, 『朱子語類』

劉　勰, 『文心雕龍』

劉　熙, 『釋名』

陸德明, 『經典釋文』

陸　淳, 『春秋集傳纂例』

李圭景, 『五洲衍文長箋散稿』

李　瀷, 『星湖僿說』

馬端臨, 『文獻通考』

梅鼎祚 編, 『東漢文紀』

茅　坤 撰, 『唐宋八家文抄』

毛奇齡, 『孝經問』

班　固, 『漢書』

范　曄, 『後漢書』

司馬光, 『古文孝經指解』

司馬遷, 『史記』

桑　欽, 『隋書』

成伯璵, 『毛詩指說』

盛世佐, 『儀禮集編』

邵懿辰, 『禮經通論』

蘇　轍, 『詩集傳』

荀　悅, 『前漢紀』

實錄廳, 『朝鮮王朝實錄』

安鼎福, 『順菴集』

吳　澄, 『吳文正集』

阮　元, 『欽定四庫全書總目』(문연각사고전서)

王應麟, 『困學紀聞』

王應麟, 『五經通義說』

王　充, 『論衡』

姚際恒, 『古今僞書考』

魏了翁, 『春秋左傳要義』

魏　源, 『詩古微』

尹　鑴, 『白湖全書』

李　瀷, 『星湖文集』

莊　周, 『莊子』

章如愚, 『山堂詩攷』

丁若鏞, 『與猶堂全書』

正　祖, 『弘齋全書』

程川 撰, 『朱子五經語類』

鄭　樵, 『通志』

鄭　玄, 『鄭志』

鄭　玄, 『周禮注』

程顥·程頤, 『二程集』

趙　岐, 『孟子注』

左丘明, 『春秋左氏傳』

朱　軾, 『史傳三編』

朱彛尊, 『經義考』

朱彛尊, 『曝書亭集』

朱　熹, 『論語集註』

朱　熹, 『大學章句』

朱　熹, 『孟子集註』

朱　熹, 『詩集傳』

朱　熹, 『周易本義』

朱　熹, 『中庸章句』

朱　熹, 『晦庵集』

陳啓源, 『毛詩稽古編』

陳天祥, 『四書辨疑』

托克托, 『宋史』

何異孫, 『十一經問對』

應劭 撰, 程榮 校, 『風俗通義』

邢　昺, 『論語注疏解經』

邢　昺, 『孝經注疏』

胡廣 等, 『春秋大全』

2. 연구논저

匡亞明, 『孔子評傳』, 南京大學出版社, 1990.

金有美, 『역주 상서정의1-解題』, 전통문화연구회, 2014.

劉師培, 『經學教科書』, 1934.

李昑昊·徐慧俊 옮김, 『中國經學史』, 성균관대학교 출판부, 2020.

范文蘭, 『經學講演錄』, 중국사회과학출판사, 1979.

范文蘭, 『中國通史1』, 人民出版社, 1978.

보인회한문고전반(https://cafe.daum.net/Boinhoi), '이것이 유교경전이다-12
　　　강 爾雅'

十三經注疏整理委員會, 『周易正義』(十三經注疏整理本), 북경대학출판사, 2000.

楊伯俊, 『經書淺談』, 中華書局出版, 1997.

吳雁南 등 主編, 『中國經學史』, 五南圖書出版股份有限公司, 2005.

李紀祥, 『兩宋以來大學改本之研究』, 臺灣 學生書局, 민국77년.

이종호 편, 『유교경전의 이해』, 중화당, 1994.

蔣伯潛, 『十三經槪論』, 上海古籍出版社, 1983.

蔣伯潛·蔣祖怡 著, 『經與經學』, 上海古籍出版社, 1997.

鄭太鉉·姜珉廷, 『역주 효경주소』, 「해제」, 전통문화연구회, 2018.

陳延傑, 『經學槪論』, 商務印書館, 중화민국 19.

崔錫起, 『星湖 李瀷의 學問精神과 詩經學』, 중문출판사, 1994.

崔錫起, 『한국경학의 연구 시각』, 보고사, 2020.

崔錫起·姜貞和 역주, 『유교경전과 경학』, 경인문화사, 2002.

皮錫瑞, 『經學歷史』, 中華書局, 1989.

皮錫瑞, 『經學通論』, 中華書局, 1989.

李鴻鎭 譯, 『중국경학사』, 동화출판공사, 1984.

何耿鏞, 『經學槪說』, 1983.

장영백 외 역해, 『經學槪說』, 청아출판사, 1992.

한국학중앙연구원, 『한국민족문화대백과사전』, 한국학중앙연구원, 1991.

최석기(崔錫起)

1954년 강원도 원주에서 출생하였다. 성균관대학교 한문교육과를 졸업하고 동 대학에서 문학석사, 문학박사 학위를 취득하였다. 민족문화추진회(현 한국고전번역원) 연수부와 상임연구원 과정을 졸업하고, 국역실 전문위원을 역임하였다.

1989년부터 2020년까지 경상국립대학교 인문대학 한문학과 교수로 재직하였으며, 남명학연구소장 등을 역임하였다. 학회활동으로는 한국경학학회 회장 등을 지냈다.

주전공은 한국경학으로『성호 이익의 학문정신과 시경학』,『한국경학가사전』,『대학도설』,『중용도설』,『조선시대 대학장구개정과 그에 대한 논변』,『한국경학의 연구 시각』등을 저술했다. 지역학 연구서로『남명학의 본질과 특색』,『남명 조식의 후학들』,『조선후기 경상우도의 학술동향』등이 있으며, 지리산과 산수문화를 연구해『지리산 두류산 방장산』,『지리산 화개동』,『지리산 덕산동』,『지리산 백무동』,『조선선비들의 답사일번지 원학동』,『선인들의 산수인식과 동천구곡문화』등을 저술하였다.

번역서로는『성호사설』·『대학』·『중용』·『정선 사서』·『남명집』·『선인들의 지리산 유람록』·『선인들의 지리산 기행시』·『이정전서』등이 있다.

십삼경의 이해

– 儒敎經傳 개설 –

2023년 8월 31일 초판 1쇄 펴냄

지은이 최석기
펴낸이 김흥국
펴낸곳 도서출판 보고사

책임편집 이순민
표지디자인 김규범

등록 1990년 12월 13일 제6-0429호
주소 경기도 파주시 회동길 337-15 보고사
전화 031-955-9797(대표)
   02-922-5120~1(편집), 02-922-2246(영업)
팩스 02-922-6990
메일 kanapub3@naver.com / bogosabooks@naver.com
http://www.bogosabooks.co.kr

ISBN 979-11-6587-533-6 93140

ⓒ 최석기, 2023

정가 35,000원

사전 동의 없는 무단 전재 및 복제를 금합니다.
잘못 만들어진 책은 바꾸어 드립니다.